Kleine Reihe der Gesellschaft für Flensburger Stadtgeschichte
Heft 24

Die Gesellschaft für Flensburger Stadtgeschichte veranstaltet Vorträge und gibt Schriften für die Mitglieder heraus. Der Beitrag beträgt DM 15,–. Nichtmitglieder können die Schriften der Gesellschaft über den Buchhandel beziehen. Die Geschäftsstelle der Gesellschaft befindet sich im Stadtarchiv, Rathaus. Sprechstunden: dienstags 9.00 bis 17.00 Uhr, freitags 9.00 bis 12.00 Uhr im Stadtarchiv. Konto: Stadtsparkasse Flensburg Nr. 162 922 (BLZ 215 500 50); Postgiroamt Hamburg Nr. 76 198-204 (BLZ 200 100 20).

Von 1928 bis 1992 sind 45 „Schriften“ der Gesellschaft erschienen.

Von der „Kleinen Reihe“ erschienen bisher

125 JAHRE SPD IN FLENSBURG 1868-1993

Flensburg 1993

Verfasser:

Erika Börm
Günther Börm
Edith Gerstenberg
Maike Hanf
Jens Christian Jacobsen
Hans-Ulrich Jeromin
Ulla Lembke
Claus Olsen
Gert Roßberg
Matthias Schartl
Helmut Schumann
Horst Windmann
als Mitglieder einer Arbeitsgruppe
des „Flensburger Arbeitskreises"
der Gesellschaft für
Flensburger Stadtgeschichte

Redaktionsausschuß:
Jens Christian Jacobsen
Gert Roßberg
Hans-Friedrich Schütt
Horst Windmann

Gesamtherstellung: Breklumer Druckerei Manfred Siegel KG
ISBN 3-925856-23-4

Inhaltsverzeichnis

Anhang

Vorwort

Die Geschichte der Parteien ist für die Stadtgeschichte seit dem Ende des 19. Jahrhunderts zentral wichtig. Ihre Erforschung gehört zu den Schwerpunktprojekten des Arbeitskreises und unserer Gesellschaft. Das gilt vor allem für die der Sozialdemokratischen Partei, der an Alter und dauerndem Einfluß bedeutsamsten. Ihre Geschichte ist zudem deshalb von besonderem Gewicht, weil ihr ein neues, alle Lebensbereiche umfassendes spezielles Selbstbewußtsein, eine Verbindung von demokratischem Bewußtsein und „Klassenbewußtsein", zugrundeliegt. In diesem Sinne war auch die Flensburger SPD in erster Linie eine Partei-Organisation, der es um die Durchsetzung ihrer politischen Zielvorstellungen ging. Zugleich jedoch war sie – speziell in der Zeit der Weimarer Republik – mit allen anderen Arbeiterorganisationen: den Gewerkschaften und Genossenschaften, der Arbeiterkultur- und -sportbewegung sowie den Frauen- und Jugendgruppen, so „innig miteinander verwachsen" (H. Hansen), daß man von einer großen, in sich geschlossenen, sozialdemokratisch bestimmten „Arbeiterwelt" sprechen kann, die in einem klaren Gegensatz zur „Bürgerwelt" stand. Nach 1945 wandelte sich dann die SPD in Flensburg ebenso wie in der gesamten Bundesrepublik von einer Arbeiterpartei in eine Volkspartei. Zusätzlich komplex ist die Geschichte der Flensburger SPD dadurch, daß es innerhalb und außerhalb ihrer Organisationen dänisch gesinnte Genossen gab und daß sie sich deswegen in besonderem Maße und in besonderer Weise mit Minderheitenfragen befassen mußte.
Die genannten Aspekte bestimmen auch den Inhalt und den Aufbau der vorliegenden Arbeit. In zwei größeren Blöcken wird die politische Geschichte der Flensburger Sozialdemokratie dargestellt. Hierin ist die Entwicklung der Grenzproblematik einbezogen. Im Mittelteil werden die Beziehungen der SPD zu den anderen Arbeiterorganisationen thematisiert. Drei biographische Skizzen, die z.T. ausführlichen Bilderläuterungen und die Übersichten im Anhang sollen das Gesamtbild weiter konkretisieren und verdeutlichen.
Die Erforschung der Geschichte der Arbeiterbewegung, vor allem der Sozialdemokratischen Partei und der Gewerkschaften, wurde seit langem von dem Flensburger Arbeitskreis für Stadt- und Regionalgeschichte betrieben. Es war insbesondere Jens Jacobsen-Bremer, der sich dieser Thematik angenommen hatte. Nach seinem – für die Stadtgeschichtsschreibung sehr bedauerlichen – Weggang aus Flensburg führte eine Projektgruppe seine Arbeit fort, zusätzlich motiviert durch das heranrückende 125jährige Jubiläum der Flensburger Sozialdemokratie. Für die pünktliche Fertigstellung des vorliegenden Bandes zu diesem Termin sei den Mitgliedern der Gruppe und dem Redaktionsausschuß gedankt, vor allem Horst Windmann und Jens Christian Jacobsen, die die Arbeit koordiniert haben, dazu auch Claus Olsen, der einen überproportional großen Teil der Beiträge übernahm.
Besonders herzlich danken wir den Zeitzeugen, die bereitwillig Bilder und Dokumente zur Verfügung gestellt und in Interviews wertvolle Auskünfte und Hinweise gegeben haben. Unser Dank gilt ferner den Mitarbeiterinnen und Mitarbeitern des Flensburger Stadtarchivs für ihre Unterstützung bei der Materialbeschaffung und für viele weitere große und kleine Hilfen. Für die von der Ministerin für Wissenschaft, Forschung und Kultur des Landes Schleswig-Holstein gewährte Hilfe bei der Drucklegung bedanken wir uns sehr.

Der Vorstand der Gesellschaft
für Flensburger Stadtgeschichte

Zeittafel

1868	Gründung einer Flensburger Ortsgruppe des Lassalleanischen „Allgemeinen Deutschen Arbeitervereins" (ADAV).
1870	Erstmals „Schließung" aller Gruppierungen des ADAV durch die preußischen Behörden. Auch in den folgenden Jahren Behinderungen und Verbote, mehrfach umgangen durch Neugründung scheinbar unpolitischer Vereine.
1878–1890	Unterdrückung der Sozialdemokratie durch das Bismarcksche „Sozialistengesetz".
1891	Neugründung am 9. Februar als „Allgemeiner Arbeiterverein für Flensburg und Umgebung".
1903	Gewinn des 2. Reichstagswahlkreises für die Sozialdemokratie durch Heinrich Mahlke (bis 1907 im Reichstag).
1910	Aufgrund des Zensuswahlrechts erst in diesem Jahr Einzug der ersten Sozialdemokraten (Ernst Erfurth und Waldemar Sörensen) in die Stadtverordnetenversammlung Flensburgs.
1911	Erstmaliges Erscheinen der „Flensburger Volkszeitung" (bis 1933).
1912	Einweihung des Gewerkschaftshauses in der Schloßstraße, auch als SPD-Parteibüro genutzt.
1914–1918	Erster Weltkrieg.
1918	Novemberrevolution: Bildung eines Arbeiter- und Soldatenrats in Flensburg unter maßgeblicher Beteiligung der MSPD.
1919	Peter Michelsen in der Nationalversammlung (Reichstagsabgeordneter bis 1921).
1919/20	Abstimmungskampf um den deutsch-dänischen Grenzverlauf: Einsatz der Flensburger SPD für den Verbleib der Stadt im neuen demokratischen Deutschland.
1923	„Wels-Stauning-Abkommen" der deutschen und dänischen Sozialdemokratie in Flensburg: Anerkennung der Grenze als „gesetzlich geltende".
1926	50jähriges Fahnenjubiläum der Flensburger SPD als „deutsch-dänisches Arbeitertreffen".
1932	Bildung der „Eisernen Front" gegen die nationalsozialistische Bewegung.
1933–1945	Verbot der SPD im „Dritten Reich".
1945	Geheime Treffen sozialdemokratischer Gruppen – ohne Wissen voneinander – schon Monate vor der Kapitulation. Im April/Mai Kontakt der Gruppen beim Schuhmacher Jonny Kloppenburg zur Vorbereitung des politischen Neubeginns. Im August/September Versammlungen zur Gründung einer Sozialdemokratischen Partei.
1946	Am 5. Januar Feier der Zulassung der Flensburger SPD im Deutschen Haus. Im Juli Ausschluß der Flensburger Partei aus der SPD durch Kurt Schumacher wegen ihrer mehrheitlich prodänischen Orientierung. Fortan Spaltung in SPF (Sozialdemokratische Partei Flensburg) und in eine neugegründete SPD.
1950	SPF-Oberbürgermeister Fritz Drews (bis 1955).
1954	„Wiedervereinigung" von SPF und SPD. Übertritt vieler SPF-Mitglieder zum SSW.
1963	SPD-Oberbürgermeister Heinz Adler (bis 1977).
1969	Sozialliberale Koalition in Bonn (bis 1982). Erstmals Direktgewinn des Bundestagswahlkreises für die SPD durch Walter Suck.

1974 Bildung von „Stadtgruppen“ innerhalb des SPD-Kreisverbandes der Stadt Flensburg.
1978 SPD-Oberbürgermeister Dr. Bodo Richter (bis 1982).
1983 SPD-Oberbürgermeister Olaf Cord Dielewicz.
1989 Umbildung der „Stadtgruppen“ zu „Ortsvereinen“ in der Flensburger SPD.
1993 Erstmalige Befragung der Ortsvereine zur Wahl des Bundesvorsitzenden der SPD. In Flensburg Mehrheit für Heidemarie Wieczorek-Zeul.

Matthias Schartl

Flensburgs Sozialdemokratie von den Anfängen bis 1918

Erste Aktivitäten bis zum Erlaß des Sozialistengesetzes 1878

Die Entwicklung der schleswig-holsteinischen Sozialdemokratie war geprägt von einem fortwährenden Kleinkrieg mit den preußischen Behörden, die überaus hart und rücksichtslos die Partei, deren Mitglieder und Agitatoren verfolgte. Doch trotz aller Schikanen war die Arbeiterbewegung nicht zu stoppen. Frühzeitig erzielte sie bei den Reichstagswahlen überraschende Stimmengewinne. 1874 stimmten ca. 45 000 Schleswig-Holsteiner (34,4 Prozent) für die Kandidaten des lassalleanischen ADAV. In den Wahlkreisen Oldenburg und Altona wurden zwei Mandate errungen. Auch Flensburg geriet sehr früh in den Sog der vom Allgemeinen Deutschen Arbeiterverein betriebenen Agitation und entwickelte sich dabei zu einem regionalen Zentrum für den Norden der Provinz[1].

Dabei bot die Fördestadt aufgrund ihrer sozioökonomischen Struktur im 19. Jahrhundert für die Ausbreitung der sozialdemokratischen Bewegung, die vornehmlich die Interessen von Lohnarbeitern vertrat, keine geeignete Ausgangsposition. Der Grund hierfür lag vor allem darin, daß die Industrialisierung erst nach 1870 einsetzte und der damit im Zusammenhang stehende Wandel in der Sozialstruktur sich nur zögernd und zeitlich verspätet vollzog. Die vorwiegend kleinbetriebliche, z.T. noch handwerklich bestimmte Produktionsstruktur in Flensburg wies zunächst kein zahlenmäßig bedeutendes Proletariat auf. 1882 fanden erst 13 799 Menschen Beschäftigung in den Sektoren Industrie und Handwerk, doch 1907 wurden hier schon 23 288 Menschen gezählt[2]. Nur die Werft hatte sich zu einem Großbetrieb entwickelt und hatte z.B. 1875 erst 425, 1900 schon 2 587 und 1913 2 578 Menschen in Arbeit. Darüber hinaus aber gab es eine Vielzahl kleinerer metallverarbeitender Betriebe wie die Maschinenfabriken N. Jebsen, Anthon & Söhne oder Dittmann & Jensen, die zahlreiche Arbeitsplätze boten. Über einhundert Arbeiter wurden zudem in der Glashütte und der Papierfabrik beschäftigt. 1899 wurden in 185 Flensburger Betrieben 4 022 Arbeiter gezählt, 1913 waren es in 449 Betrieben ca. 5 800, wobei jeweils im metallverarbeitenden Gewerbe die meisten Arbeiter tätig waren. 1899 waren es in 5 Produktionsstätten 1 975 und 1913 in 26 Betrieben 3 156 Arbeiter.

Den Grundstein für Partei und Gewerkschaften legten um 1868/69 in die Stadt eingewanderte Handwerksgesellen, vor allem Schneider und Maurer und nach Gründung der Flensburger Schiffbaugesellschaft auch einige wenige Metallarbeiter[3]. Die ersten Jahre der noch jungen Arbeiterbewegung in Flensburg aber waren gekennzeichnet von Brüchen und Sprüngen. So ist auch das genaue Gründungsdatum des lassalleanischen Arbeitervereins, der zur sog. „Hatzfeld-Mende-Gruppe" zählte, im Jahre 1868 nicht mehr feststellbar[4], jedoch spricht vieles für den Spätsommer oder Herbst[5]. Zu den Gründungsmitgliedern zählten die Schneidergesellen Wilhelm Hellwig, Franz Bach aus Apolda und der aus Berlin stammende Buchdrucker Max Richard Schulz, die sofort erhebliches Aufsehen in der Stadt erregten und zusammen mit weiteren zwanzig Gesinnungsgenossen polizeilich beobachtet wurden. Treffpunkt des Vereins war die Werkstatt des Schneiders Gustav Sager[5]. Ein weiterer Treffpunkt der Sozialisten befand sich in einer Herberge in der Großen Straße. Hier und auch in der Gaststätte Tivoli organisierte der sich in einer Anzeige als „Präsidialbevollmächtigter" bezeichnende Franz Bach im Winter und Frühjahr 1868/69 mehrfach Ver-

Abb. 1: Stolz präsentieren die Kesselschmiede des Eisenwerks Reinhardt & Meßmer in der Flensburger Neustadt ihre Arbeitsgeräte (ca. 1900).

sammlungen, die von bis zu 300 Teilnehmern besucht wurden. Flensburgs Bürgertum war aufgeschreckt, und so versuchten die Zeitungen in ihrer Berichterstattung die Arbeiter vor den „Fängen" der lassalleanischen Agitation zu warnen und empfahlen ihnen, mit „Fleiß, Ordnung, Sparsamkeit und Ehrlichkeit" für die Besserung der eigenen Lage zu sorgen. Wer hier etwas anderes sage, der sei kein Freund, „sondern ein Verführer und Betrüger", hieß es[6].

Am 9. Juli 1869 berichtete Flensburgs Landrat von Krupka an den Regierungspräsidenten in Schleswig voller Sorge: „Mit Bezugnahme auf nebenbezeichnete Verfügung zeige der Königlichen Regierung ich gehorsamst an, daß in hiesiger Stadt an einem jeden Montage regelmäßig Versammlungen des Allgemeinen Deutschen Arbeitervereins stattfinden. Dieselben werden aber auf Anzeige des Polizeibeamten so wenig besucht (es pflegen kaum mehr wie ein Dutzend Arbeiter dort anwesend zu sein), und die Themen, welche dort besprochen werden, sind so nichtssagend und bedeutungs-

Versammlung

des Lassalleschen Allgemeinen deutschen Arbeitervereins

Montag, den 1. Februar, Abends 7 Uhr, im Locale des Herrn Voß, Großestraße Nr. 19.

Der Zutritt ist Jedem frei gestattet.

Franz Bach,
Präsidialbevollmächtigter.

Abb. 2: Anzeige in den Flensburger Nachrichten am 31.1.1869 für eine der ersten Versammlungen des ADAV in der Fördestadt

los, daß eine jedesmalige Überwachung durch Polizeibeamte kaum noch notwendig erscheinen dürfte. Indessen wird . . . in Zukunft stets darauf geachtet werden, daß in jeder Versammlung ein Polizeibeamter anwesend ist."[7] Krupka war jedoch zusammen mit dem bürgerlichen Flensburg von der Harmlosigkeit der Sozialisten überzeugt und aufgrund der für ihn mäßigen Resonanz nicht weiter beunruhigt. Im Herbst 1869 schien sich der Verein sogar wieder aufgelöst zu haben. Im „Sozial-Demokrat" hieß es, daß die Flensburger mit den Beiträgen im Rückstand seien, und im Dezember 1869 wurde Flensburg nicht mehr unter den Mitgliedsvereinen erwähnt[8].

Trotzdem aber erregte die Agitation die Aufmersamkeit der Behörden. Schon am 30. Juni 1869 hatte Regierungspräsident Bitter eine Verfügung herausgegeben, in der die Polizeibehörden zur Feststellung aller „sozialistischer Umtriebe" in der Provinz aufgerufen wurde[9]. Bitter verfügte schon am 6. Mai 1870 erstmals die Schließung aller ADAV-Zweigvereine. Zugleich wurden überall Hausdurchsuchungen vorgenommen und zahlreiche Agitatoren verhaftet. Die Mitglieder wurden verdächtigt, einen selbständigen politischen Verein gegründet und die geltenden Bestimmungen umgangen zu

Correspondenzen.

* **Flensburg**, den 3. Februar.

Am Montagabend fand hieselbst im Locale des Gastwirths Voß wiederum eine von den Jüngern Lassalle's berufene Versammlung Statt, die jedoch nur von ca. 20 Personen besucht war, die nicht einmal alle Mitglieder des Vereins waren. Der Vorsitzende, ein recht sprachgewandter junger Schneidergesell, suchte nach besten Kräften und mit feuriger Begeisterung für die Lassalleschen Ideen zu wirken, wobei er u. A. auch den „Jz. N." einen zu versetzen suchte, und sich namentlich scharf gegen einen in der Versammlung anwesenden demokratisch-gesinnten hiesigen Bürger aussprach, weil derselbe in verschiedenen früheren Versammlungen die Mitglieder des Lassalleschen Arbeitervereins auf die Schriften von Johann Jacoby, Schulze-Delitzsch und Max Duncker aufmerksam gemacht hatte, mit dem Ersuchen, dieselben zu prüfen und event. zu acceptiren. Der Lassallesche Proceß und mehrere andere derartige Schriften wurden zum Ankauf empfohlen. Wir glauben jedoch nicht, daß die Lassalleschen Ideen hier je viele Anhänger finden werden.

Abb. 3: Bericht über die ADAV-Versammlung in den Flensburger Nachrichten vom 5.2.1869. Der „sprachgewandte junge Schneidergesell" war wohl Wilhelm Hellwig.

haben[10]. Ohne Zweifel haben diese Schikanen auch das vorläufige Ende des ADAV in Flensburg erheblich beeinflußt. Erst zur Reichstagsnachwahl 1872, im unmittelbaren Zusammenhang mit der wirtschaftlichen Aufschwungphase der Gründerjahre, in deren Gefolge es u.a. auch in Flensburg wiederholt zu erfolgreichen Arbeitskämpfen kam, machten die in der Stadt verbliebenen Mitglieder wieder auf sich aufmerksam. Ausschlaggebend für diese Streiks waren jedoch unverkennbare soziale Probleme, niedrige Löhne, eine unzureichende Wohnungsversorgung für die in die Stadt drängenden und in den aufstrebenden Industriebetrieben dringend benötigten Fachkräfte sowie hohe Lebensmittelpreise[11]. Franz Bach und Max Richard Schulz gründeten zur Reichstagswahl im Frühjahr 1872 einen neuen lasalleanischen Arbeiterverein, der jedoch aufgrund einer erneuten behördlichen Verfügung wenig später wieder aufgelöst werden mußte, denn die Mitglieder wurden verdächtigt, gegen das Verbindungsverbot des preußischen Vereinsgesetzes von 1850 verstoßen zu haben. Die Erklärungen, daß es sich bei dem Verein nur um einen Zweigverein des ADAV in Berlin handeln würde, erschien nicht glaubwürdig. Daraufhin wurde jedoch nach den Bestimmungen des Reichswahlgesetzes ein Wählerverein gegründet, dessen Legalität trotz gegenteiliger Ansicht der Polizeibehörde nicht angezweifelt werden konnte. Dieser wies im Mai 1872 schon 199 Mitglieder auf[12]. Bach und Schulz begannen zudem sofort mit der Organisation des Wahlkampfes für den Kandidaten Wilhelm Hasenclever, was die Flensburger Nachrichten dazu veranlaßte, von einer „Wühlarbeit lassalleanischer Kommunisten" zu berichten. Auch im Landkreis Flensburg, in Adelby und Glücksburg, sowie in Apenrade konnten Wählerversammlungen stattfinden, die von zahlreichen Arbeitern besucht wurden[13]. Vor allem galt es, dem traditionellen dänischen Einfluß auf die Arbeiterbevölkerung entgegenzutreten[14]. Am Tage vor dem Nachwahltermin war von den sozialistischen Agitatoren eine Versammlung im dänischen Schützenhaus geplant, die jedoch schon vor Beginn vom Polizeidiener Lafrenz untersagt wurde, da Bach vor dem Haus Druckschriften verkauft hatte. Daraufhin zog die dort versammelte Menge weiter, um auf einer von den Dänen veranstalteten Wählerversammlung die üblicherweise zugestandene Redefreiheit für sich auszunutzen. Doch auch hier schloß Lafrenz die Versammlung unmittelbar bevor der sozialistische Agitator Heinrich Radenhausen das Wort ergreifen wollte. Als Schulz daraufhin versuchte, auf einem Tisch stehend, ein Hoch auf Hasenclever auszubringen, wurde er verhaftet. Die anwesenden Sympathisanten jedoch rissen Lafrenz nieder und versuchten Schulz zu befreien. Nachdem der Tumult dann auch noch in eine Schlägerei zwischen den anwesenden Dänen und Sozialdemokraten ausartete, mußte eine zur Verstärkung angerufene Militärpatrouille eingreifen. Die Sozialisten, immer noch aufgebracht über das Verhalten von Lafrenz, zogen in einem spontanen, sich rasch auffüllenden Demonstrationszug durch die Stadt. Wiederum wurde das Militär zur Hilfe gerufen. Am nächsten Tag wurden zahlreiche Arbeiter verhaftet und, da das Gefängnis nicht ausreichte, sogar im Stadttheater untergebracht. Bach wurde anschließend zu vierzehn Tagen, Schulz zu drei Wochen Haft verurteilt[15]. Hasenclever aber erzielte einen Achtungserfolg, für ihn stimmten 995 Wähler, darunter in der Stadt Flensburg 492. Dies waren 23,4 Prozent. Im Landkreis Flensburg stimmten 372 Wähler für ihn (7,3 Prozent), die zumeist aus den unmittelbar vor den Toren der Stadt gelegenen Gemeinden kamen. Im Landkreis Apenrade erhielt er 130 Stimmen (4,3 Prozent).

Nachdem Bach und Schulz die Stadt verlassen hatten, mußte die weitere Aufbauarbeit von einheimischen Handwerksgesellen übernommen werden, zu denen in erster Linie der Schneider Heinrich Mahlke zählte, der über drei Jahrzehnte lang zu den angesehensten Persönlichkeiten der Arbeiterbewegung in Flensburg zählte und seine Tätigkeit im Jahre 1903 mit der Erringung des Reichstagsmandats krönte[16]. Die städtischen Behörden sahen dem Treiben indes nicht mehr tatenlos zu, und die Flensburger wurden fortlaufend verdächtigt, gegen das preußische Vereinsgesetz zu verstoßen. Wiederholt wurden deshalb die neu gegründeten Arbeitervereine von der Polizeibehörde verboten. Zwischen 1872 und 1878 können mindestens acht sozialistische bzw. sozialdemokratische Vereine nachgewiesen werden[17]. Als die Behörden jedoch erkannten, daß die zahlreichen Verbotsverfügungen auch in den anderen Städten der Provinz wirkungslos blieben, wurde noch konsequenter gegen die Arbeiterbewegung vorgegangen. Am 25. Juni 1874 erfolgte die vorläufige

Schließung des ADAV in Schleswig-Holstein, der im März 1875 sogar endgültig aufgelöst wurde[18]. Die Flensburger bekamen als einer der ersten Vereine in der Provinz die Auswirkungen dieses Verbots zu spüren. Als anläßlich einer Versammlung das Vereinsverbot vom anwesenden Polizeibeamten Lafrenz ausgesprochen werden sollte, kam es zu einem Tumult, so daß Militär herbeigeholt werden mußte, um Ruhe und Ordnung wiederherzustellen[19].

Die fortwährenden Schikanen trugen erheblich dazu bei, daß die Partei in Flensburg immer nur eine begrenzte Anzahl von Mitgliedern gewinnen konnte[20]. Kurz vor dem Gothaer Vereinigungsparteitag 1875 hatte der am 7. Februar des gleichen Jahres gegründete Flensburger Arbeiterverein 87 Mitglieder. Im Jahr darauf fand eine Neugründung unter dem Namen „Sozialistischer Arbeiter-Wahlverein" statt[21]. Der am 6. November 1877 unter dem Vorsitz von Heinrich Mahlke gegründete und den Behörden gegenüber als unpolitisch bezeichnete Sozialdemokratische Volksverein, der bis zum Erlaß des Sozialistengesetzes im Sommer 1878 bestand, zählte zum Zeitpunkt des Verbots noch 53 Mitglieder. Die Verbote wirkten sich auch negativ auf die Wahlergebnisse aus. Seit 1874 wurden in Flensburg keine Fortschritte mehr erzielt. Bei der Wahl 1878 wurde gar auf eine eigene Kandidatur verzichtet, da keine Chance auf das Mandat bestand und Kosten gespart werden sollten[22]. Flensburg und Nordschleswig galten als Region, in der die Partei aufgrund des dänischen Einflusses auf die Arbeiter nur mäßige Erfolgsaussichten besaß. Am 16. August 1878 berichtete Regierungspräsident von Bötticher sichtlich erleichtert, daß die Agitation erheblich nachgelassen habe[23]. Die Polizeibehörde konnte zufrieden registrieren, daß weder von den Mitgliedern, noch von den bekannten lokalen Parteiführern Heinrich Mahlke, Carl-Ludwig Krause, Richard Rosinus und Andreas Drews Aktivitäten ausgingen. „Von einer Anwendung des Gesetzes" könne deshalb abgesehen werden[24].

Abb. 4: Löscharbeiten auf der nur wenig später abgebrochenen „Englischen Bücke" im Hafen, ca. 1880

Flensburgs Sozialdemokraten in der Zeit des Sozialistengesetzes bis 1890

Trotz Polizeischikanen und systematischer Verfolgung gelang es den Sozialdemokraten schon zur Jahreswende 1878/79 auch in Schleswig-Holstein, sich den veränderten Rahmenbedingungen anzupassen. Überall reagierten die Parteimitglieder äußerst besonnen und vollzogen in großer Einmütigkeit und planvoll den Weg in den Untergrund. Sie schlossen sich in zahlreichen Orten zu „unpolitischen" Tarnorganisationen zusammen. In Flensburg wurden zwar der Volksverein sowie der Sängerbund und der Bildungsverein sehr schnell wieder verboten. 1882 aber wurde der Gesangverein der Maurer gegründet und 1888 der der Zimmerer. Zudem gab es einen Schiffbauerliederkranz und einen Sängerbund der Metallarbeiter. Die bekannten sozialdemokratischen Funktionsträger der Stadt engagierten sich weiterhin in örtlichen Krankenversicherungen und in einer Vereinsbäckerei. Ebenso mußte sich die Metallarbeiter-Gewerksgenossenschaft im Juli 1878 auflösen, doch es bestand weiterhin eine Zentral-Kranken- und Sterbekasse der Metallarbeiter, deren nur geringe Mitgliederzahl die Polizeibehörde zur Überwachung veranlaßte, weil sie „sozialdemokratischen Tendenzen huldigen"[25].

Die Wirkungslosigkeit des Sozialistengesetzes wurde schon im Frühjahr 1880 in einem Lagebericht der Schleswiger Regierung eingestanden. Die Partei verstehe es, „die ihr aufgezwungene äußere Ruhe nur allzu geschickt zu benutzen, um sich neuerlich zu festigen und mit ungeschwächter Energie und Zuversicht im Untergrund weiter fortzubestehen"[26]. Flensburg war trotz des Rückschlages weiterhin Zentrum und Kristallisationspunkt für die Agitation im Norden. Dies zeigen z.B. die Reichstagswahlen 1879 und 1891, denn auch die nur 235 bzw. 333 abgegebenen Stimmen deuten auf ein beachtenswertes sozialdemokratisches Potential in Flensburg hin.

Das Fortbestehen der Arbeiterbewegung unter den Bedingungen der Illegalität läßt sich an zahlreichen Schriftwechseln, an Verboten und Hausdurchsuchungen der Behörden ablesen. In einem Bericht der Flensburger Polizeiverwaltung hieß es im Juni 1879, daß sich der sozialdemokratische Verein „Union", anscheinend ein erster Versuch, mit dem in der Illegalität das Überleben gesichert werden sollte, aufgelöst habe. Ein Schreiben des Flensburger Landrats von Krupka lenkte die Aufmerksamkeit der Behörden dagegen wieder auf die heimischen Parteiführer Mahlke, Krause und Rosinus. Krupka riet zur äußersten Vorsicht und konnte sich nicht vorstellen, daß „die Agitation der Sozialdemokraten hier ganz erloschen ist. Im Geheimen hat dieselbe wohl immer noch Anhänger, die sich jedoch hüten, mit dem Gesetz in Kollision zu geraten"[27].

Auch dem von der Regierung mit der Überwachung der Partei in Schleswig-Holstein beauftragten Berliner Polizeikommissar von Goetze bereiteten die Aktivitäten der drei Flensburger Agitatoren erhebliche Sorgen. Wiederholt forderte er die Polizeiverwaltung zu härterem Durchgreifen auf. Krause würde ausschließlich „mit ehemaligen Parteigenossen verkehren", hieß es im September 1879. Er sei aber „verschlossen und unzugänglich, und in seinem Auftreten (ein) äußerst vorsichtiger Mensch", so daß keine konkreten Beweise gegen ihn vorgebracht werden konnten[28]. Selbst bei wiederholten Hausdurchsuchungen konnte kein belastendes Material gefunden werden. Die Flensburger Sozialdemokraten verstanden es, die oftmals überforderte Polizeiverwaltung geschickt zu täuschen. Treffpunkte waren an den Wochenenden die „Wälder und Schluchten" außerhalb der Stadt, wo sie sich mit auswärtigen Agitatoren trafen, um über die Möglichkeiten der illegalen Parteiarbeit, wie Wilhelm Haberlandt in einer Rückschau im Jahre 1919 resümierte, zu beraten. Die Organisation der notwendigen Gelder wurde dabei von Andreas Drews übernommen, der mit großem Geschick Beitragsmarken, Broschüren und Zeitungen veräußerte. Bei einzelnen Versammlungen gelang es sogar, sogenannte „Tellersammlungen" durchzuführen. Dennoch wurde ein Teil dieser Gelder von Polizeidiener Lafrenz, dem diese Aktionen nicht unbekannt blieben, beschlagnahmt. Drews und zwei weitere Mitstreiter wurden wegen des bestehenden Beitragssammlungsverbotes zu Gefängnisstrafen zwischen fünf und vierzehn Tagen verurteilt[29].

Hauptziel der Sozialdemokraten wurde es nunmehr, die Einflüsse der Dänen auf die Arbeiterbevölkerung zurückzudrängen. Bei der Nachwahl 1886, bei der wiederum zahlreiche auswärtige Agitatoren in Flensburg aktiv waren, nutzte die Partei geschickt die Gunst der Stunde, und am Vorabend des Wahltages z.B. sprengte eine Schar Arbeiter unter der Führung von Heinrich Mahlke eine gut besuchte dänische Wählerversammlung[30]. Erstmals konnte so der Anteil des dänischen Kandidaten Gustav Johannsen um 702 Stimmen übertroffen werden. 1890 schließlich erhielt die SPD sogar die meisten Stimmen in der Stadt. Für Mahlke stimmten 2 524 Wähler, das entsprach ca. 45 Prozent. Gustav Johannsen hingegen erhielt nur noch 590 Stimmen, während für den Nationalliberalen Michael Jebsen 1 565 und den Linksliberalen Adloff 884 Wähler votierten. Erstmals gelangte Mahlke zudem in die Stichwahl, in der er jedoch Jebsen deutlich unterlag. Die Dänen waren machtlos. Für die Einbindung der immer zahlreicher werdenden Arbeiterwähler konnten sie keine tragenden Konzepte mehr vorweisen. In einem Kommentar zur Wahl 1887 bemerkte schon die dänische Zeitung „Social-Demokraten", daß die Arbeiter sich gewiß nicht mehr „nach ihrem früheren Vaterland zurücksehnen" würden. Darüber dürfe sich angesichts der auch dort herrschenden ökonomischen Schwierigkeiten niemand wundern. „Die schleswigschen Arbeiter haben die Lage richtig beurteilt, indem sie sich unserer Bruderpartei in Deutschland anschlossen." Die Wahl eines Sozialdemokraten war für die dänische Zeitung überdies ein „völlig ausreichender Protest" gegen die Unterdrückungspolitik und „gleichzeitig ein Protest gegen die Tyrannei . . ., die täglich durch den internationalen Kapitalismus ausgeübt wird"[31]. Die herausragenden dänischen Parteiführer in Flensburg standen den Forderungen der Arbeiter verständnislos gegenüber, und Jens Jessen mußte in Flensborg Avis zugeben, daß die Sozialdemokraten mit großer Hingabe für ihre Ziele einstünden, und sich dadurch die Sympathie der Wähler erkämpften[32]. Diese Erfolge wurden zudem durch die 1884 einsetzende wirtschaftliche Abschwungphase begünstigt[33]. Die Flensburger Norddeutsche Zeitung z.B. kommentierte schon den sozialdemokratischen Erfolg bei der Reichstagsnachwahl 1886 mit den Worten: „Unter kluger Benutzung der durch die allgemeine Lage der Erwerbsverhältnisse wie durch die Strenge des langen Winters hervorgerufenen Schwierigkeiten, mit denen die unteren Klassen zu kämpfen haben, ist es so der mit bewußter Mäßigung auftretenden Sozialdemokratie gelungen, einen ganz frappanten, relativen Erfolg zu erzielen." Dies gebe „Stoff zu ernsthaftem Nachdenken"[34].

Abb. 5: Erinnerung an den ersten Bau auf der „Neuen" Schiffswerft, 1902

Der „Allgemeine Arbeiterverein für Flensburg und Umgebung"

Das Auslaufen des Sozialistengesetzes am 1. Oktober 1890 wurde von Flensburgs Arbeitern wohl erfreut, aber doch in vollkommener Ruhe aufgenommen[35]. Schon bei der Reichstagswahl im Februar 1890 hatte Flensburgs Verwaltungschef, Oberbürgermeister Toosbüy, feststellen können, daß sich die bekannten sozialdemokratischen Führer im „Ton gemäßigt" und „eine etwas anständigere und sachgemäßere Form für ihre Ausführungen gewählt" hätten. Demzufolge sei in der letzten Zeit ein behördliches Einschreiten weder „notwendig noch möglich" gewesen. Zugleich wies er darauf hin, daß die Partei sich in Flensburg noch nicht einmal groß anzustrengen brauche, da die Mitglieder und Anhänger so geschult seien, „daß sie den Winken der Führer immer folgen würden"[36]. Ganz anders jedoch reagierte Flensburgs bürgerliche Presse. In Leitartikeln wurden die Leser aufgefordert, alles in diesem „Abwehrkampf in Erwägung zu ziehen", die Lokale zu verweigern und massiv gegen die Agitation vorzugehen. Die Flensburger Norddeutsche Zeitung richtete eine ernste Mahnung an die bürgerlichen Vereine und Parteien, sich nicht „in Zänkereien untereinander zu verzetteln". Eine dauernd wirksame Abwehr der „sozialistischen Gefahr" könne nur „in einer unermüdlichen und zweckentsprechenden Arbeit Aller bestehen, die den Umsturz verhindern wollen"[37].
Nur zögernd jedoch wurden die ersten Vorbereitungen für die Neugründung eines Arbeitervereins getroffen. Mitverantwortlich dafür waren der überaus harte Winter 1890/91 und die gleichzeitig ausgetragene Glasarbeiteraussperrung, ein Arbeitskampf, an dem Flensburger Sozialdemokraten erheblich beteiligt waren[38]. Noch Anfang Dezember 1890 wurde auf einer Arbeiterversammlung die Gründung eines lokalen Vereins verschoben. Statt dessen wurden ein Vertrauensmann sowie ein Stellvertreter gewählt, die u.a. die Verbindung nach außen herstellen sollten[39]. Erst im Januar 1891 wurden weitere Vorbereitungen getroffen, um die Beschlüsse des Hallenser Parteitages 1890 auch in Flensburg umzusetzen und „Opfer" zu bringen für die gemeinsame Sache, wie

es Friedrich Bentrup auf einer Versammlung ausdrückte. Nur durch Kampf gewinne man neue Vorteile, freiwillig würde dem Proletariat nichts gegeben werden. Die Ausarbeitung eines provisorischen Statuts wurde beschlossen und auf der Gründungsversammlung des „Allgemeinen Arbeitervereins für Flensburg und Umgebung“ am 9. Februar 1891 im Lokal „Tivoli“ verabschiedet. Bei der Gründung wurden sogleich 130 Mitglieder aufgenommen. Ende März 1891 waren es bereits 150 Mitglieder. Als Vorsitzender fungierte der Schuhmacher August Hering, Kassierer wurde Andreas Drews, der zudem bis 1897 für die Kolportage (örtliche Berichterstattung) der Volkszeitung zuständig war[40].

Behinderung der Agitation

Nach Gründung des Arbeitervereins wurde sofort eine umfangreiche Agitationsarbeit gestartet und jeden Monat einmal Mitgliederversammlungen organisiert, auf der prominente auswärtige Redner wie Adolf von Elm, Helma Steinbach, Wilhelmine Kähler, Eduard Adler oder Hermann Molkenbuhr auftraten. In diesen Versammlungen wurden teilweise bis zu 1 500 Teilnehmer gezählt. Sie waren jeweils vom Vorstand bei der Polizeibehörde schriftlich angemeldet und genehmigt worden, eine Handhabe zum Verbot hatten die Behörden somit nicht mehr. Dennoch genügte schon die

Abb. 6: Nicht nur ein bekanntes Ausflugsziel, sondern auch ein beliebter Arbeitertreffpunkt war der Gasthof „Sophiesminde“ in der Apenrader Chaussee. Um 1890 wurden hier zahlreiche Partei- und Gewerkschaftsversammlungen durchgeführt.

kleinste Unregelmäßigkeit, um sie zum Einschreiten zu veranlassen. So wurde eine Versammlung im Tivoli am 14. September 1891 aufgelöst, weil diese laut Genehmigung um 23 Uhr beendet sein mußte. Heinrich Mahlke als Einberufer aber hatte der „höflichen Aufforderung" des überwachenden Polizeibeamten keine Beachtung geschenkt und die Veranstaltung zum fraglichen Zeitpunkt als „private Zusammenkunft" tituliert, um ungestört weiter tagen zu können[41]. So entwickelte sich ein regelrechter Kleinkrieg mit der Polizeibehörde, die besonders über die stetig ansteigende Zahl von „weiblichen Teilnehmern" an den Versammlungen besorgt war[42].

Hineingezogen in diese Auseinandersetzung wurden die Wirte, die den Sozialdemokraten ihre Lokalitäten zur Verfügung gestellt hatten und von den bürgerlichen Vereinen und den in der Stadt vorhandenen Militärbehörden gezwungen wurden, diese zu verweigern. Ende 1889 stand den Flensburger Sozialdemokraten nur der Mühlenpavillon in der Waitzstraße 4 als Veranstaltungsort zur Verfügung. Dieser bot aber Räumlichkeiten, die den Ansprüchen kaum genügen konnten und von der Größe her nicht über die erforderlichen Kapazitäten verfügten. Alle anderen Etablissements - Sängerhalle, Tivoli,Kolosseum und Sanssouci - waren im Einvernehmen der Wirte für die Arbeiterbewegung gesperrt. Demzufolge forderte Heinrich Mahlke auf einer Volksversammlung am 29. Oktober 1889 sämtliche Flensburger Arbeiter zum Boykott des Tivoli auf, um den Besitzer, Herrn Levin, zu zwingen, „den Arbeitern zu willen zu sein". Der anwesende Polizeibeamte nahm dies zum Vorwand, um die Versammlung sofort aufzulösen, der Boykott aber wurde durchgesetzt und dauerte bis zum 16. Januar 1890, bis sich Levin dazu bereitgefunden hatte, den Wünschen der Partei nachzukommen. Polizeimeister Langenheim berichtete, daß „die ganze Sache von Neuem die vortreffliche Disziplin der Partei und die gefahrdrohende Macht ihrer Führer" zeige[43]. Als das Tivoli, nachdem dort am 1. Mai 1895 zwei Versammlungen, die von jeweils 2000 bis 3000 Personen besucht waren, von den in Flensburg stationierten Soldaten und von einigen Vereinen gemieden wurde, sah sich Levin erneut dazu genötigt, keine Arbeiterversammlungen mehr zuzulassen. Diese Provokation beantworteten die Sozialdemokraten wiederum mit einem erfolgreichen Boykott, der allerdings in den Reihen der Arbeiter nur schwer durchzusetzen war[44]. Doch auch in späteren Jahren wurde die Flensburger Arbeiterbewegung immer wieder durch solche Schikanen behindert, was letztlich dazu führte, daß sich Partei und Gewerkschaften im Jahre 1898 darauf einigten, ein eigenes Haus zu errichten, in der sie ungestört tagen und Feste feiern konnten. Das heute noch in der Schloßstraße stehende, von Partei und Gewerkschaften aber in den siebziger Jahren aufgegebene Gewerkschaftshaus wurde im Juli 1912 eingeweiht.

Arbeiterverein, Ortsverein und Zentralwahlverein

Hauptaufgabe der lokalen Arbeitervereine war es, die sozialdemokratischen Bestrebungen vor Ort zu fördern und in der Agitation tätig zu sein. Einmal im Monat wurden öffentliche Versammlungen abgehalten, auf denen Vorträge gehalten und Diskussionen geführt wurden. Auf diese Weise trug die Partei zur politischen Bildung der Arbeiterbevölkerung bei und machte sie zugleich mit den Zielen des Sozialismus vertraut. Daneben galt die Wahlagitation als das wichtigste Mittel zur Erreichung der Parteiziele. Nach dem Statut konnte jeder Mann Mitglied werden, der sich zu den sozialdemokratischen Prinzipien bekannte, einen Mitgliedsbeitrag von 10 Pfennig wöchentlich und ein einmaliges Eintrittsgeld von 30 Pfennig bezahlte und die Partei unterstützte, z.B. für die Verbreitung von Flugblättern und Zeitungen sorgte oder zur Wahlagitation beitrug[45]. Da die Vereine und deren Versammlungen nach wie vor polizeilich überwacht wurden und die Namen sämtlicher Mitglieder sowie das Ortsvereinsstatut den Behörden zur Kenntnis gebracht bzw. zur Genehmigung vorgelegt werden mußten, sträubten sich anfangs in Flensburg anscheinend viele Arbeiter gegen eine förmliche Mitgliedschaft. Die Gefahr, den Arbeitsplatz zu verlieren, war nach wie vor groß. So mußte z.B. Friedrich Bentrup wieder aus der Partei austreten, weil ihm dies von seinem neuen Arbeitgeber zur Auflage gemacht wurde[46].

Nach der Modifikation des Vereinsgesetzes im Jahre 1899, wodurch u.a. das Verbindungsverbot wegfiel, wurde in Flensburg ein grundlegender Organisationswandel eingeleitet[47]. Der Flensburger Arbeiterverein erhielt ein neues Statut und trug seit dem 1. Januar 1903 den Namen „Sozialdemokratischer Verein für den 2. Schleswig-Holsteinischen Reichstagswahlkreis, Sitz Flensburg“. Als Vertrauensmänner des Wahlkreises – diese Bezeichnung wurde zunächst beibehalten – fungierten in Personalunion die beiden Vereinsvorsitzenden in Flensburg und Apenrade, Hering und Matthiesen[48].

Mitglied im Flensburger Sozialdemokratischen Verein konnte nunmehr jeder werden, der sich „keine unehrenhaften Handlungen hat zuschulden kommen lassen und das sozialdemokratische Parteiprogramm anerkennt“. Der Verein gab sich den Zweck, „gegenseitige Belehrung, Vorträge und Besprechung über öffentliche, soziale, wirtschaftliche, kommunale und politische Angelegenheiten, sowie das Interesse am öffentlichen Leben zu fördern und Pflege der Geselligkeit zu üben, durch belehrende Vorträge usw.“ (§ 3 des Statuts). Mitgliederversammlungen fanden an jedem ersten Freitag im Monat statt. Es wurde ein obligatorischer Mitgliedsbeitrag von 30 Pfennig im Monat und ein Eintrittsgeld von 29 Pfennig erhoben.

Mit einer zugleich eingeleiteten Zentralisierung der Ortsvereinsarbeit wurde die Position des Vorstandes gestärkt. Der Agitation, die in der Vergangenheit hinter den Erwartungen zurückgeblieben war, sollten zudem im Hinblick auf Nordschleswig neue Impulse verliehen werden. Besonders das Ergebnis der Reichstagswahl 1898 hatte eher ernüchternd gewirkt. Auch der immer noch niedrige Bestand von ca. 500 Mitgliedern war dem Vorstand ein Dorn im Auge. So erhoffte man sich durch eine präzise Verteilung der Aufgaben unter den Mitgliedern und eine noch stringentere Planung mehr Zulauf, um die gesteckten Ziele zu erreichen. Dies konnte indes nur durch einen stabilen personellen Apparat mit entsprechendem Funktionärskörper, unter Ausschaltung der ehemaligen, zum Teil recht selbständig agierenden Vertrauensleute, geschehen. Der „zentralistische Charakter“ des neuen Vereins wird besonders deutlich beim Organisationsplan für die Wahlen. Hierzu wurde die Stadt und das nähere Umland gemäß den vorhandenen Reichstagswahlbezirken in 26 Bezirke eingeteilt. Den Bezirken stand ein Obmann vor, dem aufgetragen war, die Parteiarbeit im Sinne und im Auftrage der Gesamtorganisation zu leiten. Jeder Obmann war verpflichtet, sich Helfer zu suchen, denen auferlegt wurde, „bei allen vorkommenden Arbeiten sofort in Aktion zu treten und den Anordnungen des Obmanns Folge zu leisten“. Die Obmänner wurden vom Parteivorstand vorgeschlagen und von der Mitgliederversammlung nur noch bestätigt. Um im Wahlkampf noch effektiver zu agitieren, wurde ein zentrales Wahlkreiskomitee für den zweiten Reichstagswahlkreis gebildet, das personell nur mit Flensburger Genossen besetzt war.

Im Zuge der großen Organisationsreform der Provinzpartei im Jahre 1905 wurden die Parteiorganisationen in Flensburg und Nordschleswig noch einmal grundlegend umgestaltet, und Anfang 1907 wurde in Übereinstimmung mit dem revidierten Parteistatut für die Provinz der „Zentralverein für den ersten und zweiten schleswig-holsteinischen Reichstagswahlkreis“ gebildet[49]. Die Mitgliedschaften erstreckten sich auf die Orte Flensburg, Hadersleben, Sonderburg, Apenrade, Harrisleefeld und Scherrebek. Das zentralistische Prinzip wurde somit konsequent weiterentwickelt, und dem Vorstand des Wahlkreisvereins wurden mehr Kompetenzen gegenüber den lokalen Organisationen zugewiesen. Die Flensburger waren mit dieser Reform sogleich einverstanden, zumal sie immer eine führende Position für sich beanspruchten und nunmehr in die Lage versetzt wurden, diese auch konsequent einzufordern. Allein der angewendete Schlüssel für die Delegiertenzahl der Generalversammlungen – die Flensburger stellten hier immer die Mehrheit – hatte ihre Dominanz klar hervorgehoben[50].

Der Verein hatte den Zweck, alle diejenigen Bestrebungen zu fördern, „welche aus dem Programm der sozialdemokratischen Partei Deutschlands entspringen. Ferner die Unterstützung aller Bestrebungen, welche die Hebung der Arbeiterklasse im allgemeinen bewirken“. Die lokale Agitation wurde den bestehenden örtlichen Parteiorganisationen vor allem in Flensburg, Apenrade, Hadersleben und Sonderburg verantwortlich übertragen. Bei Bedarf sollte das jeweilige Gebiet in Bezirke unterteilt werden.

Der Vorstand des Wahlkreisvereins bestand aus sieben Personen, nämlich dem Vorsitzenden und dem Kassierer sowie deren Stellvertretern, einem Schriftführer und zwei Beisitzern.

Langjähriger Vorsitzender des Zentralwahlvereins wurde der aus Freiwaldau (Kreis Sagan) stammende Töpfer Ernst Erfurth, der seit 1903 in Flensburg wohnte und zusammen mit Erichsen (ebenfalls Flensburg) als Kassierer und weiteren Vorstandsmitgliedern, darunter seit 1910 wenigstens einer Frau, die Geschäfte des Vereins führte. Die Dominanz der Flensburger verdeutlichen die weiteren Vorstandsmitglieder im Jahre 1911, die sämtlich aus der Stadt kamen. Als einzige Konzession an die übrigen lokalen Vereine des Zentralwahlvereins wurde der Sitz der Kontrollkommission vor 1911 nach Hadersleben, danach nach Apenrade verlegt[51]. In den Generalversammlungen konnte der „große" Flensburger Ortsverein stets seine vorherrschende Stellung behaupten[52]. Trotzdem forderte gerade er aus finanziellen Gründen[53] im Jahre 1909 die Auflösung des Zentralwahlvereins[54]. Dies konnte jedoch durch das Eingreifen des Bezirksvorsitzenden Friedrich Bartels (Kiel) verhindert werden. Eine Trennung hätte, wenn nicht das Ende, so doch einen erheblichen Rückschlag für die Sozialdemokratie im nördlichen Schleswig bedeutet[55].

Auch im Flensburger Ortsverein ergaben sich im Zuge der Parteireform Veränderungen. Die Obmänner, nun wieder Vertrauensmänner genannt, wurden eng in die Vorstandsarbeit integriert. Regelmäßig wurden sie zu Vertrauensmännersitzungen zusammengerufen – im Jahre 1908 waren es allein 21 – auf denen alle wesentlichen Fragen der Organisation und Agitation besprochen wurden[56]. Der Vorstand des Ortsvereins setzte sich aus bis zu 13 Männern zusammen. Darunter befanden sich neben den Inhabern der üblichen Vorstandspositionen drei Mitglieder einer Pressekommission und ein Bibliothekar. Bis 1905 fungierte August Hering als Vorsitzender, als Kassierer bis 1919 Andreas Drews. 1905 wurde Wilhelm Haberlandt Vorsitzender. Für den Vorstand wurde die enge Verzahnung zwischen Partei und Gewerkschaften für selbstverständlich erachtet. Auch Ämterkumulation und eine über Jahre hinausgehende Führungskontinuität wurde von den Mitgliedern widerstandslos akzeptiert. Mahlke (bis 1907), Hering, Ernst Erfurth, Waldemar Sörensen, Peter Michelsen und Haberlandt waren in ihren Positionen in Partei und Gewerkschaften nahezu unangefochten, sie bestimmten das politische Leben der Partei in der Stadt. Mach-

Abb. 7: Ernst Erfurth, geb. am 23.7.1871 in Freiwaldau (Kreis Sagan), war von Beruf Töpfer und wohnte um die Jahrhundertwende in Hadersleben. Von 1899 bis 1902 war er Bevollmächtigter des dortigen Fabrikarbeiterverbandes, 1897–1902 Vorsitzender des Sozialdemokratischen Vereins Hadersleben und 1903 Kassierer des Flensburger Ortsvereins. Seit dem 1.4.1904 war er Expedient und Berichterstatter der Volkszeitung für Flensburg. 1910 wurde er Stadtverordneter (bis 1924) und bekleidete neben dem Posten des Vorsitzenden im Zentralwahlverein weitere Ehrenämter in der Flensburger Arbeiterbewegung. Er war Vorstandsmitglied im Konsumverein und Geschäftsführer des 1913 eröffneten Gewerkschaftshauses. Auch nach 1919 blieb Erfurth in führenden Parteipositionen und fungierte als Gesellschafter der Flensburger Volkszeitung und als Mitglied in der Kontrollkommission der Provinzpartei. Den Höhepunkt seiner Partei-Laufbahn erlebte er als Mitglied im Provinziallandtag und Provinzialausschuß 1920–1922.

Abb. 8: Wilhelm Haberlandt, geb. am 25.12.1878 in Viecheln (Mecklenburg), war einer der bedeutendsten Arbeiterführer Flensburgs. Seine berufliche Laufbahn begann er als Fabrikarbeiter bei einer Papiermühle. In den Organisationen der Flensburger Arbeiterbewegung war er nacheinander Lagerhalter beim Konsumverein, Parteisekretär (Unterbezirk) und Redakteur bei der Volkszeitung. Schließlich erhielt er eine Anstellung bei der Ortskrankenkasse in Flensburg. Haberlandt war Vorsitzender der Flensburger SPD von 1905 bis zu seiner Einberufung zum Militär 1916, zeitweilig 1919 und von 1927 bis 1933. Von 1919 bis 1922 war er Stadtverordneter und danach ehrenamtlicher Stadtrat. Dem Provinziallandtag gehörte er von 1921 bis 1933 an. Haberlandt geriet 1933 zweimal in Schutzhaft. Er starb 1941 in Flensburg.

ten sie ihre Sache gut, war ihre Wiederwahl, die zumeist nur per Akklamation erfolgte, nur noch eine Formsache. Kontrollen der Vorstandsarbeit oder kritische Nachfragen waren mehr oder weniger verpönt.

Die Mitglieder

Die Entscheidung, im sozialdemokratischen Verein Mitglied zu werden, sich gewerkschaftlich zu organisieren oder einfach nur die Parteikandidaten zu wählen, wurde geprägt von den gemeinsamen Erfahrungen in der Klassengesellschaft des kaiserlichen Deutschlands. Die tägliche Erfahrung von Armut und politischer Unterdrückung schärfte den Blick vieler Arbeiter für erlittenes Unrecht und machte sie bereit, die sozialdemokratischen Lehren aufzunehmen und anzuwenden. Die Mitgliedschaft fiel in jenen Orten leichter, die von der industriellen Revolution erfaßt und in ihrer Sozialstruktur wesentlich verändert wurden. Flensburg war regionales Parteizentrum und verfügte um die Jahrhundertwende über Stadtquartiere, die mehrheitlich von Arbeitern bewohnt wurden und in denen sich eine spezifische sozialdemokratische Kultur in einem soziokulturellen Umfeld mit entsprechendem Arbeitermilieu ausbreiten konnte[57].

Im Februar 1891 wies der sozialdemokratische Arbeiterverein Flensburg 130 Mitglieder auf. Die weitere Entwicklung verlief jedoch äußerst schleppend. 1894 wurden 300 Mitglieder gezählt, 1897 nur 250. Zu diesem Zeitpunkt waren knapp 11 Prozent der Gewerkschaftsmitglieder in der sozialdemokratischen Partei organisiert. Dieses Verhältnis verschob sich bis 1910 positiv auf ca. 36 Prozent.[58] In den Jahren 1906 wies der Ortsverein 870 und 1910 schon 1 633 Mitglieder auf, darunter waren nunmehr 175 Frauen. 1912 waren es 1 788 Mitglieder, darunter 263 Frauen. 1909 waren lediglich 8 Prozent der Mitglieder Frauen, ihr Anteil verdoppelte sich jedoch bis 1914.

Bis zur Revision des preußischen Vereinsgesetzes 1908 durften Frauen nicht Parteimitglieder werden. Zuvor war es ihnen sogar strikt verboten, bei politischen Versammlungen überhaupt teilzunehmen. Nach einer ersten Änderung konnten sie seit 1902 aber immerhin schon zuhören, sofern sie sich im

Abb. 9: Bau des ersten Docks bei der FSG, 1902

„Segment" aufhielten, einem für sie reservierten und deutlich abgetrennten Raum. Dabei hatten sie jedoch kein Rederecht und durften sich auch sonst nicht bemerkbar machen. Aufgrund der 1908 erneut veränderten Gesetzeslage wurde auch in Flensburg umgehend eine Statutenänderung vorgenommen, in der es hieß, daß in den Vorstand des Ortsvereins ein weibliches Mitglied gewählt werden müsse, zugleich wurde für weibliche Mitglieder ein Beitrag von 10 Pfennig festgesetzt, während Männer nach wie vor 20 Pfennig pro Monat zahlten[60]. Inwieweit diese „Vorstandsfrau" mehr als eine „Alibifunktion" gehabt hat, ist schwer zu entscheiden. Rein zahlenmäßig jedenfalls waren die Frauen im Vorstand bei weitem unterrepräsentiert. So stand Catharine Hoee als einzige Frau im Jahre 1912 zwölf männlichen Kollegen gegenüber. Auch unter den Delegierten zur Generalversammlung des Zentralwahlvereins waren Frauen kaum anzutreffen. Ihnen wurde als Quote gerade ein Delegiertensitz zugestanden. In den Vorstand des Zentralwahlvereins sollte ab 1910 nur eine Frau gewählt werden, wenn dies als notwendig erachtet wurde. Schließlich konnten sich die Delegierten nach zum Teil heftigen Kontroversen nur darauf verständigen, den Vorstand um eine weitere Position zu erweitern, vielleicht deshalb, um keinen Mann zur Aufgabe seines Postens zu zwingen[61].

Kundgørelser.

Vælgere

i anden slesvigske Valgkreds!

Den 24. Juni, Dagen for Omvalget, have De at vælge mellem Socialdemokraternes Kandidat, **Skræddermester Heinrich Mahlke i Flensborg** og en Folkets [illegible], Skibsrheder M. Jebsen i Aabenraa, og afgøre, om de **trykkende Byrder**, som Folket allerede nu har at bære, yderligere skulle **forstørres ved Forøgelsen af de staaende Hære.**

Den hidtilværende Rigsdagsmand M. Jebsen har hidtil ikke holdt det Møjen værd, at give Vælgerne en Beretning om sin Virksomhed i Rigsdagen, hvorimod de **socialdemokratiske Rigsdagsmænd** med den største Aabenhed stille deres Virksomhed under den almindelige Kritik.

Hvem der derfor vil, at der i den næste Rigsdag skal komme en Repræsentant, der ogsaa **offentlig kan aflægge Regnskab** over sin Virksomhed, vælge den 24. Juni

Skræddermester

Heinrich Mahlke

fra Flensborg.

Hvem der er imod **Forøgelsen af Folkets Byrder**, hvem der er imod de nye **indirekte Skatter**, vælge Skræddermester **Heinrich Mahlke.**

Vælgere! Hvem der vil, at **Folkets Rettigheder** skulle **beskyttes**, hvem der vil, at Folket skal **beholde** den almindelige, retfærdige, hemmelige, direkte **Valgret, vælge den 24. Juni**

Skræddermester

Heinrich Mahlke

fra Flensborg.

Den socialdemokratiske Valgkomite.

Abb. 10: Dänischsprachiges Flugblatt für den Kandidaten, Schneidermeister Heinrich Mahlke, zur Stichwahl bei der Reichstagswahl 1893

An die Wähler des 2. Schlesw.-Holst. Reichstagswahlkreises.

Wähler von Stadt und Land!

Laut kaiserlicher Verordnung sind die **Reichstagswahlen** auf **Donnerstag, den 16. Juni d. J.,** festgesetzt. An diesem Tage haben die Wähler zu entscheiden, wem sie die Wahrung der Interessen des Reiches, sowie ihrer eigenen anzuvertrauen haben. Arbeiter, Handwerker, Beamter, Kaufmann sowie Landmann haben sich die Frage vorzulegen: Wie haben die bisherigen Vertreter des Kreises Deine Interessen, sowie die Interessen des gesammten Volkes gewahrt? Die Entscheidung über diese Frage wird bei der großen Mehrzahl der Wähler dahin ausfallen, daß der bisherige Vertreter kein Vertreter der Volksinteressen, sondern nur Vertreter einer Klasse war, und zwar der geldbesitzenden Klasse. Daß ein Vertreter der besitzenden Klasse, um sich und Seinesgleichen nicht in das eigene Fleisch zu schneiden, nur die Interessen seiner Klasse **und nicht die Interessen des Mittelstandes, Kleinhandwerkers, des kleinen Beamten, des kleinen Landmannes und vor allem nicht die des Arbeiters wahrt,** liegt klar auf der Hand. In wie weit der bisherige Vertreter dieses Kreises seine Thätigkeit im Interesse des Volkes, vor allem des arbeitenden Volkes, des Handwerkers, des kleinen Beamten und so weiter, ausgeübt hat, darauf werden wir in einer späteren Kundgebung eingehen. Der bisherige Vertreter des Kreises wird selbst von einem Theil seiner Klassengenossen nicht wieder als der geeignete Vertreter angesehen und deshalb den Wählern andere Personen, welche das Interesse Derer, mit Glücksgütern schon reichlich Gesegneten, noch besser zu wahren versprechen, empfohlen werden. **Wähler!** Ihr habt Euch die empfohlenen Personen genau anzusehen und zu prüfen. Da werdet Ihr finden, daß ein Vertreter des Besitzes, des Großkapitals, **niemals** ein Vertreter des **gesammten Volksinteresses sein kann,** dazu gehört ein Mann aus dem Volke. Als solcher ist von den Anhängern der socialdemokratischen Partei des 2. Schleswig-Holsteinischen Wahlkreises der **Geschäftsführer Herr**

Friedrich Holzhäußer

in Flensburg

als Candidat aufgestellt. **Herr Holzhäußer** wirkt Jahrzehnte lang im Interesse des Volkes. Aus dem Volke selbst hervorgegangen, kennt er die Lage des Handwerkers, des kleinen Geschäftsmannes, des kleinen Beamten und auch des Landmannes, aber vor allem die Lage des Arbeiters aus eigener Erfahrung. Schon seit einer langen Reihe von Jahren hat die Gewerkschaft der Schneider, welche über ganz Deutschland verbreitet und viele Tausende Mitglieder zählt, ihn mit dem verantwortungsvollen Posten als Geschäftsführer betraut. Mit den Verhältnissen des Kreises ist unser Candidat gleichfalls nicht unbekannt, da derselbe ca. 6 Jahre in Flensburg seinen Wohnsitz hat und daselbst seine wirksame Thätigkeit entfaltet.

Wähler! Wie aus einem besonderen Aufruf zu ersehen ist, stehen dem nächsten Reichstage **große Aufgaben bevor, auch drohen den wenigen Volksrechten große Gefahren, deshalb gilt es, alles einzusetzen, daß ein Mann aus dem Volke gewählt wird, welcher die Garantien bietet, daß die Rechte des Volkes gewahrt und erweitert werden, daß die Lasten, welche das Volk zu tragen hat, vermindert** und nicht vermehrt werden. **Ein solcher Mann ist Herr Friedrich Holzhäußer, Geschäftsführer zu Flensburg.** Wähler! Setzet alles daran, daß nur dieser unser Candidat als Sieger aus der Wahlurne hervorgeht, schon jetzt muß jeder auf dem Posten sein, um jeden Mitwähler aufzuklären, an seine Pflicht zu mahnen, damit er nicht am Tage der Wahl aus Unkenntniß von der Wahl fernbleibt.

Unser **Candidat, Herr Friedrich Holzhäußer, Geschäftsführer zu Flensburg,** ist gern bereit, überall wo es nur möglich ist, sich den Wählern persönlich vorzustellen und sein Programm zu entwickeln; deshalb, Wähler, beruft überall Versammlungen ein, gebt dem Candidaten oder an das unterzeichnete Wahlcomitee Nachricht, wo dann das Weitere veranlaßt wird.

Wähler! Vom 18. Mai an liegen die Wählerlisten zu Jedermanns Einsicht 8 Tage lang aus, versäume Niemand, die Listen selbst nachzusehen oder durch einen Bekannten nachsehen zu lassen, ob auch sein Name in der Wahlliste verzeichnet steht. Nur Derjenige kann am Tage der Wahl seine Stimme abgeben, welcher in der Liste verzeichnet steht. Darum auf, Wähler des 2. Schleswig-Holsteinischen Wahlkreises! Zerstört alle Pläne der machthabenden Klasse, tretet ein für die Wahrung der Volksrechte, kein Mann darf am Tage der Wahl von der Wahlurne fernbleiben, alles muß aufgeboten werden, um dem Volksmann, dem Candidaten der socialdemokratischen Partei, **Herrn Friedrich Holzhäußer, Geschäftsführer in Flensburg,** zum Siege zu verhelfen.

Alles durch das Volk, aber auch alles für das Volk!

Des Volkes Wille ist das höchste Gesetz!

Das socialdemokratische Wahlcomitee
des 2. Schleswig-Holsteinischen Reichstagswahlkreises.

NB. Etwaige auf die Wahl Bezug habende Anfragen und Zuschriften sind zu richten an Herrn **Th. Müller** in Flensburg, Waitzstr. 7.

Anmerkung: Wähler ist jeder Deutsche, welcher am Tage der Wahl das 25. Lebensjahr erreicht hatte, in dem Bezirk, in dem er bei Aufstellung der Wahlliste wohnte. Ausgeschlossen von der Wahl sind Diejenigen, die Armenunterstützung aus öffentlichen Mitteln genießen, oder im letzten, der Wahl vorhergegangenen Jahre genossen haben, diejenigen, die im Concurse sich befinden, oder denen die politischen Ehrenrechte aberkannt wurden.

Herausgeber: Th. Müller. Druck von [illegible] & Larsen, Flensburg.

Abb. 11: Wahlaufruf für Friedrich Holzhäuser, 1898

Die Reichstagswahlen nach 1890

Die feste Verankerung der Partei in der Industriearbeiterschaft der Stadt wird deutlich bei Betrachtung der Wahlergebnisse, die die sozialdemokratischen Kandidaten bei den Reichstagswahlen in den Wahlbezirken erreichten. Schon in den achtziger Jahren holten sie in den nördlichen Bezirken, z.B. in der Neustadt, die meisten Stimmen. Zum Teil wurden Anteile von über 80 Prozent erreicht. In diesen Hochburgen wohnte – zumeist in unmittelbarer Nähe zu den Arbeitsplätzen, vor allen Dingen zur Werft und zu anderen Betrieben des Maschinenbaus – der Großteil der Arbeiterbevölkerung. Dieser Trend verstärkte sich im Laufe der Zeit.

Nach dem überraschenden Ergebnis von 1890 wurde für die Wahl 1893 ein noch größerer Erfolg von Heinrich Mahlke erwartet. Dieser vermochte zwar seinen Anteil auf 2841 Stimmen zu steigern, doch insgesamt blieb das Ergebnis ebenso wie das von 1898 enttäuschend[62].

Einen herausragenden Erfolg gab es erst bei der Wahl 1903, als Heinrich Mahlke in der Stichwahl mit seinem antisemitischen Kontrahenten, dem fünf Jahre zuvor als Abgeordneten gewählten Friedrich Raab, mit 10082 Stimmen und knapp tausend Stimmen Vorsprung gewählt wurde. Dieses hervorragende Ergebnis war vor allem dem Umstand zu verdanken, daß die dänischen Wähler im Landkreis Apenrade, der zum zweiten Reichstagswahlkreis gehörte, für Mahlke stimmten. Voraussetzung für das positive Votum bildete dabei die Resolution des schleswig-holsteinischen Provinzparteitages von Flensburg im Herbst 1902, auf dem die Partei das Selbstbestimmungsrecht der Dänen für eine Volksabstimmung in Nordschleswig anerkannt und damit eine wesentliche Forderung erfüllt hatte. Aber auch zahlreiche linksliberale Wähler stimmten für Mahlke und verhinderten somit das erneute Mandat für Raab, der insbesondere von der Angler Landbevölkerung unterstützt wurde und im Landkreis Flensburg doppelt so viele Stimmen wie Mahlke erhalten hatte[63]. Die folgenden Wahlen waren trotz steigender Stimmenzahl durch einen starken prozentualen Rückgang gekennzeichnet. In den beiden Stichwahlen von 1907 und 1912 unterlag der sozialdemokratische Kandidat Michelsen seinen bürgerlichen Kontrahenten, weil er nicht wie vorher Mahlke von den Dä-

Legitimations-Karte

für Herrn H. Lienau, Neumünster

als Delegierter zum

Socialdemokratischen Parteitag

für die

Provinz Schleswig-Holstein, freie Hansastadt Hamburg, Fürtentum Lübeck und Herzogtum Lauenburg

am 31. August und 1. September 1902

im „Mühlenpavillon" in Flensburg, Waitzstr. 4.

Das Komitee.

Wenden!

Abb. 12: „Legitimationskarte" für den „legendären" langjährigen Vorsitzenden der sozialdemokratischen Agitationskommission Schleswig-Holstein, Heinrich Lienau aus Neumünster, beim Provinzialparteitag 1902 in Flensburg. Auf diesem Parteitag wurde die „Nordschleswigresolution" verabschiedet, in der Schleswig-Hosteins Sozialdemokraten das Selbstbestimmungsrecht des dänischen Bevölkerungsteils erstmals schriftlich anerkannte, auch wenn dies in erster Linie aus wahltaktischen Gründen geschah. Im übrigen war Flensburg noch zweimal Parteitagsort, nämlich im Frühjahr 1895 und nochmals im Juli 1913.

nen unterstützt wurde, die dadurch 1907 dazu beitrugen, daß ein „Freund der Köllerschen Zwangspolitik in den Reichstag" kam[64]. In Flensburg jedoch erhielt die SPD jeweils die meisten Stimmen (s. Stichwahl):

SPD-Stimmen bei den Reichstagswahlen 1903–1912

	Hauptwahl		
	1903	1907	1912
Stadt Flensburg	4263	4386	5765
Wahlkreis	6316	6239	7977
	Stichwahl		
	1903	1907	1912
Stadt Flensburg, SPD	5813	5732	6546
Stadt Flensburg, Bürgerl.	2260	3769	4995
Wahlkreis, SPD	10082	8725	10317
Wahlkreis, Bürgerl.	9088	13050	13725

Die Kommunalwahlen

Schleswig-Holsteins Sozialdemokraten waren schon frühzeitig zu einer positiven Aussage zur Kommunalwahlbeteiligung gekommen. Auf dem Provinzparteitag 1894 in Itzehoe forderte z.B. der Altonaer Delegierte Karl Frohme, daß es den einzelnen Orten überlassen sein müsse, sich zu beteiligen[65]. Auf dem Parteitag 1899 in Neumünster wurde schließlich nach grundlegender Diskussion die Ausarbeitung eines Kommunalwahlprogramms beschlossen, das von einer Arbeitsgruppe unter Führung von Frohme auf dem Parteitag von Altona 1901 verabschiedet wurde. Das Kommunalwahlprogramm bildete für die Folgezeit bis in den Weltkrieg hinein eine wesentliche Grundlage für die weitere Ausgestaltung der sozialdemokratischen Kommunalpolitik in Schleswig-Holstein. Im Vordergrund stand das Ziel, die schleswig-holsteinischen Arbeiter für kommunalpolitische Belange überhaupt zu interessieren und das Protestpotential zu den bevorstehenden weiteren Landtags- oder Reichstagswahlen zu erhöhen. Das Programm jedoch konnte erst dann zur vollen Entfaltung kommen, wenn die Voraussetzung, die undemokratische „Zensuswahl", zugunsten des allgemeinen, gleichen und direkten Wahlrechts abgeschafft war. Weiter ging es um eine Reform des Schulwesens und um Regelungen bei der städtischen Fürsorge sowie der Armen- und Krankenpflege. Weitere Forderungen zielten darauf, Arbeitslosigkeit durch kommunales Engagement abzumildern, und auf die Errichtung von Gewerbegerichten, die bei Arbeitsauseinandersetzungen Schlichterfunktionen übernehmen sollten. Schließlich wurden in einem gesonderten Absatz eine Reform der Wohnungsfürsorge durch gemeinnützige Wohnungspolitik und die Schaffung von Wohnungsämtern verlangt, um der sich ausbreitenden Wohnungsnot begegnen zu können.

Doch trotz dieses grundlegenden Programms blieben die Aussichten auf Stimm- und Mandatsgewinne in der Provinz schlecht. Durch die Rahmenbedingungen des Zensuswahlrechts stießen die Sozialdemokraten nicht nur fortwährend an die Grenzen ihrer Einflußmöglichkeiten in den Kommunen. Die dadurch vorprogrammierte Chancenlosigkeit beeinflußte ebenso die innerparteiliche Diskussion über die Teilnahme an den Kommunalwahlen und das kommunale Wahlprogramm entscheidend. In Schleswig-Holstein hatte das Städtewahlrecht einen Zensus festgelegt, den jede Stadt zudem noch durch Ortsstatut selbst bestimmen konnte und der in entscheidenden Momenten zuungunsten der Sozialdemokratie verändert werden konnte[66]. Nicht nur die Höhe des Einkommens wirkte sich beschränkend auf das Wahlrecht aus, auch die Voraussetzung der Selbständigkeit bzw. eines eigenen Hausstandes verschärfte die Situation für Arbeiter und Kleinverdiener. Insgesamt waren so in Schleswig-Holstein im Durchschnitt höchstens zehn bis zwanzig Prozent der über fünfundzwanzigjährigen männlichen Bevölkerung wahlberechtigt. Es ist verständlich, daß bei solch offenkundigen Benachteiligungen die Arbeiter, selbst wenn sie wahlberechtigt waren, nur schwer zum Gang in die Wahllokale zu bewegen waren. In Flensburg betrug die Wahlbeteiligung im Jahre 1890 gerade 6,4 Prozent und im Jahre 1900 ca. 7,6 Prozent. Erst nachdem sich die Sozialdemokratie auch in Flensburg zur Wahlteilnahme durchgerungen hatte, stieg die Wahlbeteiligung an und verdoppelte sich bis zum Jahre 1913 auf 15,2 Prozent. Dies hing u.a. auch damit zusammen, daß sich im gleichen Zeitraum das nominale Einkommen der unteren Bevölkerungsschichten erhöht hatte und der diskriminierende Charakter des Wahlrechts für sie verlorenging. Dennoch erhöhten sich die Chancen zur Machtteilhabe und Durchsetzung der partikularen Arbeiterinteressen dadurch nicht[67]. Die Sozialdemokraten waren von einer echten Teilhabe am kommunalen Geschehen weiterhin abgeschnitten. Die Integration in die kommunalen Entscheidungsprozesse in der Stadt wurde ihnen von der bürgerlichen Gesellschaft systematisch verwehrt. Die Öffentlichkeit der Stimmabgabe gestattete den Parteistrategen aber auch, die eigene Klientel bei der Stimmabgabe zu beobachten und zu kontrollieren, und die Sozialdemokraten in Flensburg schreckten anscheinend auch nicht vor massiven Wahlbeeinflussungen zurück. Dieses Phänomen läßt sich besonders in den Arbeitervierteln im Norden der Stadt beobachten, die sich fest in ihrer Hand befanden. So sollen bei den Kommunalwahlen seit 1908 von sozialdemokratischen Wahlhelfern Strichlisten geführt worden sein, um festzustellen, wer wen gewählt hatte. Es erscheint durchaus möglich, daß die in diesen Wohnquartieren ansässigen Gewerbetreibenden der Wahl fernblieben oder

Abb. 13: Neben dem Kommunalwahlrecht war auch das reaktionäre preußische Dreiklassenwahlrecht für den Landtag undemokratisch und wurde von der Sozialdemokratie heftig bekämpft. Am 12.1.1908 organisierte die Partei z. B. überall in Preußen Protestkundgebungen. Die Flensburger fand im Lokal Hoheluft in der Schleswiger Straße statt und wurde von über 4000 Menschen besucht. Viele fanden keinen Einlaß in den Saal und blockierten die Straße, während drinnen Peter Michelsen eine flammende Rede gegen die politische Unterdrückung hielt.

aber für die Sozialdemokraten stimmten, um einem befürchteten Boykott ihrer Geschäfte durch die Arbeiterbevölkerung zu entgehen[68].
In Flensburg beteiligte sich die Sozialdemokratie an den Kommunalwahlen jedoch erst nach 1903. Zuvor war sogar bewußt darauf verzichtet worden, um sich nicht zu „blamieren", wie es Heinrich Mahlke noch auf dem Parteitag 1899 ausdrückte. Wenn es nicht einmal gelänge, einen Achtungserfolg zu erzielen, mache man sich lächerlich. Weiter verwies er darauf, daß sich sowohl die Arbeiter als auch kleinere selbständige Handwerker in vielfachen Abhängigkeitsverhältnissen befänden und demzufolge aus Angst in der öffentlichen Wahl nicht sozialdemokratisch zu stimmen wagten[69]. Aufgrund des Wahlnormativs fanden in der Zeit zwischen 1864 und 1918 jeweils nur Nachwahlen für regulär ausscheidende Stadtverordnete statt. Da somit immer nur ein oder zwei Mandate neu besetzt werden konnten, fehlte der Partei ein wichtiges Element bei der Mobilisierung der Wähler. Als Mehrheitswahl war der gesamte Wahlkampf andererseits auf die Persönlichkeit des Kandidaten abgestellt. Hier besaß das Bürgertum wesentliche Vorteile[70]. Somit gab es im bürgerlichen Flensburg zunächst keine Veranlassung, das Wahlrecht einzuschränken. Unmittelbar vor Kriegsbeginn im Juli 1914 wurde jedoch über eine solche Wahlrechtsänderung nachgedacht. Flensburgs Sozialdemokraten hegten den Verdacht, daß einzelne Stadtverordnete eine Einschränkung des Wahlrechts befürworteten. Gegen diese mögliche Behinderung wurde von seiten des Ortsvereins auf der regulären Monatsversammlung am 2. Juli 1914 heftig protestiert[71].
Seit 1903 standen die Kommunalwahlen deutlich im Zeichen des Gegensatzes zwischen den bürgerlichen Gruppierungen und den Kandidaten der Sozialdemokratie. Bei der ersten Teilnahme erreichten ihre Kandidaten aber von 1 470 abgegebenen nur 161 Stimmen. Dies war ein niederschmetterndes Ergebnis und bestätigte Mahlkes oben geschilderte Befürchtungen aus dem Jahre 1894. Erst seit 1908 gelangte die Sozialdemokratie in Bereiche um die vierzig Prozent, die zur Hoffnung auf das eine oder andere Mandat berechtigten. Am 16. März 1910 wurden in einer Nachwahl Ernst Erfurth und Waldemar Sörensen schließlich als erste sozialdemokratische Stadtverordneter gewählt, letzterer mit 52,75 Prozent der Stimmen. Auch die weiteren Erfolge waren hart umkämpft, sie wurden allerdings andererseits durch Unstimmigkeiten unter den bürgerlichen Kommunalvereinen begünstigt, die in entscheidenden Situationen uneinig waren. Zudem profitierte die Sozialdemokratie von einer geringen Wahlbeteiligung bei den Nachwahlen, die kaum mehr als zehn Prozent betrug. Auf diese Weise gelangten drei weitere Stadtverordnete – Peter Michelsen, Paul Diez und Ernst Köhler – 1911 und 1912 in das städtische Kollegium[72].
Durch die Wahl eigener Abgeordneter in die Stadtverordnetenversammlung gewannen die Flensburger Sozialdemokraten als Interessenvertreter der Arbeiter auch im kommunalen Gemeinschaftsleben erheblich an Gewicht. Eine konstruktive Zusammenarbeit in den Gremien entwickelte sich jedoch erst im ersten Weltkrieg, als sich Sozialdemokraten und Bürgervereinsausschuß sogar auf die Einhaltung eines „Status quo" bei der Mandatsverteilung verständigten. In gemeinsamen Wahlaufrufen wurde für die neu zu wählenden Kandidaten geworben. Oberbürgermeister Todsen berichtete im August 1917 anerkennend, daß sich die „hiesige sozialdemokratische Partei . . . unter der Leitung zweier besonnener und vaterlandsliebender Führer" befinde[73].

Die Flensburger Volkszeitung

Große Bedeutung bei der sozialdemokratischen Parteiarbeit und der Agitation kam der Parteipresse zu. Gerade bei Wahlkämpfen hatten die Zeitungen maßgeblichen Anteil an den Erfolgen. Auch in Schleswig-Holstein gab es schon 1877/78 eine solche Zeitung. Dieses war die Schleswig-Holsteinische Volkszeitung, die kurzzeitig in Kiel erschien, in der Zeit der Sozialistenverfolgung aber ihr Erscheinen wieder einstellen mußte. Auch in Flensburg wurde die SHVZ gelesen. Darüber hinaus aber wurde von einzelnen Parteimitgliedern auch die Nordwacht abonniert und zusätzlich die dänischsprachige Zeitung „Socialdemokraten" gehalten.
Schon beim Auslaufen des Sozialistengesetzes keimten in Flensburg Ideen zur Herausgabe einer eigenen lokalen Zeitung auf. Die Pläne dafür aber ließen sich im Jahre 1890 aus finanziellen Gründen noch nicht realisieren, zudem war die

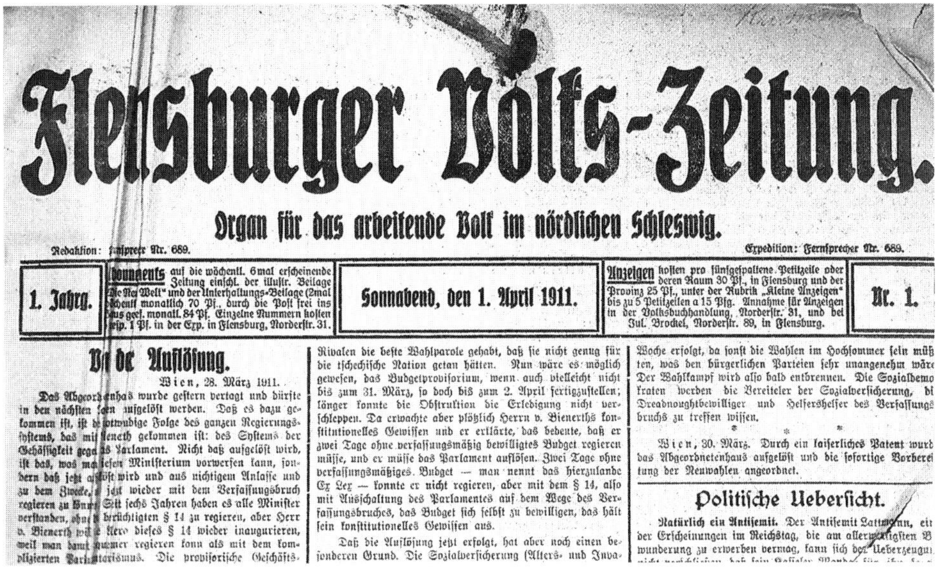
Flensburger Volks-Zeitung.

Organ für das arbeitende Volk im nördlichen Schleswig.

Redaktion: Fernsprecher Nr. 689. Expedition: Fernsprecher Nr. 689.

1. Jahrg. | Abonnements auf die wöchentl. 6mal erscheinende Zeitung einschl. der illustr. Beilage „Die Neue Welt“ und der Unterhaltungs-Beilage (2mal wöchentl.) monatlich 70 Pf., durch die Post frei ins Haus gest. monatl. 84 Pf. Einzelne Nummern kosten resp. 1 Pf. in der Exp. in Flensburg, Norderstr. 31. | Sonnabend, den 1. April 1911. | Anzeigen kosten pro fünfgespaltene Petitzeile oder deren Raum 30 Pf., in Flensburg und der Provinz 25 Pf., unter der Rubrik „Kleine Anzeigen“ bis zu 5 Petitzeilen a 15 Pfg. Annahme für Anzeigen in der Volksbuchhandlung, Norderstr. 31, und bei Jul. Brockel, Norderstr. 89, in Flensburg. | Nr. 1.

Vor der Auflösung.

Wien, 28. März 1911.

Das Abgeordnetenhaus wurde gestern vertagt und dürfte in den nächsten Tagen aufgelöst werden. Daß es dazu gekommen ist, ist die notwendige Folge des ganzen Regierungssystems, das mit Bienerth gekommen ist: des Systems der Gehässigkeit gegen das Parlament. Nicht daß aufgelöst wird, ist das, was man diesem Ministerium vorwerfen kann, sondern daß jetzt aufgelöst wird und aus nichtigem Anlasse und zu dem Zwecke, um jetzt wieder mit dem Verfassungsbruch regieren zu können. Seit sechs Jahren haben es alle Minister verstanden, ohne den berüchtigten § 14 zu regieren, aber Herr v. Bienerth will die Ära dieses § 14 wieder inaugurieren, weil man damit immer regieren kann als mit dem komplizierten Parlamentarismus. Die provisorische Geschäfts- [...] Rivalen die beste Wahlparole gehabt, daß sie nicht genug für die tschechische Nation getan hätten. Nun wäre es möglich gewesen, das Budgetprovisorium, wenn auch vielleicht nicht bis zum 31. März, so doch bis zum 2. April fertigzustellen; länger konnte die Obstruktion die Erledigung nicht verschleppen. Da erwachte aber plötzlich Herrn v. Bienerths konstitutionelles Gewissen und er erklärte, das bedeute, daß er zwei Tage ohne verfassungsmäßig bewilligtes Budget regieren müsse, und er müsse das Parlament auflösen. Zwei Tage ohne verfassungsmäßiges Budget — man nennt das hierzulande Ex Lex — konnte er nicht regieren, aber mit dem § 14, also mit Ausschaltung des Parlamentes auf dem Wege des Verfassungsbruches, das Budget sich selbst zu bewilligen, das hält sein konstitutionelles Gewissen aus.

Daß die Auflösung jetzt erfolgt, hat aber noch einen besonderen Grund. Die Sozialversicherung (Alters- und Invaliden- [...] Woche erfolgt, da sonst die Wahlen im Hochsommer sein müßten, was den bürgerlichen Parteien sehr unangenehm wäre. Der Wahlkampf wird also bald entbrennen. Die Sozialdemokraten werden die Vereiteler der Sozialversicherung, die Dreadnoughtbewilliger und Helfershelfer des Verfassungsbruchs zu treffen wissen.

* * *

Wien, 30. März. Durch ein kaiserliches Patent wurde das Abgeordnetenhaus aufgelöst und die sofortige Vorbereitung der Neuwahlen angeordnet.

Politische Uebersicht.

Natürlich ein Antisemit. Der Antisemit Lattmann, einer der Erscheinungen im Reichstag, die am allerwenigsten Bewunderung zu erwerben vermag, kann sich der Ueberzeugung [...]

Abb. 14: Die erste Ausgabe der Flensburger Volkszeitung vom 1.4.1911. Nach der Revolution erreichte die FVZ im Jahre 1919 in mehreren Schritten die erhoffte vollständige Unabhängigkeit (vgl. Abb. 23). 1933 wurde sie von den nationalsozialistischen Machthabern verboten.

Anzahl der dafür gewonnenen Abonnenten noch zu klein. Flensburgs Arbeiter bezogen demzufolge ihre Stadtnachrichten aus den bürgerlichen Zeitungen, wobei die Norddeutsche Zeitung und die Flensburger Nachrichten in Arbeiterhaushalten nur wenig gelesen wurden. Häufiger wurde dagegen schon Flensborg Avis gehalten und ebenso das Flensburger Annoncenblatt. Auch die seit dem 1. Oktober 1890 wieder erscheinende Schleswig-Holsteinische Volkszeitung, dessen Geschäftsführer der aus Flensburg stammende Schriftsetzer Julius Krause war, wurde gelesen. Ihre Gesamtabonnentenzahl in der Provinz lag 1902 bei 10001 und 1904 bei 14017 Exemplaren. 1913 erschien die SHVZ täglich in 30000 Exemplaren[74]. Darüber hinaus wurde in Flensburg der Vorwärts gelesen, die Nordwacht, das Hamburger Echo und die Leipziger Volkszeitung sowie als unterhaltende Zeitschriften „Der Wahre Jacob“ in 600 und „Der Süddeutsche Postillion“ in 100 Exemplaren im Jahre 1903. Die SHVZ wurde in 670 Exemplaren gehalten. Da nicht jeder Arbeiter sich ein Abonnement leisten konnte oder dazu zu bewegen war, lagen die Zeitungen in zahlreichen Gastwirtschaften und Zigarrengeschäften sowie bei Friseuren aus[75]. Trotzdem wurden die Flensburger auf den Provinzparteitagen oft wegen des vermeintlich geringen Abonnentenstandes bei der SHVZ kritisiert. Diese konterten die Kritik stets mit den Hinweisen, daß sie infolge der Kosten für die Agitation in Nordschleswig erheblichen finanziellen Belastungen unterlägen und sich zudem durch das Gewerkschaftshausprojekt langfristig festgelegt hätten, so daß bei den Mitgliedern keine Reserven mehr vorhanden seien. Friedrich Holzhäuser ließ sich auf dem Provinzparteitag 1897 sogar zu der Äußerung hinreißen, daß sich die Flensburger dem „Terrorismus“ des Provinzialvorstandes nicht unterziehen würden und mehrheitlich den Vorwärts, die Nordwacht oder das Hamburger Echo lesen, nicht aber die SHVZ unterstützen wollten[76].

Erst nach 1905 wurde auch in Flensburg wiederum über neue Pläne zur Herausgabe einer eigenständigen lokalen Zeitung nachgedacht. Im Zuge der Organisationsreform wurde 1907 vom Verlag der Schleswig-Holsteinischen Volkszeitung ein festbesoldeter „Kolporteur“ nach Flensburg geschickt, der zudem als Korrespondent die Aufgabe hatte, in regelmäßigen Presseberichten über die lokalen Ereignisse und die Agitation in Nordschleswig zu berichten. Er bekam als Angestellter ein Gehalt von 1 500 Mark pro Jahr und erhielt Sitz und Stimme im Vorstand[77]. In dieser Funktion waren in Flensburg u.a. Ernst Erfurth, Herrmann Julius Brockel und Hans Jensen, die ihr Büro in der Norderstraße 43 hatten, verantwortlich tätig[78].

Die Institution des Kolporteurs gab den Zeitungsplänen neuen Auftrieb. Am 1. April 1911 erschien erstmalig die Flensburger Volkszeitung, und zwar als Kopfblatt der Schleswig-Holsteinischen Volkszeitung. Mit dem neuen lokalen Blatt sollte der gesamte nordschleswigsche Bereich abgedeckt werden, und die Flensburger hofften, endlich von der Bevormundung durch den „Kieler“ Bezirksverband und der Agitationskommission unabhängiger zu werden. So ist es nicht verwunderlich, daß sich die Flensburger Volkszeitung innerhalb kürzester Zeit bei den Arbeitern der Stadt durchsetzen konnte. Sofort wurden 1 200 Abonnements gezeichnet. Nur auf dem Lande blieben die erreichten Verkaufszahlen hinter den Erwartungen zurück. 1913 betrug die Auflage 2 800 Exemplare bei einem gleichzeitigen Bestand von 2 318 Mitgliedern im Zentralwahlverein. Dieses reichte jedoch bei weitem nicht aus, finanziell war und blieb das Blatt bis 1914 und auch später ein großes Risiko[79].

Der Maifeiertag

Einer der Höhepunkte im Alltagsleben eines Sozialdemokraten waren die Feiern zum 1. Mai, die wegen des bestehenden Demonstrationsverbots seit 1890 alljährlich in zahlreich besuchten Versammlungen in Flensburger Gaststätten und Ausflugslokalen durchgeführt wurden. Der Maifeiertag war Kampftag und Fest zugleich, er war ein Tag, an dem eine fest verschworene Lebensgemeinschaft ihre Stärke demonstrierte, politische Machtansprüche formulierte, und ein Tag der Selbstdarstellung der vielfältigen Arbeiterkultur. Bewußt wurden Symbole zur Schau getragen, rote Krawatten und die immerwiederkehrenden Rituale der Feiern und Versammlungen stärkten das spezifische Lebensgefühl und trugen zur Ausbildung des sozialdemokratischen Milieus bei. Dies wurde von bürgerlicher Seite, vor allem von der preußischen Verwaltung von Anfang an so gesehen, und diese reagierten folgerichtig. Die Berliner Ministerien wie auch die Schleswiger Regierung lehnten bis 1914 Straßendemonstrationen am 1. Mai ab[80]. Im April 1910 ordnete der Innenminister u.a. an, daß die Polizeibehörden unter Hinweis auf die Gefährdung der öffentlichen Sicherheit und Ordnung sämtliche Anträge der Sozialdemokraten auf Erlaubnis für Mai-Umzüge zu versagen hätten[81].

Gemäß den Beschlüssen des zweiten internationalen Arbeiterkongresses in Brüssel trafen sich am Abend des 1. Mai 1890 erstmals ca. 1 500 Flensburger Arbeiter und Arbeiterinnen im Lokal Tivoli zum großen Maifest mit Tanz, Unterhaltung und Kindervergnügen. Eine Arbeitsniederlegung war zu diesem Zeitpunkt noch nicht zu erreichen. Dennoch versuchten die Gewerkschaftsvorstände ihre Mitglieder dazu zu bewegen, ab 4 Uhr nachmittags die Arbeit ruhen zu lassen. Zur Feier des Tages erschien sogar eine von Fritz Steinfatt herausgegebene Mai-Zeitung, die für zehn Pfennig nahezu vollständig ausverkauft wurde[82].

Mit dem vom Festkomitee geplanten Programm war zugleich der Grundstock für alle weiteren späteren Maifeiern gelegt. Die Mitglieder der Arbeitergesangvereine trugen Kampf- und Volkslieder vor, Theateraufführungen folgten, die später durch Darstellungen der Arbeitersportler ergänzt wurden. Am Ersten Mai des darauffolgenden Jahres wurde feierlich der Aufhebung des Sozialistengesetzes gedacht, und die beobachtende Polizeibehörde berichtete voller Sorge an den Regierungspräsidenten: „Der erste Mai hatte eine große Menge Volk, hierunter viele Frauen, zusammengerufen.“[83] 1892 wurden auf der Veranstaltung im traditionsreichen Flensburger Tivoli mehr als 4 000 Menschen, darunter zum Leidwesen der Polizei wieder zahlreiche Frauen und Kinder, gezählt[84]. Ein Jahr später trauten sich die Flensburger Arbeiter jedoch nur noch an dem auf den 1. Mai folgenden Sonntag zu feiern. Zahlreiche Arbeitgeber hatten ihnen Repressalien angedroht, und auch die Polizeibehörde war anscheinend darauf bedacht gewesen, sämtliche Störungen des Straßenverkehrs rigoros zu ahnden[85]. Erst um die Jahrhundertwende wurde eine Form gefunden, die lange Zeit über eingehalten wurde: Am Vormittag war eine Versammlung im Lokal Hoheluft, am Nachmittag ging es hinaus zum Maispaziergang mit der Familie, und am Abend trafen sich die Männer und Frauen wieder zum Festball mit Tanz, Spielen und den obligatorischen Festreden[86]. Seit dem Jahre 1913 war das Gewerkschaftshaus in der Schloßstraße das Ziel der Teilnehmer. Da die Spaziergänger nichts taten, was die Polizei provozieren konnte oder das Vergnügen in eine politische Demonstration hätte umfunktionieren können, mußte diese das Geschehen tolerieren. Die Teilnehmer benutzten zudem die Bürgersteige, vermieden Verkehrsstörungen, spazierten nur in kleinen Gruppen und in loser Ordnung und verzichteten auch auf das Mitführen von roten Fahnen und Transparenten, die bei anderen Gelegenheiten, z.B. Begräbniszügen für verstorbene Parteigenossen, immer wieder konfisziert worden waren[87].

Wiederholt wurde zudem versucht, die Arbeiter geschlossen zur Niederlegung ihrer Arbeit und zum Verlassen ihrer Betriebe aufzufordern. Damit gewannen die Maifeiern eine neue Qualität und glichen politischen Streiks, die sich nicht nur gegen einzelne Arbeitgeber, sondern gegen den Staat richteten. Die Unternehmer beantworteten diese „Provokation" mit Aussperrungen, die zum Teil mehrere Tage andauerten. Partei und Gewerkschaften versuchten die gemaßregelten Arbeiter daraufhin mit Hilfe eines landesweit eingerichteten Solidaritäts- und Unterstützungsfonds zu unterstützen. In Flensburg hatte sich das Gewerkschaftskartell schon im Jahre 1895 mit der Arbeitsniederlegung am 1. Mai einverstanden erklärt und die Verpflichtung dafür übernommen, unter den Arbeitern für den Einhalt der Arbeitsruhe zu agitieren. Für die Anlage eines Solidaritätsfonds wurden diejenigen, die an diesem Tag arbeiten mußten, dazu aufgefordert, eine Mark in die Kartellkasse einzuzahlen[88].

Doch erst 1908 wurde zum ersten Male an 68 Orten der Provinz kurzfristig die Arbeitsruhe eingehalten. In Flensburg wurden bei einer weiteren Aktion 1911 über 1 500 Werftarbeiter für 11 Tage ausgesperrt. Sie mußten mit 2 860 Mark unterstützt werden[89]. Die Flensburger Volkszeitung kommentierte diesen Erfolg mit den Worten, daß „Der Verlauf der Maifeier . . . hier in unserem Orte alle Erwartungen übertroffen (hat)". Die Mehrheit der Arbeiter hatte sich durch die vom Gesamtverband der Industriellen empfohlene Aussperrung, die von der Werftleitung wenige Tage vor dem 1. Mai per Anschlag mitgeteilt wurde, nicht einschüchtern lassen. So ruhte nicht nur im avantgardistischen Schneidergewerbe die Arbeit, auch auf der Werft konnte der Betrieb nur notdürftig aufrecht erhalten werden[90]. Ein Jahr später indes war die Beteiligung an der Arbeitsruhe erheblich geringer. Wider Erwarten hatten sich hieran zur Enttäuschung des Kartells nur 506 Personen beteiligt, vor allem Schneider, einzelne Bauarbeiter und weitere Mitglieder kleinerer Gewerkschaftsverbände. Die Werftarbeiter nahmen überhaupt nicht daran teil[91]. Dies hing u.a. damit zusammen, daß der Maifonds nicht von allen Gewerkschaften unterstützt wurde. Auch 1914 waren fast keine Arbeiter mehr zur Teilnahme zu motivieren. Die Morgenveranstaltungen waren nach Meinung der Flensburger Volkszeitung „einfach miserabel besucht. Mit Ausnahme der Schneider und einiger weniger, die immer dabei waren, hatte sich kein weiterer Arbeiter getraut zu erscheinen". Die Arbeitgeber hatten zuvor gedroht, jeden, der unerlaubt der Arbeit fernbleiben sollte, zu entlassen. Die Angst davor, den Arbeitsplatz zu verlieren, war zu groß. Zudem hatten sich der Metallarbeiterverband und das Gewerkschaftskartell durch die zahlreiche Mitglieder brüskierende Haltung beim spontanen Werftarbeiterstreik vom Juli bis September 1913 manche Sympathien verscherzt[92].

Flensburgs Sozialdemokratie im Juli 1914

Trotz aller behördlichen Schikanen und Einschüchterungsversuche war der kontinuierliche Aufstieg von Partei und Gewerkschaften in Flensburg nicht zu verhindern. Diese Aufwärtsbewegung wurde mit Ausbruch des ersten Weltkrieges jäh unterbrochen. Doch schon vorher lassen sich deutlich Verschleißerscheinungen erkennen, die insbesondere mit dem fehlgeschlagenen Werftarbeiterstreik 1913 zusammenhingen und zum Vertrauensverlust beitrugen. Dies zeigen z.B. die fast stagnierenden Mitgliederzahlen im Wahlkreisverein, denn gegenüber 1913 wurden Ende März 1914 nur ein Zuwachs von 74 Mitgliedern verbucht, der hauptsächlich

den Frauen zu verdanken war. Die Enttäuschung zeigte sich besonders, als zu den Maiveranstaltungen 1914 kaum noch Arbeiter zu motivieren waren[93].
Gegen die sich abzeichnende Kriegsgefahr fanden in der Stadt seit 1912 zwar einige Kundgebungen statt, in denen die Sozialdemokraten gegen die Kriegstreiberei demonstrierten. Auch die Maiveranstaltungen 1914 widmeten sich diesem Thema[94]. Doch die Bewegung gegen den drohenden Krieg begann sehr spät. Auf den großen Parteiversammlungen im Juni und Juli 1914 wurde zunächst kaum ein Wort über die politische Lage verloren. Eine am 4. Juli stattfindende Monatsversammlung des Ortsvereins beschäftigte sich z.B. vor allem mit der bevorstehenden Kommunalwahl[95]. Am 29. Juli 1914 fand schließlich die erste und einzige große Versammlung im Gewerkschaftshaus statt, die von ca. 3 000 Menschen besucht wurde. Von den Reden von Wilhelm Haberlandt und Wilhelm Brecour, dem bekannten Redakteur der Schleswig-Holsteinischen Volkszeitung, angespornt, verabschiedeten die Anwesenden eine Resolution, in der sie angesichts der sich zuspitzenden Lage die Regierung zum Frieden aufforderten und für sich selbst das Versprechen abgaben, den drohenden Krieg „mit aller Kraft zu verhindern“[96]. Doch es blieb bei diesen verbalen Protesten, und nur zwei Tage später, am 1. August 1914, dem Tag der Kriegserklärung an Rußland, konnte sich der Vorstand des Metallarbeiterverbandes noch nicht einmal dazu durchringen, sein Sommervergnügen abzusagen[97]. Hingegen wurde beim Gewerkschaftsfest am 26. Juli heftig über die bedrohliche Situation diskutiert, ferner wurden Reden gehalten, in denen zum Erhalt des Friedens aufgerufen wurde[98]. Auch zahlreiche Artikel in der Flensburger Volkszeitung setzten sich intensiv mit der Lage auseinander, und in einem weiteren Bericht vom 1. August distanzierte sich die Redaktion deutlich von der in Flensburg zu verspürenden Kriegsbegeisterung[99]. Es ist jedoch durchaus wahrscheinlich, daß Flensburgs Sozialdemokraten die Bewilligung der Kriegskredite durch die Reichstagsfraktion am 4. August und die Burgfriedenspolitik mehrheitlich unterstützt haben, wie der Leitartikel der Volkszeitung vom 5. August mit der Überschrift „Kampf für Kultur und Freiheit“ deutlich machte[100].

Die Flensburger Sozialdemokratie im ersten Weltkrieg

Unmittelbar nach der Verkündigung des Kriegszustandes am 31. Juli 1914 wurde die vollziehende Gewalt im Innern auf die einzelnen regionalen Militärbehörden übertragen[101]. Diese erhielten weitgehende Vollmachten, die sie fast ausschließlich gegen die sozialdemokratische Arbeiterbewegung diktatorisch ausübten, um den Burgfrieden zu erhalten. Die politischen Rechte waren erheblich eingeschränkt, und sämtliche Zeitungen wurden einer scharfen Überwachung unterzogen. Verboten wurden Berichte, die die Bevölkerung beunruhigen konnten oder in denen Geheimnisverrat erblickt wurde. Zudem wurde auch das Vereins- und Koalitionsrecht außer Kraft gesetzt. Alle Vereine, die im Verdacht standen, den Interessen der Kriegsführung zu schaden, konnten aufgelöst, alle politischen Versammlungen mußten mit einer 48stündigen Frist bei den Polizeibehörden angemeldet werden. Den Behörden stand dabei das Recht zu, Genehmigungen ohne Angabe von Gründen zu versagen, und natürlich oblag ihnen weiterhin die Beobachtung jeglicher Versammlungstätigkeit[102].
So ist es nicht verwunderlich, daß sich die Flensburger Sozialdemokraten unter diesen Bedingungen kaum noch treffen konnten. Es fanden nur noch wenige Versammlungen statt, überliefert ist für die ersten Kriegsjahre nur eine Gedenkfeier zum 25jährigen Bestehen des 1891 neugegründeten Ortsvereins am 9. Februar 1916[103]. Zudem wurde das Gewerkschaftshaus schon im Herbst 1914 von den Militärbehörden beschlagnahmt und in einem Teil ein Lazarett eingerichtet[104].
Auch die Mitgliederzahlen gingen erheblich zurück, da zahlreiche Arbeiter eingezogen, andere in die Rüstungsbetriebe nach Kiel abkommandiert wurden. 1914 verfügte der Wahlkreisverein noch über 2 392 Mitglieder, 1915 waren es 1 471, 1916 noch 1 064 und 1917 nurmehr 852, darunter 262 Frauen. Auch die Mitgliederzahl im lokalen Gewerkschaftskartell war rückläufig. Vor dem Krieg waren es noch 5 471, im Jahr 1917 wurden weniger als 1 928 Mitglieder gezählt[105].
Erst Mitte 1918 konnte wieder eine geordnete Partei- und Agitationsarbeit stattfinden. Am 3. Mai wurde eine Karl-Marx-Gedenkfeier abgehalten[106], am 8. Juli im Gewerk-

schaftshaus die Generalversammlung des Wahlkreisvereins durchgeführt. Zu diesem Zeitpunkt war Peter Michelsen Vorsitzender, der unterstützt vom Genossen Grünert als Schriftführer auch den Vorsitz der Versammlung übernahm. Nach seinen Angaben verfügte der Wahlkreisverein über 935 Mitglieder, weitere 825 befanden sich im Kriegseinsatz, und 600 weitere waren fortgezogen. Der Flensburger Ortsverein wies dabei 755 Mitglieder auf. Heftig wurde von ihm über die schlechte Arbeitssituation in Flensburg geklagt. Teilweise waren die Löhne so niedrig, daß sich die Arbeiter noch nicht einmal die ohnehin schon rationierten und preisgebundenen Lebensmittel kaufen konnten. Dies führte er darauf zurück, daß in der Stadt nur wenig kriegswichtige Produkte hergestellt wurden.
Glücklich aber war er darüber, daß Flensburg bisher nicht „von leidigen Parteienstreit" betroffen war. Eine Linksopposition bzw. Unabhängige Sozialdemokraten schienen demnach noch nicht öffentlich hervorgetreten zu sein. Als Vorsitzender aber wollte er stets dahingehend wirken, daß die Einigkeit untereinander bewahrt bleibe. Auch wenn es berechtigte Kritik an der Partei gebe, so forderte er dazu auf, darüber erst nach beendetem Krieg zu diskutieren[107].
Am 8. August 1918 wurde wieder eine Mitgliederversammlung veranstaltet, auf die die Volkszeitung mit den Worten hinwies, daß es möglich sein müsse, daß mehr als die bisher üblichen 30 oder 40 Mitglieder hieran teilnehmen sollten. Doch die Hoffnungen wurden wieder einmal enttäuscht. Dafür wurde aber von den anwesenden 40 Mitgliedern intensiv über den Zustand der Partei diskutiert und heftige Kritik an den Gewerkschaften geübt, denen vorgeworfen wurde, die Interessen der Flensburger Arbeiterschaft nicht genügend zu vertreten[108]
Unverkennbar jedoch erwachte angesichts der immer prekärer werdenden Lebensmittelversorgung, der hohen Arbeitslosigkeit und der niedrigen Löhne in den letzten Kriegsmonaten auch in Flensburg das politische Leben wieder. Immer häufiger wurden sozialdemokratische Versammlungen angemeldet und durchgeführt. Hauptredner war jeweils Peter Michelsen, der z.B. am 12. September in einem Referat die Rolle der Partei nach dem Krieg beleuchtete. Immer wieder forderte er in seinen Reden zur Geschlossenheit auf und wies die Mitglieder an, mit der Parteiagitation zu beginnen. Dies läßt darauf schließen, daß im September 1918 die Spaltung der Partei in MSPD und USPD auch in Flensburg drohte[109]. Am 25. Oktober schließlich sprach Michelsen vor über 2 500 Teilnehmern im Kolosseum zur gegenwärtigen politischen Lage und forderte alle Flensburger dazu auf, die neue Reichsregierung des Prinzen Max von Baden zu unterstützen. Auch seine sozialdemokratischen Kollegen in der Stadtverordnetenversammlung, Paul Diez, Waldemar Sörensen und Asmus Thomsen, bekundeten in einem gemeinsamen Aufruf der städtischen Kollegien ihr Einverständnis mit der neuen Regierung und erhofften sich den baldigen Abschluß der eingeleiteten Friedensverhandlungen[110].
Gerade in den letzten Kriegsmonaten keimte in zahlreichen Städten des Reiches erheblicher Unmut auf. Hunger und eine katastrophale Lebensmittelversorgung trugen dazu bei. In den Betrieben wurde heftig diskutiert, und die Bevölkerung war nicht mehr bereit, die Folgelasten zu tragen. In Flensburg aber schien es länger als in den anderen Städten oder der Provinz ruhiger gewesen zu sein. Zwar sind einige Lebensmittelunruhen bekannt, in deren Verlauf im Juli und September 1917 zahlreiche Flensburger Bäckerläden von aufgebrachten Frauen und Kindern gestürmt wurden. Diese hatten keine tiefergehenden Auswirkungen, sie waren vor allem nicht politisch motiviert und brachen spontan und ohne jeglichen organisatorischen Rückhalt aus[111]. Flensburgs Sozialdemokraten dachten indes mehr über die Situation nach Kriegsende nach und versuchten wohl schon frühzeitig, die sich anbahnende revolutionäre Bewegung in geordnete Bahnen zu lenken. Diskussionen „über Gewaltmaßnahmen zur Herbeiführung des Kriegsendes haben nicht stattgefunden, und auch in Privatgesprächen kam eine solche Stimmung nicht zum Ausdruck", wie Peter Michelsen und Hugo Hellwig in einem Rückblick auf die Novemberereignisse 1918 resümiert haben[112].

Anmerkungen

[1] Vgl. hierzu allg. für Schleswig-Holstein die grundlegende Studie von Holger Rüdel, Landarbeiter und Sozialdemokratie in Ostholstein 1872–1878, Neumünster 1986 sowie Heinz V. Regling, Die Anfänge des Sozialismus in Schleswig-Holstein, Neumünster 1965.

[2] Vgl. hierzu und zur weiteren Entwicklung der SPD in Flensburg meine demnächst vorliegende Dissertation mit dem Arbeitstitel „Arbeiterbewegung und bürgerliche Parteien im nördlichen Schleswig-Holstein".

[3] Zur Frühphase der Arbeiterbewegung in Flensburg: Dorrit Andersen, Die Gründung und die ersten Jahre der Flensburger Arbeiterbewegung 1868 bis 1878, in: Flensburg - 750 Jahre Stadt. Schriften Ges. f. Flbg. Stadtgesch. Nr. 36, Flensburg 1984, S. 321–338, bes. S. 333; Dies., Under Sociallistloven. Træk af sønderjysk arbejderbevægelses udvikling 1878–1890 in: Sønderjyske Aarbøger 1989, S. 351–384; Hugo Hellwig, Der Anfang der politischen Arbeiterbewegung in Flensburg, Flensburg o.J.; Matthias Schartl, „Versammlung aufgelöst. B. verhaftet ohne Grund. Die Stimmung vortrefflich!" - Aspekte der sozialdemokratischen Emanzipationsbewegung am Beispiel der Reichstagswahlen 1872 bis 1890 in Flensburg, in: DG IV. Jg. (1989), S. 51–86.

[4] Die Hatzfeld-Mende-Gruppe hatte sich vom ADAV als LADAV (Lassalleanischer Allgemeiner deutscher Arbeiterverein) im Herbst 1868 abgespalten. Von diesem wurden insbesondere Streiks und Arbeitseinstellungen als Mittel des politischen Kampfes vehement abgelehnt. Der LADAV führte jedoch allenfalls ein „Splittergruppendasein" und verlor im Zuge der Gründung der SDAP (Sozialdemokratische Arbeiterpartei) 1869 durch den Übertritt zahlreicher Mitglieder immer mehr an Einfluß (Dieter Fricke, Die deutsche Arbeiterbewegung 1869 bis 1914, Berlin 1976, S. 84ff).

[5] Regling, S. 121, Andersen, Gründung, S. 322, Hellwig, S. 9ff. STA FL XII HS 1433, Nachlaß Hellwig. Da Hellwig nach dem Eintrag in seinen Wanderpaß erst am 21. August 1868 in Flensburg eingetroffen war, kann die Gründung frühestens im Spätsommer oder Herbst 1868 stattgefunden haben.

[6] Vgl. FN Nr. 26, 31. 1. 1869 (Anzeige einer ADAV-Versammlung, Nr. 29, 4. 2. 1869 (Bericht), Nr. 92, 21. 4. 1869 (Bericht), Nr. 101, 2. 5. 1869 (Anzeige für eine Versammlung). Vgl. auch Hellwig, S. 9ff, der jedoch die Daten falsch wiedergibt.

[7] LAS 309, Nr. 12590; zu Schulz: Regling, S. 168.

[8] Andersen, Gründung, S. 322.

[9] LAS 309 Nr. 12562.

[10] Heinrich Laufenberg, Geschichte der Arbeiterbewegung in Hamburg, Altona und Umgebung, 2. Bände, Hamburg 1911 und 1931, Neudruck Bonn 1977, Bd. 1, S. 464ff.

[11] Zur Streikbewegung in Flensburg: Jb Handelskammer 1872, S. 1, 1873, S. 1 und S. 3f.

[12] Mitgliederzahl nach Fricke, Arbeiterbewegung, S. 78.

[13] FN Nr. 117, 23. 5. 1872; Nr. 119, 25. 5. 1872; Schartl, Versammlung, S. 63f; Andersen, Gründung, S. 323f.

[14] Vgl. hierzu: Hans Schultz Hansen, Danskheden i Sydslesvig 1840–1918 som folkelig og national bevægelse, Flensburg 1990, S. 95ff und S. 366f sowie jetzt auch Johann Runge, Die Bedeutung von 1848 für die dänische Bewegung in Südschleswig, in: DG VII (1992), S. 103–120, bes. S. 116f, beide mit Hinweisen darauf, daß die Dänen in allen sozialen Schichten der Stadt verankert waren, insbesondere jedoch auch zahlreiche Arbeiter z.B. die Petitionen an den dänischen König 1848 und 1849 unterschrieben hatten, in denen für die Verfassungseinheit mit Dänemark eingetreten wurde. Etwa 51 Prozent der Unterzeichner waren Handwerksgesellen und Arbeiter.

[15] FN Nr. 121, 27. 5. 1872; Regling, S. 168f. Zu Radenhausen: Regling, S. 267.

[16] Zu Mahlke vgl. Gert Roßberg, Heinrich Mahlke - Reichstagsabgeordneter aus Flensburg in: DG III. Jg. (1988), S. 161–172. Trotz dieser biographischen Skizze ist über ihn bisher nur wenig bekannt. Er wurde demnach am 9. 5. 1851 in Dankensen (Altmark) geboren. Nach seiner Ausbildung als Schneider wanderte er, wie es damals üblich war, als Handwerksbursche durch Deutschland und kam im Alter von 23 Jahren nach Flensburg. Bereits 1872 wurde er ADAV-Mitglied. Nach Beendigung seines Militärdienstes 1876 blieb er der Fördestadt treu und besaß im Heilig-Geist-Gang eine kleine Schneiderwerkstatt. 1895/96 betrieb er zusätzlich einen Herrenkonfektionsladen in der Norderstraße 81. Seit 1903/04 war er Geschäftsführer der Krankenkasse „Vorwärts" und wurde 1903 überraschend in den Reichstag gewählt, dem er eine Legislaturperiode bis 1907 angehörte. Danach hat er sich - wohl im Streit aufgrund seiner Nichtberücksichtigung als Kandidat - verbittert aus der Politik zurückgezogen. Zudem galt er als „schwierig" und war, wie die FVZ berichtete, „keine liebenswürdige und gewinnende Natur". Er starb am 18. 8. 1921 nach längerem Leiden.

[17] Rüdel, Landarbeiter, S. 135ff, Zit. S. 137; Regling, S. 124; Ortsbevollmächtigter in Flensburg nach dem im Nachlaß von Julius Motteler gefundenen Verzeichnis war 1872/73 W. Neumann. Als Vertrauensleute fungierten Thomas Heinrich Leiding, Heinrich

Mahlke, H.P. Specht, Theodor Voß, A. Fechner und Julius Krause (Laufenberg Bd. 1, S. 625).

18 Laufenberg, Bd. 1, S. 550f.

19 LAS 309 Nr. 12590 (Berichte der Polizeiverwaltung Flensburg vom 9. 7. 1874 und vom 4. 8. 1874).

20 Darüber berichtet Hellwig, S. 25.

21 Regling, Die Anfänge, S. 168; LAS 309, Nr. 441 (Bericht Landrat von Krupka vom 18. 10. 1875).

22 Andersen, Gründung, S. 335.

23 LAS 309 Nr. 12550.

24 LAS 309 Nr. 12550 (Bericht Regierungspräsident von Bötticher vom 2. 11. 1878). Richard Rosinus, geb. am 10. 8. 1853 in Mittweida, war als Klempnergeselle in Flensburg beschäftigt. Er fungierte in der Hauptsache als Einlader von Versammlungen und galt den Behörden als „weniger gefährlich", genau wie Carl-Ludwig Krause, geb. am 15. 1. 1853 in Leipzig, Schriftsetzer in Flensburg und ebenso Einberufer und Leiter von Versammlungen. Zu den Agitatoren der ersten Stunde zählte weiterhin Thomas Heinrich Leiding, geb. am 7. 6. 1831 in Broacker. Er war Zigarrenmacher und Kolporteur sozialistischer Flugschriften (Regling, S. 264ff). Andreas Drews, geb. am 18. 1. 1850 in Rendsburg, war Zigarrenmacher. 1871 bis 1876 wohnte er in Apenrade und Tondern, wo er die Leitung der Agitation übernahm. 1877 erfolgte der Umzug nach Flensburg. In der Zeit des Sozialistengesetzes war Drews verantwortlich für die Finanzen der verbotenen Partei. 1891 wurde er Bote der Krankenkasse Vorwärts und war weiterhin in führenden Parteipositionen tätig, so 1891 als Kassierer und bis 1897 als Kolporteur der Volkszeitung. Noch 1919, dem Jahr seines 50jährigen Parteijubiläums, fungierte Drews als stellvertretender Kassierer des Ortsvereins (FVZ Nr. 279, 1. 12. 1919).

25 LAS 309 Nr. 12550 (Sekret vom 30. 4. 1879); LAS 309 Nr. 12526 (Arbeiterführer für Flensburg und Umgebung, 1903); zu den Krankenversicherungen: Andersen, Socialistloven, und LAS 309 Nr. 312 (Polizeibericht vom 20. 9. 1878); zur Vereinsbäckerei Flensborg-Avis Nr. 45, 23. 2. 1892; allg. für Schleswig-Holstein: Holger Rüdel, Die Kieler Sozialdemokraten und das Sozialistengesetz. Zur Auseinandersetzung zwischen sozialistischer Arbeiterbewegung und Staat im Spiegel amtlicher Dokumente, in: Mitteilungen der Gesellschaft für Kieler Stadtgeschichte, Band 67, Heft 9/10 (1980), S. 165–188; ders., Die Entwicklung der schleswig-holsteinischen Sozialdemokratie während der Zeit des Sozialistengesetzes in: Mitteilungen des Beirats für Geschichte der Arbeiterbewegung und Demokratie in Schleswig-Holstein, Heft 12, April 1991, S. 15–25.

26 LAS 309 Nr. 12551 (Entwurf eines Runderlasses des Regierungspräsidenten vom 24. 1. 1880).

27 LAS 309 Nr. 221 (Polizeiverwaltung Flensburg vom 15. 6. 1879, Landrat von Krupka an Regierungspräsidenten 23. 6. 1879). Vom Verein „Union" ist somit nur die Existenz bekannt. Weitere Erkenntnisse an Hand der benutzten Quellen liegen nicht vor.

28 LAS 309 Nr. 12550 (Polizeiberichte vom 30. 4. 1879 und 15. 6. 1879) und Nr. 12551 (Polizeiberichte vom 4. 9. 1879 und 16. 10. 1879).

29 Wilhelm Haberlandt in dem Artikel „Unser Vadder Drews", in: FVZ Nr. 279, 1. 12. 1919.

30 FNZ Nr. 75, 31. 3. 1886.

31 Zit. bei Callesen, Schleswig-Frage, S. 22.

32 Flensborg-Avis Nr. 75, 30. 3. 1886, Nr. 80, 5. 4. 1886, Nr. 82, 7. 4. 1886.

33 Jb Handelskammer, 1884, S. II und 1885, S. I; in der Maschinenfabrik Dittmann & Jensen waren infolge des Konkurses nur noch 20 Arbeiter beschäftigt (ebd. 1886 S. 12).

34 FNZ Nr. 76, 31. 3. 1887.

35 Paetau, Konfrontation, S. 52 verweist im Gegensatz dazu darauf hin, daß in Kiel z.B. das Ende des Sozialistengesetzes in einer „Jubelfeier" am 1. Oktober 1890 von über 2000 sozialdemokratisch orientierten Arbeitern freudig begrüßt wurde.

36 LAS 309 Nr. 12540 (Bericht vom 16. 3. 1890).

37 FNZ Nr. 232, 4. 10. 1890.

38 In den ersten beiden Wochen des Februar 1891 wurden jeweils 2203 bzw. 2383 Essen allein von der einen Volksküche im Kirchspiel St. Nikolai an Bedürftige verteilt (FNZ Nr. 41, 18. 2. 1891 und Nr. 47, 25. 2. 1891).

39 FNZ Nr. 284, 4. 12. 1890.

40 Flensborg-Avis Nr. 20, 24. 1. 1891 und Nr. 38, 14. 2. 1891; FLZ Nr. 274, 22. 11. 1890 und Nr. 38, 14. 2. 1891; LAS 309 Nr. 232 (Polizeibericht vom 14. 3. 1891). Zum genauen Gründungsdatum: FVZ Nr. 32, 8. 2. 1916 und Nr. 279, 1. 12. 1919. August Hering, geb. 18. 3. 1862 in Blomberg/Lippe, war als Schuhmacher in den achtziger Jahren nach Flensburg gekommen. Er bekleidete den Posten als Parteivorsitzender bis 1905. Nach seinem Umzug nach Schleswig wurde er dort Vorsitzender des Arbeitervereins und von 1904 bis 1913 Vorsitzender des Wahlkreisvereins im dritten Reichstagswahlkreis. 1914 wohnte Hering in Rendsburg. In seiner Flensburger Zeit bekleidete er neun Jahre den Posten eines Beisitzers beim Gewerbegericht und war zugleich Vorstandsmitglied des kommunalen Arbeitsnachweises. Seit 1912 war er Expedient und Berichterstatter der SHVZ für Rendsburg (Handbuch des Vereins Arbeiterpresse, 1914, S. 508f).

[41] LAS 309 Nr. 12590 (Polizeibericht vom 14. 9. 1891). Mahlkes Beschwerde beim Regierungspräsidenten war sogar erfolgreich, denn dieser legte in seiner Antwort dar, daß die Auflösung „rechtswidrig" gewesen sei (Abschrift an Polizeiverwaltung vom 20. 11. 1891).

[42] LAS 309 Nr. 234 (Polizeiberichte vom 25. 9. 1891 und 15. 3. 1892), Nr. 237 (Polizeibericht vom 12. 6. 1893) und Nr. 239 (Polizeibericht vom 4. 4. 1894).

[43] LAS 309 Nr. 230 (Polizeiberichte vom 14. 12. 1889 und 2. 4. 1890).

[44] LAS 240 (Polizeibericht vom 20. 6. 1894 und 24. 8. 1894) und Nr. 241 (Polizeibericht vom 6. 3. 1895).

[45] Zum Parteistatut allg.: Fricke, Arbeiterbewegung, S. 176; für Flensburg liegt kein Statut des Arbeitervereins mehr vor, vgl. hier die Ausführungen bei Paetau, Konfrontation S. 53, Anm. 25.

[46] LAS 309 Nr. 239 (Bericht Todsen vom 4. 4. 1894).

[47] Zur Organisationsreform in der Provinz grundlegend: Paetau, Konfrontation, S. 55ff.

[48] Vgl. hierzu und zum Folgenden: Arbeiterführer S. 163ff.

[49] Nach SHVZ Nr. 209, 7. 9. 1904 und Nr. 207, 4. 9. 1907 (Leitartikel von Eduard Adler zum Parteitag in Neumünster); Paetau, Konfrontation, S. 55–63. Über die Rolle der Bezirksorganisation bis 1919 vgl. ebd., S. 70–77.

[50] Das Statut des Zentralwahlvereins befindet sich im Landesarchiv Apenrade: LAA, Byarkiv II-9-28.

[51] Hierzu: SHVZ Nr. 183, 9. 8. 1910; FLVZ Nr. 124, 29. 8. 1911 und Nr. 187, 13. 8. 1912, Nr. 188, 14. 8. 1912.

[52] FVZ Nr. 124, 29. 8. 1911.

[53] Vgl. den Agitationsbericht zur Generalversammlung, abgedr. in FVZ Nr. 106, 8. 8. 1911.

[54] SHVZ Nr. 164, 18. 7. 1909.

[55] Nach Berichten in der SHVZ Nr. 178, 4. 8. 1909 und Nr. 184, 11. 8. 1909.

[56] SHVZ Nr. 175, 31. 8. 1907, Nr. 155, 7. 7. 1908.

[57] Vgl. allg. hierzu: Adelheid von Saldern, Wer ging in die SPD? Zur Analyse der Parteimitgliedschaft in wilhelminischer Zeit, in: Ritter (Hg.), Der Aufstieg, S. 161–184, hier S. 175f. Von Saldern beschreibt den Idealtypus des sozialdemokratischen Parteimitglieds (S. 183): „Lohnabhängig, männlichen Geschlechts, evangelisch oder aus der Kirche ausgetreten, Volksschulbildung, handwerkliche Ausbildung, in der metallverarbeitenden Branche oder im Bau- und Holzsektor (vor allem in Mittelbetrieben) tätig; gewerkschaftlich organisiert, zwischen 20 und 35 Jahre alt, verheiratet; in einem urbanen Parteizentrum lebend."

[58] Zur Mitgliederentwicklung s. die Tabellen im Anhang.

[59] Fricke, Arbeiterbewegung, S. 245.

[60] SHVZ Nr. 155, 7. 7. 1908.

[61] SHVZ Nr. 159, 12. 7. 1910, Nr. 183, 9. 8. 1910; FLVZ Nr. 157, 9. 7. 1911.

[62] Zu den Wahlergebnissen vgl. die Tabelle am Ende der Arbeit sowie STA FL II C 55–60.

[63] Zur Nordschleswigresolution einführend: Gerd Callesen, Die Schleswig-Frage in den Beziehungen zwischen dänischer und deutscher Sozialdemokratie von 1912 bis 1924, Apenrade 1970.

[64] Zitiert nach: Eduard Adler, Waffen zum Wahlkampf. Ein Taschenbuch für die Wahl-Agitation in Schleswig-Holstein, Altona 1911, S. 51f.

[65] Prot.-SPD-Prov.-PT-SH 1894, S. 19.

[66] Zu den Verhältnissen in Kiel: Paetau, Konfrontation, S. 122ff.

[67] Zahlen aus Dieter Pust, Politische Sozialgeschichte der Stadt Flensburg. Schriften Ges. f. Flgb. Stadtgesch. Nr. 23, Flensburg 1975, S. 329.

[68] Pust, Sozialgeschichte, S. 144.

[69] Prot.-SPD-Prov.-PT-SH 1898, S.24.

[70] Pust, Sozialgeschichte, S. 164.

[71] FVZ Nr. 153, 4. 7. 1914.

[72] Wahlergebnisse nach Pust. Ernst Köhler, geb. 27. 11. 1873 in Theißen, war Seemann und seit dem 1. 10. 1906 Angestellter des Transportarbeiterverbandes. Er betätigte sich zudem schriftstellerisch. So wurden von ihm zwei kleinere Geschichten, „Aus dem Seemannsleben" und „Wie Tedje zu einer Seejacke kam" gedruckt (Handbuch des Vereins Arbeiterpresse 1914, S. 363 und 1927, S. 311). Zu Raul Diez s. D. 122.

[73] LAS 309 Nr. 8317 (Bericht vom 28. 8. 1917); dazu auch Pust, Sozialgeschichte, S. 151.

[74] Fricke, S. 405, S. 457; vgl. auch Wilhelm Brecour, Die sozialdemokratische Partei in Kiel, Reprint Kiel 1983, S. 59ff.

[75] Arbeiterführer (1903), S. 252.

[76] Hamburger Echo Nr. 209, 8. 9. 1897.

[77] SHVZ Nr. 132, 11. 6. 1907, Nr. 175, 31. 7. 1907.

[78] Herrmann Brockel wurde am 6. 10. 1851 in Ohlau geboren. Von Beruf war er Maler. Von 1901 bis 1909 war er Kassierer im Ortsverein und schon von 1894 bis 1898 Expedient und von 1904 bis 1911 Hilfskolporteur und Akquisiteur der SHVZ. Hans Jensen, geb. am 29. 9. 1882 in Flensburg, war von Beruf Buchdrucker. Am 1. 6. 1911 wurde er Berichterstatter der SHVZ. Zudem war er Bezirksführer und Revisor im Ortsverein, Vorstandsmitglied der Ortskrankenkasse und von 1907–1911 Vorstandsmitglied des örtlichen Buchdruckerverbandes (Handbuch des Vereins Arbeiterpresse 1914, S. 365f).

[79] FLVZ Nr. 2, 2. 2. 1911; vgl. auch Fricke, Arbeiterbewegung, S. 455. Die Schleswig-Holsteinische Volkszeitung hatte demgegenüber eine Auflage von 12000 (1903) bzw. 30000 (1913) Exemplaren (Fricke, S. 457). Dies war eine Auflagenhöhte, die von der Partei- und Geschäftsführung als bei weitem zu niedrig bezeichnet wurde, wie die kontroverse Diskussion auf dem Parteitag 1913 in Flensburg zeigt (Prot.-SPD-Prov.-PT-SH 1913, S. 55ff).

[80] Vgl. Runderlaß, gefunden in: STA Kappeln, Hauptakten betr. sozialdemokratische Bestrebungen Abt. II, Fach 8, Nr. 5.

[81] Ebd.

[82] Flensborg-Avis Nr. 102, 3. 5. 1890.

[83] LAS 309 Nr. 233 (Bericht vom 6. 7. 1891).

[84] Flensborg-Avis Nr. 102, 3. 5. 1892.

[85] Flensborg-Avis Nr. 108, 9. 5. 1893.

[86] Flensborg-Avis Nr. 102, 3. 5. 1901.

[87] LAS 309 Nr. 12521 (Beschwerdeschreiben August Kückelhahns an den Regierungspräsidenten).

[88] SHVZ Nr. 59, 10. 3. 1895 (LAS 309 Nr. 12521) und LAS 309 Nr. 241 (Polizeibericht vom 13. 3. 1895).

[89] Prot.-SPD-Prov.-PT-SH 1911, S. 25ff.

[90] Jb d. Arbeitersekretariats u. Gewerkschaftskartells 1911, S. 14, FLVZ Nr. 97, 25. 4. 1911, Nr. 102, 3. 5. 1911.

[91] Jb d. Arbeitersekretariats u. Gewerkschaftskartells 1912, S. 10f.

[92] Jb d. Arbeitersekretariats u. Gewerkschaftskartells 1914, S. 10f; FVZ Nr. 101, 2. 5. 1914; LAS 309 Nr. 8317 (Berichte von Landrat Wallroth und Oberbürgermeister Todsen vom 5. und 10. 2. 1914).

[93] FVZ Nr. 101, 2. 5. 1914.

[94] FVZ Nr. 89, 5. 4. 1913.

[95] FVZ Nr. 153, 4. 7. 1914.

[96] FVZ Nr. 175, 30. 7. 1914.

[97] FVZ Nr. 179, 3. 8. 1914.

[98] FVZ Nr. 173, 28. 7. 1914.

[99] FVZ Nr. 170, 24. 7. 1914, Nr. 172, 27. 7. 1914 und Nr. 177, 1. 8. 1914.

[100] FVZ Nr. 180, 5. 4. 1914; allg.: Dieter Groh, Negative Integration und revolutionärer Attentismus, Frankfurt 1973, S. 695ff, bes. S. 712.

[101] Für Flensburg war das Generalkommando des IX. Armeekorps mit Sitz in Altona zuständig. Vgl.: Kreisblatt Flensburg vom 31. 7. 1914, Nr. 332 und vom 10. 8. 1914, Nr. 363.

[102] Ebd. und Kreisblatt vom 24. 11. 1916, Nr. 989 sowie Amtsblatt 1914, S. 471, 1915, S. 451 und S. 514. Allg.: Volker Ulrich, Kriegsalltag. Hamburg im ersten Weltkrieg, Köln 1982, S. 26.

[103] FVZ Nr. 32, 8. 2. 1916.

[104] Jb d. Arbeitersekretariats u. Gewerkschaftskartells 1914, S. 16f.

[105] Zu den Zahlen: Paetau, S. 494f u. S. 522f.

[106] FVZ Nr. 103, 3. 5. 1918.

[107] FVZ Nr. 158, 9. 7. 1918.

[108] FVZ Nr. 182, 6. 8. 1918 und Nr. 186, 10. 8. 1918.

[109] Die Gründung der Flensburger USPD erfolgte am 7. Januar 1919.

[110] FVZ Nr. 216, 14. 9. 1918, Nr. 249, 23. 10. 1918, Nr. 252, 26. 10. 1918.

[111] Vgl. hierzu: Britta Nicolai, Die Lebensmittelversorgung in Flensburg 1914–1918. Zur Mangelwirtschaft während des ersten Weltkriegs, SFSt Nr. 39, Flensburg 1988.

[112] Hugo Hellwig, Peter Michelsen, Vor 60 Jahren: Der November 1918 in Flensburg, in: GFH 3/4 (1978), S. 132–138, Zit. S. 133.

Horst Windmann

Die Flensburger SPD in der Zeit der Weimarer Republik: 1918–1923

Die Flensburger SPD und der neue Staat

In den Kriegsjahren 1914 bis 1918 stagnierte die Entwicklung des Flensburger SPD-Ortsvereins. Die am 31. Juli 1914 verkündete Unterordnung aller Personen und Institutionen unter das Kriegs- und Militärrecht schränkte das Vereinsrecht und ebenso die Pressefreiheit stark ein[1]. Eine öffentliche Kritik an der Regierung und an den Zeitverhältnissen war nun nicht mehr möglich. Der am 4. August geschlossene „Burgfriede" lähmte zudem die Auseinandersetzung mit den bürgerlichen Gruppierungen, so daß das Interesse an aktuellen Erörterungen und Grundsatzdiskussionen ständig abnahm[2]. 1918 wurden die Monatsversammlungen nur noch von durchschnittlich 40 Mitgliedern besucht[3]. Die Abspaltung der USPD von der Gesamtpartei im April 1917 schlug dagegen noch nicht zu Buche, da die beiden Flügel für die Kriegszeit ein Stillhalteabkommen vereinbart hatten[4]. Zur Gründung einer Flensburger USPD-Gruppe kam es erst am 7. Januar 1919[5].

Die Schwächung des Parteilebens war natürlich auch auf die unmittelbaren Kriegseinwirkungen zurückzuführen, vor allem auf die zunehmenden wirtschaftlichen Nöte und die damit verbundenen Alltagssorgen. Immer mehr Mitglieder wurden zum Militär einberufen, Ende März 1916 auch der Ortsvorsitzende Wilhelm Haberlandt. An seine Stelle trat zunächst der Schmied Hans Schlüter, im Laufe des Jahres 1917 der derzeitige Arbeitersekretär Peter Michelsen und ab 7. August 1918 der Schiffszimmerer Asmus Thomsen[6]. Da Flensburg kein Rüstungsstandort war, wurden viele Werftarbeiter nach Kiel dienstverpflichtet und konnten deshalb nur am Wochenende ortsanwesend sein. Streitigkeiten mit dem Metallarbeiterverband führten überdies dazu, daß der Ausbau des für die Parteiarbeit so wichtigen Vertrauensmännersystems unvollständig blieb[7]. All dies bewirkte, daß die Mitgliederzahl des Ortsvereins von 1858 im Jahre 1913 auf 790 im August 1918 sank[8].

Mit der Aufnahme führender Mehrheitssozialisten in das Kabinett des Reichskanzlers Prinz Max von Baden am 3. Oktober 1918 und der anschließenden Einleitung von Waffenstillstandsverhandlungen trat dann eine entscheidende Wende ein. Die SPD wurde nun auch in Flensburg schlagartig zum Hoffnungsträger für einen baldigen Friedensschluß auf der Grundlage der Wilsonschen Vierzehn Punkte. Die örtliche Parteiführung nahm dies sofort wahr. Am 25. Oktober 1918 veranstaltete sie im Kolosseum eine Versammlung, die von ca. 2500 Personen besucht wurde. Im Mittelpunkt stand eine Rede P. Michelsens über das Thema „Für das deutsche Volk, für das Vaterland". Die SPD werde das Vaterland nicht im Stich lassen, sie wolle retten, was zu retten sei. Dabei werde man aber auch auf die Durchsetzung der eigenen Weltanschauung achten[9].

Elf Tage später, am 5. November 1918, berichtete dann die Flensburger Volkszeitung unter der Schlagzeile „Die Flotte unter der roten Fahne. Der Sieg der Freiheit" über den revolutionären Matrosenaufstand in Kiel und seine ersten Auswirkungen[10]. Noch am selben Abend gründeten Mannschaftsangehörige und Unteroffiziere der Mürwiker Marinestation nach Kieler Vorbild einen Soldatenrat, dem sich am nächsten Tag Vertreter des Landheeres aus den Duborg- und Junkerhohlweg-Kasernen anschlossen[11]. Die Flensburger SPD war an diesen Aktionen indirekt beteiligt: Die Gründungsversammlung fand im Haus der Arbeiterschaft, im Gewerkschaftshaus, statt; die maßgeblichen Parteiführer, neben A. Thomsen und P. Michelsen auch Paul Diez und Waldemar

Abb. 15: Das Kolosseum, Große Str. 12, hier vom Nordergraben gesehen, hatte seinen Namen nach dem Säulenrund des Festsaals, der bis zu 3 000 Besuchern Platz bot und deshalb ein bevorzugter Ort für Großveranstaltungen war. Am Vormittag des 7. November 1918 wurde hier der Flensburger Arbeiter- und Soldatenrat gebildet.

Sörensen[12], nahmen als Beobachter teil. Der entscheidende Tag für Flensburg war dann der 7. November 1918. Am frühen Morgen traf im Arbeitersekretariat in der Schloßstraße 43 eine Abordnung des Kieler Arbeiter- und Soldatenrates ein; sie forderte die Führer des Ortsvereins auf, so schnell wie möglich in den Soldatenrat einzutreten und darin die Initiative zu übernehmen. Unverzüglich wurde eine Großversammlung ins Kolosseum einberufen, auf der ein übergreifender Arbeiter- und Soldatenrat (ASR) gebildet wurde, dessen Präsidium aus je zwei Mitgliedern der Marine, des Landheeres und der Arbeiterschaft (P. Diez, A. Thomsen) bestand. Um 12.00 Uhr begaben sich – während bewaffnete Matrosen mit roten Armbinden in den Straßen patroullierten – P. Michelsen, P. Diez und W. Sörensen ins nahegelegene Rathaus zu Oberbürgermeister Dr. Todsen und teilten ihm mit, daß „der Arbeiter- und Soldatenrat hierselbst neben der militärischen Gewalt auch die bürgerliche übernommen habe und Herr Sörensen mit der Aufsicht über die städtische Verwaltung beauftragt sei“[13]. Dr. Todsen fügte sich, ebenso die städtischen Kollegien, die am Spätnachmittag turnusgemäß im

An die Bevölkerung Flensburgs!

Befehl des Arbeiter- u. Soldatenrats!

Die militärische und zivile Gewalt ist von heute ab in die Hände des Arbeiter- und Soldatenrats gelegt. Jeder hat sich den Anordnungen dieser Stellen sofort und unbedingt zu unterwerfen! Jede Zuwiderhandlung wird streng bestraft!

Die militärische Verwaltung liegt ausschließlich in den Händen des Soldatenrats.

Die Zivilverwaltung wird von den bisherigen Beamten weiter geführt. Dem Oberbürgermeister ist als Vertreter des Arbeiter- und Soldatenrats der Stadtverordnete W. Sörensen beigeordnet. Alle Anordnungen der Stadtverwaltung haben mit seinem Einverständnis zu erfolgen.

Die bisherigen polizeilichen Sicherheitsbeamten werden gemeinsam mit den militärischen Wachmannschaften die öffentliche Ruhe und Ordnung aufrecht erhalten.

Jede Störung der Ordnung, Angriffe auf die Person und das Eigentum werden hart bestraft.

Plünderungen werden auf der Stelle standrechtlich geahndet!

Flensburg, den 7. November 1918.

Der Soldatenrat. Kühne.

Der Arbeiterrat. Paul Diez.

Abb. 16: Der erste Handzettel des ASR-Rates (Original 30 x 22 cm)

Rathaussaal tagten. Am folgenden Abend konnten P. Diez und P. Michelsen vor 800 Arbeitern im Gewerkschaftshaus ein erstes Fazit ziehen[14]. Ohne auf nennenswerten Widerstand der bisherigen Herrschaftsträger gestoßen zu sein, habe der ASR die öffentliche Gewalt in der Fördestadt übernommen, und die Nachrichten aus Kiel, München, Stuttgart und Bremen gäben die Gewißheit, daß dieser Vorgang nicht rückgängig gemacht werden könne. Zugleich zeigte man sich entschlossen, Ordnung und Sicherheit zu gewährleisten und die Wirtschaft in Gang zu halten. Arbeitslosigkeit sollte es nicht geben. Der provisorische Große Arbeiterrat, der am Vortag während der Kolosseumsveranstaltung aus dem SPD-Vorstand, dem Vorstand des Gewerkschaftskartells und den Kartelldelegierten gebildet worden war, wurde in seinen Funktionen bestätigt, ebenso die Leitergruppe (später Vollzugsrat), die ausschließlich aus SPD-Mitgliedern bestand.

In der Folgezeit wurde die Arbeit des ASR vor allem durch drei Schwerpunkte bestimmt. Erstens mußte er sich mit den Alltagsproblemen befassen wie Aufrechterhaltung der Ordnung, Lebensmittelversorgung, Bekämpfung des Schleichhandels, Betreuung der zurückkehrenden Soldaten und anderes mehr[15]. Der Beigeordnete des Oberbürgermeisters, W. Sörensen, führte die Kontrolle über die städtischen Dezernate sehr genau durch und erreichte sogar, daß er an den Magistratssitzungen teilnehmen konnte[16]. Zweitens bemühte man sich um enge Beziehungen zu den übergeordneten revolutionären Instanzen. Nach Ausrufung der Republik und der Bildung des Rats der Volksbeauftragten schickte der Flensburger ASR am 15. November 1918 eine Delegation nach Berlin und am 2. Dezember eine weitere zur Koordinationskonferenz der schleswig-holsteinischen Arbeiter-, Soldaten-, Bürger- und Bauernräte nach Neumünster[17]. Der frühere Vorsitzende H. Schlüter (SPD) vertrat Flensburg auf dem wichtigen zweiten Berliner ASR-Kongreß vom 16. bis 21. Dezember und wurde anschließend zur Mitarbeit bei der provisorischen Provinzialregierung (ab 6. Februar 1919 Volksrat) nach Kiel abgeordnet[18]. Drittens war die ASR-Führung auf die Klärung und Darlegung ihres politischen Standorts bedacht. In einem wohl von P. Michelsen und P. Diez verfaßten Flugblatt mit dem Titel „Was wir wollen“ trat sie „für die Verwirklichung des sozialdemokratischen Programms“ ein, wollte aber bei einer eventuellen Einführung einer „sozialistischen Gesellschaft“ in Anbetracht der schwierigen Wirtschaftslage „sehr vorsichtig und überlegt“ zu Werke gehen. Hauptziel sei zunächst die Schaffung einer von „freien deutschen Volksbürgern gewählten republikanischen Regierung“, in deren Hände dann „die Macht der Arbeiter- und Soldatenräte“ gelegt werden könne[19]. In einem „Aufruf an alle Volksgenossen!“ vom 18. bzw. 20. November 1918 wurde dies bestätigt: Man wolle nicht den Terror und die Gewalt des Bolschewismus, sondern die Herrschaft des Rechts. Nach der Wahl zur Nationalversammlung und entsprechenden „Staats- und Gemeindewahlen“ müsse die politische Mitarbeit aller Bevölkerungskreise gewährleistet sein[20].

Die Vorbereitung auf die Wahl zur Nationalversammlung am 19. Januar 1919 war dann auch die nächste wichtige Aufgabe des SPD-Ortsvereins. Am 30. Dezember 1918 wurden auf dem Bezirksparteitag in Kiel die Kandidaten für die schleswig-holsteinische Landesliste aufgestellt. Nach Legien, Frohme und Luise Schröder wurde P. Michelsen noch vor dem Bezirksvorsitzenden Kürbis auf den vierten Platz gesetzt, gewiß eine Anerkennung für seinen politischen Einsatz als Kreisvorsitzender der nördlichen Wahlkreise[21]. Die Organisation des Wahlkampfes in Flensburg übernahm Wilhelm Haberlandt, der kurz vorher aus dem Wehrdienst entlassen worden war. In achtzehn Januartagen wurden fünfmal 20 000 Exemplare der Wahlzeitung „Die Freiheit“ und rund 140 000 Flugblätter verteilt sowie fünf große Wahlversammlungen mit insgesamt 11 000 Besuchern veranstaltet. Den Höhepunkt bildete ein Demonstrationszug für die neue Republik, an dem 10 000 Menschen teilnahmen und auf dem die alte Parteifahne aus der Zeit vor dem Sozialistengesetz als „besonderes Schmuckstück“ mitgeführt wurde[22]. Der große Einsatz wurde belohnt. Die SPD erhielt in Flensburg bei einer Wahlbeteiligung von 87 Prozent 18 042 = 53,7 Prozent der abgegebenen Stimmen[23]. Dem entsprach eine sprunghafte Zunahme der Mitgliederzahl im Ortsverein. Trotz der inzwischen vollzogenen Gründung einer USPD-Gruppe[24] stieg sie vom August 1918 bis Anfang März 1919 um das Dreifache auf 2 656[25] und lag damit um 998 höher als vor dem Krieg. Die monatlichen Parteiversammlungen im Gewerkschaftshaus wurden wieder gut besucht. Am 6. Februar 1919 stan-

Abb. 17: *Peter Michelsen, geb. 1866 in Wester-Akeby (Kreis Schleswig), 1890 Schuhmacher in Flensburg, 1910 Arbeitersekretär. Ab 1906 verschiedene Parteiämter, 1912–24 Stadtverordneter, im November 1918 Beigeordneter des Landrats, Januar 1919 – Februar 1921 Mitglied der Nationalversammlung und des Reichstags.*
P. Michelsen hatte sich auf autodidaktischem Wege eingehend mit marxistischer Literatur befaßt, war Experte in Rechts- und Verfassungsfragen und galt als guter Redner.

Achtung! Wähler! Achtung!
Mittwoch, den 8. Januar 1919, abends 8 Uhr:
Grosse öffentliche
Wählerversammlung
im großen Saale des Etablissements Kolosseum.
Tagesordnung:
Sozialdemokratie u. Nationalversammlung.
Redner: Genosse **Karl Legien,** Berlin
(Vorsitzender der Generalkommission der Gewerkschaften Deutschl.)
Parteigenossinnen und -Genossen, Soldaten, gestaltet durch Massenbesuch diese Versammlung zu einer **imposanten Kundgebung** für die Sozialdemokratie!
Freie Aussprache!
Zur Deckung der Tageskosten wird 10 Pfg. Eintrittsgeld erhoben.
813 **Der Einberufer.** Wilh. Haberlandt.

Abb. 18: Aufruf zur Teilnahme an der SPD-Wahlversammlung am 8. Januar 1919 in der Flensburger Volkszeitung vom 4.1.1919

den Vorstandswahlen auf der Tagesordnung. In der FVZ hieß es dazu: „Der alte vor dem Krieg amtierende Vorstand wurde einstimmig wiedergewählt. Genosse Haberlandt ist danach wieder erster, Genosse Schlüter zweiter Vorsitzender.“[26]
Die ausscheidende Führungsgruppe des Ortsvereins konnte indessen mit ihrer Leistung zufrieden sein. Sie hatte, wie die Mitgliederzahlen und die Wahlergebnisse bezeugen, sowohl bei der Arbeiterschaft wie bei der Flensburger Bevölkerung insgesamt eine breite Zustimmung zu ihrer Politik gefunden. Dank einer klaren, realitätsbezogenen Vorstellung von einer zukünftigen Republik und einem ebenso bestimmten wie besonnenen Umgang mit der ihnen durch die Revolution übertragenen Macht war es ihr gelungen, entscheidend dazu beizutragen, daß die Stadt Flensburg ohne Blutvergießen und ohne große Turbulenzen in eine neue Staatsform, in die Demokratie der Weimarer Republik, hinübergeführt werden konnte.

Abb. 19: Maßgebliche Mitglieder des ASR am 12. Januar 1919. V. l.: Asmus Thomsen, Wilhelm Haberlandt, Schreibermaat Walter Kühne (SR-Vorsitzender der Marine), Hugo Hellwig (Vertreter der Genesungskompanie) und Sergeant Albertus Simon (SR-Vorsitzender des Heeres).

Die Flensburger SPD und die Abstimmung

Am 30. Oktober 1918, eine Woche nachdem H.P. Hanssen im Deutschen Reichstag die „endgültige Lösung der nordschleswig'schen Frage auf Grund des Selbstbestimmungsrechts der Völker“ gefordert hatte[27], sollte im Flensburger Rathaus eine Sondersitzung der städtischen Kollegien stattfinden, einziger Tagesordnungspunkt: „Verwahrung gegen die Abtretung eines Teils von Schleswig an Dänemark“. Die Sitzung mußte jedoch verschoben werden, da die SPD-Fraktion in den Vorverhandlungen grundsätzliche Einwände gegen den Resolutionsentwurf des Stadtverordneten-Vorstehers Dr. Löhmann (Bürgerverein) erhoben hatte[28]. Der dänischgesinnte Teil der schleswigschen Bevölkerung habe, so hieß es in einem Schreiben des Fraktionsvorsitzenden W. Sörensen, unbestreitbar das Recht, „sich dem Staat durch Abstimmungen anzuschließen, der ihm am besten gefällt“[29]. Eine Verwahrung gegen eine eventuelle Abtretung lehne man mit aller Entschiedenheit ab[30]. Die am 7. November 1918 einstimmig angenommene Entscheidung zeigte dann, daß sich die SPD in diesem Punkt durchgesetzt hatte. Die städtischen Kollegien bekannten sich „mit der Volksregierung des Deutschen Reiches“ zum Selbstbestimmungsrecht der Nationen. Der Nachsatz allerdings relativierte diese Aussage bis zur Diskrepanz: Das Selbstbestimmungsrecht dürfe nicht „zu einer Zerreißung des vormaligen Herzogtums Schleswig, vornehmlich nicht zu einer Trennung Nordschleswigs von der Stadt Flensburg führen“. Das würde die Erwerbstätigkeit vieler vernichten, die dann die Heimat verlassen müßten. Eine Trennung stünde deshalb „im Widerspruch mit dem Wohl der Gesamtbevölkerung“[31].

Dreierlei wird aus diesem Resolutionskompromiß und seiner Vorgeschichte deutlich. Erstens hatte die Flensburger SPD zu diesem Zeitpunkt noch keine klare Vorstellung von dem territorialen Ausmaß des Abstimmungsbereiches. Dieses kristallisierte sich erst in der Diskussion über die Schleswig-Erklärung des Internationalen Sozialistenkongresses vom 7. Februar 1919 in Bern heraus. Die dort vorgeschlagene Dreiteilung des Abstimmungsgebietes – ein geschlossenes dänisches Sprachgebiet Nordschleswig, acht bis zehn daran angrenzende Gemeinden mit dänischsprechender deutschgesinnter Bevölkerung und schließlich Flensburg, falls hier 25 Prozent der Wahlberechtigten ein Votum wünschten – wurde gutgeheißen. Da jedoch eine kurz vorher durchgeführte Unterschriftensammlung für einen Anschluß Flensburgs an Dänemark anstelle der erforderlichen 9000 Stimmen nur 3401 erbracht hatte, rechnete man nicht mit einer Abstimmung in der Fördestadt. Und anstelle der von H.P. Hanssen angestrebten „Clausen-Linie“ schlug man als Begrenzung des geschlossenen dänischen Sprachgebiets eine Linie vor, die entlang der Nordgrenze des Landkreises Flensburg von Hönschnap über Weibek bis zur westlichen Spitze bei Schafflund und von dort nördlich an Tondern vorbei zur Nordsee führte[32].

Zweitens maß der Ortsverein dem Punkt „Gesamtwohl der Bevölkerung“ große Bedeutung bei, wie die weitere Argumentation beweist. Welche Auswirkungen hatte eine Abstimmung auf Flensburg als Handelsplatz und Industrieort, wie sah die Zukunft der 15000 Frauen und Männer zählen-

An die deutschen Arbeiter
der zweiten Zone!

Deutsche Arbeiterinnen, Arbeiter, Parteigenossen!

Am 14. März entscheidet der Stimmzettel über Deine engere Heimat. Der Friedensvertrag von Versailles hat es auf Drängen dänischer Chauvinisten in Frage gestellt, ob Deine Heimat, in der du geboren, wo Deine Mutter Dich zuerst in deutscher Sprache liebkoste, wo Du gelebt, gearbeitet, gekämpft und gelitten hast, deutsch oder dänisch sei. **Sie ist deutsch!**

Auch Du bist deutsch!

Hier hast Du dich gegen die alte preußisch-deutsche Reaktion, gegen das schmachvolle Ausnahmegesetz, gegen den preußischen Militarismns gewandt.

Du hast sie überwunden!

Ihre Väter und Deine Unterdrücker sind gestürzt! Die Stützen des alten Regimes sind landflüchtig geworden und wandern ruhelos in fremden Ländern umher, von einem fluch- und schmachbeladenen Gewissen geplagt.

Doch Deine Heimat ist geblieben!

Nicht mehr als Ausbeuterstaat von Fürsten und Polizeignaden, sondern als

freier Volksstaat!

Willst Du diesen für ein Linsengericht, für eine **vorübergehende, geringe** Besserung Deiner äußeren Lebenshaltung, für ein kurzes Dich-sattessen-können verraten?

Willst Du Dein Vaterland, Deine Heimat für 12 Silberlinge verkaufen, willst Du ein Judas an Deinem Volke werden?

Nein, nimmermehr!

Deutschland ist ein **freier Volksstatt**, die Souveränität liegt **beim Volke. Du selbst kannst Dir Dein Haus nach Deinen Wünschen aufbauen** und **ausschmücken!**

Deutschland hat eine gut ausgebaute, alte, gut fondierte Arbeiterversicherung;

Du hast sie Dir erkämpft!

Die Reform ist in Vorbereitung, Deine Rechte werden erweitert, **die Leistungen der Versicherung erhöht!**

Dänemark hat nichts gleichwertiges zu bieten, es kann als kleiner Agrarstaat Dir nicht annähernd gleiche Leistungen sichern!

Auf Grund der neuen Verfassung kannst Du in Deutschland die Gesetzgebung direkt beeinflussen.

Durch **Volksentscheid** und **Volksbegehren** kannst Du Gesetze des Reichtages **verwerfen** und selber Gesetzentwürfe im Reichstage **einbringen** und durchsetzen.

Durch die von Dir selber gewählten **Betriebsräte** sollst Du als gleichberechtigter Produzent die deutsche Industrie, die deutsche Volkswirtschaft mit leiten;

Im Reichswirtschaftsrat und im Reichsarbeiterrat sollst Du die Gesetzgebung in wirtschaftlicher Beziehung unmittelbar führend leiten.

Du hast Dir diese Rechte selber erkämpft!

Kann Dänemark Dir gleiches bieten?

Nein! und abermals nein!

Deine Kultur ist deutsch! Deutsch Deine Sprache, deutsch Dein Gemüt!

Willst Du als **kulturloser Mensch** im **fremden Lande unstät umherwandern,** nur noch

Arbeitssklave sein? Nein!

Die deutsche Schule ist die **Einheitsschule!** Dein Kind kann in Deutschland, wenn es begabt und fähig ist, mit gleichem Recht und mit gleichem Ziele, so gut wie das Kind des reichen Mannes **zur höchsten Bildungsstufe emporsteigen und in die höchsten Staatsämter berufen werden! Willst Du das aufgeben?**

Nein Du willst es nicht!

So sei Dir am 14. März Deiner Pflicht bewußt! Tausende unserer Arbeitsbrüder haben kein Stimmrecht.

Du, der Du stimmen kannst, besinne Dich, wer Du bist; denke an Deine in tiefster Not befindliche Heimat, an Dein deutsches Vaterland,

an Dein geliebtes deutsches Volk!

Kannst Du auch Deiner Freude und Deinem Schmerz gegenwärtig keinen entsprechenden Ausdruck geben, so laß am Sonntag den 14. März Dein Stimmzettel **trotzig sprechen**

ich bin deutsch, meine Heimat ist deutsch

und deutsch wollen wir bleiben!

Friedr. Bauer, Frau Böttcher, C. Cunow, Hans Franzen, Wilh. Haberland, Frau Hoee, H. Jensen, P. Michelsen, Frau Saß, Ferd. Grabein, Paul Diez, Hans Roß, Asmus Thomsen, Martine Zietz, Hans Schlüter, As. Thomsen, Ferdinand Köster, O. Wulf, Nis Jensen, Nicolaus Schröder, Heinr. Tensfeldt, Karl Hansen, Friedr. Schuby, Peter Ingwersen, Bruno Eichhorn, Heinr. Brechtel, Oluf P. Skov, Paul Reinhardt, Peter Garling, Alfred Drogatz, Nikolaus Erichsen.

Abb. 20: Wahlaufruf aus der Endphase des Abstimmungskampfes. Das Plakat ist von allen maßgeblichen deutschen SPD-Mitgliedern Flensburgs unterschrieben. Der Name der Partei hingegen wird im Einklang mit der Apenrader Resolution vom 26. Oktober 1919 nicht genannt.

den Arbeiterschaft nach einer Abtretung aus?[33] Um sich darüber zu informieren, reisten P. Michelsen und W. Sörensen schon Ende 1918 nach Dänemark, ihnen folgte Anfang Mai 1919 eine 22köpfige Delegation des Arbeiterrats unter maßgeblicher Beteiligung führender SPD-Mitglieder[34]. Die unterschiedlichen wirtschaftlichen und sozialen Verhältnisse in Deutschland und Dänemark spielten in der weiteren Abstimmungsdiskussion insbesondere der Flensburger Sozialdemokraten eine wichtige Rolle.

Drittens zeigten vor allem die Vorverhandlungen für die genannte Resolution, daß die SPD in ihrer Haltung gegenüber den Dänischgesinnten entgegenkommender und toleranter war als die bürgerlichen Gruppierungen. Dem entsprach, daß sie den überparteilichen „Deutschen Ausschuß" schon drei Wochen nach der Gründung wieder verließ, weil dessen Geschäftsführer J. John dänisch eingestellte Bürger der Stadt scharf und verletzend angegriffen hatte. Man wollte Versöhnung, nicht Kampf[35]. Diese Zurückhaltung war zum Teil darin begründet, daß die Sozialdemokratie von ihrem Programm her auf weitergreifende internationale Zielsetzungen ausgerichtet war. Zudem war die Flensburger SPD – wie die Nordschleswigs – binational, d.h. dem Ortsverein gehörten auch viele dänischgesinnte Arbeiter an, die man schätzte und die man halten wollte. Einen End- und Höhepunkt erreichte diese „Neutralitätslinie" in der Apenrader Resolution vom 26. Oktober 1919. Einerseits erhob man hierin schärfsten Protest gegen die im Versailler Vertrag festgesetzte En-bloc-Abstimmung in der ersten Zone und gegen die Wahlrechtssperre für alle Zugewanderten der Jahre 1900 bis 1920, von der vor allem die Arbeiterschaft betroffen war. Andererseits aber erklärte sich die Parteiorganisation „als solche für unzuständig", den Abstimmungskampf zu führen. Die nationale Entscheidung für Deutschland oder Dänemark sollte dem einzelnen Mitglied überlassen bleiben[36].

Es war jedoch schon vorher deutlich geworden, daß sich das Prinzip der nationalen Neutralität nur schwer durchhalten ließ. Vor allem durch die Agitation der „Richtung von Flensborg Avis", die sich mit Vehemenz für den Anschluß der Fördestadt an Dänemark einsetzte, wurde die SPD-Spitze immer wieder genötigt, mit klaren Stellungnahmen in die Diskussion „Deutsch oder Dänisch?" einzugreifen[37]. Dies führte Ende Mai 1919 zum Bruch zwischen P. Michelsen und W. Sörensen.

P. Michelsen sprach sich schon Anfang Dezember 1918 mit großer Entschiedenheit für den Verbleib Flensburgs in der „neuen deutschen Republik" aus[38]. Seine Arbeit als Abgeordneter der Nationalversammlung bestärkte ihn darin. In einer großen SPD-Kundgebung im Kolosseum am 29. März 1919 stellte er als besonders wichtig heraus, daß es kein Land gebe, „das soviele freie Institutionen hat oder binnen kurzem schaffen wird wie unser deutsches Vaterland"[39]. Nach Michelsens Rede verlas W. Haberlandt eine vorbereitete Resolution, in der es hieß: „Wir sind deutsch und wollen deutsch bleiben". Ähnlich endete am 19. Mai 1919 eine Protestkundgebung gegen den Versailler „Gewaltfrieden" mit der „Verpflichtung", bei einem etwaigen Volksentscheid deutsch zu stimmen[40]. In solchen Aufrufen sah W. Sörensen eine Festlegung, die mit dem allen SPD-Mitgliedern zugesicherten Selbstbestimmungsrecht nicht vereinbar sei[41]. Er legte des-

Abb. 21: Waldemar Sörensen, um 1870 geboren, entstammte einer dänischen Familie. 1901 Schriftsetzer bei „Flensborg Avis" und Geschäftsführer des Konsumvereins, 1903 Vorsitzender des Gewerkschaftskartells, ab 1910 Stadtverordneter, zuletzt Fraktionsvorsitzender und stellvertretender Stadtverordneten-Vorsteher, November 1918 Beigeordneter des Oberbürgermeisters. Nach seinem Bruch mit der SPD war er für dänische Organisationen tätig, in der Zeit des Staates „Plebiscit". 2. Bürgermeister und Polizeimeister. – Seine vielen Ämter zeugen von dem Vertrauen, das man in seine organisatorischen Fähigkeiten setzte. Nach P. Michelsen war er das einflußreichste Mitglied der Flensburger SPD in der Zeit von 1910 bis 1919.

Abb. 22: Im Hause Norderstraße 64 (links im Bild) befanden sich 1919/20 Redaktion, Expedition und Druckerei (Emil Schmidt Söhne) der FVZ.

halb am 27. Mai alle Stadt- und Parteiämter nieder und teilte dem Vorstand mit, daß er künftig für die „Wiedervereinigung Schleswigs mit Dänemark mit Wort und Schrift eintreten werde“. In der Parteiversammlung des folgenden Tages kam es über diesen abrupten Schritt zu einer erregten Debatte, die schließlich mit dem Antrag an den Bezirksausschuß endete, W. Sörensen aus der Partei auszuschließen[42].
Dieser Antrag wurde angenommen, allerdings „gegen eine große Minderheit”, und daraus war zu ersehen, daß zu dieser Zeit innerhalb der Flensburger Arbeiterschaft „die Zahl derjenigen am Wachsen war, die den Anschluß an Dänemark wollten“[43]. Gegen Ende des Jahres trat hierin jedoch eine Wende ein, die einerseits, nach den Worten W. Haberlandts, auf eine Besserung der Versorgung zurückzuführen war[44], andererseits darauf, daß es P. Michelsen gelungen war, Zusagen der Reichsregierung für die wirtschaftliche Förderung Flensburgs zu erhalten. Der Stadt wurde sowohl die Errichtung eines Freihafens als auch die Nutzung der Mürwiker Marineanlagen versprochen[45].
Einen starken Rückhalt fanden die deutschgesinnten Flensburger Sozialdemokraten in der Volkszeitung. Da deren Abonnentenzahl seit der Wende Anfang November 1918 stark angestiegen war[46], wurde der Lokalteil vom 19. Mai an beträchtlich erweitert[47]. Zum verantwortlichen Redakteur wurde Hans Jensen bestimmt, der nach P. Michelsen und W. Haberlandt der einflußreichste Abstimmungsexperte innerhalb der Ortsvereine war[48]. Ende Mai 1919 zog H. Jensen nach acht ausführlichen Berichten das Resümee der großen Dänemarkreise des Flensburger Arbeiterrats: Die Arbeiter in Dänemark hätten den Vorteil, daß sie alles kaufen könnten – wenn sie das Geld dazu hätten. In Deutschland hingegen gebe es wesentlich größere politische Freiheiten sowie bessere Arbeitsschutzbestimmungen und bessere Sozialversicherungsgesetze. Nur die „Magenfrage“ könne einen Arbeiter des Grenzgebiets für Dänemark stimmen lassen. Jedoch: „Im fremden Land bleibt man immer ein Fremder.“[49] Ein wichtiger Mitarbeiter der Redaktion war Carl Cunow. Obwohl erst kurze Zeit in Flensburg, wurde er im Mai 1919 zum 2. Schriftführer und Anfang November sogar zum Ersten Vorsitzenden des Ortsvereins gewählt, da W. Haberlandt Sekretär des neu gebildeten SPD-Unterbezirks Nord und damit Parteiangestellter geworden war[50]. C. Cunow war sehr wortgewandt und konnte mit spitzer Feder schreiben. Bei den dänischgesinnten Arbeitern galt er als einseitig deutsch orientiert[51].
Am Jahresende 1919 sah sich die nunmehr eindeutig deutschbestimmte Flensburger SPD in einem Dilemma. Auf der einen Seite schien es dringend notwendig, sich an den Abstimmungsvorbereitungen zu beteiligen, indem man in den von bürgerlichen Gruppen initiierten überparteilichen Abstim-

Flensburger Volks-Zeitung.
8. | Mittwoch, den 5. November 1919. | 9.

Flensburger Volks-Zeitung
Redaktion: Fernsprecher 689 | Organ für das arbeitende Volk. | Expedition: Fernsprecher 887
. Jahrg. | Montag, den 22. Dezember 1919 | Nr.

Flensburger Volks-Zeitung
Redaktion Fernsprecher 2409 | Nordische Volkswacht | Expedition Fernsprecher 2409
Organ für das arbeitende Volk im Grenzgebiet, in Angeln, Mittelschleswig und Westschleswig
12. Jahrg. | Bezugspreis 60.00 Mk., vierteljährlich 20.00 Mark monatlich im voraus. Die „Volks-Zeitung" erscheint werktäglich und ist zu beziehen durch die Expedition in Flensburg, Norderaraben 10. — Abbestellungen nur mündlich oder schriftlich an die Expedition. | Montag, den 17. Juli 1922 | Anzeigen Für die sechsgespaltene Petitzeile oder deren Raum in Flensburg 4.00 Mk., außerhalb 5.00 Mk., Reklame 15.00 Mk. die Zeile. Nachlaß nach Tarif. Annahme der Anzeigen in der Expedition Norderaraben 10 in Flensburg und in sämtl. Annoncenexpeditionen. | Nr. 164

Abb. 23: Dreimal Flensburger Volkszeitung
a) Kopfzeile der in Flensburg gedruckten Beilage nach dem 19. Mai 1919
b) Zeitungskopf der nach dem 19. Dezember 1919 völlig selbständigen FVZ
c) Zeitungskopf drei Jahre später mit neuen Akzenten in den Unterzeilen

mungsausschuß eintrat, auf der anderen Seite gab es den Apenrader Beschluß vom 26. Oktober 1919, in dem sich die Partei zur Neutralität im Abstimmungskampf verpflichtet hatte. Man fand den Ausweg darin, daß der genannte Abstimmungsausschuß erklärte, er habe mit keinen Parteien oder politischen Vereinen zu tun, er wolle keine andere Arbeit leisten als „auf dem Boden der deutschen Republik alle Deutschen in Flensburg für das Deutschtum zu werben"[52]. Daraufhin schlossen sich das Gewerkschaftskartell und der SPD-Ortsverein korporativ dem inzwischen von deutschgesinnten Arbeitern gegründeten SPD-nahen „Grenzbund" an, der seinerseits sechs Vertreter in den Abstimmungsausschuß entsandte.

Diese Konstruktion war in erster Linie das Werk Friedrich Bauers, der am 1. April 1919 P. Michelsen als Arbeitersekretär abgelöst hatte und seitdem auf den verschiedensten Gebieten rastlos tätig war. Er erreichte es, daß die Volkszeitung sowohl vom SPD-Hauptvorstand in Berlin als auch aus dem Abstimmungsfonds Gelder erhielt, so daß sie ab Mitte Dezember 1919 eine völlig selbständige Zeitung mit eigener Hauptredaktion und eigenem Verlag war[53]. Als Leiter des Grenzbundes baute er für den Norden der Stadt und die angrenzenden Orte einen eigenen Vertrauensleute-Apparat auf, sorgte für den Druck und die Verteilung von Flugblättern, organisierte Plakataktionen und führte sogar – als Gegengewicht zu den dänischen Lebensmittelspenden – Versor-

Abb. 24: Friedrich Bauer, initiativreicher Arbeitersekretär in Flensburg vom April 1919 bis Januar 1922

gungstransporte von Holstein nach Nord- und Mittelschleswig durch. Im „Dreimännerausschuß", der Aktionsspitze des Abstimmungsausschusses, arbeitete er eng mit den „Jungschleswigern" Dr. Alnor (Reichszentrale für Heimatdienst) und Dr. Kähler (Deutscher Ausschuß) zusammen[54]. Seine „Arbeiter-Parolen" für beide Zonen lauteten: Deutsche müssen deutsch wählen, das Recht der Dänen in ihren Mehrheitsgebieten ist anzuerkennen. Nach der Konstituierung des Abstimmungs-Staates „Plebiszit Schleswig" im Januar 1920 übernahm dann Dr. Adolf Köster, profiliertes Mitglied der Bezirks-SPD, seit 25. August 1919 preußischer Staatskommissar für Schleswig-Holstein und seit 30. Januar 1920 Reichsbevollmächtigter bei der Internationalen Kommission (CIS), die oberste Leitung aller deutschen Abstimmungsaktivitäten im Dreieck zwischen „Flensburger Hof" (Sitz der CIS, heute Polizeipräsidium), Kunstgewerbemuseum (Büro des Bevollmächtigten) und „Alt-Flensburger Haus" (Zentrale der deutschen Arbeitsgruppen und Pressezentrum)[55].
Aufgrund dieser Eingliederung in das Abstimmungsgeschehen hatte die Flensburger SPD einen großen Anteil an den Hauptereignissen der nächsten Wochen und Monate: an der Proklamierung der Tiedje-Linie[56], an den letzten großen Demonstrationen[57] und schließlich an der Abstimmung des 14. März, bei der in Flensburg 75,2 Prozent der Wähler deutsch und 24,8 Prozent dänisch stimmten. Einen besonderen Einsatz leistete sie mit ihren Aktionen gegen den Kapp-Putsch am Tag vor dem Plebiscit. Dr. Köster ignorierte die Telegramme der Putschregierung, F. Bauer ließ sogleich Anti-Kapp-Flugblätter verteilen, und Mitglieder des Grenzbundes leiteten Maßnahmen gegen die Gottorfer Garnison ein, die sich den Putschisten angeschlossen hatte[58]. Durch Schreiben an die dänische Bruderpartei und den Obersten Rat der Entente sowie durch Streikdrohungen gegen Maßnahmen des CIS-Generalsekretärs am 16. Mai 1920 trugen der Ortsverein und die Gewerkschaften maßgeblich dazu bei, daß die von dänischen Kreisen angestrebte Internationalisierung Mittelschleswigs abgewendet wurde[59].
Mit der neuen Grenzlinie war die Flensburger SPD keineswegs einverstanden. „Wir stehen auf dem Boden des Selbstbestimmungsrechts und fordern deshalb immer aufs neue eine Grenze, die etwa der Tiedjelinie entspricht", hieß es in einer Resolution vom 8. Mai 1920[60]. Zudem war man darüber verbittert, daß viele deutschgesinnte Arbeiter wegen ihrer Teilnahme am Nordschleswiger Generalstreik Anfang Juni 1920 aus der 1. Zone ausgewiesen wurden. Allein am Abend des 17. Juni 1920, des Wiedervereinigungstages Flensburgs mit Deutschland, trafen 80 Arbeiter aus Sonderburg, Gravenstein und Tondern im Arbeitersekretariat ein und baten

Abb. 25: Dr. Adolf Köster, souveräner Koordinator der deutschen Abstimmungsaktivitäten in der Zeit des Staates „Plebiszit"

hier um Aufnahme[61]. Auf der anderen Seite gab es auch Kräfte, die sich um Ausgleich bemühten. So setzte F. Bauer dem Grenzbund ein neues Ziel: Er sollte nunmehr der deutsch-dänischen Verständigung dienen. Es müsse nun darum gehen, „sich mit dem Ergebnis abzufinden und den Weg in die Zukunft zu suchen." Einen solchen Weg sah F. Bauer in der Verabschiedung eines Minderheitenschutzgesetzes und in einem Ausgleich der berechtigten deutschen und dänischen Interessen[62].

Bauers Initiative wurde von den zentralen Instanzen der deutschen und dänischen Sozialdemokratie auf Konferenzen in Kopenhagen und Berlin im Juni bzw. August 1921 aufgenommen[63]. Im Grenzland selbst blieb sie hingegen ohne Erfolg. Speziell in Flensburg wurde der Konfrontationskurs beibehalten, vor allem von der Volkszeitung, die den dänischen Institutionen – dem Schleswigschen Verein, Flensburg Avis und insbesondere der deutschsprachigen Neuen Flensburger Zeitung – wiederholt vorwarf, unter Ausnutzung der politischen und wirtschaftlichen Krisen in Deutschland einen „chauvinistisch-kapitalistischen Grenzkampf" zu führen[64]. Beim Besuch von Reichspräsident Ebert am 7. September 1922 wies man nochmals auf die „ungerechte Grenzziehung" hin[65]. Und als Reichsinnenminister Sollmann (SPD) am 25. August 1923 erklärte, eine schleswigsche Frage existiere für ihn nicht, belehrte die Volkszeitung den „Binnenländer", daß man nach wie vor „gegen die heutige Grenze protestieren und sie als Reichsgrenze ablehnen" müsse[66].

Ende November 1923 trat jedoch eine entscheidende Wende ein. Als unbeabsichtigten Vorklang dazu veröffentlichte H. Jensen am 20. November in der Volkszeitung ein „grenzpolitisches Mahnwort" unter dem Titel: Was ist – was soll werden?[67] Von der Prämisse ausgehend, daß die dänische Bewegung in Schleswig von einer starken Volksorganisation getragen werde, die als gegeben anerkannt werden müsse, forderte er eine Versachlichung der Grenzstreitigkeiten und unterbreitete dafür mehrere Vorschläge, darunter ein Minderheitentraktat. So gewichtig dieser Schritt auch war, die fünf Tage später in Flensburg erfolgte „Überraschungsaktion" hatte eine weit größere Bedeutung: Am 25. November 1923 unterzeichneten die Führer der dänischen und deutschen Sozialdemokratie, Stauning und Wels, im Gewerkschaftshaus das nach ihnen benannte Abkommen über die Anerkennung der Grenze von 1920 als „gesetzlich geltender" und die Einhaltung der Versprechen, die den Minderheiten auf der Berliner Konferenz von 1921 gegeben worden waren[68].

Abb. 26: Reichspräsident Friedrich Ebert in Flensburg am 7. September 1922. Zum Zeitpunkt der Aufnahme kehrt er von einer Dampferfahrt nach Wassersleben zurück und geht über die Anlegebrücke auf die Arbeiterschaft zu, die ihn am Hafen erwartet. Hinter Ebert Oberbürgermeister Dr. Todsen.

Das Abkommen war von der dänischen Sozialdemokratie aus innenpolitischen Gründen gewünscht und von Th. Stauning entsprechend vorformuliert worden[69]. O. Wels ging bereitwillig darauf ein, u. a. wohl, weil er sich dadurch eine internationale Aufwertung erhoffte. Der Abschluß erfolgte erstaunlich schnell. Unter Umgehung der als revisionistisch geltenden schleswig-holsteinischen Parteispitze wurden die Ortsvereine beiderseits der Grenze kurzfristig zur Entsendung von Delegierten aufgefordert. Die Flensburger Gastgeber kamen erst gar nicht dazu, ihre grenzpolitischen Auffassungen in die Resolution einzubringen. Von einem explizit durch einen zweiseitigen Vertrag geregelten Minderheitenschutz war infolgedessen im Abkommen nicht die Rede, und die Grenzrevisions-Forderungen wurden durch die Formulierung, „daß die nach dem Friedensschluß 1920 auf Grund stattgehabter Volksabstimmungen vereinbarte Grenze zwischen Dänemark und Deutschland als gesetzlich geltende Grenze anerkannt“ werde, gleichsam neutralisiert. In drei ausführlichen Kommentaren legte die Redaktion der Volkszeitung auf zahlreiche Proteste hin dar, daß eine Grenzregulierung „durch Verständigung von Volk zu Volk“ nach wie vor möglich und daß die „Schaffung eines gegenseitig verpflichtenden deutsch-dänischen Staatsvertrages zum Schutze der nationalen Minderheiten“ aus taktischen Gründen aufgeschoben, nicht aufgehoben sei[70]. Doch waren dies Rückzugsgefechte. Die Grenzpolitik P. Michelsens, W. Haberlandts, C. Cunows und auch H. Jensens war Vergangenheit. In der Folgezeit setzten sich zunehmend die Tendenzen des Abkommens durch, die auf eine Beruhigung des Grenzgebietes und ein freundschaftliches Verhältnis zu Dänemark ausgerichtet waren[71]. In diesem Sinne war das Stauning-Wels-Abkommen durchaus eine „Wegmarke“[72].

Sozialdemokratische Kommunalpolitik 1919 bis 1923

Am 2. März fanden in Flensburg die ersten Kommunalwahlen nach dem neuen demokratischen Gemeindewahlrecht vom 21. Januar 1919 statt[73]. Sie endeten für die SPD mit einer Enttäuschung. Bei einer Wahlbeteiligung von 65,5 Prozent errang sie – einschließlich eines USPD-Mandats – lediglich 23 der 48 Stadtverordnetensitze, nur achtzehn Stimmen fehlten zum Patt[74]. Da die fünf bürgerlichen Fraktionen (Bürgervereinsausschuß, Beamtenbund, DDP, Kleinhändler-Vereinigung, Alkoholgegner) sich in der Auffassung einig waren, daß es in der Kommunalpolitik „nur eine sozialdemokratische und eine nichtsozialdemokratische Gruppe gebe“, behielt Dr. Löhmann das für die Geschäftsführung und für Kampfabstimmungen wichtige Amt des Stadtverordneten-Vorstehers mit 24 gegen 23 Stimmen[75]. Die SPD mußte sich mit dem Posten des Stellvertreters begnügen, obgleich sie die bei weitem stärkste Fraktion stellte.

Am 28. September 1919 mußten auf Anordnung der preußischen Regierung die sieben unbesoldeten Stadträte neu gewählt werden. Dabei erhielt die SPD drei Sitze, so daß erstmals Angehörige der Sozialdemokratie in den Magistrat einzogen, nämlich der Verwaltungsangestellte Bruno Eichhorn, der Werftarbeiter Hans Franzen[76] und der schon genannte Asmus Thomsen, der als Nachfolger W. Sörensens den revolutionären Beigeordneten-Posten innehatte, der nun als

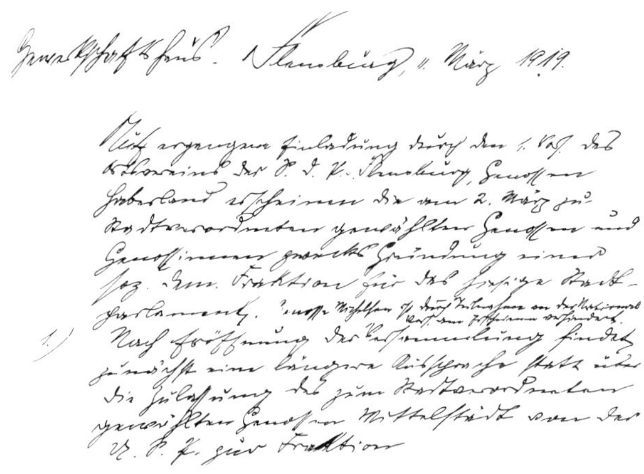

Abb. 27: Die beiden ersten Abschnitte aus dem Protokollbuch der sozialdemokratischen Stadtverordnetenfraktion nach der Kommunalwahl, 1. Sitzung vom 11. März 1919

Sozialdemokratischer Ortsverein Flensburg

Am Dienstag, den 9. August 1921, nachm. 5½ Uhr im Gewerkschaftshaus:

Außerordentliche Mitglieder-Versammlung

Tagesordnung:

Bürgermeisterwahl — Stadtratswahl.

Zahlreiches Erscheinen erwartet

Der Vorstand

Abb. 28: Einladung zur SPD-Mitgliederversammlung, FVZ vom 8. August 1921

überflüssig aufgehoben wurde[77]. Die sechs besoldeten Magistratsmitglieder hingegen blieben bis zur jeweils notwendigen Neuwahl im Amt. Eine solche Ergänzungswahl, für die noch die alten Bestimmungen der Städteordnung von 1869 (Wahlrecht nur für Männer über 25 Jahre, öffentliche Stimmabgabe) in Kraft waren und für die eine von Magistrat und Stadtverordnetenkollegium paritätisch besetzte Präsentationskommission drei Kandidaten vorzuschlagen hatte, war erstmals im August 1921 fällig, als der Posten des 2. Bürgermeisters frei wurde[78]. Auch hier nutzten die Bürgerlichen ihre Mehrheit: sie setzten nicht den von der SPD gewünschten Kieler Kommunalpolitiker Dr. Voigt auf die Liste, sondern nominierten statt dessen zwei andere den Sozialdemokraten nahestehende Kandidaten, dies in der leicht erkennbaren Absicht, eine Stimmensplitterung zu bewirken. Als beide Bewerber daraufhin zurücktraten, strich die Kommission nur einen. Der Ersatzkandidat, der einheimische Stadtrat B. Eichhorn, fand nach diesem Hin und Her nicht mehr die erforderliche Unterstützung und verlor gegen den einzigen bürgerlichen Kandidaten Alfred Loeber aus Kassel[79]. „Das Gespenst einer sozialdemokratischen Majorität (ist) für immer aus Flensburg verbannt“, kommentierten die Flensburger Nachrichten diesen Vorgang[80].

Im Dezember 1922 ging dann die zweite zwölfjährige Amtszeit Dr. Todsens zu Ende. Auf die dadurch fällige Oberbürgermeisterwahl bereitete sich der Flensburger SPD-Ortsverein sehr intensiv vor. Der ihm von der Präsentationskommission gewissermaßen zudiktierte Dr. Wagner-Roemmich aus Hamborn erwies sich bei der Vorstellung als kompetent und umgänglich, so daß er auch von den Dänen unterstützt wurde. Dennoch hatte er gegen Dr. Todsen keine Chance. Bei einer Wahlbeteiligung von 55,2 Prozent erhielt er 8835 Stimmen, Dr. Todsen dagegen 13798[81].

Die programmatischen Ausführungen zur Oberbürgermeisterwahl in Reden und Kommentaren lassen jedoch erkennen, nach welchen Prinzipien die Sozialdemokraten die Kommunalpolitik in Flensburg durchgeführt hätten. Im Verhältnis zu den Dänen strebte man zu diesem Zeitpunkt einen Ausgleich an. Man müsse, so Dr. Wagner-Roemmich, die Minderheiten so behandeln, wie man selbst behandelt werden möchte, wenn man zu einer Minderheit gehöre. „Jeder muß des anderen Kultur, Sprache und Sitte achten, dann ist der Volksfriede da. Volkswille, Volkswahl, Volksfrieden, über diese drei käme man vielleicht zum Volksglück. Soziale Ethik und kommunale Geschäftstüchtigkeit sei das, was ihm voranleuchte.“[82] Konkret forderte man Maßnahmen zur „Linderung der großen, entsetzlichen Not“, Arbeitsbeschaffung, Kommunalisierung des Wohnungsbaus, Verbesserung der Volksschulen, Unterstützung der kulturellen Institutionen, mehr Kompetenzen für die Beamten und Sanierung der Finanzen[83].

Die Wirklichkeit sah indessen anders aus. Im Unterschied zu anderen Orten hatte die Flensburger SPD auf Stadtebene kaum Möglichkeiten zu eigenständiger politischer Gestaltung. Ihre Tätigkeit in Verwaltung und Exekutive blieb auf die Mitarbeit ihrer drei unbesoldeten Stadträte im Magistrat und die anteilige Mitwirkung ihrer Abgeordneten in den zahlreichen städtischen Kommissionen beschränkt[84]. Weit bitterer war jedoch, daß ihr parlamentarischer Einsatz in den Kollegien immer wieder von den bürgerlichen Gruppen blockiert wurde, entweder durch deren Stimmenmehrheit in der Stadtverordnetenversammlung oder durch einen vom Magistrat herbeigeführten Dissens, durch den schon akzeptierte Anträge hinfällig wurden[85]. Ein Protest der Arbeiterschaft am 18. April 1919 gegen dieses „Zweikammersystem"-Relikt aus der Städteordnung von 1869[86] hatte ebensowenig einen durchschlagenden Erfolg wie ein Auszug der SPD-Fraktion aus der Kollegiensitzung vom 28. Februar 1922[87]. Im ganzen genommen beharrten alle bürgerlichen Gruppen den Sozialdemokraten gegenüber auf den Prinzipien der Isolierung und Polarisierung, während die SPD versöhnlicher eingestellt war. So verzichtete die Fraktion darauf, die Verstrickung des Bürgermeisters Poppe bei der Weiterreichung von Kapp-Telegrammen bis zum Endpunkt zu verfolgen[88], und H. Schlüter, derzeit stellvertretender Stadtverordneten-Vorsteher und SPD-Fraktionsvorsitzender, dankte im April 1921 dem scheidenden Stadtrat Dr. Karding im Namen der Arbeiterschaft betont herzlich für seinen Einsatz bei der Errichtung des Lohn- und Arbeitsamtes[89]. Ein charakteristisches Beispiel für die Konfrontation zwischen den beiden Gruppen bot dann wenig später die Behandlung der Flaggenfrage. Am 16. September 1921 brachte der Abgeordnete W. Haberlandt auf Drängen der SPD-Parteibasis den Antrag ein, „für sämtliche städtischen Gebäude schwarz-rot-goldene Fahnen anzuschaffen und diese bei festlichen Gelegenheiten zu hissen sowie die noch stehenden Bilder und Büsten der Hohenzollern überall zu entfernen". Der erste Teil der Vorlage wurde durch Mehrheitsentscheid des Stadtverordnetenkollegiums abgelehnt, der zweite durch Dissens des Magistrats. Dagegen fand der Gegenantrag des Stadtverordneten-Vorstehers H. Bruhn (Bürgervereinsausschuß), künftig auf den städtischen Gebäuden die blau-gelbe Flensburg-Flagge zu setzen, in beiden Gremien die Mehrheit[90]. Die FVZ bezeichnete daraufhin die städtischen Kollegien als ein „rückständiges allem Fortschritt feindliches Parlament" und hob als besonders beschämend hervor, daß auch die Abgeordneten der DDP und des Beamtenbundes gegen die Fahne der Republik gestimmt hätten[91]. Als der SPD-Antrag neun Monate später nochmals eingebracht wurde, ergab sich ein anderes Bild: Die Bürgerlichen stimmten der Vorlage ohne weitere Debatten zu. Die Ermordung Rathenaus am 24. Juni 1922 hatte gezeigt, wohin die andauernde Herabwürdigung der jungen deutschen Republik und ihrer Träger führen konnte[92].

Während der gesamten fünfjährigen Parlamentszeit waren infolge der Kriegsnachwirkungen und den damit zusammenhängenden Veränderungen im Wirtschafts- und Sozialbereich viele neue Aufgaben zu bewältigen[93]. Hierin erwiesen sich die SPD-Abgeordneten als gründliche und sachkundige Mitarbeiter, sowohl in den zahlreichen Kommissionen wie auch in den Sitzungen der Kollegien. Stadtrat B. Eichhorn und der stellvertretende Stadtverordneten-Vorsteher E. Erfurth setzten sich besonders für die Belange der Kriegsversehrten, Erwerbslosen und Rentenempfänger ein[94]. Viele Initiativen gingen von H. Schlüter aus, der eine Zeitlang in seiner Partei umstritten war[95], jedoch nach seiner zweiten Wahl zum Fraktionsvorsitzenden im Januar 1921 als Experte in Steuersachen und als Entdecker verborgener Geldquellen zunehmend Anerkennung fand[96]. Als er am 2. Februar 1923 in einem großen Bericht vor der Parteiversammlung alle Bereiche der kommunalen Arbeit „Revue passieren" ließ, zollte man der Fraktion großes Lob[97]. Besonders hervorzuheben war dabei, daß sich die SPD-Abgeordneten in weit stärkerem Maße für die Förderung der kulturellen Institutionen einsetzten als der Bürgerblock. Dank ihrer Beharrlichkeit wurde die Kommunalisierung des Philharmonischen Orchesters durchgesetzt und das Theater tatkräftig gefördert[98]. In der Schulpolitik drängten sie energisch auf eine schnelle Abschaffung der gymnasialen Vorklassen; in der Frage der dänischen Schulgründungen hingegen teilten sie den Standpunkt des Magistrats, daß nur dänischsprechende Kinder von Eltern schleswigscher oder dänischer Abstammung die von der Kommune unterhaltenen dänischen Schulen besuchen durften[99].

Alles in allem hat die SPD-Fraktion dieser Jahre trotz vieler

Beschränkungen, die sich aus ihrer knappen Wahlniederlage vom März 1919 und dem Konfrontationsverhalten der Bürgerlichen ergaben, die Stadtentwicklung Flensburgs erkennbar mitbestimmt, vor allem durch ihre wache politische Opposition und durch ihren nachdrücklichen Einsatz für die von ihr vertretenen Schichten.

Die Flensburger SPD 1919–1923, Struktur und Entwicklung

Der SPD-Ortsverein Flensburg hätte seine durchschlagenden Erfolge während der Revolutions- und Abstimmungszeit nicht erzielen können, wenn er nicht über eine gut funktionierende Organisation sowie über enge Verbindungen zum Gewerkschaftskartell verfügt hätte[100].

Abb. 29: Hans Schlüter, 1881 in Flensburg geboren, Lehrzeit als Schmied bei der FSG, vor dem 1. Weltkrieg 2. Vorsitzender des Ortsvereins, gegen Ende des Krieges in Kiel dienstverpflichtet. Während der Revolution war er auf Reichs-, Landes-, Stadt- und Kreisebene – u. a. in Glücksburg – aktiv. Im Stadtparlament Fraktionsvorsitzender und stellvertretender Stadtverordneten-Vorsteher. Nach 1923 zog er sich aus der Kommunalarbeit zurück.

Zur Beachtung!

Das Bureau des Sozialdem. Ortsvereins befindet sich Schloßstr. 44/46, I., im Gewerkschaftshause, Zimmer Nr. 10.

Geöffnet jeden Montag und Freitag abends von 7½–9 Uhr.

Der monatliche Beitrag beträgt 40 Pf. für männliche und 15 Pf. für weibliche Mitglieder, außerdem hat jedes männliche Mitglied jeden 2. Monat eine Wahlfondsmarke a 10 Pf. zu entnehmen.

Jedes Mitglied ist verpflichtet, sich an den Parteiarbeiten zu beteiligen.

Die Vereinsbibliothek befindet sich Schloßstraße 42, I., und ist geöffnet jeden Mittwochabend von 7½–8½ Uhr, die Benutzung derselben ist unentgeltlich.

Die regelmäßigen Mitglieder-Versammlungen finden am 1. Donnerstag im Monat im Gewerkschaftshause statt.

Pflicht eines jeden Mitgliedes ist es, auch Abonnent der „Flensburger Volks-Zeitung" zu sein. Die Redaktion und Expedition befinden sich Norderstr. 31.

Der Vorstand.

Abb. 30: Einlegezettel zum SPD-Mitgliedbuch aus der Zeit kurz nach der Inflation mit Informationen über Rechte und Pflichten

Abb. 31: SPD-Distriktlokal „Neustädter Bierhalle“, Neustadt 42–44, neben der Ofenfabrik im Zentrum des wichtigsten Flensburger Arbeiterviertels gelegen

Jeden ersten Donnerstag im Monat fanden Mitgliederversamlungen im Gewerkschaftshaus statt, in denen aktuelle Fragen besprochen wurden, jeweils im April erfolgten Vorstandswahlen. Erster Vorsitzender war – nach Michelsen, Thomsen, Haberlandt und Cunow – von Anfang Juli 1921 bis 1927 der aus Kiel zugezogene Kupferschmied Max Funke[101]. Dem Vorstand waren mehrere Kommissionen angeschlossen, z.B. die Agitations-, die Presse- und die Bildungskommission.

Der Ortsbereich war ursprünglich in 20 Bezirke unterteilt. M. Funke faßte diese Anfang September 1921 in fünf Distrikte zusammen, um die Agitation gezielter durchführen zu können. Außerdem sollten in den Distrikten kommunalpolitische Vorträge mit anschließender Aussprache in kleinem Kreis gehalten werden, doch scheiterte dies an mangelndem Interesse und an den Unkosten[102].

Das wichtigste Organ des Ortsvereins bildete das Gremium der Vertrauensleute, nach M. Funke „das Knochengerüst der Partei“[105]. Diese Institution wurde von zwei Gruppen gebildet: auf der einen Seite von Parteimitgliedern, die im Ortsverein, in den Gewerkschaften oder in sonstigen Organisationen irgendeine Funktion ausübten, und auf der anderen Seite von gewählten Vertretern aus den Groß- und Mittelbetrieben. Letztere hatten u.a. die Aufgabe, „sich in allen Fragen des öffentlichen Lebens zu unterrichten“, um jederzeit in der Lage zu sein, an ihrer Arbeitsstätte allen „Angriffen auf die SPD entgegenzutreten und wichtige Entscheidungen selbständig zu treffen“[104]. Ferner hatten sie gewisse Kontrollfunktionen innerhalb ihrer Gruppe wahrzunehmen, z.B. zu überprüfen, ob auch alle Organisierten pflichtgemäß die Volkszeitung abonniert hatten[105]. In der sogenannten Großen Vertrauensleute-Versammlung, die kurzfristig von Fall zu Fall einberufen wurde und an der je nach Konstellation auch Delegierte der anderen Arbeiterparteien teilnahmen, fielen dann alle wichtigen Entscheidungen. So veranlaßte dieser Kreis die Südermarkt-Demonstration vom 18. April 1919, auf der über 10 000 Teilnehmer eine bessere Lebensmittelverteilung verlangten und gegen Todsens Dissens-Politik protestierten[106]. Im September 1921 forderte er die Arbeiter auf, die Fahne Schwarz-Weiß-Rot nicht mehr im Flensburger Straßenbild zu dulden[107]. Ebenso zeichnete er für den Anfang Oktober 1922 vorübergehend wieder aufgenommenen

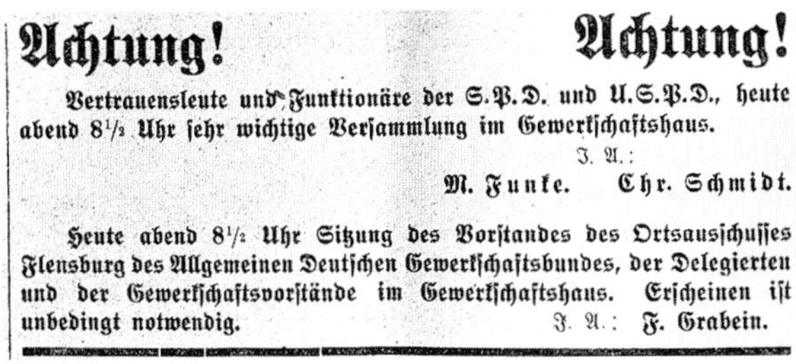
Achtung! Achtung!

Vertrauensleute und Funktionäre der S.P.D. und U.S.P.D., heute abend 8½ Uhr sehr wichtige Versammlung im Gewerkschaftshaus.

J. A.:

M. Funke. Chr. Schmidt.

Heute abend 8½ Uhr Sitzung des Vorstandes des Ortsausschusses Flensburg des Allgemeinen Deutschen Gewerkschaftsbundes, der Delegierten und der Gewerkschaftsvorstände im Gewerkschaftshaus. Erscheinen ist unbedingt notwendig. J. A.: **F. Grabein.**

Abb. 32: Einladung zur Vertrauensleute-Versammlung am 30. August 1921 in der FVZ vom selben Tage; Schmidt war Vorsitzender der USPD

scharfen Kurs gegen den „dänischen Chauvinismus“ verantwortlich[108]. Auch der Beschluß der SPD, bei der Oberbürgermeisterwahl im Dezember 1922 die Kandidatur Dr. Wagner-Roemmichs zu unterstützen, ging auf eine Vertrauensleute-Versammlung zurück[109].

Wie überall im Reich verlor die SPD auch in Flensburg ihre Monopolstellung als Arbeiterpartei. Am 7. Januar 1919 wurde nach einer Großveranstaltung im Kolosseum eine USPD-Ortsgruppe gegründet[110]; schon einen Monat später erhielt sie im neu formierten Arbeiterrat drei Sitze (SPD sieben, Gewerkschaftskartell 35)[111]. In Diskussionsveranstaltungen und bei Abstimmungen in der Vertrauensleuteversammlung wurde alsbald deutlich, daß die staats- und wirtschaftstheoretischen Gegensätze zwischen den beiden Parteien unüberbrückbar waren. Die USPD forderte – neben der Einführung des Rätesystems – die Enteignung der Produktionsmittel, während die „Mehrheitssozialisten“ vor einer Veränderung der Produktionsverhältnisse erst einmal die Produktion selbst in Gang setzen wollten[112]. Ähnlich gravierende Unterschiede zeigten sich auch in der Bewertung des Versailler Friedens, den die SPD im Gegensatz zur USPD als „Gewaltfrieden“ verurteilte, und in der Einstellung zur Abstimmung, in der die USPD eher dem Sörensen-Kurs folgte und sich zeitweise der dänischen Flensburg-Bewegung annäherte[113].

Abb. 33: Spendenmarke eines SPD-Mitglieds zur Vereinigung von MSPD und USPD zur VSPD in Nürnberg 1922

Im Herbst 1920 zählte die USPD in der Fördestadt über 1400 Mitglieder[114]. Darunter waren gewiß viele ehemalige SPD-Sympathisanten, die nicht mit dem Abstimmungskurs des Ortsvereins einverstanden waren.

Trotz der genannten Gegensätze kam es zwischen den beiden sozialistischen Parteien auch zur Zusammenarbeit, vor allem wenn es um die Interessen der gesamten Arbeiterschaft ging[115]. Im September 1921 deutete sich eine Wiedervereinigung auf Reichsebene an, die jedoch erst am 24. September des folgenden Jahres in Nürnberg vollzogen wurde[116]. Der Zusammenschluß der Flensburger Ortsvereine erfolgte – wiederum nach einer Vertrauensmänner-Entscheidung – am 3. November 1922 auf einer gemeinsamen Parteiversammlung im Gewerkschaftshaus[117]. 1. Vorsitzender wurde M. Funke, 2. Vorsitzender Danner von der USPD. Die Mitgliederzahl der SPD nahm durch diese Fusion allerdings nur in sehr geringem Maße zu. Viele USPD-Genossen hätten, so klagte M. Funke auf der nächsten Jahresversammlung, die „Fahne des Sozialismus“ verlassen und seien zu den „Indifferenten“ übergegangen[118].

Am 18. Mai 1919 führte die Kommunistische Partei ihre erste Versammlung in Flensburg durch[119]. Sie warb vor allem bei den Werftarbeitern um Anhänger, andererseits engagierte sie sich in besonderem Maße in den Erwerbslosenorganisationen[120]. Sollte und konnte der SPD-Ortsverein mit der KPD kooperieren? Ein folgenschweres lokales Ereignis brachte die Entscheidung. In der Nacht vom 28. zum 29. Dezember 1920 wurde der Maschinist Paul Hoffmann, kommunistischer Unionist und Mitglied des radikalen Arbeitslosenrates, von Angehörigen der Sicherheitspolizei (Sipo) nach einer gewaltsam durchgeführten Hausdurchsuchung – gegen die er sich mit zwei Schüssen durch die geschlossene Verbindungstür zur Wehr setzte – und nach einem vierstündigen Verhör im Hof der Duburg-Kasernen „auf der Flucht erschossen“[121]. Die Erregung in der Flensburger Arbeiterschaft war groß. Viele sahen in der Aktion einen politischen Mord rechter Gruppen, die Beisetzung Hoffmanns am 4. Januar 1921, einem Sonntag, sollte deshalb zugleich eine politische Demonstration sein. Eine gemeinsame Kommission der drei sozialistischen Parteien plante und leitete die Feierlichkeiten. Über 18000 Menschen nahmen am Trauerzug teil, über 20000

Abb. 34: Aufruf zur Teilnahme an der Demonstration gegen die Mörder Erzbergers am 31. August 1921

standen Spalier. Der Gedenktag fand jedoch ein blutiges Ende. Nach einigen Versammlungen kam es am Nachmittag im Stadtzentrum zu ersten Ausschreitungen, abends zogen randalierende Trupps nach Duburg, drückten das eiserne Kasernentor ein und drangen zum Portal vor. Daraufhin schoß die Sipo in die Menge, es gab elf Tote und 22 Verletzte, zumeist Unbeteiligte.

Die Schuld an diesen Ereignissen gab die Flensburger SPD den Kommunisten, insbesondere den auswärtigen, die die Menge aufgehetzt hätten, während man das Verhalten der Sipo-Beamten, zumeist „Söhne von Klassengenossen", als verständlich und gerechtfertigt wertete. Schon am nächsten Tag beschlossen SPD, USPD und Gewerkschaften, in Zukunft nicht mehr mit der KPD zusammenzuarbeiten[122], eine Forderung, die in den nächsten Monaten wiederholt wurde[123]. An der Demonstration gegen den Rechtsradikalismus jedoch, die am 31. August 1921 als Antwort auf die Ermordung Erzbergers durchgeführt wurde, konnten die Kommunisten wieder teilnehmen. Die Vertrauensleute hatten dies unter der Parole „Einigkeit des Proletariats" gegen den Willen der SPD- und Gewerkschaftsfunktionäre durchgesetzt[124]. In der Folgezeit sollte über eine Zusammenarbeit mit der KPD von Fall zu Fall entschieden werden[125]. Insgesamt jedoch überwog die – in der Regel sehr scharfe – Konfrontation[126].

Bei den Reichstags- und Landtagswahlen, die in Schleswig-Holstein wegen der Abstimmung erst am 20. Februar 1921 durchgeführt wurden, mußte die SPD eine Niederlage hinnehmen. Ihre Stimmenzahl ging von 18 042 bei der Wahl zur Nationalversammlung (18. Januar 1919) auf 8 685 zurück[127], sicherlich eine Folge des allgemeinen Rechtstrends, aber auch der Vorkommnisse auf Duburg, die die bürgerlichen Parteien und die „Flensburger Nachrichten" gezielt der SPD anlasteten[128]. C. Cunow und W. Haberlandt waren dennoch mit dem Ergebnis zufrieden. Man stellte gegenüber den Vorkriegswahlen einen „bedeutenden Stimmenzuwachs" fest[129]. Die SPD sei so stark wie die Deutsche Volkspartei und die Deutschnationale Volkspartei zusammen (7 257 + 1 597), die Deutsche Demokratische Partei wäre bedeutungslos geworden (von 10 440 auf 3 019 gesunken), die USPD sei zusammengebrochen (1 016) und die Stimmenzahl der KPD (997) könne man nur als Mißerfolg bezeichnen[130].

Die Auseinandersetzung mit den anderen sozialistischen Parteien zwang den Flensburger Ortsverein auch zu einer Überprüfung der eigenen ideologischen Position. Das geschah in drei kontrovers geführten Grundsatzdiskussionen am 3. Juli 1919, am 11. April 1921 und am 4. August 1921. In der ersten vertrat der Maler Hugo Hellwig die Auffassung, daß die Partei in der parlamentarischen Demokratie der Weimarer Republik „nur eine Episode erblicken solle, in der sie ungehindert die sozialistischen Ideen propagieren“ könne. Gegen diese recht vage These wandten sich P. Michelsen und vor allem der Ingenieur Roß mit der Klarstellung, daß der „Weg zum Sozialismus“ nur (noch) über die bürgerliche Demokratie führe und nicht über die von der USPD und der KPD geforderten Stufen „Rätesystem“ und „Diktatur des Proletariats“. Man dürfe mit dem Begriff „Demokratie“, der ja auch in dem Wort „Sozialdemokratie“ enthalten sei, nicht jonglieren[131]. Die zweite Grundsatzdebatte löste der derzeitige Ortsvereins-Vorsitzende C. Cunow mit der Forderung aus, daß nun Realitätspolitik und nicht die „Illusionspolitik eines Kautsky“ getrieben werden müsse, wodurch er P. Michelsen auf den Plan rief, der Kautskys Theorien als zutreffend verteidigte. Mit der Formulierung „der Gegenwart größte Aufmerksamkeit, das Endziel fest im Auge“ fand B. Eichhorn einen allseits anerkannten Kompromiß[132]. Die dritte Kontroverse ergab sich aus der Diskussion über den Entwurf zum Görlitzer Parteiprogramm. Nach einem einleitenden Referat von H. Hellwig lehnten der neue Ortsvorsitzende M. Funke und andere das – u.a. von Professor G. Radbruch, Kiel, mitverfaßte – Programm in der vorliegenden Form ab, weil sie darin den erforderlichen Bezug auf den Terminus „Klassenkampf“ vermißten[133]. Hiergegen wandte sich in einer Zuschrift an die Volkszeitung ein Anonymus xy mit dem Hinweis, daß die SPD, insbesondere als führende Regierungspartei, „im logischen Werdegang der Dinge . . . von einer umwälzenden zu einer entwickelnden Methode“ gelangt sei. Statt eines Idealismus' für die Ferne sei ein „nüchternes, klares Arbeitsprogramm“ notwendig, und das enthalte der Entwurf. Man müsse „aus dem heutigen Wirtschaftsleben heraus schrittweise . . . nur solche sozialen Reformen“ durchführen, die einen sicheren Erfolg versprächen. Nur das heiße „im wissenschaftlichen Sinne sozialistische Arbeit leisten“[134]. Die fast hundertprozentige Annahme des Programms in Görlitz zeigte dann, daß der Standpunkt des Anonymus mit der allgemeinen Parteilinie übereinstimmte[135]. M. Funke hingegen sah sich genötigt, auf der nächsten Mitgliederversammlung im Oktober 1921 der Parteidisziplin gemäß zur Einhaltung der Beschlüsse aufzufordern, „trotz eventuell gegenteiliger Auffassung“[136].

Das in der Revolutionszeit formulierte Bekenntnis zu Demokratie und Recht wurde wiederholt bestätigt[137]. „Unangetastet bleibe die Republik und ihre Verfassung“, hieß es im Volkszeitungsbericht über die Demonstration vom 31. August 1921[138]. Diese Einstellung bestimmte auch die Feiern zum Revolutionstag und zum Verfassungstag. Sie zeigte sich überdies in der Wachsamkeit gegenüber rechtsradikalen Gruppen. Schon früh registrierte und brandmarkte die FVZ Aktionen des „Deutschvölkischen Schutz- und Trutzbundes“[139] sowie Schriften und Vorträge des antisemitischen Hauptpastors F. Andersen von St. Johannis[140]. Unter dem Mahnwort „Der Feind steht rechts!“ wandte man sich gegen die Anhänger der „Kapp-Verbrecher“[141]. Harte Kritik übte die FVZ auch an den Nordmarktagen, die im Juni 1922 zum

März- und Marx-Feier
Freitag, den 16. März, abends 8 Uhr, im Gewerkschaftshaus
Gedenkrede des Genossen P. Michelsen / Rezitationen / Musik
Männer und Frauen des Volkes! Sozialisten! Republikaner! Es ist eure Ehrenpflicht, die Gedenkfeier zu einer eindrucksvollen Kundgebung zu machen, die euer und derer würdig ist, die für euch kämpften und starben! Eintritt nach Belieben.

Abb. 35: Einladung in der FVZ vom 14.3.1923 zu einer Gedenkfeier anläßlich des 75. Jahrestages der 48er Revolution und des 40. Todestages von Karl Marx

zweitenmal „als große Kundgebung der deutschen Kultur" von bürgerlichen Gruppen veranstaltet wurden und auf denen neben nationalen auch völkische und monarchistische Reden zu hören waren. Demgegenüber sollte die gleichzeitig in Flensburg durchgeführte „Reichsarbeitersportwoche" „nicht nur der deutschen Kultur, sondern darüber hinaus der Menschheitskultur dienen". Bürgertum und Arbeiterschaft seien zwei Welten[142].

Das Krisenjahr 1923 – bestimmt durch französisch-belgische Ruhrbesetzung, passiven Widerstand, Konflikte des Reichs mit Bayern, Sachsen und Thüringen, Ausnahmezustand, separatistische Bewegungen im Rheinland und in der Pfalz, kommunistische Unruhen in Hamburg und den Hitlerputsch in München – war auch für die Flensburger Arbeiterschaft ein schweres Jahr, vor allem in der Auswirkung der Inflation und der damit verbundenen wirtschaftlichen Not. Der stetige Währungsverfall spiegelte sich u.a. im Anstieg der Mitgliedsbeiträge, die kurz nach dem Krieg monatlich 2,50 Mark für Männer und 50 Pfennig für Frauen betragen hatten. Im Februar 1923 mußten die Männer bereits 200 Mark (Frauen 40) bezahlen, im September schließlich pro Woche 150 000 Mark (Frauen 20 000)[143]. Ein Wochenabonnement der Volkszeitung kostete Ende September 1923 12 Millionen, Anfang November 45 Milliarden Mark[144]. Nach Einführung der Rentenmark am 15. November 1923 wurden die Mitgliedsbeiträge auf 40 bzw. 15 Pfennig und das FVZ-Wochenabonnement auf 65 Pfennig festgesetzt[145].

Die Mitglieder des SPD-Ortsvereins bewiesen in diesen Notzeiten Solidarität. Die Parteiversammlungen wurden gut besucht, mehrere Stützungsfonds wurden geschaffen, u.a. für die in Zahlungsschwierigkeiten geratene Volkszeitung[146]. Auf einer großen Versammlung im Gewerkschaftshaus am 2. November 1923 gelobten die Teilnehmer, die Geschlossenheit ihrer Organisationen zu wahren[147].

Am Ende des Jahres konnte die Flensburger SPD trotz aller Turbulenzen eine zufriedenstellende Bilanz ziehen. Sie hatte in M. Funke einen 1. Vorsitzenden, der mit der Basis der Vertrauensleute in gutem Kontakt stand, und in H. Hellwig und E. Beier zwei jüngere Vorstandsmitglieder, die vor allem in der Kultur- und Jugendarbeit zukunftsweisende Initiativen entwickelten[148]. Der Stamm der Mitglieder bot einen zuverlässigen Rückhalt für die Parteiarbeit, die für die Kommunikation so wichtige Volkszeitung blieb vor dem Konkurs bewahrt. In der Kommunalpolitik hatten sich die sozialdemokratischen Stadtverordneten durch ihre unermüdliche sachliche und adressatenbezogene Kleinarbeit selbst bei den Bürgerlichen Respekt verschafft, und in den Beziehungen zu Dänemark und zur dänischen Minderheit in Flensburg deutete sich mit dem Abschluß des Stauning-Wels-Abkommens ein neuer Weg zur Entspannung an. Vor allem aber: Die Flensburger SPD hatte sich in ihrem Bereich mit großem Erfolg für die junge deutsche Republik eingesetzt und sich darin als starke und beständige Kraft erwiesen.

Andererseits hatte die SPD speziell in der Arbeiterschaft an Zustimmung verloren. Die Vereinigung mit der USPD hatte keinen nennenswerten Mitgliederzuwachs gebracht, die KPD hatte sich wie überall stabilisiert. Darüber hinaus blieb zunächst unklar, ob und in welchem Maße die Beteiligung der Reichs-SPD an der Regierung Stresemann während der Krisenzeit vom 13. August bis zum 2. November 1923 in der Bevölkerung Anerkennung fand. Erst die Wahlen des Jahres 1924 konnten zeigen, wie stark die Flensburger SPD am Ende des ersten Zeitabschnitts der Weimarer Republik wirklich war.

Anmerkungen

1 Susanne Miller, Der erste Weltkrieg und die Spaltung der Arbeiterbewegung in: Geschichte der deutschen Arbeiterbewegung, Schriftenreihe der Bundeszentrale für politische Bildung Bd. 207 II, Bonn 1984, S. 301ff. Horst Windmann, Flensburg von 1864 bis zur Abstimmung 1920, in: Flensburg, Geschichte einer Grenzstadt, SFSt 17, Flensburg 1966, S. 404.
2 FVZ 13. 4. u. 6. 8. 1918.
3 FVZ 6., 7., 10. u. 13. 8. 1918.
4 FVZ 8. 4. 1916, 7. u. 9. 1918; s. auch FVZ 4. 11. 1922 (Rede W. Haberlandts zum Vereinigungsparteitag der USPD).

[5] FVZ 9. 1. 1919.

[6] FVZ 10. 8. 1918. Die Neuwahl erfolgte, weil P. Michelsen Zentralwahlvereinsvorsitzender der schleswig-holsteinischen Wahlkreise 1 u. 2 (Apenrade und Flensburg) geworden war. Schlüter und Thomsen waren beide Jahrgang 1881.

[7] FVZ 9. u. 16. 7. 1919. Später arbeiteten DMV und SPD eng zusammen.

[8] S. Kapitel 1, S. u. FVZ 10. 8. 1919.

[9] FVZ 21.–26. 10. 1918, unter Einbeziehung einer Rede P. Michelsens in Apenrade.

[10] FVZ 5. 11. 1918. Zu den Kieler Ereignissen s. Dirk Dähnhardt, Revolution in Kiel. Der Übergang vom Kaiserreich zur Weimarer Republik 1918/19, Neumünster 1978. W. Wette, Die Revolution in Kiel 1918 in: Geschichte der Stadt Kiel, hrsg. v. Jürgen Jensen u. Peter Wulf, Neumünster 1991, S. 287ff.

[11] StA II C 171 (Zeitungsausschnitte). Hugo Hellwig u. Peter Michelsen, Vor 50 Jahren: Der November 1918 in Flensburg in: GFH 1978, S. 132ff (um 1930 verfaßt). H. Windmann (Anm. 1) S. 405f. Dieter Pust, Die Novemberrevolution in Flensburg in: Die Heimat, 76. Jg., S. 273ff. Peter Heinacher, Der Aufstieg der NSDAP im Stadt- und Landkreis Flensburg, Teil I, SFSt 38, Bd. 1, Flensburg 1986, S. 86ff.

[12] Alle vier waren Stadtverordnete. P. Diez war derzeit Vorsitzender des Gewerkschaftskartells, deshalb erhielt er den Vorsitz im Großen Arbeiterrat. Im Gegensatz zu Flensburg, wo die SPD die Revolution steuerte, waren in Kiel die Marinemannschaften der Wik-Kasernen und die USPD die maßgebenden Kräfte.

[13] StA II C 171: Aktennotiz Dr. Todsens.

[14] FN 9. 11. 1918. FVZ 12. 11. 1918. Zur Leitergruppe des Arbeiterrats gehörten außer den Genannten: Gustav Brachwitz, Hans Schlüter, Ernst Jacob und Markus Petersen, alle Mitglieder der SPD, die beiden letztgenannten waren Vorstandsmitglieder.

[15] H. Windmann (Anm. 1) S. 406. H. Hellwig u. P. Michelsen (Anm. 11) S. 138. Die weitere Entwicklung des ASR s. D. Pust (Anm. 11) S. 276f.

[16] StA II C 171.

[17] StA Materialsammlung z. Quellenheft „Revolution“, Chronologie.

[18] Michael Joho, Die Geschichte der Metallarbeiterbewegung und ihrer Gewerkschaften in Flensburg, Flensburg/Hamburg 1992, S. 274. FNZ 22. 2. 1919. Zu Schlüter, der wie Michelsen auch im Landkreis aktiv war, s. u. Anm. 95.

[19] StA XIII Dr 31 (1918/19). Unterschrieben ist das Flugblatt von Diez, Simon (Vertreter des Heeres) u. Kühne (Vertreter der Marine). Die beiden letztgenannten galten als unpolitisch.

[20] FVZ 18. 11. 1919. FNZ 20. 11. 1919. Vgl. auch den Artikel FVZ 6. 12. 1918: „Kein Terror, keine Diktatur, keine Klassenherrschaft!“.

[21] FVZ 30. 12. 1918. Für die Preußische Nationalversammlung kandidierte Stadtverordneter Ernst Erfurth auf Platz 11 der Landesliste.

[22] FVZ 12. 2. u. 14. 1. 1919.

[23] Peter Hansen Petersen und andere, Flensburg von 1920 bis 1960 in: Flensburg, Geschichte einer Grenzstadt, SFSt 17, Flensburg 1966, S. 421.

[24] FVZ 9. 1. u. 3. 2. 1919. Bei der Wahl zur Nationalversammlung erhielt die USPD nur 499 Stimmen.

[25] FVZ 10. 3. 1919.

[26] FVZ 10. 2. 1919.

[27] Zur Abstimmung allgemein s. Knud Kretschmer, Revolution of afstemningstid in: Flensborg Bys Historie Bd. 2, København 1955, S. 339ff. H. Windmann (Anm. 1) S. 407ff. Troels Fink, Da Sønderjylland blev delt, Bde. 1–3, Aabenraa 1978/79. H.P. Hanssen-Zitat nach Karl Alnor, Handbuch zur schleswigschen Frage Bd. III, Neumünster 1930, S. 108f.

[28] FVZ 30. 10. u. 9. 11. 1918.

[29] StA II C Bd. 1, Nr. 62. Gerd Callesen, Die Schleswig-Frage in den Beziehungen zwischen dänischer und deutscher Sozialdemokratie von 1912 bis 1924, Apenrade 1970, S. 78.

[30] Ebd., s. auch die Erklärung der sozialdem. Stadtverordneten vom 28. 10. 1918 in: Ernst Beier, Zur nationalen Entscheidung aufgerufen in: GFH 1963, S. 120.

[31] FVZ 9. 11. 1918. StA II C 22 Bd. 1, S. 74–78.

[32] FVZ 29. 4. 1919.

[33] G. Callesen (Anm. 29) S. 172, Anm. 58.

[34] FVZ 29. 4. 1919, erster Bericht am 10. 5. 1919.

[35] FVZ 18. 11. 1918: Erklärung W. Sörensens zu J. Johns Artikel „Mit Speck fängt man Mäuse“.

[36] Apenrader Resolution bei E. Beier (Anm. 30) S. 125f. Gründe für die AR: die Binationalität der SPD in der 1. Zone u. Rücksicht auf die dänische Sozialdemokratie.

[37] FVZ 4. 12. 1918 (Rede P. Michelsens). Weitere Artikel gegen „dänische Chauvinisten“ ebd. 29. 1., 10. 3., 22. 3. 1919 usf. Zur dänischen Flensburg-Bewegung s. die in Anm. 27 genannte Literatur.

[38] FVZ 4. 12. 1918.

[39] FVZ 31. 3. 1919.

[40] FVZ 19. u. 20. 5. 1919.

[41] FVZ 31. 5. 1919 in: StA II C 171. W. Sörensen wendet sich hier ferner gegen eine dritte Versammlung, die P. Michelsen zusammen mit „Vertretern der Köller-Politik“ durchgeführt habe.

[42] FVZ 25. - 31. 5. 1919. Der Ausschluß wurde am 8. 7. 1919 ausgesprochen.
[43] FVZ 28. 5. 1919. Auch der USPD-Stadtverordnete H. Mittelstädt trat ins dänische Lager über. G. Callesen (Anm. 29), S. 100f (Zitat).
[44] Ebd. S. 102. Ende Januar 1920 bekannten sich 3 307 Flensburger Arbeiter in einem Schreiben an Th. Stauning zu Dänemark, ebd. S. 106.
[45] FVZ 30. 6. 1919.
[46] Bericht von den Verhandlungen des Bezirksparteitages der SPD vom Juli 1919, S. 36.
[47] FVZ 16. u. 19. 5. 1919.
[48] Zu Hans Jensen, geb. 1882 in Flensburg, s. Kap. 1, Anm. 78.
[49] FVZ 24. 5. 1919.
[50] FVZ 7. 11. 1919. Wiederwahl am 11. 4. 1921. C. Cunow war ab Oktober 1919 Redaktionsmitglied der FVZ, vom 1. 2. 1921 bis zu seinem Ausscheiden am 1. 10. 1923 Hauptredakteur.
[51] FVZ 23. 12. 1919. FAn 12. 1. 20.
[52] FVZ 22. u. 23. 12. 1919.
[53] FVZ 16. 12. 1919: Eigenes Heim, eigenes Kleid. SHVZ 9. 11. 1920 (Jensen).
[54] Friedrich Bauer, Als Arbeitersekretär in Flensburg, in: Schleswig-Holstein, Jg. 1970, S. 55ff. H. Windmann (Anm. 1) S. 412. Friedrich Bauer, geb. 1885, Buchdrucker, Arbeitersekretär in Kiel, Mitarbeiter des SPD-Grenzpolitikers Eduard Adler.
[55] Adolf Köster, Der Kampf um Schleswig, Berlin 1930, S. 193.
[56] FN 14. 2. 1920. Name nach dem deutschen Grenzsachverständigen Johannes Tiedje. Die von ihm vorgeschlagene Grenzlinie führte von Rinkenis nordwestlich nach Rapsted, westlich nach Wiesby, südlich nach Sönderby und von dort nördlich an Hoyer vorbei zur Nordsee. Zwischen Clausen- und Tiedjelinie waren am 10. 2. 1920 6 735 deutsche und 5 658 dänische Stimmen abgegeben worden. A. Köster (Anm. 55) S. 218. Eduard Thorn, Die erste Teilung Schleswigs, Hamburg 1921, S. 14f. Zur Diskussion s. T. Fink (Anm. 23) Bd. 3, S. 47ff.
[57] SHVZ 17. 1. u. 12. 3. 1920.
[58] Friedrich Bauer, Ein vergessenes Kapitel, GFH 1962, S. 187f.
[59] A. Köster (Anm. 55) S. 226. E. Beier (Anm. 30) S. 126. F. Bauer (Anm. 58) S. 188f.
[60] SHVZ 8. 5. 1920. S. auch FVZ 27. 5. 1922 u. 3. 7. 1923 (Bezug auf Äußerungen des preußischen Ministerpräsidenten Braun).
[61] SHVZ 14. 6., 22. 6. u. 24. 6. 1920 (Protest des Flensburger Gewerkschaftskartells). F. Bauer (Anm. 58) S. 189ff. G. Callesen (Anm. 29) S. 113f.
[62] F. Bauer (Anm. 58) S. 191. E. Beier (Anm. 30) S. 127. Zitat aus F. Bauers „Der Ruf zur Sammlung“, ebd. S. 129.
[63] Besprechungen in Kopenhagen 20. u. 21. 6. 1921, Berliner Konferenz am 26. 11. 1921 mit Resolution, s. E. Beier (Anm. 30) S. 130. Peter Hansen Petersen, Sozialdemokratie und Schleswig-Frage, Diss. Kiel 1956, S. 57ff. G. Callesen (Anm. 29) S. 120ff.
[64] FVZ 10. 1. 1922 (Zitat), 18. 5., 27. 5. u. 1. 12. 1922. Zur Neuen Flensburger Zeitung s. Johan Peter Noack, Det danske mindretal i Sydslesvig 1920–1945, Bd. 1, Haderslev 1989, S. 150ff u. 190ff. Verschärft wurde die erneute Grenzauseinandersetzung durch den von dänischen Zeitungen ins Spiel gebrachten „Kanalstaatsplan“. FVZ 12.–14. u. 19. 3. 1923. Auf Antrag P. Michelsens faßten die städtischen Kollegien eine Gegen-Entschließung, KB 13. 3. 1923. Der Plan blieb nebulös, s. J.P. Noack, S. 185ff.
[65] FVZ 6. 2. 1922.
[66] FVZ 25. u. 27. 8. 1923. Sollmann dementierte seine Schleswig-Aussagen am 20. 3. 1923. Auch MP Braun und das führende USPD-Mitglied Breitscheid mußten entsprechende Aussagen auf Drängen der FVZ revozieren.
[67] FVZ 20. 11. 1923 u. 4. 12. 1923 (Jensen). Jens Jacobsen, Die Flensburger SPD in der Weimarer Republik in: Flensburg, 700 Jahre Stadt, Bd. 1, SFSt 36, Flensburg 1984, S. 353.
[68] FVZ 1. 12. 1923. E. Beier (Anm. 30) S. 131ff. P.H. Petersen (Anm. 63) S. 64ff mit Interpretation der Behandlung des Abkommens im Preuß. Landtag.
[69] G. Callesen (Anm. 29) S. 125ff. Der FVZ wird in Anbetracht ihrer finanziellen Schwierigkeiten eine Spende von 3 000 Kronen zugesagt. Doch bildet diese Abmachung kein Junktim mit dem Abkommen.
[70] FVZ 2. 12., 5. 12. (Der getreue Eckehard) u. 18. 12. 1923.
[71] Zu Nachverhandlungen Gerd Callesen, Sozialdemokratiet og internationalismen, København 1973, S. 35ff.
[72] E. Beier (Anm. 30) S. 131 u. 133.
[73] S. zum ganzen Abschnitt VW 1919–1926, bes. S. 36ff. H. Windmann (Anm. 1) S. 104f. P.H. Petersen u.a. (Anm. 23) S. 421ff. J. Jacobsen (Anm. 67) S. 355ff.
[74] FVZ 3. 3. u. 4. 3. 1919 sowie 29. 11. 1922. Die Dänen hatten keine Kandidaten aufgestellt.
[75] FN 9. 1. 1923. Das Abstimmungsverhalten wiederholte sich am 8. 1. 1921 bei der Wahl H. Bruhns und bei dessen Wiederwahl am 4. 1. 1923.
[76] Hans Franzen, seit 1884 SPD-Mitglied, Betriebsratsvorsitzender bei der Werft, „eine der markantesten Persönlichkeiten im DMV“, s. M. Joho (Anm. 18) S. 281, 296 u. öfter. Daß Franzen Stadtrat wurde, ohne vorher Stadtverordneter gewesen zu sein, spricht für seine starke Stellung in der Flensburger SPD.

[77] KB 17. u. 20. 10. 1919.
[78] Wahlmodus s. Dieter Pust, Die Oberbürgermeisterwahlen und ihre Bedeutung für die Region in: Flensburg, 700 Jahre Stadt, Bd. 1, SFSt 36, Flensburg 1984, S. 359ff.
[79] FVZ 11. u. 13. 8. 1921 sowie 18. 12. 1922.
[80] FN 17. 8. 1921.
[81] P. H. Petersen u.a. (Anm. 23) S. 423. Kritik der sozialdem. Parteiversammlung an der Wahl 6. 1. 1923.
[82] FVZ 29. 11., 8. 12. u. 16. 12. 1922. J. Jacobsen (Anm. 67) S. 346. Zitat nach FVZ 8. 12. 1922.
[83] FVZ 16. 12. 1922. J. Jacobsen (Anm. 67) S. 347.
[84] VW 1919–1926, Übersicht, speziell S. 48–52. PSF führt am 11. 3. 1919 27 Kommissionen und Aufsichtsgremien an.
[85] P.H. Petersen u.a. (Anm. 23) S. 423 mit Anm. 13.
[86] FVZ 18. u. 19. 4. 1919: Resolution zum Abschluß einer Demonstration auf dem Südermarkt.
[87] KB 28. 2. u. 7. 3. 1922: Auszug aus Protest gegen die Verhandlungsführung Dr. Todsens und gegen die Art und Weise der Abstimmung.
[88] KB 26. 3. 1920. PSF 25. 3. 1920.
[89] KB 16. 4. 1921. FN 18. 4. 1921.
[90] KB 16. 9. u. 17. 10. 1921.
[91] FVZ 18. 10. 1921.
[92] PSF 7. 7. 1922 (Durchschlag des Antrags). KB 14. 7. 1922. FN 15. 7. 1922.
[93] S. dazu den fast 600 Seiten umfassenden Verwaltungsbericht der Stadt Flensburg 1911–1926, Flensburg 1929, bes. die Abschnitte Wohlfahrtspflege und soziale Fürsorge. Zur wirtschaftlichen Situation der Arbeiterschaft in dieser Zeit M. Joho (Anm. 18), S. 310ff.
[94] Beispiele: KB 26. 5. 1919: freie Straßenbahnfahrt für Schwerbeschädigte (Eichhorn); KB 27. 8. 1920: Interpellation betr. produktive Erwerbslosenfürsorge (Erfurth); KB 29. 9. 1920: Haftpflicht f. städt. Angestellte (Erfurth); KB 11. 3. 1921: Geringere Gasgebühr für Arme (Freese); KB 9. 8. 1923: Anfrage zur Lebensmittelnot (Schlüter) u.a.m.
[95] H. Schlüter wird am 18. 5. 1919 als 2. Vorsitzender abgelöst, Anfang Juni 1919 unterliegt er im DMV bei der Wahl zum 2. Geschäftsführer gegen den Kieler Haase. – PSF 11. 11. 1919: Schlüter tritt den Fraktionsvorsitz an Erfurth ab. PSF 1. 6. 1921: Spannungen seinetwegen in der Parteiversammlung. Ende September 1921 wird er zum Gewerkschaftssekretär gewählt, man hofft „auf frischen Zug“ (FVZ 28. 9. 1921).
[96] KB 1. 11. 1921, 31. 1. u. 25. 4. 1922.
[97] FVZ 3. 2. 1923 u. 7. 4. 1923.
[98] KB 12. 7. u. 30. 10. 1919, 14. 2. 1920; – 11. 4. 1919 u. 1. 10. 1920.Die Festschrift 30 Jahre Städtisches Orchester Flensburg, 1950, S. 5, nennt als besondere Förderer Eichhorn, Haberlandt, Hellwig und Reiser.
[99] Vorklassen: KB 15. 4. 1919. 28. 2. u. 7. 3. 1922. Dänische Schule: PSF 1. 3. 1921. FVZ 7. 3. u. 10. 5. 1921: Michelsen gegen dänischen „Kulturunterricht“, mit Verweisen auf die Weimarer Verfassung. J.P. Noack (Anm. 64) Bd. 1, S. 123ff.
[100] S. Kap. 3. Zur Geschichte der schleswig-holsteinischen SPD: Franz Osterroth, 100 Jahre Sozialdemokratie in Schleswig-Holstein, Kiel 1963 u. Jens Christian Jacobsen, „Der Stolz der Gesamtpartei?“ Die SPD Schleswig-Holsteins 1918–1933 in: Demokratische Geschichte III, Kiel 1988, S. 211ff. Zur Geschichte der Reichs-SPD: Heinrich Potthoff, Die Sozialdemokratie von den Anfängen bis 1945, Kleine Geschichte der SPD, Bd. 1, Bonn 1975.
[101] FVZ 8. 7. 1921. Zu M. Funke, geb. 1880, s. S. 65.
[102] FVZ 2. 9. 1921 (Gründung u. Zielsetzung). FVZ 7. 4. 1923 (Abschaffung).
[103] FVZ 4. 4. 1922.
[104] FVZ ebd.
[105] S. Abb. 17 u. verschiedene Aufrufe in der FVZ Herbst 1923.
[106] FVZ 18. u. 19. 4. 1919.
[107] FVZ 9. 9. 1921 u. 20. 9. 1991 (Artikel gegen die FN, die in dem Beschluß eine Gewaltandrohung sah).
[108] FVZ 10. 1. 1922.
[109] FVZ 29. 2. 1922. Weitere Vertrauensleute-Versammlungen: 19. u. 28. 5. 1919, 27. 5. u. 24. 8. 1922, 30. 10. 1923; s. auch die folg. Textseiten.
[110] FVZ 9. 1. 1919.
[111] FVZ 8. 2. 1919.
[112] FVZ 3. 2. 1919.
[113] FVZ 15. 11., 8. u. 20. 12. 1919: Die USPD widerruft ihre in Flensborg Avis veröffentlichte Anschluß-Aufforderung, tritt aber andererseits nicht dem Abstimmungsausschuß bei. – Die FVZ bezeichnete das Programm der USPD als „richtungslos“ und ihre Versammlungen als „anarchistisch“: FVZ 5. 12. 1919 u. 20. 3. 1922.
[114] F. Osterroth (Anm. 100) S. 72.
[115] S. Anm. 122 u. Anzeige S. 32.
[116] FVZ 14. 9. 1921 u. 22. 9. 1922.
[117] FVZ 30. 10. u. 4. 11. 1922.
[118] FVZ 7. 4. 1923. Nach M. Joho (Anm. 18) S. 342 hatte sich der Großteil der Unabhängigen vorher der KPD angeschlossen.
[119] FVZ 19. 5. 1919.

120 FVZ 3. 1. u. 5. 1. – 10. 1. 1921 sowie 15.–18. 11. 1921. P.H. Petersen u.a. (Anm. 23) S. 423. P. Heinacher (Anm. 11) S. 118ff. M. Joho (Anm. 18) S. 334ff. Michael Klos, Paul Hoffmann, „Auf der Flucht erschossen“ in: GHF 1992, S. 232ff.

121 STA II C 26 (Hoffmann-Akte mit Zeitungsausschnitten).

122 FVZ 3. 1. 1921 (Zitat) u. 6.–10. 1. 1921. KB 6. 1. 1921.

123 FVZ 24. 3. u. 1. 4. 1921 (mit Bezug auf KPD-Unruhen in Hamburg und entsprechende Pläne für Flensburg).

124 FVZ 24. 8. – 2. 9. 1921. Die Demonstration richtete sich auch gegen die „Hakenkreuzler“.

125 FVZ 1. 9. 1921. Weitere gemeinsame Demonstrationen am 21. 6. u. 3. 7. 1922.

126 FVZ 23. u. 25. 11. 1921, 18. 1. 1922 u.a.m.

127 Zahlen nach SFSt 17, S. 562. P. Michelsen hatte nicht wieder kandidiert.

128 FN 5. u. 6. 1. 1921 (mit Anzeige der bürgerlichen Parteien gegen ein SPD-Flugblatt). FN 14. 1. 1921 (DDP).

129 FVZ 24. 2. 1921.

130 FVZ 5. 3. 1921. Man übernahm damit die Auffassung des Bezirksvorstands bez. Schleswig-Holstein. In den Klammern stehen die Flensburger Zahlen nach SFSt 17, S. 262.

131 FVZ 5. 3. 1921. Zu H. Hellwig, geb. 1889, s. S. 131. C. Roß trat zusammen mit H. Schlüter wiederholt in Versammlungen der USPD und KPD als Diskussionsredner auf. S. auch seinen Artikel gegen den „Etappensozialismus“ FVZ 14. 8. 1919.

132 FVZ 11. 4. 1921.

133 FVZ 5. 8. 1921. Auch W. Haberlandt u. P. Michelsen kritisierten den Entwurf.

134 FVZ 6. 8. 1921. Hinter der Chiffre xy verbirgt sich m.E. C. Roß.

135 FVZ 24. 9. 1921. Statt von „Sozialisierung“ war von „Gemeinwirtschaft“ die Rede. E. David: Die SPD als Partei des wissenschaftlichen Sozialismus müsse den gegebenen Tatsachen und der Wirtschaft Rechnung tragen. Das Programm wurde gegen fünf Stimmen angenommen. Zur Diskussion s. FVZ 19. 10. 1921 (Die verhinderte USPD) u. 30. 12. 1921 (Sozialdemokratie und Klassenkampf).

136 FVZ 8. 10. 1921.

137 S. Abschnitt 1 dieses Kapitels.

138 FVZ 1. 9. 1921.

139 FVZ 8. 11. 1919, 5. 1. 1921, 2. 11. 1921 (gegen Hakenkreuzler), 10. 2. u. 30. 4. 1923 (während der Verbotszeit). P. Heinacher (Anm. 11) S. 145ff.

140 FVZ 5. u. 7. 5. 1921, 24. 8. 1921, 2. u. 4. 9. 1922, 16. u. 18. 9. 1922. P. Heinacher (Anm. 11) S. 138ff.

141 FVZ 1. 4. 1921.

142 FVZ 17. u. 19. 6. 1922. P.H. Petersen u.a. (Anm. 23) S. 425.

143 J. Jacobsen (Anm. 67) S. 349.

144 FVZ 24. 9. u. 6. 11. 1925.

145 FVZ 20. 11. 1923. J. Jacobsen (Anm. 67) S. 349.

146 FVZ 15. 10. 1923 (hohe Papierpreise), FVZ 27. 10. u. 3. 11. 1923.

147 FVZ 3. 11. 1923.

148 S. S. 131 u. 251.

Jens Christian Jacobsen

Die Flensburger SPD in der Zeit der Weimarer Republik: 1924–1933

1924: Aus der Talsohle heraus

Im Frühjahr 1924 befand sich die SPD auf einem Tiefpunkt. Das Glückwunschschreiben an die dänische Sozialdemokratie verdeutlicht ein Stimmungstief bei Mitgliedern und Anhängern, das auch in einer schweren Wahlniederlage bei der Reichstagswahl im Mai 1924 erkennbar wurde. Die Inflationszeit mit ihren heftigen politischen Krisen begünstigte die Gegner der Republik von rechts und links. Sie schadete der SPD, die auf dem Höhepunkt der Krise 1923 in die Regierung eintrat, von den Regierungspartnern aber wenig rücksichtsvoll behandelt wurde: So konnten die SPD-Minister nicht verhindern, daß Reichswehreinheiten die von SPD und KPD in Sachsen und Thüringen demokratisch gebildeten Regierungen absetzten, während Verfassungsbrüche der rechtsstehenden bayerischen Regierung geduldet wurden. Auch das Ausscheiden aus der Regierung konnte Ansehensverluste nicht abwenden.

Organisatorisch und finanziell war die Partei geschwächt[1]. Eine Fahrt von Flensburg nach Kiel kostete im November 1923 mehr Geld, als die Flensburger SPD in einem Monat einnahm. Die Hoffnungen, die die Arbeiterschaft mit der Republik verbunden hatte, schienen getrogen zu haben. Nun versuchten die Arbeitgeber der Werften auch noch, eine der wichtigsten Errungenschaften der Revolution, den Achtstundentag, durch eine Aussperrung wieder rückgängig zu machen[2]. Mit zunehmendem Abstand zur Krisenzeit und allmählicher wirtschaftlicher Erholung stabilisierte sich die SPD. Schon bei der Reichstagswahl im September 1924 verzeichnete sie deutliche Zugewinne und konnte sich 1928 noch einmal erheblich steigern. In dieser Phase der „Erholung“ in der Opposition modifizierte sie ihr politisches Konzept (Heidelberger Programm 1925, Kieler Parteitag 1927), so daß drei Leitlinien zu erkennen sind[3]:

Erstens. In der Weimarer Klassengesellschaft ist die SPD eine Arbeiterpartei, die sich vor allem für die Belange der Arbeiterschaft einsetzt. Ein besonderes Augenmerk gilt deshalb der Sozialpolitik und einer sozial ausgerichteten Kommunalpolitik sowie den sozialen Selbsthilfeeinrichtungen der Arbeiterbewegung. Auf den Sozialismus kann schrittweise, schon aus dem Kapitalismus heraus, hingearbeitet werden.

Zweitens. Die Republik ist ein günstiger „Boden“, von dem aus der Sozialismus angestrebt werden kann. Mit seinem Wahlrecht, seinen demokratischen und sozialen Institutionen bietet er eine gute Ausgangsbasis für die Arbeiterschaft. Dabei wird der Staat nicht nur als Herrschaftsinstrument des Bürgertums angesehen. Im neuen „Volksstaat“ sollen auch die Sozialdemokraten Machtpositionen erwerben, um für die Arbeiter bzw. den Weg zum Sozialismus Fortschritte zu erzielen. Dazu ist es auch notwendig – so die Mehrheitsmeinung im Gegensatz zu einer dezidiert marxistischen Linken – Regierungsbündnisse mit bürgerlichen Parteien einzugehen, trotz negativer Erfahrungen.

Drittens. Die SPD betreibt eine Politik der Völkerverständigung. Eine wichtige Grundlage für die deutsch-dänische Verständigung wird in Flensburg mit dem Wels-Stauning-Grenzabkommen vom November 1923 geschaffen. Gegen heftige Anfeindungen aus der bürgerlichen Öffentlichkeit, die nach dem Wahljahr 1924 allmählich abflauen, steht die Flensburger SPD zu diesem Abkommen. Eine Mitgliederversammlung gibt ihm am 4. 1. 1924 einstimmig den Segen[4]. Bekräftigt wird es noch durch eine überfüllte Kundgebung

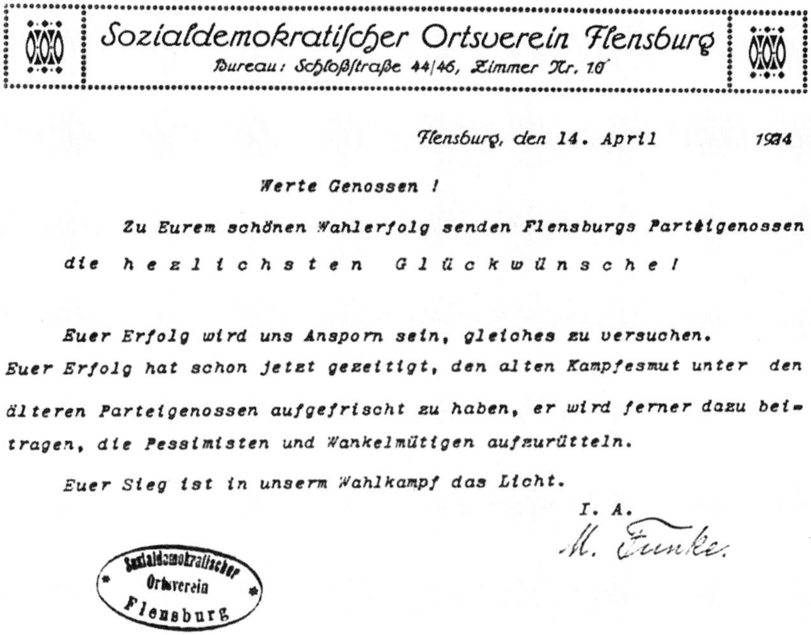

Sozialdemokratischer Ortsverein Flensburg

Bureau: Schloßstraße 44/46, Zimmer Nr. 10

Flensburg, den 14. April 1924

Werte Genossen !

Zu Eurem schönen Wahlerfolg senden Flensburgs Parteigenossen die h e z l i c h s t e n G l ü c k w ü n s c h e !

Euer Erfolg wird uns Ansporn sein, gleiches zu versuchen. Euer Erfolg hat schon jetzt gezeitigt, den alten Kampfesmut unter den älteren Parteigenossen aufgefrischt zu haben, er wird ferner dazu beitragen, die Pessimisten und Wankelmütigen aufzurütteln.

Euer Sieg ist in unserm Wahlkampf das Licht.

I. A.

M. Funke

Sozialdemokratischer Ortsverein Flensburg

Abb. 36: Glückwunschbrief der Flensburger SPD an den Vorstand der dänischen Sozialdemokratie vom 14. April 1924

im Gewerkschaftshaus mit Thorwald Stauning und J.P. Nielsen (Dänemark) eine Woche später[5]. Das Abkommen bedeutet keinen Verzicht auf die Möglichkeit einer zukünftigen friedlichen Grenzänderung. Die Grenze wird aber als „gesetzlich geltende“ anerkannt, eine gewaltsame Änderung ausgeschlossen, den Chauvinisten auf beiden Seiten der Kampf angesagt und eine Minderheitenregelung nördlich und südlich der Grenze angestrebt[6].

Mit diesem Konzept war die SPD, auch in Flensburg, in der zweiten Hälfte der Zwanzigerjahre durchaus erfolgreich, wobei die Reichstagswahl 1928 einen Höhepunkt bildete. In der Flensburger Partei waren bis dahin auch keine nennenswerten Auseinandersetzungen über den politischen Kurs erkennbar. Im Folgenden soll deutlich werden

- mit welchen organisatorischen und politischen Mitteln die Flensburger SPD sich für die genannten drei Leitlinien einsetzte,
- welche Schwierigkeiten und Gegner ihr dabei im Weg standen,
- weshalb sie am Ende (1933) scheiterte.

Parteiorganisation und Parteileben

Parteivorsitzender war von Januar 1927 bis 1933 Wilhelm Haberlandt (Abb. 8). Er löste Max Funke ab, der 1927 das Amt des 2. Schriftführers übernahm. Dem Vorstand (1928) gehörten viele Arbeiter, wenige Frauen und wenige jüngere

Abb. 37: Sozialdemokratische Politiker bei einer Kundgebung in Flensburg am 10.1.1924. Von links: Albert Dobler, Willi Verdieck (Bezirksvors. der SPD Schleswig-Holstein), Hans Jensen, Nikolaus Schröder, Thorwald Stauning (Vors. der dänischen Sozialdemokratie), Peter Michelsen, J.P. Nielsen (Sonderburg), Karl Storbeck, Wilhelm Haberlandt, Max Funke (Vors. der SPD Flensburg).

Mitglieder an. Diese Struktur ist wohl typisch für die SPD der Weimarer Zeit. Unter den Arbeitern sind die Metallberufe (Werft) auffallend, insofern war der Deutsche Metallarbeiterverband (DMV) gut vertreten. Führende Gewerkschafter wie Hans Franzen, Wilhelm Kähler, Georg Ruser oder Wilhelm Nicolaisen, die auch als SPD-Stadtverordnete aktiv waren, gehörten dem Vorstand allerdings nicht an. Das gilt auch für die Redakteure der Volkszeitung, Peter Michelsen und Hugo Hellwig, die sich in der Bildungsarbeit der SPD engagierten und häufig in Parteiversammlungen auftraten. Den Frauen waren zwei Plätze unter den Beisitzern zugesichert. Jahrelang war daneben Juliane Bartels 1. Schriftführerin (1925–1930), im Januar 1933 übernahm Lissie Neumann dieses Amt. Die vorliegenden Geburtsdaten lassen erkennen, daß es unter den Vorständlern nur einen wirklich betagten Genossen gab, den in der Partei verehrten Veteranen Andreas „Vadder" Drews. Den gewichtigen Einfluß hatten hingegen die etwa 50jährigen. Sie behielten auch in den nächsten Jahren

Abb. 38: *Max Funke, geb. am 22.10.1880 in Borna/Chemnitz, gelernter Kupferschmied, später Hausmeister bei der Ortskrankenkasse in Flensburg. Vorsitzender der SPD Flensburg von 1921 bis 1927, 2. Schriftführer 1927–1933; als Leiter des SPD-Landkreises Flensburg 1931 nachweisbar; Mitglied der Kontrollkommission der SPD Schleswig-Holsteins 1924–1933. Wegen des Versuchs, den „Neuen Vorwärts“ von Rattburg nach Flensburg zu schmuggeln, 1934 zu drei Jahren Zuchthaus verurteilt. Gestorben am 11.7.1941 in Flensburg.*

das Heft in der Hand. Ernst Beier (Jg. 1901) scheute sich nicht, in der Jahresversammlung am 13. Januar 1930 die „Frage der Überalterung in der sozialdemokratischen Führerschicht” anzuschneiden. Als Folge erhielten die Jungsozialisten einen festen Platz unter den Beisitzern. Seit 1931 stellten die Jüngeren auch den 2. Vorsitzenden der Partei (Willi Schmidt 1931, Peter Kruppa 1932, Peter Beck 1933). Im Januar 1933 löste zudem der „Jugendgenosse“ Fritz Schümann Max Funke als 2. Schriftführer ab[7].
Neben dem Vorstand lastete die Organisationsarbeit wesentlich auf den „Bezirksführern“, die mit ihren Helfern in 35 Bezirken der Stadt für Mitgliederwerbung und Agitation in den Wahlkämpfen zuständig waren. Großen Einfluß hatten die Betriebsvertrauensleute, die an der Aufstellung der Kandidatenlisten mitwirkten[8]. Die Partei erwartete von den Funktionären die Erfüllung ihrer „parteigenössischen Pflicht“. In der Regel wurden die Funktionäre nach Wahlkämpfen und in Jahresberichten für ihre „aufopferungsvolle Arbeit“ gelobt, vermutlich zu Recht. Traten einmal Nachlässigkeiten auf, gab es schonungslose Kritik. Als die positive Mitgliederentwicklung 1928 nicht fortgesetzt werden konnte, mußte sich der Vorsitzende Haberlandt auf dem Bezirksparteitag 1929 in Eutin Vorhaltungen gefallen lassen[9]. Er versuchte sich dort mit der besonders ungünstigen wirtschaftlichen Lage Flensburgs zu entschuldigen und verwies auf die Konkurrenz durch die Freie Turnerschaft, das Reichsbanner und den Freidenkerverband. Auf der nächsten Jahresversammlung der Flensburger Partei gab er jedoch den Druck an die Funktio-

SPD.-Bezirksführer!

Donnerstag, den 21. April, 19 Uhr, Flugblätter abholen. Kein Bezirksführer darf fehlen!

Abb. 40: *Aufruf an die Bezirksführer in der Volkszeitung vom 20.4.1932*

Abb. 39: Der Vorstand der Flensburger SPD im Januar 1928

1. Vors.	Wilhelm Haberlandt	Angest. Ortskrankenkasse	1878 geb.
2. Vors.	Asmus Thomsen	Schiffszimmermann	
1. Kassierer	Franz Beier	Stukkateur	1878
2. Kassierer	Otto Jullmann	Schlosser	
1. Schriftf.	Juliane Bartels	Angestellte	
2. Schriftf.	Max Funke	Kupferschmied	1880
Revisoren	Emil Strobel	Eisendreher	
	Christian Sievers	Nieter	1880
	Peter Lorenzen	Kesselschmied	1878
Beisitzer	Werner Bartelsen	Nieter	
	Julius Gregersen	Glasermeister	1882
	Oskar Kurt	Buchdrucker	1897
	Willi Hermann	Metallarbeiter	
	Andreas Drews	Zigarrenmacher	1850
	Wilhelmine Thomsen	Hausfrau	
	Marie Steffens	Hausfrau	

Pressekommission		*Bildungsausschuß*	
Asmus Thomsen	Schiffszimmermann	Wilhelm Haberlandt	Angest. Ortskr.k.
Max Funke	Kupferschmied	Peter Michelsen	Redakteur
Hermann Olson	Maschinist	Hugo Hellwig	Redakteur
Otto Schade	Lehrer	Ernst Beier	Buchdrucker
Hans Callesen	Metallarbeiter	Hans Callesen	Metallarbeiter
		Oskar Kurt	Buchdrucker

näre weiter. Im Jahr darauf schien der Schaden behoben[10]. Es war das ausdrückliche Ziel der SPD als „Partei der Aufklärung“, in den Mitgliederversammlungen nicht nur politisches Tagesgeschäft abzuwickeln, sondern den Bildungsstand und die Sachkenntnisse der Mitglieder zu verbessern. Fast jedesmal trat ein Referent auf, und in bis zu zweistündigen (!) Vorträgen wurde gründlich informiert. Zu kommunalpolitischen Fragen nahm häufig der stellvertretende Stadtverordnetenvorsteher Hans Jensen Stellung. Für die verschiedenen politischen Ebenen traten mehrfach auf: Unterbezirkssekretär Paul Dölz (Tönning), Bezirkssekretär Willi Verdieck (Kiel), der Abgeordnete im Preußischen Landtag Gehrt Rickers (Kiel) sowie der Reichstagsabgeordnete Max Richter (Neumünster). Zu den Höhepunkten gehörten sicher die Auftritte von Luise Schröder (Altona) und Julius Leber (Lübeck), die ebenfalls dem Reichstag angehörten. Von den örtlichen Politikern sprachen insbesondere Wilhelm Haberlandt und Peter Michelsen zur politischen Lage. Zu einzelnen Sachthemen lud man auch Experten von der Arbeitervolkshochschule Harrisleefeld oder von den Gewerkschaften[11]. Den Berichten in der FVZ zufolge waren die Mitglieder unterschiedlich diskutierfreudig. Aber besonders in der Phase von 1928 bis 1931 kam es in Fragen der Regierungs- und Tolerierungspolitik zu lebhaften und kontroversen Debatten, bei denen das Gewerkschaftshaus zum Teil vollbesetzt war.

Im übrigen spielten im Parteileben die Wahlkämpfe eine zen-

S.P.D. Flensburg

Freitag, den 1. Februar
abends 8 Uhr

Mitglieder-Versammlung

im großen Saale des „Gewerkschaftshauses"
Tagesordnung u. a.:

„Aus dem kommunalen Leben"

Ref. Genosse Hans Jensen.

Mit diesem Vortrage wird die sozialdemokratische Stadtverordnetenfraktion Rechenschaft über ihre Tätigkeit im letzten Jahre ablegen.

Es ist daher ein starker Besuch erforderlich.

Der Vorstand.

Abb. 41: Flensburger Volkszeitung 30.1.1929

trale Rolle. Schließlich hatte die SPD lange Zeit gegen das Preußische Dreiklassenwahlrecht gekämpft und sah in der demokratischen Republik die geeignete Basis, um über die Erkämpfung von Mehrheiten den Weg zum Sozialismus zu beschreiten.

Daneben gab es einen festen „Terminkalender" für die Sozialdemokraten der Weimarer Republik: Jugendweihe (Ende März/Anfang April), Maikundgebung, Verfassungsfeier (11. 8.), Gewerkschaftsfest (zumeist August), Revolutionsfeier (9. 11.). Gefeiert wurden auch der Internationale Frauentag, Gedenktage zum Sozialistengesetz, Stiftungsfeste und Fahnenweihen, Arbeitersporttage und anderes mehr. Die Aufzählung deutet ein besonderes Merkmal der Weimarer Zeit an: Die politische Arbeit aktiver Sozialdemokraten war eingebettet in ein Leben in der Arbeiterbewegung.

Alles, was zur Arbeiterbewegung gehört, tritt morgen, Sonnabend abend 8,15 Uhr zum

Demonstrationsumzug

an. Abmarsch 8,30 Uhr von der oberen Harrisleerstraße.

Es beteiligen sich: Die Sozialdemokratische Partei, die Gewerkschaften, die Reichsbannerkameraden, die Arbeitersportler, Arbeiter-Sänger, Arbeiter-Radfahrer, Arbeiter-Samariter, Arbeiter-Wohlfahrt, Abstinenten — und alle Nebenorganisationen der Arbeiterbewegung.

Die Wahldemonstration beginnt um 8.30 Uhr in der Harrisleerstraße und passiert folgende Straßen: Schulgasse, Apenraderstraße, Vereinsstraße, Batteriestraße, Gasstraße, Neustadt, Norderstraße, Nordermarkt, Kieler Bahnhof, Kurzestraße, Johannisstraße, Hafermarkt, Angelburgerstraße, Südermarkt. Daselbst

Wahlkundgebung.

Der Abmarsch erfolgt durch den Holm, Großestraße, Toosbüystraße, Burgstraße nach dem Gewerkschaftshaus, wo die Auflösung erfolgt. Den Anweisungen der Ordner ist unbedingt Folge zu leisten.

Abb. 42: Flensburger Volkszeitung 18.5.1928

Die SPD - eine Arbeiterpartei in der Arbeiterbewegung

Die Kandidatenliste der Flensburger SPD zur Kommunalwahl 1924 zeigt auf zweifache Weise, daß die Partei in der Weimarer Republik im wesentlichen noch eine Arbeiterpartei geblieben ist. Erstens waren von den 45 Kandidaten 24 „Handarbeiter", 11 Geschäftsführer bzw. Angestellte (in der Regel bei Arbeiterorganisationen), 6 Ehefrauen (ohne Berufsangaben), 1 Ingenieur, 1 Oberfeuerwehrmann, 1 Telegrafenleitungsaufseher, 1 Buchhalter. Zweitens wohnten 32 im industriell geprägten Norden der Stadt, besonders in dem langen Straßenzug Apenrader Straße - Schulgasse - Harrisleer Straße und deren Umgebung sowie in der Duburger Straße und deren Seitenstraßen. In diesem Bereich war auch die „Infrastruktur" der Arbeiterbewegung plaziert: das Gewerkschaftshaus in der Schloßstraße, der Sportplatz der Freien Turnerschaft an der Waldstraße (heute DGF), die Konsum-Zentrale und die Volksfürsorge in der Apenrader Straße. Kennzeichnend ist auch der Marschweg eines Demonstrationszuges 1928 durch die Arbeiterviertel des Nordens. Ausgehend von der Harrisleer Straße wird noch ein Schlenker über die Apenrader Straße gemacht, bevor man sich der Stadtmitte zuwendet. Nach der Kundgebung auf dem Südermarkt kehrt man in die „Heimat", zum Gewerkschaftshaus in der Schloßstraße, zurück. Die oben genannten Gegebenheiten entsprachen der Mitgliederstruktur der Gesamtpartei. Im Reichsdurchschnitt (1927) waren etwa 75% der SPD-Mitglieder „Handarbeiter". Man war zwar durchaus bemüht, auch Beamte und Angestellte zu erreichen, dies gelang jedoch allenfalls bei den Angestellten im begrenzten Maße (1930 = ca. 10% der Mitglieder)[12]. In den kommunalen Vertretungen war der Angestelltenanteil etwas höher. Mit der sozialen Struktur ging das Selbstverständnis als Arbeiterpartei einher. Der Wahlvorschlag für die Kommunalwahl 1929 wurde von einer Versammlung der Betriebsvertrauensleute erarbeitet. Man wollte erreichen, „daß alle Arbeitergruppen angemessen vertreten sind" und die Kandidaten „bei der Masse der Arbeiterbevölkerung Anklang finden"[13].

Die Weimarer Republik kann noch als Klassengesellschaft angesehen werden, in der sich „Arbeiterschaft" bzw. „Arbeiterbewegung" und „Bürgertum" bzw. „bürgerliches Lager" voneinander abgrenzten. Dem klassenbewußten Arbeiter stand in Flensburg eine Fülle von Arbeiterorganisationen zur Freizeitgestaltung, Bildung sowie sozialen und politischen Aktivitäten zur Verfügung. In diesem Rahmen fand er Geborgenheit und Anerkennung. Die „Säulen" der Arbeiterbewegung enthielten in Flensburg:

Politischer Bereich	SPD mit Falken, Sozialistischer Arbeiterjugend, Jungsozialisten, Frauengruppe, Arbeiterwohlfahrt
Betrieblicher Bereich	Allgemeiner Deutscher Gewerkschaftsbund (ADGB)
Arbeiterkultur	Volksbühne, Chorverein und mindestens 6 weitere Arbeitergesangvereine, Verband für Freidenkertum und Feuerbestattung (mit Jugendweihegemeinschaften), Arbeiter-Abstinentenbund, Arbeiter-Radiobund, Volkszeitung und Volksbuchhandlung
Arbeitersport	Freie Turnerschaft, Kraftsportverein „Nordische Eiche", Arbeiterradfahrerbund „Solidarität", Freie Kegler, Arbeiter-Schachverein, Touristenverein „Die Naturfreunde", Arbeiter-Samariterbund
Genossenschaftliche Selbsthilfe	Konsumverein für Flensburg und Umgebung, Volksfürsorge, Bauhütte

Das Reichsbanner „Schwarz-Rot-Gold", eine Organisation zum Schutz der Republik, war offiziell überparteilich angelegt, bestand aber ganz überwiegend aus Anhängern der Sozialdemokratie und ist insofern auch der Arbeiterbewegung zuzurechnen.

Der Ausbau der Arbeiterorganisationen als Gegenwelt zur bürgerlichen Welt galt als Schritt auf dem Weg zum Sozialismus. Von einem guten Sozialdemokraten erwartete man, daß er sich möglichst ausschließlich der Einrichtungen der Arbeiterbewegung bediente. Es bestand ferner das Bestreben, daß die verschiedenen Organisationen sich gegenseitig als „große Familie" solidarisch unterstützten. Die SPD sollte auf politi-

Abb. 43: Das Foto gibt Einblick in das Wohnzimmer der „typisch sozialdemokratischen“ Familie Schlütter (Anfang 30er Jahre), die vielfach eingebunden ist in das umfangreiche Netz der Arbeiterbewegung. Die Wohnung (Schwarzental 11) gehörte zu einem von der gewerkschaftlichen Bauhütte errichteten Wohnblock. Als Mitglied im Konsumverein tätigte die Familie ihre Einkäufe in der Verteilungsstelle Harrisleer Straße. Tägliche Lektüre war die sozialdemokratische Volkszeitung.
Vater Ernst Schlütter war Betriebsratsvorsitzender beim Marinelazarett, Mitglied in der Gewerkschaft und in der SPD. Mutter Therese Schlütter war aktiv in der Arbeiterwohlfahrt und SPD-Mitglied. Alle drei Söhne gehörten der Gewerkschaft an. Friedrich (hinten links) kam über die Falken und Arbeiterjugend zur SPD, trat 1931 zur SAP über. Otto (hinten Mitte) spielte Handball bei der Freien Turnerschaft. Alfons (hinten rechts) wurde nach seiner Zeit bei den Falken und der Arbeiterjugend selbst Betreuer einer Falkengruppe und Mitglied der SPD. Friedrich und Alfons beteiligten sich nach 1933 an der illegalen Verteilung von in Dänemark gesammelten Hilfsgeldern für SPD-Familien, die in Existenznot geraten waren. Friedrich Schlütter verbrachte mehrere Jahre im Konzentrationslager.

schem Wege die Ziele der Arbeiterbewegung voranbringen. Als z.B. im Frühjahr 1924 die Werftarbeiter ausgesperrt waren, wurde ihr Kampf in Parteiversammlungen diskutiert und unterstützt. Die sozialdemokratische Volkszeitung organisierte ein Hilfswerk für die Kinder der ausgesperrten Arbeiter, an dem sich auch die Arbeiterwohlfahrt beteiligte[14]. Umgekehrt beanspruchte die SPD die Unterstützung der Gewerkschaft und der anderen Arbeiterorganisationen im Wahlkampf, wie eine Wahlanzeige vom 18. 5. 1928 zeigt. Die Partei hoffte auch, über die „Vorfeldorganisationen" ideologische Bindungen zu entwickeln und Mitglieder zu gewinnen. Hierbei konnte allerdings auch eine Konkurrenzsituation entstehen.

Die Arbeiterwohlfahrt

Die Arbeiterwohlfahrt (AWO) war eine Teilorganisation der SPD[15]. Eine relativ kleine Gruppe - im Jahre 1925 werden 26 aktive Mitglieder (22 Frauen, 4 Männer) genannt - entfaltete eine ungemein effektive und segensreiche Arbeit. Unter der Leitung des Glasermeisters Julius Gregersen unterstützten die AWO-Mitglieder zum einen ehrenamtlich die öffentliche Wohlfahrtspflege, z.B. durch Übernahme von Vormundschaften, Mitarbeit in Wärmehallen und Volksküchen. Zum anderen diente die AWO als Selbsthilfeorganisation, die Arbeiterfamilien, insbesondere bedürftigen Arbeiterkindern zugutekam. So konnten für die ganz Kleinen bei der AWO unentgeltlich Kinderwagen und Körbe entliehen werden. Im Gewerkschaftshaus wurden Kinder mit Kakao bewirtet. Besonders erfolgreich war die Ferienbetreuung der Flensburger AWO. Veranstaltet wurden jährlich 10 bis 14 Halbtagswanderungen und Dampferfahrten mit bis zu 1000 Kindern. Seit 1930 stand bei der Marienhölzung eine Schutzhütte zur Verfügung. Die Mittel dafür hatte man durch eine Tombola auf dem Gewerkschaftsfest 1929 aufgebracht. Die Preise für die Tombola stammten aus Eigenarbeit in der AWO-Nähstube sowie aus Spenden der Volkszeitung, des Konsumvereins und von Parteimitgliedern. In der AWO-Nähstube wurde fast das ganze Jahr über für die Weihnachtshilfe gearbeitet, die Hunderten von Kindern Kleidungsstücke bescherte. 1932 bot die AWO einen „Freiwilligen Arbeitsdienst" für junge Mädchen zum Erlernen hauswirtschaftlicher Fertigkeiten an.

Abb. 44: Statistik der Flensburger Arbeiterbewegung

Gewerkschaft	ca. 7000	(1932)	25. 5.32
Konsumverein	ca. 4000	(1929)	25.10.29
Volksbühne	ca. 2800	(1924)	8. 9.24
SPD	1794	(1927)	
Reichsbanner	1122	(1927)	14. 2.28
Freidenker	1010	(1931)	23. 1.32
Arbeitersänger	240	(1924)	17. 9.24

Nachweis Volkszeitung

Sozialdemokratische Kommunalpolitik in Flensburg

Der Einfluß der SPD in der Flensburger Kommunalpolitik war dadurch begrenzt, daß sie auch im Bündnis mit anderen keine Mehrheit erreichen konnte. Die potentiellen Wähler aus der Arbeiterschaft mußte sie sich mit der KPD und dem dänischgesinnten Schleswigschen Verein teilen. Selbst wenn diese drei sich hätten einigen können, hätte es für sie keine Mehrheit gegeben. Eine bürgerliche Liste konnte sich 1924 (16 Sitze) und 1929 (20 Sitze) gemeinsam mit einer Beamtenliste durchsetzen. 1933 erhielten die Nationalsozialisten 21 von 45 Mandaten. Der bürgerliche „Flensburg-Block" verhalf ihnen mit 9 Sitzen zur Mehrheit.

Im Magistrat mußte sich die SPD mit zwei (unbesoldeten) Stadträten begnügen: Redakteur Wilhelm Haberlandt und Werftarbeiter Hans Franzen. Als zweitstärkste Fraktion konnte sie auch mit Hans Jensen 1924 und 1929 den stellvertretenden Stadtverordnetenvorsteher benennen.

Eine typisch sozialdemokraische Kommunalpolitik konnte die Partei also mangels Mehrheit in Flensburg nicht gestalten, wie es in anderen Kommunen wie z.B. Neumünster, Altona und Uetersen der Fall war. So versuchte sie als Opposition, sich für die „kleinen Leute" einzusetzen und stritt für eine soziale Wohnungspolitik, Verbesserung der sozialen Unterstützungsleistungen[16], sozial verträgliche Preise für Licht, Gas und Straßenbahnfahrten[17], Weihnachtsbeihilfen[18] und Arbeitsbeschaffung - gelegentlich mit Erfolg[19]. Kompe-

Abb. 45: Im Sommer wurden täglich etwa 35 Kinder bei der Schutzhütte an der Marienhölzung betreut. Auf dem Bild Frauen der Arbeiterwohlfahrt bei einem Abschlußfest der Sommersaison 1931 oder 1932. Mit Schild: Sophie Kriewitz, links davon Anna Schlüter. Hintere Reihe, 3. von links: Therese Schlütter.

tenz in sozialen Fragen war offenbar reichlich vorhanden. Der Fraktion (1929–1933) gehörten führende Gewerkschafter an: Georg Ruser (bis 1928 Geschäftsführer beim Baugewerksbund, dann Vorsitzender des ADGB), Wilhelm Kähler (1. Bevollmächtigter des Deutschen Metallarbeiterverbandes), Wilhelm Nicolaisen (Geschäftsführer beim Afa-Bund), Joachim Jensen (Vorsitzender des Deutschen Eisenbahnerverbandes), Heinrich Kraack (Betriebsratsvorsitzender der städtischen Arbeiter). Stadtrat Hans Franzen war Betriebsratsvorsitzender bei der Werft.

Der Einsatz der Fraktion galt auch der Gleichstellung der Arbeiterorganisationen mit bürgerlichen Einrichtungen. So stellte man im Oktober 1929 den Antrag auf Beitritt der Stadt Flensburg zum Konsumverein[20]. Der Hintergrund: die SPD sah nicht ein, daß die Stadt als Großverbraucher „in allen einschlägigen Geschäften der Stadt" ihren Bedarf deckte, nur beim Konsumverein nicht, der mit 4000 Mitgliedern die Versorgung von rund 20000 Flensburgern sicherstellte. Um aber beim Konsumverein einkaufen zu können, mußte man Mitglied sein. Der Antrag blieb ohne Ergebnis.

Ihre Kontrollaufgabe als Oppositionsfraktion erfüllten die Sozialdemokraten, als sie 1928 die Praxis der Vergabe von öffentlichen Bauaufträgen unter die Lupe nahmen[21]. Es stellte sich heraus, daß bei der Maurerinnung unter Leitung des Geschäftsführers unzulässige Absprachen über die Einreichung von Angeboten an die Stadt vorkamen. Pikant war der Vorgang dadurch, daß der Geschäftsführer der Innung zugleich Mitglied des Bauausschusses war und die gewerkschaftliche Bauhütte trotz günstigerer Kalkulation bei der Ausschreibung den kürzeren gezogen hatte. Hoch- und Tiefbaukommission mußten die Maurerinnung auffordern, solche Praktiken einzustellen; der Geschäftsführer legte sein Amt nieder.

Fünf Jahre praktischer Arbeit.

11 Stadtverordnete und 2 Stadträte haben über 5 Jahre in der Stadtverwaltung die Interessen der minderbemittelten Bevölkerung vertreten. Wir haben Auszüge aus früheren Kollegiensitzungen veröffentlicht, in denen die Stellungnahme der sozialdemokratischen Fraktion scharf zum Ausdruck kam.

Das waren keine Wahlreden.

In zäher, unermüdlicher Arbeit kämpfte unsere Vertretung

gegen die Wohnungsnot.

Gibt es wirklich Leute, die da glauben, daß Herr Wolff von der unsinnigen Liste der Mitte ein besserer Anwalt ist als Franzen?

Man vergleiche nur die beiden Persönlichkeiten und die Entscheidung ist leicht.

Gegen Mieterhöhung
Gegen Ausbeutungsrecht der Hausbesitze
Gegen indirekte Massenbelastung
war immer die sozialdemokratische Fraktion.
Für Kleinwohnungsbau
Für Abbau der Massenbelastung
Für Ausbau der Sozialbeihilfe
war bei jeder Verhandlung die sozialdemokratische Fraktion.

Abb. 46: Wahlanzeige der SPD vor der Kommunalwahl 1929 in der Volkszeitung vom 14.11.1929

Republikaner heraus! Schützt Schwarz-Rot-Gold!

Heute abend 8 Uhr auf dem Südermarkt

Schlagt den Angriff auf die Reichsflagge ab!

Abb. 47: Aufruf des Flensburger Reichsbanners zu einer Kundgebung gegen die Flaggenverordnung der Regierung Luther in der Volkszeitung vom 10.5.1926

Bei alledem betrieb die SPD durchaus keine Fundamentalopposition wie die KPD. Im Jahr 1930 jedoch brachen die Spannungen zwischen „sozialistischem" und „bürgerlichem" Lager voll auf. Zunächst erregte die Errichtung einer Pädagogischen Akademie in Altona, nicht wie erhofft in Flensburg, großen Unmut im Bürgertum[22]. Die SPD wiederum reagierte mit einem „völligen Bruch der Arbeitervertreter mit dem Bürgertum" im Zusammenhang mit der Neuwahl des Oberbürgermeisters. Nach der Schleswig-Holsteinischen Gemeindeordnung mußte die Stadtverordnetenversammlung aus den Bewerbern drei Kandidaten auswählen, die sich einer direkten Wahl durch die Bevölkerung zu stellen hatten. Bürgerbund und Beamtenliste nutzten ihre Mehrheit und stellten nur bürgerliche Kandidaten auf, ein Sozialdemokrat erhielt keine Chance. Die SPD reagierte wütend und sagte ihre Teilnahme an der Einweihung des Deutschen Hauses ab. In einer „Kampfansage" in der Volkszeitung rechnete sie generell mit dem Flensburger Bürgertum ab und hielt ihm, zum wiederholten Male, die Mißachtung der Farben der Republik und die Herabsetzung der Würde des Staates vor. Die Pädagogische Akademie sei der Stadt wohl nicht ohne Grund versagt geblieben. In einer Mitgliederversammlung beschloß die SPD, die Oberbürgermeisterwahl zu boykottieren[23].

Das Flensburger Reichsbanner „Schwarz-Rot-Gold"

Am 18. 7. 1924 wurde in Flensburg eine Ortsgruppe des Reichsbanners gegründet[24]. Man folgte hier einer reichsweiten Bewegung, die sich den starken republikfeindlichen Rechtskräften entgegenstellen wollte. Zuletzt hatte der Hitler-Putsch 1923 die Gefährdung der Republik deutlich gemacht. Das Reichsbanner war überparteilich angelegt. Anscheinend war im Vorstand des Flensburger Reichsbanners auch die DDP vertreten. Ein erdrückendes Übergewicht hatten aber die Sozialdemokraten und ihre Anhänger. Der Vorsitzende des Flensburger Reichsbanners, Heinrich Dietrich, war Geschäftsführer der Volksfürsorge und im Vorstand des Konsumvereins. Dem Vorstand des Reichsbanners gehörten 1930 auch SPD-Vorstandsmitglieder wie Wilhelm Haberlandt, Otto Jullmann, Werner Bartelsen und Hermann Olson an[25].

Das Reichsbanner legte in zahlreichen öffentlichen Veranstaltungen ein Bekenntnis zur Republik ab. Die geringe Akzeptanz der Republik und ihrer Symbole im Flensburger Bürgertum wurde vom Reichsbanner, der SPD und der Volkszeitung häufig angeprangert. Gegenüber einem Nordmarktreffen der republikanischen Jugend 1927 demonstrierte das Bürgertum laut Volkszeitung „eisige Kälte". Der Führer des Reichsbanners in Schleswig-Holstein, Richard Hansen, beklagte eine Teilnahmslosigkeit wie „in keinem Orte der Provinz, selbst auf dem Lande nicht . . ."[26] An besonderen Festtagen flatterte das „Schwarz-Rot-Gold" der Republik nur in den Arbeitervierteln. Das Bürgertum bevorzugte das kaiserzeitliche „Schwarz-Weiß-Rot". So verweigerte das Reichsbanner seine Teilnahme an den Feierlichkeiten zum Besuch des Reichspräsidenten Hindenburg Ende Mai 1927, weil es nicht „unter den schwarz-weiß-roten Fahnen der Mit-

Abb. 48: Hermann Olson (geb. 1893), auf dem Bild als junger Marinesoldat, war 1930 2. Vorsitzender des Reichsbanners in Flensburg. Er gehörte zu der Generation der jüngeren Kriegsteilnehmer, die im Reichsbanner stark vertreten war. Olson ist als Sohn eines Fischers auf dem Blasberg groß geworden. Er arbeitete zunächst als Maschinist beim städtischen Pumpwerk. Später bekam er die Hausmeisterstelle bei der St.-Jürgen-Mädchenschule, bis er 1933 von den Nationalsozialisten entlassen wurde. Olson gehörte der Pressekommission der SPD von 1927 bis 1930, dem Vorstand als Beisitzer von 1931 bis 1933 an. Nach dem Krieg war er Landtagsabgeordneter für die SPD (1946) und den SSW (1947–1953).

telstadt" stehen wollte[27]. Die Hakenkreuzfahne tauchte zu der Zeit nur selten auf. Recht häufig waren noch die blau-weiß-roten Landesfarben zu sehen. Sie galten der Volkszeitung als „Feigenblatt des gesinnungslosen Spießbürgertums", das es weder mit den Republikgegnern noch mit der republikanischen Arbeiterschaft verderben wollte. Besonders Geschäftsleute hißten „Blau-weiß-rot". Bei den führenden Hotels der Stadt stellte die Volkszeitung einen munteren Flaggenwechsel fest. Kehrten hohe republikanische Gäste ein, wurde „Schwarz-Rot-Gold" gezeigt. Kaum hatten sie das Hotel verlassen, zog man wieder „Schwarz-Weiß-Rot" oder die Landesfarben auf, selbst wenn Reichskanzler oder Minister die Gäste gewesen waren[28].
Das Reichsbanner gab der SPD Saalschutz und Demonstrationsschutz und unternahm auch selbst Propagandamärsche und -fahrten. An Wahltagen leistete es Bereitschaftsdienst. Zahlreiche Aktivitäten wurden angeboten: Musikzug, Trommlerkorps, Mandolinenklub, Radfahrabteilung. In Eigenarbeit bauten Reichsbannerleute einen Schießstand in Sophiesminde und gründeten 1927 den Kleinkaliber-Schützenverein „Republik"[29]. Am Verfassungstag 1929 wurde von der „Seejungmannschaft" des Reichsbanners das Boot „Otto Hörsing" aus der Taufe gehoben[30].
Die Flensburger Ortsgruppe war in folgende „Kameradschaften" gegliedert: Kupfermühle, Klues, Harrisleefeld, Norden 1, Norden 2, Mitte, Süden, Friesischer Berg, Weiche, Friedheim, Jugend, Radfahrer, Trommlerkorps[31]. Den Berichten ist zu entnehmen, daß von den über 1 000 Mitgliedern rund 500 aktiv mitmachten[32]. Mit der zunehmenden Bedrohung durch den Nationalsozialismus wurden die Aktivitäten noch verstärkt.

Die SPD und die frühen Nationalsozialisten

Politischer Hauptgegner im republikfeindlichen Lager war in den Zwanzigerjahren noch der mit der DNVP verbundene Stahlhelm, die damals größte rechtsstehende Massenorganisation. Die Volkszeitung sah in seinen Anhängern „Staats- und Verfassungsfeinde", gegen die sich „die Anhänger der demokratischen Republik zur Abwehr bereit finden"[33].

Abb. 49: Der Musikzug des Flensburger Reichsbanners am 1. Mai 1929 in der Marienhölzung

Man kann der SPD aber zugutehalten, daß sie gleichzeitig die Entwicklung des Nationalsozialismus in Flensburg aufmerksam beobachtet hat. Das gilt schon für den Vorläufer der NSDAP, den Völkisch-Sozialen Block (VSB), der in den Wahlkämpfen 1924 erhebliche Aktivitäten entfaltete. Die NSDAP wurde in Flensburg im August 1925 gegründet, mußte sich aber in den wirtschaftlich relativ stabilen Jahren der Republik mit einem Schattendasein begnügen.
In ihren Bemühungen gegen den Nationalsozialismus fand die SPD in Flensburg nur wenig Unterstützung. Justiz und Kirche erwiesen sich geradezu als „Wegbereiter" der NSDAP, und an den Schulen überwog rückwärtsgewandtes nationales Denken.
Über die erste öffentliche Veranstaltung des VSB wurde in der Volkszeitung ausführlich berichtet[34]. Aus dem ideologisch konfusen Gedankengut des Redners ragte der Antisemitismus besonders heraus. Für die SPD bemerkenswert war daneben der Versuch der Völkischen, bei der Arbeiterschaft Anklang zu finden. Dazu entwickelte der Redner eine besondere Dolchstoß-Version: An der verfrühten Niederlegung der Waffen sei nicht „der Arbeiter" schuld gewesen, sondern „jüdisch versippte und verseuchte Führer" der Arbeiterorganisationen. Eine besondere Verantwortung treffe auch „Bürgerliche", die die Arbeiter in der Vorkriegszeit wie „Arbeitstiere" gehalten und einen tiefen „Riß durch das deutsche Volk" verursacht hätten. Laut Volkszeitung wurde daneben der „übliche Unsinn" eines Antikapitalismus dargestellt, der nur das (angeblich jüdische) Bankkapital, nicht aber das (arische) „Werk"-Kapital verurteilte. Die Volkszeitung hingegen sah den VSB selbst auf der Seite des Kapitals. Der Autor bediente sich hier schon einer in der SPD auch später vorherrschenden, aus der Analyse des italienischen Faschismus gewonnenen Erklärung[35]. Demnach konnte – vom marxistischen Ansatz her – die NSDAP in der Klassenauseinandersetzung zwischen Kapital und Arbeit nur auf seiten des Kapitals eingeordnet werden. Der Autor glaubte dieses belegt durch das Schweigen des völkischen Redners zur Aussperrung der Werftarbeiter: „Kein Wort der Mißbilligung gegen

das Verhalten der Schwerindustrie, der Werftgewaltigen." Den Grund dafür sah er in der finanziellen Abhängigkeit der Völkischen, die sich „nicht die Geldquellen zur Wahlmache verstopfen" wollten.
Neben der Aufklärung durch die Presse entfaltete die SPD weitere Aktivitäten gegen die Nationalsozialisten. So versuchte man, Behörden bzw. Schulen zum Vorgehen gegen die NS-Jugendorganisationen zu bewegen. Im November 1926 entdeckten Parteimitglieder, daß die HJ Veranstaltungen in der St.-Jürgen-Knabenschule durchführte. In der Volkszeitung wurde dazu aufgefordert, „mit eisernem Besen unsere Volksschule von dem Schmutz der Hitlergardisten" zu säubern. Tatsächlich entzog der Magistrat daraufhin die Benutzungserlaubnis[36]. Weniger erfolgreich war man 1928 bei dem Versuch, den jungen Hitleranhängern die Zuschüsse aus dem „Ortsausschuß für Jugendpflege" streichen zu lassen. Oberbürgermeister Todsen stellte sich quer[37].
Auch auf die Schulen war kein Verlaß. Der NS-Schülerbund – 1930 wegen Flugblattaktionen an Flensburger Schulen verboten – setzte ungerührt seine Aktivitäten fort. Erst nach einer Intervention der SPD beim Oberpräsidenten der Provinz kam es zu Schulstrafen[38].
Öffentliche Angriffe auf die Völkischen wurden Wilhelm Haberlandt zum Verhängnis. Das Amtsgericht Flensburg verurteilte ihn zu einer Geldstrafe von 50 Mark zuzüglich der Kosten für die Publikation des Urteils in den „Flensburger Nachrichten". Das Delikt: Er hatte Dr. Link (Völkisch-Sozialer Block, später NSDAP) öffentlich einen Verleumder genannt. Der Grund dafür war die Behauptung Dr. Links, die SPD habe für den Abschluß des Grenzabkommens von der dänischen Sozialdemokratie Geld bekommen und dafür das Vaterland verraten. Haberlandt wurde verurteilt, so die Begründung laut Volkszeitung, weil er „nicht habe nachweisen können, daß Dr. Link ‚wider besseres Wissen' die Beleidigung ausgesprochen habe"[39]. Häufig nahm die Volkszeitung die Flensburger Justiz aufs Korn. Dem Schöffengericht warf man 1932 „nazifreundliche Justiz" vor, da nationalsozialistische Straftäter mehrfach milder bestraft wurden als kommunistische[40].
Die SPD bemühte sich auch um eine direkte inhaltliche Auseinandersetzung. So trat Wilhelm Haberlandt 1924 als Gegenredner in Veranstaltungen des VSB auf[41], unterstützt von sozialdemokratischem Anhang. Die zugeteilte Redezeit von 10 bis 15 Minuten erschien ihm zu kurz, um alle Unwahrheiten richtigzustellen. In einem Fall gelang es ihm, die Redezeit einfach auf eine Stunde auszudehnen. Bei einem Auftritt in Glücksburg hinderte ihn nach einer Viertelstunde ein Polizist am Weiterreden. In den folgenden Jahren, bis 1930, nahm die SPD Abstand davon, in den Veranstaltungen der NSDAP aufzutreten: Man fürchtete, den noch bedeutungslosen Gegner aufzuwerten, das öffentliche Interesse für ihn zu steigern und ihm die Kassen zu füllen.
Als Ende März 1927 Joseph Goebbels nach Flensburg kam, rechnete man mit blutigen Auseinandersetzungen und riet dem eigenen Anhang zum Fernbleiben. Der Grund: Erst neun Tage lag eine der ersten von Goebbels in Berlin angestifteten blutigen Keilereien mit dem Rotfrontkämpferbund zurück[42]. Dennoch nahm nach Heinacher die Flensburger Öffentlichkeit kaum von seinem Besuch Notiz. Immerhin konnte er im Pastorat der St. Johanniskirche Quartier nehmen, wo ihm sein Parteifreund, der Hauptpastor Friedrich Andersen, Gastfreundschaft bot. Andersen, seinerzeit einziger Vertreter der NSDAP im Stadtparlament, gehörte zu den zahlreichen Flensburger Pastoren, die als Mitglieder oder Wegbereiter der NSDAP zum Aufstieg verhalfen[43].
In der sozialdemokratischen Öffentlichkeit wurde der Goebbels-Besuch sehr wohl registriert. Der Jungsozialist Willi Schmidt lieferte sich mit ihm bei einer Begegnung auf dem Südermarkt ein Rededuell[44]. Die Volkszeitung informierte ihre Leser in zwei Artikeln schon vor der Veranstaltung über Dr. Goebbels und warnte: „. . . Arbeiterblut ist zu kostbar, um für die phantastischen Ziele dieser Neu-Deutschland-Schmiede geopfert zu werden." Offenbar hielten sich die Anhänger der Sozialdemokratie daran: Nach Angaben der Volkszeitung erschienen nur ca. 150 Besucher in der ohne besondere Ereignisse verlaufenen Veranstaltung. Die Zeitung freute sich: „Es war nur gut, daß nicht etwa 200 Reichsbannerleute 60 Mark Eintrittsgeld dorthin gebracht haben."[45]

Abb. 50: Willi Schmidt (geb. 1903) als Jugendlicher um 1920. Er stritt sich mit Goebbels auf dem Südermarkt. Schmidt war Sprecher der Jungsozialisten, leitete später die Flensburger SAP.

„Wir sind hier oben die Völkerbrücke ...“ Das Verhältnis zur dänischen Sozialdemokratie und zur dänischen Minderheit

Am 26./27. Juni 1926 wurde die 50jährige Fahnenweihe der Flensburger SPD in großem Rahmen gefeiert[46]. Die Partei war sehr stolz auf ihre alte rote Fahne, die 1878 von der preußischen Polizei beschlagnahmt und 1911 in einer nächtlichen Aktion aus dem Rathaus „befreit“ worden war.

Zu Recht bezeichnete die Volkszeitung die Veranstaltung als „deutsch-dänisches Arbeitertreffen“. Zweieinhalb Jahre nach Abschluß des Grenzabkommens war eine enge Verbundenheit zwischen der dänischen und Flensburger Partei erkennbar. Sozialdemokraten aus ganz Nordschleswig strömten mit Zügen, Autos, Dampfern und Fahrrädern nach Flensburg. Allein aus Sonderburg und Gravenstein kamen auf drei Schiffen 1 500 Menschen. In dem imposanten Festzug wurden 68 Fahnen mitgeführt, davon allein 36 von dänischen Arbeiterorganisationen.

Es handelte sich keineswegs um eine „deutsche“ Veranstaltung zur Pflege der Gemeinsamkeit mit deutschgesinnten Sozialdemokraten aus Nordschleswig. Die Nordschleswiger Sozialdemokraten waren als dänische Sozialdemokraten in Flensburg, ihren Gruß riefen sie gemeinsam in dänischer Sprache: „Flensborgs socialdemokratiske Forening leve laenge. Hurra!“ Die Flensburger SPD trug ausdrücklich zur Integration der deutschgesinnten Arbeiter in die dänische Sozialdemokratie bei und gab auch entsprechende Wahlempfehlungen[47]. Es zeigte sich, daß klassischer Internationalismus in beiden Sozialdemokratien noch lebendig war. Die Volkszeitung sprach im Grußwort vom Sozialismus als „internationale Geistesbewegung“ für den „großen Bruderbund der zukünftigen Menschheit“. Die Genossin Petersen aus Sonderburg führte aus: „Zwischen uns ist keine Grenze. Es lebe das internationale Proletariat.“

Dieses Flensburger Fest kann als beispielhaft für die sehr guten Beziehungen zwischen der deutschen und dänischen Arbeiterbewegung in der Phase von 1925 bis 1933 gelten. Vermutlich waren die Kontakte vorher und nachher nie so intensiv. So besuchten Flensburger Sozialdemokraten Arbeitertreffen in Gravenstein (1927) und Apenrade (1928)[48]. Ein Ha-

Abb. 51: Deutsche und dänische Politiker bei der 50jährigen Fahnenweihe der Flensburger SPD am 27.6.1926. V. l. n. r.: Max Funke, Martinus Herdum, J.P. Nielsen, Luise Schröder, Philipp Scheidemann, unbekannt, Wilhelm Haberlandt, Ernst Erfurth

derslebener Sozialdemokrat referierte auf einer Mitgliederversammlung der Flensburger SPD über die dänische Sozialdemokratie[49]. Zahlreich waren die Begegnungen der Arbeiterjugend und der Falken, einen Höhepunkt dürfte das Zeltlager auf der Kleinen Ochseninsel im Sommer 1932 gebildet haben. Es kam zu vielen Kontakten der Arbeitersportler, z.B. einem Boxkampf Flensburg - Kopenhagen und einem Auftritt von Flensburger Turnerinnen in Odense[50]. Selbst dänische Arbeiter-Radiohörer weilten zu einem Besuch beim Flensburger Arbeiter-Radiobund[51].

Voraussetzung für das gute Verhältnis war sicher der Einsatz der Flensburger SPD - wie 1923 im Grenzabkommen vereinbart - für die Rechte der dänischen Minderheit. Man unterstützte eine Minderheitenschulgesetzgebung der preußischen Regierung, die in zwei Stufen (1926/1928) verwirklicht wurde und in etwa der Situation in Nordschleswig entsprach[52]. Dabei erforderte es einen Lernprozeß für die SPD, daß seit 1928 allein das Bekenntnis ausreichte, um zur Minderheit zu gehören, und nicht Verwandtschaft oder Sprachkenntnisse nachgewiesen werden mußten. Ein weiteres Beispiel: Prompt reagierte Peter Michelsen, als Oberbürgermeister Todsen 1927 bekundete, das geplante Deutsche Haus werde „allen Bevölkerungskreisen zur Verfügung stehen, die sich an der Pflege des Deutschtums beteiligen wollen". In einem umfangreichen Artikel beharrte Michelsen darauf, daß die dänische Minderheit das gleiche Nutzungsrecht haben müsse wie die übrige Bürgerschaft[53]. Folge dieser Politik war eine deutliche Besserung des Verhältnisses zur dänischen Minderheit, die sich nicht zuletzt in Stimmengewinnen bei der Reichstagswahl 1928 aus dänischgesinnten Bevölkerungskreisen niederschlug.

Insgesamt konnte 1930, zehn Jahre nach der Abstimmung, eine Entspannung der grenzpolitischen Situation festgestellt werden. Vielleicht war man tatsächlich auf dem Wege dazu, die Vision vom Grenzland als einer „Brücke der Völkerverständigung" zu verwirklichen. Dieses Bild von Friedrich

Abb. 52: Festveranstaltung am 27.6.1926 auf dem Sportplatz an der Marienhölzung. Die Reichstagsabgeordnete Luise Schröder am Rednerpult. Vorne links auf der Rednertribüne das »Geburtstagskind«, die Parteifahne der Flensburger SPD, mit dem stolzen Fahnenträger. Um die Rednertribüne herum sind Fahnen der deutschen und dänischen Arbeiterorganisationen aufgestellt.

Ebert, formuliert bei seinem Flensburg-Besuch 1922, wurde häufig von Sozialdemokraten der Fördestadt aufgegriffen. Hans Jensen auf dem Nordmarktreffen 1927: „Wir sind hier oben die Völkerbrücke, sagte uns unser verehrter Reichspräsident Ebert. Laßt uns dieses Wort zur Tat werden lassen."[54]

In einem ganz anderen Sinne bildeten Sozialdemokraten des Grenzlandes wenige Jahre später eine „Brücke": für Emigranten nach Dänemark, die vor der NS-Herrschaft in Deutschland fliehen mußten.

Abb. 53: Reichstagswahlen in Flensburg 1924–1932

	1924 (II)	1928	1930	1932 (I)
Arbeiterparteien (SPD und KPD)	10529	14693	15562	13455
Schleswigscher Verein (dänischgesinnte)	3304	1696	1061	741
Bürgerliche Parteien (DNVP, DVP, Wirtschaftspartei, DDP)	16393	14095	11674	4655
NSDAP	637	903	6311	17123

Vom großen Wahlsieg 1928 zum „Abwehrkampf" 1930

Nach vier Jahren relativer wirtschaftlicher Stabilität und „Erholung" in der Opposition setzte die Flensburger SPD bei der Reichstagswahl 1928 ihren Aufstieg bis 41,7 % fort. Dabei lag der Zugewinn mit 10,8 % ganz deutlich über dem Provinzergebnis (+ 4,8 %). Die Partei konnte ihre Position in der Arbeiterschaft ausbauen. Offenbar ist es in Flensburg aber auch gelungen, in größerem Umfang dänischgesinnte Wähler zu gewinnen. Der Schleswigsche Verein mußte eine Halbierung seiner Stimmenzahl hinnehmen. Bei den Kommunalwahlen wurde jedoch wieder dänisch gewählt.

In der SPD überwog 1928 die Auffassung, in die Reichsregierung einzutreten. Dabei fiel es der alten eingefleischten „Oppositionspartei" der Kaiserzeit nicht leicht, sich zu einer „Regierungspartei" mit bürgerlichen Parteien zu entwickeln. Dies war umso schwieriger, weil die Einbeziehung der rechtsliberalen DVP, einer industrienahen und allenfalls „vernunftrepublikanischen" Partei, nicht zu umgehen war. Der linke Flügel hielt dieses für Verrat am Klassenkampf, mit den Gewerkschaften drohten Zerwürfnisse in sozialen Fragen, und die Abwanderung enttäuschter Anhänger zur KPD war zu befürchten. Gleich einer der ersten Beschlüsse der Regierung Müller (1928–1930) verdeutlichte das Dilemma sozialdemokratischer Koalitionspolitik. Die SPD-Regierungsmitglieder gerieten innerparteilich in die Schußlinie, als sie im August 1928 auf Druck der bürgerlichen Kabinettsmitglieder dem Bau eines Panzerkreuzers zustimmten. Im Wahlkampf hatte man unter der Parole „Kinderspeisung statt Panzerkreuzer" noch gegen den Bau agitiert. Die Reaktionen in der Partei reichten von Anträgen auf Parteiausschluß der Minister (in den linken Hochburgen) über Forderungen nach Beendigung der Regierungsbeteiligung bis zur Beschränkung auf eine Kritik an der fehlenden Absprache mit Parteivorstand und Reichstagsfraktion[55]. In diesem Spektrum ist die Flensburger SPD als eher gemäßigt einzustufen, wie sie überhaupt in den folgenden Jahren mehrheitlich den Kurs des Parteivorstandes mitgetragen hat. Jedenfalls bekundete die Volkszeitung Verständnis für die Minister und sprach sich für eine Fortsetzung der Regierungsbeteiligung aus[56]. Kritik äußerte in einer Mitgliederversammlung Willi Schmidt von den Jungsozialisten. Zu einer Entschließung kam es nicht[57].

Die SPD kam aber um eine klare Stellungnahme zur Wehrfrage nicht mehr herum. In den Diskussionen um das Wehrprogramm – die Partei bekannte sich zu einer republikanisch durchdrungenen Reichswehr – wurden zwei kritische Strömungen in der Flensburger Partei erkennbar. Ein pazifistischer Standpunkt wurde vom Genossen Nicolaisen mit der These vertreten, „daß unsere Partei den Gedanken der Kriegsdienstverweigerung viel mehr hätte fördern sollen, als es geschehen sei. An die Demokratisierung der Reichswehr könne er nicht glauben"[58]. Von einer betont marxistischen Warte lehnte Willi Schmidt den Entwurf ab und verwies auf die Vorlage der Zeitschrift „Klassenkampf", in der Mittel für

eine Armee im kapitalistischen Staat abgelehnt wurden. Das Wehrprogramm hatte aber auch Fürsprecher, eine Abstimmung gab es nicht.
Den eigentlichen Sprengstoff für die Regierung bildete aber die 1929 auf Deutschland übergreifende Weltwirtschaftskrise. Auch in Flensburg verschärfte sich die Beschäftigungssituation rapide. Bei der „Flensburger Schiffbau-Gesellschaft" lief 1929 das letzte Schiff vom Stapel, 1930 kam es zu Entlassungen, und zur Jahreswende 1930/31 wurde die Arbeit ganz eingestellt.[59] Die Industrie, die Banken und die ihnen nahestehenden Verbände und Parteien nutzten die Gelegenheit zu einem ideologischen Feldzug, indem sie vor allem zu hohe Sozialausgaben und Steuern für die Krise verantwortlich machten. Auch die „Flensburger Nachrichten" beteiligten sich, so die Volkszeitung, am „Sturm auf die Sozialversicherung"[60]. Im Zentrum der Angriffe stand die erst 1927 geschaffene Arbeitslosenversicherung. Am Streit zwischen SPD und DVP um ihre Finanzierung zerbrach die „Große Koalition". Man hat den Austritt der SPD aus der Regierung häufig als folgenschweren Fehler hingestellt, weil von da an der Parlamentarismus durch autoritäre Präsidialkabinette ersetzt wurde. Man muß aber bedenken, daß die Arbeitslosenversicherung einen herausragenden Stellenwert für die Identität der reformistischen Arbeiterbewegung besaß. Der erwartete Leistungsabbau war für Gewerkschafter und Sozialdemokraten nur schwer hinnehmbar. Es ist auch festzuhalten, daß schon seit 1929 in der Umgebung Hindenburgs eine „antiparlamentarische" und „antimarxistische" Krisenlösung ohne die SPD eingeplant war.[61]
Die Reichstagswahl 1930 stand ganz im Zeichen von Wirtschaftskrise, Arbeitslosigkeit und der Unfähigkeit der bisher verantwortlichen Parteien und Politiker, die Probleme zu lösen. Die radikalen systemfeindlichen Parteien bekamen Zulauf. Die Flensburger SPD stemmte sich mit einem aktiven Wahlkampf dagegen: Zehn stark besuchte Kundgebungen, eine davon im überfüllten Deutschen Haus mit Paul Löbe; der erstmalige Einsatz eines Lautsprecherwagens vor über 10000 Menschen auf dem Bremerplatz; ein großer Fackelzug am Vorabend der Wahl; die Verteilung von 100000 Wahlflugblättern[62] – alles das half nichts. Der Rückschlag für die Flensburger SPD war nach dem Triumph 1928 umso

Die Sozialdemokratie kämpft

für die Beseitigung der Wirtschaftskrise durch Steigerung der Kaufkraft der breiten Massen, für den Ausbau der Sozialgesetzgebung, für die restlose Durchführung des 8-Stundentages und weitere Verkürzung der Arbeitszeit, für stärkere Heranziehung der besitzenden Klassen zu den Leistungen für den Staat, für umfassende, vorbeugende, heilende und vorsorgende Maßnahmen auf allen Gebieten der Volkswohlfahrt, insbesondere der Erziehungs-, Gesundheits- und Wirtschaftsfürsorge.

Die bürgerlichen Parteien haben bei den Krankenkassen die Gebühren für Krankenscheine und Rezepte eingeführt, die Leistungen der Arbeitslosenversicherung herabgesetzt, die Anmeldung neuer Rentenforderungen der Kriegsopfer gesperrt. Die Sozialdemokratie verlangt, daß diese Verschlechterungen wieder aufgehoben werden.

Über diese Tagesforderungen hinaus kämpft die Sozialdemokratie für die Beseitigung der kapitalistischen Lohnknechtschaft, für die Errichtung einer Wirtschaftsordnung, die allen Werktätigen eine menschenwürdige Existenz gewährleistet. Sie kämpft dafür, daß nicht der Profit, sondern der arbeitende Mensch im Mittelpunkt aller Wirtschaft und Politik steht.

Die Arbeiterklasse kann diesen Kampf nur gewinnen, wenn sie einig und geschlossen vorgeht. Ihr größter Feind ist neben der Unwissenheit die Uneinigkeit.

Darum rufen wir der gesamten werktätigen Bevölkerung zu:

Her zu uns! Schließt die Reihen!

Abb. 54: Aus einer Wahlanzeige in der Flensburger Volkszeitung am 6.9.1930

schmerzlicher. Das Pendel schlug mit einem Verlust von 12,3 % (Provinz: –5,3 %) weit zurück: ganz offensichtlich zugunsten der KPD, die um 8 % (Provinz! 2,6 %) zunahm. Die NSDAP konnte 1930 noch kaum Arbeiterwähler gewinnen. Sie begann mit der „Sammlung" bürgerlicher Wähler, blieb in Flensburg aber mit 16,4 % hinter dem Ergebnis vergleichbarer Städte zurück.
Nach anfänglicher Bagatellisierung des Wahlergebnisses wurden die Anstrengungen auf allen Ebenen der Partei und im Reichsbanner im „Abwehrkampf" gegen Nationalsozialisten und Kommunisten verstärkt: „Die Flensburger Sozialdemokraten haben den Ernst der Zeit erfaßt." So beginnt der Bericht über die Jahresversammlung der Partei am 9.1.1931.[63] Mit der „Fackel der Aufklärung" wollte man den „Phrasendreschern" begegnen.
In die Veranstaltungen der Nationalsozialisten wurden wieder Gegenredner entsandt. Auf Vermittlung des Unterbe-

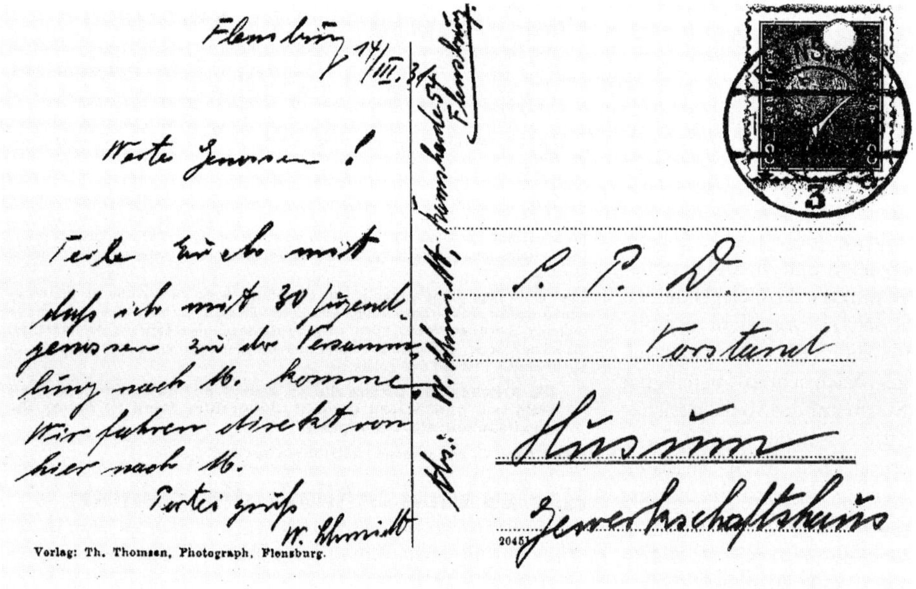
Flensburg 14/III. 31

Werte Genossen!

Teile Euch mit daß ich mit 30 Jugendgenossen zu der Versammlung nach M. komme. Wir fahren direkt von hier nach M.

Parteigruß W. Schmidt

Verlag: Th. Thomsen, Photograph, Flensburg.

S. P. D. Vorstand Husum Gewerkschaftshaus

Abb. 55: Willi Schmidt kündigt der Husumer SPD seinen Auftritt als Gegenredner in einer NS-Versammlung im benachbarten Mildstedt („M.“) an, mit 30 „Jugendgenossen“ als Anhang. Nach einem Bericht der FVZ vom 16.3.1931 erschienen auch Mildstedter und Husumer Genossen in der Versammlung, die einen ruhigen Verlauf nahm. Eine Woche vorher in Breklum wollte man Schmidt hinauswerfen, worauf sein Anhang mit ihm geschlossen das Lokal verließ.

zirkssekretärs waren dafür nur besonders befähigte Genossen – von der Flensburger SPD Wilhelm Haberlandt und Willi Schmidt – zugelassen. Die Schulung der Vertrauensleute suchte man durch regelmäßige Vorträge über aktuelle Themen zu verbessern.[64]

Ein Jugendkartell wurde gegründet, um die Aktivitäten zu koordinieren. Die Jungsozialisten stellten ihr Jahresprogramm völlig um.[65] Die Volkszeitung verstärkte ihre Berichterstattung über die örtliche NSDAP, wobei ihr diverse Skandale und Querelen der Flensburger Nationalsozialisten zugutekamen. Beim Reichsbanner wurden besondere „Schutzformationen“ (Schufos) gebildet, die das republikanische Gegenstück zur SA darstellen sollten und in Wehr- und Kampfsportarten ausgebildet wurden.[66] In Flensburg gab es die Schufos Norden, Mitte, Süden, Jungbanner.[67] Zum Jahresbeginn 1931 rief man – offenbar mit gutem Erfolg – zum Eintritt in das Reichsbanner auf „gegen Faschismus und Reaktion“.[68] Auf der kommunalen Ebene gab es einen kleinen Erfolg, als man im März 1931 die Durchführung einer NS-Veranstaltung im Deutschen Haus durch die Ankündigung einer

Abb. 56: Willi Schmidt, geb. 1903, Anfang der 30er Jahre. Er ist in der Vereinsstraße 29, mitten im nördlichen Arbeiterviertel, aufgewachsen. Schmidt machte eine Lehre als kaufmännischer Angestellter beim Konsumverein und übernahm die Leitung der Verteilungsstelle Ramsharde. 1929 wurde er SPD-Stadtverordneter, 1931 2. Vorsitzender der Partei, danach Leiter der SAP in Flensburg. 1933 aus dem Konsumverein entlassen, hielt er sich mit einem eigenen Laden in der Norderstraße über Wasser. Schmidt fiel wenige Tage vor Ende des 2. Weltkrieges.

großen Demonstration verhindern konnte. Die SPD berief sich darauf, daß der Magistrat wenig vorher eine kommunistische Veranstaltung im Deutschen Haus abgelehnt hatte. Dem drückenden Problem der Arbeitslosigkeit versuchte die Fraktion durch Einsatz für Arbeitsbeschaffungsmaßnahmen zu begegnen.[69] Man setzte sich auch dafür ein, die Unterstützungssätze für die „ausgesteuerten" Dauererwerbslosen zu sichern oder zu erhöhen.[70] Ein Erwerbslosenausschuß der Partei veranstaltete regelmäßig Erwerbslosenversammlungen.[71]

Alle diese Bemühungen litten unter zwei Faktoren: Erstens verfügte die SPD über kein umfassendes Programm zur Behebung der Arbeitslosigkeit. Die Partei forderte Stärkung der Massenkaufkraft und Arbeitszeitverkürzung, auch Arbeitsbeschaffung. Konjunkturpolitische Maßnahmen zur Behebung der Wirtschaftskrise und Finanzierungswege waren weitgehend ausgeblendet. Dies hing mit der Tradition und Ideologie der Partei zusammen, die kapitalistische Wirtschaftskrisen für unvermeidlich hielt und sich im Grunde für deren Behebung nicht zuständig sah.[72] Zweitens befand sich die Partei in einer schwer belastenden politischen Defensive durch die „Tolerierung" der Regierung Brüning.

Willi Schmidt und der „Klassenkampf" – die Abspaltung der SAP 1931

Die Kritik am Tolerierungskurs ist in Flensburg eng mit dem Namen Willi Schmidt verbunden. Schmidt trat in den Parteiversammlungen ab 1928 als Sprecher der Jungsozialisten, seit 1930 offenbar als Hauptredner für den „linken Flügel der Partei" auf. Die linke Opposition in Flensburg orientierte sich an der betont marxistischen „Klassenkampf-Gruppe", die sich seit 1927/28 unter der Führung Paul Levis (ab 1930 Max Seydewitz') um die Zeitschrift „Der Klassenkampf" scharte. Anhänger hatte sie besonders in Sachsen und Thüringen sowie einigen größeren Ortsvereinen wie Frankfurt, Breslau und Hagen.[73] In Flensburg war 1927 eine neue Jungsozialistengruppe mit dem ausdrücklichen Ziel entstanden, sich mit den theoretischen Grundlagen des Sozialismus zu beschäftigen, da dieses im Alltagsgeschäft der Partei zu we-

Abb. 57: Willi Schmidt – von den Jungsozialisten zur SAP

Parteifunktionen (SPD)	
2. 2.29	Wahl in die Pressekommission
5.10.29	Listenplatz 14 für die Kommunalwahl, ab November Stadtverordneter
1930/31	Gegenredner in NS-Veranstaltungen
10. 1.31	Wahl zum 2. Vorsitzenden
1. 5.31	Festrede Maikundgebung
15. 8.31	Festrede zur Verfassungsfeier

Kritik am Kurs der Partei	
22. 9. 28	Kritik am Panzerkreuzerbau im Namen der Jungsozialisten
3. 3.29	Kritik am Entwurf der Wehrkommission
4.10.30	nach der Reichstagswahl gegen Koalitionspolitik (für „den linken Flügel der Partei")
20. 4.31	verteidigt gegen Julius Leber die neun „Abweichler" im Reichstag, die entgegen dem Fraktionsbeschluß den Wehretat ablehnten
19. 6.31	gegen Tolerierungspolitik
8. 7.31	gegen Zustimmung zur Brüningschen Notverordnung
27.11.31	Gründung SAP in Flensburg

nig zur Geltung komme.[74] Erstmals im März 1929 ist der Bezug auf die Zeitschrift „Klassenkampf" nachweisbar.[75]
Die Stärke dieser Gruppierung in Flensburg läßt sich nur schwer schätzen. Einen Anhaltspunkt könnte die Vorstandswahl im Januar 1931 bieten: Willi Schmidt trat gegen den „großen" Wilhelm Haberlandt um den Parteivorsitz an und konnte mit 75 Stimmen (gegen 139) immerhin etwa ein Drittel der aktiven Flensburger Sozialdemokraten gewinnen. Bei der Kandidatur um den 2. Vorsitz gewann er sogar mit 157:59 gegen Asmus Thomsen.[76] Die Stimmen für Schmidt müssen aber nicht als Richtungswahl interpretiert werden. Die Bereitschaft in der Partei, „der Jugend" verantwortungsvolle Positionen zu übertragen, war gewachsen. Außerdem muß Willi Schmidt über ein erhebliches persönliches Ansehen in der gesamten Arbeiterbewegung verfügt haben, anders wären sein Einsatz als Gegenredner, seine Funktionen in der Partei und seine Auftritte als Redner bei der Maifeier und Verfassungsfeier 1931 nicht zu erklären. Sein Aufstieg in der Partei vollzog sich jedenfalls trotz seines bekannten oppositionellen Standpunktes. Überhaupt sind Behinderungen der „Klassenkampf-Gruppe" nicht erkennbar. Die Konflikte wurden in zahlreichen Versammlungen gründlich diskutiert. Die Volkszeitung berichtete nicht nur über die Hauptreferate, sondern zum Teil ausführlich über konträre Redebeiträge. Das Gewerkschaftshaus war in dieser Zeit, wie Alfons Schlütter sich erinnert, zumeist „brechend voll".
Eine Zuspitzung erfuhr der Streit um die Tolerierungspolitik im Sommer 1931, als Brüning mit einem radikalen Sparkurs den Haushalt retten wollte. Teile einer Notverordnung mit ihren massiven Leistungskürzungen für Arbeitslose trafen den Lebensnerv der SPD. Einig war man sich in der Partei in der Empörung über den unsozialen Inhalt der Notverordnung und auch darin, daß eine Ablehnung zum Ende der Regierung Brünung führen und in der Folge ein verstärkter Einfluß oder sogar eine Regierung Hitlers zu erwarten sei. Die „Klassenkampf-Gruppe" war aber dennoch gegen eine Zustimmung zur Notverordnung, weil dadurch erneut die Verantwortlichkeit des Kapitalismus bzw. der bürgerlichen Parteien für die Krise vertuscht würde. Man hielt es für unerträglich, daß eine sozialistische Partei für das soziale Elend im

Kapitalismus mit haftbar gemacht werden könnte. Vielmehr müsse das revolutionäre Bewußtsein in dieser „Endkrise" geschärft werden. Man hielt die Arbeiterbewegung für stark genug, eine Machtprobe mit dem Faschismus zu bestehen. Überdies war man der Überzeugung, nur noch wenig zu verlieren zu haben.[77]

Die Mehrheitsmeinung der Partei stand dazu im Gegensatz. Für sie war mit der Republik immer noch wertvolle Errungenschaften verbunden, die auf dem Spiel standen, auch die gesamte Arbeiterbewegung mit ihren Einrichtungen. Man hielt auch eine gewaltsame Auseinandersetzung nicht für vertretbar, wenn man sie aus einer Position des Angreifers gegen eine mit den Machtmitteln des Staates (Reichswehr, Polizei) versehene Regierung Hitler starten müsse. Für diesen Fall erwartete man auch das Zusammenrücken aller bürgerlichen Gruppen gegen die Arbeiterbewegung.[78]

So nahm die SPD bis zur Selbstverleugnung das Opfer der Tolerierung auf sich: um Hitler von der Regierung fernzuhalten, um die Koalitionsregierung in Preußen, dem „Bollwerk der Republik", nicht zu gefährden, die auf Brünings Zentrum angewiesen war. Die Partei entschied sich für das „kleinere Übel", um nach der erhofften Verbesserung der Wirtschaftslage wieder günstigere politische Konstellationen zu erreichen. Freilich war der Parteimehrheit klar, daß man die „Tolerierung" nicht unbegrenzt fortsetzen konnte, ohne sich selbst entscheidend zu schwächen.[79]

Die Positionen waren unvereinbar. Zur Abspaltung kam es aber erst, nachdem führende Mitglieder der „Klassenkampf-Gruppe" aus der Partei ausgeschlossen worden waren. Man warf ihnen „Sonderbündelei" vor, mit der unter anderem auch die in Flensburg bestehende „Marxistische Buchgemeinschaft" gemeint war. Am 4.10.1931 wurde die Sozialistische Arbeiterpartei (SAP) in Berlin gegründet, der Flensburger Ortsverband folgte am 27.11.1931.[80]

Es waren vor allem jüngere Sozialdemokraten, die die politische Defensive der Partei nicht ertrugen und sie deshalb verließen. Alfons Schlütter erinnert sich, daß in vielen Arbeiterfamilien bei den Diskussionen „die Fetzen flogen": Er selbst hielt die Einheit der Partei für wichtiger, sein Bruder Friedrich ging zur SAP. Hans Nielsen schrieb in seinem Lebensbericht: „In unendlichen Diskussionen stellten wir eine große Unzufriedenheit mit der SPD fest, aber die Partei zu verlassen und einen neuen Anfang zu machen, dazu waren die Mitglieder nicht zu bewegen. Die ‚Einheit der Partei' mußte unter allen Umständen gewahrt werden."[81] So waren es nach Angaben der Volkszeitung nur 26 Personen, die auf der Gründungsversammlung ihr Interesse für die SAP bekundeten.[82] Unter Führung von Willi Schmidt versuchte die neue Partei in der Folgezeit vergeblich, eine Einheitsfront aller Arbeiterparteien gegen den Faschismus herzustellen.

Die Bildung der Eisernen Front in Flensburg 1932

Am Ende des Jahres 1931 mußte die SPD eine erschreckende Bilanz ziehen. Die Herbstwahlen in Hamburg und Hessen bestätigten die Tendenz eines anscheinend unaufhaltsamen Anstiegs der NSDAP. Gleichzeitig führte der zunehmende Terror der SA zu einer wachsenden Beunruhigung in der sozialdemokratischen Arbeiterbewegung. Bedrohlich erschien das Bündnis der NSDAP und der DNVP (Harzburger Front). Die bürgerliche Mitte (bis auf das Zentrum) war in der Auflösung begriffen und entfiel somit als Bündnispartner. Auch nach links war die SPD isoliert und sah sich einem Konfrontationskurs der KPD gegenüber. Zudem war noch nicht absehbar, daß die SAP eine Splitterpartei bleiben würde. Bei den Frühjahrswahlen drohte sogar der Machtverlust in Preußen.

In dieser Situation, bei sich weiter verschärfender Wirtschaftskrise, drängten aktive Kräfte in der Partei und vor allem im Reichsbanner auf die Verstärkung des Einsatzes außerhalb der Parlamente. Dazu sollten sich die SPD, die Gewerkschaften, das Reichsbanner und der Arbeitersport in der „Eisernen Front" eng zusammenschließen, um die Kräfte zu bündeln. Der zur SAP übergetretene Hans Nielsen hielt nicht viel davon. „Es war ein neuer Name und sonst nichts."[83] Das ist insofern richtig, als man sich schon vorher auf diese Sparten der Arbeiterbewegung stützte und ein Zusammenhalt zwischen ihnen gegeben war, allein schon durch zahlreiche personelle Verflechtungen. Dennoch blieb die Eiserne Front nicht ohne Wirkung: Erstens war sie – organisatorisch gesehen – doch etwas mehr als nur ein neues Etikett. Durch

die Bildung von „Kampfleitungen" auf allen Ebenen wurde die Koordination von Aktivitäten nun verbindlich gemacht. In Flensburg übernahm der Parteivorsitzende Haberlandt die „geschäftliche", der Reichsbannervorsitzende Dietrich die „technische" Leitung.[84] Zweitens war die Basis froh, daß überhaupt etwas Neues passierte. Die Eiserne Front wurde im Januar geschickt eingeführt mit zwei reichsweiten Versammlungswellen und offensiven Parolen gegen den Faschismus. In Flensburg traten am 5.1. Willi Verdieck und am 28.1. im überfüllten Deutschen Haus der Parteivorsitzende Hans Vogel auf. Von überall wurde Massenbesuch gemeldet. In einer „Eisernen Rüstwoche" vom 21.2. bis 27.2. – wieder mit zahllosen Großkundgebungen – sollten sich Interessenten in ein „Eisernes Buch" eintragen, die Gewerkschaftler in „Hammerschaften" eintreten.[85] Drittens waren mit der Eisernen Front neue politische Werbemethoden verbunden, die neben den gewohnten nüchternen Aufklärungsstil der SPD den Appell an die Emotionen stellten. In ihrer ganzen Vielfalt kamen diese Methoden allerdings erst im Reichstagswahlkampf im Juni/Juli 1932 zur Geltung.
Die Reichspräsidentenwahlen im März/April 1932 konnten noch als Erfolg verbucht werden. Es galt, durch die Wahl Hindenburgs Hitler zu verhindern, was auch gelang. Kurz danach fand Brüning sich – durch den Druck der Ministerpräsidenten – zu einem SA-Verbot bereit, ein weiterer Erfolg. Die Landtagswahlen in Preußen brachten trotz großer Aktivitäten jedoch eine Ernüchterung: Im Vergleich zur Reichstagswahl 1930 fiel die SPD in Flensburg um über 1 700 Stimmen zurück, während die NSDAP von 6 311 auf 17 245 Wähler anstieg. Die Regierung Braun verlor im Landtag ihre Mehrheit und amtierte nur noch geschäftsführend weiter.

Die Reichstagswahl in Flensburg im Juli 1932

Eine neue Lage entstand durch die Ablösung des Reichskanzlers Brüning durch von Papen. Zwar bestätigten sich die Befürchtungen der SPD, was von einer rechtskonservativen, von Hitler akzeptierten Regierung zu erwarten sei: weiterer Abbau der sozialen Sicherung und die Wiederzulassung der SA. Dennoch kam in der Partei Optimismus auf, weil man nun endlich „befreit" von der Last der Tolerierung als echte Opposition in den Wahlkampf ziehen konnte. Die Parole lautete „Eiserne Front gegen Hitler – Barone". Attackiert wer-

22. Jahrgang • Donnerstag, den 14. Januar 1932 • Nummer 11

Parole: Wir greifen an!

Nicht nachlassen im Angriff! Das ist der Ruf der Eisernen Front! Mit rund 80 weiteren Kundgebungen werden diese Tage ausgefüllt! Die ganze Provinz steht unter dem gewaltigen Eindruck unserer überfüllten Veranstaltungen!

Der enge Zusammenschluß aller Arbeiterorganisationen zur Niederwerfung des Faschismus übt seine magnetische Wirkung aus. Wieder bewahrheitet sich das Wort Lassalles, daß es immer darauf ankommt, in entscheidungsschweren Stunden alle Kraft der Gesamtbewegung auf nur einen Punkt zu konzentrieren. Es geht um Sein oder Nichtsein der demokratischen Republik! Die umkämpfte Wahl des Reichspräsidenten ist eines der Zeichen, die das Nahen der Entscheidung in den großen politischen Fragen der nächsten Zukunft ankündigen.

Die Organisationen der Eisernen Front haben bereit zu sein! Ueberall, wo sie in den ersten Kundgebungen dieser Wochen in Erscheinung traten, sind unverzüglich die notwendigen organisatorischen Maßnahmen zu treffen. In allen Orten der Provinz sind politische Kampfausschüsse zu bilden und die Aufgaben der Eisernen Front zu beraten und vorzubereiten.

Keine Ortsgruppe der Partei, keine gewerkschaftliche oder andere republikanische Organisation darf es mehr geben, in der der Kampfgedanke der Eisernen Front nicht diskutiert wird und lebendig ist!

Uns eint in dieser Zeit nur ein Gedanke:

Nieder mit dem Faschismus!

Abb. 58: Flensburger Volkszeitung 14.1.1932

den sollte der Abbau der Sozialpolitik; die NSDAP hoffte man durch ihre Tolerierung der „Baronsregierung“ kompromittieren zu können.
Darüber hinaus stand inzwischen das gesamte Arsenal neuer Werbemethoden zur Verfügung. Das Selbstbewußtsein der Anhängerschaft sollte gestärkt werden, um auch „auf der Straße“ stärker als bisher für die Ziele der SPD einzutreten. Das Hakenkreuz durfte die Straße nicht mehr beherrschen. Dagegen setzte die Eiserne Front den „Symbolkampf“ mit den „drei Pfeilen“: Jeder sollte sie als Abzeichen tragen, sie wurden auf den neuen „roten Freiheitsfahnen“ angebracht, zierten Fahrradwimpel und erschienen auf Titelseiten und Werbematerial der Partei. Die Nachfrage nach Abzeichen und Fahnen war in Flensburg so groß, daß sie durch Lieferungen von der Partei nicht gedeckt werden konnte. Man ging zur Eigenproduktion über. Frauen der AWO nähten die roten Fahnen, und die drei Pfeile wurden mit Hilfe von Schablonen in weißer Farbe daraufgemalt.[86] Albert Gregersen erinnert sich, wie er als junger Falke dabei geholfen hat, die Fahnen in der Werkstatt seines Vaters auf Leisten zu nageln. Den „Heil Hitler“-Rufen der Nationalsozialisten begegnete man mit dem „Freiheitsgruß“: mit ausgestrecktem Arm bei geballter Faust sollte laut „Freiheit“ gerufen werden. Als der preußische Kultusminister Grimme zu einer Kundgebung in Flensburg eintraf, waren Anhänger der Eisernen Front zur

Abb. 59: Flensburger Volkszeitung 5.4.1932

Abb. 60: Flensburger Volkszeitung 8.7.1932

Begrüßung erschienen: „Während seines ganzen Weges vom Bahnhof nach dem Gewerkschaftshaus wurde er von ‚Freiheit'-Rufen begleitet.“[87]
Die Mobilisierung gelang. „Da waren wir fast Tag und Nacht unterwegs“, berichtet Alfons Schlütter: „Plakate kleben, Versammlungen organisieren, Propagandafahrten aufs Land. Auf dem Nordermarkt vor dem Brunnen standen Arbeitslose mit einer großen Schultafel, die haben da die Parolen draufgeschrieben.“ Im Arbeiterjugendheim, so Albert Gregersen, wurden mit Hilfe eines Projektors Karikaturen auf weiße Laken gemalt, in Holzrahmen gespannt und durch die Straßen getragen. Erstmals wurden damals Plakatwände an Verkehrsknotenpunkten aufgestellt.
Neu war auch der Kundgebungsstil: mit Fahneneinmärschen, wobei die „Junge Front“ mit ihren neuen „Sturmfahnen“ neben der Rednertribüne Aufstellung nahm; Begrüßung mit dem „Freiheitsgruß“; keine Redezeiten mehr für Nationalsozialisten und Kommunisten.[88] Die Reden sollten kürzer und einprägsamer werden. Dreimal wurden die Mit-

glieder der Eisernen Front zu einem „Appell“ ins Gewerkschaftshaus gerufen und mit den nächsten Schritten im Wahlkampf vertraut gemacht. Daneben gab es natürlich die traditionelle Werbung mit Wahlzeitungen und Flugblättern.
Der im Wahlkampf weit verbreitete Bekennermut der Eisernen Front war nicht ungefährlich. Nach der Wiederzulassung der SA am 16.6.1932 ging eine Welle der Gewalt durch Deutschland. Große Wut in der Arbeiterbewegung lösten die SA-Morde vom 10.7. an zwei Landarbeitern im Eckernförder Gewerkschaftshaus aus. In Flensburg entstand nun eine angespannte Situation, weil hier für den 17.7. ein „Deutscher Tag“ der SA-Nordkreise mit großem Umzug vorgesehen war. An jenem 17.7. ereignete sich bekanntlich der legendäre „Blutsonntag von Altona“, als eine SA-Demonstration durch die Arbeiterviertel Altonas zog. Nicht zuletzt durch die besonnene Haltung der Flensburger Eisernen Front konnte hier ähnliches vermieden werden. Die Kampfleitung erließ verbindliche Richtlinien, die den Mitgliedern in einem Appell im Gewerkschaftshaus mitgeteilt wurden: „Wir provozieren nicht, aber wir verstecken uns auch nicht. Wir tragen unsere drei Pfeile, wir wechseln unseren Gruß ‚Freiheit‘, wir bewegen uns in den Straßen, ohne die Nationalsozialisten aufzusuchen und ohne sie zu meiden.“ Umfangreicher Selbstschutz der Einrichtungen der Arbeiterschaft wurde angekündigt. Sollten diese angetastet werden, „dann nehmen die Arbeitermassen Flensburgs den Kampf auf... Diese Kampfbereitschaft soll aber nicht zur Provokation umschlagen, sondern nur Verteidigung bleiben.“ Bei der Polizei vergewisserte man sich, daß der Umzug nicht am Gewerkschaftshaus vorbeiführte.[89] Generell war man im Sommer 1932 der Auffassung, daß „dank der Disziplin der Eisernen Front noch ein erträglicher Zustand“ in Flensburg herrschte.[90] Es gelang offenbar weitgehend, sich aus den häufigen Schlägereien zwischen SA und Kommunisten herauszuhalten.
Aber Wachsamkeit war geboten. Auch in Flensburg kam es zu nächtlichen Überfällen, wie z. B. durch zwei Nationalsozialisten auf einen Jungbannermann in der Eckenerstraße oder durch eine „größere Horde“ Nationalsozialisten auf eine Plakatklebekolonne der Eisernen Front in der Kompagniestraße.[91] Alfons Schlütter erinnert sich, daß er nachts beim Nachhauseweg vom Gewerkschaftshaus Straßen mied und durch Gartenanlagen eilte. Sein Bruder, Handballer bei der Freien Turnerschaft, sei einmal Auflauernden in der Eckenerstraße einfach davongerannt.
Alle Aktivität, alle Disziplin brachten am 31.7., dem Wahltag, nicht den gewünschten Erfolg. Im Vergleich zur Reichstagswahl 1930 zeigten sich die gravierenden Verschiebungen der letzten zwei Jahre. Die NSDAP, in Flensburg von 16,4 % auf 45,6 % angewachsen, konnte in großem Maße das Wählerpotential der bürgerlichen Parteien, außer der DNVP, ausschöpfen und bisherige Nichtwähler sowie Jungwähler für sich mobilisieren. Es gelangen ihr nun auch begrenzte Einbrüche in die Wählerschichten der Arbeiterparteien. Diese verloren zusammen prozentual (– 4,8 %) und absolut (etwa 2 000 Stimmen, davon die SPD ca. 1 500). In den Arbeiterbezirken des Flensburger Nordens gewann die NSDAP nun etwa ein Viertel der Wähler, blieb damit aber deutlich hinter dem Stadtdurchschnitt (45,6 %) zurück. Die Arbeiterviertel blieben mit knapp 60 bis 66 % von den Arbeiterparteien dominiert. Bei der SPD tröstete man sich mit dem Vergleich zur Preußenwahl im April: dieser ergab einen kleinen Zugewinn von etwa 200 Stimmen, die NSDAP mußte geringfügige Verluste verzeichnen. Man hoffte, daß die „Nazikonjunktur im Abflauen“ war.[92]
Weshalb aber war das Ergebnis nicht besser für die SPD geworden? Dafür gibt es vermutlich vier Gründe. Erstens wurde der Rollenwechsel von der Tolerierung zur Opposition vielleicht noch nicht hinreichend wahrgenommen oder der SPD „abgenommen“. Zweitens gab es immer noch keine umfassende Konzeption zur Behebung der Wirtschaftskrise und Arbeitslosigkeit. Mit der Vision eines neuen Wirtschaftssystems, dessen Einführung durch die Sozialdemokratie unter den gegebenen Machtverhältnissen nicht vorstellbar erschien, konnte man nur die treuen Anhänger zufriedenstellen. Drittens gab es doch einen gewissen Reibungsverlust durch die ständige Diskussion über die „Einheitsfront“ mit den Kommunisten. Die Propaganda der KPD diffamierte die Führer der SPD seit 1929 als „Sozialfaschisten“ und sah in der SPD sogar den „Hauptfeind“ der Arbeiter. Die SPD hingegen titulierte die Kommunisten wegen ihrer Abhängigkeit von Moskau als „Stalin-Sklaven“. Einheitsfrontangebote

koppelte die KPD gewöhnlich mit der Aufforderung an die sozialdemokratischen Arbeiter, sich von ihren „Führern" zu lösen. Verhandlungen über einen „lokalen Burgfrieden" in Flensburg waren daran im Dezember 1931 gescheitert.[93] Die SPD reagierte daher auf weitere Einheitsfrontvorschläge mit der Forderung, zunächst „die Hetze gegen die SPD" einzustellen. Im übrigen habe die Arbeiterschaft schon ihre „Einheitsfront": nämlich die Eiserne Front.
Viertens hatte der „Preußenschlag" vom 20.7.1932 negative Auswirkungen: An diesem Tag wurde die von der SPD geführte preußische Regierung durch eine Notverordnung abgesetzt und Preußen dem Reichskanzler von Papen als Reichskommissar unterstellt. Der SPD-Parteivorstand entschied, gegen diesen Verfassungsbruch keinen Widerstand zu leisten, denn dieser schien aussichtslos. Die Gegnerschaft von Reichswehr, SA und Stahlhelm war sicher. Ob die Schutzpolizei auf seiten der ausgebooteten Regierung stehen würde, war fraglich, unsicher war auch die Haltung der KPD. Das Reichsbanner war auf einen bewaffneten Konflikt nicht ausreichend vorbereitet, und für einen Generalstreik war die Arbeitslosigkeit zu hoch. Der Parteivorstand begnügte sich mit einer Klage beim Staatsgerichtshof.[94] Angesichts der offensiven Parolen der Eisernen Front seit Jahresbeginn mußte diese Haltung aber bei vielen Anhängern tiefe Enttäuschung hervorrufen.
Im Sinne des Parteivorstandes bemühte man sich in Flens-

Abb. 61: Flensburger Volkszeitung 18.7.32

Abb. 62: Die doppelte Frontstellung der SPD verdeutlicht diese Wahlanzeige aus dem Wahlkampf für die Reichstagswahlen am 6.11.1932 in der FVZ.

burg, die Gemüter zu beruhigen. Bei KPD und SAP auftauchende Generalstreik-Parolen wurden als „Romantik" abgetan, die Mitglieder der Eisernen Front zur Disziplin aufgerufen und auf den Wahltag verwiesen: „Nun erteilt am Sonntag der Papen-Regierung die Quittung!"[95] Das Resultat ist bekannt.

Volks-Zeitung

Organ für das arbeitende Volk der Kreise Flensburg-Stadt und Land, Schleswig, Husum-Eiderstedt u. Südtondern

23. Jahrgang | Dienstag, den 31. Januar 1933 | Nummer 26

Ein Tag „feine Leute“

Zwei Tote in Berlin

Drei Angeschossene in Schweinfurt

Ueberfall in Frankfurt

Ueberfall im Riesengebirge

Sturm über Deutschland

Republikaner! - Schaffendes Volk Deutschlands! - Sozialdemokraten!

Im Kabinett Hitler-Papen-Hugenberg ist die Harzburger Front wieder auferstanden.

Die Feinde der Arbeiterklasse, die einander bis vor wenigen Tagen auf das heftigste befehdeten, haben sich zusammengeschlossen zum gemeinsamen Kampf gegen die Arbeiterklasse, zu einer reaktionären, großkapitalistischen und großagrarischen Konzentration.

Die Stunde fordert die Einigkeit des ganzen arbeitenden Volkes

zum Kampfe gegen die vereinigten Gegner

Sie fordert Bereitschaft zum Einsatz der letzten und äußersten Kräfte.

Wir führen unsern Kampf auf dem Boden der Verfassung. Die sozialen und politischen Rechte des Volkes, die in Verfassung und Gesetz verankert sind, werden wir

gegen jeden Angriff mit allen Mitteln

verteidigen.

Jeder Versuch der Regierung, ihre Macht gegen die Verfassung anzuwenden oder zu behaupten, wird

auf den äußersten Widerstand

der Arbeiterklasse und ihrer freiheitlich gesinnten Volkskreise stoßen.

Zu diesem entscheidenden Kampf sind alle Kräfte bereitzuhalten.

Undiszipliniertes Vorgehen einzelner Organisationen oder Gruppen auf eigene Faust würde der gesamten Arbeiterklasse zum schwersten Schaden gereichen.

Darum her zur Eisernen Front!

Nur ihrer Parole ist Folge zu leisten!

Kaltblütigkeit, Entschlossenheit, Disziplin, Einigkeit und nochmals Einigkeit sind das Gebot der Stunde.

Vorstand und Reichstagsfraktion der Sozialdemokratischen Partei Deutschlands

Abb. 63: Flensburger Volkszeitung 21.1.1933

Die NSDAP verstand es aber zunächst nicht, ihren Wahlsieg politisch zu nutzen. Hindenburg weigerte sich noch, Hitler zum Reichskanzler zu machen. Das Bemerkenswerte an den Reichstagswahlen vom 6.11.1932 waren die relativ starken Verluste der NSDAP, in Flensburg fast 3000 Stimmen (– 7,1 %). Die SPD, die leichte Verluste verzeichnete, gab sich schon der Hoffnung hin, die Ernte ihrer früheren Tolerierungspolitik doch noch einfahren zu können: Deren Ziel war es ja gewesen, die Nationalsozialisten möglichst lange von der Macht fernzuhalten, damit die Bewegung ihren Schwung verliert und an inneren Widersprüchen zerbricht. Manches deutete darauf hin. Nach dem Scheitern der Regierungen von Papen und von Schleicher kam Hitler dann doch.

Gegen Hitler mit der Einheitsfront

Hitlers Ernennung zum Reichskanzler wurde am 30. Januar in Flensburg wie im ganzen Reich von seinen Anhängern mit einem Fackelzug gefeiert. Die Stärke, die die nationalsozialistische Bewegung mit diesen Fackelzügen demonstrierte, hätte denjenigen zu denken geben sollen, die glaubten, Hitler sei von den Rechtskonservativen „engagiert“ worden.
Auf seiten der Sozialdemokratie sah man zwar die große Gefahr, die von dieser Regierung ausging. Die Kräfteverhältnisse im Kabinett hat man zunächst aber auch falsch eingeschätzt. Man erwartete einen „Kanzler Hitler mit begrenztem Einfluß, der die sozialreaktionäre Politik Hugenbergs

mittragen mußte."[96] Die SPD hoffte Hitler in den Augen der „faschistischen Massen", bei denen man antikapitalistische Strömungen zu erkennen glaubte, als „Schildhalter" der Reaktion entlarven zu können. Für den Fall schwindender Zustimmung bei den Wählern – was schon nach einigen Wochen eintreten könne – traute man Hitler einen offenen Verfassungsbruch zur Erhaltung der Macht zu. Diese Situation war abzuwarten, weil nur sie psychologisch günstige Voraussetzungen für Massenaktionen bot. Diese Argumentation macht verständlich, daß man den Zeitpunkt für den „äußersten Widerstand" unmittelbar nach Hitlers legaler Ernennung zum Reichskanzler noch nicht für gekommen sah. Ob man eine solche Situation tatsächlich zu offenem Widerstand genutzt hätte, muß nach den Erfahrungen des Juli 1932 allerdings bezweifelt werden. Jedenfalls forderte der Parteivorstand die Eiserne Front auf, sich kampfbereit zu halten.
Entsprechend diesen Weisungen hielt die Eiserne Front in Flensburg sich von den spontanen Aktionen der KPD und SAP am 31. Januar zurück. Dann aber entfaltete man energische Aktivitäten, und es scheint tatsächlich noch einmal so etwas wie Kampfstimmung aufgekommen zu sein:[97]

- 1.2. Funktionärssitzung
- 3.2. Parteiversammlung mit Hermann Clausen (Schleswig)
- 8.2. Demonstration und Kundgebung mit Wilhelm Kähler (SPD) und Oskar Reinke (KPD)
- 10.2. Wahlkundgebung mit Otto Eggerstedt (Kiel)
- 17.2. Parteiversammlung (Beschluß über Kandidatenliste zur Kommunalwahl)
- 22.2. Frauenkundgebung mit Toni Jensen (Kiel)
- 25.2. Wahlkundgebung mit Fritz Tarnow (Berlin)

Aufmarsch der Eisernen Front

Heute um 19.45 Uhr stehen die Organisationen der Eisernen Front beim alten Kieler Bahnhof.

Parteigenossen der SPD., Gewerkschaftskollegen, Reichsbannerkameraden, Arbeitersportler!

Bringt den letzten Mann auf die Straße.

Abmarsch 19.50 Uhr nach der Angelburger Straße, durch den Holm, Große Straße, Toosbüystr., Dorotheenstraße, Flurstraße, Duburger Str. zur

Schlußkundgebung im Garten des Gewerkschaftshauses

Abb. 64: Flensburger Volkszeitung 8.2.1933

Wegen des Verbots der Volkszeitung am 18.2.1933 liegen nur Berichte über die Veranstaltungen bis zum 10.2. vor. Demnach waren sie sehr stark besucht, die Reden waren kämpferisch. Hermann Clausen am 3.2.: „Wird aber an die Verfassung gerührt, dann gibt es einen Kampf auf Leben und Tod." Er fand „bei den Parteigenossen ein begeistertes Echo", so die Volkszeitung. Wilhelm Kähler am 8.2.: „Deutsche Republik, wir schwören, letzter Tropfen Blut soll dir gehören." Otto Eggerstedt am 10.2.: „In der Arbeiterschaft ist die Kampfstimmung aufs höchste gestiegen."
Selbst eine gemeinsame Demonstration und Kundgebung mit der KPD kam am 8.2.1933 zustande, was sonst anderswo kaum gelang. Dabei war allen klar, daß für einen politischen Massenstreik die Beteiligung der kommunistischen Arbeiter unbedingt erforderlich war. Hinderlich war das Verhalten der KPD-Führung, die nach wie vor (bis Ende Februar) ein Zusammengehen nur mit den sozialdemokratischen Arbeitern, nicht mit der Parteiführung wollte.[98] Die örtliche KPD muß also bereit gewesen sein, von dieser Prämisse abzuweichen und unter den Losungen der Eisernen Front mitzumachen. Zwar war die Beteiligung der Kommunisten vorher in der Presse nicht angekündigt worden, während der Kundgebung und im Bericht der Volkszeitung über die Veranstaltung stellte man das einheitliche Vorgehen ausdrücklich heraus. Zum ersten Mal seit Kriegsende habe sich die Flensburger Arbeiterschaft „in ihrer ganzen Stärke" gezeigt. Die Volkszeitung: „Nicht nur die SPD, auch die kommunistisch gesinnten Arbeiter hatten sich der Kampfleitung der Eisernen Front unterstellt und sich diszipliniert eingefügt in die Reihen aller Werktätigen. Der Zug bekam eine Ausdehnung, wie ihn überhaupt noch keine von Flensburgern allein veranstaltete Kundgebung aufweisen konnte." Wilhelm Kähler hob in seiner Ansprache hervor, „daß zum ersten Mal die Flensburger Arbeiterschaft geeint auftrete, um ihren Kampfwillen gegen nationalsozialistische Katastrophenpolitik zum Ausdruck zu bringen." Der KPD-Vertreter Reinke bekam Gelegenheit zu

einer Ansprache und stellte, so die Volkszeitung, „alle überflüssigen Parteischlagworte zurück, so daß die ganze Kundgebung einen eindrucksvollen Abschluß fand."[99]
Im Laufe des Februar zeigte sich, daß die Annahmen der SPD zur Entwicklung der Regierung falsch waren. Die Massen wandten sich keineswegs von Hitler ab; zu einem offenen Verfassungsbruch kam es auch nicht, vielmehr wurden die Rechte der Arbeiterbewegung während des Reichstagswahlkampfes (5.3.) schrittweise eingeengt. Den Reichstagsbrand vom 27.2.1933 nutzte die NS-Führung umgehend zu einer Notverordnung, die die Grundrechte „bis auf weiteres" außer Kraft setzte. In Verbindung mit dem Einsatz der SA als Hilfspolizei waren politische Gegner nunmehr „vogelfrei". Gegen die KPD ging man mit einer massiven Verhaftungswelle vor. Auf höchster Ebene zwischen SPD und KPD vorgesehene Kontakte wurden nun von der SPD abgesagt, um

Volks-Zeitung
Organ für das arbeitende Volk
der Kreise Flensburg-Stadt und Land, Schleswig, Husum Eiderstedt und Südtondern
23. Jahrgang • Sonnabend, den 18. Februar 1933 • Nummer 42

Das Erscheinen
der „Volks-Zeitung"
ist bis zum 3. März 1933
verboten
worden

Abb. 65: Die Volkszeitung erschien am 18.2.1933 zum letzten Male.

nicht in den Strudel des Terrors gegen die KPD hineingezogen zu werden. Es half nicht viel. In Preußen gab es ein Verbot für die SPD-Presse, soweit dies nicht schon vorher, wie in Schleswig-Holstein, erfolgt war. Der Wahlkampf fand in einer Atmosphäre der Einschüchterung, Verleumdung und Verbote statt. Dennoch kam es in Flensburg noch zu einem zornigen, aber hilflosen Aufbegehren.

Der Tod des Julius Zehr

Für Sonnabend, den 25.2.1933, war im Gewerkschaftshaus eine Wahlkundgebung mit dem Wirtschaftsexperten des ADGB, Fritz Tarnow, vorgesehen. Zur Umrahmung sollte ein Sprechchor aufgeführt werden, der von Jungbannerleuten des Reichsbanner-Arbeitslagers Harrisleefeld und jungen Aktiven der Flensburger Arbeiterbewegung vorbereitet wurde.
Zu einer letzten Probe waren am Nachmittag die Jungbannerleute aus Harrisleefeld in kleinen Gruppen zu Fuß nach Flensburg unterwegs, unter ihnen der Kieler Julius Zehr. Es sollte sein letzter Weg sein.
Über seinen Tod verbreiteten die „Flensburger Nachrichten" einen amtlichen Bericht der Pressestelle des Regierungspräsidenten in Schleswig: „Der SA-Mann Schlosser Gerhard Molzen aus Flensburg fuhr Sonnabendnachmittag zu einer Bestellung nach Harrisleefeld. Auf der Rückfahrt wurde er gegen 15.45 Uhr von zwei Reichsbannerleuten, die zum Freiwilligen Arbeitsdienst dort gehören, gröblich beschimpft und bedroht. Er sprang von seinem Rade und warf es beiseite. In diesem Augenblick kamen zwei weitere Reichsbannerleute hinzu, von denen einer, Julius Zehr, Molzen am Kopf faßte und ihn zur Erde drückte. In diesem Augenblick zog Molzen seine Pistole, gab einen Schuß ab und traf Zehr in den Mund. Der Reichsbannermann war sofort tot."[100]
Es ist einem Zufall zu verdanken, daß eine Gegendarstellung von seiten der Arbeiterbewegung bekannt geworden ist. Ausgerechnet am 27.2.1933 erschien nach einer Verbotspause von zwei Wochen zum ersten (und letzten) Mal wieder die „Schleswig-Holsteinische Volkszeitung". Die Flensburger Ausgabe war letztmals am 18.2.1933 erschienen. Die Eiserne

Front Flensburgs hatte der Volkszeitung in Kiel eine Zusammenfassung von Zeugenaussagen beteiligter Kameraden Zehrs zugeleitet:
„Die Kameraden gingen in Gruppen zu zwei und drei Mann und in Abständen von zehn bis fünfzehn Meter. Zwei dieser Kameraden unterhielten sich über die Aufführung des Sprechchors, als plötzlich hinter ihnen jemand rief: ‚Was wollt ihr denn?' Die beiden Kameraden drehten sich um und sahen einen SS-Mann hinter sich stehen, der aus seiner Tasche eine Stahlrute zog. Da die Kameraden ziemlich isoliert waren, nahmen sie – nach ihren Angaben – die Schulterriemen los, um sich, da sie sich bedroht fühlten, zu wehren. In demselben Augenblick zog der SS-Mann einen Revolver und richtete ihn auf die beiden Kameraden. Inzwischen waren zwei weitere Kameraden und ein Mädel an diese Gruppe auf ungefähr 15–20 Meter herangekommen. Sie sahen, wie der SS-Mann die beiden Kameraden mit dem Revolver bedrohte. Der Kamerad Julius Zehr aus Kiel lief auf die Gruppe zu. Die beiden von dem Nationalsozialisten Bedrohten riefen dann noch: ‚Julius, sieh dich vor, er schießt!' In demselben Augenblick drehte sich der SS-Mann um und gab ohne weiteres einen Schuß ab, durch den der Kamerad Julius Zehr tödlich verwundet wurde."[101]
Die Überführung der Leiche Julius Zehrs nach Kiel am 1.3.33 nutzte die Eiserne Front in Flensburg zu einer großen Demonstration. Ein Trauerzug begleitete den Toten von der Leichenhalle des St. Franziskus-Krankenhauses bis zur Schleswiger Straße, von wo aus das Überführungsauto die Fahrt nach Kiel antrat. Der nationalsozialistische „Flensburger Generalanzeiger" berichtete, daß „eine außerordentlich große Menschenmenge, aus Angehörigen der Linksparteien und Erwerbslosen bestehend, dem Toten bis an die Stadtgrenze bei St. Pauli das Geleite gab. Zahlreiche Parteifahnen wurden im Trauerzuge mitgeführt, auch spielten zwei Kapellen Trauermärsche. Bis zur Eckernförder Landstraße bewegte sich der Zug in aller Ruhe und Disziplin."[102]
Bei einem Teil der zurückströmenden Menge ging – in der ohnehin schon emotionalisierten Atmosphäre – beim Anblick von Hakenkreuzfahnen in der Schleswiger Straße offenbar die Selbstkontrolle verloren. Nach Darstellung der „Flensburger Nachrichten", die sich auf die Ergebnisse einer

Abb. 66: Der junge Maurer Peter Beck (Foto von 1930), Vorsitzender des Jugendkartells, war seit Januar 1933 2. Vorsitzender der SPD und seit März 1933 Mitglied der SPD-Stadtverordnetenfraktion. Beck gehörte zu denen, die noch Anfang Mai glaubten, die Nationalsozialisten würden an den schweren Problemen scheitern. Viele Sozialdemokraten hofften auch, die SPD könne die Regierungszeit der Nationalsozialisten ähnlich wie die Verfolgung unter dem Sozialistengesetz überstehen. Für Peter Beck, der sich am „Personenschmuggel" beteiligte, wurde die Gefahr zu groß, er emigrierte nach Dänemark. (Vgl. Abb. 133.)

Verhandlung vor dem Schöffengericht am 10.3.33 stützten, waren neben Kommunisten auch Sozialdemokraten an den Vorgängen beteiligt. In der Schleswiger Straße 36 wurde zunächst unter „lauten Bravorufen" eine Hakenkreuzfahne von einem Fenster gerissen. Danach soll es ein Reichsbannermann gewesen sein, der mit einem weiteren Beteiligten in den Vorgarten der Schleswiger Straße 41 eindrang, um eine große Hakenkreuzfahne von einem Fahnenmast herunterzuholen. Als der Besitzer von seinem Wohnungsfenster aus mit einer Pistole drohte, soll die aufgebrachte Menge versucht haben, das Haus zu stürmen. Hierbei soll sich „August Le.", Angestellter des Konsumvereins, der „die bekannten drei Pfeile" im Knopfloch trug, besonders hervorgetan haben. Er wurde als „Rädelsführer" zu zehn Monaten Gefängnis verurteilt, ein weiterer Sozialdemokrat („To."), vermutlich der Reichsbannermann, zu 8 Monaten. Strafen zwischen 6 und 8 Monaten erhielten sechs Kommunisten und ein Parteiloser.[103]

Das Polizeipräsidium nahm die Vorfälle zum Anlaß, einen für die letzte Wahlkampfwoche geplanten Umzug der SPD zu verbieten, „um die Wiederholung solcher Störungen der öffentlichen Ordnung durch radaulustige Elemente zu verhindern."

Das Wahlergebnis war für die Flensburger SPD zufriedenstellend, konnte sie doch ihre Wählerschaft unter den schwierigen Bedingungen fast geschlossen zusammenhalten. Der neuerliche Anstieg bei den Nationalsozialisten war aber nicht zu verhindern.

Die Zerschlagung der Arbeiterbewegung

Nach der Reichstagswahl (5.3.) und der Kommunalwahl (12.3.) flüchteten sich viele Sozialdemokraten in die Hoffnung, ähnlich wie unter dem Sozialistengesetz die Zeit der Unterdrückung überstehen zu können. Es war die Linie des Berliner Parteivorstandes, illegale Handlungen zu unterlassen, um keine Handhabe zum Vorgehen gegen die Arbeiterbewegung zu liefern - vergeblich. Die Nationalsozialisten verschärften vielmehr die schrittweise und systematische Zerschlagung der Arbeiterbewegung.

In der Ratsversammlung gab der neue Stadtverordnetenvorsteher Paul Haß von der NSDAP den Ton an. Nach der Ausschaltung der beiden KPD-Mandate hatte die NSDAP erst 21 von 43 Sitzen. Der bürgerliche „Nationale Flensburg-Block" brachte mit 9 Mandaten eine reichliche Mehrheit. Die neunköpfige SPD-Fraktion hat so lange wie möglich ausgeharrt und - ohne Einfluß und auf sich allein gestellt - eine Oppositionsrolle wahrgenommen. Nach dem Verhältniswahlrecht hätte der Partei einer der sieben Stadtratsposten zugestanden. Dem am 4.4. gewählten Wilhelm Kähler wurde aber unter Hinweis auf eine neue Verordnung des preußischen Innenministers die Anerkennung versagt. „Marxistische Stadträte gibt es nicht mehr!" jubelten die „Flensburger Nachrichten".[104]

Die Fraktion verweigerte am Tag der Einführung der Stadtverordneten am 31.3. sowohl das „Sieg Heil" auf die Stadt Flensburg wie auch das „Sieg Heil" auf Hindenburg, Hitler und „unser deutsches Vaterland".[105]

Am 11.4. lehnte man die Umbenennung der „Friedrich-Ebert-Str." in „Horst-Wessel-Str." ab.[106] Es gab aber auch Zustimmung zu sachlich notwendig erscheinenden Anträgen. In der letzten Sitzung, an der Sozialdemokraten teilnahmen, am 30.5., stellten sie sich noch einmal quer: Dem Haushalt 1933/34 gaben sie ihren Segen nicht.[107] Das Ende der politischen Arbeit kam mit dem Betätigungsverbot für die Sozialdemokraten am 22.6., das endgültige Aus für die SPD als Partei mit dem Parteienverbot vom 14.7.1933.

Inzwischen war den Stadtverordneten schon der Boden unter den Füßen weggezogen durch Ausschaltung ihrer Arbeiterorganisationen: Nach der letzten Veranstaltung im Gewerkschaftshaus, einer Karl-Marx-Gedächtnisfeier am 15.3., ging es Schlag auf Schlag.[108]

- 17.3. Durchsuchungen im Gewerkschaftshaus, beim Konsumverein und in der Volksbuchhandlung „mit einem großen Polizeiaufgebot", dabei „umfangreiches Druckschriftenmaterial beschlagnahmt"
- 20.3. Durchsuchungen bei der Ortskrankenkasse und in der Arbeitervolkshochschule Harrisleefeld
- 23.3. Durchsuchung im Heim der Arbeiterjugend in der Schloßstraße
- 28.3. Besetzung des Heimes der Arbeiterjugend durch HJ und SA

1.4. Besetzung und Schließung des Gewerkschaftshauses durch Polizei und SA-Hilfspolizei
20.4. Arbeitervolkshochschule Harrisleefeld wird nun „Hitler-Volkshochschule“
1.5. Erneute Besetzung und Schließung des Gewerkschaftshauses
4.5. Besetzung und Schließung der Volksbuchhandlung
10.5. Beschlagnahmung des Vermögens von SPD und Reichsbanner

Der Terror richtete sich nicht nur gegen die großen Organisationen, sondern auch gegen einzelne Personen und ihre Familien.

Teilweise riegelte die Polizei ganze Straßen und Häuserblocks ab, insbesondere in den Arbeitervierteln des Nordens, und führte regelrechte Razzien durch. Daneben suchte man auch gezielt einzelne Häuser auf. Diese Aktionen richteten sich überwiegend gegen Kommunisten, aber Sozialdemokraten waren davon nicht ausgenommen. So wurden am 17.3. die „Privatwohnungen zahlreicher SPD-Funktionäre“ durchsucht und „umfangreiches Drucksachenmaterial“ sichergestellt, am 23.3. suchte man mehrere Reichsbannerleute heim.[109] Albert Gregersen erinnert sich an eine solche Haussuchung: „Ich sehe heute noch meinen Bruder Christoph, wie er sich hinter der Zeitung versteckte. Aber ihn hatten sie nicht auf einer Liste von Personen, denen sie die Reisepässe abnehmen wollten. Meine Eltern mußten ihren Paß abgeben. Die haben alles durchgewühlt und die Schränke ausgepackt. Vater hatte Kunstdruckblätter vom Vorwärts-Verlag, das haben sie alles mitgenommen.“ Durch die Einziehung der Reisepässe wollte man Kontakte nach Dänemark und das „Ausschleusen“ politischer Flüchtlinge verhindern.

Einer Reihe von Sozialdemokraten machte man zur Auflage, sich alle zwei Tage bei der Polizei zu melden, um sie unter Kontrolle zu haben. Eine schärfere Maßnahme war die Schutzhaft, die SPD-, Reichsbanner- und Gewerkschaftsfunktionäre traf. Namentlich wurde in den Zeitungen nur der SPD-Vorsitzende Haberlandt genannt.[110]

Wie an anderen Orten versuchte man auch in Flensburg die Arbeiterbewegung zu diffamieren, indem man einem verhafteten Gewerkschaftssekretär die Veruntreuung von „Arbeitergroschen“ anhängte: er habe als Verheirateter nebenbei „allerlei galante und kostspielige Zerstreuungen gesucht“, eine „Freundin sehr nobel ausgehalten“ und mit „ihr alljährliche große Badereisen“ unternommen.[111] Wie sollte der Mann sich dagegen wehren?

Zahllose Angestellte der Arbeiterorganisationen, die entweder aufgelöst oder von den Nationalsozialisten übernommen wurden, verloren ihre Stellung. Aus einem Schriftstück der Polizei über einen aus dem Konsumverein entlassenen Angestellten: „. . . neige ich der Ansicht zu, daß Sch. als ehemaliges eifriges Mitglied der SPD und der Eisernen Front innerlich den neu eingestellten nationalsozialistischen Arbeitskollegen abgeneigt war und versucht hat, diesen Schwierigkeiten zu bereiten. Sch. gibt zu, sich an dem letzten Umzug der SPD am 8.2.33 beteiligt zu haben . . .“[112]

Andere Sozialdemokraten verloren ihre berufliche Existenz, da sie wegen „staatspolitischer Unzuverlässigkeit“ aus dem öffentlichen Dienst entfernt wurden. Auch den Hausmeister der St.-Jürgen-Mädchenschule, Hermann Olson, traf dieses Schicksal. Danach fand er jahrelang keine Arbeit mehr. Durch die Entlassung als Hausmeister ging ihm auch seine Dienstwohnung verloren. Hals über Kopf mußte die Familie unter SA-Aufsicht räumen. Eine verängstigte Tochter beobachtete das Geschehen aus dem Fenster der Halbparterre-Wohnung: „Und ich hab diese Beine in Erinnerung von dem SA-Mann, der auf dem Schulhof so breitbeinig stand mit seinen Stiefeln, als wir ausziehen mußten. Ich guckte aus dem Fenster, so klein wie ich war, und sah diese Stiefel vor mir. Das ist mir immer im Gedächtnis geblieben.“ Ähnlich haben sich Albert Gregersen SA-Leute eingeprägt, die vor dem Glasergeschäft seines Vaters Posten bezogen, um Kunden am Zutritt zu hindern. Ende 1933 mußte Gregersen sein Geschäft aufgeben.

Trotz all dieser Terrormaßnahmen gab es noch Zeichen von Unbeugsamkeit. In Flensburg spielte aufgrund der Grenzlage der „Personenschmuggel“ eine besondere Rolle. Ein Beispiel sind aber auch die Geschehnisse um den 1. Mai 1933, von den Nationalsozialisten mit Zustimmung der Gewerkschaften zum „Feiertag der nationalen Arbeit“ erklärt. In ganz Deutschland wurden tags darauf die Gewerkschaftshäuser besetzt und die Gewerkschaftsvermögen für beschlagnahmt erklärt. Flensburg gehört wohl zu den wenigen

Orten, an denen das Gewerkschaftshaus schon am 1. Mai besetzt wurde. Es bestand der Verdacht, daß eine „rote Maifeier“ organisiert werden sollte.[113] Aus dem Grund war Wilhelm Haberlandt schon am 29.4. in Schutzhaft genommen worden. Ob es tatsächlich solche Planungen gab, ist nicht rekonstruierbar. Jedenfalls fand die „rote Maifeier“ im benachbarten Dänemark statt. Wie Alfons Schlütter sich erinnert, fuhren zahlreiche Sozialdemokraten mit der Eisenbahn nach Apenrade zur Maikundgebung. Schlütter: „Als wir nach Hause kamen, war das Gewerkschaftshaus besetzt.“

Fazit. Die These von der „Republik ohne Republikaner“ ist auf Flensburg bezogen falsch. Die Flensburger SPD war schon in den 20er Jahren bemüht, die Republik gegen die Bedrohung von rechts zu verteidigen. Die Aktivitäten setzten sich verstärkt fort seit den Reichstagswahlen 1930, litten aber unter den Rahmenbedingungen der „großen Politik“, die die SPD in die Defensive drängten. Die Mehrheit der Flensburger SPD sah keinen anderen Weg, als sich dem „Tolerierungskurs“ des Parteivorstandes anzuschließen. Dabei konnte man sich auf eine zuverlässig organisierte, um Schulung stets bemühte und in der Arbeiterbewegung verwurzelte Partei stützen. Mehr als einen treuen Stamm von knapp 9000 Wählern zusammenzuhalten, war aber unter den gegebenen Bedingungen nicht möglich. Den Aufstieg der NSDAP, die ihre soziale Basis zunächst weitgehend im Mittelstand hatte, konnte man als Klassenpartei der Arbeiterschaft nicht verhindern. Dazu fehlte es auch an wirtschaftspolitischen Konzepten, mit der man derWirtschaftskrise hätte begegnen können. Umso notwendiger war ein Bündnis mit bürgerlichen Kräften. Kompromißbereitschaft in dieser Frage war in der Flensburger SPD vorhanden, das zeigen die intensiven Debatten der Jahre 1928–1931. Dabei setzte man sich den Attacken von seiten der KPD aus und mußte die Abspaltung der SAP in Kauf nehmen. Unter dem Druck der Wirtschaftskrise wanderte aber die bürgerliche Mitte weiter nach rechts, die SPD sah sich in ihrem Kampf für die Republik alleingelassen. Nach Hitlers Ernennung zum Reichskanzler kam es im Februar 1933 noch zu einer Aktionseinheit mit den Kommunisten, was andernorts kaum nachzuweisen ist. Doch die Zerschlagung der Arbeiterbewegung war nicht mehr aufzuhalten. Auch der Traum vom Grenzland als „Völkerbrücke“, an dessen Verwirklichung die Partei mitgearbeitet hatte, ging nicht in Erfüllung. Statt dessen bildeten Sozialdemokraten des Grenzlandes eine „Brücke“ zu Emigranten, die sich dem Zugriff der Nationalsozialisten entziehen mußten.[114]

Anmerkungen

1 Max Funke an den Vorstand der dänischen Sozialdemokratie am 16.11.23 (Archiv der Arbeiterbewegung in Kopenhagen, Kasse 123/13)

2 FVZ 26.2.1924, 20.5.1924

3 Zum Heidelberger Programm und Kieler Parteitag: Heinrich August Winkler, Der Schein der Normalität. Arbeiter und Arbeiterbewegung in der Weimarer Republik 1924 bis 1930, Berlin/Bonn 1985, S. 320–327 u. 334–341; zum politischen Profil der SPD Schleswig-Holstein: Jens Christian Jacobsen, „Der Stolz der Gesamtpartei“? Die SPD Schleswig-Holstein 1918–1933, in: Demokratische Geschichte, Bd. 3 (1988), S. 211–240

4 FVZ 5.1.1924 (mit Referat Hans Jensen: „Das deutsch-dänische Grenzabkommen“)

5 FVZ 10.1.1924

6 FVZ 1.12.1923

7 FVZ 9.1.1933

8 FVZ 5.10.1929

9 FVZ 7.10.1929

10 FVZ 8.1.1930, 9.1.1931

11 Von der Volkshochschule Marquardt (FVZ 8.9.1928), Kähler (FVZ 8.3.1930), Hoffmann (FVZ 7.11.1931), ferner FVZ 14.4.1928 (Luise Schröder), FVZ 20.4.1931 (Julius Leber)

12 J. C. Jacobsen (Anm. 3), S. 218

13 FVZ 5.10.1929

14 FVZ 6.3.1924

15 FVZ 17.2.1925, 2.1.1929, 8.1.1930, 9.1.1932, 9.1.1933 (Jahresberichte)

16 FVZ 9.3.1925, 15.12.1928

17 FVZ 5.10.1927

18 FVZ 6.12.1927

19 FVZ 16.11.1928, 10.12.1931, 12.1.1932

20 FVZ 29.10.1929, 13.11.1929

21 FVZ 24.10.1928, 26.10.1928

[22] P. Hansen Petersen u. a., Flensburg von 1920 bis 1960, in: Flensburg. Geschichte einer Grenzstadt, SFSt 17, Flensburg 1966, S. 433f.
[23] FVZ 18.9.1930, 3.11.1930
[24] FVZ 12.6.1924 (Gründungsaufruf der Gauleitung), FVZ 11.7.1924 (Vorbereitende Versammlung), 19.7.1924 (Gründungsversammlung)
[25] FVZ 3.2.1930
[26] FVZ 20.7.1927
[27] FVZ 30.5.1927
[28] FVZ 2.10.1928
[29] FVZ 19.3.1927, 26.3.1927, 5.4.1927
[30] FVZ 12.8.1929, 7.9.1929
[31] FVZ 13.8.1927, 15.2.1928
[32] FVZ 14.2.1928, 3.2.1930
[33] FVZ 6.10.1924
[34] FVZ 25.3.1924
[35] Wolfram Pyta, Gegen Hitler und für die Republik. Die Auseinandersetzung der deutschen Sozialdemokratie mit der NSDAP in der Weimarer Republik, Düsseldorf 1989, S. 29–34
[36] Peter Heinacher, Der Aufstieg der NSDAP im Stadt- und Landkreis Flensburg, SFSt 38, Bd. 1, Flensburg 1986, S. 255f.
[37] P. Heinacher (Anm. 36), S. 258
[38] P. Heinacher (Anm. 36), S. 316f.
[39] FVZ 26.1.1925
[40] FVZ 17.3.1932
[41] FVZ 10.4.1924, 28.4.1924
[42] Ralf Georg Reuth, Goebbels, München 1990, S. 117f.
[43] P. Heinacher (Anm. 36), Bd. 1, S. 138–145 (Andersen, St. Johannis), Bd. 2, S. 79, 107 (Lensch, St. Jürgen), Bd. 2, S. 193 (Göbell, St. Nicolai); Gabriele Romig, Pastor Heinrich Kähler, SFSt 40, Flensburg 1988
[44] Auskunft der Söhne Walter und Werner Schmidt (Flensburg) am 13.1.1993
[45] FVZ 28.3.1927, 29.3.1927 (Vorausberichte); FVZ 30.3.1927 (Bericht über die Veranstaltung); P. Heinacher (Anm. 36), S. 143f., 201–203
[46] FVZ 26.6.1926, 28.6.1926, 29.6.1926
[47] FVZ 21.8.1928; Peter Callesen, Die Schleswig-Frage in den Beziehungen zwischen dänischer und deutscher Sozialdemokratie von 1912 bis 1924, Kiel 1970, S. 128; Peter Hansen Petersen, Sozialdemokratie und Schleswig-Frage, Kiel 1956 (Masch.schr.), S. 94f.
[48] FVZ 19.9.1927 (Gravenstein); FVZ 21.8.1928 (Apenrade)
[49] FVZ 5.12.1931
[50] FVZ 12.3.1932
[51] FVZ 15.8.1931
[52] P. H. Petersen (Anm. 47), S. 85f.; Troels Fink, Geschichte des Schleswigschen Grenzlandes, Kopenhagen 1958, S. 222–229, 256f.
[53] FVZ 12.5.1927
[54] FVZ 18.7.1927 (Hans Jensen); FVZ 11.5.1925, 28.6.1926, 10.3.1930 (Peter Michelsen)
[55] Die „Weimarer" SPD ging noch nicht wie die „Bonner" mit einem konsistenten Regierungsprogramm in den Wahlkampf, auch nicht ins Kabinett. Man sah sich mehr als Sachwalter der Interessen der Arbeiterschaft. Zu den Reaktionen in der „Panzerkreuzer-Affäre": H. A. Winkler (Anm. 3), S. 541–545
[56] FVZ 13.8.1928, 15.8.1928
[57] FVZ 22.9.1928
[58] FVZ 2.3.1929
[59] P. Heinacher (Anm. 36), S. 284
[60] FVZ 3.2.1930
[61] Hagen Schulze, Weimar. Deutschland 1917–1933, Berlin 1982, S. 314f. H. A. Winkler (Anm. 3), S. 759–763
[62] FVZ 9.1.1931
[63] FVZ 10.1.1931
[64] Die Entsendung von Gegenrednern wurde im Laufe des Jahres 1931 eingestellt, vermutlich wegen zu großer Gefährdung und offenkundiger Ergebnislosigkeit der aufgeheizten Debatten. Erst am 28.10.1932 berichtet die FVZ wieder über den Auftritt eines Sozialdemokraten in einer NS-Veranstaltung. Zur Vertrauensleuteschulung FVZ 3.3.1931
[65] FVZ 9.1.1931
[66] Heinrich August Winkler, Der Weg in die Katastrophe. Arbeiter und Arbeiterbewegung in der Weimarer Republik 1930–1933, Berlin/Bonn 1987, S. 303f.
[67] FVZ 30.9.1931, 24.6.1932
[68] FVZ 6.1.1931 (Aufruf); FVZ 12.8.1931: im letzten halben Jahr 83 Neuanmeldungen bei nur 3 Abgängen
[69] FVZ 21.11.1930
[70] FVZ 10.10.1931, 25.5.1932, 2.8.1932, 7.10.1932, 25.10.1932
[71] FVZ 16.8.1930, 10.11.1930, 7.9.1931, 6.10.1931, 28.11.1931
[72] Rainer Schaefer, SPD in der Ära Brüning: Tolerierung oder Mobilisierung? Handlungsspielräume und Strategien sozialdemokratischer Politik 1930–1932, Frankfurt a. M./New York 1990, S. 368f.
[73] R. Schaefer (Anm. 72), S. 85–93
[74] FVZ 24.6.1927
[75] FVZ 3.3.1929

[76] FVZ 10.1.1931
[77] Zusammengefaßt nach FVZ 20.4.1931, 13.6.1931, 19.6.1931, 8.7.1931 (Willi Schmidt und Willi Hermann)
[78] FVZ 19.6.1931 (Hugo Hellwig)
[79] FVZ 10.10.1931
[80] FVZ 20.4.1931 (Marxistische Buchgemeinschaft); FVZ 28.11.1931 (Gründung SAP)
[81] Hans Nielsen, Streifzüge durch mein Leben, Slukefter 1980 (Masch.schr.), S. 37
[82] FVZ 28.11.1931
[83] H. Nielsen (Anm. 81), S. 36
[84] FVZ 25.2.1932
[85] FVZ 6.1.1932 (Verdieck); FVZ 29.1.1932 (Vogel); FVZ 25.2.1932 (Rüstwoche)
[86] Zu den Propagandaformen der Eisernen Front: R. Schaefer (Anm. 72), S. 345–364; FVZ 30.7.1932
[87] FVZ 30.7.1932
[88] FVZ 27.7.1932, 29.7.1932, 30.7.1932
[89] FVZ 14.7.1932, 16.7.1932
[90] FVZ 22.6.1932; ähnlich FVZ 14.7.1932, 16.8.1932; Rückbesinnung auf die „Hoffmann-Affäre" als warnendes Beispiel FVZ 2.6.1932
[91] FVZ 20.7.1932, 30.7.1932
[92] P. Heinacher (Anm. 36), S. 323, 370; FVZ 1.8.1932
[93] FVZ 30.11.1931, 5.12.1931, 9.12.1931, 22.12.1931 (Lokaler Burgfrieden); FVZ 12.3.1932 (Stalin-Sklaven)
[94] R. Schaefer (Anm. 72), S. 425
[95] FVZ 29.7.1932
[96] W. Pyta (Anm. 35), S. 260–263
[97] FVZ 2.2.1933 (Funktionärssitzung); FVZ 6.2.1933 (Hermann Clausen); FVZ 9.2.1933 (Wilhelm Kähler, Oskar Reinke); FVZ 11.2.1933 (Otto Eggerstedt); Ankündigung der Parteiversammlung vom 17.2. in FVZ 14.2.1933; Hinweis auf Frauenkundgebung in FVZ 16.2.1933; Versammlung mit Fritz Tarnow in SHVZ 27.2.1933
[98] W. Pyta (Anm. 35), S. 260–263
[99] FVZ 9.2.1933
[100] FN 27.2.1933
[101] SHVZ 27.2.1933; Titelseite abgedruckt bei Michael Joho, Die Geschichte der Mitallarbeiterbewegung und ihrer Gewerkschaften in Flensburg, Flensburg/Hamburg 1992, S. 432
[102] Flensburger Generalanzeiger 2.3.1933
[103] FN 2.3.1933, 11.3.1933
[104] FN 3.4.1933, 5.4.1933, 12.4.1933
[105] FN 1.4.1933
[106] FN 12.4.1933
[107] FN 31.5.1933
[108] FN 17.3.1933, 21.3.1933, 24.3.1933, 1.4.1933, 20.4.1933, 2.5.1933, 5.5.1933, 11.5.1933; P. Heinacher (Anm. 36), Bd. 2, S. 257 (Besetzung des Heimes der Arbeiterjugend)
[109] Flensburger Generalanzeiger 17.3.1933; FN 24.3.1933
[110] Mindestens 4 Gewerkschaftsfunktionäre, 3 Reichsbannerführer sowie Haberlandt wurden in Schutzhaft genommen (FN 21.3.1933, 6.4.1933, 29.4.1933, 2.5.1933, 3.5.1933).
[111] Flensburger Generalanzeiger 15.5.1933
[112] LAS, Abt. 309, Nr. 22774
[113] FN 2.5.1933
[114] Für Gespräche und die Überlassung von Fotos danke ich herzlich Thea Schreeb, Lotte-Liese Johannsen, Albert Gregersen, Alfons Schlütter sowie Walter und Werner Schmidt (alle Flensburg).

Ulla Lembke

Freie Gewerkschaften und SPD in Flensburg bis 1933

Der Name „Freie Gewerkschaften“ ist keine offizielle Bezeichnung. Er soll vielmehr die Abgrenzung speziell zu den Gewerkvereinen und den christlichen Gewerkschaften ausdrücken. Zugleich spiegelt er aber auch das von Anbeginn an verfolgte Bestreben nach organisatorischer Unabhängigkeit von einer bestimmten Partei, vor allem der Sozialdemokratie, wider. Ein Aufruf aus dem Jahr 1891 stellte die unterschiedlichen Aufgaben zwischen beiden heraus:

„Der Unterschied zwischen der politischen Tätigkeit, wie die Arbeiterpartei sie entwickelt, und der Aufgabe der Gewerkschaften liegt darin, daß die erstere eine Umgestaltung der gegenwärtigen Gesellschaftsorganisation anstrebt, während die letztere in ihren Bestrebungen, weil die Gesetze hierin Grenzen ziehen, auf dem Boden der heutigen Gesellschaft stehen.“[1]

Die freien Gewerkschaften wehrten sich um so heftiger gegen den von ihren Gegnern verwandten Begriff der „sozialdemokratischen Gewerkschaften“, als sie nach Satzung und Praxis weder ein Partei- noch Glaubensbekenntnis forderten.

Das Flensburger Gewerkschaftskartell

Am 17. Mai 1892 trat in Flensburg erstmals eine Gewerkschaftskontrollkommission zusammen, in der 21 Berufsverbände durch insgesamt 34 Delegierte vertreten waren.[2] Bereits am 13. Juni desselben Jahres erklärte sich diese dann „auf Beschluß einer öffentlichen Gewerkschaftsversammlung“[3] zum Flensburger Gewerkschaftskartell. Damit hatte man auf örtlicher Ebene einen Schritt nachvollzogen, der im Reich durch die Bildung der Generalkommission der freien Gewerkschaften 1890, also unmittelbar nach dem Fall des Sozialistengesetzes, bereits durchgeführt worden war.

In Flensburg lassen sich seit Ende der 60er Jahre des vorigen Jahrhunderts erste Fachvereine nachweisen. So wie überörtlich gehörten auch hier die Buchdrucker zu den ersten Berufsgruppen, die zur Wahrung und Vertretung ihrer Interessen den Schritt wagten, sich zu einer Gewerkschaft zusammenzuschließen. Bereits ein Jahr nach Gründung des zentralen Verbandes der Deutschen Buchdrucker entstand in Flensburg ein Ortsverein, der am 20. September 1927 auf sein 60jähriges erfolgreiches Bestehen zurückblicken konnte.[4] Daneben waren es aber in Flensburg nicht – wie zu erwarten gewesen wäre – die Tabakarbeiter, sondern die Schneider, die eine bedeutsame Rolle in der Arbeiterbewegung spielten. Ist über die Frühgeschichte dieses Berufsverbandes auch noch wenig bekannt, so läßt sich doch nachweisen, daß aus ihr die Keimzelle des ersten, 1868 in Flensburg gegründeten Allgemeinen Deutschen Arbeitervereins entstanden ist.

„Monatelang waren nur Schneider im neuen Verein organisiert. Das Rückgrat bildete die Werkstatt von Gustav Sager, die geschlossen beigetreten war.“[5]

Erst in der öffentlichen Sitzung vom 19.4.1869 traten dann auch Angehörige anderer Berufe dem Verein bei.[6]

Die schon in den Anfängen bestehende enge personelle Verbindung zwischen den politischen Arbeitervereinen und den jungen Gewerkschaften brachte es mit sich, daß die letzteren von dem 1878 erlassenen „Sozialistengesetz“ in ähnlicher Weise betroffen wurden. Da als „sozialdemokratisch“ verschrien, waren Auflösungen und Verbote die Regel. Lediglich im Verborgenen blieben teilweise die alten Strukturen in den einzelnen Berufsverbänden erhalten. So ging man zwar vereinzelt dazu über, die Fachvereine formal aufzulösen, in Wahrheit blieben sie aber unter dem Decknamen einer unverdächtigen Hilfs- und Unterstützungskasse weiterbestehen wie z.B. der Buchdruckerverein Gutenberg in Flensburg.[7]

Aufgrund der massiven Polizeiüberwachung waren politische Themen von der Tagesordnung ausgeschlossen, doch überlebte der Gedanke der politischen Arbeiterbewegung nicht zuletzt dank dieser nunmehr „unpolitischen" Deckvereine[8].

Gewerkschaften und Partei, die sich sofort nach Fall des Gesetzes neu formierten, gingen geschwächt aber unerschrokken aus diesem Zeitabschnitt der massiven Verfolgung hervor, hatten dem Staat und seiner Machtdemonstration getrotzt. So galten 1890 über 300000 Arbeiter als gewerkschaftlich organisiert, jedoch waren die Gewerkschaften fast ohne Einfluß und ohne klares Konzept für ihre Arbeit.[9] Die Erkenntnis, nur gemeinsam stark genug für einen machtvollen weiteren Ausbau der gewerkschaftlichen Arbeiterbewegung zu sein, dürfte den Wunsch nach Zusammenfassung der Kräfte bewirkt haben, der dann zur Bildung der Generalkommission bzw. der örtlichen Kartelle führte. Hierbei nahm man offensichtlich einen alten Gedanken wieder auf, denn bereits 1875 waren bei einer Haussuchung bei Flensburger Sozialdemokraten Papiere gefunden worden, die „gefaßte Beschlüsse der centralisierten Gewerkschaften Flensburgs" enthielten. Als Mitglieder waren damals schon die Metallarbeiter-Gewerksgenossenschaft, der Bund der Tischler, ein allgemeiner Deutscher Schneiderverein und der Bund der Arbeitsleute erwähnt.[10] Die Neugründung des Flensburger Gewerkschaftskartells im Jahr 1892 sah diesen Kreis bereits erheblich erweitert, umfaßte es doch mit Ausnahme der Glasarbeiter, Hafenarbeiter und Zimmerer, die erst später beitraten, alle ortsansässigen Fachvereine.[11] Das Tätigkeitsfeld des Kartells sollte hauptsächlich in der Agitation der noch nicht organisierten Arbeiter liegen, darüber hinaus aber auch die Erteilung von Auskünften in allen die Arbeiterschaft berührenden Dingen umfassen, Prüfung der Differenzen zwischen Arbeitgebern und Arbeitern und damit verbunden die Unterstützung bei Streiks und Aussperrungen, die Kontrolle des Herbergswesens sowie die Vorbereitung der Gewerbeschiedsgerichtswahlen.[12] Jeder der angeschlossenen Berufsverbände entsandte zwei Delegierte zum monatlichen Treffen des Kartells, dessen Name bezeichnenderweise im täglichen Gebrauch häufig auch schlicht „die Gewerkschaft" lautete. Mit zunehmendem Erstarken der Gewerkschaftsbewegung und ansteigendem Umfang der Aufgaben ging man zwecks besserer Verteilung 1900 dazu über, anstelle des bisherigen stets neu gewählten Obmannes einen festen 5-köpfigen Vorstand einzusetzen.[13] Erster Vorsitzender nach dieser Umwandlung wurde der Barbier Theodor Müller, Mitbegründer und 1. Bevollmächtigter des Fabrikarbeiterverbandes, später Landtagsabgeordneter aus Breslau, der bereits 1903 durch den Schriftsetzer Waldemar Sörensen abgelöst wurde. Im April 1911 erfolgte die Wahl des Glasbläsers Ferdinand Grabein, der diesen Posten bis Ende 1926 innehatte. Als er aus gesundheitlichen Gründen zurücktreten mußte, wurde er vorläufig durch den Arbeitersekretär Hermann Brennecke vertreten, bis 1928 der bisherige Stellvertreter und Geschäftsführer des Bauarbeiterverbandes Georg Ruser den Vorsitz im Kartell übernahm und bis zur Zerschlagung der Gewerkschaften 1933 beibehielt.

Neben den erwähnten Tätigkeiten galt es nun zusätzlich, den Kontakt zu den Gewerkschaften und Kartellen der Nachbarorte zu halten, die Vertretung auf Provinzial- und Reichsebene wahrzunehmen, Maifeiern und Gewerkschaftsfeste zu organisieren sowie Verbindung zu den übrigen Arbeiterorganisationen in Flensburg aufzunehmen. Finanziert wurde das Kartell durch die einzelnen Gewerkschaften, die pro Mitglied und Jahr einen festgelegten Betrag abzuführen hatten. Die Zahl der angeschlossenen Ortsvereine war dabei Schwankungen unterworfen. Einzelne Berufsverbände schieden aufgrund von Mitgliederschwund aus, andere schlossen sich zu größeren Verbänden wie dem Fabrik-, Metall-, Holz-, Transport- oder Bauarbeiterverband zusammen. Die Zahl der vertretenen Gewerkschaftsmitglieder jedoch stieg konstant von 1357 im Jahre 1896 über 2455 im Jahr 1900 auf 3602 im Jahr 1906[14] und schließlich 4216 am Jahresschluß 1910.[15] Kurz vor Ausbruch des 1. Weltkrieges wurde ein vorläufiger Höchststand von 5415 Mitgliedern erreicht,[16] der dann infolge Einberufungen und Kriegsteilnahme während der folgenden Jahre um die Hälfte zurückging. Daß es sich hierbei jedoch nicht um eine Abkehr vom gewerkschaftlichen Gedanken handelte, zeigt die Jahresschlußzählung von 1918, bei der schon wieder 5069 Mitglieder verzeichnet werden konnten. Das enge Zusammengehen mit der SPD, das sich nicht zuletzt aus der gemeinsamen Verfolgung in den 80er Jahren des vorigen Jahrhunderts ergab, barg jedoch vor allem für letztere in der Folgezeit eine Reihe von Problemen. Nicht alle gewerkschaftlich organisierten Arbeiter hatten auch die Absicht, sich parteipolitisch zu engagieren. So beklagte die Flensburger SPD 1911 den relativ geringen Grad der politischen Organisierung der Gewerkschaftsmitglieder und appellierte an diese:

„Der richtige Platz für jeden gewerkschaftlich organisierten Arbeiter kann aber nur die politische Organisation sein. Dort findet er seine wahren Freunde. ... Daher richten wir nochmals die Aufforderung an die gewerkschaftlich organisierte Arbeiterschaft: Schließt Euch der politischen Organisation an!«[17]

Eine im gleichen Jahr veröffentlichte Auflistung der Gewerkschaften nach Größe und Mitgliederzahl ergab in Flensburg bei 4 558 registrierten Gewerkschaftlern lediglich 1 289 politisch in der SPD organisierte Mitglieder, ein Prozentsatz von nur 28 %, wobei die Brauerei- und Mühlenarbeiter mit 84 % vor den Glasarbeitern mit 64 % den höchsten Organisierungsgrad in Gewerkschaft und Partei aufwiesen. Die großen Vier dagegen, Metaller (31 %), Bauarbeiter (34 %), Fabrikarbeiter (15 %) und Transportarbeiter (14 %) fielen dabei deutlich ab. Absolute Organisierungsgrade erreichten lediglich die kleinsten und jüngsten Gewerkschaften wie Handlungsgehilfen, Lagerhalter, Stukkateure und Barbiere, deren wenige Mitglieder zu 100 % sowohl in Gewerkschaft als auch Partei aktiv waren. Insgesamt für die SPD ein Mißverhältnis, an dessen Beseitigung ernsthaft gearbeitet werden mußte.[18]

Doch blieb dies reines Wunschdenken. Ein wesentlich stärkerer Organisierungsgrad der gewerkschaftlich tätigen Arbeiter in der SPD sollte nie erreicht werden.[19] Ob dies profan in den wirtschaftlich schweren Zeiten an dem zweifachen Beitrag gelegen hat, der bei einer Doppelmitgliedschaft zu zahlen war, oder tatsächlich an einer gewissen Distanz zur Partei, ist nicht genau zu klären. Tatsache scheint zu sein, daß die große Masse der Gewerkschaftler sich durch ihren Berufsverband und das übergeordnete Gewerkschaftskartell ausreichend vertreten fanden und es ihnen genügte, daß ihre Funktionäre fast ausnahmslos Parteimitglieder waren und damit die politische Vertretung gewährleistet schien. So bestand in der Tat eine enge personelle Verzahnung zwischen dem örtlichen Parteivorstand und den Vorständen der Gewerkschaften,[20] die manchmal nicht klar erkennen ließ, in wessen Namen der Betreffende denn nun eigentlich tätig wurde. So war der Schriftsetzer Waldemar Sörensen nicht nur zeitweilig Schriftführer und Kartelldelegierter des Buchdrukkerverbandes und seit 1903 Kartellvorsitzender, sondern auch seit 1910 einer der vier SPD-Stadtverordneten und führender Kopf der örtlichen Parteizentrale. Das einzelne Gewerkschaftsmitglied hielt sich also zurück, die Funktionäre übernahmen Verantwortung auch durch aktive Parteiarbeit. Dazu kam, daß die Gewerkschaften sich verstärkt seit 1906 auf ihre Eigenständigkeit und Neutralität beriefen und mit dem Mannheimer Abkommen im gleichen Jahr ihre Organisationsarbeit gegenüber der SPD klar abgrenzten. Schließlich war man darauf aus, in den Berufsverbänden alle Arbeiter des Gewerks zu vertreten, ungeachtet der Religions- oder Parteizugehörigkeit. Auch KPD- oder USPD-Mitglieder fanden später ihre Vertretung auf wirtschaftlichem Gebiet in den freien Gewerkschaften, die sich bemühten, nicht den Eindruck zu erwecken, als seien sie lediglich Ableger der Sozialdemokratie.

„Die Gewerkschaften, ohnehin der Partei an Mitgliederzahl, Finanzstärke und sozialpolitischer Aktivität überlegen, setzten sich schließlich durch. Der SPD-Parteitag von 1906 stellte fest, daß die Gewerkschaften ‚an Wichtigkeit hinter der sozialdemokratischen Partei nicht zurückstehen'."[21]

Daß die Verbindung der freien Gewerkschaften zur SPD in der Praxis aber sehr stark war, zeigte sich besonders bei den gesellschaftlichen Umwälzungen infolge der Revolution 1918.

„Von Anfang an stellten sich die Führer der Gewerkschaften zur Lösung der neuen politischen Aufgaben zur Verfügung: fast ein Drittel der MSPD in der Nationalversammlung waren Gewerkschaftsfunktionäre (darunter fünf Mitglieder der Generalkommission und neun Vorsitzende der Einzelgewerkschaften) ...".[22]

Auch in Flensburg unterstützten die Gewerkschaften, vertreten durch ihr Kartell, bedingungslos den neugebildeten Arbeiter- und Soldatenrat, stellten sie doch neben 7 SPD- und 3 USPD-Vertretern die restlichen Delegierten des 45-

köpfigen Arbeiterrats.[23] Der Kartellvorsitzende Grabein übernahm den Vorsitz.[24]

Der neugegründete Allgemeine Deutsche Gewerkschaftsbund (ADGB) festigte im Reich den bisher losen Zusammenschluß der Generalkommission zu einer nunmehr festgefügten, strukturierten Organisation. In Flensburg änderte sich jedoch dadurch nicht viel: Das Kartell und seine Sitzungen waren seit langem eine festgefügte Einheit, dessen Namen man bis 1925/26 so beibehielt. Erst danach setzte sich immer mehr der Organisationsname „Ortsausschuß des ADGB" durch, bis er 1928 als alleinige Bezeichnung des ehemaligen Gewerkschaftskartells bestehen blieb, ohne daß sich jedoch personelle Veränderungen ergeben hätten.

Mit dem 1920 verabschiedeten Betriebsrätegesetz, der Einführung des 8-Stunden-Tages und der jetzt allgemein praktizierten Tarifautonomie erfüllten die neuen politischen Machthaber im Reich gleich zu Beginn einen Großteil der Wünsche der Gewerkschaften, doch beendeten die Angriffe bestimmter Unternehmerkreise gegen die Republik, verbunden mit der einhergehenden Wirtschaftskrise, schon recht bald diesen Höhenflug der Arbeiterbewegung.

„Die unselige Spaltung der organisierten Arbeiterschaft in mehrere politische und gewerkschaftliche Gruppen tat ein übriges, den Wiederaufstieg des durch den Krieg vollständig verarmten deutschen Volkes zu verhindern."[25]

Zur Frage der Parteispaltung beschloß das Flensburger Gewerkschaftskartell einstimmig, ein von der Generalkommission zugesandtes 4seitiges Flugblatt, das sich mit dem Streit und den inneren Parteistreitigkeiten befaßte, nicht zur Verteilung zu bringen. Die Delegierten waren der Ansicht, daß der Streit innerhalb der Partei nicht auch noch in die Gewerkschaften hineingetragen werden solle. Dennoch wurden 325 Exemplare der Flugschrift bestellt zwecks Orientierung der Gewerkschaftsvorstände.[26]

Inflation und steigende Arbeitslosenzahlen schwächten die Gewerkschaften, und erst Anfang 1924 konnte ein neuerlicher Anstieg vermerkt werden, der sich insbesondere in den großen Arbeitskämpfen in der Metall-, Werft- und Hafenarbeiterschaft zeigte. Waren diese zunächst auch ohne Erfolg geblieben, so trat bald schon eine Wende ein:

„Im 2. Drittel traten erste Erfolge aufgrund bewiesener Stärke ein. Im letzten Drittel 1924 kam es zu vielerlei Erfolgen ohne offene Kämpfe. Die Gewerkschaftsbewegung kann mit den Resultaten der Arbeitskämpfe im Jahr 1924 durchaus zufrieden sein. Sie zeugen von der Gesundheit der deutschen Gewerkschaften, die sich nach den schweren Inflationsjahren in so kurzer Zeit wieder erholen konnten."[27]

Doch war auch dieses nur eine trügerische Hoffnung. Bereits gegen Ende des Jahrzehnts setzte eine erneute schwere Wirtschaftskrise die Gewerkschaften unter Druck. Wieder stiegen die Zahlen der Arbeitslosen, die Mitgliedszahlen sanken, die Kassen leerten sich zunehmend, und der politische Druck der Gewerkschaften wurde entsprechend schwächer. In diese Krisenzeit fiel der Aufstieg der NSDAP, als deren erklärter Gegner sich die Freien Gewerkschaften frühzeitig zu erkennen gaben. Wahlaufrufe für die SPD zur Reichstagswahl am 14. September 1930, Mitgliedschaft im Reichsbanner, Zusammenschluß zur Eisernen Front machten zwar die Stellung der Gewerkschaften deutlich, konnten jedoch den Sieg der Nationalsozialisten nicht verhindern. Wiederum fielen die Gewerkschaften zusammen mit den politischen Arbeiterparteien der Verfolgung durch den Staat zum Opfer: Erneut versuchten die Gewerkschaften, durch „politischen Selbstmord dem Organisationstod" zu entgehen,[28] doch paßten freie, selbstbewußte, organisatorisch unabhängige Gewerkschaften nicht ins Bild des nationalsozialistischen Staates. Im Mai 1933 wurde wie überall in Deutschland auch in Flensburg das hiesige Gewerkschaftshaus besetzt, hier offensichtlich sogar schon am 1. Mai, einen Tag früher als im übrigen Reich.[29] Zwar hatten die neuen Machthaber zunächst ein formales Weiterbestehen der Gewerkschaften befohlen, Beiträge mußten weiterhin kassiert werden,[30] doch beendete ihre Unterstellung in die Deutsche Arbeitsfront bald auch das organisatorische Dasein. Dennoch gelang es auch jetzt einigen, zumeist kleineren Gewerkschaften, dem Staat ein Schnippchen zu schlagen. So trat z. B. bei den Buchdruckern ein Kollege in die NSDAP ein – noch ein Jahr vorher waren zwei Setzer wegen derselben Tatsache ausgeschlossen worden[31] – und übernahm nun den Vorsitz der Gewerkschaft in der DAF. Nach Aussage Ernst Beiers, des späteren Vorsitzenden der IG Druck und Papier in Flensburg, war dieser Kollege sanft und tat ihnen nichts: „Wie haben die Nazis angemeiert, das

Geld noch durchgebracht. Die taten uns nichts, denn wir hatten ja unseren Vorsitzenden, der alter Nazi war.“[32] Die freien Gewerkschaften insgesamt aber hatten aufgehört zu existieren und sollten erst nach 1945 z.T. von ihren ehemaligen Funktionären wieder zum Leben erweckt werden.

Das Flensburger Gewerkschaftshaus

Nachdem sich die Gewerkschaften jahrelang in verschiedenen Vereinslokalen getroffen hatten und ihre Veranstaltungen in gemieteten Räumlichkeiten wie im Tivoli, in Bellevue, Hoheluft oder dem Kolosseum abhalten mußten, wurde der Wunsch nach einem eigenen Arbeiterheim immer stärker. War man mit einem solchen doch unabhängig vom Wohlwollen der Lokalinhaber, denn in der Vergangenheit war es des öfteren vorgekommen, daß angemeldete Versammlungen nicht stattfinden konnten, weil die Gastwirte ihre Säle nicht zur Verfügung stellen wollten oder konnten. Nicht selten hatten sie dabei dem Druck des Bürgertums oder des Militärs nachgegeben, das Boykottmaßnahmen für „sozialdemokratische“ Lokale angedroht hatte. Für die anwachsenden Gewerkschaften wurde es auch zunehmend schwieriger, genügend große Versammlungsstätten zu finden, in denen alle Mitglieder Platz fanden. Zudem lagen die großen Lokale insofern ungünstig, als daß sie relativ weit von den Arbeiterwohngebieten entfernt lagen. Die Masse der Arbeiter wohnte auf Duburg oder im Norden der Stadt. Dazu kam, daß der Arbeitsumfang der Gewerkschaften immer mehr zunahm, erste besoldete Kräfte beschäftigt wurden und damit die Dringlichkeit eigener Büro- und Geschäftsräume immer deutlicher zutage trat. Nicht zuletzt aber versprach man sich von einem eigenen Gewerkschaftshaus eine noch engere, intensivere Zusammenarbeit der Einzelverbände, deren Kommunikation bis dahin im wesentlichen auf die Kartellzusammenkünfte beschränkt blieb.

Ende der 90er Jahre wurde daher, vermutlich auf einer Kartellsitzung, der Beschluß zum Bau eines Gewerkschaftshauses in Flensburg gefaßt. Als erforderliches Kapital waren 630 000 Mark angesetzt, die durch freiwilligen Markenkauf aufgebracht werden sollten.[33] Um die Form zu wahren, wurde eine GmbH mit 20 Gesellschaftern gegründet und mit der Vorbereitung betraut. Federführend war hierbei der Kartellvorsitzende und SPD-Mitglied Waldemar Sörensen, der soeben erfolgreich die Gründung des Flensburger Konsumvereins mitinitiiert hatte und damit auf eine Reihe diesbezüglicher Erfahrungen zurückgreifen konnte. Er übernahm die Aufgabe, ein passendes Grundstück zu erwerben. Ihm zur Seite standen die Gesellschafter der Gewerkschaftshaus GmbH, die von den Einzelverbänden delegiert wurden, wobei mehrere kleinere Gewerke gemeinsam einen Vertreter zu wählen hatten.[34] Das benötigte Startkapital stellten die Einzel-Gewerkschaften. Bereits 1901 bewilligten die Buchdrukker in Flensburg einen Beitrag von 50 Pfennig pro Mitglied und Quartal als Rate für den Bau des Gewerkschaftshauses[35], ab 1907 wurde dieser Beitrag auf 1 Mark angehoben, 1908 der Beitrag für die folgenden 5 Jahre im voraus entrichtet.[36]

Im Jahr 1907 war man offensichtlich fündig geworden und erwarb drei nebeneinanderliegende Grundstücke in der Schloßstraße. Vorbesitzer war der Stadtrat August Holm, der die 3 Gebäude Schloßstraße 40, 42 und 44 für insgesamt 85 000 Mark an die Gesellschaft Gewerkschaftshaus GmbH verkaufte.[37] 1908 wurden die von dem Kieler Architekten C. Voß erarbeiteten Pläne genehmigt, so daß an einen baldigen Baubeginn gedacht werden konnte. Um die Wirtschaftlichkeit des Hauses sicherzustellen, beantragte der Kartellvorsitzende Sörensen eine Schankkonzession, die auch genehmigt wurde.[38] Schwierigkeiten ergaben sich allerdings recht bald durch eine feuerpolizeiliche Auflage, nach der eine zweite Zuwegung erforderlich sei. Zu diesem Zweck mußte von der Schloßbrauerei für weitere 10 000 Mark das Grundstück Duburger Straße 23 erworben werden[39], auf dem 1911/12 dann ein Wohnhaus mit 7 Wohnungen gebaut wurde, das sich schon bald zur heimlichen SPD- und Gewerkschaftszentrale entwickeln sollte, wohnten doch hier vor dem Krieg so bekannte Funktionäre wie Hans Schlüter, Asmus Möller, Waldemar Sörensen, Wilhelm Haberlandt, Georg Ruser oder Ernst Erfurth.[40]

Das Geld für den Bau des Gewerkschaftshauses aber wurde weiterhin „Baustein auf Baustein“ mit 10- und 5-Pfennig-Marken zusammengetragen[41], Überschüsse aus Veranstaltungen, Sammlungen und Maifeiern wurden dem Baufonds

Abb. 67: Duburger Str. 23

zugewiesen, so daß man, gestützt auf die Gelder, die dem Kartellbeschluß zufolge für die Jahre 1908–1912 im voraus entrichtet worden waren, im Dezember 1910 endlich mit dem Bau beginnen konnte. Die Flensburger Firma Schwarck & Körner wurde als Generalunternehmer beauftragt, geschätzter Kostenaufwand ca. 300000 Mark, die Zimmerarbeiten wurden dem Zimmererbetrieb J. Hentschel übertragen[42], wie insgesamt sämtliche Arbeiten von Flensburger Firmen ausgeführt wurden und die Lieferung des Inventars ebenfalls durch hiesige Geschäfte erfolgte.[43]

Im Juni 1911 ragten bereits die Grundmauern aus der Erde[44], am 14. Oktober 1911 konnte Richtfest gehalten werden[45], und im April 1912 konnte die Flensburger Volkszeitung vermelden:

„Das Gewerkschaftshaus geht jetzt mit Riesenschritten seiner Vollendung entgegen. Schon jetzt läßt sich in allen Teilen klar erkennen, wie es vollendet wirken wird, und man muß sagen, die Flensburger Arbeiterschaft hat Grund, auf ihr Heim stolz zu sein. Denn unter den größeren Etablissements am Platz wird keines sein, das sich in Bezug auf praktische und moderne Anlage sowie in vorteilhafter Ausnutzung der Räumlichkeiten mit dem Arbeiterheim messen kann."[46]

Die feierliche Einweihung erfolgte gut zwei Monate später am Sonntag, dem 30. Juni 1912. Der SPD-Stadtverordnete, Mitarbeiter der Volkszeitung und Vorstandsmitglied des Konsumvereins Ernst Erfurth, der eigenartigerweise mit den Gewerkschaften selbst wenig zu tun hatte,[47] begrüßte die Teilnehmer im Namen der Gesellschaft Gewerkschaftshaus. Vorangegangen war ein von den Metallarbeitern organisierter Festzug durch die Stadt.[48]

Bereits im Dezember 1911 war in der Volkszeitung eine Annonce erschienen, in der ein Geschäftsführer für das Gewerkschaftshaus gesucht wurde.[49] Zusammen mit einem Verwalter, dem Ökonom des Wirtschaftsbetriebes, den die Gesellschaft Gewerkschaftshaus ebenfalls angestellt hatte, wurde der Restaurantbetrieb bereits am 29. Juni 1912[50] in eigener Regie übernommen. Die erneut ausgestellte Schankerlaubnis, die alte war abgelaufen,[51] wurde zwar wirtschaftlich begrüßt, doch unterblieb nicht der Hinweis auf den Leipziger Beschluß: „Meidet den Schnaps!"[52]

Der geplante große Saal und eine eigene Lichtanlage waren zur Eröffnung allerdings noch nicht miterbaut worden,[53] eine Herberge von Anbeginn an nicht geplant, da kein zwingender Grund hierfür vorlag. Die bestehenden Gewerkschaftsherbergen schienen ausreichend, ein späterer Bau wurde nicht ausgeschlossen, ist dann aber nie erfolgt. An der Ostseite des großen Gartens war eine doppelte Kegelbahn errichtet worden. Das gesamte Haus war unterkellert, und

Geschäftsführer gesucht!

Für das im Bau befindliche Gewerkschaftshaus in Flensburg wird ein tüchtiger Geschäftsführer gesucht. Kenntnis über Leitung eines Gewerkschaftshauses ist erforderlich. Gehalt nach Uebereinkommen, eventuell sind Gehaltsansprüche erbeten. Antritt frühestens 1. Januar 1912.

Bewerbungen mit der Aufschrift „Geschäftsführer" sind bis 10. Dezbr. an Ferdinand Grabein, Flensburg, Apenrader Str. 34, zu richten.

Abb. 68: Annonce in der Flensburger Volkszeitung vom 2.12.1911

hier befand sich die große Küche. Im Erdgeschoß lagen zwei Läden, das Restaurant und zur Gartenseite hin 2 Säle. Im 1. Obergeschoß waren die Büros für die Gewerkschaften eingerichtet worden, Logierzimmer, Sitzungszimmer sowie Garderobe und hier, ebenfalls zur Gartenseite, ein weiterer Saal. In den übrigen beiden Obergeschossen befanden sich Wohnungen und Einzelzimmer.[54]

Unter Aufbietung aller Kräfte hatten die Flensburger Gewerkschaften den Bau ihres Hauses realisieren können, doch war auch nach Fertigstellung folgendes klar:

„Das Flensburger Gewerkschaftshaus-Projekt ist nach langem Warten und Überwindung vieler Hindernisse endlich realisiert worden. ... Es wird aber noch auf eine Reihe von Jahren der Beitrag zum Gewerkschaftshaus mit 4 Mark pro Mitglied/Jahr aufgebracht werden müssen."[55]

Erstmals zum 1.7.1918 konnte die Gesellschaft Gewerkschaftshaus GmbH vermelden, daß das Arbeiterheim nunmehr auf eigenen Füßen stehe.[56] Alle Gewerkschaften verlegten nach Fertigstellung ihre Versammlungen hierher, so daß eine nie dagewesene „Konzentration in der Beratung der Arbeiterinteressen" gewährleistet war.[57] Die großen Gewerkschaften wie der Metallarbeiterverband und der Fabrikarbeiterverband errichteten hier bereits 1912 ihre Geschäftsstellen, andere wie der Transportarbeiter-, Eisenbahner- und Holzarbeiterverband folgten später ihrem Beispiel.[58] Die Gesellschaft Gewerkschaftshaus bezog ebenso wie das Gewerkschaftskartell hier ein eigenes Büro, und auch die Sozialdemokraten folgten später. Nachdem schon vorher die SPD ihre Parteiversammlungen jeden 1. Freitag im Monat im Gewerkschaftshaus abgehalten hatte,[59] richtete sie nun nach 1918 im „Heim der Arbeiterschaft" ihre Geschäftsstelle ein[60], und nach Zusammentreten der sozialdemokratischen Ratsfraktion hielt diese am 11. März 1919 ihre erste Sitzung ebenfalls im Gewerkschaftshaus ab.[61]

Generell stand das Gewerkschaftshaus allen Arbeitervereinen und Gewerkschaften offen, und auch die Erschütterungen der Volksabstimmung 1920, bei denen die deutschen Gewerkschaften einen Teil ihrer Mitglieder verloren, prallte offenbar am Gewerkschaftshaus selbst ab, lag doch

„inmitten des Arbeiterviertels auf der Duburger Höhe in der Schloßstraße der imposante Bau, das Flensburger Gewerkschaftshaus, die Heimstätte der Flensburger Arbeiterbewegung, die nun den dänisch- und deutschgesinnten Werktätigen dieser Stadt eine gemeinsame politische Heimat geworden war."[62]

Doch kam es besonders in den Jahren ab 1926 immer häufiger zu Spannungen mit der KPD, die wiederholt dazu führten, daß dieser die Benutzung des Gewerkschaftshauses untersagt bzw. die Gebühr für dessen Nutzung offenbar so hoch angesetzt wurde, daß sie nicht zu bezahlen war.[63] Dies belegt auch ein Vorgang aus dem Dezember 1928, zu dem die Volkszeitung wie folgt Stellung nahm:

„Zur Information aller sei der Sachverhalt mitgeteilt: Zunächst haben die KPD-Leute, die ihre Versammlungen noch im Gewerkschaftshaus hatten, den Betrieb wirtschaftlich boykottiert, d.h. es wurde grundsätzlich nichts verzehrt,

Abb. 69: Das Flensburger Gewerkschaftshaus in der Schloßstr. 44/46

nicht um das Geld zu sparen, sondern das wurde anderswo hingebracht. Dann haben sie durch ein Betragen, das schon nicht anständig ist, den Betrieb erschwert. Geschäftsleitung und Kartellvorstand haben einstimmig beschlossen, aus Gründen der Betriebsführung diesen Leuten Räume nicht mehr zur Verfügung zu stellen. Zur Unterhaltung des Hauses tragen sie doch nicht bei."[64]
Letzteres blieb nach wie vor das Hauptproblem des Gewerkschaftshauses. Während des 1. Weltkrieges hatte man das Haus offengehalten, arbeitete aber mit leichten Verlusten, da die Besucherzahlen verständlicherweise zurückgingen, die Preise dagegen ständig stiegen.[65] Von Dezember 1914 bis zum 1. April 1919 diente das Gewerkschaftshaus gleichzeitig als Reservelazarett,[66] konnte sich anschließend nach Räumung leidlich wieder erholen, so daß 1918 Zuschüsse erstmalig entbehrlich waren. Doch die wirtschaftliche Krisenlage, steigende Arbeitslosenzahlen und der damit verbundene geringere Geldumlauf holten die Gesellschaft Gewerkschaftshaus schon bald wieder ein, so daß auf die alten Beiträge der Gewerkschaften zurückgegriffen werden mußte. Umbauten und Modernisierungen sollten ebenso wie der inzwischen fertiggestellte große Saal die Besucherzahlen anheben. Die Geschäftsleitung veranstaltete darüber hinaus öffentliche Tanzvergnügen, Lumpen- und Faschingsbälle, Sommerfeste etc., doch gelang es letztlich nie ganz, eine gesicherte wirtschaftliche Basis herzustellen. Ab 1930 bedurfte es verstärkter Appelle an die Arbeiterschaft „Arbeiter, denkt an Euer Haus!"[67], „Das Gewerkschaftshaus – unser Heim!"[68], die zu einem regeren Besuch auch in privatem bzw. familiärem Rahmen ermuntern sollten.
Die letzte große öffentliche Veranstaltung der Gewerkschaften in ihrem Arbeiterheim fand schließlich am 15. März 1933 im Musiksaal anläßlich des 50jährigen Todesjahres von Karl Marx statt.[69] Bereits am 1. April desselben Jahres war das Gewerkschaftshaus in Flensburg von Polizei besetzt worden,[70] dann jedoch kurzfristig wieder geöffnet, um ausgerechnet am 1. Mai, einen Tag bevor in allen übrigen Orten des Deutschen Reichs die Gewerkschaftshäuser gestürmt wurden, endgültig geschlossen zu werden.[71] Ebenso wie die anderen im Besitz der Gesellschaft Gewerkschaftshaus GmbH befindlichen Gebäude fiel das Gewerkschaftshaus an die Deutsche Arbeitsfront, die hier ihr Kontor einrichtete.
Gleich nach Kriegsende konnte ein von alten Funktionären der Arbeiterschaft gegründeter Gewerkschaftsausschuß das Gebäude in der Schloßstraße wieder übernehmen, doch dauerte es dann noch bis zum 10.1.1950, ehe der neugegründete DGB nach langen Verhandlungen das Gewerkschaftshaus von den Treuhändern des Landes Schleswig-Holstein zurückerhielt. Bis dahin hatte man Miete im eigenen Haus, zunächst an die britische Militärregierung, später an die Treu-

Abb. 70: Innenansicht des Restaurationsbetriebes im Gewerkschaftshaus

händer zahlen müssen.[72] Zwar erfolgten in den kommenden Jahren noch eine Reihe von Modernisierungen und Umbauten,[73] doch erwies sich das Gebäude den gestiegenen Anforderungen als nicht mehr gerecht, so daß an einen Neubau gedacht werden mußte. Am 22. Juni 1973 erfolgte die Einweihung des DGB-Neubaus in der Roten Straße 1–7, und damit endete gleichzeitig die Geschichte des imposanten roten Ziegelbaus in der Schloßstraße, der Heimstatt der Arbeiter, als Flensburger Gewerkschaftshaus.

Maifeier und Gewerkschaftsfest

Zweimal im Jahr waren die Flensburger Arbeiter aufgerufen, mit der ganzen Familie im Kreise der gesamten Arbeiterschaft Flensburgs zu feiern.

Auf dem Kongreß der 2. Internationale in Paris 1889 war der Beschluß gefaßt worden, zukünftig jedes Jahr am 1. Mai einen internationalen Arbeitertag feierlich zu begehen und für Demonstrationen, vornehmlich für Einführung des 8-Stunden-Tages, des Arbeiterschutzes und des Weltfriedens, zu nutzen. In Deutschland stieß dieser Vorschlag auf massive Bedenken, hatte man doch Angst, bei völliger Arbeitsruhe die Arbeitsplätze zu gefährden, und überließ es deshalb den einzelnen Ortsverbänden, eine Entscheidung in dieser Frage zu treffen.

In Flensburg entschlossen sich die Gewerkschaften zu einem Kompromiß: Sie forderten ihre Mitglieder auf, am 1. Mai 1890 ab 16.00 Uhr zu feiern, sofern es nicht zum Schaden ihres Arbeitsplatzes sei. Am Abend wurde im Garten des Tivoli unter Beteiligung von 1500 Gästen ein großes Fest veranstaltet. Ein Jahr später bewies man nicht ganz so viel Mut und verlegte die Feier auf den folgenden Sonntag, 1892 erübrigte sich die Diskussion, fiel doch der Maifeiertag auf einen Sonntag. Über 3000 Teilnehmer wurden hierbei gezählt, ein Indiz, daß der Gedanke selbst angenommen, jedoch die Angst vor Verlust des Arbeitsplatzes noch zu groß war. Im Jahr darauf wurde daher nur für abends eine große öffentliche Volksversammlung anberaumt, auf der eine Referentin zur Bedeutung des 1. Mai sprechen sollte. Doch ab 1894 fanden sich dann einzelne Gewerkschaften bereit, auf eine möglichst breite Arbeitsruhe zu drängen. Für den 1. Mai 1894 war für vormittags eine allgemeine Gewerkschaftsversammlung in Hoheluft einberufen, nachmittags fand ein Ausflug nach Wassersleben statt, abends eine zweite Volksversammlung in der Sängerhalle des Tivoli, an der rund 2400 Gäste teilnahmen. Am folgenden Sonntag verzeichnete man beim offiziellen Maiball dann erneut 3000 Teilnehmer. Auch 1895 wollten sich die Gewerkschaften nicht darauf einlassen, eine allgemeine Arbeitsruhe anzuordnen. Man einigte sich dahingehend, daß die größeren, stärkeren Gewerkschaften in ihren Organisationen verstärkt dafür plädieren sollten, die Arbeit ruhen zu lassen. Als Anreiz wurde für diejenigen, die dennoch arbeiteten, eine „Strafe" von 1 Mark an die Gewerkschaftskasse vorgeschlagen.[74]

Erst ab 1900 konnte jedoch in Bezug auf die Arbeitsruhe am 1. Mai ein bedeutsamer Fortschritt erzielt werden. Jetzt fand immerhin regelmäßig eine große Vormittagsveranstaltung statt, 1904 waren es derer schon vier. Doch die Arbeitgeber waren nicht untätig. Zur Maifeier 1908 hatten die Privatwerften, Maschinenfabriken und Arbeitgeber im Tischlergewerbe angekündigt, die feiernden Arbeiter zu entlassen. Sie machten ihre Androhung denn auch wahr: 76 Tischler, die die Arbeit hatten ruhen lassen, wurden bis zum 6. Mai von ihren Arbeitgebern ausgesperrt.[75] Ähnlich ging es den Nietern auf der Werft.

Von Jahr zu Jahr entschieden die Gewerkschaften fortan neu über die Arbeitseinstellung. Am 1. Mai 1911 feierten immerhin bereits 2000 Flensburger Arbeiter durch Arbeitsruhe ihren Arbeiterfeiertag, 840 blieben danach kurzzeitig ausgesperrt.[76] Ihre Unterstützung war jedoch vorher bereits durch Anlegung eines Schleswig-Holstein-weiten Maifonds gesichert worden. Dennoch nahmen an der Maifeier des folgenden Jahres nur wenige Arbeiter, vor allem der kleineren Gewerkschaften teil, und bis zum Kriegsbeginn ebbte der Besuch weiter ab. Seit 1909 waren die festlichen Maiumzüge mit Fahnen und Musikbegleitung verboten, die andernorts genehmigt waren.[77] Man behalf sich mit „Spaziergängen" vom Stadtpark durch die Marienhölzung.[78]

Die revolutionären Umwälzungen bei Kriegsende aber ließen den 1. Mai endgültig zum Feiertag der Arbeiterschaft werden. Im Jahr 1919 konnte ein festlicher Zug, bei dem sich jede Gewerkschaft unter ihren Fahnen und Emblemen aufstellte,[79] von der Exe durch die Hauptstraßen bis zum Gewerkschaftshaus vorgenommen werden.

„Die alte Parteifahne, die mit ihrem leuchtenden Rot in früheren Jahren so viele Male der Flensburger Arbeiterschaft die Führung gegeben, hatte die Ehre, als erste dem Zuge vorangetragen zu werden."[80]

An der Demonstration nahmen ca. 8000 Menschen teil, darunter zum ersten Mal auch Angehörige des Militärs.[81] Der 1. Mai wurde von den sozialdemokratischen Arbeitern als Befreiungsfest[82] begangen, nachdem die Revolution im November 1918 in Berlin eine parlamentarische Demokratie erbracht hatte.

Die Organisation der Maifeiern hatte zunächst einem Komitee oblegen, das auf einer sozialdemokratischen Versammlung gewählt wurde. Nach Bildung des Kartells wurde eine gemeinsame Kommission gebildet.[83] Für alle Orte obligatorisch legte dies aber erst 1911 ein Parteibeschluß der SPD fest, der besagte:

„Vom nächsten Jahr an wird gemäß Parteitagsbeschluß zu Anfang des Jahres eine Kommission, bestehend aus Gewerkschafts- und Parteimitgliedern, gewählt werden, die die Leitung der Maifeier übernehmen wird."[84]

Als 1919 Differenzen zwischen KPD und SPD über die Gestaltung des 1. Mai auftraten, versuchte das Kartell zu vermitteln, kündigte aber zugleich an, daß bei einem Scheitern dieser Bemühungen das Kartell die Veranstaltung selbst in die Wege leiten würde. Man war zu diesem Zeitpunkt in den Gewerkschaften offenbar nicht mehr bereit, den 1. Mai den Parteienstreitigkeiten zu opfern, und setzte sich durch.[85] So wurde folglich das getrennte Marschieren der USPD am 1. Mai 1919 kritisiert und betont:

Maifeier 1919

Gewerkschaftskartell Flensburg.

Antreten zum Festzug: Exerzierlücke (Friesische Straße) 8½ Uhr vormittags.

Umzug durch die Hauptstraßen nach dem Gewerkschaftshaus.

Vorm. 10 Uhr: **Festversammlung** daselbst. Festredner: Arbeitersekretär Genosse Bauer.

Nachm. von 2½ Uhr an: **Großes Künstlerkonzert und turnerische Vorführungen** im Gewerkschaftshaus.

Von nachm. 3 Uhr an **Ball** in „Hoheluft" und „Sophiesminde" und von abends 7 Uhr an im Gewerkschaftshaus.

Eintritt zu sämtlichen Veranstaltungen 1 Mk., Damen, Kinder und organisierte Arbeitslose frei. / Eintrittskarten zu haben bei allen Vertrauensleuten der Gewerkschaften, in der Volksbuchhandlung, in den Filialen des Konsumvereins sowie im Gewerkschaftshaus.

Der Kartellvorstand.

Abb. 71: Aufruf zur Maifeier 1919 in der Flensburger Volkszeitung vom 30.4.1919

Abb. 72: Demonstration zum 1. Mai 1920 in der Apenrader Straße

„Dabei handelt es sich ja gar nicht um eine Veranstaltung der alten Partei, sondern des alle umfassenden Gewerkschaftskartells. Die Tat war nicht verständlich."[86]
Auch die Maifeier 1921, die unter den Forderungen nach „Achtstundentag, sozialem Fortschritt, Demokratie, Sozialismus und Völkerverständigung" stand,[87] blieb unter der Leitung des Kartells, das in Rücksprache mit den sozialistischen Parteien beschlossen hatte,
„die Maifeier 1921 als Ausdruck des geschlossenen Massenwillens der Gewerkschaften zu veranstalten."[88]
Erstmals beteiligte sich in diesem Jahr auch das neugegründete Jugendkartell mit einer eigenen Fest-Versammlung im Logenhaus.[89] Doch wollte man die Bewegung offenbar wieder auf eine breitere Basis stellen:
„Das Gewerkschaftskartell hat den Vorstand ermächtigt, mit den drei politischen Arbeiterparteien Fühlung zu nehmen, um eine gemeinsame Maifeier abhalten zu können. ... Es konnte aber keine Einigung erzielt werden, weil die KPD auf ihrem Standpunkt beharrte, daß von jeder politischen Partei ein Redner sprechen sollte."[90]
Das Kartell dagegen wollte nur einen politisch nicht so stark hervorgetretenen Redner und berief schließlich zur Vorbereitung des 1. Mai 1922 gemeinsame Versammlungen der Betriebsräte, Gewerkschafts- und Parteivertrauensleute von SPD und USPD ein.[91] Man einigte sich auf folgendes Vorgehen: Morgens fand ein von SPD und USPD veranstalteter Ausflug nach Wassersleben statt, vom Kartell wurden Frühschoppen, Festversammlungen auf dem Südermarkt mit anschließendem Demonstrationszug und abendlichen Feiern in sämtlichen Sälen des Gewerkschaftshauses organisiert.[92] Ergebnis der rührigen Agitationsarbeit dieses Jahres war eine fast allgemeine Arbeitsruhe, selbst die Zeitungen stellten mit Ausnahme von Flensborg Avis und den Flensburger Nachrichten ihr Erscheinen für diesen Tag ein.[93]
Die Frauen waren 1922 besonders zur Teilnahme aufgefordert worden: „Frauen nehmt teil an den Maifeierlichkeiten,

Heut trägt die Arbeit Feierkleid . . .

Unsre grauen Gassen
ersticken im trübem Schein.
Die engen Fenster lassen
nur spärliches Licht herein.
Doch einmal im Jahr
wollen wir Sonne seh'n.
Um unser verstaubtes Haar
sollen die freien Winde weh'n.
Mit den Lerchen steigen wir jubelnd ins Blau

Bruder, komm und schau:
So hell die Stunde,
so klar die Luft,
alles ein Schritt in einer Runde,
übersprungen jede Kluft!
Von einem Himmel umspannt
grüßt uns junges Land.
Die Bäume winken mit grünen Schleiern
unserm Zug.
Laßt uns ein Hochamt der Arbeit feiern,
fern von Haß und Trug,
einer festlich dem andern gesellt
im Anblick dieser blühenden Welt!

Heut trägt die Arbeit Feierkleid
und singt.
Durch Gram und Leid,
durch dunkle Zeit
ein Ton der Zukunft klingt.

Karl Bröger.

Abb. 73: Lied zur Maifeier 1921 (FVZ 30.4.1921)

am Demonstrationszug, laßt die Hausarbeit ruhen!"[94] Wie dieser Aufruf zeigt, wollte man verstärkt darauf hinwirken, daß auch die Familie des Arbeiters teilnehmen konnte. Zu diesem Zweck hatte das Kartell beantragt, am 1. Mai die Schulen zu schließen. Dieses war jedoch vom Stadtschulrat abgelehnt worden. Auch der Magistrat wies die beantragte Freigabe des 1. Mai ab, stellte seinen Angestellten und Arbeitern jedoch anheim, für diesen Tag Urlaub zu beantragen, der dann auf den zustehenden Erholungsurlaub angerechnet würde.[95] Nach Ablehnung der Gesuche appellierte man an die Arbeiterfamilien: „Arbeitereltern, schickt Eure Kinder nicht in die Schule!"[96] Als Reaktion verfügte ein Erlaß des Preußischen Ministers für Wissenschaft, Kunst und Volksbildung vom 24.4.1922:

„Der 1. Mai ist in Preußen kein gesetzlicher Feiertag. Es ist daher an dem Tage grundsätzlich in den Schulen Unterricht zu halten. . . . Gesuchen von Eltern und Erziehungsberechtigten auf Befreiung ihrer Kinder vom Unterricht am 1. Mai ist zu entsprechen."[97]

Doch auch die Arbeitgeberseite gab noch immer nicht nach und ließ in einem Schreiben an ihre Beschäftigten verkünden:

„Die Vereinigung der Deutschen Arbeitgeberverbände weist darauf hin, daß Forderungen der Arbeitnehmerschaft auf Betriebsruhe abzulehnen sind. Eine Bezahlung im Falle der Arbeitsruhe kommt nicht in Frage . . Von Maßregelungen wegen Feierns empfiehlt es sich abzusehen. Arbeitgeber-Verband e. V. Flensburg."[98]

1924 und 1925 beschloß das Kartell, die Veranstaltungen den Parteien zu überlassen,[99] 1926 übernahm das Ortskartell dagegen wiederum die Organisation.[100] 1927 nahm man ebenso wie in den Vorjahren Rücksicht auf die Erwerbslosen und überließ ihnen kostenlos Eintrittskarten.[101]

Die KPD hatte sich in diesem Jahr dem Demonstrationszug der Gewerkschaften angeschlossen, feierte abends dann allerdings getrennt in Fürböters Gasthof in Klues.[102] Während der Festversammlung war es zu einem Zwischenfall gekommen, als die KPD ihre Fahne zu den anderen ans Rednerpult stellen wollte, dieses von Wilhelm Haberlandt abgelehnt wurde und es zu einem kurzen Tumult kam. Möglicherweise hierauf zurückzuführen ist die betonte Ankündigung des Jahres 1928, daß es sich bei der Maifeier um eine *gemeinsame* Veranstaltung von SPD und Gewerkschaften handele; die Beteiligung der KPD wurde abgelehnt.[103] In gleicher Weise wurde 1923 verfahren.[104]

Nach wie vor finanzierten Maimarken und Festabzeichen sowie Spenden und Überschüsse aus anderen Veranstaltungen die Feier des 1. Mai. Auch eine Maizeitung wurde jährlich herausgegeben, die als zentrale Festschrift seit 1919 über die

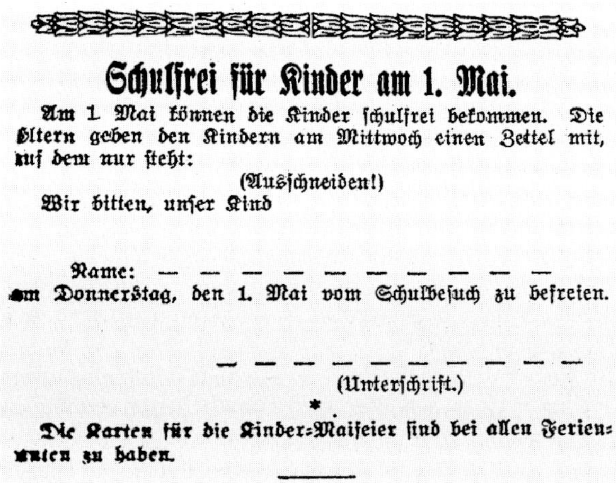

Schulfrei für Kinder am 1. Mai.

Am 1. Mai können die Kinder schulfrei bekommen. Die Eltern geben den Kindern am Mittwoch einen Zettel mit, auf dem nur steht:

(Ausschneiden!)

Wir bitten, unser Kind

Name: — — — — — — — — — — — —

am Donnerstag, den 1. Mai vom Schulbesuch zu befreien.

— — — — — — — — — —

(Unterschrift.)

*

Die Karten für die Kinder-Maifeier sind bei allen Ferien-[illegible] zu haben.

Abb. 74: Coupon zur Befreiung der Schulkinder vom Unterricht am 1. Mai (FVZ 29.4.1930)

Flensburger Volkszeitung vertrieben wurde. Daneben gab es seit 1890 lokale Maifeierprogramme.[105]

Auch wenn der 1. Mai noch immer kein gesetzlicher Feiertag war, hatte sich die Arbeitsruhe in den Betrieben, aber auch in vielen öffentlichen Bereichen immer mehr durchgesetzt. Zwar mußten die Angestellten und Beamten nach wie vor Befreiungsanträge stellen, ebenso die Eltern für ihre Kinder, doch wurden diese mittlerweile anstandslos genehmigt.[106]

Die Volkszeitung veröffentlichte der Einfachheit halber für diesen Zweck einen Coupon zum Ausschneiden.[107] 1930 fand erstmals ein gesondertes Kinderfest statt, das gemeinsam von der Arbeiterwohlfahrt und den SPD-Frauen organisiert worden war.[107] Im folgenden Jahr beteiligte sich die Jugend an den Maifeierlichkeiten mit einer eigenen großen Veranstaltung:

„In manchen Städten hat sich in den letzten Jahren die Sitte eingebürgert, daß die Arbeiterjugend aller Organisationen am Vorabend des 1. Mai einen Fackelzug organisiert. Erstmalig wurde am Donnerstagabend auch in Flensburg der Versuch gemacht. SAJ, Reichsbannerjugend, Gewerkschaftsjugend fanden sich in der oberen Harrisleerstraße zusammen. Reichsbanner- und Turner-Kapelle traten vollzählig an, und da an Fackeln nicht gespart wurde, kam ein langer, wirkungsvoller Zug zustande.“[109]

Die Festrede des Jahres 1931 in der Marienhölzung hielt der Jugendgenosse Willi Schmidt, was mit viel Beifall aufgenommen wurde.

„Es war ein guter Gedanke, der vorwärtsdrängenden Generation dadurch die äußere Anerkennung zu geben, daß einer der ihren für alle und zu allen sprach.“[109]

Auch in diesem Jahr konnte konstatiert werden, daß die Beteiligung immer noch im Steigen begriffen war. Zwar fiel 1931 der gesonderte Kinderumzug weg, doch bat man die Eltern, ihre Kinder am großen Festzug teilnehmen zu lassen, wo sie dessen Spitze bilden sollten. Die abendliche Festveranstaltung wurde vom Chorverein, der Freien Turnerschaft, Mitgliedern der Freien Musiker und der Arbeiterjugend bestritten.[110] Außerdem hatte man in diesem Jahr beschlossen, daß die in Arbeit stehenden Kollegen und Angestellten, die durch den 1. Mai keine Lohneinbußen hätten, den Arbeitslohn dieses Tages an die Gewerkschaftskasse abführen sollten.[111]

Unter dem Motto: „Wir fordern die 40-stündige Arbeitswoche – Wir fordern eine Umgestaltung der unfähigen bürgerlichen Wirtschaft“ erschien am 27.4.1932 ein ausführlicher Artikel in der Flensburger Volkszeitung unter der Überschrift „Heraus auf die Straße am 1. Mai“[112].

Aus dem Festtag sollte wieder ein Kampftag werden. Der Tatsache Rechnung tragend, daß die Harrisleefelder und Kupfermühler Arbeiter an den Veranstaltungen in Flensburg jährlich teilnahmen, führte der diesjährige Demonstrationszug mit einem Umweg auch über Harrisleefeld.

„Die beiden Reichsbannerkapellen nahmen Aufstellung in der Mitte des Zuges. Da war ein Trommelwirbel der Eisernen Front, der die Bürgerschaft an die Fenster lockte, als der Zug sich in Bewegung setzte, in die Hauptstadt hinein, und nicht enden wollte. Es war die stärkste Demonstration, die seit Jahren durch die Straßen Flensburgs zog. Die Angelburger Straße reichte in ihrer Länge nicht aus, um den Zug aufzunehmen. Ein großer Teil befand sich schon in der Johannisstraße, als das Ende des Zuges den Südermarkt passierte. Auch die

Besatzung des Torpedo-Bootes, das im Binnenhafen festgemacht hat, wird den Eindruck gewonnen haben, daß die Arbeiterschaft, die hier vorbeidefilierte, ein Faktor ist, mit dem man trotz Hitler-Lärm rechnen muß."[113]

Der letzte „freie" 1. Mai 1932 war somit zu einer Demonstration von Stärke geworden, wie angesichts des Vorrückens der NSDAP und der letzten Wahlergebnisse beabsichtigt worden war. Es sollte denn auch wirklich der letzte sein, an dem die Flensburger Arbeiterschaft machtvoll und frei für ihre Rechte eintreten konnte. Was ihnen jahrelang nicht gelungen war, führte das Hitlerregime kurzerhand ein. Mit der Verordnung vom 10.4.1933 wurde der 1. Mai zum gesetzlichen „Feiertag der nationalen Arbeit" erklärt, die Dienstgebäude wurden beflaggt, in den Schulen fanden Feiern statt, an denen alle Kinder teilzunehmen hatten, ausgenommen diejenigen, die einem Jugendverband angehörten.[114] Das Programm für die Maifeiern 1933, das von den Gauleitern der NSDAP im Auftrag des Reichskommissars für Aufklärung und Propaganda aufgestellt worden war, sah folgenden Fahrplan vor:

7.45 Uhr Antreten zum Gottesdienst auf der Exe. Hier Übertragung der Jugendfeier in Berlin.

16.00 Uhr Platzkonzert der SA-Kapelle auf dem Südermarkt abends: Vorrücken der Verbände zum Sportplatz an der Marienhölzung, Übertragung der Abendfeierlichkeiten in der Reichshauptstadt mit Reden von Goebbels und Hitler.

Abschluß: Deutschlandlied und Zapfenstreich. Deutsche Feiern im Bellevue und im Deutschen Haus.[115]

Eine Veranstaltung im Heim der Arbeiter, dem Gewerkschaftshaus, fand nicht mehr statt!

Die zweite Gelegenheit, bei der die gesamte Flensburger Arbeiterschaft zusammentraf, war das seit 1893 jährlich abgehaltene Gewerkschaftsfest im Spätsommer. Dieses war bis 1896 mit einem großen Umzug verbunden gewesen, der zum Feiern nach Kielseng, ins Tivoli oder nach Hoheluft führte. Da diese Aufmärsche jedoch häufig verboten wurden, beschloß man zum Fest am 1. August 1897 erstmals, die Formierung des Zuges innerhalb der Stadtgrenzen aufzugeben und sich erst außerhalb zu treffen. Das Fest selbst sollte ebenso wie der Festzug der Stärkung des Gemeinsamkeitsgefühls, darüber hinaus aber auch der Agitation dienen und entwikkelte sich immer mehr zu einem wahren Volksfest, an dem bereits 1895 schätzungsweise 1 000 Gewerkschaftsmitglieder teilnahmen. 1901 wurde das Gewerkschaftsfest verboten, da die angemieteten Räumlichkeiten angeblich zu klein waren,[116] fünf Jahre später trafen sich bereits 2 000 Festteilnehmer in Engelsby.[117]

Nachdem im Jahr 1911 die Stadtväter die Karten- und Lustbarkeitssteuer so stark angehoben hatten, daß Mehrkosten von 3–4000 Mark entstanden wären, ließ man das bereits für den 16. Juli terminierte Fest ausfallen. Die Gewerkschaften setzten nun alle Hoffnungen auf die Fertigstellung des Gewerkschaftshauses, da damit keine Anmietung von Lokalen und Plätzen mehr nötig war.[118] Am 25. August 1912 wurde mit einem erstmals wieder bewilligten Festzug von der kleinen Exerzierlücke an der Friesischen Straße aus unter Beteiligung von Tausenden von Menschen das Gewerkschaftsfest erstmals in den neuen Räumen des eigenen Heims gefeiert. Das bis dahin bestehende Demonstrationsverbot war durchbrochen.[119] Die Teilnehmerzahl steigerte sich ebenso wie die Mitgliedszahlen der Gewerkschaften von Jahr zu Jahr, so daß zum Gewerkschaftsfest am 22.6.1913 ca. 5–6 000 Teilnehmer gezählt wurden. Auch im folgenden Jahr wurde am 26. Juli 1914, scheinbar noch ungetrübt von dem sich nahenden Krieg, ein weiteres Fest abgehalten. Drei Tage später fand dann allerdings eine große Demonstration mit 3 000 Teilnehmern gegen den Krieg im Garten des Gewerkschaftshauses statt. Dennoch schienen die Gewerkschaften von dem drohenden Krieg relativ unberührt, feierte doch noch am 2. August, einen Tag nach der deutschen Kriegserklärung an Rußland, der Deutsche Metallarbeiterverband sein großes Sommerfest mit anschließendem Festball.[120] Während des Krieges fielen jedoch aufgrund der sinkenden Mitgliederzahlen und wegen der vielen im Kriegsdienst befindlichen Kollegen Gewerkschaftsfeste aus.

Das Gewerkschaftsfest fand dann erstmals nach dem Krieg wieder am 20. Juli 1919 statt.[121] Auch diesmal gab es einen machtvollen, agitatorisch wirksamen Festzug und anschliedende Bälle in Sophiesminde, dem Gewerkschaftshaus, dem Kolosseum und Hoheluft. Die Teilnehmerzahl war mittlerweile so stark gestiegen, daß ein Saal allein nicht ausgereicht hätte, so daß man die Feiern gebietsweise trennen mußte.

Dem Gewerkschaftshaus blieb allerdings das große Abschlußkonzert am Abend vorbehalten.[122]
Waren früher die Gewerkschaftsfeste wahre Volksfeste gewesen, so änderte sich dies in der Kriegs- und Nachkriegszeit.[123] Das Gewerkschaftsfest des Jahres 1925 fand unter einem mehr ernsthaften, agitatorischen Aspekt statt. Die Geschäftsleitung des Gewerkschaftshauses hatte dafür sämtliche Räume und den Garten zur Verfügung gestellt.[124] Ein großer Zug von ca. 2000 Personen und weitere Tausende im Spalier an den Straßen verfolgten die vorbeiziehenden Gruppen: voran der Arbeiterradfahrerverein mit bunt geschmückten Fahrrädern, danach die Spielleute der Freien Turnerschaft, anschließend Kindergruppen, die Arbeiterjugend, Frauen und der Chorverein mit Fahnen und Emblemen, gefolgt von den in bunter Reihe angetretenen Gewerkschaften. Nachhaltigen Eindruck machten die Droschken des Baugewerksbundes, in denen die Veteranen des Verbandes, die diesem mehr als 50 Jahre angehört hatten, am Festzug teilnahmen.[125] Der Zug führte von der Neustadt durch die Norderstraße, Große Straße, Rathausstraße, Nordergraben, Knuthstraße bis zum Gewerkschaftshaus. Vorangegangen war ein Appell an alle Gewerkschaftsmitglieder:
„Wir erwarten, daß die Gewerkschaftsmitglieder sich den Zug nicht als Zuschauer betrachten, sondern sich einreihen und mitmarschieren unter der Fahne ihrer Gewerkschaft."[126]
Zielsicher ging man daran, das Gewerkschaftsfest vom reinen Volksvergnügen zu einem wirklichen Fest der organisierten Arbeiterschaft zu verwandeln. Hatte es im Jahr 1925 geheißen: „Turmhoch überragen muß unser Fest, das Gewerkschaftsfest, das Fest der organisierten Arbeiterschaft am 12. Juli alle anderen Feste!«[127], so war im Jahr 1927 bereits vom „Fest der Arbeit", dem „Fest der Feste" die Rede. In diesem Jahr stand es unter der Leitung des Kulturkartells und damit aller Arbeiter-Kulturvereinigungen der Stadt Flensburg.[128] Aufgrund der ungeheuren Programmfülle wurde in diesem Jahr das Fest, das man in Verbindung mit dem 30jährigen Stiftungsfest der Freien Turnerschaft begehen wollte, auf zwei Tage ausgedehnt, angefüllt mit diversen sportlichen Wettkämpfen und Konzerten der verschiedenen Gesangvereine. Der Jugend wurde dabei breiter Raum eingeräumt, aber auch die Alten nicht vergessen, deren „Pionierarbeit" für die Gewerkschaftsbewegung und damit auch für das anstehende Fest eingehend gewürdigt wurde.[129]
Zum Gewerkschaftsfest am 29. Juli 1928 fand als Höhepunkt am Abend eine Feier im Gewerkschaftshaus mit anschließendem Feuerwerk statt.[130] Auch hatte man sich endlich in der Lage gesehen, die bisher jedesmal aufs neue debattierte Frage nach der Reihenfolge, in welcher die einzelnen Gewerkschaften am Festumzug teilnehmen sollten, zu lösen. Das Festkomitee beschloß zu losen und das erzielte Ergebnis zu veröffentlichen.[131] Stolz verwies man darauf, daß nicht Partei oder Reichsbanner in diesem Falle das Sammelbecken waren, „sondern die gesamte Arbeiterschaft der Stadt muß da sein, wenn die Gewerkschaften rufen".[132]
Anläßlich des Gewerkschaftsfestes im folgenden Jahr wurde ein großer Umzug arrangiert. Von verschiedenen Sammelplätzen aus marschierten die einzelnen, vorher zusammengestellten Gruppen sternförmig in die Stadt, wo sie sich zu einem Festzug von bisher noch nicht dagewesener Größe formierten. Neben zahlreichen Fahnen und Emblemen der Gewerkschaften fuhren 32 Festwagen mit, die auf das festlichste geschmückt worden waren. Auch die Genossenschaften wie Konsumverein, Bauhütte und Friedheim nahmen an diesem Festzug der Arbeiterschaft teil.[133] Vom Kulturkartell war eine Filmaufnahme in Auftrag gegeben worden, die zwei Wochen später in der Schauburg gezeigt werden sollte.
„Er läuft neben einem besonders guten und umfangreichen Wochenprogramm, das unseretwegen umgestellt wurde. ... Es wird wohl allen Teilnehmern eine Freude sein, sich noch einmal im Bilde vorbeiziehen zu sehen, und dann haben wir mit dem Film, der unser Eigentum bleibt, ein wertvolles Archivmaterial."[134]
Die Überlegungen gingen weiter dahin, ob man nicht weitere Großereignisse der Arbeiterschaft aufnehmen und diesem Film später hinzufügen solle, um damit eine „lebendige Geschichte der Flensburger Arbeiterbewegung" zu erhalten.[135] Auch beim Gewerkschaftsfest wurde der finanziellen Notlage der Erwerbslosen gedacht. Alle Berechtigten konnten hierzu Freikarten erhalten, Arbeitsinvaliden und Altrentner bekamen eine entsprechende Ermäßigung auf die im Vorverkauf gehandelten Karten.[136]
Trotz der großen Veränderungen, die das Gewerkschaftsfest

Allgemeiner Deutscher Gewerkschaftsbund

Ortsausschuß Flensburg

Gewerkschaftsfest

der freien Gewerkschaften Flensburgs

am Sonntag, den 31. August in sämtlichen Sälen des Gewerkschaftshauses

Festfolge:

Aufstellung zum Festzug in der Harrisleerstraße—Eckenerstraße um 2 Uhr
Ansprache des Genossen Eduard Adler
Gartenkonzert und Kinderbelustigung
Abends: Im kleinen Saal: Künstlerische Unterhaltung
Im großen Saal: Tanz. Tanzabzeichen für Herren 0,50, für Damen 0,30 RM.

Der Festzug stellt sich wie folgt auf:

1. Buchdrucker
2. Nahrungsmittel- u. Getränkearbeiter
3. Sattler und Tapezierer
4. Steinarbeiter
5. Zimmerer
6. Buchbinder
7. Lithographen u. Steindrucker
8. Gesamtverband
9. Baugewerksbund
10. Maschinisten u. Heizer
11. Afa
12. Holzarbeiter
13. Maler
14. Metallarbeiter
15. Musiker
16. Hotelangestellte
17. Kupferschmiede
18. Eisenbahner
19. Fabrikarbeiter
20. Graph. Hilfsarbeiter
21. Bekleidungsarbeiter

Festabzeichen 0.30 RM. — Erwerbslose Kollegen erhalten das Festabzeichen gratis im Zimmer 2 und 17 des Gewerkschaftshauses.

Die Gewerkschaften werden aufgefordert, ihre Fahnen mitzubringen.

Der Fest-Ausschuß — Der Vorstand.

Abb. 75: Aufruf zum Gewerkschaftsfest am 31.8.1930 in der FVZ vom 29.8.30

zum größten und umfassendsten Fest der Arbeiterschaft hatte werden lassen, gab es auch Kritik.[137]
Man erkannte angesichts des enormen Festumzuges positive Entwicklungstendenzen, aber eine Lücke in der Programmgestaltung wurde dennoch bemängelt, die es galt, im kommenden Jahr auszufüllen.
„Das Schwergewicht des Programms liegt auf sportlichem Gebiet, und dazu kommt Chorgesang und Konzert. Es fehlt aber an solchen Veranstaltungen, durch die ‚Die Arbeit' und das Gewerkschafts- und Organisationswesen in gleichem Maße in den Vordergrund gestellt werden, und diese Aufgabe kann bis zum nächsten Jahre gelöst werden."[138]
Ein solcher Versuch konnte jedoch nur noch einmal zum Gewerkschaftsfest am 31. August 1930[139] unternommen werden. Die politische Krisen- und wirtschaftliche Notlage ließen weitere derartige Veranstaltungen in der Folge nicht mehr zu.

Arbeitskämpfe

Um Erlaubnis bitten
Ist Torheit und Narrenwitz,
Erkämpft und erstritten
Ist dauernder Besitz.[140]

Arbeitskämpfe und Gewerkschaften gehören zusammen wie die berühmte Henne und das Ei. Allerdings dürfte hier klar sein, daß erstere schon stattfanden, bevor noch die Gewerkschaften sich etabliert hatten.
Die Jahresberichte der 1870 gegründeten Industrie- und Handelskammer (IHK)[141] geben ein beredtes Beispiel für die damals noch „Strike" genannten Arbeitsniederlegungen in Flensburg.[142] So heißt es unter anderem:
„Auch in dem Jahre 1873 wurden bald in dieser, bald in jener Branche die Arbeitseinstellungen fortgesetzt, wenn auch nicht mit dem Erfolge, der früher mit denselben verbunden war. Dürfen wir somit hoffen, daß vorläufig dieser sittliche Auswuchs seine weiteste Ausdehnung erfahren habe, so ist damit keineswegs eine Heilung desselben eingetreten. So lange der Arbeiterstand derjenigen Ausbildung des Verstandes und des Herzens entbehrt, die ihm das Ungereimte und Verderbliche in dem Bestreben seiner Führer (Verführer) erkennen läßt, gerade so lange wird der Handel und Verkehr mit dem Gewerbe unter den von sonstigen Umständen begleiteten Ausschreitungen den Contractbruch der Arbeiter und gegen den von den Führern derselben ausgeübten Zwang zur Arbeitseinstellung aushelfen, aber nur dann, wenn der Arbeiter einsieht, daß geistige Arbeit und Kapitalkraft ebenso schwer wiegende Faktoren in der Production sind als die Handarbeit, wird ein gesunder Zustand in der menschlichen Gesellschaft einkehren."[142]
Auch damals schon wurde versucht, solchen schädlichen Streiks das Wasser im Vorfeld abzugraben:
„Die großen industriellen Etablissements erfuhren keine Arbeitsniederlegung; entweder bewirkte die Androhung derselben einen höheren Lohnsatz, oder man kam durch ein höheres Angebot der Arbeitsniederlegung zuvor."[143]
Doch die Hoffnung, daß sich dieses Problem mit der Zeit von selbst lösen würde, war trügerisch. Zwar bestanden während der Zeit des Sozialistengesetzes von 1878–1890 keine „Arbeitervereine mit dem ausgesprochenen Zweck, Arbeitseinstellungen herbeizuführen und zu organisieren, (...) ein Zweigverein des Allgemeinen Deutschen Arbeitervereins war polizeilich aufgehoben worden, ein unter dem Namen „Wahlverein" fortbestehender socialdemokratischer Verein indes nahm gern die Anregung zu Arbeitsniederlegungen und die Vermittlung gegenseitiger Unterstützung bei ausgeführten Niederlegungen in die Hand, und zwar in einer Form, der bei Einschreitung der Polizei und des Gerichts nicht beizukommen war."[144]
Die Arbeitsniederlegungen endeten dann auch für die Arbeiter größtenteils erfolgreich. Die Lohnerhöhungen, denn darum ging es in der Mehrzahl der Fälle, betrugen danach oft 20–30 Prozent.
Zu welchen Hilfsmitteln die Arbeitgeber griffen, zeigt der große Hafenarbeiter-Aufstand des Jahres 1889, bei dem die mit dem Löschen beauftragten Arbeiter die Arbeit niederlegten. Die betroffenen Firmen richteten ein Schreiben an die hiesige Garnison und baten um Überlassung von Militär zur Bewältigung der Krisensituation.[145] Welche Macht diese Streiks mittlerweile gewonnen hatten, zeigt die Tatsache, daß die IHK zur Vermittlung herangezogen werden mußte, aller-

dings ließ diese es sich nicht nehmen, ihre Sorge in der Art zu äußern,

„daß der Strike in Anbetracht der Lohnverhältnisse jener Arbeiter-Kategorie nicht berechtigt, sondern frivol sei und ein Nachgeben gegenüber den Forderungen der Strikenden möglicherweise zu weitgehenden verhängnisvollen Konsequenzen für den Hafenverkehr Flensburgs führen könnte.«[146]

Ebenso wie die Arbeiter vor ihnen erkannten jetzt auch die Arbeitgeber, daß sie vereinzelt nicht stark genug waren, um ihre Position zu vertreten. Sie schlossen sich 1898 zum Arbeitgeberverband für Flensburg und Umgebung zusammen[147] und bildeten von da an den Kontrapart, bisweilen aber auch den Gesprächspartner für die immer stärker auftretenden Gewerkschaften, deren Aufstieg man nicht hatte verhindern können. Ein Verbot war nicht mehr durchzusetzen, wie das Beispiel der Arbeitsniederlegung in der Flensburger Glasfabrik im Juli 1890 deutlich machte.

„Veranlaßt durch den immer unerträglicher werdenden Druck der (socialdemokratischen) Fachvereine hatte nämlich die Verwaltung die Auflösung des Fachvereins ihrer Arbeiter gefordert. Da letztere der Forderung nicht nachkamen, so wurde die Arbeit eingestellt. Dabei mußte von der Fabrik der Verdienst des ersten Halbjahres für die laufenden Unkosten, Unterhaltung der Oefen im Feuer usw. wieder aufgewandt werden. Erst nach Beginn des neuen Jahres, unter theilweiser Einstellung fremder Arbeiter, wurde der Betrieb, und zwar in vollem Umfange, wieder aufgenommen."[148]

Die wirtschaftlichen Verluste für beide Seiten bei Arbeitsniederlegungen waren besonders in Anbetracht der Tatsache, daß die Arbeitskämpfe oft wochen- ja monatelang andauerten, erheblich und nur von mehreren Schultern gemeinsam zu tragen. So währte 1896 ein Streik auf der Schiffswerft ganze 3 Monate,[149] der große Bauarbeiterstreik 1898 sogar vom Frühling bis Ende Dezember.[150] Die Zentralisierung der Gewerkschaften machte sich zunehmend auch darin bemerkbar, daß zentrale Streikaufrufe für ganze Branchen ausgerufen wurden, wie z. B. der Ende Juli 1901 ausgebrochene Generalstreik der Glasarbeiter Deutschlands, der in Flensburg etwa ein Vierteljahr dauerte.[151] Doch auch örtliche Konflikte von kleineren Branchen wurden langanhaltend ausgefochten, wie etwa der 9 Wochen dauernde Streik der Flensburger Schneider im Jahr 1902.[152] Dieser ist zugleich ein Beispiel dafür, daß es auch Niederlagen im Kampf der Arbeiter gab, denen sich nunmehr die festgeschlossene Reihe der Arbeitgeber entgegengestellt hatte. Die Schneider konnten ihre Forderungen nach Lohnerhöhung nicht durchsetzen.

Das unter der Federführung der Sozialdemokratie 1920 erlassene Betriebsrätegesetz stärkte erneut die Position der Gewerkschaften durch ihre Vertrauensmänner und Obleute in den Betrieben und deren nunmehr gesetzlich garantierten Schutz und Mitspracherecht. In den einzelnen Branchen hatte sich mittlerweile die Abfassung von Tarifverträgen, wie sie die Buchdrucker trotz Spott und Hohn bereits seit 1896 in Flensburg abgeschlossen hatten,[153] durchgesetzt, Arbeitsbedingungen und Löhne waren damit vertraglich gebunden. Die Zahl der Arbeitsniederlegungen um Lohnerhöhungen sank nun deutlich. Wenn jetzt gestreikt wurde, ging es meistens um Grundsätzliches wie die ständige Auseinandersetzung um die tägliche Arbeitszeit, die in allen Orten des Reiches immer wieder aufs neue entflammte.

Stellvertretend für viele seien hier die beiden großen Werftarbeiterstreiks der Jahre 1924 und 1928 dargestellt: Im Februar 1924 brach auf der Flensburger Werft ein Machtkampf zwischen Belegschaft und Betriebsleitung aus, als die Verwaltung bekanntgab, daß ab Mittwoch, dem 27. Februar, wieder die 9stündige Arbeitszeit als eingeführt betrachtet würde.[154] 679 von 727 Flensburger Werftarbeitern lehnten ebenso wie die Werftarbeiter in anderen Werftorten die Annahme des Schiedsspruches ab und forderten neue Verhandlungen.

Hierauf ließ sich jedoch die Werftleitung nicht ein. Doch auch die Arbeiterschaft blieb hart.

„Heute morgen war die Werftpforte um 7 Uhr geöffnet, die Arbeiterschaft erschien aber erst um 8 Uhr. Der Eintritt wurde ihnen nicht, wie vielfach angenommen wurde, verwehrt, so daß der Betrieb weiterging."[155] Doch reagierte die Werftleitung mit einem Anschlag, der für den Wiederholungsfall die fristlose Entlassung ankündtigte.[156]

Am folgenden Tag fanden sich die Werftarbeiter ausgesperrt, der Kampf hatte begonnen, nicht nur in Flensburg, sondern in allen übrigen Werftorten ebenfalls. Mit zunehmender Dauer der Aussperrung, die zur allgemeinen Empörung im

März auch die bisher noch tätig gewesenen Schwerkriegsbeschädigten und alten Arbeiter getroffen hatte, wuchs die Welle der Solidarität in der Flensburger Arbeiterschaft. Zu der von der Metallarbeitergewerkschaft gezahlten Unterstützung kamen Extrabeiträge anderer hiesiger Gewerkschaften. Die Volkszeitung spendete jedem Ausgesperrten, gleich ob er bislang Leser gewesen war oder nicht, ein bis auf weiteres kostenloses Abonnement ihrer Zeitung.[157] Ein Kinderhilfswerk für die ca. 700 Kinder der Werftarbeiter, Spenden für anstehende Konfirmationen bzw. Patenschaften[158] gingen ebenso ein wie auswärtige Unterstützungen.

„Die im Zentralverband organisierten Angestellten des Konsumvereins (Verkaufsstellen und Kontorpersonal) beschlossen in ihrer gestrigen Versammlung zur Unterstützung der kämpferischen Werftarbeiter allwöchentlich 10 % ihres Lohnes abzuführen."[159]

Dank der Spenden wurde es möglich, eine Kinderbespeisung im Gewerkschaftshaus zu organisieren. Der Kampf der Werftarbeiter ging unterdessen ungebrochen weiter.

„Nach uns zugegangenen Meldungen hat sich in allen Werftorten eine ungeheure Mehrheit für die Fortführung des Kampfes ausgesprochen. Zum Beispiel wurden in Bremen 1 092 Stimmen für und 4 gegen, in Lübeck 816 und 38 gegen die Fortsetzung des Kampfes abgegeben. Aus allen Orten wird über erhöhte Kampfesstimmung berichtet. Streikbrecher sind fast nirgends vorhanden."[160]

Der Kampf der Werftarbeiter stand repräsentativ für die Forderung der gesamten Arbeiterschaft nach Durchsetzung des 8-Stunden-Tages und wurde von allen zu ihrer Sache gemacht. Versuche, die Aussperrung zu beenden, scheiterten.[161] Ende April kündigten dann die Werftbesitzer die Wiedereröffnung ihrer Betriebe an. Dem setzten die Werftarbeiter folgende einstimmige Resolution entgegen:

„Der Kampf ist nach gewerkschaftlichen Grundsätzen geführt worden und kann auch nur nach diesen beendet werden (d.h. in gegenseitiger Verhandlung)."[162]

„Die Werftarbeiter geloben, unter allen Umständen den Kampf solange fortzusetzen, bis menschenwürdige Löhne gezahlt werden, und die Arbeit geschlossen wieder aufgenommen werden kann zu der Arbeitszeit, wie sie auf Grund unseres Tarifes vor der Aussperrung bestand."[163]

Demgemäß fand sich am 23. April, als die Werften ihre Ankündigung wahrmachten und die Tore wieder öffneten, kein Arbeiter zur Arbeitsaufnahme in Flensburg ein. Gleiches wurde aus den anderen Werftorten berichtet. Schließlich fällte die Schiedskommission in Hamburg am 1. Mai 1924 einen ultimativen Schiedsspruch, nach dem die normale wöchentliche Arbeitszeit bis zum 31. Januar 1925 mit Rücksicht auf die wirtschaftliche Lage bei 54 Stunden insgesamt liegen sollte. Ferner wurde eine Anhebung der Akkordzuschläge und Urlaubsentschädigung bewilligt.[164] Die daraufhin in allen Werftorten eingeleitete Urabstimmung unter den ausgesperrten Arbeitern ergab eine Mehrheit für die Wiederaufnahme der Arbeit. Anders in Flensburg:

„Die Flensburger Werftarbeiterschaft hat es einmütig abgelehnt, unter den gestellten Bedingungen zur Arbeit zurückzukehren. Sie wird sich aber als disziplinierte Arbeiterschaft dem Mehrheitsbeschluß fügen. Ausschlag gaben die Werftorte Hamburg und Stettin, wo kommunistische Zersplitterungsarbeit den Block der Arbeiterorganisationen zerschlagen hat, so daß nur noch 20 % der Arbeiterschaft in den freien Gewerkschaften organisiert sind."[165]

In Flensburg dagegen blieben die Reihen der Arbeiter fest geschlossen. Während an den anderen Werftorten die Arbeit sofort wieder aufgenommen wurde, zogen sich die Wiedereinstellungsverhandlungen in Flensburg in die Länge. „Man könnte glauben, daß die hiesige Werftleitung kein allzugroßes Interesse an der Wiedereröffnung ihres Betriebes hat."[166] Als die Werftverwaltung dann noch ankündigte, sie werde ca. 150 ihrer bisherigen Arbeiter nicht wieder einstellen, erklärten die Arbeiter erneut die Unmöglichkeit der Arbeitsaufnahme.

Erst am 3. Juni 1924, nach 16wöchigem harten Kampf, beschloß eine Werftarbeiterversammlung die Wiederaufnahme der Arbeit.[167] Zwar war von den Sachforderungen der Arbeiter nur wenig, im Kernpunkt, dem 8stündigen Arbeitstag, überhaupt nichts erreicht worden, doch hatte die Arbeiterschaft massiv deutlich gemacht, daß sie den Kampf nicht scheute und daß den Arbeitgebern eine geschlossene Macht bei Bedarf entgegentreten könnte und würde. Daß die Erfolgslosigkeit dieses Streiks und der anschließenden wochenlangen Aussperrung die Arbeiter nicht demotiviert und hatte

resignieren lassen, zeigt sich besonders deutlich daran, daß bereits 6 Wochen später, als bei Akkordstreitigkeiten die Bohrer auf der Werft entlassen wurden und wenig später auch die Nieter, die sich geweigert hatten, die Arbeit der Bohrer zu übernehmen, ein erneuter Streik ausbrach. Dieser konnte allerdings durch Verhandlungen zwischen Direktion und Betriebsrat schon bald beendet werden.[168]
Mit ausgesprochener Zähigkeit hatten die Flensburger Werftarbeiter und mit ihnen der Deutsche Metallarbeiterverband den Arbeitgebern die Stirn geboten, zum Wohle aller Arbeiter auf dem Erhalt des 8-Stunden-Tages bestanden. Auch in den folgenden Jahren drohten von Zeit zu Zeit erneute Kämpfe auszubrechen, doch dauerte es noch bis zum Jahr 1928, ehe eine Neuauflage der Auseinandersetzung kam. So vermeldet die Flensburger Volkszeitung am 28.9.1928:
„50 000 Werftarbeiter vor dem Streik – Verhandlungsmöglichkeiten erschöpft. Unternehmerstarrsinn und Verständnislosigkeit haben es nun glücklich so weit gebracht, daß wir vor einem Großkampf auf den deutschen Seeschiffswerften stehen. ... Auch die Flensburger Werftarbeiter, deren Vertrauensleute gestern zusammen waren, rechnen mit dem Streik."[169]
Neben ungenügenden Lohnerhöhungsangeboten der Arbeitgeber ging es wieder um den 8-Stunden-Tag, den die Werftbetreiber ihrer Belegschaft 1924 genommen hatten, „als diese von der Inflation geschwächt war".[170] Auch in Flensburg traten die Werftarbeiter zum 1. Oktober 1928 erneut in den Streik, doch zeigte sich nun, daß hierin in den vergangenen Jahren große Veränderungen eingetreten waren. Mehr noch als bei der Aussperrung 1924, als aufgrund leerer Streikkassen größere Solidaritätsaktionen erforderlich waren, zeigte sich bei dem Streik 1928 der veränderte Charakter von Arbeitskämpfen im Vergleich zur Vorkriegszeit. Durch das Tarif- und Schlichtungsrecht der Weimarer Zeit war alles stärker reguliert.
„Die Formen des gewerkschaftlichen Kampfes haben sich völlig geändert, man sieht und hört in der Oeffentlichkeit vom Streik nichts. Auch für den einzelnen Arbeiter hat der Streik einen anderen Charakter bekommen. Die Zeit, in der die Arbeiter einen Zweifrontenkrieg gegen Unternehmer und gegen streikbrechende Kollegen zu führen hatten, ist vorbei. Jeder persönliche Charakter ist ausgeschaltet. Die Masse Arbeiter steht der unpersönlichen Aktie gegenüber. Die Gewerkschaftskasse kämpft gegen die Dividende und gegen Sachwerte. Streikzeit ist Freizeit. Leer und inhaltlos fließen die Tage hin."[171]
Bei zentralen Streiks wie diesem wurde nun nicht mehr in erster Linie aktiv vor Ort gekämpft, die Verhandlungen fanden fernab an anderen Orten statt. Die Arbeiter verkürzten sich die Zeit mit Skat, Schach, Theatervorstellungen und anderen künstlerisch ausgestalteten Veranstaltungen im Gewerkschaftshaus. Vorträge über Arbeitsrecht u.ä. sollten der Angelegenheit eine gewisse Ernsthaftigkeit geben, doch die Streikkultur hatte sich gewaltig gewandelt.[172] Erst das Eingreifen des sozialdemokratischen Reichsarbeitsministers Wissell, der eine Verbindlichkeitserklärung des am 21. Dezember gefällten Schiedsspruchs abgab, beendete auch diesen Streik, ohne daß ein nennenswerter Erfolg erzielt werden konnte.
„Zwei Dinge können festgestellt werden: erstens, daß die Zugeständnisse, die der Schiedsspruch vorsieht, als durchaus unzureichend empfunden werden, und zweitens, daß die Werftarbeiter sich nicht als durch die Werftdirektoren besiegt fühlen. Der Streik ist durch politische Kräfte auf Umwegen abgebogen. Die Frage ist nur die, wann wieder gearbeitet wird. Die Flensburger Werftarbeiter haben keine Veranlassung, es der hiesigen Werftdirektion zu überlassen, zu bestimmen, wer und wieviele wieder arbeiten können. Ueber das Tempo und die Art der Wiederaufnahme soll verhandelt werden. Bevor aber die Arbeiter in den Betrieb hineingehen, wollen sie die Garantie haben, daß auch der letzte Mann wieder an seinen Arbeitsplatz gelangt."[173]
Bis zur Erledigung der offenen Fragen wurde in Flensburg die Streikkontrolle fortgesetzt, und ähnlich wie beim Streik des Jahres 1924 dauerte es noch geraume Zeit, bis die Arbeit wieder aufgenommen werden konnte.

Das Arbeitersekretariat

Zum 1. Oktober 1910 wurde unter 31 Mitbewerbern der Lederstepper Peter Michelsen zum ersten Flensburger Arbeitersekretär gewählt,[174] einer Einrichtung, über die man in Flensburg schon seit der Jahrhundertwende diskutiert hatte. Das erste derartige Arbeitersekretariat war 1894 in Nürnberg eröffnet worden und hatte zur Aufgabe, den Rechtsschutz und -beistand der Gewerkschaftsmitglieder zu sichern, die Beaufsichtigung der Gewerbeordnung zu übernehmen sowie Statistiken über Betriebsunfälle, Krankheiten, Lohn-, Ernährungs- und Wohnverhältnisse der Arbeiter zu erstellen. Die Gründe für die lange Verzögerung in Flensburg – in Kiel war bereits am 11. Juli 1901 ein solches eingerichtet worden – beschreibt am besten der Jahresbericht des Flensburger Gewerkschaftskartells aus dem Jahr 1911. Dieser wurde erstmals in diesem Jahr wieder in gedruckter Form herausgegeben und enthielt eine Darstellung Peter Michelsens zur Entstehung des Flensburger Arbeitersekretariats.

„Vor 12 Jahren bereits, am 1. März 1900, beschäftigte sich eine Sitzung des Gewerkschaftskartells mit der Frage der Errichtung eines Arbeitersekretariats. Es wurde eine Kommission zur Erledigung der nötigen Vorarbeiten zusammengesetzt und an deren Bericht anschließend eine Abstimmung der Gewerkschaften über die Errichtung vorgenommen. Dafür stimmten 11 Gewerkschaften, dagegen 4, von 11 Organisationen wurde keine bindende Erklärung abgegeben. Weil diese Abstimmung keine genügende Klarheit ergab, wurde beschlossen, eine Urabstimmung der organisierten Arbeiter vorzunehmen. Diese fand in der Woche vom 14.–20. Mai statt. Für die Eröffnung eines Sekretariats stimmten 1733, dagegen 436 Mitglieder. Ca. 1500 hatten sich der Abstimmung enthalten. Aufgrund dieser Abstimmung beschloß das Kartell, vorläufig keine weiteren Schritte in dieser Angelegenheit zu unternehmen. Später wurde dann die Eröffnung einer Rechtsauskunftsstelle beschlossen und der Genosse Waldemar Sörensen mit deren Verwaltung betraut. Der konnte diesen Posten auf die Dauer – bei der fortwährenden Steigerung der Zahl der Auskunftsuchenden – nicht mehr bekleiden. Im Mai 1910 wurde dann vom Gewerkschaftskartell beschlossen, erneut eine Urabstimmung vorzunehmen. Das Ergebnis war ein günstiges: Rund 79 % aller Abstimmenden hatten sich für die Errichtung ausgesprochen. Das Kartell beschloß daher, die Stelle eines Sekretärs auszuschreiben und zum 1. Oktober das Sekretariat zu eröffnen.“[175]

Mochten an dem Desinteresse der Abstimmung im Jahr 1900 eine gewisse Unkenntnis und mangelnde Einsicht in die Notwendigkeit einer solchen Arbeiterinstitution schuld sein, so gab es für die Abstimmenden offenbar auch finanzielle Gründe. So führten denn die Buchdrucker in ihrem Jahresbericht aus, daß sie sich 1900 gegen eine Gründung des Arbeitersekretariats ausgesprochen hätten, da die finanzielle Belastung für sie mit 90 Mark jährlich zu groß sei, um dem Nutzen zu entsprechen.[176] Diese Einschätzung änderte sich dann allerdings aufgrund des Erfolges der Rechtsauskunftsstelle, so daß sie bei der erneuten Urabstimmung 1910 nunmehr mit 63 gegen 17 Stimmen für eine Eröffnung votierten.[177]

Aufgabe des Sekretariats war es, „der Arbeitnehmerschaft mit Hilfe der Gewerkschaft in Not- und Streitfällen gegenüber staatlichen und behördlichen Stellen beizustehen.“[178] Die Finanzierung erfolgte über direkt abgeführte monatliche Beiträge der Gewerkschaften. 1921 wurden gemäß Kollegienbeschluß zusätzlich vorläufige monatliche Zuschüsse der Stadt gewährt.[179]

Das Arbeitersekretariat erhielt seinen Sitz zunächst in der Norderstraße 149, wurde dann aber bereits zum 1.7.1911[180] in die Schloßstraße 42, I. Etage, über der dort befindlichen Verkaufsstelle des Konsumvereins, verlegt[181] und befand sich damit in unmittelbarer Nähe des im Bau befindlichen Gewerkschaftshauses, in das das Arbeitersekretariat allerdings erst 1928 umzog.[182] Die Geschäftszeiten blieben stets die gleichen: 11–1 Uhr und 5–7 Uhr, sonntags geschlossen. Auch während des Weltkrieges wurde das Sekretariat offengehalten, nachdem es bereits im ersten Jahr gut angenommen worden war und die Zahl der Auskunftsuchenden ständig stieg. Monatlich erschien in der Flensburger Volkszeitung ein Bericht des Arbeitersekretärs über die Anzahl der Ratsuchenden, aufgeschlüsselt nach gewerkschaftlich und politisch organisierten Mitgliedern sowie nach dem Rechtsgebiet, in dem beraten worden war. Doch auch Unorganisierte konnten sich an das Arbeitersekretariat wenden. Bei ihnen allerdings wurde festgehalten, wer organisationsfähig wäre. Sicherlich ein Ansatzpunkt für weitere Agitation.

Als 1913 in Neumünster eine Konferenz über die Einrichtung eines zentralen Arbeitersekretariats mit Sitz in Schleswig diskutierte, lehnte das Flensburger Kartell allerdings ab,

mit der gleichen Begründung wie die Buchdrucker 1900: Die Kosten seien im Vergleich zum Nutzen zu hoch![183] Mit dem Flensburger Sekretariat und seinem Geschäftsführer war man dagegen sehr zufrieden.[184]
Mit der Wahl Michelsens zum Reichstagsabgeordneten 1919 und der dadurch bedingten zeitweisen Abwesenheit aus Flensburg mußte ein neuer Arbeitersekretär gefunden werden. Die Wahl fiel auf den Kieler Schriftsetzer Friedrich Bauer, der auf dem dortigen Arbeitersekretariat seine Ausbildung erhalten hatte.[185]
Bauer blieb jedoch nur zwei Jahre. Diese Zeit war allerdings wegen der hier 1920 stattfindenden Volksabstimmung politisch höchst bedeutsam und für den Sekretär sehr arbeitsintensiv. Bauer wurde Mitglied im Schutzbund Eduard Adlers sowie Leiter des Grenzbundes und betrieb darüber hinaus zielstrebig die Eigenständigkeit der Flensburger Volkszeitung. Als er im Oktober 1921 der Berufung zum juristischen Berater beim Ortsausschuß Großhamburg des ADGB folgte, mußte erneut eine Stellenausschreibung für das Flensburger Arbeitersekretariat vorgenommen werden.[186]
Unter mehreren Bewerbern entschied sich der Kartellvorstand in Zusammenarbeit mit der Sekretariatskommission für den Kieler Hermann Brennecke. Es wurde andererseits zur Vorsicht bei der Anstellung gemahnt und beschlossen, „am Sonnabend, den 5. September von dem Kandidaten Brennecke ein kleines Referat halten zu lassen, um so denselben auf Herz und Nieren prüfen zu können."[187]
Der gewünschte Vortrag erfolgte dann bereits bei der Kartellsitzung am 3.9.1921, wobei die Zuhörer die Überzeugung gewannen,
„daß der Bewerber eine ernste, zielbewußte Natur, bei seinem unermüdlichen Vorwärtsstreben und leichter Auffassungsgabe, sowie nicht zu übersehender Vorbildung wohl in der Lage ist, sich in das Gebiet eines Arbeitersekretärs hineinzuarbeiten. Die Versammlung entschied sich bei der vorgenommenen Wahl gegen drei Stimmen für den Genossen Brennecke bei dreimonatiger Probedienstzeit. Vorerst soll B. einen Monat in Kiel hospitieren, um die Grundlage für sein neues Arbeitsgebiet zu legen."[188]
Offensichtlich war es nicht gelungen, anderen Orts einen Sekretär abzuwerben, so daß man nun auf eine Einarbeitungsphase eingehen mußte. Die erfolgreiche Zusammenarbeit der folgenden Jahre rechtfertigte denn auch diese Entscheidung. So übernahm Brennecke in der wirtschaftlichen Krisenzeit zusätzlich das Amt eines Gewerkschaftssekretärs, eine Institution, die man 1923 hatte aufgeben müssen, wobei man aber hoffte, sie bald wieder einführen zu können.[189] Nach dem Tod des Kartellvorsitzenden Grabein wurde Brennecke zusätzlich zum 1. Vorsitzenden im ADGB-Ortsausschuß gewählt,[190] entlastet lediglich dadurch, daß Ruser als 2. Vorsitzender zugleich Versammlungsleiter blieb. Doch 1928 verließ Brennecke Flensburg wieder, um zurück nach Kiel zur dortigen Ortskrankenkasse zu wechseln. Nach einer dreimonatigen Vakanz[191] führte der Kartellvorsitzende Ruser auf der Sitzung vom 26.9.1928 den neuen Arbeitersekretär Linnemann ein, über dessen Vergangenheit wenig bekannt ist.[192]
Spätere Arbeitersekretäre in Flensburg werden nicht mehr genannt, so daß davon ausgegangen werden kann, daß Linnemann bis zur Zerschlagung der Gewerkschaften im Jahr 1933 diese Position innehatte.[193]

Kurzbiographien

F e r d i n a n d Otto Hermann G r a b e i n wurde am 21.6.1880 in Ottensen geboren.[194] Er erlernte, ebenso wie sein Vater, den Beruf des Glasbläsers und trat 1897 in die Gewerkschaft ein, zwei Jahre später auch in die SPD. Verbunden mit der Schließung der Flensburger Glashütte und dem gleichzeitigen Sterben dieses Berufes in Flensburg, war auch die Gewerkschaft der Glasbläser, deren Vorsitzender Grabein war, zum Tode verurteilt. Kurzzeitig erwerbslos erhielt Grabein Arbeit im Konsumverein und wechselte zum Verband der Bäcker, dessen Mitglied er bis zu seinem Tod am 24.12.1927 in Flensburg blieb.
Seine einstimmige Wahl im April 1911[195] zum Vorsitzenden des Gewerkschaftskartells ließ ihn dann hauptberuflich zum Gewerkschaftsfunktionär werden. Diesen Posten behielt er, nur unterbrochen durch seine Militärzeit vom Frühjahr 1915 bis Ende 1918. Die Wahlen zur Stadtverordnetenversammlung im Jahr 1919 brachten ihm dort ebenso einen Sitz ein wie im Arbeiterrat, dessen Vorsitzender er ebenfalls wur-

Abb. 76: Ferdinand Grabein (1880–1927), Flensburger Gewerkschaftsführer

de.[196] Lange Jahre hielt er den Vorsitz im Aufsichtsrat des Gewerkschaftshauses und war zeitweise dort Geschäftsführer. Von 1921 bis 1926 war er im Vorstand der Ortskrankenkasse tätig, vorher bereits von 1910–1915 Arbeitnehmer-Vertreter bei der Altersrentenkommission sowie 1919 Kartelldelegierter im Arbeitsamtsausschuß. Über sein Privatleben ist wenig bekannt. Er soll zwei Söhne gehabt haben, die 1933 bei der Machtübernahme sofort zur NSDAP überwechselten.[197] Seit 1925 war er stellvertretender Stadtverordnetenvorsteher. Dieses Amt legte er infolge andauernder Krankheit im Oktober 1926 nieder[198] und trat im April 1927 als Stadtverordneter zurück.[199] Zwar war er nach einem ersten Schlaganfall im Mai 1926 wieder arbeitsfähig geworden, doch ein zweiter beendete am Heiligabend 1927 sein Leben.
Grabein zu Ehren wurde im Gewerkschaftshaus eine stark besuchte Totenfeier gehalten, bei der Wilhelm Haberlandt die Trauerrede hielt und die Verdienste Grabeins würdigte. Unter Beteiligung von Fahnenträgern seiner Gewerkschaft, der Partei und des Reichsbanners erfolgte anschließend die Beisetzung auf dem Friedhof an der Mühlenstraße.[200]

Paul Theodor Richard Diez wurde am 21.7.1878 in Meerane bei Leipzig geboren.[201] Nach Flensburg kam er, als er im April 1911 zum Geschäftsführer des hiesigen Fabrikarbeiterverbandes gewählt worden war.[202] Er war einer der ersten SPD-Stadtverordneten 1912 und übernahm 1918 in der Dreier-Spitze des Arbeiter- und Soldatenrates dessen Führung. Hier wurde er, nachdem die Revolutionswirren abgeklungen waren, neben Grabein zum 2. Vorsitzenden gewählt.[203] Während des 1. Weltkrieges übernahm Diez den Kartellvorsitz, da Grabein einberufen worden war, und blieb nach dessen Wiederwahl 1919 zweiter Vorsitzender. Seit 1912 war Diez im Aufsichtsrat des Konsumvereins, Mitglied der Volksfürsorge-Aufsichtskommission, war Begründer der Kleinsiedlung Flensburg, Mitglied im Ortskrankenkassenvorstand, lange Jahre 2. Vorsitzender der Arbeiterturner und seit 1923 auch im Beirat der neugegründeten Volksbühne vertreten.[204] Neben diversen Ämtern in verschiedenen Kartellkommissionen bekleidete er seit 1925 auch das Amt des 1. Vorsitzenden des Freidenker-Verbandes und war Mitglied der SPD-Pressekommission. Bei seinem Tod zum Jahreswechsel 1926/27 hinterließ er zwei Söhne; er war offensichtlich verwitwet, denn diese lebten bei der Großmutter in Sachsen. Nach der Totenfeier im Gewerkschaftshaus wurde seine Leiche zur Einäscherung nach Kiel gebracht. Turner, Reichsbanner, Partei und Gewerkschaft bildeten den Trauerzug.[205]

Georg Heinrich Ruser wurde am 17.4.1878 in Hamfelde, Kreis Lauenburg, geboren. Bereits als Vierjähriger kam er nach Flensburg. Er erlernte das Maurerhandwerk und ging anschließend von 1897 bis 1904 auf die Walz in die skandinavischen Länder. Ruser trat 1897 in die Gewerkschaft ein, 1905 auch in die SPD.[206]
Seit 1913 war Ruser im Vorstand der Ortskrankenkasse tätig, vom 1. August 1920 bis 1927 als Sekretär beim Baugewerksbund angestellt, dessen 1. Bevollmächtigter er war.[207] Ferner bekleidete er das Amt eines Stadtverordneten von 1919 bis zum Jahre 1933.[208] Seit 1905 war er im Gewerkschaftskartell, dessen 2. Vorsitzender er später als Nachfolger von Diez wurde. Hier arbeitete er in verschiedenen Kommissionen mit. Nach dem Fortzug des Arbeitersekretärs Brennecke 1928 wurde Ruser zum Kartellvorsitzenden gewählt und

blieb dies bis zu dessen Auflösung 1933.[209] Nachdem er 1933 kurzzeitig in Schutzhaft genommen worden war, stand er während der folgenden Jahre unter Polizeiaufsicht und wurde 1944, nach dem Attentat vom 20. Juli, für sechs Wochen nach Neuengamme verbracht.[210] Nach dem Zusammenbruch des NS-Staates übernahm Ruser im Mai 1945 erneut seine alten Ämter und wurde 1948 anläßlich seines 70. Geburtstages zum Ehrenvorsitzenden der Flensburger Bauarbeiter-Gewerkschaft ernannt, zu diesem Zeitpunkt war er ältester Gewerkschaftsbeamter in Flensburg.[211]
Seit dem 28. März 1899 war Ruser mit einer Dänin verheiratet, die um 1956 verstarb. Aus der Ehe gingen 3 Söhne und 1 Tochter hervor.[212]

Anmerkungen

1 Dieter Schuster: Die Deutsche Gewerkschaftsbewegung, Düsseldorf 1969, S. 27
2 Michael Joho: Die Geschichte der Metallarbeiterbewegung und ihrer Gewerkschaften in Flensburg, Flensburg/Hamburg 1992, S. 121, zitiert nach NW vom 22.5.1892
3 ebd., S. 122, zitiert nach Correspondenzblatt vom 3.6.1895
4 Siehe dazu die Festschrift „60 Jahre Ortsverein Flensburg im VDDB. Kurzgefaßte Geschichte“, bearbeitet von Ferdinand Köster.
5 Hugo Hellwig: Der Anfang der politischen Arbeiter-Bewegung in Flensburg, Flensburg 1926, S. 8
6 ebd., S. 12
7 Dorit Andersen: Under socialistloven. Traek af sønderjysk arbejderbevaegelses udvikling 1878–1890, in: Sønderjyske Aarbøger 1989, S. 353
8 Franz Mehring: Aufsätze zur Geschichte der Arbeiterbewegung, Gesammelte Schriften Bd. 4, Berlin 1963, S. 402
9 Helga Grebing: Geschichte der deutschen Arbeiterbewegung, München 1966, S. 100
10 Wilhelm Rust: Geschichte des Flensburger Handwerks in Stadt und Land im 19. und 20. Jahrhundert – unter besonderer Berücksichtigung des *Tischler*handwerks, Flensburg 1957, S. 15f.
11 M. Joho (Anm. 2), S. 121, zitiert nach NW vom 22.5.1892
12 ebd., S. 122, zitiert nach Correspondenzblatt vom 3.6.1895
13 später auf 9 Personen erweitert, siehe FVZ 12.3.1923
14 Rainer Paetau: Konfrontation oder Kooperation. Arbeiterbewegung und bürgerliche Gesellschaft im ländlichen Schleswig-Holstein und in der Industriestadt Kiel zwischen 1900 und 1925, Neumünster 1988, S. 521
15 FVZ 14.4.1911
16 FVZ 1.4.1914
17 FVZ 29.10.1911
18 ebd.
19 vgl. FVZ 11.11.1927: Nur 38,69 % der SPD-Wähler bei der letzten Wahl waren in der Partei organisiert.
20 Interview vom 7.12.1967 mit Hugo Hellwig, Max Beyreis und Ernst Beier zur „Geschichte der Sozialdemokratie in Flensburg. Abstimmungszeit und Weimarer Republik“, StA XIV Ton 018.
21 H. Grebing (Anm. 9), S. 116f.
22 ebd., S. 176
23 FVZ 8.2.1919
24 FVZ 24.2.1919
25 Heinrich Butenschön (Bearb.): 60 Jahre Gau Schleswig-Holstein im Verbande der Deutschen Buchdrucker, Kiel 1927, S. 95
26 FVZ 18.5.1918
27 Berichte des Verbandes der Deutschen Buchdrucker, Gau Schleswig-Holstein 1897–1932, 2 Bde, Jahrbuch 1924, S. 1
28 H. Grebing (Anm. 9), S. 207
29 FN 2.5.1933
30 Interview vom 7.12.1967 (Anm. 20)
31 Jahresbericht der Buchdrucker 1932 (Anm. 27)
32 Interview vom 7.6.1989 mit Ernst Beier, Gesprächsmitschrift zum Thema „Gewerkschaften in Flensburg vor 1933“.
33 FVZ 30.6.1912
34 FVZ 17.5.1911. Die Tapezierer, Böttcher, Kupferschmiede, Dachdecker und Buchbinder, zusammen 97 Mitglieder, wählten gemeinsam einen Gesellschafter.
35 Jahrbuch der Buchdrucker 1901 (Anm. 27)
36 Jahrbuch der Buchdrucker 1908 (Anm. 27)
37 FVZ 30.6.1912
38 ebd.
39 ebd.
40 Adreßbücher der Stadt Flensburg 1912–1914
41 Lehfeldt: Beitrag zur älteren Geschichte der Flensburger Arbeiterbewegung. o.O.J. (nach 1933), S. 14
42 Wilhelm Rust: Das Flensburger *Bauhandwerk* von 1388 bis 1966, Flensburg o.J., S. 296f.
43 FVZ 30.6.1912

[44] FVZ 18.6.1911
[45] FVZ 17.10.1911
[46] FVZ 28.4.1912
[47] Interview vom 7.6.1989 (Anm. 32)
[48] FVZ 2.7.1912
[49] FVZ 2.12.1911
[50] FVZ 30.6.1912
[51] FVZ 3.6.1911
[52] FVZ 30.6.1912
[53] ebd.
[54] ebd.
[55] Jahrbuch der Buchdrucker 1911 (Anm. 27)
[56] FVZ 1.3.1919
[57] FVZ 30.6.1912
[58] Adreßbücher der Stadt Flensburg 1913ff.
[59] Interview vom 30.11.1967 mit Hugo Hellwig und Ernst Beier zur „Geschichte der Sozialdemokratie in Flensburg von den Anfängen bis zum Ende des 1. Weltkrieges", StA XIV Ton 017.
[60] Adreßbuch der Stadt Flensburg 1920
[61] PSF vom 11.3.1919 bis zum 30.10.1930
[62] Lehfeldt (Anm. 41), S. 16
[63] LAS 309/2297
[64] FVZ 4.1.1929
[65] FVZ 22.3.1916
[66] FVZ 5.12.1914 und 11.3.1919
[67] FVZ 23.11.1930
[68] FVZ 27.12.1932
[69] Mitteilungsblatt der Eisernen Front vom 8. März 1933 im Stadtarchiv Flensburg
[70] FN 1.4.1933
[71] FN 2.5.1933
[72] Verwaltungsbericht der Stadt Flensburg 1949–1953, S. 27
[73] Nachlaß Beyreis, FN 10.1.1950
[74] vgl. hierzu M. Joho (Anm. 2), S. 142f.
[75] ebd., S. 143 nach LAS 309/12535
[76] FVZ 14.4.1912
[77] vgl. Beschwerdeschreiben von Waldemar Sörensen vom 29.4.1910, abgedruckt bei M. Joho (Anm. 2), S. 145
[78] FVZ 3.5.1912
[79] FVZ 3.5.1919
[80] ebd.
[81] ebd.
[82] Robert Huhle: 1. maj i Sønderborg, in: Sønderjysk Maanedsskrift 5/1992, S. 168
[83] M. Joho (Anm. 2), S. 140 nach NW vom 1.5.1892
[84] FVZ 15.7.1911 und 12.7.1911
[85] FVZ 17.4.1919
[86] FVZ 3.5.1919
[87] FVZ 12.4.1921
[88] FVZ 21.4.1921
[89] FVZ 29.4.1921
[90] FVZ 5.4.1922
[91] FVZ 19.4.1922
[92] FVZ 28.4.1922
[93] FVZ 2.5.1922
[94] FVZ 29.4.1922
[95] FVZ 25.4.1922 und 26.4.1922
[96] FVZ 27.4.1922
[97] FVZ 28.4.1923
[98] ebd.
[99] FVZ 31.3.1924 und 28.3.1925
[100] FVZ 27.3.1926
[101] FVZ 28.4.1927
[102] LAS 309/22781
[103] FVZ 23.4.1928
[104] FVZ 25.3.1929
[105] FVZ 30.4.1930
[106] FVZ 27.4.1929
[107] FVZ 29.4.1930
[108] FVZ 2.5.1931
[109] ebd.
[110] FVZ 29.4.1931
[111] FVZ 28.3.1931
[112] FVZ 27.4.1932
[113] FVZ 2.5.1932
[114] FLN 29.4.1933, 26. und 27.4.1933
[115] FLN 28.4.1933
[116] M. Joho (Anm. 2), S. 149 nach NW vom 4.8.1901
[117] ebd., nach LAS 309/12531
[118] FVZ 13.6.1912
[119] M. Joho (Anm. 2), S. 149, FVZ 9.8.1912
[120] M. Joho, S. 232
[121] FVZ 19.7.1919
[122] FVZ 18.7.1919
[123] FVZ 11.7.1925
[124] ebd.
[125] FVZ 13.7.1925
[126] FVZ 9.7.1925
[127] FVZ 10.6.1925
[128] FVZ 28.7.1927

[129] FVZ 18.8.1927
[130] FVZ 17.7.1928
[131] FVZ 21.7.1928; Veröffentlichung der Reihenfolge am 24.7.1928
[132] FVZ 28.7.1928
[133] FVZ 5.8.1929
[134] FVZ 1.8.1929
[135] FVZ 15.8.1929
[136] FVZ 29.7.1929
[137] FVZ 19.7.1929
[138] ebd.
[139] FVZ 29.8.1930
[140] FVZ 9.9.1921
[141] Im folgenden zitiert als IHK-Bericht
[142] IHK-Bericht 1873, S. 1
[143] ebd., S. 3
[144] IHK-Bericht 1873, S. 3
[145] IHK-Bericht 1889, S. 3
[146] ebd.
[147] IHK-Bericht 1898, S. V
[148] IHK-Bericht 1890, S. 4
[149] IHK-Bericht 1896, Vorwort, S. III
[150] IHK-Bericht 1898, Vorwort, S. IV–VII
[151] IHK-Bericht 1901, S. 67
[152] IHK-Bericht 1902, S. 63
[153] Jahrbuch der Buchdrucker 1910. Vgl. die Haltung der Generalkommission zu den Tarifverträgen in FVZ 11.10.1911
[154] FVZ 28.2.1924
[155] FVZ 25.2.1924
[156] FVZ 26.2.1924
[157] FVZ 1.3.1924
[158] FVZ 8.3.1924
[159] FVZ 12.3.1924
[160] FVZ 3.4.1924
[161] FVZ 11.4.1924
[162] FVZ 22.4.1924
[163] ebd.
[164] FVZ 2.5.1924
[165] FVZ 20.5.1924
[166] FVZ 24.5.1924
[167] FVZ 3.6.1924
[168] FVZ 17.7.1924 und 19.7.1924
[169] FVZ 28.9.1928
[170] FVZ 5.10.1928
[171] FVZ 26.10.1928
[172] FVZ 14.11.1928
[173] FVZ 7.1.1929
[174] FVZ 31.3.1912
[175] ebd.
[176] Jahresbericht der Buchdrucker 1900, S. 11
[177] Jahresbericht der Buchdrucker 1910
[178] Friedrich Bauer: Als Arbeitersekretär im Abstimmungskampf in Flensburg, in: Schleswig-Holstein, Jg. 22/1970, S. 55
[179] FVZ 26.3.1921
[180] FVZ 4.4.1911
[181] FVZ 20.4.1914. Hier befand sich ehemals das Büro des Konsumvereins.
[182] Adreßbuch der Stadt Flensburg 1929
[183] FVZ 20.3.1914
[184] FVZ 5.4.1912
[185] FVZ 1.3.1919
[186] FVZ 10.8.1921
[187] FVZ 1.9.1921
[188] FVZ 7.9.1921
[189] FVZ 16.2.1924
[190] FVZ 22.3.1927
[191] FVZ 14.6.1928. Der bereits angestellte Arbeitersekretär Neuse aus Bielefeld trat sein Amt nicht an.
[192] FVZ 27.9.1928
[193] bis März 1931 nachgewiesen, siehe FVZ 2.3.1931
[194] Vgl. für das Folgende: FVZ 27.12.1927
[195] FVZ 14.4.1911
[196] FVZ 25.1.1919
[197] Interview vom 7.6.1989, s. Anm. 32
[198] FVZ 4.10.1926
[199] FVZ 9.4.1927
[200] FVZ 29.12.1927
[201] Handbuch des Vereins Arbeiterpresse, hrsg. vom Vorstand, Berlin 1927
[202] FVZ 30.4.1911
[203] FVZ 25.1.1919
[204] Vgl. FVZ 4.1.1927
[205] ebd.
[206] FVZ 5.5.1930
[207] W. Rust, Bauhandwerk (Anm. 42), S. 300
[208] FVZ 20.2.1919
[209] FVZ 21.9.1929
[210] Flensborg Bys Historie, udg. af Graenseforening og Historisk Samfund for Sønderjylland, Bd. 2, København 1955, S. 370
[211] FN 17.4.1963
[212] FN 4. 1969

Matthias Schartl, Horst Windmann und Jens Christian Jacobsen

Arbeiterkultur- und -sportbewegung in Flensburg bis 1933

Arbeiterkultur vor 1914

Sozialdemokratie und Gewerkschaften wurden schon vor 1914 zu einer Massenbewegung, die sich mit einem dichten und vielschichtigen Organisationsnetz über das gesamte Deutsche Kaiserreich erstreckte. Die Organisationen boten den immer zahlreicher in die Städte strömenden Arbeitern eine Heimat und vielfältige Identifikationsmöglichkeiten. Dadurch entwickelte sich eine besondere Lebensgemeinschaft, die sich nach außen hin abschottete, nach innen aber den Zusammenhalt untereinander stärkte[1]. Auch in Flensburg entstand eine eigenständige Kulturbewegung mit Turn-, Gesangs- und Radfahrervereinen, die nach der Legalisierung der Partei zwischen 1891 und 1899 gegründet wurden.

Vorläufer der zahlreichen Gesangsvereine waren der 1882 gegründete „Sängerchor der Maurer", der 1902 noch 50 Mitglieder hatte, und der 1888 entstandene „Gesangschor der Zimmerer" mit 20 Mitgliedern. Am 2. November 1891 folgte die Gründung des „Gewerkschafts-Sängerchores", der sich aus Mitgliedern des „Schiffbauer-Liederkranzes" und des „Metallarbeiter-Sängerchors" gebildet hatte. Diesem schloß sich vier Jahre später der Gesangverein der Hilfs- und Hafenarbeiter an. Der neue Chor, der Aufnahme in den schleswigholsteinischen Arbeitersängerbund „Solidarität" fand, hatte ca. 60 Mitglieder. Diese mußten beim Eintritt 20 Pfennig zahlen. Für passive Mitglieder betrug der Monatsbeitrag 25, für aktive Sänger 10 Pfennig. Jeden Donnerstagabend war Gesangstunde, Treffpunkt war das Lokal „Zum Goldenen Anker" an der Schiffbrücke. Es wurden ein Gesanglehrer und ein Liedermeister beschäftigt. In dem von den organisierten Glasarbeitern 1902 ins Leben gerufenen Sängerchor „Vorwärts" gab es 30 Mitglieder. Geübt wurde unter der Leitung von Gesangslehrer Otto W. Hempel sonntags von zwei bis vier Uhr in einem Raum in der Harrisleerstraße 51.[2] Im Jahre 1897 wurden in den Vereinen ca. 500 Mitglieder gezählt, 1907 waren es ca. 550 Mitglieder[3].

Der „Arbeiterturnverein" wurde 1897 gegründet und sogleich von den städtischen Polizeibehörden verdächtigt, sozialdemokratischen Tendenzen zu huldigen und illegale politische Arbeit zu betreiben. Immer wieder wurden Gesuche an den Magistrat, mit denen Turnhallen für den Übungsbetrieb beschafft werden sollten, abschlägig beschieden. Deshalb mußten die Mitglieder in die großen Festsäle der Gaststätten ausweichen. So wurde der „Mühlenpavillon" in der Waitzstraße zur ersten Übungsstätte der Arbeitersportler. Am 1. August 1902 vereinigten sich 300 Mitglieder des neuen Männergesangvereins „Lassallia" und des Arbeiterturnvereins zum „Flensburger Bildungs- und Geselligkeitsverein". Zu diesem Kulturkartell gehörte neben der Turn- und Sänger- noch eine Dilettantenabteilung, die unter der Regie von Wilhelm Haberlandt sämtliche Gewerkschaftsveranstaltungen künstlerisch gestaltete.[4] Das Kartell bestand jedoch nur kurzfristig und wurde 1905 aufgrund erheblicher Differenzen der Sportler mit den anderen Abteilungen wieder aufgelöst. Die Mitglieder der Turnabteilung schieden aus und gründeten unter dem Namen „Freie Turnerschaft von 1897" einen neuen Sportverein, der nach außen hin unabhängiger erscheinen sollte. Sie versuchten, den Magistrat von ihrer „parteipolitischen Neutralität" zu überzeugen, um die so schmerzlich vermißten Übungsstätten zugewiesen zu be-

Abb. 77: Der Chor der Maurer um 1900

kommen. Kurze Zeit später wurden in Klues und Harrisleefeld sogar neue Abteilungen gegründet, doch die weiterhin fehlende städtische Unterstützung ließ kaum eine kontinuierliche Aufbauarbeit zu. Die Turnerschaft galt nach wie vor als sozialdemokratische Organisation. Erst nach der Einweihung des Gewerkschaftshauses in der Schloßstraße im Juli 1912 verfügten die Arbeiterturner über einen geräumigen Übungssaal. Kurz vor dem Ausbruch des Ersten Weltkriegs hatte der Verein zwischen 250 und 300 Mitglieder[5].
Der Arbeiterradfahrerverein „Vorwärts“ wurde 1899 gegründet und zählte drei Jahre später schon 96 aktive und 20 passive Mitglieder. Der Verein war insbesondere bei der häufig zeitraubenden und mühsamen Agitation in den Landkreisen Flensburg und Apenrade beteiligt. Die Mitglieder fungierten z. B. als Boten für die Flugblattverteilung, beförderten aber auch an den Wahltagen die Bezirksergebnisse aus den ländlichen Wahllokalen in das zentrale Wahlkampfbüro der Partei, das sich im „Goldenen Anker“ befand. Überdies aber galt das Interesse der Mitglieder dem sportlichen Wettkampf, jeden Sonntag wurde dafür eifrig trainiert. Treffpunkt war das Restaurant „Nordertor-Bierhalle“ in der Norderstraße 149, in dem zweimal pro Monat Versammlungen abgehalten wurden. In Flensburg selbst gab es noch zwei weitere Einkehrstellen, das Lokal „Hoheluft“ in der Schleswiger Straße und die Gaststätte „St. Pauli“ in der Schleswiger Chaussee[6].

Abb. 78: Vereinsabzeichen des Arbeiterturn- und Sport-Vereins von 1897. Das „Logo“ zeigt zwei F (auf dem Kopf stehend) für Frisch und Frei, das T darunter für Treu, das allesumfassende schwungvolle S für Stark.

Doch nicht nur die aktive Kultur- und Turnbewegung wurde durch Partei und Gewerkschaften gefördert. Daneben hatte sich ebenso schon nach kurzer Zeit eine Arbeiterbildungsbewegung etabliert, deren Aufgabe es vor allem war, die Arbeiter im Klassenkampf zu schulen. Sie diente aber auch dazu, das Wissen des einzelnen zu erweitern.
Unter der von Wilhelm Liebknecht geprägten Formel. „Wissen ist Macht – Macht ist Wissen“ sollte sich die Sozialdemokratie von ihrem Selbstverständnis her „zur größten Kulturbewegung entwickeln, die die Erde gesehen hat“. Doch die damit verbundenen Erwartungen konnten kaum erfüllt werden. Zum einen beschränkte sich die „nachschulische Bildungsarbeit“ allzu oft auf die geistige und vor allem besonders aktive Elite der Partei, berücksichtigte also die Basis zu wenig, zum anderen fand die Masse der Mitglieder für die Weiterbildung nur selten Zeit und brachte hierfür wohl auch nur wenig Verständnis auf. Gerade in den lokalen Organisationen entwickelte sich statt dessen auf diesem Gebiet eine rege Freizeitkultur, die die Partei einerseits um die Erreichung der gesteckten Ziele fürchten ließ, doch auf der anderen Seite den Wünschen der Mitglieder entsprach. Überdies verfestigten solche Aktivitäten die sozialdemokratische Subkultur und trugen erheblich zur Integration der neu in die Bewegung eintretenden Mitglieder bei[7].
Die Organisation der Bildungsveranstaltungen oblag zunächst der Partei, wobei hinzuzufügen ist, daß für die Arbeiterbewegung eine Trennung zwischen Politik und Bildung nicht gegeben war. Auf den ersten Versammlungen nach 1891 traten so wiederholt auswärtige Agitatoren auf, deren Ver-

Abb. 79: Heinrich Hansen, geb. 1879, der langjährige Turnwart und spätere Vorsitzende der „Freien Turnerschaft“ von 1897

Abb. 80: Das Haus Schleswiger Straße 28, ehemals Gasthaus „Hoheluft", Einkehrstätte des Arbeiterradfahrervereins „Vorwärts"

sammlungen von bis zu 2000 Menschen, darunter auch zahlreichen Frauen, besucht wurden[8]. Nach 1902 wurde diese Aufgabe vom Kartell übernommen. Doch gerade das Bildungsangebot des Gewerkschaftskartells im Jahre 1902 macht einen „konzeptionellen Wildwuchs" deutlich und zeigt, daß die Interessen der Mitglieder häufig ganz andere waren als die der Parteiführung. Neben dem Auftritt eines Rezitators, der aus dem Drama „Die größte Sünde" von Ott Ernst vorlas, wurden an zwei weiteren Abenden „populärwissenschaftliche Experimental-Vortragsabende" abgehalten mit den Themen: „Die Wunderwelt des Ozeans", „Die Erde und ihre Lebewesen", „Magnetismus, Hypnotismus und Spiritsmus" sowie „Die Darwinsche Entwicklungslehre". Während das letzte Thema, das sich großer Beliebtheit erfreute, wenigstens noch in Ansätzen sozialistische Inhalte aufwies, waren die anderen Veranstaltungen aus der Sicht der Partei sicherlich bedenklich. Doch gerade diese trafen den Publiumsgeschmack jener Jahre[9].

Nach 1910 wurde in der Provinz nach der grundlegenden Diskussion über die Chancen und Aufgaben der sozialdemokratischen Bildungspolitik auf dem Mannheimer Parteitag ein neuer Weg eingeschlagen. Auf Initiative des Provinzparteitages wurde 1912 ein Bezirksbildungsausschuß eingerichtet. In Flensburg wurde ein Ortsbildungsausschuß installiert, den H. Schlüter als Vorsitzender leitete[10]. In enger Absprache mit dem Berliner Zentralbildungsausschuß und der dortigen Parteischule gelangten so auch die prominenten Wanderlehrer wie Hermann Dunker nach Flensburg, der z. B. im Winter 1912/13 in ganz Schleswig-Holstein eine Vortragsreihe zur Deutschen Geschichte veranstaltete. Im Winter des darauffolgenden Jahres gelang es, einen Zyklus zum Thema „Theoretische Grundlagen des sozialdemokratischen Parteiprogramms" auch in Flensburg abzuhalten. Doch blieben solche wissenschaftliche Vorträge nach wie vor die große Ausnahme und wurden zudem zur allgemeinen Enttäuschung nur schlecht besucht. Vor Ort waren die Mitglieder weiterhin eher an „leichter Kost" interessiert, so daß auch der Flensburger Bildungsausschuß „anspruchslose Unterhaltung", etwa Lieder- und Rezitationsabende oder Märchenvorlesungen, bieten mußte[11].

Schließlich besaßen auch die zahlreichen kleinen Bibliotheken der Partei und der gewerkschaftlichen Fachvereine eine wichtige Funktion bei der sozialdemokratischen Bildungsarbeit in Flensburg. Diese zunächst nur kleinen Büchereien hatten die Aufgabe, die Arbeiterleser mit Informationen für den politischen Kampf zu versorgen und ihn wissenschaftlich weiterzubilden. Doch insgesamt dürfen die Möglichkeiten des lesenden Arbeiters nicht überschätzt werden. Auch hier mußte bald pragmatisch und im Interesse des Publikumsge-

schmacks vorgegangen werden. Die Arbeiterbibliotheken waren als allgemeine Bibliotheken gezwungen, alle Wissensgebiete und literarischen Gattungen, hier vor allem die „Schöne Literatur“, zu berücksichtigen. Ihre Aufgabe wandelte sich und beschränkte sich zunehmend darauf, die Arbeiter überhaupt erst einmal zum Lesen anzuregen. Es bestand so eine unverkennbare Diskrepanz zwischen dem „politisch-pädagogischen Anspruch“ und den tatsächlichen Lesegewohnheiten[12].
Schon seit 1890 jedoch wurde auch in Flensburg mit dem systematischen Aufbau kleiner Ausleihstellen begonnen. Im Jahre 1902 soll es ca. 14 „Zwergbibliotheken“ gegeben haben, darunter eine Bibliothek des Arbeitervereins, dessen Bibliothekar sogar Vorstandsmitglied war, und zahlreiche weitere Büchereien u. a. bei den Fachvereinen der Maurer, Metallarbeiter, Seeleute und Zimmerer. Diese beherbergten neben Romanen auch wichtige Parteischriften und berufsbezogene Fachliteratur. Untergebracht waren die Büchereien in den Privatwohnungen der verantwortlichen Bibliothekare. Mit der Einweihung des Gewerkschaftshauses 1912 erhielten die kleinen Bibliotheken ein neues Domizil. Im Frühjahr 1914 wurde hier die Zentralbibliothek der Flensburger Gewerkschaften eingerichtet, die jedoch erst nach der Übernahme der umfangreichen Buchbestände des Glasarbeiter- und Gärtnerverbandes und der Integration der Büchereien des Metallarbeiterverbandes ihre Tätigkeit im Juli aufnehmen konnte. Das im November 1914 herausgegebene Bestandsverzeichnis enthielt insgesamt 902 Titel mit 1 108 Bänden. Der Etat umfaßte auf der Ausgabenseite die Summe von 1 308 Mark. Leser jedoch waren nur 124 vorhanden, die innerhalb eines Jahres 749 Bücher entliehen hatten.[13] Die Bände der Abteilung „Nationalökonomie, Sozialpolitik, Sozialwissenschaften und Parteiwesen“ fanden bis 1919 kaum Interesse.[14] Dies läßt darauf schließen, daß bei der Vermittlung der sozialistischen Theorien nach wie vor das Mündliche, nämlich Agitation, Gespräche am Arbeitsplatz, Vorträge und Diskussionen sowie die Zeitungslektüre, entscheidend war.

Bildungsbestrebungen nach 1918

Im Zusammenhang mit der Hochstimmung nach der erfolgreichen Revolution entstand in der Arbeiterschaft ein verstärktes Bildungsinteresse, dem wiederum ein großes Angebot an Vortragsreihen und Kursen der verschiedensten Richtungen entsprach. Hierzu entwickelte sich auf dem ersten Bezirksparteitag der SPD nach dem Weltkrieg im Juli 1919 in Kiel eine bezeichnende Kontroverse, in der es um die Frage ging, ob man das Vortragsangebot der von Regierungsstellen gut dotierten „Schleswig-Holsteinischen Zentrale für freies Bildungswesen“ für die eigene Bildungsarbeit nutzen solle. Einige Ortsvereine wandten sich dagegen, weil die ZffB eine bürgerliche Institution sei und deshalb nicht in der Lage wäre, z. B. Themen wie „Theorie und Praxis des Marxismus“ klassengerecht zu vermitteln. Die Mehrheit jedoch sprach sich für eine Kooperation aus, darunter auch die Flensburger Delegierten W. Haberlandt und F. Bauer, letzterer allerdings mit der Maßgabe, daß die örtlichen SPD-Bildungsausschüsse ihre Selbständigkeit gegenüber anderen Institutionen unbedingt wahren müßten, damit die Mitglieder auch gezielt „sozialistisch geschult“ werden könnten.[15]
Die angeführte Kontroverse verwies auf eine Grundsatzfrage, die die Kulturpolitik der Sozialdemokratie während der ganzen Weimarer Zeit bestimmte: Sollte man sich wie in der Zeit vor dem ersten Weltkrieg gegen die bürgerliche Kultur abkapseln, sollte die Arbeiterkultur eine schichtenspezifische Kultur bleiben, oder sollte man sich – wie in der allgemeinen Politik auch – neuen Perspektiven öffnen und mit bürgerlichen Kreisen zusammenarbeiten?
Im Flensburger Ortsverein befolgte man die Doppelstrategie-Direktive F. Bauers. So setzte sich im neu aktivierten Bildungsausschuß insbesondere H. Hellwig dafür ein, daß Kurse über den theoretischen Sozialismus in Eigenregie durchgeführt wurden. Er selbst bot noch 1919 zwei Vortragsreihen über die Geschichte der Nationalökonomie an und veröffentlichte dazu eine Artikelserie in der Volkszeitung mit weiterführenden Literaturangaben.[16] Ferner organisierte der Bildungsausschuß eine Ausstellung empfehlenswerter Jugendschriften und Bücher zu den genannten Themen.[17] In all dem wurde er von der Bezirkszentrale bestärkt, die überdies for-

Abb. 81: Hugo Hellwig, ein Bild aus späteren Jahren, vgl. Bild 19, S. 42.
Hugo Hellwig, Sohn des Mitbegründers des Flensburger SPD-Ortsvereins, wurde am 5. Juli 1889 in der Fördestadt geboren. Er ging als Malergeselle auf Wanderschaft, war drei Jahre in der Schweiz, wo er sich in Abendkursen intensiv mit Volkswirtschaft und Geschichte befaßte. 1918 Mitglied des Soldatenrates, Redakteur der Flensburger Volkszeitung, seit 1924 Schriftleiter. 1926 veröffentlichte er die Schrift: Der Anfang der politischen Arbeiterbewegung in Flensburg.

derte, daß in der organisierten Arbeiterschaft viel mehr „politisch aufgeklärte, geistig geschulte Mitglieder herangebildet werden müßten; man brauche eine „Kerntruppe ... zielbewußter überzeugungstreuer Mitkämpfer".[18]
Zugleich jedoch strebte der Bildungsausschuß eine enge Zusammenarbeit mit der ZffB an. Schon am 3. Oktober 1919 wurde ein Flensburger Ortsverein der genannten Bildungszentrale gegründet. Dabei gelang es den Sozialdemokraten, vier der sieben Sitze des vorläufigen Arbeitsausschusses mit eigenen Leuten zu besetzen.[19] Nach Hellwig sollte die Arbeiterschaft diese Organisation in erster Linie dazu nutzen, in den Bereichen Kunst und Wissenschaft, die bislang ausschließlich den besitzenden Klassen vorbehalten waren, Versäumtes nachzuholen und Defizite auszugleichen.[20] Die ersten Vorträge, in der Regel von Flensburger Lehrern gehal-

Abb. 82: Für Gedenkfeiern war der Bildungsausschuß zuständig. Man beachte den Ort, den Rahmen, den Redner und den Eintrittspreis. (Anzeige in der FVZ vom 11.8.1923)

ten, befaßten sich mit Themen aus der Literatur, der Geographie, der Biologie und der Stadtgeschichte.[21] Die ZffB führte auch Sonntagskonzerte durch und bot dazu Erläuterungsvorträge an.[22]

Der allgemeinen Fort- und Weiterbildung dienten ferner Vortragsreihen und Arbeitsgemeinschaften der 1919 gegründeten städtischen „Volkshochschule", die sich gemäß ihrem Auftrag insbesondere an die Arbeiterschaft wandte. Der Ortsverein verhielt sich demgegenüber jedoch skeptisch. Zwar lobte er den Ansatz, den Arbeitern Fach- und Allgemeinwissen vermitteln zu wollen, weil dadurch die Möglichkeit geboten sei, Neues zu lernen, an sich selbst zu arbeiten und auch das Gemüt zu bereichern.[23] Doch seien die „hier veranstalteten Kurse nicht das, was die Förderer der Volkshochschulbewegung vor Augen" gehabt hätten. Vermutlich als Spätfolge der Grenzsicherungspolitik wurde deren „Idealvorstellung" gegen Ende des Jahrzehnts in unmittelbarer Nähe Flensburgs Wirklichkeit: Dank der Initiative der Kieler SPD-Landtagsabgeordneten T. Jensen wurde in Harrisleefeld eine Internatsvolkshochschule speziell für junge Arbeiter errichtet, die am 1. Juli 1928 ihre Tätigkeit aufnehmen konnte. Diese Anstalt, in der je 30 Jungarbeiter aus ganz Deutschland an fünfmonatigen Kompaktkursen teilnehmen konnten, dienten vor allem der staatsbürgerlichen Bildung – ohne ideologische Beeinflussung einerseits und sogenannte Gemütskultur andererseits.[25] Die Lehrer der Schule, in der Mehrzahl SPD-Mitglieder, hielten engen Kontakt mit dem Ortsverein, insbesondere mit dem Bildungsausschuß.

Eine Sonderstellung in der Vermittlung weltanschaulicher Positionen nahm der eng mit der SPD verbundene „Verband für Freidenker und Feuerbestattungen e. V." ein, der im Juni 1923 eine eigene Ortsgruppe in Flensburg gründete.[26] Dieser richtete sich vor allem gegen die Kirche „als größte Stütze der kapitalistischen Gesellschaft". An die Stelle des „Phantasieprodukts eines besseren Jenseits" setzte er das Streben nach einem „besseren Diesseits auf der Erde".[27] Das „wahre Wissen vom Sein" könne dem Arbeiter den Weg zum Sozialismus ebnen helfen.[28] An die Stelle der Konfirmation trat für ihn die Jugendweihe mit naturbezogener Lebenslehre,[29] das wichtigste Fest bildete die Sommersonnenwende,[30] an die Stelle der christlichen Beerdigung trat die Einäscherung. Vor

Abb. 83: Die ehemalige Arbeitervolkshochschule Harrisleefeld, heute Feuerwehrschule

allem um 1930 fand der Verband in Flensburg starken Zuspruch. Ende 1931 zählte er 1010 Mitglieder.[31]

Im ganzen genommen gab es in der Flensburger Arbeiterbewegung unmittelbar nach dem Weltkrieg wie überall in Deutschland einen ausgeprägten Bildungsenthusiasmus. Was in der Kaiserzeit infolge der politischen und sozialen Situation hatte versäumt werden müssen, sollte nun in der Republik nachgeholt werden.[32] Bildung wurde als ein Element der Freiheit und der Demokratie empfunden. In diesem Sinne wurden die Verkürzung der Arbeitszeit und die Angebote der öffentlichen Bildungseinrichtungen vielfach genutzt. Nach der Krise des Jahres 1923 nahm das Interesse allerdings ab, bis sich 1926 eine neue Regelung anbahnte.[33]

Verband für Freidenkertum und Feuerbestattung

Flensburg.

Unser Mitglied

August Kruppa

ist gestern morgen nach schwerer Krankheit sanft entschlafen.

Wir werden sein Andenken in Ehren halten.

Die Ueberführung nach Kiel findet am Freitag, 1. Febr., nachmittags 6 Uhr, vom Sterbehause, Schwalbenstr. 14, aus statt.

Der Vorstand.

Abb. 84: Todesanzeige für ein Mitglied des Verbandes für Freidenker und Feuerbestattung, FVZ, 30.1.1929

Die Arbeitersportbewegung

Die Arbeitersportvereine konnten – nach dem Rückschlag im Ersten Weltkrieg – von 1919 an einen starken Aufschwung verzeichnen, insbesondere die „Freie Turnerschaft“. Schon Ende 1920 zählte sie 886 Mitglieder in zehn Turn- und Spielabteilungen (Schlagball und Faustball).[34] Daneben gab es – früher nicht zugelassene – Kinderturngruppen mit 521 Kindern, das 1919 gegründete Trommler- und Pfeiferkorps und eine Radfahrergruppe. Später, als man sich vom Prinzip „Nur-Turnen“ trennte, kamen weitere Sparten, z.B. Leichtathletik, Schwimmen, Hand- und Fußball sowie eine Mandolinenabteilung hinzu. 1924 umfaßte die „Freie Turnerschaft“ in 28 Abteilungen über 1000 Mitglieder, in ihren „besten Zeiten“ waren es 2000, kurz vor der Auflösung 1933 1600.[35] Neben den sportlichen Veranstaltungen organisierte sie Ausflüge und Feste und nahm als geschlossene Formation an Demonstrationen teil.[36]

Außer der Körperertüchtigung verfolgten die Arbeitersportvereine ethische Ziele wie Selbstdisziplin, Brüderlichkeit und Solidarität, aber auch affektive Erlebnisziele, wie sie in der Devise der „Freien Turnerschaft“ für das Jahr 1922 deutlich

Abb. 85: Arbeiterturnverein, Abzeichen von 1920, vgl. Abb. 78.

Abb. 86: Das 1919 gegründete Trommler- und Pfeiferkorps der Freien Turnerschaft Flensburg im Winter 1920

wurden: „Durch Freude und Einigkeit zur Freiheit und Schönheit."[37] Einer ihrer Grundsätze war „Massensport statt Kampfrekord". Die Jagd nach individueller Höchstleistung wollte man den bürgerlichen Sportvereinen überlassen. Beim Arbeitersport sollte das integrierende Gruppenerlebnis im Vordergrund stehen. Ein Zugeständnis an das Bedürfnis nach Anerkennung der persönlichen Leistung war die Einführung von Kärtchen für Jugendliche, in die Wettkampfleistungen eingetragen werden konnten.[38] In der Sportberichterstattung der Volkszeitung wurden Namen im allgemeinen nicht genannt. Gelobt wurde „der Rechtsaußen" oder kritisiert „der Torwart". Bei ungewöhnlichen Spitzenleistungen gab es aber Ausnahmen. Besonders erfolgreich waren in Flensburg die Arbeiterboxer vom Kraftsportverein „Nordische Eiche". Der Genosse Kraack belegte bei der Arbeiterolympiade in Wien 1931 den 2. Platz, der Genosse Fritsche den 3. Platz. Die beiden Rückkehrer wurden nachts am Bahnhof von ihren Anhängern und von Stadtrat Sievers ehrenvoll empfangen.[39]
Besonderer Wert wurde darauf gelegt, daß die Arbeitersportvereine fest in die Zielsetzungen des Sozialismus eingebunden blieben. Kein Arbeiter könne, so hieß es programmatisch, Mitglied in einem bürgerlichen Sportverein sein, denn dort fänden reaktionäre Elemente Unterschlupf,[40] sie würden in immer stärkerem Maße zum Hort der Konterrevolution und stünden im Bunde mit dem Faschismus.[41]
Dieser Abgrenzung entsprach eine Straffung der Verbindungen zu den anderen Arbeiterorganisationen. Hierfür trat vor allem der langjährige Turnwart und Erste Vorsitzende der „Freien Turnerschaft", Heinrich Hansen, ein: Sport und Politik seien „innig miteinander verwachsen",[42] alle Arbeiterturner sollten Mitglieder der SPD und der Gewerkschaften sein. Mehrfachmitgliedschaften waren daher recht häufig.[43]

Großes Sportfest
am Sonntag, den 17. August 1919,
auf dem Schützenhof in Flensburg (Sportplatz).

Es finden statt:
Turnerische Vorführungen, Wettspiele, Reigenfahren der Radfahrer, Gesangsvorträge des Chorvereins und Konzert vom städtischen Philharmonischen Orchester.
Antreten zum Festzuge 1.15 Uhr am Nordertor, Abmarsch 1.30 Uhr.
Sämtliche Gewerkschaften und Parteien nehmen am Festzuge teil.

Abends Ball
im „Kolosseum“ (Großer und Weißer Saal), „Sanssoucie“, „Schützenhof“, „Hoheluft“, „Sophiesminde“ und „Gewerkschaftshaus“ (Großer Saal)
Im Kleinen Saal:
Künstler-Konzert.
Zahlreiche Beteiligung wünscht:
Das Arbeitersportkartell.

Abb. 87: Einladung zum Arbeitersportfest, Anzeige in der FVZ vom 16.8.1919

Im Sinne einer „wechselseitigen Abhängigkeit“[44] waren die Arbeitersportvereine Zubringer für neue Parteimitglieder und boten zudem mit ihren Vorführungen und Umzügen eine werbewirksame Repräsentation auch für die Partei und die Gewerkschaften, die ihrerseits die Vereine finanziell unterstützten.
Eine Abkapselung der sozialdemokratischen Arbeitersportvereine fand auch gegenüber der Sportorganisation der KPD „Rot Sport“ statt. 1929 wurden im Einklang mit der SPD-Sportpolitik auf Reichsebene alle Kommunisten aus den Flensburger SPD-Vereinen ausgeschlossen.[45]
Allerdings betonten nicht alle im Arbeiter-Turn- und Sportverband zusammengeschlossenen Verbände ihr ideologisches Profil in gleicher Schärfe. Dem Arbeiter-Samariterbund, der dem Sportkartell angeschlossen war, ging es u. a. um die Gleichberechtigung mit dem DRK, um ebenso wie das Rote Kreuz in den Genuß staatlicher Fördermittel zu kommen. Daher stellte der ASB ausdrücklich fest, keine proletarische Selbsthilfeorganisation, sondern ein freier Wohlfahrtsverband zu sein.[46] In Flensburg wies der ASB-Leiter

Abb. 88: Die erfolgreichen Boxer Kraack und Fritsche

Abb. 89: Kinderturngruppen der „Freien Turnerschaft“ in der Petrischule im Jahre 1919. Die Betreuer sind nur halb aufs Bild gekommen.

Julius Gregersen auf die Anerkennung durch die Behörden hin und auf eine Dienstregelung mit Feuerwehr und Rotem Kreuz, wollte dieses aber keinesfalls als „Arbeitsgemeinschaft“ verstanden wissen.[47] Seinen ersten Auftritt hatte der ASB bei der Begleitung eines Kinderausfluges der AWO am 1. August 1924. Mit der „Alexandra“ und 960 Kindern ging es nach Langballigau.[48] Laut Jahresbericht leistete der Samariterbund 1932 bei 6 079 Dienststunden 1 281 mal Erste Hilfe bei öffentlichen Veranstaltungen. Besonders stolz war man auf das Motorrettungsboot, das beim „Badedienst“ an der Förde eingesetzt wurde.[49]

In der zweiten Hälfte der zwanziger Jahre wurde die Entwicklung der sozialdemokratischen Sportverbände vorwiegend durch zwei Tendenzen bestimmt. Einerseits bildeten sich immer weitere Zweiggruppen, so der Schwerathletenbund, die freien Kegler, die Schützen und der Naturfreundeverein. Andererseits zeigte es sich, daß viele Mitglieder fast nur für den Sport und kaum für die Gesamtorganisation und ihre politischen Zielsetzungen Interesse hatten. Demgegenüber hoffte H. Hellwig darauf, daß die Gemeinschaftserlebnisse der großen Sportfeste und anderer Arbeiterveranstaltungen dazu beitragen würden, den „großen Kulturwert Solidarität“ zu erhalten.[50]

Die Arbeitersängerbewegung

Im Unterschied zu den Arbeiter-Turn- und Sportvereinen waren die sozialdemokratischen Gesangsvereinigungen grundsätzlich zur Zusammenarbeit mit bürgerlichen Kulturinstitutionen bereit. Für sie waren Orchester, Theater und Museen „Allgemeingut des Volkes“ und nicht Besitz einer Klasse.[51] Das galt insbesondere für den 1903 gegründeten „Chorverein“, der mit seinen vier Sparten Männer-, Frauen-, Gemischter- und Kinderchor nicht nur der größte Gesangverein der Arbeiterschaft, sondern der ganzen Stadt war. Der

Abb. 90: Der Flensburger Arbeitersamariterbund
Die ASB-Kolonne Flensburg auf dem Sportplatz an der Marienhölzung Anfang der 30er Jahre. Ganz links kniend Louise Gregersen. Sitzend v. l.: Frau Jöhnk, Frau Kirchberg, Anni Schlüter, Olga Funke, die weiteren unbekannt; dahinter stehend v. l.: Herr Barth (mit Fahrrad), Frau Clausen, unbekannt, Albert Liebers (mit Brille), Julius Gregersen, Johannes Saß, die weiteren unbekannt. In der Reihe dahinter stehend v. l.: Hannes Laß, Herr Kästl, Niko Hansen, die weiteren unbekannt. ASB-Leiter Julius Gregersen war zugleich Vorsitzender der Arbeiterwohlfahrt, gehörte auch jahrelang dem SPD- und Reichsbannervorstand an. Mit dem Motorboot des ASB brachte er 1933 die Musikinstrumente des Reichsbanners nach Dänemark. Vielen Emigranten verhalf der Glasermeister zur Flucht über die Grenze. 1933 und 1939 in Untersuchungshaft, 1934 fast zwei Monate im Gefängnis. Gregersen schloß sich 1954 dem SSW an. Er starb 1965 in Flensburg. Vgl. Abb. 145.)

Abb. 91: Die Vereinigung aller Flensburger Arbeiterchöre blieb Episode. (Anzeige FVZ 22.7.1927)

Chorverein sang auf Festen und Feiern der Partei und der Gewerkschaften, er trat aber auch öffentlich auf, so im Stadttheater und im Kolosseum. Zusammen mit dem neugegründeten Flensburger Philharmonischen Orchester veranstaltete er sogenannte Künstler-, später Volkskonzerte nach dem Grundsatz: „Die Kunst dem Volke“. Man wollte die Arbeiter sensibilisieren für „das Große und Schöne in dem gewaltigen Reiche der Geister und der Kunst“.[52] Der Musikkritiker der Volkszeitung, M. Mönkeberg, erkannte an, daß die Sängerinnen und Sänger, die Tag für Tag „in harter Fron“ ständen, ihr Bestes gäben, monierte aber andererseits die typisch Flensburgische Diktion und andere Schwächen. Erst 1921/22 war er mit den Leistungen zufrieden. Nun war der Chor auch in der Lage, zusammen mit der Vereinigung „Euterpe“ das Deutsche Requiem von Brahms und Kantaten von Bach darzubieten.[53] Für die Volkskonzerte konzedierte Mönkeberg, daß Zugeständnisse an den Massengeschmack nicht ganz zu vermeiden wären, daß jedoch ein Konzert lediglich aus Strauß- und Offenbachouvertüren bestand, ging ihm entschieden zu weit.[54]

Der Erste Vorsitzende des Chorvereins, Nicolaus Reiser, ging indessen von der Zielsetzung des Deutschen Arbeitersängerbundes her noch strenger mit den Flensburger Arbeiter-Chorgruppen ins Gericht. Es könne noch viel mehr geleistet werden, wenn sich die zehn bis zwölf Arbeiterchöre zusammenschlössen und wenn eine (Arbeiter)-Singakademie nach Mannheimer Muster in Flensburg aufgebaut werden könnte.[55] Zufriedengestellt hätte ihn sicher das „Riesenkonzert“ der Arbeitersänger in Frankfurt im November 1926, in dem über 900 Mitwirkende vor 22000 Zuhörern Haydns „Die Jahreszeiten“ darboten.[57] Dem Chorverein attestierte er immerhin einen stetigen, wenn auch langsamen Aufstieg. Gegen Ende des Jahrzehnts wurden die Leistungen des Chores allgemein anerkannt.

Somit trug der Chorverein dazu bei, der Arbeiterschaft wichtige Kulturbereiche kreativ und rezeptiv zu erschließen, in Übereinstimmung mit den neueren Thesen der sozialdemokratischen Kulturtheorie, daß es eine „Proletkultur“ aus dem Nichts heraus nicht gäbe und daß Kultur als Existential des Menschen zu allen Zeiten, auch vor und außerhalb der Klassengesellschaft, geschaffen worden sei.[58] Andererseits deuteten sich in der Kritik Reisers auch alternative Konzepte an.

Die Gründung der Freien Volksbühne Flensburg

Die Devise „Die Kunst dem Volke“ galt insbesondere für das Theater. Schon im Winter 1919/20 fanden auf Anregung des SPD-Bildungsausschusses mehrere geschlossene Arbeitervorstellungen im Stadttheater statt.[59] Dies wurde jedoch in den nächsten Jahren nicht fortgeführt. Erst im Juni 1923 gab es neue Ansätze, die einerseits von W. Haberlandt und H. Jensen, andererseits von den Studienräten Dr. Witt und Dr. Stürmer ausgingen und die schließlich zu einem „für das Kul-

Flensburger Volksbühne E. V.
Ausschneiden! Oktober-Spielplan: Aufbewahren!
Montag, 8. Oktober Sondervorstellung für alle Gruppen, das Zugstück der Spielzeit
„Der letzte Schleier“
ein Kriminalstück in drei Akten von Wheatley.
Kartenbestellungen bitten wir sofort, spätestens bis 6. 10., abds. 7 Uhr, in der Geschäftsstelle vorzunehmen.
Montag, 15. Oktober: Pflicht-Vorstell. der Gruppe A.
„Und das Licht scheint in der Finsternis“
von Tolstoi
Sonnabend, 20. Oktober: Sondervorstellung für alle Gruppen
„Judith“ von Hebbel.
Kartenbestellungen hierfür bitten wir bis zum 18. 10., 7 Uhr abends, in der Geschäftsstelle vorzunehmen.
Donnerstag, 25. Okt.: Pflicht-Vorst. der Gruppe C
„Und das Licht scheint in der Finsternis“
Dienstag, 30. Okt.: Pflicht-Vorst. der Gruppe B
„Und das Licht scheint in der Finsternis“
Die Filmvorstellung wird noch besonders bekannt gegeben. Die Beiträge für die Vorstellungen bitten wir möglichst am Anfang des Monats zu entrichten. Neuaufnahmen für die A-Gruppe (Montag) und für C (Donnerstag) werden in der Geschäftsstelle noch entgegengenommen. Die B-Gruppe (Dienstag) ist besetzt.

Abb. 92: Die FVZ-Anzeige vom 4.10.1928 gibt das breite Angebotsspektrum der Volksbühne wieder.

turleben unserer Stadt bedeutsamen Schritt“ führten: zur Gründung der Freien Volksbühne Flensburg. Nach einem Vortrag des Generalsekretärs des Verbandes Deutscher Volksbühnen-Vereine Dr. Nestriepke am 8. Juni 1923 im Musiksaal des Gewerkschaftshauses trugen sich über 150 Personen in die Beitrittslisten ein und bestellten zugleich einen vorläufigen geschäftsführenden Ausschuß. Der Verein verfolgte eine doppelte Zwecksetzung. Einerseits wollte er seinen Mitgliedern durch Kartenverbilligung einen regelmäßigen Theaterbesuch und damit die Teilhabe an einem anspruchsvollen Kulturleben ermöglichen, andererseits wollte er durch die Garantie ausverkaufter gehaltvoller Vorstellungen verhindern, daß das Theater einem oberflächlichen Publikumsgeschmack ausgeliefert und damit vollends zur Ware würde.[60] Obwohl die Vereinigung gemäß der Kennzeichnung „Freie Volksbühne“ jedermann und allen Gruppen zugäng.-lich war, dominierten hier – wie in Kiel und anderen Städten – eindeutig die Sozialdemokraten. Im vorläufigen Ausschuß hatten sie acht von elf, im Vorstand, der in der ersten Hauptversammlung vom 27. August gewählt wurde, acht von zwölf Sitzen inne und stellten mit H. Jensen auch den Ersten Vorsitzenden.[61] Die Abonnenteneinzeichnung und die Kartenausgabe wurden über die Konsumläden abgewickelt.[62] Am 8. September 1923 fand die erste Aufführung statt, am 1. Oktober gab sich der Verein seine Satzung.[63] In den folgenden Monaten konnte die neue Institution trotz oder gerade wegen der Inflationskartenpreise bis zu elf Millionen Mark einen starken Aufschwung verzeichnen. Am 15. September zählte sie schon 1 500, am 2. November 2 100 und am 8. Dezember über 3 000 Mitglieder.[64]

Das Satzungsprogramm, „gute erhebende Kunstwerke aller Gattungen zu spielen“, wurde voll erfüllt. So wurden im Winter 1925/26 Othello, Gyges und sein Ring, Hedda Gabler, Der Biberpelz und Klabunds Kaukasischer Kreidekreis, im Winter 1927/28 Der Widerspenstigen Zähmung in moderner Fassung, Genoveva und Dantons Tod dargeboten.[65] Opernaufführungen der Kieler Bühne und Morgenfeiern rundeten das Programm ab. 1932 wurde der Volksbühne ein Jugendabonnement angeschlossen.[66]

Somit leistete die Freie Volksbühne einen wesentlichen Beitrag zur Literarisierung der Flensburger Arbeiterschaft. Die-

Gewerkschafts-Bücherei
Gewerkschaftshaus, Zimmer 8
am Dienstag und Freitag von 7½—9 Uhr
geöffnet.

Abb. 93: Der Buchbestand der Gewerkschaftsbücherei wurde laufend ergänzt. Die Ausleihe mußte auf die Arbeitszeitdauer Rücksicht nehmen. (FVZ vom 28.9.1927)

Abb. 94: Das Schaufenster der 1932 neu eingerichteten Volksbuchhandlung Große Straße 61 (FVZ 21.4.1932)

se Förderung wurde ergänzt durch den Ausbau der Gewerkschaftsbibliothek und die Einrichtung einer Volksbuchhandlung, die als „republikanische Buchhandlung" insbesondere „Partei- und Propagandaliteratur" sowie „literarische Produktionen der Gegenwart" anbot.[67] Die Volkszeitung druckte anstelle leichter Unterhaltungsromane im Feuilleton Novellen von Storm, Keller und Hauff ab. Der Gründer der Flensburger Jungsozialistengruppe J. Orthmann rezitierte auf Parteifeiern Arbeiterlyrik und sprach in Distriktversammlungen über revolutionäre Dichtungen.[68]

Das Arbeiterkulturkartell

Mit dem Jahr 1924 trat in der Entwicklung der Arbeiterkultur ein Rückschlag ein. Nachwirkungen der Inflation und weitgehende Einschnitte im sozialen Bereich führten zu allgemeiner Resignation und zur „Flucht" aus den Organisationen und den Bildungsinstitutionen.[69] Das war auch in Flensburg zu spüren. Die städtische Volkshochschule stellte ihren Betrieb ein,[70] die ZffB trat schon 1923 nicht mehr an die Öffentlichkeit,[71] nur der SPD-Bildungsausschuß blieb weiterhin aktiv, klagte aber über das Nachlassen des Interesses.[72] Die Mitgliederzahl der Volksbühne sank von 3000 auf 1300.[73]

Um die Arbeiterbildung vor dem völligen Zerfall zu schützen und die „wechselseitige Abhängigkeit"[74] der Arbeiterinstitutionen zu erhalten, ergriff schließlich die Gewerkschaft die Initiative. Nachdem das Thema auf dem Breslauer Gewerkschaftskongreß von 1925 eher zufällig angesprochen worden war, entwickelte sich in der Fachpresse eine lebhafte Diskussion, die schließlich zu einer entscheidenden Wende führte.[75] In den meisten größeren Orten wurden sogenannte Arbeiterkulturkartelle gebildet, in denen sich alle kulturfördernden Institutionen der Arbeiterschaft mit der Gewerkschaft zu einem übergreifenden Aktionsverband zusammenschlossen. Das war auch in Flensburg der Fall. Unter dem Vorsitz von N. Reiser bestand hier spätestens seit Anfang 1926 als „geistiger und kultureller Mittelpunkt der gesamten organisierten Arbeiterschaft Flensburgs" ein Arbeiterkulturkartell von rund 7000 Mitgliedern.[76] Die Leitung lag in den Händen eines Ausschusses, dem einerseits Vertreter aller maßgeblichen Verbände – Chorverein, Freie Volksbühne, Freie Turnerschaft, Jugendorganisationen u. a. m. – angehörten, und der andererseits aus einer ADGB-Gruppe bestand, die 1929 noch verstärkt wurde, damit der Einfluß der Basis gewährleistet war.[77] Neben der Koordinierung der einzelnen Veranstaltungen und der Öffentlichkeitsarbeit hatte dieser Kreis noch zwei besondere Aufgaben zu erfüllen: die „würdige Gestaltung" der großen Feste und die Organisation besonderer Veranstaltungen von „hohem künstlerischem Wert", die zugleich dem „Verständnis des einfachen Mannes" angemessen sein sollten.[78]

Mit den großen Festen waren die Mai- und Gewerkschaftsfeste sowie die Revolutions- und Verfassungsfeiern gemeint, die nunmehr minutiös vorbereitet wurden. Neu bzw. als Steigerung des Gewerkschaftsfestes kam das repräsentative „Fest der Arbeit" hinzu, das erstmals im August 1927 und dann noch einmal im August 1929 gefeiert wurde.[79] Diese Feste, die von allen Arbeiter-Vereinigungen gemeinsam veranstaltet wurden, sollten zeigen, was Arbeiter auf kulturellem Gebiet zu leisten vermochten, und damit den „träge Abseitsstehenden" ein Beispiel für Lebensbewußtheit geben. Sie sollten vor allem aber als Massenerlebnis „den inneren Menschen in der Seele des Arbeiters wecken. Sie müssen dem nach Wahrheit und Schönheit dürstenden sozialistischen Menschen alles das ersetzen, was der religiöse Mensch in der Kirche und ihren Feiern findet."[80]

Mit dem „Fest der Arbeit" war zugleich ein Muster für die von N. Reiser gewünschten Großveranstaltungen gegeben. Zu den Darbietungen mit besonderem künstlerischem Wert gehörten z. B. der Gesangsvortrag eines bekannten russischen Baritons, der Lieder- und Lautenabend eines schwedischen Gastes, die großen Konzerte des Chorvereins sowie Filmvorführungen, vor allem aber der Auftritt eines Bewe-

Volks-Zeitung

Sozialdemokratisches Organ

für die Kreise Flensburg-Stadt und Land, Schleswig, Husum, Eiderstedt und Südtondern

Jahrgang | Sonnabend, den 3. August 1929 | Nummer 179

Abb. 95: Die „Extranummer" der FVZ zum Fest der Arbeit

gungssprechchors aus Hamburg.[81] Diese Darstellungsweise war eine genuin proletarische Kulturform, die sich in der Revolutionsphase 1918 im Umfeld der USPD entwickelt hatte und später – in abgewandelter Form – einen festen Platz in der sozialdemokratischen Arbeiterbewegung erhielt.[82] Besonders die jüngere Generation einschließlich der SAJ und der Roten Falken nahm sich dieser Kunstform an.[83] Die Vorstellung der Hamburger führte dazu, daß in Flensburg ein neuer Sprechchor unter Leitung von Marianne Beier gegründet wurde, der vom 1. Mai 1931 an Feste und Kundgebungen ausgestaltete und auch auf der vermutlich letzten Wahlversammlung der SPD am 25. Februar 1933 auftreten sollte.[84] Auf dem Weg zur Generalprobe wurde ein Mitglied des Sprechchors, der Kieler Julius Zehr, von einem SA-Mann erschossen.[85]

Durch die Bündelung der kulturellen Bestrebungen der Flensburger Arbeiterschaft und durch die Entwicklung einer neuen Konzeption war dem Arbeiterkulturkartell zweierlei gelungen. Zum einen hatte er seinen Mitgliedern eine freie Perspektive in den gesamten Kulturbereich geöffnet, zum anderen aber auch aufgezeigt, was Arbeiterkultur sowohl für

Arbeiter-Kultur-Kartell Flensburg

Gastspiel des Hamburger

Bewegung-Sprechchor

am Sonntag, den 22. Februar, nachm. 4,30 Uhr im „Deutschen Haus".

Auf den bereits lebhaft eingesetzten Kartenvorverkauf weisen wir nochmals empfehlend hin.

Eintrittskarten für Mitglieder und deren nächste Angehörige sind zum Preise von 60 Pfg. bei den angeschlossenen Organisationen und in den Verkaufsstellen des Konsumvereins zu haben.

Erwerbslose erhalten Eintrittskarten für 20 Pfg. in der Geschäftsstelle der Volkszeitung. Den Verkauf der Karten für Nichtmitglieder — 80 Pfg. — haben das Pianohaus Wendorff, Holm 14, und das Flensburger Pianohaus, Große Straße 31, übernommen.

Abb. 96: FVZ-Anzeige vom 21.2.1931

Abb. 97: Rote Falken nehmen Aufstellung zur Vorführung eines Sprechchors Pfingsten 1932 am Strand von Süderhaff bei einem Zeltlager mit dänischen Arbeiterkindern.

den einzelnen wie für die Gesamtheit bedeuten konnte. Durch letzteres war wiederum ein Moment der Abkapselung ins Spiel gebracht, so daß man – in Anbetracht der Zurückhaltung auf bürgerlicher Seite – immer noch von einem Nebeneinander von „zwei Kulturen" sprechen konnte.[86] Andererseits blieb mit der Abkapselung eine gewisse Geschlossenheit der Arbeiterschaft gewahrt.

Die vielen hier aufgeführten Vorhaben des Flensburger SPD-Ortsvereins stellen in ihrem Umfang, ihrer Verflechtung und auch in ihrer Intensität eine große Leistung dar. Dies umso mehr, als man sie eingebettet sehen muß in einen weiteren Rahmen kultureller Bestrebungen. Zu Recht hatte N. Reiser darauf hingewiesen, daß die – noch nicht voll erfüllte – Forderung des Acht-Stunden-Tages eine „Kulturforderung ersten Ranges" sei.[87] Gleiches konnte für den Ausbau der Bildungsanstalten gelten, den man einforderte, damit die Berufsaussichten der Jugendlichen nicht mehr vom „Geldbeutel des Vaters" bestimmt wurden. Hinzuweisen wäre ferner auf den beharrlichen Einsatz der sozialdemokratischen Stadtverordneten für die Kommunalisierung der Kulturinstitutionen einschließlich des Kinos.[88] Ohne Zweifel war die Flensburger SPD der Weimarer Jahre – gemäß einer Formulierung ihres langjährigen Vorsitzenden Haberlandt – eine „Kulturpartei".[89]

Anmerkungen:

1 Vgl. allg. Peter von Rüden, (Hrsg.), Beiträge zur Kulturgeschichte der deutschen Arbeiterbewegung 1848–1918, Frankfurt 1979; – Helga Grebing, Arbeiterbewegung. Sozialer Protest und kollektive Interessenvertretung bis 1914, München 1985, S. 100ff

2 Arbeiterführer (1903), S. 168

3 LAS 309, Nr. 12538 u. 12539 (Polizeiberichte mit Auflistung der Mitgliederstärke in den Arbeitervereinen und Gewerkschaften)

4 Arbeiterführer (Anm. 3)

5 Manfred Willner, Sportpolitische und -soziologische Aspekte von Arbeitersportvereinen, dargestellt anhand einer Untersuchung der Entwicklung des TSV Vorwärts Flensburg 1897 e.V.", PH Flensburg 1975, S. 18ff; – Uwe Heldt, 125 Jahre Turn- und Sportbund Flensburg. Ein Beitrag zur Entwicklung von Turnen und Sport in Flensburg, Flensburg 1991, S. 149ff.

6 Arbeiterführer (Anm. 3)

7 S. allg. Karl Christ, Sozialdemokratie und Volkserziehung. Die Bedeutung des Mannheimer Parteitages der SPD im Jahre 1906 für die Bildungspolitik und Pädagogik der deutschen Arbeiterbewegung vor dem Ersten Weltkrieg, Bern 1975; Dieter Langewiesche, Arbeiterbildung in Deutschland und Österreich. Konzeption, Praxis, Funktion, in: Werner Conze (Hrsg.), Arbeiter im Industrialisierungsprozeß, Stuttgart 1979, S. 439–464

8 Z.B. FA 21.1. u. 9.3.1892

9 Arbeiterführer (Anm. 3)

10 Jahresbericht der Sozialdemokratischen Agitationskommission 1912/13, S. 41f u. 1913/14, S. 44f

11 Vgl. hierzu Jb. d. Arbeitersekretärs u. Gewerkschaftskartells 1912, S. 28 u. 1914, S. 14.

12 Dieter Langewiesche, Klaus Schönhoven, Arbeiterbibliotheken im Wilhelminischen Deutschland, in: AfS XVI (1976), S. 135–202, bes. S. 142f

13 Jb. d. Arbeitersekretärs u. Gewerkschaftskartells 1914, S. 14f u. 1919, S. 10f

14 ebd.

15 Bericht von den Verhandlungen des Bezirkstages der SPD Juli 1919, S. 14–19

16 FVZ 8.8., 14.8. u. 21.10.1919; Artikelserie ab 15.12.1919. Hellwig hielt auch Vorträge vor Jugendorganisationen, FVZ 12.12.1919

17 FVZ 4.12.1919 (Anzeige)

18 FVZ 25.5. u. 23.8.1922

19 FVZ 4.10.1919

20 FVZ 21.10.1919

21 FVZ 4.10., 6.10., 15.11., 17.11.1919

22 z.B. FVZ 12.12.1919. Weitere Veranstaltungen 10.3., 6.5., 18.5. u. 27.6.1921

23 VW 191–26, S. 254. Gründung gemäß Erlaß des Preuß. Staatsministeriums von 1919. Organisation teilweise durch das Gewerkschaftssekretariat, FVZ 19.1.1922

24 FVZ 20.1.1922 (H. Jensen) u. 11.3.1921 (H. Hellwig)

25 Axel Henningsen, Beiträge zur Erwachsenenbildung in Schles-

wig-Holstein, Neumünster 1962, S. 96f. - Dr. Kähler, Die Volkshochschule Harrisleefeld, in: Der Landkreis Flensburg, hrsg. im Auftrage des Kreisausschusses, Kiel 1931, S. 97f.

26 FVZ 4.6.1923 (erstmalige Nennung)

27 FVZ 14.9.1927, 20.11.1929 u. 26.1.1931

28 FVZ 26.6.1927

29 Zur Zeremonie s. FVZ v. 18.3.1929. 33 Kinder erhielten die Jugendweihe, die erstmals 1921 in Flensburg durchgeführt wurde; s. auch StA XII Dr 19a.

30 FVZ 28.6.1927 u. 16.6.1931

31 FVZ 23.1.1932

32 K. Hanisch, Neue Bahnen der Kulturpolitik, Berlin 1921, nach: FVZ 28.12.1921

33 In einem Bericht über die Tagung des Sozialistischen Kulturbundes in Blankenburg hieß es, die Arbeiterbildungsbewegung sei „altersgrau“ geworden und sie sei „verebbt“, FVZ 6.10.1926

34 FVZ 14.1.1921

35 M. Wilner (Anm. 5), S. 38f.; - U. Heldt (Anm. 5), S. 152 u. 285

36 z.B. FVZ 5.6.1919 (Ausflug), 2.1.1921 (Hoffmann-Demonstration, s. S. 54f) u. 12.6.1926 (Umzug)

37 FVZ 2.6.1922

38 Heinrich August Winkler, Der Schein der Normalität. Arbeiter und Arbeiterbewegung in der Weimarer Republik 1924–1930, Berlin/Bonn 1985 S. 122–124

39 FVZ 29.3.1931

40 FVZ 4.6.1923: Rede des Genossen Dietrich zum 30jährigen Gründungstag des ATSV Pfingsten 1923; - FVZ 9.10.1926 (H. Hansen)

41 FVZ 11.7.1923 (Entschließung der Kreiskonferenz des ATSB)

42 FVZ 9.10.1926; vgl. auch 16.6.1922 u. 9.10.1927

43 M. Wilner (Anm. 5), S. 22

44 FVZ 28.7.1927 u. 3.8.1929 (H. Hellwig: Fäden von Organisation zu Organisation knüpfen.)

45 M. Wilner (Anm. 5) S. 29ff. - H. Hellwig, Erziehungsarbeit im Arbeiter-Turn- und Sportbund, in: FVZ 3.8.1919

46 H.A. Winkler (Anm. 38), S. 126

47 FVZ 3.8.1929

48 FVZ 2.8.1924

49 FVZ 23.1.1933

50 FVZ 3.8.1929 (Hellwig)

51 FVZ 9.10.1926

52 FVZ 9.10.1921, Zitat ebd., 24.3.1922, 24.3.1923

53 FVZ 9.12.1919, 9.11. u. 16.11.1921

54 FVZ 3.11.1921

55 FVZ 9.10.1926

56 FVZ 3.8.1929 (Aus der Arbeitersängerbewegung)

57 FVZ 4.11.1926. - Auf dem Gausängerfest in Kiel im Juni 1930 wurden die „Jahreszeiten“ von 1000 Arbeitersängern dargeboten, FVZ 11.6.1930

58 F. Höftting, Frankfurt, in: Sozialistische Kultur, FVZ 21.5.1927

59 FVZ 8.11. u. 22.11.1919 („Der Meineidbauer“, ausverkauft)

60 FVZ Hauptberichte 11.6. u. 29.8.1923; - s. auch Anneliese Jürgensen, Der Weg der Flensburger Volksbühne durch 60 Jahre 1923–83, Flensburg 1983, und Festschrift Volksbühne Flensburg e.V. - 60 Jahre Partner eines Theaters, Flensburg 1983 (Hier wird der 29.8. als Gründungsdatum angegeben.)

61 Von den zwölf Vorstandsmitgliedern gehörten Jensen, Storbeck, Hoede, Hellwig, Brennecke, Diez, Saß und Frau Peters der SPD an.

62 FVZ 6.7. u. 23.8.1923

63 Festschrift (Anm. 60). Der Verein gab auch „Dramaturgische Blätter“ bzw. „Mitteilungsblätter“ heraus.

64 FVZ 15.9., 2.11. u. 8.12.1923

65 FVZ 12.5.1926 u. 24.8.1927

66 FVZ 3.5.1927, 15.2.1926 u. 3.9.1932

67 FVZ 20. u. 21.4.1932

68 FVZ 28.10.1921

69 Hermann Seelbach, Die Bildungsaufgaben der Gewerkschaften unter Berücksichtigung der Breslauer Kongreßbeschlüsse (1926 geschrieben), in: Josef Olbrich, Arbeiterbildung in der Weimarer Zeit, Konzeption und Praxis, Dokumentationen zur Geschichte der Erwachsenenbildung, Braunschweig 1977, S. 137ff, bes. S. 138

70 VW (Anm. 23), S. 255

71 Später führte die „Reichszentrale für Heimatdienst“ Vortragsreihen in Flensburg durch, s. FVZ 30.11.1927

72 FVZ 8.1.1930

73 FVZ 9.5.1926

74 s. S. dieses Kapitels

75 s. die Diskussion von Th. Cassau (1925), H. Seelbach (1926), u. F. Fricke (1926) in: J. Olbrich (Anm. 69)

76 FVZ 18.3.1929: Aufsatz N. Reisers über »Kultur und Bildungsbestrebungen“; - s. auch allg. Heinrich Schulz, Phasen der Arbeiterbildung, in: J. Olbrich (Anm. 67), S. 166

77 FVZ 24.5.1929

78 Ebd. (Zitat)

79 FVZ 28.7.1927 u. 3.8.1929

80 FVZ 3.8.1929 (Zitat Reiser)

81 FVZ ebd., 11.1. u. 18.2.1931

82 Wilfried von der Will u. Rob Burns, Arbeiterkulturbewegung in der Weimarer Republik, Frankfurt/Berlin/Wien 1982, S. 193–216

[83] FVZ 28.2.1926 (SAJ), 18.1. u. 31.1.1928 (SPD-Sing-, Sprech- und Tanzkreis), FVZ 9.5.1932 (Rote Falken)
[84] FVZ 2.5.1931
[85] SHVZ 27.2.1933
[86] E. Beier in einem Gespräch mit H. Windmann am 7.12.1967
[87] FVZ 3.8.1929
[88] ebd. (Haberlandt). – s. auch S. 51.
[89] FVZ 3.8.1929 Haberlandt: „Die SPD als Kulturpartei", mit dem Eingangshinweis, daß die SPD „in erster Linie politische Kampfpartei" sei.

Ulla Lembke

Genossenschaften und SPD in Flensburg bis 1933

Jene Genossenschaften, die sich seit der Jahrhundertwende langsam auch in den Städten Schleswig-Holsteins auszubreiten begannen, standen immer schon in enger Verbindung zur Sozialdemokratie und zu den freien Gewerkschaften. Hierbei sind in allererster Linie die Konsumvereine sowie die Bau- und Siedlungsgenossenschaften zu erwähnen.
Waren sie auch nicht eigentliche „Tochter"-Gründungen der Sozialdemokratischen Partei, so standen sie ihr doch inhaltlich und ihrer gesellschaftspolitischen Zielsetzung entsprechend näher als sonst irgendeiner anderen politischen Partei der damaligen Zeit. Auch gab es von jeher eine enge Verbindung zwischen ihnen und den freien Gewerkschaften und über diese wiederum zu deren politischem Sprachrohr, der SPD. Zwar bemühten sich die Genossenschaften stets, ebenso wie die Gewerkschaften, nicht von der SPD vereinnahmt zu werden, ja eine sogenannte parteipolitische Neutralität zu üben, doch sind diese Bekundungen angesichts der personellen Verflechtung wohl nur als Scheingefechte zu werten, die die Angriffe der Bürgerlichen parieren sollten.

Abb. 98: Die Angestellten des Konsumvereins für Flensburg und Umgegend (um 1910). In der Mitte der 1. Reihe: Waldemar Sörensen.

Abb. 99: Vorstand und Aufsichtsrat des Konsumvereins (um 1910). Sitzend von links: Ferdinand Köster, Jens Freese, Waldemar Sörensen, unbekannt, Ernst Erfurth (?); stehend 2. von rechts: Nikolaus Erichsen.

Der Consumverein für Flensburg und Umgebung

Die Gründung der Flensburger Konsumgenossenschaft erfolgte am 21.8.1901 im Holsteinischen Haus. Bereits in der konstituierenden Versammlung, bei der sich gleich 51 Personen als Mitglieder eintrugen, wurde die Satzung beraten und verabschiedet, es wurden Vorstands- und Aufsichtsratsmitglieder gewählt, so daß bereits am 3.10.1901 die Eintragung ins Handelsregister unter dem Namen „Consumverein für Flensburg und Umgebung e.G.m.b.H." erfolgen konnte.[1] Zum 1. Vorsitzenden wurde das bekannte SPD-Mitglied Waldemar Sörensen gewählt, der zu dieser Zeit als Schriftsetzer bei Flensborg Avis tätig war. Man darf vermuten, daß der zügige Ausbau des Vereins – bereits im Januar 1902 wurde die erste Filiale in der Schloßstraße 2[2] eröffnet, der schon im Mai desselben Jahres eine weitere Verkaufsstelle in der Angelburgerstraße 26 (später verlegt nach Süderfischerstraße 24) folgte, – recht bald eine nur nebenamtliche Tätigkeit nicht mehr erlaubte. So wurde nach Errichtung der 3. Filiale in der Apenrader Straße 32 im Jahr 1905 eine Festanstellung Sörensens als hauptamtlicher Geschäftsführer erwogen und zum Jahr 1906 vollzogen. Nicht unerwähnt bleiben darf dabei die Tatsache, daß Sörensen als Kartell-Delegierter der Buchdruckergewerkschaft seit 1903 den Vorsitz im Gewerkschaftskartell innehatte und damit für die aufblühende Konsumgenossenschaft die ideale Verbindung zur potentiellen Mitgliederzielgruppe, den Arbeitern und insbesondere den gewerkschaftlich organisierten Arbeitern, herstellte.

In Schleswig-Holstein hatte, anders als in Mitteldeutschland und vor allem Sachsen, die Genossenschaftsbewegung erst um die Jahrhundertwende Fuß gefaßt, zu einem Zeitpunkt, als die Gewerkschaften erkannten, daß die Bekämpfung des Kapitalismus auch den Versuch einschloß, auf die Warenverteilung und -produktion Einfluß zu gewinnen.[3] So heißt es in einem auf dem Gewerkschaftskongreß 1905 in Köln gefaßten und 1908 in Hamburg wiederholten Beschluß:

„Der Gewerkschaftskongreß erblickt in der Organisation des Konsums durch die Genossenschaften ein Mittel zur Er-

höhung der Lebenshaltung und der genossenschaftlichen Erziehung des Volkes und hält es deshalb im Interesse des Proletariats für geboten, daß die gewerkschaftlich organisierten Arbeiter- und Arbeiterinnen durch ihren Beitritt zu den Konsumvereinen und Propagierung der genossenschaftlichen Ideen die Genossenschaftsbewegung in Deutschland am thatkräftigsten unterstützen. Der Kongreß verpflichtet namentlich die Gewerkschaftsmitglieder in den Konsumvereinen das Bestreben zu fördern, auf Grundlage des organisierten Konsums zur eigenen Produktion der Bedarfsartikel der großen Masse der Konsumenten zu schreiten."[4]
Dennoch waren 1908, nachdem im Vorjahr die 4. Verkaufsstelle in der Harrisleer Straße 42 eröffnet worden war, von den über 4000 organisierten Mitgliedern der Flensburger Gewerkschaften lediglich 1216 Mitglied im Konsumverein geworden, ein Mitgliederstand jedoch, der die Genossenschaft veranlaßte, zum 1.10.1908 auch den bisherigen Kassierer Jens Freese, einen gelernten Zimmermann, ebenfalls SPD-Mitglied und späterer Stadtverordneter, hauptamtlich zu beschäftigen. Vorarbeiten für die Errichtung von Verkaufsstellen in Klues und auf Jürgensby waren bereits in Gang gesetzt worden.
Das Büro des Consumvereins für Flensburg und Umgebung befand sich damals in der Schloßstraße 42, I. Etage, unmittelbar über der 1. Verkaufsstelle, deren Geschäftsleiter zu der Zeit der SPD-Vorsitzende Wilhelm Haberlandt war.[5] Wenn auch bekannte Flensburger Sozialdemokraten im Vorstand waren, so konnte man sicher nicht von einer sozialdemokratischen Gründung sprechen, wohl aber von einer Gründung durch Sozialdemokraten. Dazu paßt wiederum, daß prominente SPD-Funktionäre bei Stellungslosigkeit offenbar jederzeit Unterschlupf im Konsumverein fanden.[6]
1908 beschäftigte der Konsumverein für Flensburg und Umgebung in vier Filialen und Büros bereits 16 Personen und befaßte sich jetzt eingehend mit der Schaffung einer Zentrale und dem Übergang zur Eigenproduktion, dem schon 1898 erklärten Langzeitziel der Konsumvereine und der dahinterstehenden Gewerkschaften. So gelang es dem rührigen Geschäftsführer Waldemar Sörensen, der sich wenig später in gleicher Weise beim Bau des Gewerkschaftshauses einsetzte, gut 4500 qm Grund an der Apenrader Straße zum qm-Preis

Abb. 100: Skizze der Betriebsanlage des Konsumvereins in der Apenrader Str. 48–52 (um 1910)

Abb. 101: Parterre des Zentrallagers des Konsumvereins (um 1910)

von 9 Mark zu erwerben. Auf diesem war die Errichtung von drei Wohnhäusern mit 14 Wohnungen, Kontor, Verwaltungszimmer und Stallungen, einem Zentrallager, einer eigenen Brotfabrik sowie Gartenland für die Mieter geplant.[7] Der Kostenaufwand wurde mit ca. 300 000 Mark veranschlagt, einschließlich der 40 572 Mark für das Grundstück. Die Bauvergabe erfolgte in Einzellosen an Flensburger Firmen, z. B. Maurerarbeiten an Schwarck & Körner für 70 900 Mark[8], Zimmererarbeiten an die Firma W. Brandt für 17 346 Mark, – ein Generalunternehmer wurde nicht bestellt. Bei der Vergabe der Aufträge hielt man sich offensichtlich an gewerkschaftliche Vorgaben, denn es wird erwähnt, daß ein vorgelegtes Angebot, obgleich günstiger, nicht angenommen worden sei, da es die Streikklausel enthalten habe. Die Bauvergabe für die Brotfabrik erfolgte dagegen an eine Kieler Spezialfirma.
Mit dem 10. Geschäftsbericht[9] konnte der Flensburger Konsumverein stolz auf seine nunmehr in Betrieb genommene Anlage Apenrader Straße 48–52 in Wort und Bild verweisen und vermelden, daß die Genossenschaft nunmehr über vier eigene Verkaufsstellen, einen Backwarenverkaufsladen sowie 30 Brotfilialen in der Stadt verfüge. Die Baukosten waren sogar unter dem Limit verblieben, indem lediglich 254 850,77 Mark aufgewendet werden mußten.[10] Die Brotverkaufsstellen gehörten Privaten, die jedoch ohne Ausnahme – wie betont wurde – Mitglieder des Konsumvereins waren, und boten eine Möglichkeit, den Vertrieb der eigenproduzierten Backwaren größtmöglich über das Stadtgebiet zu streuen, ohne kostspielige Verkaufsstellen errichten zu müssen. Später mußten diese allerdings aus steuerlichen Gründen wieder geschlossen werden.[11]
Sollte auch die 5. Verkaufsstelle in Flensburg erst Anfang November 1913 am Hafermarkt 23 eröffnet werden, so war der Flensburger Konsumverein unterdessen durchaus nicht untätig. So übernahm er bereits 1910 den in Schwierigkeiten steckenden Konsumverein in Hadersleben, der seinen Umsatz dann bereits im ersten Jahr fast verdoppeln konnte, errichtete nach schwierigem Verhandlungsverlauf am 19. März 1912 eine Verkaufsstelle in Apenrade, der bald darauf eine

Abb. 102: Gespanne fertig zur Abfahrt im Hof der Betriebsanlage des Konsumvereins (um 1910)

weitere in Ekensund folgte. Auch gelang es noch vor dem Krieg, die angeschlagene Sonderburger Konsumgenossenschaft anzugliedern, so daß der Consumverein für Flensburg und Umgebung zu Beginn des Weltkrieges nicht nur über fünf Flensburger, sondern dazu noch in vier nordschleswigschen Städten über Filialen verfügte und darüber hinaus mit Backwaren aus der eigenen Bäckerei belieferte. Ein zweites Zentrallager in Apenrade stellte deren Versorgung sicher. Ungeachtet des drohenden Krieges plante der Verein eine Erweiterung der Bäckerei sowie den Aufbau einer eigenen Schrotmühle, einer kleinen Meiereianlage und einer Mineralwasserfabrik. Im gleichen Zuge sollten die Personalräume vergrößert und modernisiert werden.[12]

Doch galt es nach wie vor, heftige Attacken der Konsumvereinsgegner abzufangen und zu beantworten. So war es von Anbeginn an ein Problem gewesen, geeignete Räumlichkeiten anzumieten. Das Vertrauen in den als „sozialdemokratisch" eingeschätzten Verein war gering. Anfänglich verlangten deshalb die Vermieter sogar eine persönliche Mietbürgschaft aller Vorstands- und Aufsichtsratsmitglieder,[13] ein nicht eben geringes Risiko, auf das sich die Gründerväter des Konsumvereins hier einlassen mußten. Schienen diese Schwierigkeiten in der Stadt Flensburg auch bald beigelegt, – dafür dürften das schnelle Anwachsen des Vereins und die rasante Zunahme der Umsatzzahlen, wie sie für jedermann in den genossenschaftsrechtlich vorgeschriebenen Bilanzen einzusehen waren,[14] schon bald gesorgt haben, – so traten sie erneut zutage, als man sich auf fremden Boden wagte. So mußte die geplante Eröffnung der Apenrader Verkaufsstelle zum 1.1.1912 wiederholt verschoben werden, da sich am Ort trotz diverser Inserate kein „geeignetes" Gebäude mieten ließ.

„Dies erweckt den Anschein, als ob Geschäftsleute, die ein großes Interesse daran haben, daß der Konsumverein keinen Laden bekommt, im Geheimen ihre Wühlarbeit verrichten."[15]

Dieser Tendenz schien auch die Apenrader Baubehörde zu erliegen, denn nachdem die Geschäftsleitung den Ankauf eines Grundstückes an der Schiffsbrückstraße beschlossen hatte, brauchte die Behörde volle neun Tage, um auf nochmalige persönliche Nachfrage festzustellen, daß der dortige Hof-

Abb. 103: Verkaufsstelle Apenrader Straße, rechte Seite (um 1910)

Abb. 104: Verkaufsstelle Apenrader Straße, linke Seite (um 1910)

platz für eine Verkaufsstelle zu klein sei und ein Umbau nicht genehmigt werden könne.
Immerhin hatte die dortige Agitation bereits einen Mitgliederstand von 225 und ein eingezahltes Stammkapital von 1200 Mark erbracht. Die Agitation und damit Mehrung des Mitgliederkreises des Konsumvereins war ab dem Geschäftsjahr 1912/13 einem eigens zu diesem Zweck errichteten 21-köpfigen Genossenschaftsrat übertragen worden, an dessen Spitze der Kürschner Albert Dobler stand, 1. Kassierer des SPD-Ortsvereins und damit ein weiteres prominentes SPD-Mitglied in der Verwaltung der Konsumgenossenschaft. Neben 12 Flensburger Genossen hatten in diesem Genossenschaftsrat auch 9 Vertreter der auswärtigen Filialen Sitz und Stimme, lag doch in ihren Händen die hauptsächliche Agitationsarbeit. Für das Flensburger Stadtgebiet dürfte das Blühen der fünf vorhandenen Filialen werbewirksam genug gewesen sein.
So finden sich denn in der Flensburger Volkszeitung, dem erklärten Publikationsorgan des Flensburger Konsumvereins, auch keinerlei Werbeinserate. Man schien sich des eigenen Wertes bewußt zu sein. Im übrigen wäre, da der Verkauf auf Mitglieder beschränkt blieb, eine Außenwirkung solcher Reklame nur gering und im Sinne einer gesunden Vereinsführung nur mit überflüssigen finanziellen Nachteilen verbunden gewesen, floß doch der Überschuß besser in Form von hoher Rückvergütung zurück. Die Beschränkung auf den Mitgliederverkauf scheint ein weiterer Hebel gewesen zu sein, mit dem versucht wurde, die Konsumgenossenschaft in die Illegalität zu treiben. So wurde noch auf der großen in Flensburg stattfindenden Tagung der Konsumvereine im Jahr 1929 betont:
„Die Konsumvereine sind für ihre Mitglieder da und verteilen ihre Waren nur an diese. Wenn nun fortgesetzt versucht wird, durch in die Verteilungsstellen der Konsumvereine geschickte Spitzel das Personal zur Uebertretung der klaren Bestimmungen zu verleiten, so muß ein solches Gebaren als unanständig, gesetzwidrig und unsittlich bezeichnet werden. Auch in Flensburg sind solche Mätzchen versucht.“[16]
Der Hauptvorwurf aber, dem die Konsumvereine seit ihrer Gründung entgegenzutreten hatten, war der, daß diese steuerlich gegenüber dem Einzelhandel begünstigt seien. Die offenbare Unkenntnis bezüglich dieses Problems findet sich so bereits in einem vom Verband der Detaillisten und Handelsvereine Schleswig-Holsteins der Handelskammer Flensburg im September 1911 unterbreiteten Fragebogen, der Auskunft darüber verlangte, welche Steuern die Konsumvereine zu zahlen hätten, wie hoch diese sich beliefen und ob irgendwelche Vergünstigungen in steuerlicher Hinsicht gewährt würden: „Die erste Forderung an die Konsumvereine ist, daß sie die selben Steuern und Lasten tragen sollen wie die Detaillisten.“[17] Hierzu schrieb das 3. Vorstandsmitglied Heinrich Dietrich, der zugleich das seit dem 1.10.1920 fest installierte Sekretariat des Vereins verwaltete, in einer Sonderbeilage der Flensburger Volkszeitung anläßlich des Gewerkschaftsfestes im Jahr 1929 in seinem Artikel über die „Bedeutung der Konsumgenossenschaften“:
Zu dieser Forderung sei „festgestellt, daß die Konsumvereine in Preußen alle Steuern zu bezahlen haben. Sie zahlen Umsatz-, Gewerbe-, Hauszins- und Körperschaftssteuern aus den Liegenschaften, sie zahlen die Aufbringungssteuer, die keiner von den schreienden Mittelständlern zu bezahlen hat. Die Konsumvereine haben ferner Abgaben an die Handelskammern zu bezahlen, trotzdem diese Einrichtung für die Konsumvereine gar nicht in Frage kommt; der Konsumverein Flensburg muß Beiträge für die Handelsfortbildungsschule leisten, trotzdem er auch nicht einen fortbildungsschulpflichtigen Angestellten beschäftigt. Alle diese Schikanen werden aber die Vorwärtsentwicklung der Konsumgenossenschaften nicht aufhalten, sondern sie bieten den Vorteil, daß die Konsumvereine zu Gegenmaßnahmen gedrängt werden, die, wenn die Konsumgenossenschaften hierbei von der denkenden Verbraucherschaft unterstützt werden, den Kampf recht bald zugunsten der Konsumgenossenschaften entscheiden werden.“[18]
Es sei noch ein weiteres Beispiel zu diesem Thema angeführt, das belegt, daß der angeführte Streit durchgängig geführt wurde, nunmehr aus dem Jahr 1921, kurz nach Eröffnung der Glücksburger Verkaufsstelle:
„Gegen diese Verkaufsstelle hat es einen Aufstand der Glücksburger Händler mit allen erdenklichen unfeinen Methoden gegeben. Die Hauptvorwürfe lauten: a) der Konsumverein zahlt keine Steuern, b) der Konsumverein ist eine so-

zialdemokratische Einrichtung. Beides stimmt nicht: Der Konsumverein hat im Quartal Juli bis September 1920 mehr Steuern gezahlt als alle Krämer Glücksburgs zusammen, vermutlich im gesamten Kalenderjahr1920. . . . Zu dem Thema und den Vorwürfen findet am Donnerstag, 13. Januar, eine Versammlung statt. Es spricht Genossenschaftssekretär Dietrich aus Flensburg."[19]

Nachzutragen bleibt, daß die Entwicklung des Flensburger Konsumvereins auch nach dem 1. Weltkrieg nicht stagnierte. Zwar mußten 1920 die in der 1. Abstimmungszone gelegenen nordschleswigschen Filialen an die dänische „brugsforening" abgetreten werden, eine Maßnahme, die von der umsichtigen Geschäftsleitung bereits langfristig 1919 vorbereitet worden war, doch fand sich schon bald Ersatz: nicht nur, daß in Flensburg selbst gleich nach Kriegsende fünf neue Filialen in Klues, Adelbykamp, Friedheim, in der Friesische Straße und in Flensburg-Weiche eröffnet werden konnten, es kamen noch sieben auswärtige Verkaufsstellen in Kupfermühle, Niebüll, Lindholm, Satrup, Gelting, Glücksburg und Sörup neu hinzu.[20] Stolz konnte der Konsumverein für Flensburg und Umgebung vermelden, daß er nunmehr über 17 Verkaufsstellen verfüge, dazu über die inzwischen fertiggestellte Schrotmühle[21], eine Kaffeerösterei und eine Mineralwasseranlage. Zusammen mit der zwischenzeitlich ausgebauten Brotfabrik und Konditorei hatte der Verein im Geschäftsjahr 1921/22 bei 5701 Mitgliedern einen Umsatz von 36 Millionen Mark erzielen können.[22]

Die ständige Mitgliederzunahme und regionale Verbreiterung der Verkaufsstellen schien es im September 1919 geraten erscheinen zu lassen, ab sofort wieder in einzelnen Orten Bezirksversammlungen durchzuführen, zwecks besseren Kontakts zu den Mitgliedern.[23] Verstärkt wurden auch Mitgliederversammlungen der einzelnen Verkaufsstellen abgehalten, die der Aufklärung, Belehrung und Information über den Stand der Genossenschaftsbewegung dienen, Wünsche und Anregungen aus Mitgliederkreisen beraten sowie Mittel und Wege besprechen sollten, um zur Stärkung der Genossenschaftsbewegung zu führen.[24]

Der Gedanke der Eigenproduktion wurde nach wie vor hochgehalten und ausgebaut, war doch geplant, eine Molkerei, eine Schlächterei und den Handel mit Manufakturwaren als Sonderbetriebe einzurichten.[25] Zu einer Verwirklichung dieser Pläne scheint es jedoch nie gekommen zu sein, der Manufakturhandel in den Verkaufsstellen selbst mußte angesichts der darauf zu entrichtenden Warenhaussteuer schon recht bald wieder eingestellt werden.

Im übrigen bedurfte es noch 1922 der verstärkten Aufforderung, Eigenfabrikate der Großeinkaufsgesellschaft Deutscher Konsumvereine, die unter dem Markenzeichen „GEG" vertrieben wurden, zu kaufen, da sich bei gleicher Qualität, aber niedrigerem Preis diese noch nicht durchgesetzt hatten. Die beginnende Wirtschaftskrise warf ihre Schatten auch auf die Konsumgenossenschaften, die sich zu einer Erhöhung ihrer Geschäftsanteile veranlaßt sahen.[26]

So hatten noch 1908 folgende Eintrittsbedingungen gegolten: 50 Pfennig Eintrittsgeld berechtigten sofort zum Warenbezug. 30 Goldmark Geschäftsanteil blieben Eigentum des Mitglieds und wurden derzeit mit 4 % verzinst. Davon waren im Laufe der ersten 6 Monate 6 Mark einzuzahlen, der Restbetrag konnte nach und nach oder als Kürzung der jährlichen Rückvergütung um 5 Mark bis zur endgültigen Höhe von 30 Mark getilgt werden.[27]

Die Generalversammlung am 30.9.1921 hatte noch über eine Erhöhung der Geschäftsanteile von 100 auf 200 Mark beraten. Doch die Inflation schritt zügig voran. Der Wert des vor dem Krieg geforderten Geschäftsanteils von 30 Mark entsprach nun dem von fast 8000 Papiermark. Der letzte Verbandstag hatte daher beschlossen,

„um dieser Geldentwertung einigermaßen Rechnung zu tragen und die Genossenschaften in die Lage zu versetzen, die Warenerzeugung, die Warenbeschaffung und die Warenverteilung sicherzustellen, muß der Geschäftsanteil dem Wochenlohn eines besserbezahlten Arbeiters entsprechen. Das wären heute mindestens 2000 Mark."[28]

Die Generalversammlung des Flensburger Konsumvereins entsprach dieser Aufforderung und beschloß die Festsetzung des Geschäftsanteils auf 2000 Mark sowie deren sofortige Einkassierung. In dieser Situation der existenzbedrohenden Krise stieg der Konsumverein erstmals sichtbar zum Preisregulator auf, indem er versuchte, „die Preise bis zur äußersten Grenze niedrig zu halten".[29] Belohnt wurde dies mit dem Zustrom von 2980 neuen Mitgliedern und der Einzahlung von

Die Konsumvereine

bieten die beste Gewähr, die Erzeugung und Verteilung der Güter im Sinne der Verbraucher zu regulieren.

Die Konsumvereine

sind die Grundpfeiler der Gemeinwirtschaft und verbürgen uns eine bessere Zukunft.

Die Konsumvereine

sind die Vereinigungen der wirtschaftlich Schwachen, sie bieten ihnen in der Zeit der Not Schutz und Hilfe.

Die Konsumvereine

marschieren unter dem Motto: „Einer für alle und alle für einen!"

Darum werdet Mitglied

im Consumverein für Flensburg u. Umgegend

und macht von seinen Einrichtungen eifrigen Gebrauch.

*

Der Consumverein für Flensburg und Umgegend hat 18 Verteilungsstellen, eigene Bäckerei und Konditorei, sowie eigene Sparabteilung mit 12 Millionen Einzahlungen.

*

Der monatl. Umsatz beträgt zur Zeit 340 Millionen Mk.

Abb. 105: Mitgliederwerbung des Konsumvereins in der Volkszeitung vom 30.4.1923

Konsum-Verein für Flensburg u. Umg.

eingetragene Genossenschaft mit beschränkter Haftpflicht

C.V.F.

Größte Verbraucherorganisation nördlich der Eider

8500 Mitglieder

Jährlicher Umsatz $2^1/_2$ Millionen Reichsmark

30 Verteilungsstellen

in Flensburg, Harrisleefeld, Kupfermühle, Niebüll, Satrup, Glücksburg, Sörup, Leck, Husum, Tönning, Bredstedt, Friedrichstadt und Süderbrarup

Eigene Zentrale, eigene Bäckerei u. Konditorei, Schrotmühle, Kaffeerösterei und eigene Brausefabrikation

Der Konsumverein Flensburg ist **Mitglied des Zentralvereins deutscher Konsumvereine** und beliefert seine Mitglieder mit den vorzüglichen Artikeln der **Großeinkaufs-Gesellschaft deutscher Konsumvereine**

GEG.-Zündhölzer	GEG.-Seifenfabrikate
GEG.-Tabakfabrikate	GEG.-Kosmetische Artikel
GEG.-Teigwaren	GEG.-Schokoladen
GEG.-Konserven	GEG.-Backpulver
usw.	usw.

sind die eigenen Fabrikate der organisierten Verbraucher

Jeder denkende Verbraucher muß Mitglied des Konsumvereins sein!

Abb. 106: Anzeige des Flensburger Konsumvereins (1927)

über 9 Millionen Mark Geschäftsanteilen bis Ende Februar 1923.
Die außerordentliche Generalversammlung vom 9.3.1923 brachte zwei Neuerungen: An die Stelle der Generalversammlung trat zur gleichen Zeit, bedingt durch die am 1.7.1922 im Reichstag erfolgte Umgestaltung des Gesetzes betreffend Erwerbs- und Wirtschaftsgenossenschaften, die Vertreterversammlung, die die Rechte der Mitglieder zu vertreten hatte.
„Jede Verteilungsstelle bis zu 300 Mitgliedern wählt zwei Vertreter, für jede weitere 150 Mitglieder einen Vertreter mehr. Die Wahl findet alle 3 Jahre in den Mitglieder-Versammlungen der Verteilungsstellen statt."[30]
Daneben kam es zu einer erneuten Erhöhung des Geschäftsanteils auf nunmehr 12000 Mark, ein Beschluß, der einstimmig gebilligt wurde. Doch erst die auch dem Konsumverein zu Beginn des Jahres 1924 gewährte Umstellung auf Rentenmark normalisierte diese Zustände wieder. Die Frühjahrsvertreterversammlung vom 17.2.1924, auf der 47 der 56 statutengemäß gewählten Vertreter neben dem dreiköpfigen Vorstand und den neun Aufsichtsratsmitgliedern anwesend waren, konnte denn auch bereits Genaueres über die Umstellung der Währung sagen:
„Die bisher von den Genossen eingezahlten Geschäftsguthaben (Geschäftsanteil) werden, sofern die Mitgliedschaft nicht bis zum 1.7.1925 aufgegeben wird, bis zu 25 % aufgewertet. Durch diese Aufwertung vollbringt der Konsumverein Flensburg eine Leistung, die ihm von keinem anderen Unternehmen so leicht nachgemacht werden kann."[31]
Der Geschäftsanteil wurde jetzt auf 30 Rentenmark und das Eintrittsgeld auf 1 Rentenmark festgelegt.
Gleichzeitig sollten konsumgenossenschaftliche Frauenabende den Genossenschaftsgedanken stärken. Angebote, wie die seit langem bestehende unentgeltliche Sterbeversicherung, der Notfonds und die Volksfürsorge sowie ab 1924 eine konsumgenossenschaftliche Mobilien- sprich Feuerversicherung, sollten die Attraktivität des Vereins und die Bindung der Mitglieder an denselben erhöhen helfen.
Am Samstag, dem 21. August 1926, konnte der Konsumverein für Flensburg und Umgebung sein 25jähriges Jubiläum mit einem wahren – allerdings verregneten – Volksfest feiern. Dem großen Festzug fuhr ein Wagenzug unter Beteiligung von Volkszeitung und Volksfürsorge sowie der einzelnen Verkaufsstellen voran. Die Mitglieder der einzelnen Filialen marschierten sternförmig in die Stadt, geführt von Musikkapellen des Reichsbanners und der Freien Turnerschaft, bis zum Festplatz an der Marienhölzung, wo mit Sport, Spielen und Kindervergnügung, organisiert von der Gemeinschaft der Kinderfreunde, gefeiert wurde. Abends wurde dann bei Tanz und Unterhaltung in den Räumen des Gewerkschaftshauses auf ein Vierteljahrhundert erfolgreicher Tätigkeit zurückgeblickt:
„Wie die Genossenschaftsbewegung an sich ein Mittel darstellt zur Befreiung der arbeitenden Klasse aus den Fesseln des Kapitals, so wird auch dieses Fest das Nötige getan haben, um den Wert der Genossenschaft im Kampfe um bessere Zustände in der kapitalistischen Ordnung zu zeigen. ... so wollen wir denn abschließend sagen: Auf zum fröhlichen Kampfe, auf zum fröhlichen Jagen. Auch über den Weg der Genossenschaft werden wir zum sozialistischen Staate gelangen."[32]
Besonders begrüßt wurde die Teilnahme auch der auswärtigen Mitglieder u.a. aus Leck, Husum, Tönning und Bredstedt. Sie repräsentierten die Verteilungsstellen des Konsumvereins für die Westküste (mit Sitz in Husum), den die Flensburger soeben übernommen hatten und mit dem sie ihre Handelsbeziehungen bis nach Eiderstedt hin ausdehnten.
Der Flensburger Konsumverein verfügte damit zum Zeitpunkt seines Jubiläums über 30 Filialen, ca. 10000 Mitglieder und erbrachte einen Jahresumsatz von 1,6 Mio. Mark. Mit der Übernahme der Verteilungsstelle Süderbrarup, vom Kieler Konsumverein im März 1926 angeboten, und des Westerländer Konsumvereins zum 1.11.1928 war die Angliederung auswärtiger Filialen abgeschlossen.
Seit Ende der Wirtschaftskrise 1924 war man dazu übergegangen, für die Verkaufsstellen eigene Gebäude zu sichern. „Die Abhängigkeit von Hausbesitzern hat zu geschäftlichen Unzuträglichkeiten geführt, und der Konsumverein hat sich von diesen hemmenden Zuständen freigemacht und selbst Grundstücke und Häuser erworben bzw. selbst gebaut."[33]
Dies geschah nicht zuletzt aus der Erkenntnis, so für den Notfall Reserven in Form von Sachwerten zu halten. Es ge-

lang auf diese Weise zwischen 1910 – dem Bau der Zentrale in der Apenrader Straße – und 1932 die stolze Zahl von 19 Grundstücken zu erwerben.[34] Unter anderem wurde versucht, Gebäude, in denen sich Filialen zur Miete befanden, zu übernehmen, wie z.B. in der Harrisleer Straße 42, der 4. Verkaufsstelle des Vereins. Hier gelang es 1928, das Haus für 30000 Mark zu erwerben.

Unter dem Druck der neuerlich sich abzeichnenden Wirtschaftskrise forderte ein Urteil des Reichsfinanzhofes aus dem Jahr 1929, das den Konsumverein zusätzlich in Form einer Sondersteuer belastete, den Widerspruch und die Solidarität von Partei und Gewerkschaft heraus. Dazu gab Gen. Eggert vom ADGB auf der Mannheimer Tagung der Konsumvereine folgende Erklärung ab:

„Die Gewerkschaften werden die Genossenschaften in ihrem Abwehrkampf gegen dieses Gerichtsurteil auf allen Gebieten und mit allen Kräften unterstützen, bis die Konsumvereinsbewegung auch diesen Kampf siegreich durchgeführt hat.“[35]

Die Flensburger SPD-Ratsfraktion gab ihre Unterstützung und Solidarität dadurch zu erkennen, daß sie einen bereits am 27.9.1926 abgelehnten Antrag erneut in die Ratsversammlung einbrachte: „Die städtischen Kollegien (mögen) beschließen, die Mitgliedschaft der Stadt beim Konsumverein zu erwerben.“[36] Zur Begründung des Antrages wurde ausgeführt, daß die Stadt als Konsument auch ein direktes Interesse an der Mitgliedschaft haben müsse. „Wir verlangen ja nicht, daß die Stadt dort alles kauft, wir wollen nur nicht, daß er übergangen wird.“[37] Bei der scharf geführten Debatte kam es zu einer „verbalen Entgleisung“ des Stadtverordneten Clausen, der sich dazu hinreißen ließ, zu sagen:

„Was sind denn die Konsumvereine. Sehen Sie sich einmal die Hamburger Produktion an. Die macht nicht nur alle möglichen Ladengeschäfte auf, sondern Fabriken gründet man. Durch die Konsumvereine sollen wir so in die sozialistische Gesellschaftsordnung hineinrutschen. Vom Konsumverein werden ja auch Gelder in die sozialdemokratische Parteikasse überführt.“[38]

Dazu der Stadtverordnete Freese, Geschäftsführer, als 2. Vorstandsmitglied des Konsumvereins:

„Diese Ausführungen muß ich aufs schärfste zurückweisen. Jeder, ohne Rücksicht auf Parteizugehörigkeit, kann Mitglied werden. Sie würden staunen, wenn ich Ihnen Namen nennen würde, die während der Inflation in die Mitgliederliste eingetragen wurden. Damals hat man den Konsumverein ausgenutzt. Eine parteipolitische Unterstützung durch Konsumvereine ist gesetzwidrig.“[39]

Eine alte Antwort auf einen alten Vorwurf! Dennoch schlug der Fall so hohe Wellen, daß es am 25.4.1930 zu einem „Widerruf“ des Stadtverordneten Clausen in der Volkszeitung kam, in der er zwar den erhobenen Vorwurf mangels Beweisen zurücknahm, es sich aber nicht nehmen ließ, noch „eins obendrauf“ zu setzen. So führte er aus:

„Es steht doch fest und wird von keiner Seite bestritten, daß zwischen der SPD und dem Consumverein die engsten Beziehungen obwalten; Tatsache ist doch auch, daß die SPD auf die Weiterentwicklung der Consumvereine für die Verwirklichung ihres Wirtschaftsprogramms die allergrößten Hoffnungen setzt; Tatsache ist ferner, daß die SPD die Entwicklung der Consumvereine auf jede Weise zu fördern sucht – auch der neuerliche Antrag an die Kollegien hat das bewiesen. – In Anbetracht dieser Tatsachen wäre m.E. gar nichts dagegen zu sagen, wenn aus den Kassen der Consumvereine dann und wann ein wenig für die Parteikasse abfiele. Wenn ich Mitglied der SPD und Mitglied des Consumvereins wäre, würde ich unbedingt dafür eintreten, schon um das einzelne Parteimitglied zu entlasten.“[40]

Der Antrag selbst wurde gegen die Stimmen der SPD sowie des Kommunisten Müller bei Enthaltung der beiden Dänen-Vertreter abgelehnt. Der Konsumverein Flensburg war sich hingegen seiner Verbündeten sicher, so daß er offen verkünden konnte:

„Kommt es aber zum offenen Kampf, dann hat der Konsumverein noch Hilfstruppen, die mit ihm durch Interessengemeinschaften eng verbunden sind, und die in den Kampf eingreifen können und werden, wenn man auf der anderen Seite eine gewisse Grenze überschreitet.“[41]

Der Flensburger Konsumverein gehörte im Jahr 1931 nun zu den größten Betrieben der Stadt und war als Wirtschaftsfaktor nicht mehr zu unterschätzen oder gar zu ignorieren. Es gelang ihm auch in der erneut ausbrechenden Wirtschaftskrise über „den geschlossenen Weg der Waren von der Erzeugung im eigenen Betrieb bis in die entlegensten Verkaufsstellen ... eine von Zufälligkeiten unabhängige Kalkulation und damit eine feste Preisgestaltung" zu erreichen und somit preisregulierend zu wirken. So kam es im Februar 1932 in Flensburg, nachdem der Konsumverein mitteilte, mit dem Brotpreis ab sofort von 48 auf 45 Pfennig heruntergehen zu wollen, dahin, daß ohne Gewichts- oder Qualitätsminderung das Brot allgemein in der Stadt zum Preis von 45 Pfennig angeboten wurde.[42]

In Anbetracht seiner Bedeutung für die Versorgung der Bevölkerung wurde der Konsum 1933 nicht zerschlagen, sondern von den Nationalsozialisten weitergeführt. Viele Angestellte verloren wegen ihrer politischen Gesinnung ihren Arbeitsplatz.

Die Siedlungsgenossenschaft „Friedheim"

Kurz nach dem 1. Weltkrieg, als die Wohnungsnot immer drückender wurde, kam es in Flensburg zur Gründung mehrerer Bau- und Siedlungsgenossenschaften, deren Vorzeigeexemplar schon bald die „Siedlungsgenossenschaft Friedheim-Mürwik" wurde. Zwar war die Idee dazu schon vor Kriegsbeginn entstanden, doch die praktische Durchführung der Siedlungsarbeit selbst begann erst nach Ende des Krieges. „Die Sehnsucht nach Ruhe und Alleinsein nach dem Kriegslärm ließ die Idee der Kleinsiedlung stärker keimen."[43]

So hatten sich bereits im Jahre 1913 18 Torpedoschlosser der Marinestation Mürwik zusammengetan und vom Landmann Samuelsen in Twedterholz eine 4,5 ha große Parzelle erworben. Hierbei handelte es sich um mageren Sandboden, der sich in der Landwirtschaft nicht rationell bewirtschaften ließ, für die Erwerber, ausschließlich Arbeiter, dadurch aber erschwinglich war. Durch den Ausbruch des Weltkrieges wurde der Plan, hier eine Siedlung für Arbeiter zu errichten, vorläufig in die Schublade gelegt und erst nach Kriegsende wieder hervorgeholt. Bei der offiziellen Gründungsversammlung trugen sich dann gleich 35 Mitglieder ein mit einem Geschäftsanteil von jeweils 200 Mark[44], so daß schon im März 1919 die gerichtliche Eintragung als „Friedheim Flensburg-Mürwik e. G. m. b. H." erfolgen konnte.[45]

Hatte schon vor dem Krieg akute Wohnungsnot in Flensburg geherrscht, waren damals bereits viele Wohnungen in denkbar miserablem Zustand, so verschärfte sich diese Situation in den Nachkriegsjahren noch um einiges. Die Stadt Flensburg sah die Ursache hierin in mehreren Punkten: 1. „das völlige Darniederliegen der Bautätigkeit während der Kriegsjahre und die geringe Bautätigkeit in den ersten Nachkriegsjahren", 2. „das Anschwellen der Zahl der Kriegsverheirateten, die alle eine eigene Wohnung beanspruchten", 3. „der natürliche Nachwuchs, der das heiratsfähige Alter erreichte und nach Wohnungen verlangte", 4. „die bevorzugte Unterbringung der aus den abgetretenen Gebieten ... nach hier versetzten deutschen Beamten", 5. „die durch gesetzgeberische Maßnahmen notwendige Beschaffung von Wohnungen für die nach Flensburg versetzten Offiziere und verheirateten Mannschaften der Schutzpolizei, der Reichswehr und der Marine" sowie 6. „die Räumung der Kasernenwohnungen durch die verheirateten ehemaligen Angehörigen des Heeres und der Marine".[46]

Durch Gesetz war inzwischen die Regelung des gesamten Wohnungsmarktes an den Magistrat übergegangen, der nun versuchte, der Lage über Maßnahmen wie Einrichtung von Notwohnungen, Zwangsbewirtschaftung und Errichtung von Holzbaracken als Provisorien Herr zu werden, was aber nicht in ausreichendem Maße gelang. Insofern war es nur verständlich, daß die Stadt ein großes Interesse an jenen Wohnungsbaugesellschaften zeigte, die sich bereit erklärten, die Bautätigkeit ihrerseits wiederaufzunehmen. Dieses waren aber nicht, wie zu erwarten gewesen wäre, die alten etablierten Genossenschaften wie der Flensburger Arbeiterbauverein, die Spar- und Baugenossenschaft oder die Beamtenheimstättengenossenschaft, die vor dem Krieg durch ihre rege Bautätigkeit zur Nachahmung animiert hatten, sondern Neugründungen wie die von Paul Diez initiierte „Kleinsiedlung Flensburg e. G. m. b. H." oder eben die Siedlungsgenossenschaft Friedheim.

Die Stadt Flensburg hatte zwischenzeitlich die Restländereien des Landmannes Samuelsen aufgekauft, diese in Baulose von 1 500–2 000 qm Größe aufgeteilt und ebenso wie weitere an der Tirpitzstraße gelegene etwas kleinere Parzellen von 1 350 qm Größe zum Selbstkostenpreis an die Mitglieder von Friedheim abgegeben.[47] Ausschlaggebend für den tatsächli-

chen Baubeginn wurden in dieser Situation aber die Bundesratsbestimmungen vom 31.10.1918, nach denen Baukostenzuschüsse gewährt werden konnten. Allerdings:
„Die Baukostenzuschüsse sollten nur in der ersten Übergangszeit nach dem Kriege, solange ein Anreiz für das private Unternehmertum zur Herstellung von Neubauten auf privatwirtschaftlicher Grundlage fehlte und eine dringende Wohnungsnot vorhanden war, gewährt werden.“[48]
Die nunmehr an die Stadt gerichteten Anträge wurden auf der Sitzung vom 30.10.1919 verhandelt und zeitigten ein positives Ergebnis: Es wurde seitens der Stadt beschlossen, die Bürgschaft für Friedheim zu übernehmen sowie einen Baukostenzuschuß in Höhe von 1,3 Mio. Mark zu gewähren. Auch hatte die Stadt offenbar in dieser Zeit eine Straße anlegen lassen, die per Magistratsbeschluß am 23.8.1919[49] den Namen „Friedheim“ erhielt.
So konnte 1919 bereits mit dem Bau der ersten 55 Häuser mit zusammen 85 Wohnungen begonnen werden. Doch reichten die Mittel schon bald infolge der zunehmenden Geldentwertung nicht mehr aus, so daß eine Fertigstellung der Gebäude in Frage gestellt war. Die Genossenschaft mußte erneut Bauzuschüsse beantragen, die ihr aus dem Nordmarkfonds auch gewährt wurden. Dieser Fonds war im Herbst 1919 anläßlich der bevorstehenden Abstimmung in Nordschleswig aus Reichs- und Staatsmitteln in Höhe von 8 Mio. Mark für den Wohnungsbau eingerichtet worden.
„Der Nordmarksfond war ein Geschenk des Reiches und Staates und brauchte daher nicht zurückgezahlt werden.“[50]
Ein unschätzbarer Vorteil, der es der Stadt möglich machte, die Siedlungsgenossenschaft Friedheim noch einmal so freigiebig zu unterstützen und damit den Erfolg des 1. Bauabschnittes zu sichern! Man ging dann auch gleich zum zweiten Schritt über. Auf einem 12 ha großen Grundstück in Friedheim, das vom Gärtner Schmidt erworben werden konnte, sollten noch einmal 55 Einzelhäuser, ein Siebenfamilien-Wohnhaus und ein eigenes Verwaltungsgebäude gebaut werden. Wieder wurden Darlehen beantragt und genehmigt, erneut kam es zu erheblichen finanziellen Sorgen infolge der Inflation, doch rettete 1924 die Einführung der Goldmark letztlich noch einmal den Erfolg des Vorhabens. War auch finanzielle Mitwirkung von Dritten zum Zustandekommen der Siedlung nötig gewesen, so blieben die Genossenschaftsmitglieder diesen doch nichts schuldig:
„Friedheim hat sämtliche ihr für den Wohnungsbau aus öffentlichen Mitteln gezahlten Beihilfen noch während der Geldentwertungszeit zurückbezahlt. Zur Sanierung der sämtlichen Bauten hat außerdem noch jedes Mitglied eine Belastung von 1000 Goldmark übernehmen müssen.“[51]
Eine nicht zu unterschätzende Kraftanstrengung der Siedlungsgenossen in dieser wirtschaftlich so äußerst kritischen Zeit, ein Aufwand jedoch, der von Erfolg gekrönt war, denn 1926 konnte man feststellen, daß es gelungen war:
„Allen Gewalten zum Trotz, sich zu erhalten: Eine gesunde Finanzpolitik in der ersten Festmarkzeit schuf der Genossenschaft wieder einen festen Boden unter den Füßen, und heute herrscht dort auf Grund einer guten Finanzierung und einer sicheren Kalkulation ein reges Leben in den fertigen Häusern, und neue Bauserien sind im Entstehen begriffen.“[52]
Der gesamte Grundbesitz der Genossenschaft belief sich zu diesem Zeitpunkt auf ca. 70 ha, von denen 55 ha bebaut waren. Auf dem restlichen Gelände waren noch 200 Baugrundstücke abgesteckt.
„1500 m Straßenlänge sind zu beiden Seiten bebaut und 500 m Straßen sind baureif. . . . 600 m Straßenlänge werden augenblicklich neu angelegt. Außer den Eigenheimen liegen in der Siedlung einige Häuser, die Eigentum der Gesamtgenossenschaft sind, und zwar ein 7-Familien-Wohnhaus, ein Eckhaus mit 8 Wohnungen und dem Laden des Consumvereins und das alte Verwaltungsgebäude, in das 8 Wohnungen eingebaut sind. Dazu kommt das in diesen Tagen ungefähr fertiggestellte neue Verwaltungsgebäude.“[53]
Waren die Häuser der beiden ersten Bauabschnitte noch an die betreffenden Mitglieder nach Fertigstellung aufgelassen worden, blieben die seit 1924 errichteten Gebäude im Besitz der Genossenschaft. Wenn auch die ersten Bauserien durch die Beihilfen finanziell bessergestellt waren, so kam hier in den Folgejahren doch zum Tragen, daß, bedingt durch den seit dem Krieg darniederliegenden Baumaterialmarkt, häufig minderwertiges Material hatte verbaut werden müssen. Dies zeigte nun seine Wirkung darin, daß hier höhere Folgekosten für die Unterhaltung der Gebäude geleistet werden mußten als für die jüngeren, mit gutem Material errichteten Häuser.

Die ersten Gebäude mit einer Fußbodenfläche von durchschnittlich 82–85 qm hatten pro Kubikmeter umbautem Raum 24,60 DM gekostet. Einschließlich Amortisation der Bauschulden und deren Verzinsung belasteten sie nun das Budget des Eigentümers mit rund 50 Goldmark im Monat. Bei ihrer Erbauung hatte man in der Zeit des akuten Wohnungsmangels aber daran gedacht, die Häuser so zu gestalten, daß ohne großen Aufwand die oberen und unteren Räume getrennt bewohnt werden konnten.
Noch bedeutender sollte jedoch die Tatsache werden, daß man von vornherein an einen Zerfall der Genossenschaft gedacht und dagegen vorbeugend Sorge getragen hatte.
„Aber – hier liegt der ungeheure Wert der Siedlungsorganisation – auch dann ist es nicht möglich, Haus- und Grundstück für den spekulativen Handel zu verwerten. Die Statuten der Organisation sichern dieser das Vorkaufsrecht und die Kontrolle und den Einfluß auf jeden Verkauf. Sollte sich durch irgend welchen Anlaß die Genossenschaft auflösen, dann ist die Stadt Flensburg oder eine andere gemeinnützige Körperschaft Erbe. Die Siedlung kann sich also niemals in einzelne Handelsobjekte auflösen.“[54]
Diese von den Gründern der Genossenschaft eingebaute Sicherung gegen eine Zersplitterung der Siedlung in Einzelobjekte machte ihren hohen Wert und den bedeutsamen Unterschied zu einer reinen Baugenossenschaft aus. In Friedheim herrschte ein enges Zusammengehörigkeitsgefühl unter den Siedlungsgenossen, das alljährlich z.B. seinen Niederschlag in den gemeinsam begangenen Stiftungsfesten und dem großen Sommervergnügen fand, auf denen der Gesangverein „Friedheim“ für Unterhaltung sorgte.
„So sind in Friedheim doch manche Dinge herangereift, die über die Grenzen rein geschäftlicher Verbindung und Verwaltung hinaus auch das kulturelle Gemeinschaftsgefühl betonen.“[55]
Mittlerweile war die Siedlung auf 200 Eigenheime mit 240 Wohnungen, 6 Etagenhäusern mit insgesamt 50 Wohnungen sowie einer eigenen Tischlerei und Sägerei herangewachsen. In Eigenregie wurden Schlackensteine für die eigenen Bauten hergestellt, und das neue Verwaltungsgebäude mit Sitzungszimmern für Vorstand und Aufsichtsrat wurde seiner Bestimmung übergeben.[56]
Der Mitgliederstand lag 1928 bei 230 und setzte sich aus Arbeitern und Angestellten, aber auch kleinen Geschäftsleuten und Beamten zusammen. Peter Garling, der Vorsitzende der Bäckergewerkschaft, unterhielt hier eine Bäckerei und Konditorei, der Konsumverein hatte unter finanzieller Beteiligung der Siedlungsgenossenschaft im Februar 1922 eine Verkaufsstelle eröffnet.[57] Die Stadt Flensburg ließ dem Wunsch der Genossenschaft gemäß in einem ehemaligen Lagerraum des Verwaltungsgebäudes der Genossenschaft eine öffentliche Bücherei errichten.[58]
Zum 10jährigen Jubiläum, das am 11. Mai 1929 mit einer Feier im Hotel Seewarte begangen wurde, dem Lokal, in dem auch die sonstigen größeren Versammlungen, insbesondere die Generalversammlung tagten, konnte man eine insgesamt überaus positive Bilanz ziehen:
„Unter den Siedlungen, von denen man im Verbande deutscher Baugenossenschaften spricht, hat der Name „Friedheim“ einen guten Klang bekommen. Sowohl dem Umfang wie der Qualität der Leitung nach gehört Friedheim zu den besten Siedlungen. Sind hier hohe Herrn von der Regierung zu Gast bei der Stadt, dann läßt es sich der Oberbürgermeister meistens nicht nehmen, ihnen auch Friedheim zu zeigen.“[59]
Hier klingt noch immer der Dank an die Stadt Flensburg mit, die durch ihre Unterstützung vor allem in der Anfangszeit unzweifelhaft einen bedeutenden Anteil am Zustandekommen der Siedlung hatte. „Die Stadt Flensburg hat damals und später ein sehr großes Interesse für Friedheim gezeigt.“[60] So erscheint es eigenartig, daß im Auftrag der Stadt „als Freunde und Förderer des Siedlungswesens“ nur die Sozialdemokraten Stadtrat Franzen sowie die Stadtverordneten Freese (vom Konsumverein), Hans Schlüter und Diedrichsen zur Feier erschienen neben Vertretern der Schleswig-Holsteinischen Heimstätte, des Verbandes Schleswig-Holsteinischer Baugenossenschaften und dem Geschäftsführer der Siedlung Klausdorf bei Kiel.
Doch der Erfolg einer Siedlungsgenossenschaft wie „Friedheim“ steht und fällt mit ihrer Leitung. Dieser hatte die Stadt Flensburg bereits 1926 ihre vollste Hochachtung ausgesprochen und betont:
„Friedheim hat durch ihren umsichtigen Geschäftsführer,

Abb. 107: Friedheim 76, Wohnhaus des Geschäftsführers von Friedheim, Johannes Petersen (1921–1931)

den Stadtverordneten Johannes Petersen, auf dem Gebiete des Siedlungswesens Hervorragendes geleistet ...“[61], und auch ein Artikel der Volkszeitung aus dem gleichen Jahr lobte:

„Wenn auch die Zeitumstände dem Unternehmen in mancher Hinsicht günstig waren, so gebührt doch ein großes Verdienst an der Entwicklung dem Leiter der Genossenschaft, unserem Genossen Johs. Petersen.“[62]

Der Schlosser Johannes Petersen war bereits am 4.10.1904 in die SPD eingetreten, 1919 wurde er Stadtverordneter und Kandidat für die Stadtratswahl. Zweifellos gehörte er zu den Initiatoren des Friedheim-Unternehmens aus dem Jahre 1913.[63] Er war von Beginn an Geschäftsführer und Erster Vorsitzender von Friedheim und vertrat als SPD-Vertrauensmann die Genossenschaft in allen politischen Gremien. Sein Tod nach langer Krankheit im Frühjahr 1931[64] fiel in eine für die Siedlung äußerst schwierige Zeit. Die Genossenschaft war kurz nach ihrem 10jährigen Stiftungsfest in eine schwere finanzielle Krise geraten, aus der sie allein aus eigener Kraft nicht mehr herauskam. So heißt es in einer amtlichen Darstellung:

„Die Schulden übersteigen den Wert der vorhandenen Aktiven. Die Hauptgläubigerin ist die Heimstätte Schleswig-Holstein GmbH. Sämtliche Bauten sind fertiggestellt. Die Handwerker und Lieferanten sind befriedigt. Die Zahlungsschwierigkeiten sind zurückzuführen auf die ungünstigen Verhältnisse auf dem Kapitalmarkt ...“.[65]

Klingt dies noch, als ob die Situation ganz ohne Verschulden der Genossenschaft eingetreten sei, so präzisierte die Stadtverwaltung im folgenden ihre Vorwürfe, indem sie erklärte, daß die Zahlungsschwierigkeiten nicht zuletzt auch „auf eine unkaufmännische Geschäftsführung“ zurückzuführen seien, „und auch darauf, daß bei den Verwaltungskosten nicht die gebotene Sparsamkeit beobachtet ist.“[66] So wären u. a. beim Verkauf der Häuser finanzielle Einbußen in Kauf genommen worden, Häuser und Wohnungen hätten länger leer gestanden, Mieten seien nicht bezahlt worden. Es sei weiterhin übermäßig Bauland gekauft worden, und letztlich seien die Verwaltungskosten, insbesondere Reisespesen, zu hoch gewesen.

Dennoch wollten die Mitglieder in ihrer Mehrheit die Genossenschaft erhalten und einen Konkurs vermeiden. Die Stadt unterstützte dieses Bestreben zur Erhaltung ihres Vorzeige-Objektes:

„Die Stadt hat kein Interesse am Konkurse der Genossenschaft, der auf jeden Fall über die Grenzen Flensburgs hinaus unliebsames Aufsehen erregen würde.“[67]

Es war nicht irgendeine Siedlungsgenossenschaft, es war „Friedheim“, das hier vor der Pleite stand. So dachte die Stadt hier auch nicht ganz uneigennützig. Ging es den Siedlungsgenossen vor allem darum, ihre Geschäftsanteile und Haftsummen zu verteidigen sowie Spargelder zu sichern, und galt es darüber hinaus für diejenigen, die zwar eingezahlt, deren Häuser aber noch nicht aufgelassen waren, den Erhalt ihres Heimes sicherzustellen, so drohte der Stadt die Gefahr, ihre Hauszinssteuerhypotheken zu verlieren, sofern sie nicht sämtliche Mietshäuser sowie jene Eigenheime, die noch nicht aufgelassen waren, käuflich erwarb. Ein finanzieller Kraftakt, den die Stadt offenbar nicht zu leisten imstande war, beantragte doch die Tiefbaukommission zur Abwendung des Konkurses eine Sanierung.

Doch trotz aller Anstrengungen gelang die Sanierung nicht.

Am 7.8.1931 mußte die „nach außen blühend scheinende Siedlungsgenossenschaft" Konkurs anmelden.
„Damit hat ein Unternehmen ein Ende gefunden, das in Baugenossenschaftskreisen weit über Schleswig-Holsteins Grenzen hinaus vorbildlich gewirkt hat. Die Bilanz schließt mit einem Verlust von 61540 Mark."[68]
Doch damit war der Fall Friedheim für die Mitglieder des Vorstandes, die ebenso wie der Aufsichtsrat ihre Ämter zur Verfügung gestellt hatten, noch nicht zu Ende. Beide Gremien wurden in alter Besetzung wiedergewählt,[69] ein Vertrauensbeweis, der aufzeigte, daß sich die Genossenschaft nicht den Schuh anziehen wollte, zumindest Hauptverursacher des Zusammenbruchs gewesen zu sein. Es folgte ein Strafprozeß gegen den alten und neuen Vorstand der Genossenschaft, bei dem die fünf Vorstandsmitglieder zu Geldbußen von 50 bzw. 100 Mark verurteilt wurden. In der Berufungsverhandlung wurden sie jedoch freigesprochen und damit voll rehabilitiert.[70]
Die Stadt Flensburg aber hatte als vorläufiger Erbe der Genossenschaft den Ausfall von 250354,04 RM zu tragen. Der größte Teil der Häuser mußte zwangsversteigert werden.[71]
Dem Kaufmann Lorenz Krämer, Siedler seit 1928 und Mit-Konkursverwalter, gelang es zusammen mit den anderen am Konkurs Beteiligten, die Häuser, deren Auflassung noch nicht erfolgt war, für die Betroffenen sowie die Siedlergelder zu retten. Gemäß Satzung der Genossenschaft „Friedheim-Mürwik e.G.m.b.H."[72] wurde unter seinem Vorsitz am 28.1.1932 der neue Verein „Friedheim e.V." in das Vereinsregister eingetragen, der nunmehr die Rechtsnachfolge der alten Siedlungsgenossenschaft antrat. Die Sterbekasse wurde von diesem ebenso wie der Gesangsverein fortgeführt, bis der Verein sich schließlich am 3.2.1971 durch Beschluß der Mitgliederversammlung auflöste.[73]

Die Bauhütte Flensburg

Am 16.9.1920 wurde auf Initiative der freien Gewerkschaften der „Verband sozialer Baubetriebe" gegründet, dessen Aufgabe darin bestehen sollte, soziale Baubetriebe zu gründen und zu fördern sowie deren Vertretung gegenüber den gesetzgebenden Körperschaften, Behörden und wirtschaftlichen Organisationen wahrzunehmen.
„Die sozialen Baubetriebe pflegen die wirtschaftliche Betriebsführung, Erprobung und Vervollkommnung der Bauweisen und Arbeitsmethoden, zugleich fördern sie planmäßig die Ausbildung der beruflichen Fähigkeiten ihrer Angestellten und Arbeiter.„[74]
In einer Situation der akuten Wohnungsknappheit ging es den Trägern dieser Idee, den Gewerkschaften, nicht allein darum, den Baubereich nach dem Krieg wieder neu zu beleben, sondern es sollte in Form von Produktivgenossenschaften auch die Beziehung des einzelnen Arbeiters zu seiner Arbeit auf eine neue „soziale" Basis gestellt werden. Fritz Tarnow, Vorsitzender des Deutschen Holzarbeiterverbandes, äußerte sich dazu auf einer Tagung in Frankfurt im Mai 1929 rückblickend:
„Der Arbeitnehmer, der weder Kapital, noch Rohstoffe, noch Werkzeuge – Fabriken und Maschinen, sein eigen nennen kann, verkauft dem Unternehmer für bestimmte Stunden am Tage seine Arbeitskraft, damit dieser sie in seinem Betriebe für sich nutzbringend anwenden kann, im übrigen aber hat er zu seiner Arbeit und zu dessen Erfolg keinerlei Beziehungen mehr. Das ist der größte Fluch der kapitalistischen Wirtschaft, daß sie den Menschen und jede Menschenwürde unter dem nackten, kalten Geldinteresse erdrosselt hat. Zwar ist es dem Kapitalismus nicht ganz gelungen, die Menschenwürde im Arbeiter zu töten; der moderne Landarbeiter bäumt sich gegen ein System auf, das ihn zum Heloten, zum Sklaven herabdrückt, und sucht nach einer anderen Wirtschaftsweise, um sein Menschentum zu retten. Er organisiert sich in Gewerkschaft und Genossenschaft, und diese bahnen den Weg, um auch dem Arbeiter die Freude an seiner Arbeit wieder zu bringen. Sie haben die Grundlage gelegt für eine neue Wirtschaft, wo nicht mehr der Profit eines Privatunternehmers, sondern das Wohl der Allgemeinheit der Antriebsmotor ist und immer mehr sein wird. Unter ihrer Leitung und von ihrem Geist durchdrungen, entstehen auf allen Wirtschaftsgebieten neue Gebilde, man kann sie als die Embryonen der kommenden Gemeinwirtschaft bezeichnen, in welcher der Arbeiter wieder mit seiner Arbeit verbunden ist,

wo das Berufsethos wieder Boden und der Arbeiter wieder Freude an seiner Arbeit finden wird."[75]
Dieser neugegründete Verband, der in 19 Bezirke eingeteilt wurde, faßte die bereits bestehenden Bauarbeitergenossenschaften zusammen, die zum Zwecke der Arbeitsbeschaffung auf dem brachliegenden Bauarbeitermarkt gegründet worden waren, mit dem Ziel, möglichst günstig zu bauen und damit die Wohnungsnot zu mildern. Mit der Gründung des Verbandes ging man nun wegen der besseren Kapitalbeschaffung dazu über, die genossenschaftliche Betriebsform dieser Organisationen in GmbH's umzuwandeln. Nicht die Geschäftsanteile der Genossen, sondern ein kollektives Startkapital, das von den Gewerkschaften zur Verfügung gestellt wurde, sollten den Baubetrieben zu einer effektiven Arbeitsweise verhelfen.
In Flensburg sprach zu diesem Thema am 8.6.1922 auf einer Versammlung vor Funktionären von Gewerkschaften und Genossenschaften der Geschäftsführer des Bauhüttenbetriebsverbandes „Nord", doch dauerten die Überlegungen der Flensburger Gewerkschaften noch etwa ein halbes Jahr, bis der Aufsichtsratsvorsitzende und Geschäftsführer des Bauarbeiterverbandes Flensburg, Georg Ruser, zum 28.12.1922 eine außerordentliche Generalversammlung der Bauarbeitergenossenschaft Bauwohl e. G. m. b. H. Flensburg einberief. Auf der Tagesordnung stand als Hauptpunkt die Beschlußfassung über Liquidation der Genossenschaft zwecks Gründung einer Bauhütte GmbH.[76]
Die Zustimmung war wohl allgemein, denn schon am 3.2.1923 annoncierte die neue „Bauhütte Flensburg, Soziale Baugesellschaft m. b. H., Hoch- und Tiefbauunternehmungen" in der Flensburger Volkszeitung.[77] Sitz des Unternehmens war ein Büro in der Schloßstr. 42.[78] Mit einem Stammkapital von 2,5 Mio. Mark seitens der Gewerkschaften ausgerüstet,[79] bei einer Stückelung von 1 000 Mark,[80] fiel das erste Geschäftsjahr zusammen mit dem schlimmsten Inflationsjahr. Dennoch verlief der Anfang recht erfolgreich. Die Währungsumstellung zum 1. Januar 1924 ließ das Stammkapital dann aber auf 2 000 Goldmark zusammenschrumpfen, so daß das zweite Geschäftsjahr mit Verlusten abschloß.[81] Diese Tatsache alarmierte die Gewerkschaften, die sogleich das Kapital auf 6 000 Reichsmark aufstockten und damit für den er-

Abb. 108: Von der Bauhütte erbaute Häuser in der oberen Harrisleer Straße

folgreichen Fortbestand der Bauhütte sorgten. 1925 wurde mit dem Eigenbau begonnen, das Stammkapital war mittlerweile auf 20 000 Reichsmark erhöht worden, und zum 10jährigen Bestehen konnte die Leitung befriedigt feststellen, daß man ohne finanzielle Beihilfe der Stadtverwaltung – wie sie andere private Bauunternehmer erhalten hatten – sicher und gefestigt dastand.
„Sie hat also gezeigt, daß in der Privatwirtschaft doch nicht alles so ist, wie es so gerne von interessierter Seite hingestellt wird. Die Bauhütte hat bewiesen, daß die Gemeinwirtschaft der Privatwirtschaft überlegen ist."[82]
Bis 1929 waren insgesamt 189 Wohnungen fertiggestellt, und die Bauhütte stand neben dem Konsumverein im Begriff, zu einem der führenden Wirtschaftsfaktoren der Stadt zu werden. Die Tätigkeit der Bauhütten, die nur mit eigenem Kapital und Geldern der Gewerkschaften arbeiteten, hatten in der Anfangszeit in der weitaus überwiegenden „Mehrheit im Dienst gemeinnütziger Körperschaften (gestanden). Nur 16 % des Umsatzes entfiel auf private Auftraggeber, unter denen sich aber ebenfalls noch Konsumgenossenschaften und andere Organe der Gemeinwirtschaft befanden".[83] 1929 war ihre Wirtschaftsmacht in Flensburg so weit gewachsen, daß

ihr die Mitarbeit am Bau des Deutschen Hauses übertragen worden war, wo sie für den Bau des rechten Flügels verantwortlich zeichnete.[84]
Betrug die Flensburger Belegschaft schon 1924 knapp 80 Beschäftigte[85] pendelte sich deren Zahl in den folgenden Jahren bei rund 100 ein. Diese Aufwärtsentwicklung der Bauhütte blieb nicht ohne Gegnerschaft. Bereits 1923 errechnete der Aufsichtsratsvorsitzende Georg Ruser, zugleich Geschäftsführer der Bauarbeitergewerkschaft, auf einer Sitzung der städtischen Kollegien, warum die Handwerksmeister sich als Feinde der Bauhütte sähen. Betrüge doch bei ihnen die Gewinnspanne bei Material über 40 %, die der Löhne sogar mehr als 80 %, eine Preisgestaltung, die der Konkurrenz der gemeinnützigen Bauhütten nicht standhalten könnte.[86] So sei es denn kein Wunder, daß die Wut der Unternehmer gegen die Bauhütten um so stärker geworden sei, je größer diese wurden.
„Durch den Mitbewerb um die Aufträge der Behörden war die Ringbildung der Unternehmer empfindlich gestört. Die Konkurrenz drückt die Preise. Das empfanden die Bauunternehmer als sehr hinderlich. Sie verständigten sich untereinander. Nach außen wußten sie stets den Anschein zu erwecken, als stritten sie sich um den Auftrag. Wer ihn erhält, war aber längst ausgemacht. Wer sich bereit erklärte, den anderen Firmen etwas vom Reingewinn abzugeben, dessen Angebot wurde „geschützt", d. h. niemand durfte ein billigeres Angebot abgeben. Diese Ringbildung ist heute gesprengt, wenn die Bauhütte auch eine Offerte abgibt."[87]
In diesem Zusammenhang wurde auch über einen Boykott der Baustofflieferanten berichtet, mit dem versucht worden war, die Entwicklung der sozialen Baubetriebe aufzuhalten. Private Bauunternehmer zwangen damals die Baustofflieferanten, Material an Bauhütten zu ungünstigeren Lieferbedingungen abzugeben. Die Reaktion darauf war jedoch eine andere als erwartet. Vom Verband sozialer Baubetriebe wurden nun in einzelnen Bezirken Baustoffproduktivbetriebe wie Ziegeleien, Sägewerk, Zementfabriken etc. errichtet, die die Bauhüttenbetriebe für die Zukunft weitgehend unabhängig von solchen Erpressungsversuchen machten.
Die deutschen Bauhütten als Wirtschaftsbetriebe der freien Gewerkschaften, deren Aufgabe die Verbilligung des Bauens, Bekämpfung der Wohnungsnot und Hebung der Wohnungskultur war, konnten so 1931 auf der Deutschen Bau-Ausstellung in Berlin stolz die Öffentlichkeit über ihre ausgezeichnete Entwicklung informieren:
„In stiller und emsiger Arbeit hat sich mitten in der privatkapitalistischen Wirtschaft ein Zweig sozialistischer Gemeinwirtschaft entwickelt, auf den wir gerade in der Zeit politischer und sozialer Rückschläge stolz sein können. Die sozialen Baubetriebe sind uns ein Beweis, daß die Idee der Gemeinwirtschaft lebt, daß verheißungsvolle Ansätze zum Sozialismus vorhanden sind."[88]

Anmerkungen

1 FVZ 21.8.1926
2 1909 nach Schloßstraße 42 verlegt; vgl. Adreßbücher der Stadt Flensburg 1903ff.
3 FVZ 21.8.1926
4 Geschäftsbericht des Konsumvereins 1908/09, S. 3
5 Interview vom 30.11.1967 mit Hugo Hellwig und Ernst Beier

zum Thema „Geschichte der Sozialdemokratie in Flensburg, von den Anfängen bis zum Ende des 1. Weltkrieges", StA XIV Ton SO 17.
[6] so Wilhelm Haberlandt, Ernst Erfurth, Paul Diez u.a.
[7] Geschäftsbericht des Konsumvereins 1908/09
[8] Auch hier eine Parallele zum Bau des Gewerkschaftshauses
[9] Geschäftsbericht des Konsumvereins 1910/11 (vom 1.10.1910-30.9.1911)
[10] ebd.
[11] FVZ 25.8.1926
[12] Geschäftsbericht des Konsumvereins 1912/13
[13] FVZ 21.8.1926
[14] veröffentlicht in der FVZ, z.B. 23.11.1916
[15] FVZ 26.10.1911
[16] FVZ 21.6.1929
[17] FVZ 17.9.1911
[18] FVZ 3.8.1929
[19] FVZ 12.1.1921
[20] Geschäftsbericht des Konsumvereins 1921/22
[21] erst nach dem Krieg fertiggestellt, vgl. FVZ 30.11.1916
[22] Geschäftsbericht des Konsumvereins 1921/22
[23] FVZ 27.9.1919
[24] FVZ 5.11.1921
[25] FVZ 1.10.1921
[26] FVZ 23.8.1922
[27] Geschäftsbericht des Konsumvereins 1908/09, S. 4
[28] FVZ 23.8.1922
[29] FVZ 12.3.1923
[30] FVZ 9.3.1923
[31] FVZ 23.8.1926
[32] ebd.
[33] FVZ 19.9.1928
[34] FVZ 15.10.1932
[35] FVZ 21.6.1929
[36] FVZ 16.4.1930
[37] ebd.
[38] ebd.
[39] ebd.
[40] FVZ 25.4.1930
[41] FVZ 21.6.1929
[42] FVZ 12.2.1932
[43] FVZ 13.5.1929
[44] FVZ 1.11.1928
[45] ebd.
[46] Verwaltungsbericht der Stadt Flensburg 1911-1926, S. 301
[47] ebd., S. 307
[48] ebd., S. 311
[49] Dieter Pust: Flensburgs Straßennamen, Flensburg 1990, S. 107
[50] Verwaltungsbericht der Stadt Flensburg 1911-1926, S. 313
[51] ebd., S. 307
[52] FVZ 13.12.1926
[53] ebd.
[54] ebd.
[55] FVZ 13.5.1929
[56] FVZ 1.11.1928
[57] FVZ 3.2.1922 und 22.9.1921
[58] FVZ 26.4.1929
[59] FVZ 13.5.1929
[60] ebd.
[61] Verwaltungsbericht der Stadt Flensburg 1911-1926, S. 307
[62] FVZ 13.12.1926
[63] Vgl. Michael Joho: Die Geschichte der Metallarbeiterbewegung und ihrer Gewerkschaften in Flensburg/Hamburg 1992, S. 250, der Johannes Petersen für 1917 als Mitglied im Arbeiterausschuß der Torpedowerkstatt erwähnt.
[64] FVZ 3.3.1931
[65] FVZ 18.11.1930
[66] ebd.
[67] ebd.
[68] FVZ 17.8.1931
[69] ebd.
[70] Berichte der FVZ 28.4.1932
[71] Verwaltungsbericht der Stadt Flensburg 1926-1936
[72] Vgl. S. 15/16 (im Kapitel Friedheim)
[73] D. Pust (Anm. 57), S. 107f.
[74] FVZ 7.7.1931
[75] FVZ 14.6.1929
[76] FVZ 21.12.1922
[77] FVZ 3.2.1923
[78] siehe Adreßbuch der Stadt Flensburg 1931
[79] FVZ 3.8.1929 und FVZ 19.10.1922
[80] FVZ 9.6.1922
[81] FVZ 3.8.1929
[82] ebd.
[83] FVZ 16.6.1923
[84] FVZ 1.7.1929
[85] FVZ 7.7.1924
[86] FVZ 24.7.1923
[87] FVZ 14.6.1929
[88] FVZ 7.7.1931

Maike Hanf

Die Frauenarbeit des Flensburger SPD-Ortsvereins – Ziele und Konzeptionen bis 1933[1]

„Mit plattdeutschen Vorlesungen und Strickstrumpf kommen wir nicht weiter“[2] – kritisierte der langjährige Flensburger Arbeitersekretär, Nationalversammlungsabgeordnete und Redakteur der Flensburger Volkszeitung, Peter Michelsen, 1928 die Frauenarbeit innerhalb des Flensburger SPD-Ortsvereins, im Stil sicher etwas polemisch, in der Sache aber durchaus zutreffend. Selbst dem wohlwollendsten Beobachter der linken politischen Szene dürfte damals nicht entgangen sein, daß viel von dem Elan, mit dem die sozialdemokratisch organisierten Frauen nach der Revolution von 1918 an die ihnen übertragenen neuen staatspolitischen Aufgaben herangegangen waren, im Laufe der Weimarer Jahre verloren ging.

Sozialdemokratische Frauenarbeit in Schleswig-Holstein vor 1918

Auf dem Pariser Kongreß der Sozialistischen Internationale 1889 hielt Clara Zetkin eine programmatische Rede zur Situation der Arbeiterinnen, die gemeinhin als „. . . offizielle Geburtsstunde der deutschen proletarischen Frauenbewegung . . .“ angesehen wird.[3] Nur wenig später machte sich die Sozialdemokratische Partei Deutschlands Clara Zetkins Vorstellungen zu eigen und avancierte damit zur Vorkämpferin für Fraueninteressen auf Parteienebene: Nachdem die SPD bereits in Gotha 1875 das politische Stimmrecht für alle Staatsangehörigen verlangt hatte, präzisierte sie diese Forderung in ihrem Erfurter Programm von 1891 und postulierte hier als erste und einzige Partei der Kaiserzeit Gleichberechtigung und Frauenwahlrecht. Sie trug damit der bereits von Bebel konstatierten Interessensübereinstimmung zwischen Arbeitern und Frauen Rechnung, die der Sozialistenführer in seinem 1879 erschienenen Buch „Die Frau und der Sozialismus“ auf die griffige Formel „Frau und Arbeiter haben gemein, Unterdrückte zu sein“ gebracht hatte.[4]

Allein die politische Agitation von und unter Frauen wurde massiv von dem § 8 des Preußischen Vereinsgesetzes von 1850 behindert. Jener Passus verbot den Vereinen, „. . . welche bezwecken, politische Gegenstände in Versammlungen zu erörtern . . .“, die Aufnahme von „. . . Frauenspersonen, Schüler(n) und Lehrlinge(n) als Mitglieder“ und verbot diesem Personenkreis überdies die Teilnahme an den Versammlungen und Sitzungen politischer Vereine.[5] Sozialdemokratisch gesinnte Frauen konnten sich deshalb nur lose mit Hilfe eines Systems von Vertrauenspersonen organisieren, Agitationskommissionen gründen, sogenannten Bildungsvereinen beitreten oder sich einem der gewerkschaftlichen Fachvereine anschließen, der Frauen zuließ.[6] Im April des Jahres 1896 warb in Flensburg eine Frau Kähler aus Wandsbek vor 300 meist weiblichen Zuhörern für diese Lösung, die eine straffere Organisation gewährleistete – laut „Flensborg Avis“ mit großem Erfolg.[7] Interessierte Frauen hatten darüber hinaus freien Zutritt zu Vorträgen SPDnaher Agitatoren und Agitatorinnen.[8] An SPD-Mitgliederversammlungen teilzunehmen war ihnen, die nicht selten freiwillig Beiträge an die Partei entrichteten[9], wegen des Vereinsgesetzes aber nur unter größter Geheimhaltung möglich. Die Flensburger Genossinnen, so wird berichtet, versteckten sich deshalb bisweilen hinter einem Vorhang.[10]

Sozialdemokratische Partei Deutschlands.

1231/a

Mitgliedbuch

für

Louise Gregersen

Beruf Ehefrau geb. am 2ten Aug 1885

zu Moritzberg b. Hildesheim
(Geburtsort) (ev. Reg.-Bez. oder Kreis, Amt 2c.)

Staatsangehörigkeit Pr.

Der Partei beigetreten am 14ten April 1911.

Sozialdemokratischer Verein für den Wahlkreis

Abt. Dobler (Stempel)

Der Vorstand:

Ortsverei

(Unterschrift)

Flensbu

Abb. 109: Louise Gregersen, Ehefrau des späteren Vorsitzenden der Flensburger Ortsgruppe der Arbeiterwohlfahrt Julius Gregersen, gehörte zu den ersten weiblichen Mitgliedern des SPD-Ortsvereins. (Vgl. Abb. 90.)

Nach 1902, als Frauen unter der Bedingung der Besuch von politischen Veranstaltungen gestattet wurde, daß sie sich im Segment, einem deutlich abgetrennten Raum, aufhielten und sich auf keinen Fall bemerkbar machten, und mehr noch nach der Aufhebung der Vereinsgesetze im Jahre 1908 waren derartige Heimlichkeiten nicht mehr erforderlich. Die Genossinnen konnten und sollten nunmehr ganz offiziell am normalen Parteileben teilnehmen getreu der von August Bebel initiierten und von Clara Zetkin ausformulierten sozialistischen Emanzipationstheorie. Danach war es nicht Aufgabe der Proletarierinnen, wie die bürgerlichen Frauen einen Kampf gegen die Männer der eigenen Klasse zu führen, sondern zusammen mit ihnen um die Beseitigung der Vorherrschaft des Kapitals zu ringen. In einer klassenlosen Gesellschaft, so die Überzeugung, würde sich die Frauenfrage gewissermaßen von selbst lösen.[11] Besondere Frauenorganisationen lehnte die SPD deshalb ab und erlaubte ihren weiblichen Mitgliedern allenfalls lockere Zusammenschlüsse in den einzelnen Ortsvereinen.

Entgegen allen Erwartungen brachte nun aber die Beseitigung der gesetzlichen Restriktionen im Jahre 1908 langfristig nicht den erhofften Aufschwung sozialdemokratischer Frauenarbeit auf Kreis- und Ortsebene.

Noch im Jahresbericht der Agitationskommission der sozialdemokratischen Partei für Schleswig-Holstein und Lübeck von 1907/1908 hatte eine Genossin Baumann die Hoffnung ausgedrückt, nunmehr mit Hilfe tatkräftiger Mitarbeit der Genossen „... den Parteiorganisationen überall durch Zuführung weiblicher Mitglieder einen Zuwachs zu schaffen, der für die Förderung unserer Ideen, besonders im Hinblick auf die heranwachsende Generation, von nicht zu unterschätzender Bedeutung ist."[12]

Und die Mitgliederentwicklung in den nächsten Jahren schien dann auch von erfolgreicher Werbearbeit unter den Frauen zu zeugen. Bis 1914 wuchs die Zahl der Genossinnen in Schleswig-Holstein einschließlich Lübecks kontinuierlich von zunächst 4984 im Jahre 1909 auf schließlich 11044 im Jahre 1914, ein Trend, der anscheinend auch vor Flensburg nicht haltmachte. Zwar verfügen wir hier leider nicht über ein auch nur annähernd lückenloses Datenmaterial, überliefert sind aber immerhin für das Jahr 1910 175 Genossinnen. Ihre Zahl sollte bis 1912 auf 263 anwachsen, während bei den Genossen im gleichen Zeitraum nur ein Anstieg von 1458 auf 1525 Parteimitglieder zu registrieren ist.[13]

Die Genossinnen hatten beständig die Anzahl ihrer Frauenversammlungen gesteigert und ab 1911 regelmäßig den Frau-

Abb. 110: Mitgliederzahlen der SPD-Ortsvereine im Agitationsbezirk Schleswig-Holstein

1909	*OV*	*102*
	w	*4984*
	m	*32980*
	Mitgl.	*38350*
1910	*OV*	*103*
	w	*5876*
	m	*34309*
	Mitgl.	*40185*
1911	*OV*	*107*
	w	*7146*
	m	*37381*
	Mitgl.	*44527*
1912	*OV*	*113*
	w	*8737*
	m	*41713*
	Mitgl.	*50450*
1913	*OV*	*113*
	w	*8915*
	m	*41254*
	Mitgl.	*50169*
1914	*OV*	*133*
	w	*11044*
	m	*43993*
	Mitgl.	*55037*

OV = Ortsvereine
w/m = weibliche/männliche Mitglieder
Mitgl. = Mitgliederzahl insgesamt

entag begangen, der zum Agitationsforum für das Frauenwahlrecht par excellence wurde. Unter dem Motto „Her mit dem Frauenwahlrecht!“ standen entsprechend auch die Flensburger Veranstaltungen, von denen es in der Berichterstattung durchgängig heißt, sie seien sehr gut besucht worden und für einige Frauen sogar Anlaß gewesen, in die Partei einzutreten.[14] Daneben gründeten Genossinnen verstärkt Kinderschutzkommissionen. Jene Gremien sollten die Einhaltung der Bestimmungen zum Verbot von Kinderarbeit überwachen und stellten seit 1903/04 das Hauptbetätigungsfeld sozialdemokratischer Frauen dar.[15] In Schleswig-Holstein (mit Lübeck) bestanden 1909 sechs derartige Kommissionen, 1914 bereits 22.

Umso bemerkenswerter ist deshalb, daß der Jahresbericht der Agitationskommission für 1912/13 von Desillusionierung und Arbeitseinstellung in einigen Kinderschutzkommissionen spricht und ein Jahr später sogar konstatieren muß, daß die meisten der 22 Kommissionen nur noch auf dem Papier bestünden.[16]

Parallel dazu hatte die Basis anscheinend Schwierigkeiten, die Vorstellungen des Gesamtvorstandes zur innerparteilichen Gleichberechtigung der Frauen umzusetzen. 1908 war Luise Zietz, um ein Zeichen zu setzen, in das höchste Parteigremium aufgenommen worden. Analog forderte der Bezirksparteitag vom 5./6.9.1909 in Wandsbek, Frauen auch in die Vorstände der Ortsvereine zu wählen, wenn diese weibliche Mitglieder aufwiesen. Nur 44 von insgesamt 103 Ortsvereinen folgten dieser Empfehlung bis zum 30. Juni 1910,

Abb. 111: Anzeige aus der FVZ vom 11.5.1912

darunter der Flensburger Verein. Hier gehörte Catharine Hoee zum Vorstand, nachdem im Jahre 1908 eine Statutenänderung vorgenommen worden war und der § 6 nunmehr mindestens ein weibliches Vorstandsmitglied bindend vorschrieb. An gleicher Stelle war als monatlicher Beitrag für Frauen 10 Pfennig, für Männer 20 Pfennig festgelegt worden.[17] Festzuhalten bleibt allerdings, daß Frauen auch im Flensburger Vorstand deutlich unterrepräsentiert blieben: 1912 hatte Catharine Hoee 12 männliche Kollegen.[18]

Eine Reihe von Ortsvereinen konnte sich aber anscheinend nicht einmal zu einer solchen Minimallösung durchringen, häufig mit dem Argument, man habe keine geeignete Kandidatin zur Verfügung.[19] Sie zogen sich damit die Mißbilligung der Parteioberen zu, die es für „... dringend wünschenswert ..." hielten, „daß es überall geschieht, wo es angängig ist, denn in vielen Fällen wird eine Genossin, die zunächst ungeeignet erscheint, sich hineinarbeiten und dann in der Heranziehung ihrer Geschlechtsgenossinnen der Bewegung gute Dienste leisten können."[20]

Wiewohl verklausuliert, war die Kritik unüberhörbar, zumal kurz vorher Vorbehalte gegenüber Frauen ganz offen als rückständig und der Sozialdemokratie nicht würdig gebrandmarkt worden waren: „Die Sozialdemokratie hat immer programmatisch die Forderung der absoluten Gleichberechtigung der Geschlechter erhoben, und wenn früher die Bedeutung dieser Forderung selbst von Angehörigen der Partei nicht voll gewürdigt wurde, so ist doch diese altüberkommene Auffassung ziemlich geschwunden."[21]

Die organisatorische Anbindung der proletarischen Frauenbewegung an die SPD ging anscheinend nicht so problemlos vonstatten, wie die bloße Mitgliederentwicklung vermuten lassen könnte. Die Frauen waren willkommen als Parteimitglieder, die bei speziellen Frauenveranstaltungen lernten, daß sie das politische Engagement der Männer nicht behindern dürften. „Wenn aus den Frauen statt, wie es leider so oft zu verzeichnen war, aus einem die Männer zurückhaltenden ein anspornender Faktor wird, ist damit viel gewonnen. Deshalb muß die Aufklärungsarbeit unter den proletarischen Frauen mit Energie fortgesetzt werden", macht dann auch die Parteispitze keinen Hehl aus dem vorrangigen Zweck der Agitation.[22] Weniger geschätzt waren sie danach anscheinend als aktive politisierende Genossinnen, die über ihre eigentliche Aufgabe der Frauenarbeit hinausgriffen. Dagegen standen Ressentiments der männlichen Genossen, die im Verein mit dem objektiv sicher vorhandenen Bildungsrückstand vieler Genossinnen und ihrem mangelnden Selbstbewußtsein, sich öffentlich zu äußern, zu dieser Zeit eine vollständige und wirklich gleichberechtigte Integration der Sozialdemokratinnen in die Partei verhindert haben. Hinzu kamen ganz praktische Hemmnisse, die Frauen von einer aktiven Teilhabe am politischen Leben abhielten, schließt doch die Einladung zu einer SPD-Frauenversammlung in Flensburg im Jahre 1913 mit der entlarvenden Aufforderung: „Wir bitten, die Veranstaltung zahlreich zu besuchen. Einmal wird es wohl möglich gemacht werden können, daß der Mann bei den Kindern bleibt."[23] Selbst Sozialdemokratinnen und Sozialdemokraten konnten sich demnach nicht freimachen vom überkommenen Frauenbild, das Ehe und Familie Priorität vor beruflicher und politischer Arbeit einräumte. Und so blieb auch die Parteiarbeit selbst der engagierten Genossinnen weitgehend deren traditionellen Aufgabenbereichen verhaftet: Die Arbeit in den Kinderschutzkommissionen war ja letztlich nichts anderes als die direkte Fortsetzung der häuslichen Kinderaufzucht und -fürsorge.

Geradezu programmatische Bedeutung, so will es der Betrachterin erscheinen, kommt vor diesem Hintergrund dem ersten uns überlieferten öffentlichen Auftreten von Flensburgerinnen zu, die sich der politischen Arbeiterbewegung zugehörig fühlten. Von ihnen wird berichtet, daß sie im Jahre 1876 eine Fahne genäht und bestickt haben und an deren Weihe im Jahre 1877 teilnahmen.[24]

Engagierte Sozialdemokratinnen waren denn auch nicht zufrieden mit der Entwicklung der Frauenarbeit. Sie ließen sich im Gegensatz zu Bezirksvorständen und -parteitagen nicht von der günstigen Mitgliederentwicklung täuschen – 1913 zählte man im Landesverband über 9000 weibliche Mitglieder – und setzten 1913 gegen innerparteiliche Widerstände eine zweite Bezirksfrauenkonferenz durch, nachdem eine erste bereits im September 1910 durchgeführt worden war.[25]

Die Veranstaltung fand am 26. Oktober 1913 in Neumünster statt. Luise Zietz hielt vor 47 Delegiertinnen, darunter zwei Frauen aus Flensburg, das Hauptreferat zum Thema „Wie gewinnen und wie schulen wir die Frauen für die politische Tätigkeit"[26]. Sie ging dabei von der Überlegung aus, daß sich die Agitation bei Frauen grundlegend von der bei Männern unterscheiden müsse. Während jene politische Rechte und mehr Außenkontakte hätten und deshalb überall über politische Tagesfragen sprechen könnten, gingen den Frauen diese Möglichkeiten nicht nur ab. Sie seien überdies als Arbeiterin, Frau und Mutter um ein Vielfaches mehr belastet. Große Frauenversammlungen sollten deshalb nicht am Montag oder Sonnabend stattfinden, da die Frauen an diesen Tagen in der Regel sehr belastet wären. Die Veranstalter sollten zudem für einen schönen Rahmen mit großen ansprechenden Räumen und Gesang sorgen sowie Themen auswählen, die Frauen interessierten. Die Veranstaltungen müßten nämlich, so Luise Zietz, „. . . zu einem erhebenden Ereignis werden", da Arbeiterfrauen sonst wenig Vergnügen hätten und ihnen deshalb jedes Vergnügen ein Ereignis sei.

„Das alles sind anscheinend nebensächliche Momente. In Wirklichkeit fördern sie aber die Agitation gerade bei diesen Frauen, bei denen nicht nur an den Verstand, sondern auch an das Gefühl appelliert werden muß", resümierte die Rednerin und gab sich damit, nebenbei gesagt, als Anhängerin der Differenztheorie zu erkennen, nach der sich die Geschlechter wesensmäßig unterschieden.

Etwas anders stellte sie sich demgegenüber die Schulung der neugewonnenen Genossinnen vor. Hier plädierte sie für „Lese-, Diskutier- oder anders genannte Abende". Auf diese Weise wären Frauen eher zu erreichen als durch allgemeine Veranstaltungen für beide Geschlechter, weil Ehepaare dann oftmals nicht gemeinsam kommen könnten und die Frau diejenige wäre, die zu Hause bleiben müßte.

Ehe nun aber diese Vorschläge ihren Niederschlag in der Frauenarbeit der einzelnen Ortsverbände finden konnten, setzte der I. Weltkrieg allen parteipolitischen Bestrebungen auch auf dieser Ebene ein Ende: Wie andernorts engagierten sich die Sozialdemokratinnen in Flensburg fortan zusammen mit ihren bürgerlichen Geschlechtsgenossinnen in der Kriegsfürsorge[27] und sollten sich erst nach Kriegsende in der Weimarer Republik wieder auf die Parteibindung zurückbesinnen.

Formen sozialdemokratischer Frauenarbeit in Flensburg nach 1918

Hochmotiviert starteten die sozialdemokratisch gesinnten Frauen im November 1918 in die neue Zeit. „Ihre" Regierung, der paritätisch aus je 3 Mitgliedern von SPD und USPD zusammengesetzte „Rat der Volksbeauftragten", hatte den Frauen über 20 Jahren am 12.11.1918 per Dekret endlich das langersehnte Wahlrecht übertragen. Nun galt es die ersten Wahlen vorzubereiten, an denen deutsche Frauen würden aktiv teilnehmen können. In Flensburg hatte sich zu diesem Zwecke ein „Wahlausschuß" aus Mitgliedern der örtlichen Frauen- und Mädchengruppierungen konstituiert, um mittels großer öffentlicher Informationsversammlungen die „. . . Wahlpflicht der Frauen zu wecken."[28] Der überparteilich angelegte Frauenwahlausschuß geriet allerdings schon bald in den Strudel parteipolitischer Polarisierung und mußte seine politische Aufklärungsarbeit unter Frauen ab Januar 1919 auf Sprechstunden im kleinsten Kreise beschränken. In das dadurch entstandene Vakuum stießen die Parteien, die es nunmehr übernahmen, Aufklärungsabende zu veranstalten,

Frauenversammlung.
Am Sonnabend, den 4. Januar, abends 8 Uhr, spricht im Holsteinischen Hause Fräulein Louise Schröder über
„Die Bedeutung der Wahl zur Nationalversammlung für die Frauen."
Frauen und Mädchen aus allen Kreisen sind freundlichst eingeladen.
Sozialdemokratischer Ortsverein Flensburg

Abb. 112: FVZ 30.10.1919

Frauen und Mädchen, Arbeiterinnen, Hausangestellte!

Montag, den 13. Januar 1919, abends 8 Uhr:

Große öffentliche Frauenversammlung

im großen Saale des Kolosseum.

Tagesordnung:

Die Frauen und die Wahlen zur Nationalversammlung.

Redner: Stadtverordneter Peter Michelsen-Flensburg.

Parteigenossinnen! Diese Versammlung soll ausschließlich den Interessen der Frauen dienen. Sorgt deshalb für ein volles Haus! Die Parteigenossen bitten wir, dieser Versammlung fernzubleiben.

Zur Deckung der Tageskosten 10 Pfg. Eintrittsgeld.

810 Der sozialdemokratische Wahlausschuß.

Abb. 113: FVZ 11.1.1919

Frauen als Wahlrednerinnen zu engagieren oder zu großen Frauenversammlungen einzuladen.
Hierbei taten sich mit der DVP und der DNVP besonders Parteien des rechten Spektrums hervor, während die SPD in getreuer Umsetzung einer vom 1. Bezirksparteitag am 29.12.1918 in Kiel ausgegebenen Empfehlung mehr auf gemischte Veranstaltungen setzte[29] und deshalb im Vorfelde der Wahlen zur verfassungsgebenden Nationalversammlung lediglich zwei öffentliche Versammlungen abhielt, die als „Frauenversammlung" firmierten. Den Namen wirklich verdient haben dürfte aber nur die zweite Veranstaltung. Hier waren die Parteigenossen – möglicherweise nach entsprechenden Erfahrungen mit der ersten „Frauenversammlung" –, in der Ankündigung ausdrücklich gebeten worden, der Versammlung fernzubleiben, so daß die ca. 2000 Besucherinnen beim Vortrag des Genossen Michelsen über „Die Frauen und die Wahl zur Nationalversammlung" dieses Mal wirklich fast unter sich blieben – bis auf den Redner . . .[30]
Der von den Revolutionsereignissen ausgelöste ungeheure Politisierungsschub führte zu einer fast 90%igen Beteiligung der weiblichen Wahlberechtigten (auf Reichsebene) an den Wahlen zur verfassunggebenden Nationalversammlung. Dabei erhielt die SPD in Flensburg mit 18042 Stimmen (= 53,7 %) die absolute Mehrheit.
Bereits bei den Wahlen zur preußischen Landesversammlung nur eine Woche später am 26.1.1919 mußte die Partei vor Ort aber einen empfindlichen Rückgang ihrer Stimmen um über 2000 auf 16231 hinnehmen, der nichts Gutes für die bevorstehenden Stadtverordnetenwahlen am 2.3.1919 verhieß.
Unter dem Eindruck dieser Wahlergebnisse ermahnte die Genossin Elise Böttcher ihre Parteigenossen während einer Mitgliederversammlung des SPD-Ortsvereins am 17.2.1919 mit Nachdruck, doch endlich mehr für Frauenaufklärung und politische Bildung zu tun, um nicht gegenüber einer äußerst regen Arbeit der bürgerlichen Gruppierungen ins Hintertreffen zu geraten.[31] Der Vorstand des Ortsvereins mochte sich dem Ansinnen dann auch nicht mehr länger verschließen, nachdem entsprechende frühere Hinweise der Genossin anscheinend unbeachtet geblieben waren.[32] Jetzt sicherte er zu, daß „. . . diese Arbeit baldigst in die Wege geleitet werde", konnte aber mit den daraufhin eiligst anberaumten Veranstaltungen – bezeichnenderweise mußte eine Versammlung weiblicher SPD-Mitglieder am 26.2.1919 zu einem ungünstigen Nachmittagstermin stattfinden, weil der Saal im Gewerkschaftshaus abends ständig besetzt war, – das Ruder nicht mehr herumreißen. Obwohl Frauen deutlich die Mehrheit unter Flensburgs Bevölkerung stellten, sollte die SPD bei den Stadtverordnetenwahlen nicht die absolute Mehrheit erringen, die sie benötigt hätte, um sich mit ihren inhaltlichen und personellen Vorstellungen gegen das bürgerliche Lager durchzusetzen. Es hatte sich als kurzsichtig herausgestellt, allein auf die Dankbarkeit der Frauen gegenüber der Partei zu vertrauen, die ihnen das Wahlrecht verschafft hatte. Die Notwendigkeit einer kontinuierlichen und intensiven Frauenarbeit auch der SPD in Flensburg war erwiesen.
Entsprechend sollten die Weimarer Jahre in Flensburg geprägt sein von unterschiedlichsten sozialdemokratischen Aktivitäten von und für Frauen, die sich an den Vorschlägen von Luise Zietz vom Oktober 1913 orientierten. Genossinnen sangen mit im Chorverein, turnten bei der Freien Turnerschaft Flensburgs, nahmen an den allgemeinen Parteiveran-

staltungen teil wie den regelmäßigen Versammlungen und jährlich wiederkehrenden Revolutionsfeiern und Gedenktagen. Sie gestalteten die Bunten Abende mit und wahren Teilnehmer bei Festumzügen, Demonstrationen und Beerdigungen verdienter Parteimitglieder. Die Frauengruppe des SPD-Ortsvereins traf sich zudem ab Mai 1921 regelmäßig monatlich zu einem eigenen Frauenabend. Sie beging in stets feierlichem Rahmen gemeinsam den Internationalen Frauentag und veranstaltete Ausflüge, die z. T. verbunden waren mit Besuchen befreundeter Frauengruppen anderer SPD-Ortsvereine. Weilte darüber hinaus eine der langjährigen Reichs- bzw. Landtagsabgeordneten Louise Schroeder oder Toni Jensen zu einem Vortrag in Flensburg, war auch dies immer wieder Anlaß für die Frauengruppe, sich mit ihnen im kleinen Kreise auszusprechen. Schließlich rundete der Bildungsausschuß des Ortsvereins in den Jahren 1925 und 1929 mit speziellen Kursen bzw. Vortragsabenden für die weiblichen Parteimitglieder deren Veranstaltungskalender ab.[33]
Mehr auf Außenwirkung bedacht waren dagegen die vor allem im Vorfelde von Wahlen veranstalteten großen öffentlichen Frauenversammlungen, bei denen neben führenden Repräsentanten der Sozialdemokratie immer wieder auch örtliche Parteifunktionäre als Redner auftraten, sowie die regelmäßig stattfindenden Werbewochen, in deren Rahmen intensiv Mitgliederwerbung für die Partei betrieben wurde.
Unterstützt und gelenkt wurden diese Aktivitäten durch die örtliche Parteipresse mit Hilfe von Artikeln, Aufrufen und Veranstaltungshinweisen.

Inhalte und Ziele sozialdemokratischer Frauenarbeit in Flensburg nach 1918

Nach Konstituierung der Weimarer Republik war es zunächst die Arbeiterin, auf die die sozialdemokratische Frauenagitation vorrangig abzielte. Sie wurde aufgefordert, sich in Betriebs- und Arbeiterräte wählen zu lassen. Im Gegenzuge versprach die SPD, sich für eine Verbesserung ihrer Ausbildungs- und Arbeitsbedingungen (Mutterschaftsversicherung, Arbeitszeitbegrenzung, Nachtarbeitsverbot) einzusetzen sowie für eine angemessene Entlohnung nach dem

Frauen und Mädchen!
Auf zur Maifeier!

Abb. 114: FVZ 30.4.1923

Frauen und Mütter! Euch geht es an!
Auf zur Demonstration gegen
die Lebensmittelverteuerung
am Dienstag nachmittag 5 Uhr an der Schiffbrücke.

Abb. 115: FVZ 27.7.1925

Stadtnachrichten.

Frauenabende. Die Kommission zur Vorbereitung der **Frauenabende** beschloß, am Dienstag, den 3. Mai, einen Frauenabend abzuhalten. Auf vielfachen Wunsch wurde ein Vortrag mit dem Thema „Wir Frauen und die Wohlfahrtspflege" gewählt. Referent ist der Genosse Schlüter. Genossinen, werbt für guten Besuch!

Abb. 116: Einladung zu dem ersten Frauenabend, FVZ 30.4.1921

Grundsatz „Gleicher Lohn für gleiche Arbeit“ zu streiten.[34] Daneben setzte sich die SPD reichsweit für die Belange der Hausangestellten ein mit dem Ziel, einen gewerkschaftlichen Zusammenschluß der Dienstboten herbeizuführen.[35]
Insofern kann es nicht verwundern, daß die Flensburger Hausangestellten nach Revolution und Fall der alten Gesindeordnung in ihrem Kampf um einen einheitlichen Tarifvertrag bei dem SPD-Ortsverein auf breite Unterstützung trafen. Er stellte ihnen Räumlichkeiten für Versammlungen zur Verfügung, delegierte Redner für Schulungsabende und bot den Hausangestellten mit seinem Presseorgan ein Forum, in dem sie auf ihre z. T. miserablen Arbeits- und Lebensbedingungen aufmerksam machen konnten.[36]Ganz der bisherigen Parteistrategie entsprach deshalb die Aufforderung an Arbeiterinnen und Hausangestellte, sich dieses Engagements zu erinnern und es bei den bevorstehenden Reichstags- und Landtagswahlen am 20.2.1921 mit einer Stimmabgabe zugunsten der SPD zu honorieren.[37] Gerade jener Wahlkampf zu den ersten regulären Reichs- und Landtagswahlen war aber durch eine bemerkenswerte Akzentverschiebung in der sozialdemokratischen Frauenagitation und Parteiarbeit geprägt: Erstmalig geriet die Hausfrau und Mutter massiv in das Blickfeld des Interesses. Primär an sie richtete sich eine vierteilige Aufsatzreihe in der Flensburger Volkszeitung[38], in der u. a. Louise Schroeder Erziehungsbeihilfen für kinderreiche Familien, ein geplantes Hebammengesetz, die Abschaffung des § 218 und Besserstellung unehelicher Kinder sowie die Verbesserung von Schul- und Ausbildungschancen der Kinder thematisierte mit dem Tenor: „Welche Partei aber könnte den Frauen größere Sicherheit dafür geben, daß ihre Interessen als Frauen und Mütter wahrgenommen werden als die Partei, die seit Jahrzehnten für sie gekämpft hat, die Sozialdemokratische Partei Deutschlands.“[39]
Nun war auch schon in den Jahren zuvor häufiger die „Mutter“ impliziert, etwa wenn Schutzbestimmungen für Arbeiterinnen deren „. . . Gesundheit als Frau und Mutter . . .“ sichern helfen sollten.[40] Zu keiner Zeit waren aber die Hausfrauen und Mütter so häufig und vor allem unmittelbar als Zielgruppe sozialdemokratischer Agitation zu erkennen. Diese Neuorientierung ist nun umso auffälliger, als im Mai des Jahres 1921 „. . . auf Antrag . . .“ in Flensburg die frühere

Abb. 117: FVZ 15.4.1924

Kinderschutzkommission, die zwischenzeitlich ihre Arbeit eingestellt hatte, wieder zu neuem Leben erweckt wurde.[41] Darüber hinaus nahm sich auch die Flensburger SPD-Frauengruppe bei ihren regelmäßigen Zusammenkünften ab Mai des gleichen Jahres Themen aus dem Lebens- und Erfahrungsbereich einer Hausfrau und Mutter an. Fragen der Armen- und Wohlfahrtspflege, der Fürsorgeerziehung und Kinderasyle, der Kinder- und Jugenderziehung, der Vormundschaft sowie der Frauen- und Kinderkrankheiten standen bis 1928 im Mittelpunkt ihrer monatlichen Treffen im Gewerkschaftshaus, wenn sie sich nicht zu sogenannten Unterhaltungsabenden mit Vorlesungen, Gesang und Handarbeiten traf oder die beliebten Wanderungen oder Weihnachtsfeiern abhielt. Entsprechende Sujets behandelte mit Vorliebe fortan auch die örtliche Parteipresse in ihren Artikeln, die sich speziell an Frauen wandten, sowie in ihrer Extraseite „Für unsere Frauen“, die nach zunächst sporadischem Erscheinen ab 1925 zum regelmäßigen Erscheinungsbild der „Flensburger Volkszeitung“ gehörte.
Abgesegnet und geradezu gefordert für die Zukunft wurde diese Ausrichtung der Frauenagitation durch einen Bezirksvorstand, der nach dem für die SPD insgesamt enttäuschen-

Abb. 118: FVZ 15.4.1924

den Ausgang der Wahlen vom 20.2.1921 und angesichts eines als unbefriedigend angesehenen Organisationsgrades bei den weiblichen Wählern nunmehr auch die Notwendigkeit einer verstärkten Agitation unter den Frauen eingesehen hatte.[42] Zwar hatte sich die SPD im Bezirk Schleswig-Holstein von dem kriegsbedingten Rückgang auf nur 8 142 Genossinnen (1918) wieder erholt und verzeichnete am 1.7.1920 mit 15 812 weiblichen Mitgliedern sogar reichsweit die meisten organisierten Frauen. Am 1.4.1919 waren aber noch 21 053 Frauen organisiert gewesen, so daß innerhalb von nur 15 Monaten 5 241 der weiblichen Mitglieder die Partei verlassen hatten. Im gleichen Zeitraum konnte demgegenüber der Anteil männlicher Mitglieder von 61 011 auf 64 257 gesteigert werden. Mithin kam in Schleswig-Holstein nur noch eine Genossin auf vier Genossen.[43]
Die hierin zum Ausdruck kommende Politik- und Parteiverdrossenheit der Frauen führte die SPD in öffentlichen Verlautbarungen auf die lange politische Unmündigkeit zurück, zu der die Frauen verdammt gewesen seien, sowie auf ihren anstrengenden Alltag, „. . . ihre Überlastung mit all den tausend kleinen und kleinlichen Arbeiten des Haushalts," vergaß aber auch nicht „die Entbehrungen, Sorgen und Leiden der letzten sechs Jahre" zu erwähnen, die die Frau noch mehr als den Mann müde gemacht hätten. Der Bezirksvorstand spielte damit in seinem Aufruf an die schleswig-holsteinischen Parteigenossen nach den Februarwahlen von 1921[44] auf die politische Dauerkrise der jungen Republik und ihre wirtschaftlichen Probleme an, die besonders die Frauen zu spüren bekämen. Für die Betroffenen indes resultierte der Mitgliederschwund aus den unerfüllten Erwartungen im Hinblick auf die volle Gleichstellung. Dies habe zu einer Desillusionierung auch der sozialdemokratischen Frauen geführt.[45] Ihrer wachsenden Gleichgültigkeit gegenüber politischen Belangen suchte die Parteileitung nun durch eine schnelle Intensivierung der Frauenarbeit in den Gemeinden zu begegnen und machte deshalb inhaltliche Vorgaben für die neue Strategie noch auf den Parteitagen des gleichen Jahres. Nachdem bereits die Kasseler Frauenkonferenz 1920 die Konzentration auf die Frau als Mutter, Erzieherin und Hausfrau propagiert hatte[46], hieß für den Stadtrat Mlitzky, der das einleitende Referat auf der Reichsfrauenkonferenz in Görlitz am 17. September 1921 hielt, „Gemeindearbeit" für Frauen vor allem die Beschäftigung mit dem Siedlungs- und Wohnungswesen sowie der Gesundheits-, Jugend- und Wohlfahrtspflege.[47] Passend dazu widmete sich die Referentin Schöfer in ihrem Beitrag der sozialen Frauenarbeit in der Gemeinde.[48] Und auf der Bezirks-Frauenkonferenz in Altona am 19. November 1921 hatte das Hauptreferat der Genossin Elfriede Rynek (Mitglied des Parteivorstandes 1920–1933) den be-

zeichnenden Titel „Sozialdemokratische Frauen- und Wohlfahrtsarbeit". Parallel dazu wurde Louise Schroeder zur besoldeten Frauensekretärin bestellt und als solche Mitglied des Bezirksvorstandes neben vier Männern. Diese Entscheidung dokumentiert einerseits die große Bedeutung, die die Parteileitung der Frauenarbeit nunmehr zumaß, signalisierte andererseits aber einmal mehr die gewünschte Ausrichtung der Agitation, engagierte sich die neue Frauensekretärin doch besonders für soziale Belange. Im Reichstag hatte sie z. B. 1919 zusammen mit anderen Frauen in fraktionsübergreifender Anstrengung ein Reichswochenhilfegesetz durchgesetzt, und danach kämpfte sie für ein umfassendes Mutterschutzgesetz.[49] Schließlich gehörte auch eine organisatorische Änderung zum Maßnahmekatalog: Ab sofort sollten statt einer einzigen jährlichen Frauenkonferenz für den gesamten Bezirk jeweils mehrere für die einzelnen Unterbezirke stattfinden, um mehr Genossinnen mit der Parteiarbeit vertraut machen zu können.[50]

Eine Analyse, die diese Hinwendung der sozialdemokratischen Frauenagitation zur Sozialarbeit als bloße wahltaktische Strategie und Maßnahme zur Mitgliederwerbung interpretierte, griffe nun allerdings zu kurz. Der Gedanke, Frauen auf die Wohlfahrtsarbeit zu beschränken, hatte Tradition in einer Partei, die in ihrem Kommunalprogramm für Preußen 1911 zur Waisen- und Armenpflege in den Gemeinden ganz selbstverständlich ausgeführt hatte: „In erster Linie sollten die Gemeinden Frauen damit betrauen, die sich ja für dieses Amt ganz besonders eignen"[51], und sich damit einmal mehr als Anhängerin des überkommenen Frauenbildes offenbart hatte. Bei aller vordergründigen Auslegung der Berufsausübung als Horizonterweiterung und Mittel zur Selbstverwirklichung galt ihr die Ehe und Mutterschaft als „... natürliches, letztes Ziel einer Frau ..."[52], die deshalb treu, hilfsbereit, keusch, aufopferungsvoll, zurückhaltend, bescheiden und mütterlich zu sein hatte. Diesem Idealbild von der zarten, reinen und wenig rationalen Frau hätte politisches Engagement widersprochen, das über den Einsatz für die als originär weiblich angesehenen Aufgabenbereiche Schule, Gesundheit, Wohnung und Soziales hinausgegangen wäre.

„Eignet der männlichen Art mehr der Kampf, so hat die Frau mehr Verständnis dafür, Menschenleben zu hüten und zu bewahren. Hat der Mann mehr Verständnis für Güterwirtschaft und Güterproduktion, so eignet sich die Frau mehr für die Vertiefung in Menschenschicksale«, führte hierzu die Referentin Schöfer in Görlitz aus.[53] In der bereitwilligen Übernahme sozialer Aufgaben erwies sich deshalb für sie sogar die Politikfähigkeit der Frauen: „Indem wir der Frau die Aufgabe der Hüterin des Menschenlebens zuweisen, bejahen wir zugleich die Frage, ob die Frau überhaupt eine Aufgabe in der Politik hat."[54]

Derartige Vorstellungen wurden auch in Flensburger SPD-Kreisen vertreten, heißt es doch in einem Hinweis auf einen Vortrag eines Rostocker Genossen über die ideelle Seite des Sozialismus im lokalen Teil der Flensburger Volkszeitung: „Für die Frauen ist dies die beste Gelegenheit, den Idealismus im Sozialismus kennen zu lernen. Die Frauen, die im Gefühlsleben stärker sind als die Männer, werden von diesem Vortrag ungemein profitieren."[55]

Nur wenige hörten auf Warnungen, wie sie etwa von Minna Todenhagen (Mitglied des Parteiausschusses 1919–1927) schon während der Görlitzer Reichsfrauenkonferenz 1921 geäußert worden waren. Sie hatte ihre Zuhörerinnen damals aufgefordert, die Wohlfahrtsarbeit nicht zu übertreiben und sich auch mit der Politik der Gesamtpartei zu beschäftigen.[56] Die Mehrheit der Sozialdemokratinnen stürzte sich in die Sozialarbeit, sei es, daß sie ihre reguläre Parteiarbeit danach ausrichteten, sei es, daß sie in der Arbeiterwohlfahrt mitarbeiteten.

Jene Organisation war im Dezember 1919 auf Initiative von Marie Juchacz gegründet worden aus der Erkenntnis heraus, daß die Wohlfahrtsarbeit auch nach dem Kriege nicht allein dem Staat übertragen werden könnte und private Initiativen wie bisher benötigt würden. Eine weitere Zusammenarbeit mit bürgerlichen Kreisen verbot sich indes für viele Sozialdemokratinnen wegen ihrer Erfahrungen aus der Zeit des Nationalen Frauendienstes. Ohne jegliche Mitbestimmungsrechte z. B. über die Geldverteilung hatten sie sich oft als Handlanger bürgerlicher Damen mißbraucht gefühlt. Immerhin hatten die Kriegserfahrungen aber gezeigt, daß Wohlfahrtsarbeit Frauen zusammenzubringen schien und ihrer Politisierung dienlich gemacht werden konnte. Es wurde die Auffassung vertreten, „... Wohlfahrtsarbeit könne den

Boden für die politische Frauenbewegung bereiten, da soziale Probleme immer auch primär Frauenprobleme seien und hierdurch Frauen zur Mitarbeit gewonnen werden könnten, die vor der Parteiarbeit ansonsten zurückschreckten."[57]
In Schleswig-Holstein erlangte dabei neben Altona und Neumünster die Arbeit der Flensburgerinnen fast so etwas wie eine Beispielfunktion. Auf der Bezirks-Frauenkonferenz am 19.11.1921 in Altona konnte Elise Böttcher in einer vorläufigen Bestandsaufnahme bereits von zwei weiblichen SPD-Stadtverordneten berichten, die mit dem Armenrat zusammenarbeiteten. Überdies seien Genossinnen Armenpflegerinnen geworden und hätten sich im Ausschuß für das Armen- und Krankenhaus bewährt. Lediglich das Kinderasyl wäre noch in den Händen bürgerlicher Damen. Man sei aber dabei, sich hier ebenso Einfluß zu erkämpfen wie im Gefängnisrat.[58] Unter der Leitung des Genossen Julius Gregersen zog die Arbeiterwohlfahrt, die 1925 22 weibliche und vier männliche Mitglieder verzeichnete, weitere Aufgabenbereiche an sich. Dazu gehörten die Schutzaufsicht über jugendliche Personen, die Vormundschaft, die Arbeit in den Volksküchen, die Hilfe bei Kindertransporten nach Dänemark, die Einrichtung einer Nähstube, die Ausrüstung von Säuglingskörben und die jährliche Weihnachtsfeiergestaltung für Minderbemittelte.[59]
Eine jener Flensburger Genossinnen, die ihre Arbeitskraft ganz in den Dienst der Arbeiterwohlfahrt stellten und durch dieses Engagement sicher große Verdienste erwarben, war Marie Kriewitz, allgemein bekannt als „Mutter Kriewitz". Verheiratet mit einem Genossen, der als Zimmermann auf der Werft arbeitete, war sie fast ständig im Gewerkschaftshaus anzutreffen. Hier organisierte sie während der Weimarer Zeit für die Arbeiterwohlfahrt Kindertransporte, Kinderferienwanderungen und die Kinderferienbetreuung in der Marienhölzung. Nach 1933 war sie für den Widerstand tätig und verteilte u. a. morgens vor Schichtbeginn Flugblätter an den Werfttoren. Mit dem Tode ihres Ehemannes im Jahre 1946 endete die aktive Parteiarbeit Marie Kriewitz'. Sie besuchte aber weiterhin Parteiveranstaltungen, ging jedoch mit dem politischen Wirken der neuen Frauengeneration keineswegs konform. Legendär ist ihr Ausspruch in Gegenwart Herbert Wehners: „Die sollten sich um die wirklich wichtigen Dinge kümmern wie Kindergärten und nicht um anderes!" (Gemeint waren z. B. Atomkraftwerke). Marie Kriewitz starb 1980 nach 75jähriger Parteimitgliedschaft.

Die Frauengruppe im Flensburger SPD-Ortsverein bis 1928

Der Mitgliederschwund der ersten Weimarer Jahre führte zu dem absoluten Tiefstand in der weiblichen Organisationsrate der SPD Schleswig-Holsteins mit 9412 Genossinnen am 1.4.1924. Obwohl von Frauen nur ein Drittel bis die Hälfte des normalen Beitrags erhoben wurde, sparten anscheinend viele diese Ausgabe ein in einer Zeit, in der viele Arbeiterfamilien oftmals nicht einmal in der Lage waren, das Geld für die Beiträge der Männer abzuzweigen. In Flensburg beschwerten sich die Kassierer und Kassiererinnen in dieser Zeit lebhaft über unfreundliche und mürrische Frauen von Genossen, die sogar deren weitere Beitragszahlung ablehnten.[60] Nach diesem inflationsbedingten Tief war in den nächsten Jahren wieder eine langsame, aber stetige Zunahme auf schließlich 15217 weibliche SPD-Mitglieder am 1.1.1930 zu verzeichnen. Diese Zunahme in absoluten Zahlen wird noch aussagekräftiger, wenn man sie in Bezug setzt zum Organisierungsgrad der Genossen. Danach stieg der Anteil weiblicher Mitglieder trotz absoluter Zunahme auch der männlichen Mitglieder von 18,4 % auf 27,5 %, stagnierte allerdings nach einem leichten Rückgang in den beiden letzten Jahren. Wie sah nun die Mitgliederentwicklung in Flensburg aus? Leider sind für das Flensburger Stadtgebiet wieder nur sporadisch Zahlen überliefert[61], so daß hier nur ein Blick auf die Entwicklung im gesamten 1. Unterbezirk geworfen werden kann, zu dem neben dem Stadt- und Landkreis Flensburg auch die Landkreise Schleswig, Husum und Südtondern gehörten.[62] Danach entsprach die Mitgliederentwicklung im nördlichen Schleswig-Holstein nicht ganz dem Landestrend. Zwar ist auch hier eine stete Zunahme der weiblichen Mitglieder von 601 am 1.4.1925 auf 737 am 1.1.1929 unverkennbar, zwar nahm auch hier der prozentuale Anteil der Genossinnen an der Gesamtmitgliedschaft zunächst zu, er stagnierte aber bereits ab 1928 – analog sprechen auch die Jahresbe-

Abb. 119: Kinder-Kakaospeisung der Arbeiterwohlfahrt Flensburg (stehend u. a. Anna Schlüter, links außen, Olga Funke, 4. von links, Marie Kriewitz, 5. von links.)

Abb. 120: Ehrenamtliche Helferinnen der Arbeiterwohlfahrt (hintere Reihe: Olga Funke, 2. von links, Anna Schlüter, 4 von links, Marie Kriewitz, rechts außen, vorne links kniend: Louise Gregersen)

EHREN
URKUNDE

SPD

Sophie Kriewitz

für 71 -jährige Mitgliedschaft

gewidmet

15.5.1976

Abb. 121: Ehrenurkunde für Sophie Kriewitz

richte des Flensburger Ortsvereins erstmalig von stagnierender Mitgliederentwicklung[63] – und erreichte auch zu keiner Zeit die Landesquote: Während die Genossinnen 1929 landesweit fast 30 % der SPD-Mitglieder stellten, waren es im Norden der Provinz nur 20 %.

Die Freude über die Mitgliederentwicklung fiel hier denn auch nur verhalten aus. Auf der Frauenkonferenz des 1. Unterbezirkes in Flensburg am 26.9.1926 wollte Toni Jensen die insgesamt positive Aufwärtsbewegung nicht in Abrede stellen, brachte aber deutlich zum Ausdruck, daß bei dem herrschenden Frauenüberschuß ein anderes Verhältnis zu erwarten gewesen wäre. Sie mahnte daher eine verstärkte Anwerbung junger Frauen an und forderte die Genossinnen überdies auf, während ihrer Treffen „. . . endlich einmal die üblen Klatschereien . . .“ zu unterlassen.[64]

Ob sich diese Ermahnungen speziell an die Frauengruppe des

Abb. 122: Mitgliederzahlen des SPD-Parteitbezirks Schleswig-Holstein 1919–1930 sowie der Unterbezirke 1919/20 und 1925–1928

SPD-Mitglieder Schleswig-Holstein

	OV	m	w	Mitgl.
1.10.1919		61137	19695	80822
1. 4.1920	282	61378	16860	78238
1. 4.1921	304	69073	17214	86287
1. 4.1922	302			78969
1. 4.1923				
1. 4.1924	243	41624	9412	51036
1. 4.1925	238	33900	10722	44622
1. 1.1926	234	32729	11066	43795
1. 1.1927	227	34092	12644	46736
1. 1.1928	208	35671	13667	49338
1. 1.1929	208	37532	14223	51755
1. 1.1930	215	40061	15217	55278

1. Unterbezirk

	m	w	Mitgl.
1.10.1919	5516	1889	7405
1. 1.1920	5126	1591	6717
1. 4.1920	4954	1386	6340
1. 4.1925	2429	601	3030
1. 1.1926	2479	637	3116
1. 1.1927	2561	681	3242
1. 1.1928	2834	714	3548
1. 1.1929	2899	737	3636

m/w = männliche/weibliche Mitglieder
Mitgl. = Mitglieder insgesamt

Tagungsortes richteten – neben Flensburg gab es schließlich nur noch je eine Husumer und Schleswiger Frauengruppe im 1. Unterbezirk –, muß hier dahingestellt bleiben. Sie wären dann jedenfalls nicht zu Unrecht erfolgt, wie die Befragungen langjähriger Flensburger Genossinnen ergeben haben. Danach konnten bei besonderen Anlässen wie Weihnachten

Abb. 123: SPD-Frauengruppe vor dem „Caffee Waldheim"

schon einmal an die 100 Genossinnen zu einer Zusammenkunft kommen, konstant aktiv gewesen ist aber nur ein kleiner Kreis von 20–25 Frauen. Nur diese haben regelmäßig an den Frauenabenden teilgenommen, erinnert sich Anna Petersen: „Gäste kamen meistens nicht. Die da kamen, kannte man" – und war in der Regel sogar privat befreundet mit ihnen. Über die Parteiveranstaltungen hinaus trafen sich einzelne Frauen regelmäßig bei Kaffee und Kuchen, bildeten regelrecht Cliquen. Diese Frauen kannten einander dann häufig schon aus Kriegs- und Vorkriegszeiten. Überhaupt waren die Frauen zumeist über 30 Jahre alt und gingen in der Mehrheit keiner außerhäuslichen Erwerbsarbeit nach. Die Flensburger Frauengruppe stützt somit allem Anschein nach die These von der „Hausfrauenbewegung", die die sozialdemokratische Frauenbewegung mehrheitlich gewesen sei.[65] Auch eine andere Vermutung bisheriger Forschung wird durch das Flensburg der Weimarer Zeit bestätigt: Die führenden Aktivistinnen der SPD stammten, soweit es sich eruieren ließ, aus alten SPD-Familien oder waren zumindest mit Genossen verheiratet.[66]

Zu jenen Frauen gehörte auch Anna Schlüter. Die Ehefrau des langjährigen stellvertretenden Ortsvereinsvorsitzenden und Stadtverordneten Hans Schlüter leitete in den ersten Weimarer Jahren die Frauengruppe. Als solche lud sie zu deren Veranstaltungen ein, nahm als Delegierte an den Frauenkonferenzen teil, die im Zusammenhang mit Bezirkskonferenzen und Parteitagen stattfanden, und vertrat die Frauengruppe ab November 1919 als Beisitzerin im Vorstand des hiesigen Ortsvereins. Ihr zur Seite stand dabei Christiane Rösch, die auch nach Anna Schlüters Ausscheiden aus ihren leitenden Funktionen im Jahre 1924 weiterhin – jetzt neben Marie Steffens – als Beisitzerin amtieren sollte. Die neue

Frauengruppenleiterin war verheiratet mit einem Genossen, der ein kleines Ladengeschäft in der Süderfischerstraße betrieb und zeitweise als Schriftführer des Flensburger SPD-Distrikts „Süden“ fungierte. Im Jahre 1926 trat dann auch Marie Steffens von der Leitung der Frauengruppe zugunsten Wilhelmine Thomsens zurück und übte nur noch die Aufgaben einer stellvertretenden Leiterin aus, um sich wieder mehr ihrer Arbeit in der Arbeiterwohlfahrt widmen zu können.
Daneben engagierten sich Genossinnen sofort nach deren Konstituierung in den örtlichen Parteigremien: Alma Michelsen ab Februar 1919 neben drei Genossen in der Bibliothekskommission sowie Elise Böttcher zusammen mit einer weiteren Genossin Hansen in der dreiköpfigen Jugendkommission; und im August 1919 wurden die Genossinnen Böttcher, Becker, Schlüter, Clausen und Grell in die neunköpfige Kinderschutzkommission gewählt.
Im Laufe der folgenden Jahre sollte die weibliche Repräsentanz in den Ausschüssen allerdings in einem Maße zurückgehen, daß nach den Vorstandswahlen am 7.1.1927 im Vorstand und in den Kommissionen neben 24 Männern nur noch drei Frauen übriggeblieben waren: Wilhelmine Thomsen und Marie Steffens als Vertreterinnen der Frauengruppe und Juliane Bartels als 1. Schriftführerin – eine auf allen Ebenen beliebte Funktion für weibliche Vorstandsmitglieder, wie entsprechende Untersuchungen ergeben haben.[67]
Gegensätzlich hierzu verlief auf den ersten Blick die Berücksichtigung von Genossinnen bei der Delegiertenwahl für Bezirkskonferenzen und überregionale Parteitage. Der Ortsverband sorgte dafür, daß in der Regel zumindest eine Frau zu dem Kreis der Ausgewählten gehörte – häufig aber nur zwecks Teilnahme an der dazugehörenden Frauenkonferenz. Lediglich die Kandidatenlisten für die Stadtverordnetenwahlen dokumentieren auch bei genauerem Hinsehen noch eine bessere Frauenrepräsentanz, wie die folgende kleine Grafik zeigt:

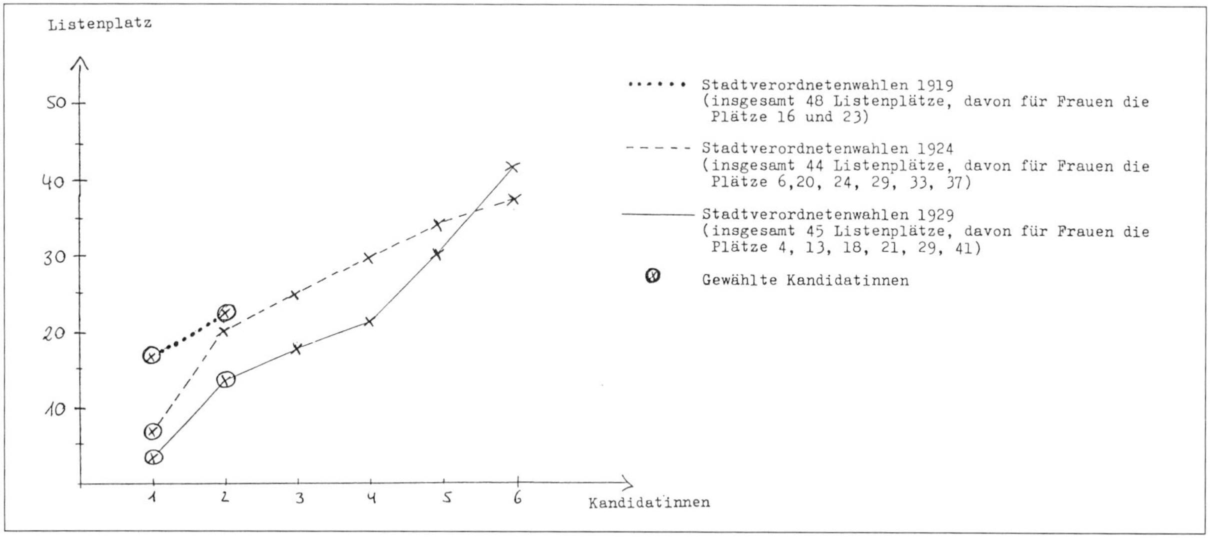

Abb. 124: Überblick über die aufgestellten und gewählten Kandidatinnen für die Stadtverordnetenwahlen von 1919 bis 1929

Danach wurden im Laufe der Jahre nicht nur deutlich mehr Frauen bei der Kandidatenaufstellung berücksichtigt, sie fanden sich auch jedesmal auf besseren Listenplätzen wieder. Dennoch – die „Soll-Bestimmung" aus dem Heidelberger Parteistatut von 1925, wonach Frauen bei der Verteilung von Ämtern und Mandaten entsprechend ihrem Anteil unter den Mitgliedern zu beteiligen seien[68], wurde auch hier nicht eingelöst, selbst wenn man die in der Tendenz sicher ungünstigeren Mitgliederzahlen des 1. Unterbezirks zugrundelegt. Überdies war von den weiblichen Stadtverordnetenkandidatinnen nur Dora Saß konstant dabei. Ihr gelang damit sogar so etwas wie eine lokale Parteikarriere.

Geboren am 27.8.1883, war Dorothea Gustavine Sophie 1898 von Süderdithmarschen nach Flensburg gezogen und hatte hier am 17.10.1903 Johannes Saß geheiratet, SPD-Mitglied und Betreiber einer Konsumfiliale in der Harrisleer Straße. Fortan war sie – die Ehe blieb anscheinend kinderlos –, zusammen mit Catharine Hoee in der örtlichen Frauenarbeit aktiv und arbeitete mit in der Kriegsfürsorge. Nach Kriegsende wurde sie im Februar 1919 Stadtverordnete und im November des gleichen Jahres neben Erfurth in die Unterbezirks-Agitationskommission gewählt. Bei den Stadtverordnetenwahlen des Jahres 1924 stieg sie vom 16. zum sicheren 6. Listenplatz auf und wurde ein Jahr später, am 2.10.1925, von der örtlichen SPD-Mitgliederversammlung neben Haberlandt und Brennecke sogar als Kandidatin für die bevorstehende Provinziallandtagswahl aufgestellt. Bei den Stadtverordnetenwahlen 1929 hatte sie schließlich den 4. Listenplatz inne. Im Stadtparlament nahm sich Dora Saß, soweit ersichtlich, anscheinend typisch weiblicher Aufgabenbereiche an. Sie wurde 1919 Mitglied im Armenrat sowie in der Möbel- und der Bekleidungskommission und befaßte sich auch in der nächsten Legislaturperiode vorrangig mit Fragen der Wohlfahrtspflege.[69] Fraktionsintern wurde sie aber auch als Mitglied für den Steuerausschuß in Aussicht genommen und als Vertreterin für den Städtetag gewählt.[70]

Mit diesem parteipolitischen Werdegang stellte Dora Saß nicht nur in Flensburg eine große Ausnahme dar. Durchgängig und auf allen Ebenen beschwerten sich in den Weimarer Jahren Genossinnen über Behinderungen seitens männlicher Parteimitglieder und bezogen dabei z. T. sogar die eigenen Ehemänner ausdrücklich in die Kritik mit ein.[71] Während sie mit dem Frauenanteil im Reichstag und in den Landtagen noch einigermaßen zufrieden waren, machten ihnen vor allem Behinderungen auf kommunalpolitischer Ebene zu schaffen.[72] Obwohl die Parteiführung es als ungeheuer wichtig hinstellte, Frauen gerade in der Gemeinde und ihrem Parlament zur verantwortlichen Mitarbeit heranzuziehen und einige wenige ganz fortschrittliche Kräfte ihnen sogar Dezernentenstellen außerhalb des Wohlfahrtswesens einräumen wollten – „. . . machen wir Ernst mit der Gleichberechtigung der Frau!" –[73], hatten sie hier mit den größten Widerständen zu kämpfen, standen sich aber bisweilen wohl auch selbst im Wege. So weiß Dolly Beyreis von der Flensburger Frauengruppe zu berichten, daß Genossinnen häufig nicht den Mut hatten, bestimmte Funktionen zu übernehmen, selbst wenn sie dafür vorgeschlagen wurden: „Die Frauen verzichteten. Laß man die Männer. Die können es besser!" habe die Standardformel in solchen Fällen gelautet. Nur wenige Frauen entwickelten in dieser Atmosphäre von Behinderung und Selbsteinschränkung den Ehrgeiz, in der von ihnen als „. . . Männerverein . . ."[74] angesehenen SPD aktiv zu werden, und sei es auch nur, um hier die gewohnten weiblichen Arbeitsfelder abzudecken.

Hinzu kam, daß es jungen Genossinnen, die neue Akzente in der Frauenarbeit hätten setzen können, anscheinend nicht eben leicht gemacht wurde, Zugang zu den nach außen hin als „. . . verschworene Gemeinschaften . . ."[75] auftretenden Zirkeln älterer Genossinnen zu finden – wenn sie überhaupt Interesse zeigten, was nach Dolly Beyreis bei den wenigsten der Fall war. Von der Jugendbewegung her an Koedukation gewöhnt, die in Flensburg allerdings noch mit besonderen Treffen für Mädchen unterlaufen wurde, erschienen ihnen reine Frauenveranstaltungen mit zumeist älteren Genossinnen antiquiert. Außerdem kümmerten sich nur wenige Genossinnen um Kontakte zu den weiblichen Mitgliedern der Jugendbewegung.

In Flensburg ist es anscheinend allein Marianne Beier gewesen, die sich um die Heranführung junger Frauen zur SPD bemüht hat. So wurden Anna Petersen und Grete Neumann häufig von ihr zu Veranstaltungen mitgenommen. Dies hat besonders Anna Petersen als sehr wohltuend empfunden,

nachdem sie 1921 als 22jährige einen Flensburger Werftarbeiter geheiratet hatte. Auf diese Weise bekam sie Kontakt zu der Gruppe um die Ehepaare Saß, Beier und Schlüter und trat 1924 schließlich auch in die Partei ein. Sie ist darüber hinaus Mitglied der Arbeiterwohlfahrt geworden, aber nur „. . . nominell . . .“. Viel mehr sprachen sie die Veranstaltungen der Arbeiterjugend an, sie besuchte Vortragsreihen der SAJ und half mit bei der Organisation von Zeltlagern der Falken auf den Ochseninseln.
Es wurde auch in Flensburg offenbar: Der Versuch, mittels Arbeiterwohlfahrt und Konzentration auf Frauenthemen Frauen an die SPD und in einem zweiten Schritt an die aktive Parteiarbeit heranzuführen, brachte nicht den gewünschten Erfolg. Die Flensburger Volkszeitung mochte noch so sehr Frauen auffordern, sich politisch zu betätigen: „Helft uns jetzt in der SPD! Hättet Ihr schon früher bei uns mitgearbeitet, hätten wir diese Preissteigerungen nicht. Die SPD hätte, wenn besser vertreten im Reichstag, diese Beschlüsse der Rechtsparteien verhindert . . . Das, was ihr jetzt ertragen müßt, ist der Lohn für das Wahlresultat vom 7. Dezember 1924.“[76]
Sie mochte noch so geschickt für die Teilnahme an Wahlen werben wie z. B. am 6.10.1927. Anläßlich eines Abtreibungsprozesses heißt es im Lokalteil: „Die Frauen sind zum großen Teil selbst schuld, denn sie können die Gesetzgeber wählen, die ein solches Strafrecht machen. Aber wenn Wahlen sind, nutzen sie ihr Recht nicht aus, das überlassen sie den ‚gebildeten‘ Frauen.“[77]
Sie mochte noch so eindringlich vor einem weiteren „Rechtsrutsch“ auch unter Flensburgs Frauen warnen.[78]

Kurskorrektur in der Frauenarbeit der Flensburger SPD 1928

In dieser Situation gab die eingangs zitierte Kritik von Peter Michelsen im Juli 1928 an Inhalt und Form der bisherigen Frauenarbeit anscheinend den entscheidenden Anstoß zu einer Neuorientierung, selbst wenn der Kritiker seine Vorwürfe während eines Festvortrages auf der SPD-Gedenkfeier anläßlich des 10 Jahre bestehenden Frauenwahlrechts am

Abb. 125: Vorbereitung eines Zeltlagers auf den Ochseninseln 1932
(u. a. Marianne Beier, links außen stehend, Lissie Neumann, links außen sitzend, Anna Petersen, 3. von rechts vorne, 3. von rechts stehend Ernst Beier)

8.3.1929 etwas modifizierte: „Gewiß dürfen gesellige Abende nicht fehlen, aber Hauptaufgabe bleibt doch immer die Schulung jeder einzelnen.“[79] Schon die Frauenabende im September, Oktober und November 1928 dokumentierten mit Vorträgen über das Sozialistengesetz von 1878, einer Lesung aus Bebels „Die Frau und der Sozialismus“ sowie einem Referat über die „Rechtskunde des Alltags“ deutlich den Willen, eine neue, intellektuellere Note in die Frauenarbeit zu bringen. Daß dabei mit Peter Michelsen und dem Arbeitersekretär Linnemann profilierte örtliche Genossen als Referenten auftraten, läßt überdies erkennen, daß man(n) es in Flensburg nicht bei der bloßen Kritik an Frauen wegen ihres Wahlverhaltens belassen, sondern sich endlich aktiv an deren Schulung beteiligen wollte, wie es die Frauen hier von Anbeginn an gefordert hatten. Dazu gehörte dann auch eine umfassendere Berichterstattung über die Treffen der Frauen-

Abb. 126: Hedwig Michelsen als Abgeordnete der Verfassunggebenden Nationalversammlung

gruppe mit zahlreichen Vorankündigungen und ausführlichen Referaten von den Zusammenkünften in der Flensburger Volkszeitung.
Dafür, daß diese Neuorientierung mit dem Namen „Michelsen“ aufs engste verbunden ist, sorgte nicht zuletzt Peter Michelsens 2. Ehefrau. Er hatte die ehemalige Hutarbeiterin Hedwig Helma Kurt (geb. 15.11.1877), Parteimitglied seit 1908, mehrfache Parteitagsdelegierte für Dresden und dortige Stadtverordnete, als Abgeordnete der Nationalversammlung, der sie ab dem 10.4.1919 als Nachrückerin angehörte, kennen- und liebengelernt. Peter Michelsen ließ sich daraufhin von seiner Frau Alma scheiden und heiratete am 9.4.1925 die nunmehr ebenfalls geschiedene Mutter zweier damals schon halbwüchsiger Kinder. Hedwig Michelsen übernahm im April 1929 die Leitung der Flensburger Frauengruppe, während sich Wilhelmine Thomsen, die bisherige Vorsitzende, verstärkt Aufgaben in der Arbeiterwohlfahrt zuwandte.
Unter Hedwig Michelsens Vorsitz wurde im September 1929 ein Arbeitsausschuß eingerichtet, der mindestens monatlich, bei Bedarf auch häufiger zusammentrat und die Aktivitäten der Flensburger Genossinnen planen und koordinieren half. Ihm gehörten neben der Leiterin mit Dora Saß, Juliane Bartels (nach Rücktritt als Schriftführerin des Ortsvereins ab Januar 1930 2. Vorsitzende der Frauengruppe), Olga Funke (Ehefrau des langjährigen Ortsvereinsvorsitzenden Max Funke), Anna Schlüter, Louise Gregersen (Ehefrau des Vorsitzenden der örtlichen Arbeiterwohlfahrt Julius Gregersen) sowie Lissie Neumann (Stadtverordnete seit 1929) prominente und bewährte Genossinnen an. Des weiteren wurde Lissie Neumann 1930 in den Bildungsausschuß der Ortsgruppe delegiert, um auch hier Frauenbelangen mehr Geltung zu verschaffen.
Lissie Neumann repräsentierte in diesem Kreis arrivierter Genossinnen neben der 1897 geborenen Juliane Bartels, die allerdings nach ihrer Ehescheidung nach Neusalz in Niederschlesien verzog (1931), die junge Generation. Sie war am 19.9.1896 in Flensburg geboren. Zusammen mit den übrigen Familienmitgliedern, den Eltern, der jüngeren Schwester Emmy und dem Bruder Karl, betrieb sie eine kleine Bonbonfabrik im Wilhelminental als Verantwortliche für die Buchhaltung. Lissie Neumann war beseelt von der Idee des Weltfriedens und engagierte sich aus dieser humanistischen Grundhaltung heraus bei den Guttemplern, die sie als internationale Friedensbewegung verstand, lernte und lehrte Esperanto, arbeitete mit in der Flensburger Ortsgruppe der „Internationalen Frauenliga für Frieden und Freiheit“[80] und war SPD-Mitglied. Nach der Scheidung von Karl Brandt, einem Flensburger SPD-Aktivisten, den sie Anfang der zwanziger Jahre geheiratet hatte, intensivierte sie ihre ehrenamtliche Arbeit. Lissie Neumann übernahm spätestens 1930 die Leitung der IFFF-Ortsgruppe, nachdem sie sich ein Jahr zuvor bereits als SPD-Kandidatin für die Stadtverordnetenwahlen hatte aufstellen lassen und gewählt worden war. Am 9.1.1933 wurde sie schließlich 1. Schriftführerin des SPD-Ortsvereins und zog nach den Kommunalwahlen am 12.3.1933 wieder ins Stadtparlament ein. Lissie Neumann und Dora Saß waren fortan die einzigen weiblichen Mitglieder des Gremiums. Die wortgewandte und in ihrer vornehmfeinen Art sehr umgängliche ehemalige Jungsozialistin Lissie erfreute sich allseits großer Wertschätzung.
So blieb sie, eine stadtbekannte Sozialdemokratin, während der NS-Zeit lange unbehelligt. Erst nach dem 20. Juli 1944

wurde sie von der Gestapo festgenommen und in Kiel inhaftiert. Gezeichnet von Mißhandlungen, die sie während dieser Zeit erlitten hatte, engagierte sich Lissie Neumann nach Kriegsende sofort wieder in der Flensburger Sozialdemokratie, wurde auf der ersten Parteiversammlung am 5.4.1946 per Akklamation als Beisitzerin im Vorstand bestätigt und trat bei Veranstaltungen z.T. sogar als Hauptrednerin auf. Anfang der 50er Jahre zog sich die gesundheitlich angeschlagene und von den Auseinandersetzungen zwischen den Flensburger Sozialdemokraten und der Gesamtpartei enttäuschte und zermürbte Lissie Neumann aus der aktiven Politik zurück. Der Familienbetrieb war längst eingegangen, so daß sie sich fortan nur noch um ihre Eltern kümmern mußte und für ihre Schwester Emmy und ihren Schwager Fritz Drews, der nach 1945 Oberbürgermeister von Flensburg war, den Haushalt führte. Lissie Neumann starb am 15.2.1963 in Flensburg.

Entwicklung der Frauenarbeit der Flensburger SPD vor dem Hintergrund des aufkommenden Nationalsozialismus

Die neue Ausgestaltung der Frauenarbeit ab Mitte 1928 schien erfolgversprechend. Selbst die kritische Flensburger Volkszeitung konnte im Dezember 1930 nicht umhin anzuerkennen, „. . . daß die Frauengruppe recht rege und lebendig war und daß sie auf politischem wie auf kulturellem Gebiet ihre Aufgabe erfüllt hat.“[81] Entsprechend angesehen war sie in der Parteiorganisation. Sie wurde bei allen Delegationen berücksichtigt und war mit sechs Genossinnen auf der Kandidatenliste für die Stadtverordnetenwahlen 1929 vertreten. Im März 1930 konnte sie sogar eine zweite, eigenständig agierende Gruppe in Friedheim gründen. Indes verhinderte der erstarkende Nationalsozialismus eine weitere ruhige und gründliche Aufbauarbeit. Hinter die Auseinandersetzung mit den rechtsradikalen Kräften und die beinahe ununterbrochene Wahlkampfarbeit trat das Bemühen der Frauengruppe um innerparteiliche Gleichstellung zurück. Die allgemeine Schulungs- und Bildungsarbeit mußte vernachlässigt werden.[82] Stattdessen standen Informationen über die nationalsozialistische Ideologie und insbesondere über die Rolle, die danach den Frauen zugedacht war, bald im Mittelpunkt auch der Flensburger Frauenagitation.[83] Dabei war es allem Anschein nach nicht immer einfach, die Frauen auf Parteilinie zu bringen. Hedwig Michelsen warb im Jahresbericht der Frauengruppe für 1930[84] um Verständnis für die Haltung vieler Frauen:

„Es mag ja auch wohl verlockend klingen für die Mütter, die sich in Sorgen um das tägliche Brot zermürben, wenn in dem sogenannten „Dritten Reich“ die Frauen ihren Wirkungskreis wieder im Hause haben sollen, umgeben von froher Kinderschar sorglos schalten und walten können,“

und machte damit völlig zu recht auf die kümmerlichen Lebensbedingungen aufmerksam, unter denen gerade die Arbeiterfrauen während dieser wirtschaftlichen Notjahre zu leiden hatten. Ein wenig hilflos klingt aber in diesem Zusammenhang ihr Hinweis an die Frauen: „Aber – haben wir Frauen schon einmal den Versprechungen unserer Klassengegner glauben können?“ Kritischere Worte zu diesem Frauenbild hätte sie indes auch kaum sagen können, hatte die SPD doch selbst lange und nicht nur aus propagandistischen Zwecken auf die traditionellen geschlechtsspezifischen Orientierungen gesetzt und wollten führende Repräsentanten noch 1927 die Mutterschaft gewissermaßen als Pendant zur Wehrpflicht der Männer als staatsbürgerliche Pflicht anerkannt wissen.[85] Das überkommene Rollenverständnis hatte auch in Flensburg dazu gedient, viele weibliche Parteimitglieder in die „frauengemäßere“ Arbeiterwohlfahrt und damit in ehrenamtliche unbezahlte Helferdienste abzuschieben und sie auf diese Weise von den eigentlich entscheidungsträchtigen Funktionen, den Ämtern und Mandaten sowohl innerhalb der Partei – in der Parteiorganisation – als auch außerhalb – im Stadtparlament und in der Verwaltung, wo z.B. die Entscheidungen über Reformen in der Wohlfahrtspflege fielen, fernzuhalten. Insofern stahlen sich die Genossen mit ihrem immer lauter werdenden und heute längst entkräfteten Vorwurf, die Frauen hätten durch Teilnahmslosigkeit und falsches Wahlverhalten den rechten Parteien erst den Boden bereitet[86], aus ihrer Verantwortung. Der Versuch gegen Ende der Weimarer Jahre, die Frau wieder mehr in den gesamtgesellschaftlichen Kontext zu stellen – Hedwig Michelsen z.B. wertete die Arbeit in der Arbeiterwohlfahrt 1931 ausdrücklich als nicht ausreichend[87] – kam zu spät und wurde zudem entwertet durch Feierstunden speziell zu Ehren von Müttern, wie sie der Flensburger SPD-Ortsverein im Januar 1931 ausrichtete.[88]

Epilog

Mit dem Ausscheiden Nicolaus Reisers aus dem Amt eines besoldeten Stadtrates (Wohnungswesen) im Jahre 1950 kam es zu einer innerparteilichen Auseinandersetzung um die Nachfolge, in deren Verlaufe Lissie Neumann die Kassiererin Juliane Decker[89] vorschlug. Im Sitzungsprotokoll vom 19.12.1950 kann man zum Fortgang der Diskussion lesen[90]: „Gen. Beyreis äußert gegen den Vorschlag Decker Bedenken, teils aus wirtschaftlichen, teils aus persönlichen, im Geschlecht als Frau begründet.... Gen. Reiser ... hat auch Bedenken gegen die Besetzung durch eine Frau, die der Arbeit beim Wohnungsamt nicht gewachsen sein würde. Genn. L. Neumann erhebt Einspruch dagegen, daß der Gen. M. Beyreis bezügl. des von ihr gemachten Vorschlages der Genn. Decker Worte gebrauchte, die sie als Frau nicht billigen könne. Durch diese Worte, meinte Genn. Neumann, würde die Autorität der Frau schlechthin untergraben. Im übrigen halte sie ihren Vorschlag aufrecht und verstünde nicht die Bedenken, die man gegen eine Genossin erhebe."
Gewählt wurde schließlich – ein Mann.

Anmerkungen

1 Die folgende Darstellung mußte sich mangels anderen Materials weitgehend auf die Flensburger Volkszeitung (künftig FVZ) als Quelle für vereinsinterne Vorgänge stützen. Daneben konnten mehrere Interviews mit Zeitzeugen geführt werden. Für die hierbei erteilten Auskünfte wie für die Überlassung von Bildmaterial und Dokumenten danke ich ganz herzlich den Damen und Herren Beyreis, Fischer, Gregersen, Kriewitz, Lulutzki, Meisner, Neumann, Nissen, Petersen, Rüdiger und Schlütter.

2 FVZ 7.7.1928.

3 Vgl. für viele Christl Wickert: Unsere Erwählten. Sozialdemokratische Frauen im Deutschen Reichstag und im Preußischen Landtag 1919 bis 1933, Bd. 1, Göttingen 1986, S. 55.

4 Vgl. ibid. zum weiteren Inhalt, S. 56/57.

5 Zitiert nach Heinz Niggemann: Emanzipation zwischen Sozialismus und Feminismus. Die sozialdemokratische Frauenbewegung im Kaiserreich, Wuppertal 1981, S. 18.

6 Genauer dazu ibid., S. 51ff.

7 Flensborg Avis 30.4.1896.

8 Bericht von einer entsprechenden Veranstaltung in Flensburg, Flensborg Avis 21.1.1892.

9 Jahresbericht der Agitationskomission der sozialdemokratischen Partei im Agitationsbezirk Schleswig-Holstein und Fürstentum Lübeck für den Zeitraum vom 1. Juli 1908 bis 30. Juni 1909, S. 23. (Künftig „Jahresbericht Agitationskommission")

10 Freundliche Mitteilung von Greta Wehner an Edith Gerstenberg vom 2.3.1991.

11 Genauer Clara Zetkin: Die Arbeiterinnen- und Frauenfrage der Gegenwart, Berlin 1889. Dazu Werner Thönnessen: Frauenemanzipation. Politik und Literatur der deutschen Sozialdemokratie zur Frauenbewegung 1863–1933, Frankfurt am Main 1969, S. 46ff.

12 Jahresbericht Agitationskommission 1907/1908, S. 28.

13 Nach Schleswig-Holsteinische Volkszeitung (künftig SHVZ), 12.7.1910, und FVZ, 17.7.1912.

14 FVZ 7.5.1912, 1.3.1913, 9.3.1914, 11.3.1914.

15 So C. Wickert (Anm. 3) S. 59.

16 Jahresbericht Agitationskommission 1912/1913, S. 24, und 1913/1914, S. 25.

17 SHVZ 7.7.1908.

18 Matthias Schartl: Sozialdemokratie und bürgerliche Parteien im nördlichen Schleswig-Holstein, Flensburg (unveröffentliches Manuskript) 1993

19 Nicht immer handelte es sich hierbei übrigens um eine Schutzbe-

hauptung. Vom sozialdemokratischen Ortsverein des Flensburg benachbarten Harrisleefeld (92 Mitglieder, davon 13 weibliche) ist z. B. überliefert, daß die Wahl einer Genossin in den Vorstand 1911 daran scheiterte, daß nur eine zu der Versammlung erschienen war, die dann ihre Delegierung ablehnte (FVZ, 16.7.1911).

20 Jahresbericht Agitationskommission 1909/1910, S. 21.

21 Ibid., S. 20.

22 Jahresbericht Agitationskommission 1911/1912, S. 33. Dazu H. Niggemann (Anm. 5) S. 98.

23 FVZ 6.10.1913.

24 Der Anfang der politischen Arbeiterbewegung in Flensburg. Bearbeitet von Hugo Hellwig, Flensburg 1926, S. 26/27.

25 Jahresbericht Agitationskommission 1912/1913, S. 24.

26 Vgl. zum Folgenden den Bericht in der FVZ 27.10.1913.

27 Maike Hanf: Frauenleben in einer Stadt. Studien zu den Lebenschancen von Flensburgerinnen vom Mittelalter bis zum 20. Jahrhundert unter besonderer Berücksichtigung der Entstehung und Entwicklung der ersten organisierten Flensburger Frauenbewegung, Flensburg 1992 (= Schriften der Gesellschaft für Flensburger Stadtgeschichte, Nr. 45), S. 91ff.

28 Vgl. dazu ibid., S. 102ff.; und Flensburger Frauenzeitung, 7.12.1918.

29 FVZ 30.12.1918.

30 FVZ 12.1.1919 und 16.1.1919.

31 FVZ 19.2.1919.

32 FVZ 7.1.1919.

33 FVZ 21.1.1925, 15.8.1929.

34 Vgl. FVZ, 7.12.1918 (Clara Bohm-Schuch: „Die Frauen und die Revolution“) in Verbindung mit FVZ, 3.1.1919 (Anna Blos: „Die Stellung der Frau im Volksstaat“).

35 FVZ 29.1.1921.

36 FVZ 8.5./28.6./30.6./16.8./30.9.1919. Zu den Auseinandersetzungen mit dem Flensburger Hausfrauenbund vgl. M. Hanf (Anm. 27), S. 119ff.

37 FVZ 29.1./19.2.1921.

38 FVZ 1.2. („Was geht die Wahl die Frauen an?“), 11.2. („Deutschnationale, Deutsche Volkspartei und Zentrum sabotieren das Hebammengesetz und die Mutterschaftsfürsorge“), 16.2. („Die Frau hat ihre politische Gleichberechtigung zu verteidigen“), 19.2.1921 („Was geht die Wahl die Frauen an?“).

39 FVZ 1.2.1921 („Was geht die Wahl die Frauen an?“).

40 FVZ 3.1.1919 (Anna Blos: „Die Stellung der Frau im Volksstaat“).

41 FVZ 6.5.1921.

42 FVZ 5.3.1921.

43 Jahresbericht des Bezirksvorstandes 1919/20, S. 5.

44 FVZ 5.3.1921.

45 Reichsfrauenkonferenz in Görlitz, 17./18. September 1921 – FVZ, 24.9.1921. Vgl. hierzu unten die Ausführungen über die Mandatsträgerinnen der Flensburger Frauengruppe.

46 C. Wickert (Anm. 3) S. 131.

47 FVZ 23.9.1921.

48 Zum Inhalt unten mehr.

49 Zu Louise Schroeder vgl. Christl Wickert: Oberbürgermeisterin in brisanter Zeit. Louise Schroeder 1887–1957, in: 1863–1988. Aus 125 Jahren Geschichte der SPD (= Sozialdemokrat Magazin), S. 81–83. Überhaupt nahmen sich die Sozialdemokratinnen in Parlamenten hauptsächlich Frauenthemen an: Mutterschutz, Abtreibung, Schulreform, Unehelichenrechte. Vgl. dazu C. Wikkert (Anm. 3) S. 228/229.

50 FVZ 22.7.1922.

51 Zitiert nach H. Niggemann (Anm. 5) S. 153/154.

52 FVZ 8.4.1922.

53 Zitiert nach W. Thönnessen (Anm. 11) S. 153.

54 Ibid., S. 152/153. Selbst die Gedanken radikaler Wortführerinnen wie Clara Zetkin und Luise Zietz wiesen Elemente dieses konventionellen Frauenbildes auf. Vgl. dazu die Analysen von H. Niggemann (Anm. 5(S. 199–211; Elke Kleinau: Über den Einfluß bürgerlicher Vorstellungen von Beruf, Ehe und Familie auf die sozialistische Frauenbewegung, in: Ilse Brehmer (Hrsg. u. a.): Frauen in der Geschichte IV. „Wissen heißt leben ...“ Beiträge zur Bildungsgeschichte von Frauen im 18. und 19. Jahrhundert, Düsseldorf 1983. (= Studien – Materialien, Bd. 18), S. 145–168; und Anna-Elisabeth Freier: Dimensionen weiblichen Erlebens und Handelns innerhalb der proletarischen Frauenbewegung, in: Annette Kuhn/Jörn Rüsen (Hrsg.): Frauen in der Geschichte III. Fachwissenschaftliche und fachdidaktische Beiträge zur Geschichte der Weiblichkeit vom frühen Mittelalter bis zur Gegenwart mit geeigneten Materialien für den Unterricht, Düsseldorf 1983 (= Studien – Materialien, Bd. 13), S. 195–218. Vgl. dort auch zu den Gründen für die Akzeptanz entsprechender Vorstellungen selbst in Kreisen der Sozialdemokratie.

55 FVZ 18.10.1921.

56 FVZ 24.9.1921.

57 C. Wickert (Anm. 3) S. 125.

58 FVZ 21.11.1921.

59 FVZ 7.2.1925.

60 FVZ, 7.4.1923. Vgl. dazu einen Artikel ähnlichen Inhalts in FVZ, 25.8.1925.

61 März 1919: 524 Frauen, 2132 Männer (FVZ, 10.3.1919), Dezember 1927: 354 Frauen, 1445 Männer (FVZ, 7.8.1928).

[62] Es ist nach einem Vergleich mit den wenigen, uns bekannten Flensburger Zahlen davon auszugehen, daß der hiesige Ortsverein etwa die Hälfte der SPD-Mitglieder des 1. Unterbezirks stellte.
[63] FVZ 7.1.1928.
[64] FVZ 5.10.1926. Ähnlich Marie Juchacz auf dem Kieler Parteitag 1927 (FVZ, 31.5.1927).
[65] So C. Wickert (Anm. 3) S. 130; H. Niggemann (Anm. 5) S. 214ff.
[66] Für viele A.-E. Freier (Anm. 54) S. 215.
[67] C. Wickert (Anm. 3, Bd. 2) S. 12 et passim.
[68] Ibid., S. 9.
[69] FVZ 16.3.1919, 23.5.1919; Protokollbuch der sozialdemokratischen Fraktion im Flensburger Rathaus, 5.1.1925 (künftig: PSF).
[70] PSF, 18.3.1919 bzw. 7.6.1926.
[71] Beispiele: Bezirks-Frauenkonferenz in Altona 1921 (FVZ, 21.11.1921), Reichs-Frauenkonferenz in Berlin 1924 (FVZ, 20.5.1924), Parteitag in Heidelberg 1925 (FVZ, 17.9.1925), Frauenkonferenz des 1. Unterbezirks in Flensburg 1926 (FVZ, 5.10.1926), Bezirksparteitag in Eutin 1929 (FVZ, 7.10.1929).
[72] So Marie Juchacz auf der Reichsfrauenkonferenz in Heidelberg 1925 (FVZ, 25.9.1925).
[73] H. Lindemann: „Die Frau in der Gemeindepolitik" - FVZ, 28.7.1925.
[74] Interview Dolly Beyreis.
[75] Interview Anna Petersen.
[76] FVZ 19.8.1925.
[77] Vgl. dazu einen Bericht am 19.11.1927 mit ähnlichem Inhalt.
[78] FVZ 19.8.1925.
[79] FVZ 9.3.1929.
[80] Die IFFF ging auf die Internationale Frauenkonferenz in Den Haag 1915 zurück. Die dort verabschiedeten „20 Forderungen" gingen Anfang 1918 in die „14 Punkte" des US Präsidenten Wilson ein. Vgl. dazu Irene Stratenwerth: „Das Gefühl, die Welt ein Stück weiterbringen zu müssen". Jane Addams (1860-1935), Friedensnobelpreis 1931, in: Charlotte Kerner (Hrsg.): Nicht nur Madame Curie ... Frauen, die den Nobelpreis bekamen, Weinheim/Basel 1990, S. 34-59.
[81] FVZ 20.12.1930.
[82] Jahresbericht 1932 - FVZ, 9.1.1933.
[83] FVZ 31.1.1931, 22.4.1931, 2.2.1932, 22.3.1932, 23.4.1932 et passim.
[84] FVZ 7.1.1931.
[85] Bezirksparteitag in Bad Oldesloe 1927 - FVZ, 28.6.1927.
[86] Vgl. für viele die Vorgänge auf der Frauen- und Kreiskonferenz des 1. Unterbezirks im April 1931 - FVZ, 26.4.1931.
[87] Hedwig Michelsen während der Frauen- und Kreiskonferenz des 1. Unterbezirks - FVZ, 26.4.1931.
[88] FVZ, 7.1.1931.
[89] Dabei handelte es sich um jene Juliane Bartels, die Ende der zwanziger Jahre Schriftführerin des Flensburger SPD-Ortsvereins gewesen war. 1931 nach Niederschlesien verzogen, hatte sie dort 1936 eine 2. Ehe geschlossen und war nach Kriegsende als Vertriebene wieder nach Flensburg zurückgekehrt. Hier starb sie am 4.7.1968.
[90] Vorstands- und Fraktionssitzungen 1945-1953 (SPF).

Erika und Günther Börm

Die Jugendbewegung der Flensburger SPD in der Zeit der Weimarer Republik

Ziele der sozialdemokratischen Jugendbewegung und deren Realisierung in den Anfangsjahren der Weimarer Republik

Die allgemeinen Grundsätze der sozialdemokratischen Bewegung - Demokratie, Frieden, Solidarität, Internationalismus - galten auch für die Jugendbewegung. Die sozialistische Arbeiterjugend gab es in Flensburg schon seit 1910, aber ihre Aktivitäten ruhten während des Weltkrieges.[1] Während der Kaiserzeit waren ihre Arbeitsmöglichkeiten ohnehin eingeschränkt gewesen; z. B. waren ihre Vertreter nicht wie die anderer Jugendorganisationen im „Ortsausschuß für Jugendpflege" - in Flensburg seit 1912 - zugelassen.[2] Auch verbot das preußische Vereinsgesetz von 1908 die politische Betätigung Jugendlicher. Diese Einschränkungen fielen mit der Revolution 1918 fort.

Die Auseinandersetzungen in der SPD während des Krieges und die darauf erfolgte Abspaltung der USPD (später Spartakusbund und KPD) hatten nach dem Kriege auch eine Zersplitterung der sozialistischen Jugendbewegung zur Folge. In einem Artikel der „Volkszeitung" vom 19.2.1921[3] wurde beklagt, daß die „Zersplitterungswut" immer weiter gehe, denn neben der „Sozialistischen Proletarierjugend", der „Kommunistischen Jugend", der „Kommunistischen Arbeiterjugend", der „Anarchistischen Jugend" und der „Syndikalistischen Jugend" sei noch eine Reihe weiterer Gruppen vorhanden.

Schon am 29.1.1919, also zehn Tage nach den Wahlen zur Nationalversammlung, veröffentlichte die „Volkszeitung" einen Aufruf zur Neugründung der „Freien Arbeiterjugend": „Flensburger Arbeiterjugend! Über vier Jahre haben wir jegliche Jugendarbeit unterlassen. Der Krieg, der so vieles zerstörte, riß auch hier auseinander, was in langer Arbeit mühsam geschaffen war. Jetzt kommt der Friede, und da heißt es neue aufbauende Arbeit zu leisten. Unsere Arbeiterjugend wollen wir wieder um uns sammeln. Unsere Jugend gehört zu uns, mehr denn je. Sie soll bei uns Erholung und Wissen finden, sie soll den Gefahren der Straße entrissen werden, sie soll Lebensfreudigkeit und Jugendmut sich in unseren Reihen erhalten. Arbeitereltern, sendet Eure Kinder daher zur neu zu gründenden Freien Arbeiterjugend. Jugendgenossen, die ihr früher schon dabei wart, kommt und helft am Freitag, dem 31. Januar, abends 7 1/2 Uhr, im Gewerkschaftshaus die neue Organisation der Freien Arbeiterjugend ins Leben zu rufen. Auch Ihr Eltern seid freundlich in dieser Versammlung willkommen."

Die Gründung erfolgte dann am 9.2.1919. Spontan erklärten 85 Jugendliche ihre Mitgliedschaft. Ein Jugendausschuß wurde gewählt, dem Arthur Christiansen, August Roßdorf, Andreas Wichmann, Emil Clausen und Peter Hansen angehörten.[4]

Obwohl nach der Novemberrevolution ein größerer Freiraum für eine politische Betätigung auch der Jugend möglich wurde, legte dieser Aufruf das Hauptgewicht auf Wissen und jugendgemäßes Leben. Damit setzte sich die Flensburger Organisation entschieden für das Jugendprogramm der MSPD ein, die den Verein der „Freien Arbeiter-Jugend" als Erziehungs- und Freizeitverband sah. Auch die Flensburger „Volkszeitung" vertrat den Standpunkt der Mehrheitssozialisten und sah in der „Freien Arbeiterjugend“ die legitime Nachfolgerin der Vorkriegsorganisation. Sie bekämpfte den Einfluß des Spartakusbundes und lehnte die Forderung nach „Politisierung der Jugend“ strikt ab. Statt dessen wurde hervorgehoben, daß „unsere proletarische Jugendbewegung“ der arbeitenden Jugend das gebe, „was ihr not tue“. Ein Artikel warnte: „Die arbeitende Jugend möge vor diesen spartakistischen Quertreibereien auf der Hut sein und sich nicht von diesen Unverantwortlichen für unverantwortliche Handlungen gebrauchen lassen.“[5]

Am 23. Juni 1919 berichtete die „Volkszeitung“ über eine „gut besuchte Versammlung der Arbeiter-Jugend“, auf der der Arbeitersekretär F. Bauer über die „Forderungen der Jugend im neuen Deutschland“ sprach: „Die Diskussion war eine recht ausgedehnte und bekam durch das Auftreten eines Kommunisten einen stark politischen Einschlag. Dagegen verwahrten sich alle Redner; nicht Politik, sondern Streben nach Wissen und Verstehenlernen der Weltgeschehnisse solle das Leitmotiv unserer Jugend sein.“

Die gleiche Tendenz finden wir in einem Bericht der Flensburger „Volkszeitung“ über eine Veranstaltung in den Zentralhallen in Kiel, in der der Redner die Lösung aller Probleme in der Räterepublik gesehen habe. Er habe „Sachen erzählt, wie man sie von Spartakisten gewöhnt ist“. Davon setzte sich die FVZ in ihrem Bericht deutlich ab: „Wir sind dabei, klare Köpfe zu schaffen, der Jugend ein Bild von der Entwicklung in Natur, Gesellschaft und Wirtschaft zu geben. Ergänzt wird diese Tätigkeit durch Pflege der körperlichen Ausbildung, Wandern, Turnen, Schutz vor Ausbeutung, Einführung in das Reich der Künste und Pflege der Geselligkeit. Wir wollen nicht einseitig sein. Der Jugend nur mit Politik zu kommen, würde heißen, sie in die Kinos und auf die Tanzsäle zu treiben. Ganze Menschen und tatfrohe Kämpfer erziehen, das ist unser Ziel!“[6]

Häufig fanden Elternabende statt, die die Eltern mit dem Programm und den Aktivitäten der Jugendorganisation vertraut machen sollten. Immer wieder wurde zu gemeinsamen Wanderungen eingeladen, so am 9. März 1919 nach Schäferhaus, Himmelfahrt nach Holnis, am 1. Juni nach Rüllschau usw. „Es wurde gesungen, gespielt, Reigen getanzt, gebadet, gerudert, gegessen und wieder gegessen.“[7] Gesundheit, Naturerleben, Geselligkeit, Sport, Singen, Volkstanz und Mandolinenspiel tauchen wiederholt als Programmpunkte auf. Die Ziele stammen weitgehend aus der bürgerlichen Jugendbewegung.[8] Sie spielten aber vor dem Kriege für die erwerbstätige Jugend kaum eine Rolle, weil für sie das Streben nach Verbesserung ihrer sozialen und wirtschaftlichen Lage im Vordergrund stand. Mit dem Beginn der Weimarer Republik wurden nun Bedingungen geschaffen, die auch für die arbeitende Jugend Raum für solche jugendbewegten Aktivitäten ließen. Die Einführung des Acht-Stunden-Tages bei einer 48-Stunden-Woche, die Berufsschulpflicht bis zum 18. Lebensjahr, die Gleichbehandlung mit bürgerlichen und konfessionellen Verbänden bei der Vergabe öffentlicher Zuwendungen und die Gewährung von Fahrpreisermäßigungen für die Jugendarbeit bedeuteten auch Vergünstigungen für Kinder aus Arbeiterfamilien. Der Staat hatte die Verpflichtung zur Verbesserung der Ausbildung und zum Schutz der Jugend übernommen.[9]

Durch die Verbesserung der sozialen Lage der Arbeiter sah die arbeitende Jugend nach Cornelius Schley mit Optimismus in die Zukunft.[10] Voraussetzung für die gleichberechtigte Teilnahme an diesem neuen Staat mußte nach Meinung der SPD der bisher versagte Erwerb von Kenntnissen und Wissen des einzelnen sein. In der FVZ wird der Jugendsekretär Kuklinski, Kiel, zitiert: „Wir wollen die Menschheit zu höherer geistiger und wirtschaftlicher Kultur vorwärtsbringen. Dies wird nur möglich sein, wenn wir uns die Kenntnisse, die hierzu nötig sind und die uns die Volksschule bisher noch versagt hat, selber aneignen.“[11] So wurde auch bei einem Aufruf zur Gründung von Arbeiterjugendvereinen im Jahre 1921 als Zweck genannt, „Zusammenkünfte zu veranstalten, die mit Vorträgen über die verschiedensten Wissensgebiete ausgestaltet werden“. Als weitere Aufgaben werden wieder genannt: Geselligkeit, Besichtigungen, Ausflüge und Wanderungen.[12]

Die Flensburger Gruppe war in der glücklichen Lage, über ein Jugendheim in der Schloßstraße 40 zu verfügen. Alfons Schlütter berichtet in einem Interview, daß an der Wand ein Bild von Karl Marx gehangen habe. Die älteren Jugendlichen hätten sich mit seinen Thesen auseinandergesetzt. Man habe dabei gelernt, miteinander zu diskutieren, dabei sachlich zu

Abb. 127: Das Heim der Arbeiterjugend in der Schloßstraße 40

bleiben, ohne den anderen persönlich anzugreifen.[13] Alfons Schlütter nahm an Vortragsabenden teil, deren Redner oft aus dem süddeutschen Raum gekommen seien. Sie hätten Wanderungen durch Deutschland, die damals durchaus üblich gewesen seien, genutzt, um an verschiedenen Orten Vorträge zu halten.

Am 15.8.1919 begann im Jugendheim eine Vortragsreihe der „Freien Jugendorganisation" über die Geschichte der Nationalökonomie (Hellwig). Carl Brandt, Flensburg, hielt am 15.8.1919 im „Colosseum" einen Vortrag über „Sozialismus, Idealismus und deutsche Jugend", Frl. Günther über „Heimatliebe und deutsche Sitte im Herzen der Frau", Pastor Tonnesen, Hellewatt, über „Bleibende Kulturaufgaben in Nordschleswig".[14] Dem Zweck der Bildung dienten auch Theaterbesuche, plattdeutsche Abende, Dichterlesungen, besonders Hermann Löns, Klaus Groth und „Arbeiterdichter".

Ziel dieser Bemühungen war es, das Bildungsprivileg des Bürgertums zu brechen, und dieses Ziel verfolgte man nicht nur mit eigenen Veranstaltungen, sondern auch mit Forderungen an die Gesellschaft und ihre Institutionen. Im Mittelpunkt stand dabei die Schulreform. In einem Leitartikel der Volkszeitung am 30.7.1921 heißt es dazu: „Ist der Kampf um die Schule ein politischer Kampf?" Weitere Forderungen waren die Abschaffung des Schulgeldes und gemeinsame Theaterbesuche zu ermäßigten Preisen nicht nur für die Schüler der „höheren Schulen". 1922 gab es Streit um die Bilder von Käte Lassen im Alten Gymnasium. Dafür würde ein Eintrittsgeld verlangt, und dadurch seien sie nur dem Bürgertum zugänglich. Käte Lassen nahm selbst Stellung und protestierte gegen das Eintrittsgeld.[15]

Nach dem Verständnis der erwerbstätigen Jugendlichen mußten sie sich die Bildung selbsttätig aneignen, die bisher die höhere Schule vermittelt hatte, um die Gleichberechtigung auf allen Ebenen zu erreichen. Jugendgemäßes Freizeitverhalten brachte ebenfalls „Gleichheit" mit den bürgerlichen Jugendlichen. Man trug nun auch „Schillerkragen", kurze Hosen, „Reformkleidung". Das Lied von Hermann Claudius „Wann wir schreiten Seit' an Seit'", gesungen auf dem Tag der Arbeiterjugend in Weimar 1920, breitete sich in der ganzen deutschen Jugendbewegung aus:[16]

Wann wir schreiten Seit' an Seit'
und die alten Lieder singen
und die Wälder widerklingen,
fühlen wir, es muß gelingen:
/: Mit uns zieht die neue Zeit :/
. . .

Auf die Arbeiterjugend aller Richtungen beschränkt blieb das vielgesungene Kampflied:

1. Dem Morgenrot entgegen,
   ihr Kampfgenossen all!
   Bald siegt ihr allerwegen,
   bald weicht der Feinde Wall.
   Mit Macht heran und haltet Schritt,
   Arbeiterjugend, will sie mit?
   Wir sind die junge Garde des Proletariats!
   Wir sind die junge Garde des Proletariats!
2. Wir haben selbst erfahren
   der Arbeit Frongewalt
   in düstren Kinderjahren

Jugend-Kundgebung

am Sonntag, 21. Sept. 1919,
auf dem Marine-Spielplatz
Mürwik.

Mittags 12½ Uhr: Einkehrstunde in der Marienkirche.
Redner: Pastor Dr. **Engelhardt**-Hamburg.
2 Uhr: Abmarsch vom Kompagnietor an der Schiffbrücke nach Mürwik.
Ansprachen von: Dr. **Stapel, Glatzel, Lambach, Habermann**-Hamburg, **Fiehler**-Flensburg, **Schomburg**-Lübeck.

Volkstänze, Lieder zur Laute, Wettspiele usw.

Abb. 128: Anzeige in der Volkszeitung vom 19.9.1919

und wurden früh schon alt.
Sie hat an unserm Fuß geklirrt,
die Kette, die nur schwerer wird.
/: Wir sind die junge Garde des Proletariats! :/

3. Die Arbeit kann uns lehren,
sie lehrte uns die Kraft,
den Reichtum zu vermehren,
der unsre Armut schafft.
Nun wird die Kraft von uns erkannt,
die starke Waffe unsrer Hand!
/: Wir sind die junge Garde des Proletariats! :/

4. Wir reichen euch die Hände,
Genossen, all zum Bund!
Des Kampfes sei kein Ende,
eh nicht in weiter Rund
der Arbeit freies Volk gesiegt
und jeder Feind am Boden liegt.
/: Vorwärts, du junge Garde des Proletariats! :/

An die Schulentlassenen!

Mädels und Jungens!

. . . . Mühselig müßt Ihr erst wieder die einfachsten Handgriffe erlernen. Ein Tag vergeht wie der andere, immer dasselbe Bild. Und um Euch herum bemerkt Ihr viele andere, die, wie Ihr, jeden Tag das gleiche tun, die in ihrer Tätigkeit schon fast zu einer Maschine geworden sind. Das große Heer der Arbeit ist es, das Ihr kennenlernt, die vielen Tausende, Hunderttausende und Millionen, die da schaffen, damit wir leben. Ihr aber gehört jetzt dazu, seid ein winzig kleines Rädchen in dem großen Arbeitsgetriebe. Mit Eurer ganzen jugendlichen Kraft lehnt Ihr Euch gegen dieses Maschine-sein auf, Ihr wollt doch wirken und wollt zeigen, was Ihr könnt. Doch gar bald merkt Ihr, daß Euer Kampf alleine vergeblich ist. Ihr seid dann vielleicht froh, wenn Ihr dadurch, daß Ihr zum Tanz oder ins Kino geht, etwas Abwechselung in das tägliche Einerlei Eures Lebens bringt. Das, Mädels und Jungens, darf aber nicht sein, Ihr dürft den Kampf nicht aufgeben, dürft nicht auch zur Maschine werden. Es ist genug, wenn unsere Eltern aufgehen im Broterwerb. Darum kommt zu uns, zur Arbeiterjugend. Wir sind Mädels und Jungens, die, wie Ihr in Zukunft, im Erwerbsleben stehen, die sich vom Leben nicht unterkriegen lassen wollen. Den Sinn wollen wir uns bewahren für alles Hohe und Schöne, das unsere Dichter und Denker uns gaben, den Sinn für die Schönheiten und Wunder der Natur. Wahrhaft fröhlich wollen wir sein, gemeinsam spielen, tanzen und singen. Ein offenes Auge und einen offenen Sinn wollen wir haben für das, was in der Welt um uns herum vorgeht; die großen Lücken in unserm Wissen wollen wir ausfüllen, wollen Bücher lesen, wollen versuchen klar und deutlich die Zusammenhänge und die Gesetze zu erkennen, nach denen unser Leben sich bewegt. Mit unserer ganzen jugendlichen Kraft und unserm ganzen Sehnen wollen wir danach trachten, daß der Menschheit einmal bessere und schönere Tage beschieden werden, als wie wir sie erleben.

Wer von Euch, Mädels und Jungens, das mit uns möchte, der komme zu uns, zur Freien Jugendorganisation.

Ernst Beier.

Abb. 129: Aufruf an die Schulentlassenen von Ernst Beier (Volkszeitung 26.3.1921, Auszug)

Abb. 130: Wanderfahrt der Arbeiterjugend. 2. von links Peter Kruppa, 3. von links Emilie Voß, 2. von rechts Peter Kruppas Schwester

Gelegenheit zum Singen boten die Wanderungen, aber auch die regelmäßig im jahreszeitlichen Wechsel gefeierten Feste, zu Weihnachten, zu Silvester, im Mai, zu Pfingsten, zur Sommersonnenwende. Bei ihren Wanderungen war die Arbeiterjugend nicht überall willkommen. 1921 berichtet die Flensburger Volkszeitung empört, daß die Gastwirte in Johannisberg und Glücksburg nicht bereit gewesen seien, die „Arbeiterkinder“ zu bewirten[17].

Politisch grenzte die Arbeiterjugend sich ab gegenüber der Kirche und den Monarchisten einerseits und den Spartakisten andererseits. Gegen die Monarchisten richtete sich die Forderung, die Bilder des Kaisers und seiner Familie aus den Schulbüchern zu entfernen, „die nur zur Verherrlichung der Dynastie und zur Pflege des bisherigen Staatsgedankens bestimmt waren.“[18] Die Volkszeitung berichtete über einen Erlaß des Kultusministers „gegen reaktionären Unfug in der Schule“, nämlich Bilder des Kaisers und des Kronprinzen wieder aufzuhängen.[19] Obwohl durch Ministererlaß vom 11.3.1920 Parteipolitik an den Schulen verboten sei, würden doch Hakenkreuzabzeichen getragen: „Es ist eine bekannte Tatsache, daß in einigen höheren Schulen unserer Provinz die Reaktion ihre Orgien feiert.“[20]

Die Jugendarbeit der SPD stand auch im Gegensatz zu den christlichen Kirchen, vor allem durch die Jugendweihe. Diese fand zunächst im Gewerkschaftshaus statt, später auch im Gymnasium und im Deutschen Haus. Gegenüber dem Gewerkschaftsbund gab es eine Abgrenzung der Arbeitsschwerpunkte. So beschloß der Nürnberger Gewerkschaftskongreß 1921, „daß die Vertretung wirtschaftlicher Interessen Jugendlicher den politischen Jugendorganisatio-

Abb. 131: Wanderfahrt der SAJ Pfingsten 1930. Vorne rechts: Anneliese Dickhaut; links kniend (mit dunkler Jacke): Friedrich Schlütter; rechts in der 2. stehenden Reihe: Peter Beck

nen nicht obliegt und daß, wo die Tätigkeit der gewerkschaftlichen und politischen Jugendorganisationen zur Wahrnehmung der geistigen Interessen der Jugendlichen sich berührt, eine Zusammenarbeit zu empfehlen ist." Daraufhin beschloß die Erste Gewerkschaftliche Jugendkonferenz des ADGB im Gewerkschaftshaus am 19./20. August 1921, Wege zur engeren Zusammenarbeit mit der Arbeiterjugend zu suchen.[21]

Ziele und ihre Realisierung in der Zeit der Inflation und relativer Konsolidierung danach (1923–1929)

Nach ersten politischen Erfolgen der SPD zeigte sich, daß sie für ihre Politik der Mäßigung und Anpassung nicht den erhofften Rückhalt bei den Wählern fand. Den letzten Reichskanzler stellte sie 1920, an einer Koalitionsregierung beteiligt war sie mit einer kurzen Unterbrechung noch bis November 1923. Die Inflation und ihre Folgen (Einschränkung sozialer Gesetze) hatten besonders die Jugendlichen getroffen. Die Enttäuschung über diese Entwicklung führte auch zu neuen Überlegungen über die Zielsetzung der organisierten Jugend.

Auf einer Versammlung in Flensburg am 5.6.1926 grenzte sich Ernst Beier deutlich von der anfänglichen Jugendpolitik ab, die Erziehungsarbeit und Ausbildung individueller Neigungen als Schwerpunkt gehabt habe. Er stellte fest: „. . . bis zum Hamburger Jugendtag (1925) hatte die Jugend erkannt, daß sie zu hoch gebaut hatte. Sie kehrte wieder zurück zu technischen Problemen und zur Politik. Das Ziel der Arbeiterjugend ist, sozialistische Menschen in sozialistischer Gemeinschaft zu schaffen, getragen nicht von der Arbeiterjugend allein, sondern von der sozialistischen Gesamtbewegung."[22] In einem anderen Artikel der „Volkszeitung"[23] wurde noch einmal die Frage der Freizeitbeschäftigung aufgegriffen und deutlich auf den Vorrang politischen Engagements hingewiesen: „Es reicht nicht aus, daß die proletarische Jugend ihren Anteil an Kultur und Lebensgenuß bekommt, sondern von ihr müssen die revolutionären Veränderungen ausgehen." Aber nach wie vor blieb die Arbeiterjugendbewegung darum bemüht, ihr Bildungsdefizit aufzuholen. Allerdings betrachtete sie die sogenannten „bürgerlichen Bildungsinstitutionen" mißtrauisch und bemühte sich darum, die Erziehung der proletarischen Jugend selbst in die Hand zu nehmen: „Die Kinder der reichen Leute gehen in die Gymnasien und auf die Universitäten, das Gymnasium und die Hochschule des Proletariats ist die sozialistische Jugendorganisation."[24]

Zunächst ging es um konkrete Verbesserungen der sozialen und wirtschaftlichen Lage von Jugendlichen:
- Einheitsschule, Berufsschule, Elternbeiräte an Schulen, Abschaffung des Schulgeldes
- Recht der Lehrlinge auf Fortbildung während der Arbeitszeit und mit Lohnfortzahlung
- gegen Erwerbsarbeit schulpflichtiger Kinder
- Erwerbslosigkeit, Arbeitszeitregelungen, Urlaub, Wohnung, Lohn
- Sonntagsarbeit, Unfallschutz usw.

Die Reichstagung der Arbeiterjugend in Nürnberg 1923 hatte schon deutlich politische Ziele formuliert: Verteidigung der politischen Freiheit, gleiche politische Rechte, „Befreiung aus Lohnsklaverei und Anteil am Glück der Erde", Versöhnung und Frieden, Selbstbestimmung des Volkes.[25]

Die verstärkte politische Betätigung zeigt sich in einem Beitrag von Hermann Intzen in der Beilage „Die Stimme der Jugend": „Politische Aktivität zu üben ist für die Jugend bittere Notwendigkeit."[26] Dabei wurde jetzt mehr Wert gelegt auf die Zusammenarbeit mit allen sozialistischen und demokratischen Gruppen – auch mit deren Jugendorganisationen. Ein Beispiel dafür ist die geschlossene Teilnahme der SAJ an einer Kundgebung des Reichsbanners Schwarz-Rot-Gold für den Anschluß Österreichs. Dazu erschien ein ganzseitiger Bericht in der FVZ: „Ein einig Volk, was deutscher Zunge ist."[27]

Regelmäßig wurde um die Osterzeit bei den Schulentlassenen um Mitglieder geworben. Sie wurden in das Gewerkschaftshaus eingeladen zu Reden, Volkstanz, Rezitationen, Laienspieltheater und gemeinsamen Liedern[28]. Die Frage: „Warum wandert die Arbeiterjugend?" wurde wie folgt beantwortet:
- um im Gespräch beim Wandern das geistige Rüstzeug zu erwerben für den Kampf um Lehrlingsschutz, Arbeitszeitregelung, Ferien,
- zur seelischen und körperlichen Erholung, zu Sport und Körperpflege
- als Erziehung zur Gemeinschaft
- zum Sich-Kennenlernen der Stämme des deutschen Volkes[29].

Zukunftsweisend war die Gemeinschaftserziehung von Jungen und Mädchen bei der Arbeiterjugend und den Falken, auch wenn es bis Mitte der zwanziger Jahre noch regelmäßig „Mädchenabende" gab und die Arbeiterjugend bei den „Frauenabenden" zum Programm beitrug.[30]

1925 beklagte sich der Genosse Ahrenholdt über die „so wenig geübte politische Aktivität der Jugend". Sein Beitrag löste Widerspruch bei zwei Genossinnen aus. Käthe Cords vertrat in ihrem Leserbrief – bezogen auf die 14–18jährigen – den Standpunkt „... daß Kenntnisse auf jedem Gebiet helfen müssen, um in das Wesen der Politik einzudringen." Ihr Hauptinteresse liege jedoch bei der „Mädelfrage". Man behaupte, die Mädel hätten völlig versagt. Aber: „Glaubt Ihr, daß es Art des Mädels ist, große Diskussionen zu führen, sich in Rausch und Begeisterung zu stürzen, wenn die praktische Arbeit auf Erledigung wartet? Wir lieben nicht, von geleisteter Arbeit viel Wesens zu machen, aber wir greifen sie an. Stehen wir darum weniger auf dem Boden der Republik? Treten wir darum weniger für den Sozialismus ein?" Aus demselben Anlaß weist M. Dehn darauf hin, daß man in den Kindergruppen jetzt zum Helfen „doppelt so viel Mädel als Knaben" sehe[31]. In der zweiten Hälfte der 20er Jahre kam Bewegung in diese Rollenvorstellungen. Spezielle Mädchenveranstaltungen wurden offenbar aufgegeben. Viel Anstoß bei Konservativen erregte das gemeinsame Übernachten von Mädchen und Jungen in Zelten während der Wanderfahrten und in Zeltlagern.

Abb. 132: Wochenendausflug der Arbeiterjugend. Rechts stehend Albert Asmussen, 2. von rechts Friedrich Schlütter

Ab 1926 wurde das Mitgliedsalter der SAJ auf 20 Jahre heraufgesetzt. Es gab Jüngeren- und Älterengruppen. Im Tätigkeitsbericht des Bezirksverbandes der SPD Schleswig-Holsteins[32] hieß es u. a.: „Unsere Älterengruppen müssen lernen, den Erfolg unserer Arbeit zu ermessen an der Zahl der Mitglieder, die wir der Partei, den Gewerkschaften . . . zuführen." Die Aufforderung zu politischer Tätigkeit galt besonders für die Jungsozialisten (20–25 bzw. 28 Jahre). Deren Ortsverein war am 13.9.1921 im Arbeiterjugendheim Schloßstraße 40 gegründet worden mit dem Ziel, „durch gemeinsame Arbeit in die Ideenwelt des Sozialismus einzudringen". Man traf sich regelmäßig mittwochs[33].

Wurden die Älterengruppen der SAJ jetzt verstärkt in die aktuelle politische Arbeit eingebunden – z. B. im Wahlkampf zur Reichspräsidentenwahl[34] –, so blieb der Grundgedanke der Jüngerengruppen der der „kindgemäßen und schöpferischen Erziehung". Bei den „Roten Falken", die von den erwachsenen „Kinderfreunden" betreut wurden, waren die Kinder bis 14 Jahre zusammengefaßt. Sie sollten so weit wie möglich zu Selbstverwaltung und Selbstverantwortung herangezogen werden. 1926 gab es in Flensburg zwei Gruppen mit zusammen 60 Kindern.[35]

Ein wesentliches politisches Ziel der Arbeiterjugend mußte die Verteidigung der Demokratie sein. In diesem Ziel traf sie sich mit der Reichsbannerjugend. Was das konkret bedeutete, soll am Beispiel des Nordmarktreffens der republikanischen Jugend im Sommer 1927 in Flensburg veranschaulicht werden.

Im Juli 1927 wurde die Reichsbannerjugend zu einem „Appell an der Nordgrenze der Republik" nach Flensburg eingeladen. Die leitenden Ideen waren die „deutsche Republik", die „Versöhnung der Völker" und der „soziale Volksstaat".[36] Am Sonnabend, dem 16.7., trafen vormittags die Gruppen aus Rendsburg, Kiel, Neumünster, Altona usw. ein, versammelten sich im Stadion, zogen von dort zur Fischhalle, bestiegen Motorboote, die die Flensburger Fischer „in dankenswerter Weise" zur Verfügung gestellt hatten, und führten vor Solitüde ein Seeräuberspiel durch. Dann gab es warmen Tee, und man zog zum Rondell hinter dem Stadion zu der „eindrucksvollsten Kundgebung", „die man seit Jahren in Flensburg erlebt hat". Ein mächtiger Holzstoß wurde entzündet, man hatte den Blick auf das dänische Ufer, „das einstmals den Flensburgern, als es noch deutsch war, eine liebe, vertraute Gegend war", und man hörte dem Genossen Eduard Adler zu, der seine Rede unter das Thema „Einigkeit und Recht und Freiheit" stellte. Nach dem gemeinsamen Singen der 3. Strophe des Deutschlandliedes endete der Tag mit

dem Lied „Ich bete an die Macht der Liebe“ und dem Fackelschwingen der Turnerinnen.
Am Sonntag, dem 17.7., fanden vormittags im Stadion die Sportwettkämpfe statt, und Genosse Hans Jensen hielt einen Vortrag über „Kulturaufgaben in der Nordmark“. Nach dem Essen ließ man sich von Mürwik aus mit dem Dampfer übersetzen zum Schlachthof. In der Apenrader und Harrisleer Straße sowie in der Neustadt formierten sich Festzüge, sammelten sich und zogen gemeinsam durch die Innenstadt. Dabei zogen auch Arbeiterjugend, Gewerkschaftsjugend und Turnerinnen mit. Um 14.30 Uhr begann dann die Kundgebung im Ehrenhain vor etwa 5000 Teilnehmern; die Rede hielt Prof. Schücking, Kiel.[37]
In einem „Nachklang zum republikanischen Nordmarktreffen“ kritisierte Peter Michelsen scharf den Magistrat und das „Flensburger Bürgertum“ wegen ihres Verhaltens bei diesem überregionalem Fest.[38] Er warnte mit Nachdruck vor der „schwarz-weiß-roten Gefahr“ für die Demokratie. Der Magistrat sei dem Wunsch nach schwarz-rot-goldener Beflaggung der Stadt nur sehr zögernd nachgekommen. „Und nun dieses bunte Gewirr von Farben, wo vornehmlich die zum Feigenblatt des gesinnungslosen Spießbürgertums gewordene blau-weiß-rote Fahne dominierte.“ Und die Häuser des Flensburger Bürgertums, die „bei jedem Besuch eines Kegelklubs oder eines Vereins alter sitzengebliebener Jungfern . . . an der ganzen Fassade mit einem undefinierbaren bunten Tuchbehang versehen“ seien, hätten sich aus diesem Anlaß „ohne jeden Schmuck“ gezeigt. Auf die Gäste habe das als Provokation wirken müssen. Der Gauleiter des Reichsbanners habe in seinen Dankesworten gesagt, „daß das Reichsbanner in keinem Ort der Provinz, selbst auf dem Lande nicht, einer solchen unbegreiflichen Teilnahmslosigkeit begegnet sei wie hier in Flensburg.“ Peter Michelsen vermutete „geschäftliche Gründe“ für diese „eisige Kälte“. Es könne aber auch sein, daß das Bürgertum „keine Gemeinschaft mit dem republikanischen Staat und seinen bewußt überzeugten Anhängern“ wolle. Zwischen den Zeilen stand die Aufforderung an die überzeugten Republikaner, „ihre geschäftlichen Beziehungen und den geschäftlichen Verkehr mit diesem Teil geschäftstüchtiger Bürger“ abzubrechen. Die FVZ wies ihre Leser ausdrücklich auf eine unmittelbar diesen Ereignissen folgende Versammlung des Reichsbanners im Gewerkschaftshaus hin (am 20.7.1927): „Angesichts des in neuerer Zeit besonders bemerkbaren herausfordernden Auftretens der rechtsradikalen Verbände“ sei „ein immer festerer Zusammenschluß der Republikaner das dringendste Gebot der Stunde“.[39]

Ziele und deren Realisierung in der Zeit zunehmender Konfrontation

Zwei Tendenzen charakterisieren diese Phase: 1. Zersplitterung in der Jugendbewegung, 2. Öffnung gegenüber möglichen Bündnispartnern außerhalb der Partei. Zugleich nahmen die Gegensätze zwischen dem linken und dem rechten Lager zu. Bezeichnend für die zunehmende Konfrontation mit rechtsradikalen Kräften war eine Versammlung der Nationalsozialisten 1931 mit Meier-Quade als Redner im „Bellevue“, an der auch Kommunisten und Sozialdemokraten teilnahmen. Dabei wurde laut Polizeibericht der Nationalsozialist Theede durch einen Messerstich in den Rücken schwer verletzt. Die näheren Umstände erfuhr der Leser nicht, aber die Volkszeitung mahnte zur Disziplin.[40]
Kähler klagte auf einer Sitzung des Jugendkartells im Gewerkschaftshaus am 4.11.1931: „Man sieht, wie die Jugendlichen zu den National ‚sozialisten‘ laufen.“[41] In dem „Jugendkartell“ hatten sich SAJ, Reichsbannerjugend, Jungsozialisten, Jugendgruppe der Gewerkschaften und Naturfreunde zusammengeschlossen, um eine gemeinsame Front gegen die Radikalen von rechts und links zu bilden.[42] Dem Flensburger Vorstand des Jugendkartells gehörten 1930 an: Peter Beck als Vorsitzender, Peter Kruppa als stellvertretender Vorsitzender, Frl. Schubert als Schriftführerin und Lange als Kassierer.[43] Bei Neuwahlen zum Vorstand 1932 blieb Peter Beck Vorsitzender, Peter Kruppa und Hermann Fröhlich schieden aus, Theodor Jacobi wurde 2. Vorsitzender und Heinrich Kähler Kassierer.[44]
Das Jugendkartell lud zu seinen Veranstaltungen auch Kommunisten und Nationalsozialisten ein und nahm umgekehrt auch an deren Veranstaltungen teil. So hatte sich bei einer Jugendkundgebung der Nationalsozialisten im „Sanssouci“ am

Abb. 133: Treffen der Arbeiterjugend in Apenrade. Ganz vorne links der Flensburger Peter Beck

Abb. 134: Pfingstfahrt 1931 der Flensburger Arbeiterjugend zum Hökeberg auf Alsen

15.12.1930 auch Heinrich Kähler für die SPD zu Wort gemeldet. Die Volkszeitung lobte seinen Beitrag mit den Worten: „Während sich die Sozialdemokratie nämlich an die Intelligenz der Hörer wendet, stellt sich der typische Naziredner auf die Dummheit seines Publikums ein ..." Als dem Kommunisten Heuck bei dieser Veranstaltung das Wort verweigert wurde, verließen Sozialdemokraten und Kommunisten sie gemeinsam."[45]

Ein Beispiel für die Verschärfung der Konfrontation mit der radikalen Rechten sind auch die Vorgänge im „Ortsausschuß für Jugendpflege" 1931. Vor dem Hintergrund der Wirtschaftskrise war der Ortsausschuß ein geeignetes Instrument, um mit Hilfe öffentlicher Gelder vor allem arbeitslosen Jugendlichen konkret zu helfen. Bei einer Generalversammlung am 21.11.1930 gehörten dem Ortsausschuß als Vertreter der „arbeitenden Jugend" unter anderem an: Reichsbannerjugend, SAJ, Freie Turnerschaft sowie das „Jungvolk vom Bau" im Deutschen Baugewerksbund. Ihre Vertreter im Vorstand waren Oskar Kurt (Freie Turnerschaft), Peter Beck (Naturfreunde), Grabein (Reichsbanner) und Kähler (Metallarbeiter).[46] Dem Jahresbericht zufolge gehörten dem Flensburger Ortsausschuß 1931 60 Jugendorganisationen an mit 3737 Mitgliedern, u.a. die Arbeiterjugend.

Bei einer Generalversammlung am 7.12.1931 fiel der SPD-Kandidat Oskar Kurt bei den Vorstandswahlen durch. Daraufhin legten die beiden im Vorstand verbliebenen Genossen aus Protest ihre Ämter nieder. Einen Kompromißvorschlag – ein weiterer Vertreter im Vorstand – lehnten sie ab und verließen die Versammlung, die Stadtrat Kaftan als Vorsitzender daraufhin schloß. Die Volkszeitung bemerkt dazu kritisch: „Von der Jugendbewegung, die sich auflehnt gegen Geistlosigkeit und blindes Gehorchenmüssen, war bei den Gruppen der bürgerlichen Jugendbewegung auch nicht ein Deut mehr zu spüren. Sie machten einfach alles mit, was die äußerste Rechte wollte."

Die Versammlung wurde bald darauf fortgesetzt, ohne daß die Volkszeitung auf diesen Vorfall und seine Konsequenzen noch einmal einging. Es wurden Hilfsmaßnahmen für die erwerbslose Jugend Flensburgs beschlossen: Fachkurse zur beruflichen Fortbildung, Sport- und Freizeitangebote. In der Aussprache kritisierte Heinrich Kähler, „daß alle diese Maßnahmen das Übel nicht an der Wurzel treffen." Es gelte, der seelischen Verkümmerung" und der „politischen Verwilderung" entgegenzutreten. Er betonte, „daß gerade die Vertreter der Arbeiterjugend an der Ausgestaltung der Erwerbslosenarbeit ein Interesse hätten und sich stets zur Verfügung stellen würden."[47]

Die wirtschaftlichen Schwierigkeiten jener Jahre hatten zwar „verheerende" Wirkungen bei den Jugendgruppen der Gewerkschaften, bei der Arbeiterjugend und der Reichsbanner-Jugend jedoch wurde eine positive Entwicklung verzeichnet.[48] So wurde auf einer Versammlung im Sommer 1931 von einer Zunahme der Mitgliederzahl von 25 % im Jahre 1930 berichtet, und im 1. Halbjahr 1931 habe es eine Steigerung von 30 % gegeben. Absolute Zahlen wurden nicht genannt.[49]

Auf der Jahresversammlung des Ortsvereins hieß es: „Lebendiger geworden ist es bei der Arbeiterjugend. Genosse Kähler erstattete den Bericht. Der Besuch der Heimabende ist sehr gut."[50]

Alfons Schlütter erinnert sich, daß an den Heimabenden immer ungefähr 20 Jungen und Mädchen anwesend waren. Es sei viel gesungen worden – neben Kampfliedern wie der Internationale auch viele Wanderlieder –, Volkstänze wurden geübt, aber auch „Themen wurden durchgesprochen". Bei den Diskussionen sei es immer um die Sache gegangen, persönliche Angriffe seien vermieden worden. Bei den Wahlkämpfen hätten die Jugendlichen mitgemacht und z.B. Wahlplakate geklebt. Eine gezielte politische Schulung habe es bei der SAJ nicht gegeben. Die Demagogen seien von der KPD und den Nationalsozialisten gekommen. Bei den Heimabenden sei viel vorgelesen worden. Einmal im Jahr habe eine öffentliche Veranstaltung stattgefunden, für die auch ein Sprechchor eingeübt worden sei. Für die Helfertätigkeiten habe es keine Entschädigung, z.B. für Fahrtkosten, gegeben: „Wir haben alle Geld mitgebracht."[51]

1931/32 ist viel von Veranstaltungen der Kinderorganisation der „Roten Falken" die Rede. Ein Treffen, das der internationalen Verständigung diente, fand Pfingsten 1932 mit dänischen Jugendlichen an der Förde bei Süderhaff statt. Rote Falken und SAJ nahmen daran teil.[52] Auch an einem internationalen Zeltlager im Juli/August 1932 mit Jugendlichen aus

Abb. 135: Die Flensburger Falkengruppe „Sturmfahne" mit ihrem Betreuer Alfons Schlütter (rechts vom Gruppenwimpel)

Schleswig-Holstein und Dänemark auf der Kleinen Ochseninsel waren die Roten Falken beteiligt.[53]
Zur Vorbereitung dieses Zeltlagers trafen sich dort die Betreuer aus Flensburg. Die Leitung hatte Ernst Beier; außerdem nahmen noch Funktionäre anderer SPD-Organisationen teil, z.B. der Arbeiterwohlfahrt. Die eigentliche Arbeit der Betreuung leisteten Anneliese Dickhaut und Alfons Schlütter.[54]
Nach Dänemark gab es von Anbeginn an freundschaftliche Beziehungen. Es begann mit der Kinderverschickung nach Dänemark gleich nach dem Ersten Weltkrieg[55], sich fortsetzend mit gemeinsamen Kranzniederlegungen in Sonderburg unter dem Motto „Nie wieder Krieg!"[56] bis zu wiederholten gemeinsamen Zeltlagern, z.B. Pfingsten 1931 auf Alsen, Ausflügen nach Apenrade, Kontakten des Jugendkartells zu dänischen Sozialdemokraten usw.[57] Auch Alfons Schlütter berichtet von Wanderfahrten nach Sonderburg und Pattburg[58]. Zur Gründungsversammlung der Ortsgruppe Flensburg der Weltjugendliga am 21.1.1930 im „Sanssouci" kamen „Gleichgesinnte von jenseits der politischen Grenze" aus Tondern und Hadersleben.[59]
Zur besseren Abwehr des erstarkenden Rechtsradikalismus suchte man einen „Burgfrieden" mit der KPD herzustellen[60]. Gleichzeitig mußte sich die SPD dagegen wehren, daß die von der SPD abgespaltene SAP mit dem „Sozialistischen Jugendverband" ihre eigene Jugendorganisation aufbaute und der SPD Jugendliche abzuwerben versuchte. Die Volkszeitung empörte sich am 16.12.1931: „Die SAP sucht Jugendliche. Sie spekuliert auf Wankelmütige. Spalten – Spalten." Wiederholt wurde zur Einheit aufgerufen gegen „Sonderbündelei". „Es geht um Sein oder Nicht-Sein der Arbeiterbewegung."[61]
Gegen die „Nationale Front" der Rechten entstand 1932 die „Eiserne Front" der Linken. Vorsitzender der „Jungen Front" wurde in Flensburg Peter Beck.[62] In dem Bericht über eine Mitgliederversammlung der „Jungen Front" am 11.10.1932 im Gewerkschaftshaus heißt es: „Die gut besuchte Versammlung war ein Beweis dafür, daß unser Nachwuchs

Abb. 136: Pfingsttreffen 1932 an der Förde bei Süderhaff. Eine Flensburger Falkengruppe mit ihrem Betreuer Alfons Schlütter (3. rechts vom Wimpel)

Abb. 137: Vorbereitungstreffen für das Zeltlager der Falken auf der Kleinen Ochseninsel 1932 mit Mitgliedern des SPD-Vorstandes und Helfern von den „Kinderfreunden". Von rechts: Ernst Beier (Rücken zur Kamera), Anni Petersen, Anneliese Dickhaut, Alfons Schlütter (dunkles Hemd); ganz links Lissie Neumann, dann Frau Alverstohn (mit Kind auf dem Arm), rechts dahiner Marianne Beier.

Abb. 138: Zeltlager der Falken auf der Kleinen Ochseninsel im Juli/August 1932

Abb. 139: Rote Falken studieren den Aushang der „Zeltlager Zeitung" auf der Kleinen Ochseninsel im Sommer 1932

fest zur Sozialdemokratischen Partei steht".[63] Zum „Tag der Jugend" in Kiel am 16.10.1932 luden Freie Turnerschaft, Jungbanner, Arbeiterjugend, Kinderfreunde und Rote Falken ein. In der Anzeige am 13.10.1932 in der Volkszeitung heißt es: „Die ‚nationale' Front ist in voller Auflösung. Hitler bläst zum Rückzug! Die Eiserne Front aber stößt vor! Auf nach Kiel!"[64] Dieser Optimismus war trügerisch; oder die sozialistische Bewegung wollte sich selber Mut machen. Am 24.3.1933 berichteten die „Flensburger Nachrichten" ausführlich über die Ereignisse, die mit der Annahme des Ermächtigungsgesetzes in Zusammenhang standen. Die Leser, denen unbekanntes Material zur Geschichte des „Alten Friedhofs" angekündigt worden war, wurden vertröstet, denn die „Inanspruchnahme des Raumes für das große politische Geschehen dieser Tage" mache eine nochmalige Verschiebung notwendig. Darunter steht dann der Hinweis, daß in einem sozialistischen Jugendheim in Flensburg eine umfangreiche Haussuchung vorgenommen worden sei[65]. In einem geheimen Bericht des Polizeipräsidenten in Flensburg vom 29.3.1933 heißt es: „Am 28.3.33 um etwa 19.45 Uhr teilte der Führer der S.A.-Standarte 215, Schröder, Flensburg, meiner Dienststelle I Ad telefonisch mit, daß die Hitler-Jugend, unterstützt durch S.A.-Formationen, das Jugendheim der S.P.D. in Flensburg, Schloßstraße 40, besetzen würde. Kurz darauf rückten etwa 100 Mitglieder der Hitler-Jugend vor das Haus, während etwa 60 S.A.-Mannschaften die angrenzenden Straßen absperrten. Das Jugendheim war verschlossen. Die Hitler-Jugend hat sich aber Eingang verschafft, die Schränke geöffnet und Bilder, Fahnen und Bücher mitgenommen. Die Aktion war gegen 20.15 Uhr beendet ...“[66]

Anmerkungen

[1] Alfred Peters, Wandervogel und Deutsche Freischar in Flensburg 1911–1933, Flensburg 1986, S. 123
[2] Alfred Peters, Anm. 1, S. 268
[3] FVZ, 19.2.1921
[4] FVZ, 12.2.1919
[5] FVZ, 21.2.1919
[6] FVZ, 5.4.1919
[7] FVZ, 12.6.1919
[8] Alfred Peters, Anm. 1, S. 9
[9] Cornelius Schley, Die Sozialistische Arbeiterjugend Deutschlands (SAJ), Frankfurt/Main 1987, S. 58
[10] Cornelius Schley, Anm. 9, S. 59/60
[11] FVZ, 13.12.1921, bei der Gründung des Arbeiterjugendvereins Schleswig am 11.12.1921
[12] FVZ, 19.2.1921
[13] Interview mit Alfons Schlütter am 19.12.1992, durchgeführt von Jens Christian Jacobsen
[14] FVZ, 16.8.1919
[15] FVZ, 9., 15. und 19.8.1922
[16] Alfred Peters, Anm. 1, S. 122/123
[17] FVZ, 18.7.1921
[18] FVZ, 25.10.1919
[19] FVZ, 1.4.1919
[20] FVZ, 23.9.1921
[21] FVZ, 31.8.1921
[22] FVZ, 6.2.1926
[23] FVZ, 13.10.1926
[24] FVZ, 22.3.1926
[25] FVZ, 18.8.1923
[26] FVZ, 14.9.1925
[27] FVZ, 20.9.1926
[28] FVZ, 2.4.1928
[29] FVZ, 2.7.1925
[30] FVZ, 19.11.1924
[31] FVZ, 17.9.1925
[32] Bezirksverband Schleswig-Holstein der SPD. Tätigkeitsbericht für die Zeit vom 1.4.1925 bis zum 31.12.1926
[33] FVZ, 16.9.1921
[34] FVZ, 21.3.1925
[35] Tätigkeitsbericht, Anm. 32
[36] FVZ, 16.7.1927
[37] FVZ, 18.7.1927
[38] FVZ, 20.7.1027
[39] FVZ 20.7.1927
[40] FVZ, 18.2.1931
[41] FVZ, 7.11.1931
[42] FVZ, 24.4.1931
[43] FVZ, 21.11.1930
[44] FVZ, 10.2.1932
[45] FVZ, 16.12.1930
[46] FVZ, 22.11.1930
[47] FVZ, 9.12.1931 („Die Harzburger Front im Ortsausschuß für Jugendpflege“, „Hilfe für die erwerbslose Jugend“)
[48] FVZ, 10.2.1932
[49] FVZ, 18.7.1931
[50] FVZ, 14.1.1930
[51] Interview mit Alfons Schlütter, Anm. 13
[52] FVZ, 17.5.1932
[53] Interview mit Alfons Schlütter, Anm. 13
[54] Interview mit Alfons Schlütter, Anm. 13
[55] FVZ, 4.5.1919
[56] FVZ, 23.9.1924
[57] FVZ, 5.5.1931, auch Abb. 133 u. 134
[58] Interview mit Alfons Schlütter, Anm. 13
[59] FVZ, 28.1.1930
[60] FVZ, 30.11.1931
[61] FVZ, 6. und 17.10.1931
[62] FVZ, 27.7.1932
[63] 12.10.1932, FVZ
[64] FVZ, 13.10.1932
[65] Flensburger Nachrichten, 24.3.1933
[66] Peter Heinacher, Der Aufstieg der NSDAP im Stadt- und Landkreis Flensburg (1919–1933), Teil 2, Flensburg 1986, S. 257

Edith Gerstenberg

Flensburger Sozialdemokraten während der NS-Diktatur 1933–1945

Die Weimarer Reichsverfassung, auf die Herzen vieler Sozialdemokraten zugeschnitten, bedeutete für sie die Garantie für ein demokratisch regiertes Deutsches Reich. Daß jemals von den Grundrechten der Verfassung Abstriche gemacht werden könnten, war ihnen unvorstellbar. So mag sich erklären, daß die Sozialdemokraten in Flensburg die Entwicklung nach der Machtübernahme der Nationalsozialisten am 30. Januar 1933 abwartend beobachteten.
„So schlimm kann es nicht werden, denn wir haben ja unsere Verfassung", gab den Sozialdemokraten nach der Machtübernahme zuerst einmal Hoffnung und Trost.[1]
Einen Tag nach dem Reichstagsbrand, am 27. Februar 1933, erließ der Reichspräsident die „Verordnung zum Schutz von Volk und Staat", die die Rechte des Bürgers in der Weimarer Reichsverfassung einschränkte bzw. außer Kraft setzte. Die persönliche Freiheit, die freie Meinungsäußerung, die Pressefreiheit, das Brief-, Post- und Fernsprechgeheimnis und das Vereins- und Versammlungsrecht galten nicht mehr. Für zahlreiche Vergehen wurde die Todesstrafe angedroht. Dennoch dachten viele Flensburger Genossen „Das kann nicht ewig dauern".[2]
Gewißheit für diese Einschätzung gaben ihnen die nicht gerade wenigen Regierungswechsel der letzten Jahre. Keine Regierung hatte es bisher geschafft, die wirtschaftlichen Schwierigkeiten des Reichs zu bewältigen. Hitler würde es auch nicht gelingen.
Man wartete also weiter ab. Dann setzte ein Zustand der Resignation ein. Die Genossen sahen keine Chance, gegen die Übermacht der Nationalsozialisten anzukämpfen.
Angaben über die Mitgliederstruktur im Jahr 1933 können nicht gemacht werden. Das gesamte Quellenmaterial in dieser Sache wurde von den Genossen zu ihrem eigenen Schutz vernichtet.[3]

Der Zerfall der Partei und das schwere Leben der Sozialdemokraten nach 1933

Am 8. Februar 1933 fand ein Demonstrationsumzug der SPD gegen die Machtübernahme statt.
Die „Flensburger Nachrichten" schrieben am 9. Februar: „Die Mitglieder der Sozialdemokratischen Partei und der ihr nahestehenden Organisationen und Verbände versammelten sich am gestrigen Abend auf den Kieler Anlagen und formierten sich zu einem Demonstrationszug durch die Stadt. An dieser Massendemonstration, die sich ganz allgemein ‚gegen die faschistische Diktatur' richtete und auf inoffizielle Beteiligung von kommunistischer Seite rechnen konnte, nahmen annähernd 3 500 Menschen teil. Unter den zahlreichen großen roten Fahnen und Transparenten bemerkte man auch zwei bis drei kleinere in den Reichsfarben schwarz-rot-gold. Der Zug löste sich im nördlichen Stadtteil in aller Ruhe auf".
Junge Sozialdemokraten unternahmen folgende Aktion, um der Bevölkerung zu zeigen, wir, die Sozialdemokraten, sind noch da. Etwa 25 Jugendliche marschierten im Zwei-Meter-Abstand voneinander am äußeren Bürgersteig der Großen Straße und des Holms. Sie erregten Aufsehen mit dieser Demonstration für die SPD, denn man kannte sich ja in Flensburg. Von der Polizei konnten sie nicht belangt werden, weil

sie durch den Zwei-Meter-Abstand die Anordnung des Versammlungsverbots unterliefen.[4]
Am 22. Juni 1933 wird der SPD jegliche politische Tätigkeit untersagt, am 14. Juli erfolgt ein allgemeines Parteienverbot. Der SPD wird Staats- und Volksfeindlichkeit vorgeworfen; damit habe sie ihr Recht verwirkt, anders behandelt zu werden als die KPD.
1888 schrieb der Arbeiterschriftsteller und Buchdrucker Ernst Preczang: „Die rein politische oder wirtschaftliche Wertung der Arbeiterbewegung reicht nicht aus, um ihre Bedeutung zu erklären. Für Zehntausende ist sie auch eine neue seelische Heimat geworden, wurde sie rein menschlich zu lebendig-freudevollem Daseinsinhalt".[5]
Diese Beschreibung der Lebensordnung eines Sozialdemokraten hätte auch 1933 noch Bestand gehabt.
Man traf sich einmal in der Woche auf Parteiversammlungen im Gewerkschaftshaus, die immer gut besucht waren. Fast jeder sozialdemokratische Arbeitnehmer war Mitglied einer Gewerkschaft.
Das Cafe Waldheim in Harrisleefeld mit den Wirtsleuten Sophie und Amandus Lützen, beide hochgeachtete und liebenswerte Genossen, war ein beliebter Treffpunkt. Hier wurde diskutiert, hier traf man Parteimitglieder und fühlte sich wohl. Wenn Familien von Sozialdemokraten einen Sonntagsnachmittagsausflug planten, führte der Spaziergang ins Cafe Waldheim.[6] Am Sonntagabend traf man sich zum gemütlichen Beisammensein im Gewerkschaftshaus.[7] Jeder Genosse, der Sport trieb, war selbstverständlich Mitglied der „Freien Turnerschaft".[8] Mit einem Schlag war den Sozialdemokraten zu ihrer politischen auch noch ihre „seelische" Heimat genommen.
Dies mag der Grund dafür gewesen sein, daß etliche Genossen, meistens aus dem Norden Flensburgs, die Mitgliedschaft im Schleswigschen Verein, der Vereinigung der dänischen Minderheit erwarben.[9]
Der Schleswigsche Verein war ebenfalls starkem Druck von seiten der Nationalsozialisten ausgesetzt, verboten wurde er aber nicht. Die Mitglieder mußten Nachteile in Kauf nehmen. So erhielten Familienväter für ihre Kinder, die die dänische Schule besuchten, nicht das vom Staat gewährte Kindergeld gezahlt, „weil die Kinder nicht im deutschen Geist erzogen wurden".[10]
Die Mitgliedschaft brachte aber auch Vorteile. Durch den Besuch der dänischen Schule wurden die Kinder von dem nationalsozialistischen Einfluß der deutschen Schulen freigehalten. Die Mitgliedschaft in der Hitler-Jugend wurde nicht zur Pflicht.
Andere Genossen, allerdings aus anderen Gründen, wurden Mitglied des „Stahlhelms", wenn auch nur für vier Wochen.[11] Sie stellten schnell fest, daß sie falschen Informationen und Eindrücken aufgesessen waren. „Die Stahlhelmer sind verbissene Gegner der SA und SS. Militärisch geschulte Sozialdemokraten sind wiederholt von Stahlhelmern besucht worden, um sie zum Eintritt in den Stahlhelm zu bewegen. Die Stahlhelmer erklärten ihnen, ihre Bedenken doch fallen zu lassen, um im gegebenen Augenblick die Truppe stark genug zu haben."[12] Und weiter: „In Flensburg ist von der SA die ganze Stadt mit Plakaten beklebt worden. Die Plakate hatten die Aufschrift: nicht der Stahlhelm, sondern wir sind die alten Kämpfer. Es ist nicht wahr, wie vom Stahlhelm behauptet wird, daß Hitler die SA fallen läßt, denn die SA ist der Träger des neuen Staates."[13]
Der Erste Vorsitzende der Freien Turnerschaft, Johannes Kloppenburg, wurde Mitglied des Stahlhelms und mit ihm viele Mitglieder der „Freien Turnerschaft". Ob Stahlhelmer Flensburgs mit Angehörigen der Freien Turnerschaft Kontakt aufnahmen, um sie für den Eintritt in ihre Organisation zu gewinnen, bleibe dahingestellt. Die Vermutung liegt aber nahe, denn sonst hätte sich Johannes Kloppenburg ja wohl kaum dafür entschieden, einer Organisation beizutreten, die ihm durch ihre Zugehörigkeit zur Harzburger Front im Grunde zuwider sein mußte.
Schon vor dem Verbot der SPD war die Partei praktisch zerfallen. Das Parteileben erstarb größtenteils, weil die Parteimitglieder auf die Terrormaßnahmen der Nationalsozialisten gleich nach der Machtübernahme nicht vorbereitet waren.
Nach einer kurzen Pressemitteilung in den Flensburger Nachrichten vom 21. März 1933 wurde am Tage zuvor von einem großen Kommando der Kriminal- und Hilfspolizei die Ortskrankenkasse „überholt"[14]. Für Max Funke, den ehemaligen 1. Vorsitzenden der SPD und Hausmeister bei der Ortskrankenkasse, hatte diese „Überholung" zur Folge, daß er und seine Familie ohne jede Vorwarnung mitsamt dem

Abb. 140: Ein Bild aus der Flensburger Illustrierten Zeitung vom März 1933

Hausstand vor die Tür gesetzt wurden. In diesem Zustand blieb die Familie sich selbst überlassen. Nur durch einen Zufall machte Frau Funke eine kleine Wohnung in der Glücksburger Straße ausfindig, in die sie noch am selben Tag einziehen konnten.[15]

Das gleiche Schicksal erlitten Ernst und Marianne Beier nach der Besetzung des Jugendheims der SPD in der Schloßstraße 40.[16]

Hausdurchsuchungen bei Funktionären oder anderen Genossen standen auf der Tagesordnung. Dabei ging es oft rabiat zu. Johannes Kloppenburg wurde bei einer Hausdurchsuchung zusammengeschlagen.[17]

Julius Gregersen mußte sechs Hausdurchsuchungen ertragen.[18]

Die Familie von Hans Hansen war über Jahre ständiger Beobachtung und wiederholten Hausdurchsuchungen ausgesetzt. Hans Hansen emigrierte im Juli 1933 nach Dänemark, er galt als engster Mitarbeiter von Richard Hansen[19] und hielt sich als Kurier häufig an der dänischen Grenze auf. Der Bruder Jan Hansen berichtet in einem Interview: „Meine Mutter hatte Nerven, das kann man wohl sagen. Vor allem, die kamen nachts. Da kann ich mich erinnern, daß die dann mit diesen komischen Mannschaftswagen ankamen. Harrisleer Straße/Eckener Straße, da wohnten wir. Gegenüber war die Meisenstraße. Und bei uns war eine Durchfahrt zum Hinterhof, da fuhren die runter. Dann wurde das Haus mit Scheinwerfern angestrahlt, und dann rannten die wie die Wilden die Treppe hoch, bei uns in die Wohnung rein. Und dann wüteten sie wie die Wilden".[20]

Als geeignete Maßnahme, Unsicherheit zu verbreiten und die

Der Polizeipräsident in Flensburg. 25.Juni 1933. I 24

Polizei - Verfügung.

Auf Grund des § 1 der Verordnung des Reichspräsidenten zum Schutz von Volk und Staat vom 28.2.1933 in Verbin= dung mit dem § 14 des Polizeiverwaltungsgesetzes vom 1.Juni 1931 wird Ihnen hiermit auferlegt, sich bis auf weiteres einmal täglich persönlich bei dem für Sie zu= ständigen Polizeirevier zu melden. Bei Zuwiderhandlun= gen gegen diese Verfügung würden Sie sich der Gefahr der Inschutzhaftnahme aussetzen. Für Sie ist das 2. Polizeirevier zuständig.

An
Herrn Ernst Beier
in Flensburg
Schloßstrasse 40

Abb. 141: Polizeiverfügung gegen Ernst Beier vom 25.6.1933

Sozialdemokraten zu terrorisieren, wurde das Mittel der Schutzhaft[21] angewendet. Für die Inhaftierung wurden den Genossen keine Gründe genannt. Vielleicht dauerte die Haft einen Tag oder auch mehrere Wochen. Kein Genosse, der einmal inhaftiert war, konnte sicher sein, nicht erneut in Schutzhaft genommen zu werden.
Es gab auch noch die Polizeiverfügung, die den Genossen zur Auflage machte, sich täglich bei der Polizei zu melden. Auch wer noch keinen gezielten Verfolgungen ausgesetzt war, fühlte sich ständig beobachtet.

So makaber es klingt, wie auch in anderen Städten des Reiches wurden Beerdigungen zum Anlaß genommen, um den Parteimitgliedern eine unverfängliche Gelegenheit zu bieten, zusammenzukommen.[23] Meistens gehörten die gestorbenen Sozialdemokraten keiner Kirche an. Hugo Hellwig hielt die Trauerrede. Die Gestapo war auf die großen Trauergemeinden von Sozialdemokraten aufmerksam geworden. Sie stellte Beobachter ab, was nicht unbemerkt blieb. Diese Bespitzelung führte dazu, daß die Trauergemeinden im Laufe der Zeit immer kleiner wurden.[24]
Nach Aussagen von Zeitzeugen gab es in Flensburg keine Gründungen von Klubs oder kulturellen Vereinen, die den Genossen die Gelegenheit boten, sich unter dieser Tarnung zu treffen. Überlegungen dazu scheint es aber gegeben zu haben. Alfons Schlütter ist gefragt worden, ob er nicht eine Jugendgruppe gründen wollte. Das lehnte er ab, weil er erkannte, daß die Gefahr groß und der Nutzen gering war.[25]
Die Frage, wer könne wem noch trauen, führte dazu, daß die Parteimitglieder nur noch Kontakt miteinander hielten, wenn sie total sicher waren, daß sich unter ihnen kein „Umgedrehter" befand.
Gartenkolonien im Norden Flensburgs, deren Pächter schon vor 1933 fast ausnahmslos Sozialdemokraten waren, erwiesen sich als sichere Enklaven. Hier wußte man, ob der Nachbar echt war, und hier konnte man einander offen begegnen. Eine Gartenkolonie zeichnete sich besonders durch sozialdemokratische Solidarität aus. Zwei geistig behinderte Kinder eines Genossen, die als lebensunwerte Menschen vernichtet worden wären, wurden dadurch gerettet, daß der Vater sie aus seiner Wohnung brachte und in seiner Gartenlaube versteckte. Obwohl dieses Versteck über etliche Jahre bis 1945 aufrechterhalten wurde und obwohl alle Nachbarn davon wußten, ist nichts darüber bekannt geworden.[26]
Die Gartenkolonien im Westen der Stadt waren nicht nur von Sozialdemokraten gepachtet wie im Norden. Dennoch schienen die Genossen sich dort sicherer zu gefühlt zu haben als zu Hause. Als der Reichsvorsitzende der Freien Turnerschaft mit dem Fahrrad von Leipzig aus alle Sportvereine besuchte, fand das Treffen in Flensburg mit dem hiesigen Ersten Vorsitzenden in dessen Schrebergarten an der Marienallee statt.[27]
Als weitere Enklave, die einem größeren Kreis von Sozialde-

mokraten noch die Sicherheit für einen offenen Umgang miteinander bot, ist der Juchhei-Klub zu nennen. Dieser Klub war die Vereinigung von Eigentümern kleiner Motor-, Ruder- und Paddelbooten. Die Mitglieder waren alle Sozialdemokraten oder Kommunisten. In der Gallwik, einer kleinen Bucht zwischen den Flensburger Stadtwerken und der Alten Werft, lag das Klubgelände.[28]

Genossen, die weder Mitglied einer Gartenkolonie waren noch eine Verbindung zum Juchhei-Klub hatten, trafen sich nur noch im engsten Freundeskreis.

Die Situation der Arbeitnehmer und der Arbeitslosen

Die Arbeitgeber von privat geführten kleineren Betrieben scherten sich wenig darum, ob ihre Arbeitnehmer Sozialdemokraten waren oder nicht. Auch nicht, wenn es um die Einstellung eines arbeitslosen Genossen ging.[29] Bei den größeren Betrieben Flensburgs wie der Flensburger Schiffsbauwerft, der Papiermühle oder der Ofenfabrik sah es schon anders aus. Hier versuchte die SA die freigewordenen Stellen mit ihren Gefolgsleuten zu besetzen.[30] Die alte Belegschaft, fast ausnahmslos frühere gewerkschaftlich organisierte Handwerker und Arbeiter, die meistens auch Mitglieder der SPD, SAP oder KPD waren, schnitt diese Arbeitskollegen. Über sachlich Notwendiges hinaus sprach keiner mit ihnen. Nach wie vor wurde mit „Moin, Moin" und nicht mit „Heil Hitler" gegrüßt. Äußerungen gegen Nationalsozialisten konnten allerdings nur noch im vertrauten Kollegenkreis gemacht werden.[31]

Als z. B. ein Kraftfahrer der Werft bei einem Aufenthalt in der Gießerei beim Anblick der brodelnden Gußmasse die Bemerkung machte, „in das Loch müßte man die SA werfen", denunzierte ihn ein Arbeitskollege. Der Kraftfahrer wurde sofort verhaftet und zu einer mehrjährigen Haftstrafe verurteilt.[32]

Ungleich härter traf das am 7. April 1933 erlassene „Gesetz zur Wiederherstellung des Berufsbeamtentums" die Arbeitnehmer und Beamten des öffentlichen Dienstes, wenn sie Parteimitglieder der SPD, der SAP oder der KPD waren.

Nach dem Verwaltungsbericht der Stadt Flensburg[33] gab das Gesetz die Handhabe dafür, 11 Beamte und 7 Dauerangestellte aus dem Dienst der Stadt zu entlassen.[34]

Siegmund Jürgensen, Angestellter beim Arbeitsamt in Flensburg, erhielt seine Entlassung durch folgendes Schreiben mitgeteilt:[35]

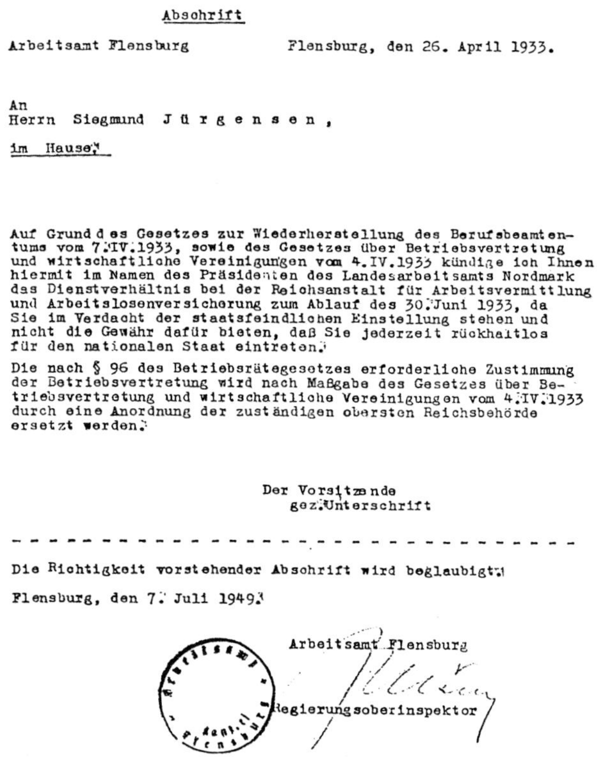

Abschrift

Arbeitsamt Flensburg Flensburg, den 26. April 1933.

An
Herrn Siegmund Jürgensen,
im Hause.

Auf Grund des Gesetzes zur Wiederherstellung des Berufsbeamtentums vom 7.IV.1933, sowie des Gesetzes über Betriebsvertretung und wirtschaftliche Vereinigungen vom 4.IV.1933 kündige ich Ihnen hiermit im Namen des Präsidenten des Landesarbeitsamts Nordmark das Dienstverhältnis bei der Reichsanstalt für Arbeitsvermittlung und Arbeitslosenversicherung zum Ablauf des 30. Juni 1933, da Sie im Verdacht der staatsfeindlichen Einstellung stehen und nicht die Gewähr dafür bieten, daß Sie jederzeit rückhaltlos für den nationalen Staat eintreten.

Die nach § 96 des Betriebsrätegesetzes erforderliche Zustimmung der Betriebsvertretung wird nach Maßgabe des Gesetzes über Betriebsvertretung und wirtschaftliche Vereinigungen vom 4.IV.1933 durch eine Anordnung der zuständigen obersten Reichsbehörde ersetzt werden.

Der Vorsitzende
gez. Unterschrift

Die Richtigkeit vorstehender Abschrift wird beglaubigt.

Flensburg, den 7. Juli 1949.

Arbeitsamt Flensburg

Regierungsoberinspektor

Abb. 142: Kündigungsschreiben für Siegmund Jürgensen aufgrund des Gesetzes zur „Wiederherstellung des Berufsbeamtentums" vom 26.4.1933

Aus dem Brief, den Wilhelm Haberlandt am 3. Oktober 1933 an den dänischen Staatsminister Stauning geschrieben hat,[36] in dem er um ein Darlehen für eine Geschäftsgründung bittet, geht die existentielle Not arbeitsloser Sozialdemokraten hervor.

„. . . Es wird Ihnen nicht unbekannt gewesen sein, daß ich am 28. April plötzlich in Schutzhaft genommen wurde, wie mir der Polizeipräsident mitteilte, weil meine eigene Sicherheit gefährdet sei.

Durch ein besonderes Entgegenkommen des Polizeipräsidenten erfolgte bereits am 30. April meine Entlassung aus der Schutzhaft, jedoch mit der Maßgabe, daß ich Flensburg sofort verlassen müsse. Am 1. Mai reiste ich zunächst nach Hamburg, um bei meinem Bruder und anderen Verwandten Unterkunft zu suchen. Am 16. Mai sollte ich an einer Sitzung des Provinzial-Ausschusses, dessen Mitglied ich war, teilnehmen. Zu diesem Zweck fuhr ich am 15.5. in Begleitung des Gen. Verdieck-Kiel nach Flensburg, um mich mit sauberer Wäsche zu versehen. Unsere Fahrt wurde jedoch an die Polizei verpfiffen. Die Folge war die Verhaftung des Gen. Verdieck in der Nacht vom 15. auf den 16.5., während ich am Morgen des 16.5. das zweite Mal festgenommen wurde.

Diese Haft dauerte bis zum 1.6. Ich wurde wieder freigelassen, jedoch unter der ausdrücklichen Bedingung, daß ich Flensburg sofort wieder verlassen müsse. Seit dieser Zeit treibe ich mich in der Welt herum, bald in Hamburg, bald in Mecklenburg, bald in anderen Orten. Es war ein halbes Zigeunerleben, das zu leben mir beschieden war. . . .

Zu dieser meiner eigenen Not kam die Not meiner Familie. Nicht genug damit, daß meine Existenz völlig vernichtet wurde, mußten auch meine drei ältesten Söhne ihre verhältnismäßig guten Stellungen aufgeben. Mein Ältester, er ist verheiratet und Vater von zwei Kindern, war Geschäftsführer der Ortskrankenkasse Belzig bei Berlin. Er wurde am 1.7. glatt auf die Straße gesetzt, weil sein Vater sozialdemokratischer Stadtrat in Flensburg war. Aus dem gleichen Grunde wurde mein zweiter Sohn, der Polizeiwachtmeister in Berlin war, beurlaubt mit dem Ziel auf Entlassung aus dem Dienst. Dieses Verfahren schwebt zur Zeit noch. Mein Drittältester, Lehrling bei der Ortskrankenkasse in Flensburg, wurde trotz schriftlichen Lehrvertrags Mitte Juli gleichfalls und aus den gleichen Gründen entlassen. . . .

Meine Frau bezieht in Flensburg eine ganz geringe Wohlfahrtsunterstützung von 21,– Mark wöchentlich für sich und meine Tochter. Ich selbst erhalte von keiner Seite auch nur die geringste Unterstützung. Sogar die Stellenlosenunterstützung meines Verbandes ist mir abgelehnt worden, weil meine Entlassung aus politischen Gründen in Verbindung mit der Schließung meiner Arbeitsstelle, der Schleswig-Holsteinischen Druckereigesellschaft m. b. H., erfolgte . . .“

Berichtet wird von arbeitslosen Sozialdemokraten, daß sie durch ambulanten Handel versuchten, ihren Lebensunterhalt zu verdienen.

Bekannt sind folgende Beispiele:

Nach seiner Entlassung aus dem Zuchthaus hielt Max Funke sich und seine Familie durch einen Kaffeehandel über Wasser. An jedem Donnerstag traf die Kaffeesendung aus Bremen ein, und alle Angehörigen waren zur Stelle, um die bestellten Kaffeeportionen an die Kunden zu verteilen. Dabei wurden gleich die Bestellungen für die nächste Woche entgegengenommen. Die Kunden waren alte Genossen.[37]

Das Ehepaar Petersen, Harrisleer Straße, betrieb einen Lesezirkel. Anfangs kamen Petersens zu Fuß mit den Mappen unter dem Arm zu ihren Abonnenten. Nach einiger Zeit konnten sie sich ein Fahrrad leisten.[38]

Franz Beier hat auch durch einen Lesezirkel seinen Lebensunterhalt sicherstellen können.[39] Bei Petersens und bei Beiers waren ebenfalls frühere Genossen der erste Kundenstamm. Kaffeehandel und Lesezirkel dienten zwar in erster Linie dem reinen Broterwerb. Daneben war es nicht gering zu achten, daß die Genossen, die sich aus Sicherheitsgründen in ihr Schneckenhaus verzogen hatten, auf diese Weise Kontakte bekamen.

Die letzten freien Wahlen

Formal galten für die Reichstagswahl und die gleichzeitige Preußische Landtagswahl am 5. März 1933 wie auch für die Kommunalwahl am 12. März 1933 die Voraussetzungen, wie sie nach der Weimarer Reichsverfassung vorgegeben waren.

Der Wahlkampf fand jedoch nicht unter diesen Bedingungen statt. Da war zunächst einmal die am 4. Februar 1933 erlassene „Verordnung des Reichspräsidenten zum Schutz des Deutschen Volkes“, die Kritik an der neuen Regierung unter Strafe stellte und die Versammlungs- und Pressefreiheit wesentlich einschränkte. Am 28. Februar 1933 werden selbst diese Einschränkungen durch die „Verordnung des Reichspräsidenten zum Schutz von Volk und Staat“ noch verschärft und Rechte des Bürgers in der Weimarer Reichsverfassung außer Kraft gesetzt.

Der Oberpräsident der Provinz Schleswig-Holstein verbot das Erscheinen der sozialdemokratischen Volkszeitung vom 18. Februar bis zum 3. März 1933. Begründet wurde das Verbot mit der Veröffentlichung eines Wahlaufrufs der „Eisernen Front“, durch den die Reichsregierung „verunglimpft“ worden sei.[40] Vom 4.–17. März wurde die „Volkszeitung“ erneut vom Oberpräsidenten verboten. Er begründete das nur mit der Verordnung des Reichspräsidenten vom 28. Februar 1933. Die Zeitung ist danach nicht mehr erschienen. Nur die SHVZ erschien noch einmal am 27.2.1933. Damit stand der SPD im Wahlkampf keine eigene Presse zur Verfügung. Der Rundfunk gab nur den Nationalsozialisten die Möglichkeit, sich an die Bevölkerung zu wenden. Einen geplanten Umzug der SPD am 3. März 1933, zwei Tage vor der Reichstagswahl, untersagte der Flensburger Polizeipräsident. Er begründete dieses Verbot mit Vorfällen, die mit der Überführung am 1. März des am 25. Februar erschossenen Jungbannermannes Julius Zehr durch einen Nationalsozialisten zusammenhingen.[43]

In einem Brief vom 12. März 1933 an Verwandte beschreiben Ernst und Marianne Beier die Behinderung der SPD im Wahlkampf.[44]

„. . . Jeden Tag kam wieder etwas Frisches und etwas anderes. Hatten wir eine Sache für den Wahlkampf ausgeklügelt und sie erwies sich als wirksam, schwapp – war das Verbot da. Das ging uns schon so, als das generelle Verbot wegen des Reichstagsbrandes noch gar nicht heraus war. Wir waren diesmal mit unserer Arbeit sehr zeitig unterwegs und vor dem Gesamtverbot führend im Wahlkampf. Wir hatten große Standplakate mit Karikaturen angefertigt (Fahrschule Hugenberg usw.), die am Neustadt-Denkmal, am Nordermarkt, Süder- und Hafermarkt stehen sollten. Sie erwiesen sich als ganz außerordentlich wirksam, und die Nazis machten sofort Krach. Zur Aufrechterhaltung der Ruhe und Ordnung und aus verkehrspolizeilichen Gründen wurde uns das Herausstellen dann untersagt (der Leiter der Straßenpolizei ist ein deutschnationaler Polizeimajor). Und wie mit diesen Dingen ging es uns mit allem andern (Flugblättern, öffentlichen Kundgebungen, Umzügen, Platzkonzerten, Sprechchören auf der Straße, Plakatumzügen, usw.). Aber wie gesagt, wir waren auf Draht, und etwas von dem Geplanten kriegten wir immer durchgeführt. Hätten wir diesmal die Bewegungsfreiheit der anderen Wahlkämpfe gehabt, es wäre ein Spaß geworden, und wir hätten sicher mit einem Stimmengewinn rechnen können. So haben wir unsere Stimmenzahl vom November nur halten können. . . . Schlimm ist es, daß die VZ nicht erscheint.“

Trotz aller Einschränkungen und Behinderungen schnitten die Sozialdemokraten bei den Wahlen am 5. März gut ab. Bei den Reichstagswahlen am 6. November 1932 erhielt die SPD 8 986 Stimmen und 8 983 am 5. März 1933.

Das Ergebnis der Landtagswahl vom 5. März 1933: 8 159 wählten die SPD. Daß 824 Stimmen weniger abgegeben wurden als für den Reichstag, erklärt sich wohl dadurch, daß der Schleswigsche Verein bei der Reichstagswahl auf einen eigenen Kandidaten verzichtet hatte. Der Schleswigsche Verein erhielt bei der Landtagswahl 1 132 Stimmen.[45]

Die Kommunalwahl am 12. März 1933 brachte den Sozialdemokraten, verglichen mit der letzten Kommunalwahl vom 27. November 1929, herbe Verluste. 1929 hatten 9 657 für die SPD gestimmt, am 12. März 1933 6 871. Sie büßten Sitze im Stadtverordneten-Kollegium ein. Unter Berücksichtigung der politischen Entwicklung in Deutschland von 1929 bis 1933 darf das Wahlergebnis entgegen den absoluten Zahlen jedoch noch nicht als schlecht beurteilt werden.

Viel wichtiger als die Differenz zwischen den Kommunalwahlergebnissen von 1929 und 1933 ist der Unterschied zwischen den Stimmabgaben zur Reichstagswahl am 5.3.33 und der eine Woche später stattgefundenen Kommunalwahl.

Im Vergleich zur Reichstagswahl erhielt die SPD am 12.3.33 2 112 Stimmen weniger. Sie verlor damit fast ein Viertel ihrer Wähler.

Bei der Reichstagswahl betrug die Wahlbeteiligung 86,5 %, bei der Kommunalwahl 76,5 %. Die um 10 % geringere Wahlbeteiligung mag den Stimmenverlust zum Teil erklären.
Die KPD erlitt härtere Verluste, bei der Reichstagswahl 4317 Stimmen und am 12.3.33 2115, mehr als die Hälfte.
Die NSDAP gehörte auch nicht zu den Gewinnern. Bei der Reichstagswahl stimmten 19661 Wähler für sie, am 2.3.33 15633. Sie büßte ein Fünftel ihrer Stimmen ein.
Am 31. März 1933 wurden folgende SPD Mitglieder als Stadtverordnete in ihr Amt eingeführt und vereidigt:
Wilhelm Kähler (Gewerkschaftsführer)
Hans Franzen (Arbeiter)
Georg Ruser (Gewerkschaftsführer)
Peter Beck (Maurer)
Jens Freese (Geschäftsführer)
Lissie Neumann (Kontoristin)
Dora Saß (Hausfrau)
Asmus Thomsen (Bote)
Jens Hansen (Telegraphenbauhandwerker).
Kähler wurde zum unbesoldeten Stadtrat gewählt und war damit nicht mehr Mitglied des Stadtverordneten-Kollegiums. Der Stadtverordnete Jens Hansen trat von seinem Amt zurück. Für die beiden rückten Peter Kruppa, Schlosser, und Johann Kiederle, Kesselschmied, nach.[46]
Wegen ministerieller Bestimmungen mußte der unbesoldete Stadtrat Kähler bereits am 6. April 1933 sein Amt niederlegen. Im Verwaltungsbericht der Stadt Flensburg heißt es: „Von der sozialdemokratischen Liste wurde der Stadtverordnete Kähler gewählt. Da jedoch ein reibungsloses Zusammenarbeiten mit ihm nicht möglich war, wurde er mit ministerieller Genehmigung durch den Oberbürgermeister beurlaubt und für ihn der Stadtverordnete Ramp zum kommissarischen Stadtrat bestellt". Ramp war Nationasozialist.
Nach dem Verbot der SPD am 22. Juni erging durch einen Runderlaß des Reichsministers des Inneren vom 23. Juni 1933 ein Betätigungsverbot für Sozialdemokraten in öffentlichen Funktionen. Damit schieden die sozialdemokratischen Stadtverordneten aus der politischen Stadtvertretung aus.

Der 1. Mai 1933

Am 10. April 1933 bestimmte die Reichsregierung den 1. Mai zum „Feiertag der Nationalen Arbeit". Die SPD hatte dafür jahrzehntelang vergeblich gekämpft. Gegen eine Teilnahme von Sozialdemokraten an den Feiern zum 1. Mai sprach sich am 12. April die SPD auf Reichsebene aus.[47] Dagegen forderte der Bundesausschuß des ADGB am 15. und wieder am 19. April seine Mitglieder „im vollen Bewußtsein ihrer Pionierdienste für den Maigedanken" zur Teilnahme auf.[48]
In den letzten Tagen des Aprils fand eine Sitzung des Flensburger ADGB-Kartells statt. Junge Linke hatten davon erfahren und, obwohl sie nicht Delegierte waren, beschlossen sie, daran teilzunehmen. Sie wollten die Delegierten auffordern, „endlich ihre lähmende Passivität aufzugeben". Ohne Rücksicht auf Parteizugehörigkeit müsse am Anfang eine große Demonstration aller Arbeiter stehen. Würden die Arbeiter angegriffen, müsse Gewalt mit Gewalt beantwortet werden. Die niedergeschlagen wirkenden Sitzungsteilnehmer wollten von Gewalt auch als Mittel der Verteidigung nichts wissen. Sie warteten auf letzte Weisungen aus Berlin. Am Tage nach der Sitzung kam der Bescheid. Sie sollten an den Maifeiern teilnehmen, was von den Flensburger Gewerkschaften als Aufruf zum Verrat an der gesamten Arbeiterbewegung gewertet wurde.[49]
Es fehlt jeder Hinweis darüber, ob der ADGB Flensburg die Weisung des Bundesausschusses weitergegeben hat.
Am 28. April wurde Wilhelm Haberlandt in Schutzhaft genommen, weil er in Verdacht stand, eine rote Maifeier zu organisieren.[50]
Am Umzug der offiziellen Maifeier nahmen wohl nur die Genossen teil, die sich unter dem Druck ihrer Firmen und Betriebe einer Teilnahme nicht entziehen konnten.[51] Einige Genossen, die nicht mitmarschieren mußten, fuhren zu den Feiern zum 1. Mai nach Dänemark.[52]
Am 2. Mai besetzten SS und SA in ganz Deutschland schlagartig alle Gewerkschaftshäuser, in Flensburg geschah das schon einen Tag vorher. Die Flensburger Nachrichten berichten am 3. Mai, daß vier Gewerkschaftsführer[53] in Haft genommen wurden. Die Aktion gegen die Gewerkschaften richtete sich in erster Linie gegen die linksorientierten und

gegen die der SPD nahestehenden. Sie sei ruhig verlaufen. Akten, Briefe und Schriften wurden beschlagnahmt. Bis zum Abschluß der Aktenprüfung bliebe das Gewerkschaftshaus besetzt.
Eline Nicolaysen, die als Sekretärin beim Zentralverband der Angestellten im Gewerkschaftshaus tätig war, schrieb ihrem Bruder am 6. Mai: „Lieber Willibruder! In der letzten Woche seit den zweieinhalb Tagen wunderschönen Kollundaufenthalts hat sich ja allerhand ereignet. Aber darüber bist Du ja im Bilde. Am Dienstag sind unsere sämtlichen angestellten Geschäftsführer des Gewerkschaftshauses nach der Übernahme des Hauses durch die NSBO[54] in Schutzhaft genommen. Und gestern, morgens um 7.05 Uhr, haben sie auch Vater geholt. Wir lagen noch im Bett. Wera und ich wurden dann am Nachmittag ins Polizeipräsidium gebeten. Vater selbst habe ich noch nicht gesprochen. Mutter und Wera sind heute am Vormittag da. Ich selbst bin noch im alten Büro, allerdings nur im ersten Zimmer, das Du ja kennst. Meine Tätigkeit ist bisher die gleiche gewesen, selbstverständlich nicht so viel zu tun wie vorher.
Heine Hansen ist noch beim Metallarbeiterverband, dann ist der kleine Friedrichsen vom Fabrikarbeiterverband auch noch da. Das sind die alten Gesichter. Wenn Du mal kommen würdest, würdest Du im übrigen nur neue Gesichter sehen. Das Restaurant ist geschlossen, die gemütlichen Sonntagabende also hin. Aus dem Gewerkschaftshaus hängen zwei Hakenkreuzfahnen. Das Transparent ‚Gewerkschaftshaus' ist mit ‚NSBO' überklebt. Aber das ist ja in allen Städten Deutschlands dasselbe. . . . (handschriftlich fortgesetzt) Ich schreibe zu Hause zu Ende. Heute morgen mußte der NSBO-Propagandaleiter die Maschine brauchen.
In der Zwischenzeit habe ich auch Vater besucht. Nächste Besuchszeit ist erst in 14 Tagen. Allerhand, was?. . ."
Das gesamte Vermögen der Gewerkschaften einschließlich des Gewerkschaftshauses Duburger Straße 44–46 und die Gebäude Duburger Straße 23 und Schloßstraße 40/42 gingen in den Besitz der Deutschen Arbeitsfront über, die am 10. Mai unter Robert Ley die Nachfolge der freien Gewerkschaften antrat.

Widerstand

Der Widerstand der Sozialdemokraten in Flensburg zielte nicht direkt auf den Sturz des nationalsozialistischen Regimes. Aber den Boden dafür vorzubereiten war wohl der Beweggrund der Genossen, die den „Neuen Vorwärts" und Flugblätter über die Grenze brachten und diese dann in Deutschland verteilten. Warum sonst nahmen die Genossen das große Risiko auf sich. Sie wußten, daß sie mit empfindlichen Zuchthausstrafen rechnen mußten, wenn sie beim Transport oder Verteilen gestellt wurden.
Eine Druckerei in Padborghus in Dänemark druckte für Sozialdemokraten Flugblätter.[55]
Nach dem Verbot der sozialdemokratischen Zeitungen erschien der „Neue Vorwärts" außerhalb Deutschlands. Er wurde seit dem 18. Juni 1933 als Wochenzeitschrift in Karlsbad in der Tschechoslowakei gedruckt.[56] Größere Mengen des „Neuen Vorwärts", in 100-kg-Ballen gepackt, kamen von Prag über Polen nach Sonderburg in Dänemark. Von dort erfolgte der Transport nach Flensburg.
Heinrich Lienau[57] beschreibt in seinem Buch „12 Jahre Nacht" einen solchen Transport. Mit einer Motorschiffsladung, für die extra Altpapier angekauft und das in gleicher Weise gepackt wurde wie der „Neue Vorwärts", sollte die Bannware nach Flensburg gebracht werden. Hamburg war der Zielort. Daß es wegen einer Denunziation zu Schwierigkeiten beim Transport kam, soll hier nicht weiter dargestellt werden.[58] Für den Grenzübergang auf dem Landweg wurde der „Neue Vorwärts" unter Torf versteckt und mit Torfwagen über die Grenze gebracht, die durch das Jardelunder Moor verläuft.
Heinrich Lienau lobt die Flensburger Zollbeamten. Ihm sei nicht ein einziger Fall bekannt, daß von den Zollbeamten Verrat geübt wurde. „Gar manche Fuhre mit Baumstämmen kam über die Grenze, begleitet von einem Zollbeamten, dem die mit einem Sack bedeckte Bannware als Sitz diente".[59]
In vergleichsweise kleineren Mengen wurden Flugblätter von Eline und Wera Nicolaysen nach Flensburg gebracht. Sie verteilten sie bis in den Raum Kiel. Anfang Juni 1933 nahm die Gestapo den beiden ihre Pässe ab. Damit hörten ihre häufigen Besuche in Kollund auf.[60]

Abb. 143: Max Funke, erster in der Reihe, als Häftling im KZ Oranienburg. Er verbüßte hier seine dreijährige Zuchthausstrafe.

Jan Hansen berichtet, daß in die Windeln der 1936 geborenen Nichte, die noch im Kinderwagen lag, Zeitungen und Kurierpost eingewickelt wurden. Bei Pattburg ging es über die Grenze. Während die Erwachsenen durch die Paß- und Zollkontrolle gingen, blieb der Säugling im Kinderwagen vor dem Zollgebäude stehen.[61]
Von folgenden Flensburger Sozialdemokraten ist bekannt, daß sie beim Transport oder Verteilen von Flugblättern oder des „Neuen Vorwärts" von der Gestapo gefaßt wurden: Der Polsterer Arthur Jessen wurde überführt, in vier Fällen Pakete mit etwa zweitausend Stück des „Neuen Vorwärts" nach Hamburg befördert zu haben. Man hatte ihn längere Zeit beobachtet. Seine häufigen Reisen nach Dänemark fielen auf, und die Gestapo hatte auch seine Kontakte mit dem Flensburger Emigranten Hans Hansen in Kollund festgestellt.[62] Jessen wurde am 30. Juni 1936 vom Berliner Kammergericht zu vier Jahren Zuchthaus verurteilt.[63]
Max Funke wurde zusammen mit Hans Hansen aus Tastrup im März 1934 vom Kammergericht in Berlin wegen Verbreitung des „Neuen Vorwärts" verurteilt. Max Funke zu drei Jahren Zuchthaus, Hans Hansen zu zwei Jahren Gefängnis.[64]
Richard Rösch schmuggelte zusammen mit Karl Jessen Flugblätter und Kurierpost von Dänemark nach Deutschland. Sie fuhren mit dem Fahrrad, das illegale Schriftgut hatten sie in den Lenksäulen ihrer Fahrräder versteckt. Am 3. November 1934 wurden sie gestellt und verhaftet. Eine Nachbarin von Rösch hatte die Gestapo auf seine Aktivitäten aufmerksam gemacht. Das Oberlandesgericht Hamburg verurteilte beide wegen Hochverrats zu je fünf Jahren Zuchthaus.[65] Die Strafe war so hoch, weil ihnen noch anderes zur Last gelegt wurde, das nicht bekannt ist.
Julius Gregersen schreibt in seinem politischen Lebenslauf: „... Meine Frau und ich mußten sechs Haussuchungen über uns ergehen lassen, wobei viele wertvolle Bücher, Bilder und Papiere beschlagnahmt wurden. Diese dauernde Hetze führte dazu, daß ich mein seit 20 Jahren bestehendes Geschäft schließen mußte. Mir wurden die Nazis so verhaßt, daß ich dieses System zu schädigen suchte, wo ich nur konnte. Ich wurde Grenzgänger (Kurier) und hielt die Verbindung mit dän. Parteigenossen und den Emigranten aufrecht. Ich reiste

zu Richard Hansen nach Kopenhagen und hatte auch sonst mit dänischen Genossen Besprechungen. Ich brachte Schriften hin und her über die Grenze. Dieses Mal arbeitete ich allein. Am 16. Januar 1939 wurde ich mit meiner Frau an der Grenze verhaftet und ins Polizeigefängnis eingeliefert. Hier wurde ich wie ein Schwerverbrecher von der Gestapo behandelt. Jeden Tag Verhöre, einmal sieben Stunden ununterbrochen. Am 19. Februar 1939 wurde ich entlassen, weil das Beweismaterial nicht genügte."

Der Lagerhalter Johannes Sass und der Maurerpolier August Kruse mußten sich vor dem Flensburger Schöffengericht wegen eines Vergehens gegen die gesetzlichen Vorschriften verantworten. Sass wurde nachgewiesen, „die hochverräterische Druckschrift des ‚Neuen Vorwärts' besessen und an Kruse weitergereicht zu haben."[66]

Beide wurden mit drei Monaten Gefängnis bestraft. Bemerkenswert an diesem Fall ist, daß die Verhandlung vor einem Flensburger Gericht geführt wurde, vermutlich wegen Geringfügigkeit. Alle anderen politischen Prozesse gegen Flensburger Sozialdemokraten fanden vor dem Berliner Kammergericht oder dem Hanseatischen Oberlandesgericht in Hamburg statt. Diese Strafsenate waren für politische Prozesse aus dem Raum Schleswig-Holstein zuständig.

Nach Einrichtung des Sondergerichts Kiel am 1. April 1937 fanden die meisten Prozesse gegen Flensburger Sozialdemokraten vor diesem Gericht statt.[67]

Widerstand gegen den nationalsozialistischen Staat leisteten auch die Sozialdemokraten, die Genossen aus dem Reich, denen eine Verhaftung drohte, zur Flucht über die Grenze nach Dänemark verhalfen. Auch diese Sozialdemokraten handelten gegen das vom Regime gesetzte Recht und gingen bei ihrer Fluchthilfe ein ebenfalls hohes Risiko ein. Ihre Motivation war aber eine andere, nämlich Solidarität mit den in Not geratenen Genossen. Schlepper hießen diese Fluchthelfer. Kontakte der Emigranten zu den Flensburger Genossen kamen nur über persönliche Kanäle zustande. Eine zentrale Leitstelle gab es nicht.

In der Regel wußte der Emigrant nur den Treffpunkt, ein Kennwort oder den Decknamen des Schleppers. Der Schlepper andererseits bekam nicht den Namen des Emigranten zu wissen. Beide Seiten sollten davor geschützt werden, bei einer möglichen Verhaftung einander zu verraten.[68] Von Folterungen bei Verhören durch die Gestapo gab es Hinweise genug.

Wenn es um Fluchthilfe ging, kannten die Genossen von SPD, SAP und KPD keine Parteizwistigkeiten mehr. Man half sich gegenseitig.[69]

Wer im Besitz eines Reisepasses war, konnte die Grenze fast ohne Risiko passieren. Sobald die Gestapo durch ihre Beobachtungen den Verdacht hegte, Sozialdemokraten seien an regimefeindlichen Aktionen beteiligt, zogen sie deren Reisepässe ein. Ihnen unterliefen aber auch Versäumnisse.

Obwohl Wilhelm Nicolaysen[70] am 5. Mai 1933 schon einmal in Schutzhaft genommen war, hatte man ihm seinen Paß belassen. So konnte er nach einem Hinweis, erneut verhaftet zu werden, noch am selben Tag nach Dänemark fliehen. Den Hinweis erhielt er von einem früheren Genossen, der inzwischen SA-Mann geworden war.

Die Gestapo zog die Pässe von Julius Gregersen und seiner Frau ein, nicht aber von ihrem Sohn Christoph, der ein aktives Mitglied des Widerstands war. Weil er einen Paß besaß, konnte er ohne Schwierigkeiten nach Dänemark fliehen. Er war mutig genug, den Paß später noch zu nutzen, um wiederholt nach Deutschland einzureisen, er war Kurier.[71]

1937 emigrierten Frau Burmester (geb. Clausen, spätere Frau Wehner, eine gebürtige Flensburgerin) und ihre beiden Kinder mit einem nicht „einwandfreien" Paß als mit der Bahn Reisende nach Dänemark. Greta Wehner schildert die Situation beim Grenzübergang: „Um die genaue Paßkontrolle zu verhindern, bekam mein damals 11jähriger Bruder verabredungsgemäß eine Ohrfeige von unserer Mutter, um ihn zum gewaltigen Gebrüll zu veranlassen."[72] Verwirrt also schauten die Paßbeamten nur nachlässig in die Pässe.

„Anfangs bestand die Fluchthilfe darin, für den Flüchtling einen ‚Groschenpaß' zu besorgen. Das galt als einfachste und sicherste Methode, einen Emigranten über die Grenze zu bringen. Der Fluchthelfer mußte nur einen Freund finden, der zuverlässig und ungefähr so alt war wie der Emigrant. Der Freund beantragte dann für sich die Ausstellung eines Groschenpasses".[73]

Für den Groschenpaß wurde kein Paßbild verlangt. Ein zweiter Vorteil war, daß er ohne großen Verwaltungsaufwand nur

Nr. 014005
Deutsch-dänischer Ausflugsverkehr
Dieser Abschnitt ist bei der Einreise nach Dänemark abzugeben
Ausgabestelle: Polizeipräsident Flensburg

Nur für deutsche Reichsangehörige
Deutsch-dänischer Ausflugsverkehr
Gültig 3 Tage
Ausflugsschein Nr. 014005
für ______________
(Vorname, Zuname)
den ______________
Dienststempel

Nr. 014005
Deutsch-dänischer Ausflugsverkehr
Dieser Abschnitt ist bei der Ausreise aus Dänemark abzugeben.
Ausgabestelle Polizeipräsident Flensburg

Abb. 144: „Groschenpaß“

Häuser im Schwarzental eingesetzt war, erhielt er Zugang zu dem Hausschlüssel.[75]
Hans Nielsen nahm die Flüchtlinge in seiner kleinen Wohnung im Hinterhaus der Marienstraße 34 auf. Durch ein Täuschungsmanöver der Gestapo wurde Nielsen der Fluchthilfe überführt und am 8. Dezember 1933 verhaftet.
Nielsen hatte sich auf Bitten seines Nachbarn als Fluchthelfer zur Verfügung gestellt. Der Nachbar, der die Flucht für Emigranten aus Hamburg in Flensburg organisierte, nahm nach Nennung des Kennworts „Solidarität“ Gestapo-Leute bei sich auf, die sich als Emigranten ausgegeben hatten. Durch geschicktes Fragen erhielten diese Kenntnis über den Fluchthelferkreis in Flensburg.
Nach zehnmonatiger Untersuchungshaft in Flensburg fand für Nielsen, zusammen mit 15 weiteren Angeklagten, die zu dem Fluchthelferring gehörten, die Verhandlung vor dem Oberlandesgericht in Hamburg am 10. September 1934 statt. Nielsen wurde zu zwei Jahren Zuchthaus verurteilt.[76]

nach Vorlage von persönlichen Legitimationsunterlagen, das konnte auch eine Geburtsurkunde sein, ausgegeben wurde. Mit der Einführung der Kennkarte am 1. Oktober 1938 wurde die Ausgabe von Groschenpässen eingestellt.[74]
Dem Verwaltungsbericht der Stadt Flensburg ist zu entnehmen, daß die Ausgabe der Groschenpässe nach 1933 sprunghaft anstieg. Während in den Jahren 1930–1932 jährlich rund 50 000 bis 60 000 ausgegeben wurden, waren es in den Jahren 1933–1935 jährlich rund 115 000.
Die Fahrt mit einem Fördedampfer von Flensburg nach Kollund wurde für die Flucht mit einem Groschenpaß bevorzugt. Der allgemeine Ausflugsverkehr brachte eine gewisse Unübersichtlichkeit mit sich, die Schutz bot.
Für die Schlepper bedeutete die Beschaffung eines Groschenpasses die geringste Hürde. Die Unterbringung der Emigranten bis zur Ausstellung des Passes war schwierig. Das konnte ein bis zwei Tage dauern.
Von Friedrich Schlütter wissen wir, daß er die Flüchtlinge in dem leerstehenden Mietshaus Schwarzental 9 unterbrachte. Durch seinen Vater, der von der gewerkschaftlichen Wohnungsbaugesellschaft „Bauhütte“ als Hausmeister für die

Abb. 145: Das Motorrettungsboot „Frei-Hilf“ der Arbeitersamariter. Am Heck führt das Boot die Flagge des ASB und nicht, wie eigentlich vorgeschrieben, die schwarz-weiß-rote Handelsflagge.

Berichtenswert dürfte hier noch folgende Begebenheit sein: Der Nordschleswiger Robert Huhle erhielt 1935 vom damaligen Sekretär der dänischen sozialdemokratischen Partei und späteren Minister Hedtoft einen Brief, in dem er gebeten wurde, nach Flensburg zu fahren, um zu einer angegebenen Zeit am Deutschen Haus den Sozialdemokraten Kurt Heinig[77] zu treffen, dem er bei der Flucht nach Dänemark behilflich sein möge. Mit einem Groschenpaß brachte Huhle ihn über die Grenze.

Andere Schlepper bevorzugten es, die Emigranten nachts über die grüne Grenze zu bringen oder die Flucht mit den Fischern vom Juchheiclub über die Förde, meistens zu den Ochseninseln, zu arrangieren. Der Vorteil lag darin, daß die Emigranten nicht versteckt werden mußten, bis ein Groschenpaß beschafft war. Die Flucht fand immer in der Nacht nach dem Tag statt, an dem sie in Flensburg ankamen.[78]

Julius Gregersen schreibt in seinem politischen Lebenslauf, daß er nach Kontaktgesprächen in Kiel zusammen mit einem Genossen in Flensburg Fluchtmöglichkeiten organisiert habe. „Ein Genosse hatte den Landweg und ich den Seeweg übernommen. Ich habe insgesamt 27 Emigranten und die Reichsbanner-Instrumente über die Grenze gebracht."

Für die Flucht der Emigranten nutzte Gregersen die Hilfe der Fischer.

Die Musikinstrumente transportierten er und sein Sohn Christoph mit dem Boot des Arbeiter-Samariter-Bundes nach Sonderburg. Der Vorsitzende der Arbeiter-Jugend von Nordschleswig, Uffe Andersen, hatte den Transport organisiert und Robert Huhle gebeten, die Musikinstrumente, Schreibmaschinen waren auch dabei,[79] in Sonderburg in Empfang zu nehmen. Beim Einlaufen des Motorboots in den Sonderburger Hafen gab es Schwierigkeiten, denn der dänische König lag dort mit seiner Yacht vor Anker. Erst ein Entgegenkommen der dänischen Zollbeamten ermöglichte dem Motorboot das Festmachen am Kai.

Eline Nicolaysen wird vermutlich auch die ihr zugewiesenen Flüchtlinge, sie kamen alle aus Berlin, mit den Fischern auf dem Wasserweg nach Dänemark in Sicherheit gebracht haben. Der Bruder erinnert sich an einen Bericht von ihr, nach dem einem Emigranten nur schwer verständlich zu machen war, sein Jagdgewehr nicht mit an Bord nehmen zu können.[80]

Abb. 146: Wilhelm Schmehl, Mitglied des benachbarten sozialdemokratischen Ortsvereins Harrisleefeld, war der wichtigste Mann des Land-Fluchthelferkreises an der dänischen Grenze.

Nach übereinstimmenden Vermutungen muß es sich bei dem von Gregersen erwähnten Genossen, der Flüchtlinge auf dem Landweg über die Grenze bringen wollte, um Wilhelm Schmehl gehandelt haben.[81]

Von 1933 bis zu seiner Verhaftung 1940 schleuste er Hunderte von Emigranten über die Grenze. Dafür standen ihm hervorragende Voraussetzungen zur Verfügung. Er wohnte in Harrislee, und man kannte ihn als passionierten Angler, der häufig nachts seinem Hobby nachging. Die Teiche von Simondys bei Ellund, direkt an der dänischen Grenze gelegen, hatte er zum Angeln gepachtet. Er kannte dort jeden Pfad und jeden Strauch. In Sichtweite seines Angelgebiets wohnte auf der dänischen Seite sein Freund Aage Lassen, ebenfalls Sozialdemokrat und Lokomotivführer bei der dänischen Staatsbahn. Die Emigranten kamen über Kiel nach Flensburg. Von dem Kieler Genossen Drobe erhielten sie als erste Anlaufstation in Flensburg das Cafe Waldheim in der Hainstraße in Harrislee genannt, ein unverfänglicher Treffpunkt. Amandus Lützen verständigte Wilhelm Schmehl und gab den Emigranten eine Wegbeschreibung, wo sie Schmehl in Simondys treffen konnten. Schmehl brachte die Emigranten dann bis zur Grenze und wies sie zu dem Haus seines Freundes Aage Lassen.[82]

Aage Lassen hatte von den dänischen Sozialdemokraten den Auftrag angenommen, deutschen Emigranten bei der Flucht zu helfen. Von ihm erhielten sie ein Handgeld und eine Fahrkarte nach Kopenhagen.[83]

In der Nacht des 31. Juli 1933 verhalf Wilhelm Schmehl Eline und Wera Nicolaysen auf diesem Weg zur Flucht. Beide hatten erfahren, daß sie am nächsten Tag verhaftet werden sollten. Die Flucht wurde innerhalb weniger Stunden organisiert.[84] Wilhelm Schmehl war sich im klaren darüber, daß seine Aktivitäten der Gestapo nicht verborgen bleiben konnten. Mit seiner Frau vereinbarte er, daß sie seinen Paß, falls die Gestapo ihn nach seinem nächtlichen Schlepperdienst zu Hause erwarten sollte, auf dem Ast eines Birnbaums am Rande des Gartens hängen möge, wenn ihr das möglich sei. Das Haus würde er gar nicht erst betreten, er würde sofort über die Grenze gehen.

1938 führte die Gestapo im Haus Schmehl eine Hausdurchsuchung durch. W. Schmehl wurde für kurze Zeit in Haft genommen. Man konnte ihm jedoch nichts nachweisen.

Mit dem Tag des Überfalls der deutschen Wehrmacht auf Dänemark am 9. April 1940 gab es eine Wende für Wilhelm Schmehl. Am selben Tag nahm die Gestapo Aage Lassen, dessen Ehefrau und beide Kinder in Haft. Beim Verhör folterten sie Aage Lassen. Sie wollten den Namen des deutschen Schleppers erfahren. Er widerstand den Folterungen und blieb bei seiner Angabe, nur einen deutschen Schlepper mit dem Namen Paul zu kennen, das war der Deckname von Wilhelm Schmehl. Am nächsten Tag wurde Aage Lassen von der Gestapo gesagt, daß seine Frau und die Kinder der gleichen Verhörmethode unterzogen würden wie er am Tage zuvor, wenn er den richtigen Namen nicht nennen würde. So nannte er den Namen von Wilhelm Schmehl. Wilhelm Schmehl wurde verhaftet und mit ihm Sophie und Amandus Lützen und der Kieler Genosse Drobe.

Von dem Sondergericht Kiel wurden sie wegen Vorbereitung zum Hochverrat angeklagt. Da ihnen nur vier Fälle der Fluchthilfe nachgewiesen werden konnten, fiel die Strafe verhältnismäßig niedrig aus. Wilhelm Schmehl, z. B. wurde zu 18 Monaten Gefängnis verurteilt.[85]

Zu dem Fluchthelferkreis Lützen/Schmehl gehörten Siegmund Jürgensen, Harrisleer Straße 19,[86] und Hermann Christensen, Teichstraße 24.

Siegmund Jürgensen wurde in den Jahren 1933/34 wiederholt von der Gestapo festgenommen, aber nicht inhaftiert. Man konnte ihm nichts nachweisen.

Mit Ausbruch des Krieges 1939 erfolgte seine Einberufung zur Luftwaffe. 1940 holten ihn seine regimefeindlichen Akti-

Abb. 147: Siegmund Jürgensen, Ende der dreißiger Jahre

vitäten ein. Er wurde des Landes- und Hochverrats angeklagt. Die Anklage stützte sich auf folgende Punkte: Durchschleusung sozialdemokratischer und kommunistischer Emigranten über die grüne Grenze. Einschmugglung illegaler Briefe und Druckschriften, Weiterbeförderung und Verbreitung derselben im Inland. Kurierdienste Deutschland-Dänemark und umgekehrt. Veröffentlichung von Greuelnachrichten in der dänischen sozialdemokratischen Presse (Fyns Socialdemokrat). Illegale Fortsetzung von Partei- und Gewerkschaftsarbeit. Zusammen mit Hermann Christensen, für den ein Teil der Anklagepunkte auch zutraf, wurde er im Marineuntersuchungsgefängnis Kiel-Wik inhaftiert. Da sie Soldaten waren, wurden sie auf Anordnung des Reichskriegsgerichts nach dreimonatiger Untersuchungshaft entlassen. Sie kehrten zu ihren Einheiten zurück. Ihre Verfahren sollten nach Beendigung des Krieges wieder aufgenommen werden.[87]

1945 wurde Siegmund Jürgensen Direktor des Arbeitsamtes Flensburg.

Machenschaften der Gestapo

Die Gestapo hatte viele böse Einfälle, um sich Informationen über Genossen zu verschaffen.

Um Hausdurchsuchungen zu rechtfertigen, warfen sie illegale Flugblätter in Briefkästen. Sobald sie feststellten, daß der Briefkasten geleert war, verlangten sie Zugang zur Wohnung und führten eine Hausdruchsuchung durch.[88]

Um Fluchthelferorganisationen aufzudecken, scheute sich die Gestapo nicht, ihre Agenten auch in Dänemark tätig werden zu lassen. Sonderburg war für sozialdemokratische Emigranten als erster Kontaktort in Dänemark von besonderer Bedeutung, zugleich aber auch für die Gestapo. So erhielt ein Sonderburger dänischer Sozialdemokrat Besuch von einem Herrn, der sagte, er wolle die Flucht für die Witwe von Gregor Strasser[89] nach Dänemark organisieren. Er fragte, wie es gehen könne. Nach einem prüfenden Gespräch stellte der Sonderburger fest, daß er es mit einem Spitzel zu tun hatte, der auf diesem Weg versuchte, Fluchtwege und Namen von Schleppern zu erfahren. Flensburger Sozialdemokraten wären die Opfer gewesen. Das Pech des Spitzels war seine Unkenntnis der Parteisprache.[90]

Hans Nielsen wurde, wie berichtet, als Fluchthelfer Opfer von Gestapomachenschaften.

Als weiteres Opfer ist Friedrich Schlütter zu nennen. Zum Verhängnis wurde ihm seine Hilfe in folgender Angelegenheit: Sozialdemokraten in Sonderburg sammelten Geld für die Angehörigen von Genossen in Flensburg, die im Gefängnis oder im KZ saßen. Die Angehörigen lebten oft in größter finanzieller Not. Friedrich Schlütter paddelte mit seinem Boot die nicht gerade kurze Strecke von Flensburg nach Sonderburg. Dort nahm er die Spendengelder in Empfang. In neutralen Briefumschlägen mit 10 Reichsmark verteilte Friedrich Schlütter das Geld an die bedürftigen Angehörigen. Ein persönlicher Kontakt mit ihnen wurde vermieden. Die Briefumschläge steckte er in deren Briefkästen. 10 Reichsmark entsprachen der durchschnittlichen Höhe eines wöchentlichen Arbeitslosengeldes.

Schlütters Paddelfahrten nach Sonderburg und die Kontakte mit den dortigen Parteigenossen blieben der allgegenwärtigen Gestapo nicht verborgen. Unter einem Vorwand lockte die Gestapo den Sonderburger Spendenverwalter nach Flensburg. Beim Verhör müssen sie ihn erpreßt haben. Durch ihn erfuhren sie von Friedrich Schlütter. Er wurde verhaftet und 1935 zu vier Jahren Arbeitslager verurteilt, die er im Konzentrationslager Esterwegen verbüßte.

Nach seiner Entlassung aus dem KZ überstellte man ihn dem Strafbataillon 999. Friedrich Schlütter hat den Krieg an der Ostfront überlebt.[91]

Geradezu erschütternd liest sich der „Bericht über das Ergebnis einer Fahrt nach Flensburg“ vom 7. Januar 1938, den die Kielerin Paula D. für die Gestapo schrieb. Sie wird Sozialdemokratin gewesen und offensichtlich von der Gestapo gedungen worden sein, Spitzeldienste zu leisten. Gegen sie lief ein Strafverfahren. Unter diesem Vorwand verschaffte sie sich das Vertrauen für ein Treffen mit Lützens und Gregersens im Cafe Waldheim, die sie kannte. In ihrem vier Seiten langen Bericht gibt sie sehr ausführlich viele Einzelheiten über die Aktivitäten der beiden, die deren Fluchthilfe und Kontakte mit Genossen im dänischen Exil betrafen, preis. Aus dem Bericht geht aber auch hervor, daß sie eigentlich darauf ange-

Abb. 148: Flensburger und aus Flensburg stammende Emigranten 1934 in Kopenhagen. Stehend von links: Hans Hansen (Flensburg), Adolf Kröger (Mannheim, Mitte der 20er Jahre SPD-Stadtverordneter in Flensburg), Inger Hansen, spätere Frau von Chr. Gregersen (Kopenhagen), Ella Hansen (Kopenhagen), Anton Peters jun. (Eckernförde), Christoph Gregersen (Flensburg). Sitzend von links: Anton Peters (Landarbeitersekretär in Eckernförde, davor Geschäftführer des Reichsbundes in Flensburg), Frau Hansen (Kopenhagen, die Gastgeberin), Frau Peters (Eckernförde), Herr Hansen (Kopenhagen).

setzt war, Informationen über Richard Hansen einzuholen, der für die Gestapo als Emigrant in Dänemark im Verdacht stand, über die Grenze hinweg die Fäden für die Widerstandsarbeit im Reich in der Hand zu haben. Lützen und Gregersen wurden wohl als wichtige Kontaktleute vermutet. Paula D. muß von der Gestapo unter starken Druck gesetzt worden sein, denn sie biedert sich geradezu an, weitere Informationen über frühere Sozialdemokraten beschaffen zu wollen.[92]

Daß Wilhelm Schmehl und Lützens 1938 in Haft genommen wurden, mag in diesem Zusammenhang vielleicht nicht als zufällig gelten.

Die Liste der Flensburger Emigranten nach den Unterlagen der Gestapo, mit Angabe der Fahndungsgründe[93]

1933 Juli: Christoph Gregersen, geb. 6.12.07, Nordergraben 30, Hausdiener, wegen Personenschmuggel
Hans Hansen, geb. 8.9.11, Harrisleer Straße 43a, Arbeiter, wegen Personenschmuggel
Peter Kruppa, geb. 29.3.03, Schwalbenstraße 24, Schmied
Eline Marie Nicolaysen, geb. 23.9.08, Lindenallee 7, Angestellte, wegen Personenschmuggel
Wera Nicolaysen, geb. 21.11.11., Lindenallee 7, Angestellte, wegen Personenschmuggel

Wilhelm Nicolaysen, geb. 9.5.1880, Lindenallee 7, Techniker
Sommer: Ernst Keil, geb. 31.3.09, Schlosser
Herbst: Gustav Grabein, geb. 23.2.13, Schloßstraße 15, Friseur, wegen Personenschmuggel
1934 Anfang: Max Knutzen, geb. 24.6.99, Neustadt 65, Arbeiter
Ohne Zeitangabe: Peter Beck, 2.1.07, Maurer, wegen Personenschmuggel
Erich Dietrich, geb. 26.6.09, Angestellter, wegen Vorbereitung zum Hochverrat gesucht

Das Attentat auf Hitler und seine Folgen für Flensburger Sozialdemokraten

Nach dem Attentat vom 20. Juli 1944 setzte im Reich eine Verhaftungswelle ein. In Flensburg waren davon die SPD-Mitglieder und ehemaligen Stadtverordneten Lissie Neumann, Dora Saß, Johannes Kiederle und Georg Ruser betroffen.
Nach Angaben von Johannes Kiederle wurden sie nicht ein einziges Mal verhört. Der Grund für ihre Verhaftung wurde ihnen auch nicht mitgeteilt. Sie wurden vom 20. August bis 21. September 1944 im KZ Neuengamme festgehalten.[94]

Flensburg in den Jahresberichten der Sopade

Sopade steht für die SPD. Der SPD-Reichsparteivorstand wählte im Exil diese Kurzform für sich.
Von 1934–1940 gab die Sopade jährlich einen Band „Deutschland - Berichte der Sozialdemokratischen Partei (Sopade)“ heraus.[95] Es waren Berichte über die Stimmung der Volksgenossen, über Begebenheiten, die sich gegen Nationalsozialisten richteten, Verurteilungen von Genossen wegen illegaler politischer Aktivitäten und über die Situation der Wirtschaft, die von einem engmaschigen Netz von Informanten aus dem gesamten Reich an die Herausgeber gegangen sein müssen.
Über Flensburg wurde insgesamt 41mal berichtet.[96]
Wer der Flensburger Informant war, ließ sich nicht ermitteln. Er muß gute Verbindungen zu Mitgliedern des Stahlhelm gehabt haben. In vier Beiträgen berichtet er darüber, daß die Mitglieder des Stahlhelm keine nationalsozialistenfreundliche Haltung eingenommen hätten. „Die Unzufriedenheit beim Stahlhelm ist groß, sie stehen mit der SA wie Hund und Katze.“[97]

Die SPD in den „Flensburger Nachrichten“

Während der Zeit des 3. Reiches konnten sich die Flensburger nur in „Flensburg Avis“ und in den „Flensburger Nachrichten“ über das Tagesgeschehen informieren.[98] Stichproben ergaben, daß die Berichterstattung in beiden Zeitungen über Aktionen von und gegen Regimegegnern vom Inhalt her gleich, aber in der Wortwahl verschieden waren. „Flensborg Avis“ schrieb auch knapper und zurückhaltender. „Das Regime hat ein großes Interesse daran, vor der Öffentlichkeit des In- und Auslandes den Eindruck zu erwecken, als ob die illegale Opposition nur von Kommunisten gebildet wird. ... Nur der Abschaum der Menschheit kämpfe gegen das Regime.“[99] Getreu dieser Vorgabe wird in den „Flensburger Nachrichten“ über die SPD berichtet. Die Überschriften sprechen für sich, wenn es um Kommunisten geht, wie „Aufregende Kommunistenjagd“, „Bekämpfung kommunistischer Zersetzungsarbeit“, „Festnahme von Kommunisten“. Unter dem Titel „Festnahme der Kommunisten“ erfährt der Leser, daß sechs hiesige Kommunisten wegen staatsfeindlicher Betätigung festgenommen wurden. Nur nebenbei wird mitgeteilt, daß zwei weitere Personen, darunter ein prominenter SPD-Führer und früherer Stadtrat, in Schutzhaft genommen wurden.
Der Bericht über die „Gründliche Überholung“ der Gebäude der SPD in der Schloßstraße, des Konsumvereins in der Apenrader Straße, der Volksbuchhandlung in der Großen Straße und von Wohnungen einiger „SPD-Führer“ durch ein größeres Polizeiaufgebot trägt die Überschrift „Säuberungsaktion in Flensburg“.[100]

Vorbereitung auf den Neubeginn

Schon etliche Monate, bevor der NS-Staat zugrunde ging, kamen Genossen zusammen, um sich auf den politischen Neubeginn vorzubereiten. Soweit bekannt, gab es zunächst drei Gruppen, die aber voneinander nichts wußten.
Im Norden Flensburgs trafen sich Ernst Schlütter, Anna und Hans Callesen, Hermann Olson, Nicolaus Reiser und andere Genossen. Sie trafen sich reihum in ihren Wohnungen. Erst nach mehreren Gesprächsrunden erfuhren sie, daß im Schuhgeschäft von Johannes Kloppenburg in der Großen Straße auch Genossen zusammenkamen, um über den Neubeginn zu beraten. Als sie feststellten, daß die Gruppe um Kloppenburg schon weiter vorangekommen war, schlossen sie sich dieser Gruppe an.[101]
Johannes Kloppenburg erzählte seinem Sohn später, daß er für das erste Treffen in seinem Geschäft nicht nur Sozialdemokraten, sondern auch Kommunisten eingeladen habe. Er wollte den Fehler aus der Zeit vor 1933, als SPD und KPD als Arbeiterparteien mehr Kraft darauf verwandten, sich gegenseitig zu bekämpfen als gegen die Nazis zu kämpfen, nicht wiederholen.
Es blieb aber bei diesem ersten gemeinsamen Treffen, weil die Kommunisten zu keinen Kompromissen bereit waren und sich mit ihren Forderungen zu absolut durchsetzen wollten. Die nächsten Treffen fanden ohne Kommunisten statt.[102]
Max Funke, der Sohn des 1941 gestorbenen ehemaligen Parteivorsitzenden gleichen Namens, wird ein Mitglied der Kloppenburg-Gruppe gewesen sein. Sein Sohn Harry Funke erinnert sich daran, daß er von einem bestimmten Zeitpunkt an vor Kriegsende mittwochs zur „Hitler-Jugend“ ging und sein Vater an diesen Abenden auch nicht zu Hause war. In der Familie gab es keine Diskussion darüber, wo sich der Vater an den Mittwochabenden aufhielt. Der Sohn von Julius Gregersen kann sich erinnern, daß sein Vater einmal sagte, wenn alles (die NS-Zeit) vorbei sei, würde er für den Kleingartenbereich zuständig sein. Vorausgesetzt, die Vermutung ist richtig, daß auch Julius Gregersen zu der Kloppenburg-Gruppe gehörte, wäre die Äußerung Gregersens über seinen späteren Einsatz ein Beweis dafür, mit welcher sachbezogenen Gründlichkeit die Vorbereitungen für die Zeit nach Hitler betrieben wurde.[103]
Um Peter Hattesen, einen ehemaligen Sozialdemokraten, scharte sich eine Gruppe von Leuten mit sozialdemokratischer Gesinnung. Obwohl diese Gruppe nur schwache Verbindungen zur dänischen Minderheit hatte, war ihr wichtigstes Thema, darüber zu diskutieren, wie der Anschluß Südschleswigs an Dänemark erfolgen könnte. Sie fühlten sich als Schleswiger, die Verantwortung für die Heimat empfanden. Es gibt ein Photo von der Gruppe, das allerdings erst nach 1945 nachgestellt wurde. Auf diesem Photo können als Sozialdemokraten außer Peter Hattesen Hugo Hellwig, Hans Harloff und der Schleswiger Hermann Clausen ausgemacht werden.[104]
Friedrich (Fritz) Drews und seine Schwägerin Lissie Neumann werden vermutlich zu beiden Gruppen Verbindung gehabt haben. Auf Initiative von Drews kam es im April 1945 erstmals zu einer Zusammenkunft der Gruppen in einer größeren Runde im Geschäft von Johannes Kloppenburg.[105] Sie beschloß, „daß man sich an die Weisungen des Londoner Gewerkschaftssenders halten wolle und daß nicht das Firmenschild der Parteien SPD oder KPD zum Aushang gebracht werden sollte, sondern daß es zweckmäßig sei, alles auf die Gewerkschaften zu konzentrieren“. Zur nächsten Sitzung sollten auch die Kommunisten eingeladen werden, mit denen einige Teilnehmer schon seit einigen Wochen Fühlung hatten. Eine Versammlung aller Gruppen wurde für den 5. Mai 1945 vereinbart. Es trafen sich alle bisher genannten Gruppen, dazu kamen die Vertreter aus Harrisleefeld, Wilhelm Schmehl und Amandus Lützen. Den Gewerkschaftsflügel vertrat Georg Ruser, die Kommunisten Karl Schirdewahn, Peter Lorenzen und Friedrich Lips. Nach einem vorweg abgestimmten Konzept gründeten sie einen „Vorläufigen Ausschuß der Flensburger Arbeiterschaft“. Infolge eines leichten Übergewichts der Sozialdemokraten in diesem Ausschuß wurde Fritz Drews zum Vorsitzenden gewählt.[106]

Anmerkungen

1 Alfons Schlütter, Flensburg, Hans Perplies, Flensburg, Anneliese Sörensen, Harrisleefeld
2 H. Perplies, Flensburg, Hans Nielsen „Streifzüge durch mein Leben", Archiv Dansk Centralbibliotek, P 297, S. 39
3 A. Schlütter
4 A. Schlütter
5 Proletarische Lebensläufe, Bd. 1: Anfänge bis 1914. Herausgeber Wolfgang Emmerich, Reinbek 1974, S. 288
6 Hans Kloppenburg, Flensburg
7 Eline Nicolaysen - siehe Beitrag 1. Mai 1933
8 H. Nielsen (Anm. 2) S. 75
9 A. Schlütter, Margarete Huylmans, Harrislee
10 H. Nielsen (Anm. 2) S. 75
11 H. Kloppenburg
12 Deutschland - Berichte der Sozialdemokratischen Partei (Sopade) 1934 bis 1940 Verlag Petra Nettelbeck, Zweitausendeins. 1935, S. 617
13 Sopade (Anm. 12) 1935, S. 616
14 Das Wort „überholen" wurde in den Berichten der FN immer gebraucht, wenn sie über Hausdurchsuchungen, Räumungen etc. bei Regimegegnern berichteten.
15 H. Perplies
16 8. Mai 1945 - Stunde Null, Herausgeber SPD Landesverband Schleswig-Holstein, Kiel 1986, S. 44
17 H. Kloppenburg
18 Julius Gregersen, „Mein politischer Lebenslauf", Manuskript im Besitz des Sohnes Albert Gregersen
19 Richard Hansen, Kiel, war vor seiner Emigration im Mai 1933 Parteigeschäftsführer der SPD und Gauvorsitzender des Reichsbanners. Vom Exilvorstand der SPD (Sopade) erhielt er den Auftrag, ein „Grenzsekretariat Nord" in Kopenhagen einzurichten, das die Sozialdemokraten im Reich in ihrer Widerstandsarbeit unterstützen sollte.
20 Interview Karl-Werner Schunck, Eckernförde, mit Jan Hansen, Manuskript im Besitz Schunck
21 Nach dem preußischen Polizeiverwaltungsgesetz vom 31.1.31 konnten Personen in polizeiliche Verwahrung genommen werden, wenn das zu ihrem Schutz (bei Geisteskrankheit oder Trunksucht) oder der Beseitigung einer Störung der öffentlichen Sicherheit oder Ordnung erforderlich war.
Die Häftlinge mußten spätestens im Laufe des nächsten Tages entlassen werden. Nach 1933 wurde die Möglichkeit der Inschutzhaftnahme erweitert. Die „Verordnung zum Schutz des deutschen Volkes" vom 4.2.33 gab der Polizei ohne richterlichen Haftbefehl die Befugnis für eine Inhaftierung von längstens drei Monaten. Der Verhaftete konnte eine Dienstaufsichtsbeschwerde einlegen. Das galt aber nur bis zum 28.2.33. Nach der „Verordnung zum Schutz von Volk und Staat" war die Inhaftierung zeitlich unbegrenzt möglich, und den Verhafteten wurden keine Rechtsbehelfe zugestanden. - Angaben nach Zentner, „Das große Lexikon des Dritten Reiches" S. 526
22 Privatarchiv Dr. Gerhard Beier, Wendelinsweg 2, 6242 Kronberg
23 Interview (Tonband) vom 7.12.67, Schütt und Windmann mit Hellwig, Beyreis, Beier, StA
24 A. Schlütter
25 H. Perplies
26 A. Schlütter
27 H. Kloppenburg
28 A. Schlütter
29 A. Sörensen, Harrisleefeld
30 H. Nielsen (Anm. 2), S. 68
31 H. Perplies
32 H. Perplies
33 VB der Stadt Flensburg von 1926–1936, StA
34 VB (Anm. 33) „Diese freien Stellen wurden von fachlich geeigneten Kräften neu besetzt und hierbei alte Kämpfer weitgehendst bevorzugt".
35 StA VIII D, Jürgensen
36 StA, Haberlandt
37 Harry Funke, Flensburg, und H. Perplies
38 A. Sörensen
39 8. Mai 1945 (Anm. 16) S. 44
40 FN vom 18.2.33
41 FVZ vom 27.2.33
42 FN vom 3.3.33
43 FN vom 2.3.33: „SPD Umzug verboten. Am Nachmittag des 1. März ist es in Flensburg im Anschluß an die Überführung der Leiche des am vorigen Sonnabend erschossenen Reichsbannerangehörigen zu Zwischenfällen gekommen. Nach Beendigung des Leichenzuges haben zurückkehrende Zugteilnehmer einem in der Schleswiger Straße wohnhaften Angehörigen der NSDAP die Fenster seiner Wohnung und einem in der Roten Straße wohnenden, der NSDAP angehörenden Geschäftsmann die Ladenscheibe durch Steinwürfe zertrümmert. Bei dem Vorfall in der Schleswiger Straße wurde ferner eine Parteifahne der NSDAP gestohlen und die Fahnenstange . . .
Diese Vorfälle haben dem Polizeipräsidenten Veranlassung gegeben, den für den am nächsten Tag geplanten Umzug der SPD zu

verbieten, um die Wiederholung solcher Störungen der öffentlichen Ordnung durch radaulustige Elemente zu verhindern."

44 Privatarchiv Dr. Gerhard Beier (Anm. 22)

45 FN vom 6.3.33

46 VB der Stadt Flensburg von 1926 bis 1936 StA

47 Franz Osterroth/Dieter Schuster „Chronik der deutschen Sozialdemokratie", Bd. II, Verlag J.H.W. Dietz Berlin 1975, S. 310

48 Franz Osterroth (Anm. 47), S. 310 und 311

49 H. Nielsen (Anm. 2), S. 38

50 FN vom 29.4.33

51 M. Huylmans

52 A. Schlütter

53 Wie in anderen Veröffentlichungen angegeben, waren es nicht Haberlandt, Nicolaysen und Beyreis.
H. war am j2.5.33 in Hamburg (s. Brief an Stauning). N. wurde erst am 5.5.33 in Haft genommen (s. Brief seiner Tochter). B. hielt sich zu der Zeit in Berlin auf, außerdem hatte er keine gewerkschaftliche Funktion in Flensburg.
Für Wilhelm Kähler als DMV-Bevollmächtigten wird es zutreffen, daß er in Schutzhaft genommen wurde. Die Namen der drei anderen Gewerkschaftsführer konnten nicht ermittelt werden.

54 Nationalsozialistische Betriebszellenorganisation

55 Robert Huhle, Sonderburg

56 Osterroth (Anm. 47) S. 318. Die Miniaturausgabe des „Neuen Vorwärts" heißt „Sozialistische Aktion", die aber im März 1938 ihr Erscheinen einstellte, S. 371

57 Heinrich Lienau, Geschäftsmann, Schriftsteller (Heimatromane). Am 14.6.35 vom Hanseatischen Sondergericht in Hamburg zu 2 Jahren Gefängnis verurteilt. Er sollte Vervielfältigungen eines Briefes, in dem ein SA-Mann über seine Mitwirkung beim Reichstagsbrand berichtete, verbreitet haben. L. war das Opfer eines Meineids in diesem Prozeß. Vom 17.10.39 bis Kriegsende war L. Häftling im KZ Sachsenhausen. Er wurde beschuldigt, mit dänischen Staatsangehörigen zusammengearbeitet zu haben, die im Dienst des Secret Service standen. Während der NS-Zeit war L. insgesamt 91 Monate in Haft.

58 Heinrich Lienau, „12 Jahre Nacht", Verlag E.H. Nielsen, Flensburg o.J. S. 15

59 Heinrich Lienau (Anm. 58) S. 14

60 Die Schwestern Nicolaysen haben bei ihren häufigen Fahrten nach Kollund/Dänemark die Mitgliederkartei des Zentralverbandes der Angestellten in Sicherheit gebracht. Nach 1945 erhielt die Deutsche Angestellten Gewerkschaft die Kartei zurück (Hans Ageley, Flensburg).

61 Interview K.-W. Schunck (Anm. 20)

62 Landesarchiv Schleswig-Holstein, Abt. 410, Nr. 290

63 „Weißbuch der deutschen Opposition", herausgegeben in London vom Vorstand der Sozialdemokratischen Partei Deutschlands, als Manuskript vervielfältigt, S. 31

64 Weißbuch (Anm. 63), S. 24 und 27

65 Sopade (Anm. 12) 1935, S. 377

66 Sopade (Anm. 12) 1935, S. 378

67 Klaus Bästlein, „Die Akten des ehemaligen Sondergerichts Kiel als zeitgeschichtliche Quelle", ZSHG Bd. 113 (1988), S. 158

68 Karl-Heinz Lorenzen, Flensburg

69 K.-H. Lorenzen, A. Schlütter

70 Wilhelm Nicolaysen war Vorsitzender der gewerkschaftlichen Dachorganisation AfA (Allgemeiner freier Angestelltenbund) und zugleich Vorsitzender der Unterorganisation Butab (Bund der technischen Angestellten und Beamten).
Die Angaben über seine Emigration machte sein Sohn Wilhelm Nicolaysen, Flensburg.

71 Albert Gregersen, Flensburg

72 Brief im Besitz der Autorin

73 H. Nielsen (Anm. 2), S. 42

74 Sopade (Anm. 12) 1938, S. 774

75 A. Schlütter

76 H. Nielsen (Anm. 2), S. 46

77 Heinig war Reichstagsabgeordneter und der finanzpolitische Sprecher der SPD Reichstagsfraktion

78 A. Sörensen

79 Für Robert Huhle war die Verlagerung der „kurzfristig zu entbehrenden Güter" Musikinstrumente und Schreibmaschinen ein Beweis dafür, daß die Genossen der NS-Regierung keine lange Überlebenschance gaben.

80 W. Nicolaysen

81 A. Gregersen und A. Sörensen (Tochter von Wilhelm Schmehl)

82 A. Sörensen

83 Ralf Deppe, Die sozialdemokratische Emigration in Dänemark, in: „Vergessen und Verdrängt", hrsg. von Kurt Hamer, Karl-Werner Schunck, Rolf Schwarz, Eckernförde 1984, S. 200

84 W. Nicolaysen

85 A. Sörensen

86 Siegmund Jürgensen, Vorsitzender des Zentralverbandes der Angestellten, Vorstandsmitglied der SPD, Mitglied des Reichsbanners, Mitglied des Aktionsausschusses des ADGB und im Betriebsrat des Arbeitsamtes. StA VIII D Jürgensen

87 StA VIII D Jürgensen

88 A. Schlütter

[89] Gregor Strasser, Nationalsozialist, im Verlauf des Röhm-Putsches am 30.6.34 ermordet.
[90] Robert Huhle, Sonderburg
[91] A. Schlütter
[92] Landesarchiv Schleswig-Holstein, Abt. 455, Nr. 21. Johannes Christiansen, So is dat Lewen, Flensburg 1980, S. 77, 82
[93] Landesarchiv Schleswig-Holstein, Abt. 455, Nr. 9: „Emigranten-Liste – Nachweisung über emigrierte Personen, die im Bezirk der Stapo Kiel bekannt geworden sind". Die Angaben über die Emigranten sind verschieden vollständig.
[94] StA VIII D Kiederle
[95] Sopade (Anm. 12)
[96] 1934 = 9x, 1935 = 12x, 1936 = 11x, 1937 = 6x, 1938 = 1x, 1939 = 2x
[97] Sopade (Anm. 12), 1935, S. 787
[98] Zu den Flensburger Zeitungen 1932ff. s. Flensburg in der Zeit des Nationalsozialismus, SFSt 32, Flensburg 1983, S. 72f
[99] Sopade (Anm. 12) 1936, S. 992
[100] FN 17.3.33
[101] A. Schlütter
[102] H. Kloppenburg
[103] A. Gregersen
[104] Franz Wingender, „Modstand i Sydslesvig", Studieafdelingen ved Dansk Centralbiblotek for Sydslesvig", Flensburg 1988, S. 23 u. 24
[105] Detlef Siegfried, „Zwischen Einheitspartei und Bruderkampf", Gesellschaft für Politik und Bildung Schleswig-Holstein, Neuer Malik-Verlag, 1992, S. 264
[106] D. Siegfried (Anm. 105), S. 265

Claus Olsen

Die Flensburger Sozialdemokratie in den Jahren der Spaltung 1946–1954

Nach Krieg und politischer Verfolgung stellte der Neubeginn für die Flensburger SPD eine echte Herausforderung dar. Es waren gewaltige Kraftanstrengungen für den organisatorischen Neuaufbau notwendig, und der Kreisverein mußte für eine angemessene kommunalpolitische Stellung sorgen. Dabei hatte die Partei zunächst mit vielen Schwierigkeiten zu kämpfen. Die meisten Parteimitglieder kamen aus der Parteiarbeit vor 1933. Entsprechend war der Ortsverein überaltert. Außerdem fehlte es an allem. Es gab ja nichts in dieser Zeit, in der man froh sein konnte, Krieg und Diktatur überlebt zu haben. Diese Probleme tauchten auch bei anderen Ortsvereinen in Deutschland auf. Und doch spielte dieser Ortsverein eine Sonderrolle: Die Politik der Flensburger Sozialdemokraten führte in den folgenden Jahren zu internationalen Verwicklungen auf höchster diplomatischer Ebene in London und Kopenhagen, später in Bonn. Sogar die Parteivorsitzenden der deutschen und der dänischen Sozialdemokratie, Erich Ollenhauer und Hans Hedtoft, beschäftigten sich mit der Politik der Flensburger Genossen und trafen sich zu Gesprächen in Flensburg.

1. Neuanfang im Mai 1945

Im Grunde war an nichts anderes als ans Überleben zu denken. Und doch machten sich einige Sozialdemokraten in den ersten Tagen des Mai, als Flensburg „Reichshauptstadt" für wenige Tage wurde, Gedanken über die politische Zukunft der Stadt. Bei dem Schuhmacher Jonny Kloppenburg in seiner Werkstatt in der Großen Straße Nr. 36 kamen die Vertrauensleute der alten SPD zusammen, nach vielen Jahren zum ersten Mal ohne Furcht. Nun war man allerdings eine Altherrenrunde geworden, und viele, die hätten mithelfen können, wie z.B. Haberlandt, Franzen, Funke und Kähler, waren inzwischen verstorben.

Schon die ersten Kontakte brachten Resultate:

Die früheren politischen Organisationen der Arbeiterschaft sollten zunächst nicht wieder entstehen. Statt dessen wollte man die Gewerkschaftsarbeit aufnehmen, um in gemeinsamer Arbeit die Einheitspartei zu verwirklichen.[1] Denn nun, so glaubten die Sozialdemokraten, dürften sich die Fehler der Weimarer Zeit nicht wiederholen, als die Arbeiterklasse uneins gewesen war und der Kampf untereinander den Nationalsozialisten direkt in die Hände gespielt hatte. Sie wollten die Einheitspartei.[2]

Die Versammlung wurde außerdem einig, daß man zur dänischen Minderheit Kontakt aufnehmen müsse, weil die Minderheit, so glaubte man, bald eine große Bedeutung haben würde. Die Genossen Georg Ruser und Friedrich Drews wurden dazu bestimmt, mit einem der wichtigsten Repräsentanten der Minderheit, dem Rechtsanwalt Ravn, ins Gespräch zu kommen.[3] Weiter sprach man über die baldige Entfernung der von den Nationalsozialisten eingesetzten Beamten und die Rückgewinnung des Gewerkschaftshauses. Schon erste Ausschüsse wurden gebildet[4] und zu den folgenden Treffen die Kommunisten eingeladen.[5] Die Genossen Heinrich Hansen und Jonny Kloppenburg, die beide schon recht betagt waren, meldeten sich. Sie wollten die Freie Turnerschaft wieder ins Leben rufen und hofften auf breite Unterstützung.[6]

Abb. 149: Flüchtlinge und Vertriebene steigen im Winter 1945/46 in Flensburg aus dem unbeheizten Zug. Ihnen ist nichts geblieben außer einem Bündel auf dem Rücken. Flensburg wurde durch den Zustrom zeitweilig zur Großstadt mit über 100 000 Einwohnern.

Der Gewerkschaftsausschuß wurde sogar bald darauf handfest tätig. Sozialdemokraten und Kommunisten nahmen das Gewerkschaftshaus in der Schloßstraße wieder in Besitz und setzten die Beamten der Deutschen Arbeitsfront auf die Straße. Die hatten sich schon clever versorgt und sich die Löhne im voraus selbst ausgezahlt.[7]

Der nördliche Teil der Provinz Schleswig-Holstein wurde nicht sofort befreit.[8] Noch holperte durch die Straßen Südschleswigs der traurige Rest der großdeutschen Wehrmacht, und die Gestapo herrschte in der Stadt. Flensburg glich in diesen Tagen einem Tollhaus. Während Großadmiral Dönitz noch Durchhalteparolen im „Reichssender Flensburg" verkünden ließ, machten bereits wildeste Gerüchte die Runde: Angeblich sollte ein Kanalstaat als internationalisierte Zone entstehen und der nördliche Teil der Provinz von Dänemark verwaltet werden.

Gleichzeitig kamen erste Geheimdienstleute des britischen Intelligence Service. Sie fanden bei dem Sozialdemokraten Georg Beckmann und bei Mitgliedern der dänischen Minderheit Unterschlupf.[9] So erzählt Franz Wingender, eine Dame des britischen Geheimdienstes habe am 4. Mai im Redaktionsgebäude von Flensborg Avis Einlaß begehrt, während man sich gerade heimlich getroffen habe. Als wenig später zwei Gestapo-Leute an der Tür klingelten, um die Versammelten zu verhaften, zeigte sie sich in ihrer Uniform an der Tür und sagte lächelnd: „Sie kommen zu spät, meine Herren!"[10]

Während dessen harrten die Repräsentanten der Diktatur in der Stadt, die Herren Dr. Dr. Kracht als Oberbürgermeister und Mackprang als Bürgermeister, noch aus. Doch eine halbe Woche nach der bedingungslosen Kapitulation war es soweit: Dr. Dr. Kracht saß an seinem Schreibtisch im Rathaus, als ihm der britische Gouverneur durch einen Dolmetscher gemeldet wurde. „Er lasse bitten!" meinte Dr. Dr. Kracht kühl. „Nein, nicht hier, auf dem Flur!" entgegnete der Dolmetscher. Und als sich der letzte nationalsozialistische Oberbürgermeister herausbequemte, drängte sich der Gouverneur an ihm vorbei und nahm hinter dem Bürgermeisterschreibtisch Platz. So übernahm er als Befehlshaber der Militärregierung die Stadtverwaltung und ließ die beiden Bürgermeister später verhaften.[11]

Es war gar nicht leicht für den Gouverneur, in Windeseile geeignete und vor allem unbelastete Kommunalpolitiker zu finden. Deshalb gab es eine Instruktion, daß möglichst Mitglieder der dänischen Minderheit bei der Besetzung von Ämtern zu berücksichtigen seien.[12] Außerdem wollte man auf eine ausgewogene Repräsentanz der gesellschaftlichen Gruppen achten. Das gelang in Flensburg, denn schon am nächsten Tag konnten die Flensburger im Aushang lesen, daß die britische Militärregierung eine demokratische Führung in der Stadt eingesetzt hatte. Oberbürgermeister wurde der Kaufmann I. C. Möller als Vertreter der dänischen Minderheit. Ihm zur Seite standen als Bürgermeister für die Sozialdemokraten Friedrich Drews und der Fabrikant C. C. Christiansen als Repräsentant bürgerlicher Bevölkerungskreise. Auch ein provisorischer Stadtrat nahm seine Tätigkeit auf. Ihm gehörte unter anderem die Sozialdemokraten Hugo Hellwig und Dr. Lothar Sennewald an.

2. Das Ende der Zusammenarbeit mit den Kommunisten und die Gründung des Sozialdemokratischen Wählervereins

Die Zusammenarbeit mit den Kommunisten wurde im Laufe des Sommers immer problematischer. Zum einen sorgte die Bevorzugung der KPD in der sowjetisch besetzten Zone für Mißhelligkeiten, zum anderen übernahmen Funktionäre der KPD Verwaltungsstellen, unter anderem mit Hilfe des sowjetischen Verbindungsoffiziers. Außerdem war man sich in der Frage uneins, ob die Grenze zu Dänemark nach Süden verschoben werden sollte. Die KPD'ler waren für die bisherige Grenze, hofften sie doch auf eine Machtübernahme in ganz Deutschland,[13] während die Mehrheit der Sozialdemokraten für eine Änderung eintrat.

Nachdem die Zusammenarbeit mit den Kommunisten perspektivlos geworden war und sich die Flensburger Sozialdemokraten nicht mehr für den Aufbau einer Einheitspartei interessierten, organisierten sie den Aufbau der eigenen Partei. Schon im August 1945 konstituierte sich der *Sozialdemokratische Wählerverein.* Friedrich Drews wurde erster Vorsitzender, der Geschäftsführer Georg Beckmann sein Stellvertreter und Hugo Hellwig Schriftführer. Der Vorstand entwarf ein kurzes Programm und legte es den Militärbehörden zur Genehmigung vor. Es umfaßte nur wenige Zeilen: „Der sozialdemokratische Ortsverein Flensburg erstrebt die Zusammenfassung der auf dem Boden der Demokratie stehenden Sozialisten Flensburgs."[14]

Abb. 150: Fritz Drews (1898 in Plate/Mecklenburg) Schneider. 20–33 Gewerbelehrer; 33–45 Mitarbeit in der Fabrik seines Schwiegervaters in Flensburg. 45 Vorsitzender des sozialdemokratischen Wählervereins in Flensburg. 46–50 Oberstadtdirektor, 50–55 Oberbürgermeister in Flensburg*

Doch die Militärregierung war noch nicht bereit, Parteien auf lokaler Ebene zu erlauben.[15] Das Genehmigungsgesuch blieb deshalb liegen, und später hieß es, eine Parteigründung könne nicht erlaubt werden, wohl aber seien vorbereitende Arbeiten möglich.

Die Sozialdemokraten bemühten sich weiter um eine Genehmigung ihres Vereins und reichten erneut einen Antrag ein. Diesmal mit der Protokollniederschrift über eine Gründungsversammlung der „Sozialdemokratischen Partei in Flensburg" vom 12. September 1945. Der Vorstand hatte inzwischen allerdings wegen interner Streitereien über die

Abb. 151: Verzweiflung, Hunger und Kälte bestimmten das Leben im sehr harten Winter 1946/47. In ihrer Verzweiflung holzten die Menschen die Wälder in der Umgebung ab, um an etwas Brennmaterial zu kommen. Hier hat ein alter Flensburger noch etwas Knüppelholz im zerstörten Wald nördlich der Stadt gefunden.

Grenzfrage gewechselt. Darüber wird noch zu berichten sein. Nun wurde der Werftarbeiter Nicolaus Reiser[16] erster und Eduard Clasen zweiter Vorsitzender.[17]
Die Militärregierung ließ wieder längere Zeit verstreichen, ehe sie am 3. Dezember 1945 den Vorstand zum Gespräch über die beabsichtigte Parteizulassung einlud.[18]
Am Ende des Jahres teilte die Militärregierung den Genossen mit, daß die Partei so arbeiten könne, als ob sie zugelassen wäre. Am 4. Januar erhielt der Vorstand dann die lange ersehnte offizielle Zulassung.[19] Zur offiziellen Zulassungsfeier im Deutschen Haus kamen zwei Tage später 1600 Menschen.[20] Es sprach Kiels damaliger Oberbürgermeister Tschadek, ein Österreicher, den es nach Schleswig-Holstein verschlagen hatte.[21]
Die erste offizielle Parteiversammlung fand dann am 5. April 1946 statt. Der Vorstand wurde durch Akklamation bestätigt.

Abb. 152: Nico Reiser (1885 Sudetenland) Glasbläser. Seit 1903 Eisenhobler auf der Flensburger Werft. Vorsitzender des Kulturkartells bis 1933. 1. Vorsitzender des Metallarbeiterverbandes. 45–54 Vorsitzender der SPF, 55–59 Ratsherr für die SPD; Ehrenvorsitzender der SPD.*

Abb. 153: Anklänge an die nationale Auseinandersetzung in der Abstimmungszeit 1920: Damals veröffentlichte die dänische Seite ein Plakat von Thor Døgelund, dem deutsche Gegenplakate folgten: „Mutter, denke an mich – stimme dänisch!" Nun zur Kommunalwahl 1946 tauchte eine Weiterentwicklung auf, die auch die Sichtweise vieler Sozialdemokraten verdeutlichte. Man war von der politischen Entwicklung, die Deutschland nach 1920 genommen hatte, zutiefst enttäuscht und wünschte eine erneute Volksabstimmung.

Ihm gehörten an:
1. Vorsitzender Nicolaus Reiser
2. Vorsitzender Eduard Clasen
1. Kassierer Heinrich Hansen jun.
2. Kassierer Juliane Decker
1. Schriftführer Hugo Hellwig
2. Schriftführer Hans Harloff
Beisitzer: Heinrich Hansen, Kloppenburg, Heldt, Olson, Lissie Neumann, Dr. Karl
Revisoren: Beier sen., Schlütter jun., Ladewig.[22]

3. Die Grenzfrage

Fast alle führenden Sozialdemokraten in Flensburg, vor allem der Vorstand des *Sozialdemokratischen Wählervereins*, waren in der Zeit nach der Befreiung für eine Grenzrevision. Das mag aus der heutigen Sicht befremden. Doch sollte man bedenken, daß viele die Volksabstimmung über die Grenzziehung 1920 bewußt miterlebt und zum Teil politisch gestaltet hatten.
Auf sozialdemokratischer Seite waren es vor allem Hugo

Hellwig, Peter Hattesen und Friedrich Drews, die auf eine Grenzverschiebung nach Süden hinarbeiteten. Hugo Hellwig war überzeugt, daß die Masse der Flensburger Genossen 1920 nur aus Parteidisziplin deutsch gestimmt hatte. In der Folgezeit sei die Enttäuschung über den deutschen Weg riesengroß gewesen. Besonders mit dem Aufkommen der Nationalsozialisten hätte die Basis schwere Vorwürfe gegen die Parteiführung erhoben. Nach dem erneuten Weltkrieg, den wiederum deutscher Größenwahn angerichtet habe, zögen die alten Parolen nicht mehr. Nun sei die Arbeiterschaft dänisch gesinnt. Noch einmal vor die Entscheidung gestellt, würde man den Fehler von 1920 wiedergutmachen. Nun sei jedenfalls jeglicher Glaube an eine positive Zukunft Deutschlands verloren.[23]

Neben der Entfernung von Faschisten aus allen Ämtern hatten Hattesen, Drews und Hellwig bald vier Forderungen, die sie mit der dänischen Minderheit verbanden: 1) Schleswig müsse von Holstein geteilt werden – in jedem Fall in zwei Regierungsdistrikte, 2) der Oberpräsident von Schleswig dürfe nur ein geborener Schleswiger sein, 3) die Verwaltung soll in die Hände von schleswigschen Beamten, 4) Befreiung von den ostpreußischen Flüchtlingen.[24] Mit diesen separatistischen Vorstellungen wurden sie die Protagonisten einer prodänischen Heimatbewegung.

Über die Ursachen dieser Bewegung, die schon bald die Mehrzahl der Flensburger ergriff, ist viel spekuliert worden. An sich gab es keinen Grund, an der Endgültigkeit der Grenzziehung von 1920 zu zweifeln. Zwar hatte die dänische Minderheit in der Zwischenkriegszeit nie die Hoffnung auf eine Revision der Volksabstimmung von 1920 aufgegeben, doch war sie seit 1923 stetig geschrumpft und gegen Ende des Zweiten Weltkrieges auf weniger als 1600 Personen[25] zurückgegangen. Eine Wiederholung der Volksabstimmung war zudem auf internationalen Konferenzen nie ernsthaft erörtert worden und die dänische Exilregierung hatte sich schon frühzeitig auf die Beibehaltung der Grenzen festgelegt.[26]

Trotzdem wandten sich viele der Minderheit zu. Der Boom bei den Eintrittszahlen veranlaßte die englische Militärregierung zu Gegenmaßnahmen. Sie wollte nur diejenigen als Mitglieder anerkennen, die vor dem 1. Januar 1946 beigetreten

Abb. 154: Die Wohnverhältnisse waren unbefriedigend. Es kam deshalb häufiger zu Spannungen zwischen Einheimischen und Flüchtlingen.
Blick in die Küche von Herrn Schmidt (rechts stehend), der in einer kleinen Altenteilerwohnung lebte. Er mußte seine Zimmer mit fünf Erwachsenen und vier Kindern teilen, die als Flüchtlinge zwangsweise eingewiesen wurden.

waren. Sie bremste die Tendenz trotzdem nicht; im August 1947 bekannten sich rund 78000 Menschen in Südschleswig zur Minderheit.[27] Wegen dieses explosiven Wachstums machte auf deutscher Seite schon bald das häßliche Wort von den *Speckdänen* die Runde, eine Verunglimpfung aus dem vorangegangenen Grenzkampf von 1920. Man konnte hämisch auf die offenen Lastwagen der *Südschleswig-Hilfe* weisen, die in Flensburg Köstlichkeiten des täglichen Bedarfs wie z.B. Brot, *Speck*, Zucker, Haferflocken und Eier umluden.[28] Die Lebensmittel wurden nämlich an Mitglieder der Minderheit verteilt. Das war zweifellos eine große Versuchung für Hungernde, sich zur dänischen Minderheit zu bekennen, um ebenfalls in den Genuß der Lieferungen zu kommen. „Eßt dänischen Speck – aber wählt deutsch!" lauteten Wandschmierereien in Flensburg. Die Menschen hielten sich nur

Abb. 155: Die Südschleswig-Hilfe fuhr die Lebensmittel im offenen Lastwagen durch die Straßen der Stadt. Hier werden gerade am Hauptquartier in der Großen Straße Waren ausgeliefert. Die deutsche Seite fühlte sich dadurch provoziert.

nicht daran: Bei der ersten Kommunalwahl gab es zwei nationale Wahlblöcke. Zusammen errangen die deutschen Parteien von CDU bis KPD nur 44 074 Stimmen, demgegenüber zählte man 89 257 Stimmen für die dänisch orientierten Parteien.[29]

Die These vom Speckdänentum wird gelegentlich auch heute noch vertreten.[30] Sie greift aber zu kurz. Vielleicht erscheint der Separatismus der unmittelbaren Nachkriegszeit heute sogar weniger kurios als noch vor wenigen Jahren. Vor dem Hintergrund einer ausufernden Europabürokratie steigt das Unbehagen vor anonymen Staatengebilden, und viele besinnen sich wieder auf regionale Bezüge.

Die Vorstellungen Hellwigs über eine Grenzänderung fanden breite Zustimmung auch bei den Flensburger Sozialdemokraten. Seine Resolution, die den Anschluß an Dänemark forderte, unterzeichneten am 8. Juni 1945 immerhin 34 Sozialdemokraten, fast alle Vertrauensleute aus der Zeit vor 1933 unterschrieben, ebenso Paul Dölz als Parteisekretär.[31]

Dieses Papier wurde den dänischen Sozialdemokraten zugeschickt,[32] die die Sache aber zu den Akten legten.[33] Sie hatten sich schon für die Beibehaltung der Grenze entschieden. Der sozialdemokratische Ministerpräsident der Befreiungsregierung Vilhelm Buhl sagte schon in seiner ersten Regierungserklärung am 9. Mai 1945 vor dem Folketing: „Die Regierung, die auf dem Boden des nationalen Selbstbestimmungsrechts steht, ist der Auffassung, daß die Grenze Dänemarks festliegt!“[34] Das war eine klare Absage an eine Abenteuerpolitik, die die Lage Nachkriegsdeutschlands ausnutzen wollte.[35]

Die Situation der Grenzrevisionisten war also keineswegs einfach, zumal schon bald Genossen aus dem Süden auf ihre Grenzpolitik aufmerksam wurden. Zunächst war es vor allem der alte Freund und Weggefährte Hugo Hellwigs, Dr. Rudolf Schenck, der den Flensburgern Ungemach bereitete. Der gebürtige Flensburger war schon in der Abstimmungszeit 1919/20 auf der deutschen Seite gewesen und hatte seine Ansichten nicht geändert. Nun erfuhr er davon, daß die Flensburger den Anschluß an den Norden vorbereiteten. Er war entsetzt und reiste zusammen mit Erich Arp[36] noch im Au-

Abb. 156: „Eßt dänischen Speck, wählt deutsch“ war an einige Wände gepinselt worden als subtile Variante der „Speckdänen“-Propaganda.

gust 1945 nach Flensburg, um sich selbst ein Bild zu verschaffen. Außerdem wollte er sich von den Genossen in Flensburg eine Vollmacht ausstellen lassen, daß er den Flensburger Verein beim Bezirksvorstand vertreten konnte.[37]
Am gleichen Tag traf auch der dänische Außenminister Christmas Møller in Flensburg ein. Wie sehr die Flensburger Sozialdemokraten zwischen allen Stühlen saßen, verdeutlicht die dann folgende Situation: Als der Außenminister zu Gast bei der dänischen Minderheit war,[38] empfing er nach einem Frühstück beim britischen Brigadier General Churcher nachmittags auch die Sozialdemokraten Drews, Hellwig und Hattesen, die ihm ihre politischen Vorstellungen vortrugen. Der Außenminister zeigte sich tief beeindruckt, blieb aber innerlich äußerst skeptisch.[39] Als die drei im Anschluß an das Gespräch mit Christmas Møller noch mit dem Oberbürgermeister I. C. Möller zusammenstanden, meinte dieser: „Die ganze Frage wird natürlich nur von den Einheimischen entschieden. Zugezogene haben kein Mitspracherecht." Der aus Mecklenburg zugezogene Drews widersprach heftig und forderte auch für sich ein Mitbestimmungsrecht. Darauf meinte I. C. Möller: „Nein, Herr Drews, auch Sie nicht!"[40]
Nach diesem Gespräch trafen Friedrich Drews und Hugo Hellwig mit Dr. Richard Schenck und Erich Arp zusammen. Sie unterschrieben eine Vollmacht, daß Richard Schenck im Auftrag der Flensburger Partei für die *deutsche* Sozialdemokratische Partei auftreten dürfe.[41]
Später, nachdem Dr. Schenck in Kiel über seine Erlebnisse in Flensburg berichtet hatte, verurteilte der Bezirksvorstand „die separatistischen Umtriebe" in Schleswig und beklagte ganz besonders, daß „diese *volksverräterischen und parteischädigenden* Bestrebungen auch in sozialdemokratische Kreise Eingang gefunden haben."[42]
Als Beauftragter des Bezirksvorstandes reiste Richard Schenck noch einmal nach Flensburg[43] und forderte den Wählerverein ultimativ auf, sich von der bisherigen Grenzpolitik zu distanzieren, andernfalls werde der Bezirksvorstand einen neuen Ortsverein der SPD gründen, der sich auf den „aktiven Einsatz gegen alle separatistischen Bestrebungen"[44] festlegen werde. Wer das nicht mitmachen könne, weil er entweder an Deutschland nicht mehr glaube oder einen individuellen Ausweg aus der Krise suche, müsse abfallen: „Eine Spaltung der Partei in Flensburg wollen wir, wenn irgend möglich, vermeiden; wenn es nicht anders sein kann, nehmen wir sie in Kauf."[45]
Als sein Auftreten nicht den erhofften Erfolg zeigte, traf er tatsächlich Vorbereitungen für die Gründung eines neuen SPD-Ortsvereins. Er ließ eine Vollmacht des Bezirksvorstandes ins Englische übersetzen und entwarf ein Schreiben an die örtliche Militärregierung, in dem er mitteilte, daß der neu zu gründende SPD-Ortsverein nichts mit dem Sozialdemokratischen Wählerverein zu tun habe.[46] Doch die Militärregierung wies ihn ab.
Das Treiben Schencks blieb innerparteilich nicht ohne Wirkung. Es kostete Friedrich Drews den Vereinsvorsitz. Ihm wurde vorgehalten, er sei ein Opportunist.[47] Er spreche am gleichen Tag mit dem Vertreter des Kieler Bezirksvorstandes über die Aufnahme in die deutsche Sozialdemokratie und mit dem dänischen Außenminister über den Anschluß an das Königreich.[48]
Der neue Vorsitzende Reiser und sein Stellvertreter Clasen verhinderten zunächst die Spaltung der Partei, indem sie versprachen, keine neue Initiative in der Grenzfrage zu starten.[49] Damit gab sich Dr. Schenck nicht zufrieden. Er forderte den Ausschluß von *belasteten* Genossen. Über den Streit im Norden hielt er Kurt Schumacher auf dem laufenden, der sich kräftig über die Nordlichter ärgerte. Öffentlich konnte er allerdings nichts sagen, denn das wünschte die Militärregierung nicht, und der mußte man sich fügen.[50] Als er am 8. März 1946 in Flensburg zu Besuch war, hielt er sich zurück und erwähnte die Sache mit keinem Wort, sondern sprach unter großem Beifall im Deutschen Haus zu allgemeinen Themen.[51]
Hinter den Kulissen aber gärte es. Besonders Richard Schenck war mit der bisherigen Entwicklung nicht zufrieden. Er griff seine alte Idee der Parteispaltung wieder auf und riet Kurt Schumacher im April 1946:
„Ich glaube, daß wir, abgesehen von Flensburg-Stadt, von harten Eingriffen in die örtlichen Parteiorganisationen absehen können. Die Dinge in Flensburg sind allerdings so schlimm, das wir mit dem Ausschluß von Einzelpersonen jetzt wahrscheinlich nicht mehr weiterkommen, sondern den gesamten Ortsverein ausschließen müssen, um danach die

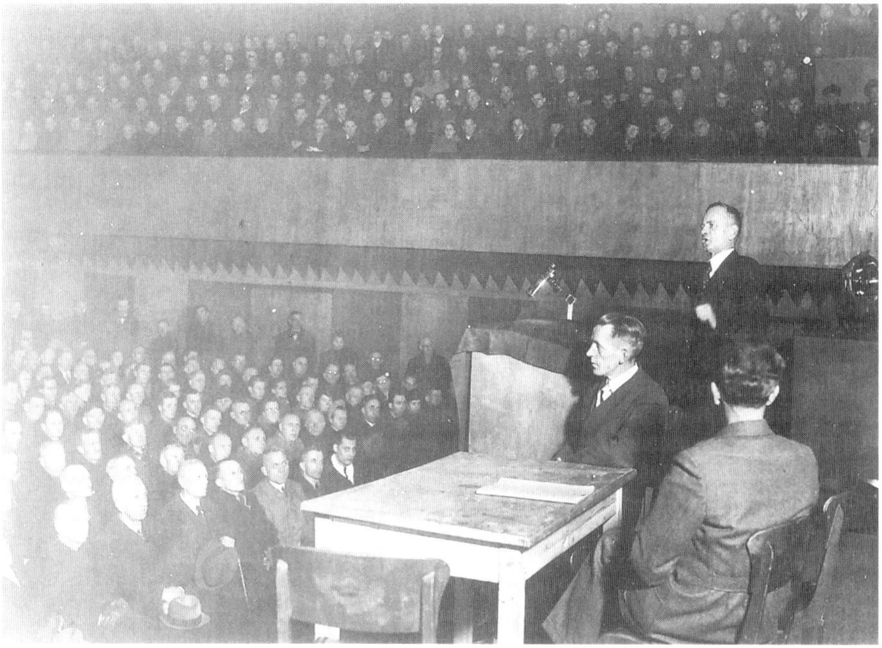

Abb. 157: Öffentliche Kundgebung der Sozialdemokraten im Deutschen Haus in Flensburg am 8. März 1946 mit Dr. Kurt Schumacher, Hannover. Versammlungsleiter waren Eduard Clasen und Nicolaus Reiser.

deutsch gesinnten Sozialdemokraten neu zu sammeln. Der Verlust ist nicht sehr groß. Der Ortsverein hat nicht mehr als 750–800 Mitglieder, wahrscheinlich größtenteils Speckdänen."[52]

In dieser Zeit muß Kurt Schumacher den Plan gefaßt haben, den Flensburger Ortsverein aus der Partei auszuschließen. Zunächst bemühte er sich bei der Militärregierung auf höchster Ebene um Rückendeckung. Er hatte Mitte Juni ein Gespräch mit dem Leiter der britischen politischen Abteilung bei der Kontrollkommission, dem er seine Sichtweise der Angelegenheit vortrug, daß die Vertreter der prodänischen Bewegung überwiegend Nazis seien.[53]

Schumacher ließ sich weiter durch Richard Schenck über die Entwicklung in Flensburg auf dem laufenden halten und erhielt neben Informationen auch die Bewertung der Angelegenheit mitgeliefert. So berichtete Schenck z. B. an Schumacher, der Ortsverband debattiere über ein Wahlbündnis mit der dänischen Minderheit für die Kommunalwahl im Oktober. Richard Schenck empfahl,[54] nun müsse von deutscher Seite mit dem Wahlkampf begonnen werden. Schumacher selbst rechnete dann am 1. Juni 1946 in Kiel in einer programmatischen Rede erstmals mit den Flensburger Genossen ab: „Ich respektiere jeden Dänen in dieser Provinz, genau wie jeden Deutschen, aber wir Sozialdemokraten können nicht respektieren die Speckdänen deutschen Geblüts."[55]

Es scheint, daß die Kieler Militärregierung in diesen Monaten gegen eine härtere Gangart von deutscher Seite nichts einzuwenden hatte. Sonst ist nicht zu verstehen, warum Schumacher ohne Probleme öffentlich von *Speckdänen* reden konnte, wenn er die dänische Bewegung meinte.

Nun spitzte sich die Lage immer mehr zu. Am 19. Juni 1946 fand eine Delegiertenkonferenz zur Grenzfrage in Flensburg statt, zu der alle Kreisvorsitzenden und der Bezirksvorstand erschienen. Wilhelm Kuklinski als Vorsitzender des Bezirksvorstandes legte eine Resolution vor. Darin stellte er fest, daß die Sozialdemokratie die Grenze von 1920 anerkenne. Südschleswig sei ein deutsches Land, deshalb weise die Partei die von der dänischen Minderheit erhobenen irredentistischen Forderungen ebenso wie die von „deutsch-separatistischen Überläufern" betriebene Agitation für eine Trennung Schleswigs von Holstein zurück.[56] Diese Leute wollten sich den Lasten des Krieges entziehen. Viele seien zudem Flüchtlinge, die kein Wort dänisch verstünden und Dänemark nie gesehen hätten. Nach längerer Diskussion wurde der Resolutionsvorschlag Kuklinskis gegen die Stimmen der dänisch-orientierten Teilnehmer angenommen. Die Flensburger empfanden diese Resolution als „Kriegserklärung", und so war sie auch gemeint, zumal der Bezirksvorstand für eine Veröffentlichung sorgte.

Auf einer außerordentlichen Mitgliederversammlung, zu der auch Kuklinski und Andreas Gayk eingeladen worden waren, wurde eine Gegenresolution Hellwigs diskutiert, in der es hieß, die Kieler hätten die nationale Frage zur Parteisache erklärt, während der Flensburger Vorstand den Aufbau des Sozialismus in den Vordergrund gestellt habe. Die Versammlung diskutierte mit den Gästen so heftig, daß man sich wegen der Sperrstunde sogar vertagen mußte. In der dann einige Tage später stattfindenden außerordentlichen Sitzung gab Nicolaus Reiser noch einmal eine einleitende kritische Würdigung des Streits aus Flensburger Sicht. Er unterstrich, daß sich die Flensburger Partei die nationale Entscheidung nicht von Kiel vorschreiben lasse. Nach längerer Diskussion, an der sich auch Andreas Gayk beteiligte, der wieder aus Kiel herbeigeeilt war, ließ man abstimmen. Für Hellwigs Resolution stimmten 386 Mitglieder, dagegen 96, und fünf enthielten sich der Stimme.[57] Anschließend wurde die Resolution der Presse übergeben. Nach der Versammlung nahm Andreas Gayk Nicolaus Reiser beiseite: Er hatte ein besonderes Anliegen. Reiser möge doch mit einigen Genossen am kommenden Sonntag nach Husum kommen, dort wolle Kurt Schumacher eine Rede halten, und der Bezirksvorstand könnte noch einmal mit den Flensburger Genossen über die Grenzfrage sprechen.[58]

4. Der Streit mit Kurt Schumacher

Bei bestem Wetter fuhren Reiser, Beyreis, Hellwig und Olson[59] am 7. Juli 1946, einem Sonntag, in einem klapperigen Wagen nach Husum zur Großveranstaltung. Sie besuchten zunächst ihren Parteifreund Georg Beckmann, der direkt neben dem Versammlungsort, der „Freiheit", wohnte. Beckmann war gerade von Flensburg nach Husum gezogen und dort Stadtdirektor geworden. Die Flensburger Gäste beobachteten von seiner Wohnung aus den Ablauf der Versammlung. Sie sahen, wie mehrere tausend Besucher auf den Platz strömten. Der Nordwestdeutsche Rundfunk hatte extra einen Übertragungswagen geschickt, und die Zuhörer waren aus der ganzen Provinz zusammengekommen; zum Teil gab es Freifahrten mit Omnibussen und Zügen.[60]

Kurt Schumacher war mit seiner Sekretärin Annemarie Renger angereist. Sie blieben dann nach der Versammlung bei gastfreien Husumer Genossen. Dr. Schenck war übrigens nicht erschienen, er saß zu Hause an seinem Rundfunkempfänger.[61] Ein Bauanhänger der Firma Paul I. Peters diente als improvisierte Rednerbühne. Doch was die Flensburger Delegation durch das offene Fenster zu hören bekam, war wenig erbaulich. Sie fühlte sich an „den Stil des Führers" erinnert.[62] Schumacher sprach von „Dummköpfen" und bezeichnete die Flensburger Genossen als Speckdänen deutschen Geblüts, während ihm die Menge applaudierte.

Die Politik der dänisch gesinnten Genossen nannte er die „erste schwere Beschimpfung, die unsere Partei in der nationalen Frage aus unseren Reihen erlitten hat." Und dann rief er in die Menge: „Mit Zustimmung und im Einverständnis mit dem Bezirksvorstand der Sozialdemokratischen Partei Schleswig-Holsteins erkläre ich als Erster Vorsitzender der Sozialdemokratischen Partei Deutschlands: Der sozialdemokratische Verein Flensburgs ist hiermit aufgelöst und wird neugegründet."[63]

Nach der Rede trafen die verdatterten Besucher aus der Fördestadt im Husumer Schloß auf Wilhelm Kuklinski, den Be-

zirksvorsitzenden. Er fragte sie, was sie nun tun wollten. Trotzig lautete die Antwort: „Wir bleiben zusammen!" Kuklinski meinte noch, die Auflösung werde von den Engländern kommen, und gab den guten Rat, man möge doch aufpassen, daß ihr Parteivermögen nicht in die Hände der KPD komme.[64a]
Nach seiner Rede meinte Kurt Schumacher noch, es werde schnellstens ein neuer Kreisverein der SPD in Flensburg gegründet, in dem kein Konjunkturpolitiker Mitglied werden könne.[64b] Er hatte gesagt, daß der Flensburger Verein aufgelöst werde, und so steht es auch im gedruckten Redemanuskript. Korrekt hätte es heißen müssen, er schließe den Verein aus. Es gab aber keinen entsprechenden Parteitagsbeschluß. Auflösen durfte er ihn ohnehin nicht, das konnte nur die Besatzungsmacht. Die Briten dachten aber nicht daran, den ausgeschlossenen sozialdemokratischen Verein aufzulösen. Sie verboten nur eine Ausdehnung der Partei über die Stadtgrenzen hinaus.
Von nun ab gab es die Sozialdemokratische Partei in Flensburg zweimal. Vom Kieler Bezirksvorstand wurde der Sekretär Riethmüller nach Flensburg geschickt, um die wenigen deutschgesinnten Genossen zu sammeln. Als erstes ging er zu Reiser und vertraute ihm an, er wisse gar nicht so genau, was er solle.[65]
Der Rest des Ortsvereins, genau 36 Personen, mußte nun die SPD in Flensburg vertreten.[66] Vorsitzender wurde Dr. Karl, ein Arzt des Duburg-Krankenhauses. Er erörterte alles mit starkem Temperament und nutzte fleißig das Telefon als heißen Draht zum Bezirksvorstand in Kiel, um sich Rat zu holen.[67]

5. Innere Entwicklung der SPF

Die Genossen hatten ein reges Parteileben. Es wurde viel organisiert und gefeiert bei Kulturabenden, Parteifesten und Kindernachmittagen. Extra für die SPF gab es Theatervorstellungen, die rege besucht wurden. So war zum Beispiel die Nachfrage nach Zuckmeyers „Des Teufels General" so groß, daß das Stück dreimal wiederholt werden mußte.[68] Nach 1949 bot der Vorstand seinen Mitgliedern außerdem Kulturabende an. Für den ersten Vortrag über „Der Dreißigjährige Krieg und seine Folgen für Flensburg" wurde der Stadtarchivar Dr. O. Schütt gewonnen. Es folgte ein Lichtbildervortrag über Flensburgs Bauten von Dr. Rohling.[69]
Daneben büffelten einige Mitglieder die dänische Sprache im Logenhaus.[70]
Glanzvolle Höhepunkte waren die Parteifeste. Nach den Jahren der Entbehrungen wollte man im Februar 1949 richtig feiern. Der Vergnügungsausschuß mit Werner Fischer, Adolf Kruse, Dettmann, Alfons Schlütter, Julchen Decker, Fritz Drews und Fräulein Möller sorgten für ein abwechslungsreiches Programm: Der Kammersänger Immendorff trug aus seinem Repertoire vor, Fritz Wempner von der Niederdeutschen Bühne sorgte für Stimmung, und Genosse Banersen war für die Tanzmusik zuständig.
Die Künstler erhielten jeder als Gage DM 25,00. Man tanzte bis 2.00 Uhr morgens, und zwischendurch gab es eine kleine Tombola mit einer Waage als Hauptgewinn. Das Parteifest endete sogar mit einem kleinen Überschuß von DM 5,00.[71]
Auch für die Kinder gab es Weihnachten 1950 spannende Stunden im großen Saal des Gewerkschaftshauses. Über eine

Abb. 158: Juliane Decker (1897 in Flensburg) Volksschule; Hausmädchen, später Stenotypistin; bis 29 Schriftführerin der SPD in Flensburg; Leitung der Frauengruppe in Kupfermühle. Kassiererin. 29–33 Filialleiterin; Sekretärin – 45; Kassiererin in der SPF; „Ratsherrin" 48–52 u. 62–63. Leiterin der Frauengruppe.*

Stunde wurden Märchen vorgelesen, und eine Puppenbühne spielte für die Kleinen. Dazu zeigte die Freie Turnerschaft bei Schokolade und Kuchen ihr Können. Anschließend kam der Weihnachtsmann mit kleinen Geschenken.[72]
Die Zahl der Mitglieder war nie höher als 1 800 Personen.[73] Das war sehr wenig, wenn man bedenkt, daß die 315 Ortsvereine der SPD in Schleswig-Holstein über 35 000 Mitglieder hatten.[74] Schuld daran waren die Grenzdebatte und später die Spaltung der Partei.[75] Beides schwächte die Partei, zumal sie ohnehin an Mitgliederschwund litt.
Ein Thema auch damals: die Parteifinanzen. Julchen Decker war alarmiert! Die Hauptkassiererin hatte für das Jahr 1950 einen Verlust für die Kasse errechnet.[76] Er betrug nur einige hundert Mark. Aber immerhin zeigte sich, daß gespart werden mußte, zumal von außen keine Hilfe zu erwarten war. Das war der Preis der Eigenständigkeit, auf die man sonst sehr stolz war. Die Finanzen der Partei hatten schon einmal besser ausgesehen, zumindest auf dem Papier. Drei Jahre vorher betrug das Parteivermögen runde 9000 Mark, Reichsmark allerdings. Die Ausgaben pro Monat sahen für den Oktober 1950 so aus:

Kassenbericht	
Fernsprecher	44,10 DM
Telefon Grundgeb.	10,00 DM
Busfahrt nach Tondern	40,00 DM
Porto	60,00 DM
Kassiert in Harrisleefeld	4,00 DM
Fensterreinigung	2,00 DM
Strom	1,70 DM
Büroarbeit	7,50 DM
Hausmeisteranteil	7,65 DM
Büromaterial	10,63 DM
	187,58 DM

Die wirtschaftliche Lage der SPF war wohl nicht bedrohlich, aber auch nicht besonders gut. Schließlich wurde an der Sekretärin gespart. Als Frau Schellhorn Ende 1952 ihr Kind bekam und als Sekretärin ausscheiden mußte, war kein Geld mehr da für eine Ganztagskraft.

6. Wahlen und politische Arbeit

Der SPF war es verboten, an den Landtagswahlen 1947 teilzunehmen, weil sie als örtliche Partei angesehen wurde.[77] Sie mußte sich von Eduard Clasen als Zweitem Vorsitzenden des SPD-Kreisvereins vertreten lassen.[78] Doch durch die Hintertür war auch ein Vorstandsmitglied der SPF in Kiel vertreten. Es war Hermann Olson. Er wurde Landtagsabgeordneter für den SSW, während er gleichzeitig dem Vorstand der SPF angehörte.[79]
Wie bereits zur Kommunalwahl 1946 gab es in der Fördestadt wieder einen überwältigenden Wahlsieg der dänischen Seite, natürlich mit der Unterstützung durch die SPF.[80]
Erst die Kommunalwahl im Oktober 1948 brachte die Wende zugunsten der deutschen Parteien, zu denen sich auch der SPD-Kreisverein zählte. Zu den Glocken der Nicolaikirche sangen Flensburger im nationalen Überschwang nur drei Jahre nach Kriegsende „Ich hab mich ergeben mit Herz und

Abb. 159: Zur ersten freien und demokratischen Wahl nach über 13 Jahren bildeten sich am 13. Oktober 1946 lange Schlangen vor den Wahllokalen. Hier sieht man den Oberbürgermeister I. C. Möller (SSW) mit seiner Ehefrau rechts und Hugo Hellwig (SPF) links stehen.

Abb. 160: Blick in den Ratssaal des alten Flensburger Rathauses am Holm nach der Kommunalwahl 1946: Tagung der gemeinsamen Ratsfraktion von SSW und SPF. Diese Gruppe stellte 33 der 39 Ratssitze. Als Versammlungsleiter ist Oberbürgermeister I.C. Møller zu erkennen.

mit Hand . . . mein deutsches Vaterland . . . zu leben und zu sterben für's heil'ge Vaterland!" Dr. Schenck war an der Spitze eines Zuges mit blau-weiß-roten Fahnen zum Rathaus der Stadt unterwegs. Die Menge sang: „Deutschland, Deutschland über alles . . . von der Etsch bis an den *Belt.*"[81]

In diesen Jahren waren es vor allem drei Sozialdemokraten, die in der Kommunalpolitik herausragend wirkten: Nicolaus Reiser, Hugo Hellwig und Friedrich Drews.

Das wohl wichtigste Dezernat für Wohnungswesen hatte Reiser ab 1946 inne. Damals herrschte eine unvorstellbare Wohnungsnot, denn jedem Bewohner der Stadt standen rechnerisch nur 8,7 qm Wohnraum zur Verfügung. In den Behelfslagern waren es sogar nur 5,4 qm, weniger als heutzutage einem Hund im Zwinger zugebilligt wird.[82] Des öfteren berichtete Reiser der Partei über die Entwicklung des dringend notwendigen Wohnungsbaus und über die katastrophalen Wohnverhältnisse, die krank machten.[83]

Sofort nach der Befreiung kümmerte sich Hugo Hellwig als Kulturdezernent um die Städtischen Bühnen, die stark besucht waren. So zählte man 1947 über 435 000 Besucher bei Opern, Operetten und Schauspielen.[84] Schon unmittelbar nach der Währungsreform gingen die Zahlen stark zurück.

Wichtig für die Kommunalpolitik war auch Friedrich Drews, der schon am 16. Mai 1945 zum dritten Bürgermeister ernannt wurde und ab Februar 1946 bis 1950 das von der Militärregierung geschaffene Amt des Oberstadtdirektors bekleidete. Am 27. April 1950 wählte ihn die Ratsversammlung zum Oberbürgermeister.[85] Fünf Jahre später mußte er als schwerkranker Mann alle Ämter niederlegen.

Abb. 161: Zur Kommunalwahl am 24.10.1948 führten SPF und SSV erneut einen gemeinsamen Wahlkampf durch.

Abb. 162: Während einer Ratssitzung in der Nachkriegszeit: (Von l. nach r.) Bürgermeister N. Reiser, Oberbürgermeister I. C. Möller, Oberstadtdirektor F. Drews, Stadtkämmerer Schumann.

7. Andreas Gayk und die neue Grenzpolitik der SPD

Auch zum Bundestagswahlkampf im Sommer 1949 bestand die nationale Spaltung der Parteien fort. Der Kandidat der deutschen Wahlgemeinschaft, bestehend aus CDU, Deutscher Konservativer Partei, Deutscher Partei und FDP, war Dr. Eduard Edert. SPF und den SSW stellten den Schmiedemeister Samuel Münchow auf. Er verfehlte zwar den Einzug in den Bundestag. Dafür schaffte es aber der pensionierte Eisenbahner Hermann Clausen über die Liste.
Clausen entstammte ebenfalls sozialdemokratischer Tradition. Aufgewachsen in Eggebek, lernte er als Müllergeselle und dann als Eisenbahner in Nordschleswig demokratische Gesinnung kennen. Ihm wurde die zuvor erlebte Unfreiheit in „Preußen-Deutschland" bewußt.[86] Nach dem „Weltkrieg Nr. 1", den er an der serbischen Front erlebte, trat er der SPD

bei und wurde Mitglied des Schleswiger Magistrats. Nun, nach der zweiten deutschen Katastrophe, bemühte er sich wieder in Schleswig, „den Karren aus dem Dreck zu ziehen". Er arbeitete zunächst in der SPD und dann für die Minderheit an einer Revision der Grenzziehung. Dabei pflegte er enge Kontakte zu den dänischen Genossen, die aber kein Interesse an einer Volksabstimmung in Südschleswig hatten. Schon im März 1946 hatte der dänische Sozialdemokrat Frede Nielsen ihm anvertraut: „Nein, Clausen, das wird nie etwas werden. Wir glauben nicht an die dänische Bewegung, die ist konjunkturabängig. Die Angeliter Bauern werden keine guten Dänen, und südlich vom Dannewerk hat es nie ein Dänentum gegeben. Wir wollen ein Nationalstaat bleiben und keine größere Minderheit in Dänemark haben."[87]

Die Ablehnung der dänischen Sozialdemokraten kam Andreas Gayk ganz gelegen. Doch im Grunde war die Situation für die SPD ärgerlich, denn die Trennung von der SPF schwächte ihre Position sogar im Bundestagswahlkampf. Deshalb beschloß der Bezirksvorstand eine Revision der bisherigen Linie. Andreas Gayk machte den ersten Schritt: keine Beteiligung an der deutschen Wahlgemeinschaft. Damit stand die SPD in Flensburg zunächst ganz im Abseits: Bruno Diekmann wurde für die sichere Niederlage nominiert, nachdem Dr. Schenck dankend abgelehnt hatte.

Mitten im Wahlkampf fand der Bezirkstag der SPD statt, auf der Andreas Gayk zum Grenzproblem sprach.

Am 27. Juli 1949 abends saßen Vorstand und Fraktion der SPF zusammen. Reiser las die Rede Punkt für Punkt vor, wobei er alles zwischendurch kommentierte.[88] Er glaubte an einen bedeutsamen Friedensfühler in Richtung SPF, während Hermann Olson nicht so optimistisch war. Fritz Drews freute sich, daß die Schencksche Grenzpolitik Schiffbruch erlitten hatte.

Doch was die Flensburger dann in der Schleswig-Holsteinischen Volkszeitung lesen konnten, ließ sogar Dr. Schenck die Nackenhaare kräuseln[89]: Von Ratten war da die Rede, die das sinkende Schiff Richtung dänischen Hafen verlassen hätten. Der Hunger sei der Zutreiber der neudänischen Bewegung gewesen, der Verrat ihr Werber, schrieb – Andreas Gayk. Nur der Schluß wirkte versöhnlicher: „Es ist an der Zeit, die großen Worte in dieser Frage abzubauen."[90]

Nach der verlorenen Wahl lieferte Andreas Gayk seine Deutung für den Rückgang der dänischen Stimmen: „Die allgemeine Entwicklung der Dinge in Deutschland und der Welt hat praktisch die Südschleswig-Frage von der Tagesordnung der großen Politik abgesetzt." Der Abschied von der „Südschleswig-Frage" bedeutete für Gayk, daß die neudänische Bewegung aus einer Gefahr zu einem Störenfried geworden war. Das Zusammenschrumpfen der neudänischen Bewegung war seiner Meinung nach auf den Sieg über den Hunger zurückzuführen und beruhte darauf, daß Dänemark nicht so viel Einfluß in der Welt habe, um mit Erfolg nach einem deutschen Land zu greifen.[91]

Sichtbarer Ausdruck der neuen Grenzpolitik der schleswig-holsteinischen SPD war die Kieler Erklärung des Kabinetts Bruno Diekmann am 26. September 1949.[92] Das Bekenntnis zum dänischen Volkstum und zur dänischen Minderheit sollte frei sein und durfte von den Behörden nicht mehr in Zweifel gezogen werden. Damit wollte die SPD den Weg zur Verständigung mit dem dänischen Volk ebnen und die Rückverwandlung der dänischen Bewegung in eine – wie sie es damals sah – echte Minderheit einleiten.

Einen Monat später erhielt die SPF Post von der Schwesterpartei. Eduard Clasen bot ein Gespräch mit Andreas Gayk an: „Der Bezirksvorstand wird Euch eine Einladung aussprechen, wenn Ihr sie annehmt."[93] Außerdem suchte Dr. Karl Reiser auf. W. L. Christiansen meinte bei der Aussprache über diese Friedenssignale: „Wir fahren aber nicht – die sollen kommen!"[94] Schließlich wurden Reiser, Hellwig und Olson als Gesprächspartner für den Bezirksvorstand bestimmt. Andreas Gayk kam tatsächlich nach Flensburg und nahm an der Vorstandssitzung am 3.12.1949 teil. Artig bedankte er sich für die Einladung, wieder einmal mit alten Genossen aus Flensburg an einem Tisch sitzen zu dürfen. W. L. Christiansen und Lissie Neumann dämpften die Erwartungen. Eine Wiedervereinigung sei verfrüht, und überhaupt hätte die krasse Einstellung der SPD die Flensburger Genossen ins nationalistische Fahrwasser geraten lassen.[95]

Auch Reiser, der die Arbeiter als Leidtragende der Spaltung sah, war überzeugt, daß die Wiedervereinigungsdebatte vorläufig ruhen sollte.[96] Er machte zudem intern den Vorschlag, mit der dänischen Regierung Hedtoft Verhandlungen aufzu-

nehmen, ob sie überhaupt noch an der Südschleswig-Frage interessiert sei.
Erster Besucher in einer langen Kette von Gesprächen war der Oberbürgermeister Kopenhagens H. P. Sörensen am 1. September 1950.[97] Er machte den Genossen im Gewerkschaftshaus auf dänisch Mut: „Der Tag wird kommen, an dem der Kampf für die Freiheit Erfolg haben wird!“ Allerdings meinte er auch: „Unsere Hände sollen nicht vorgestreckt werden, um zu greifen, sie sollen sauber bleiben bis zu dem Tag, an dem sie empfangen können.“
Der zweite Besucher, der ehemalige Kirchenminister Frede Nielsen, wurde dann schon deutlicher. Er kannte die Verhältnisse in Südschleswig recht gut, denn er war hier bereits im Dezember 1946 zu Besuch gewesen.[98] Er stand der Sache skeptisch gegenüber. So meinte er damals nach dem Besuch: „Ich kam nach Hause, vollauf so kritisch eingestellt, wie ich es gewesen war, als ich abreiste.“[99] Diese Skepsis hatte er nicht verloren, denn er hielt die neu-dänische Bewegung für eine Mischung aus Romantik und Chauvinismus.[100]
Nach einigem Zögern sagte Frede Nielsen schließlich für den 9. Februar 1951 zu. Reiser, Olson und Christiansen holten ihn nachmittags am ZOB ab. Gegen Abend fand die Parteiversammlung im Gewerkschaftshaus in der Schloßstraße statt. Frede Nielsen sprach auf dänisch, und W. L. Christiansen übersetzte laufend.[101] In der Heimatzeitung liest sich das so:[102] „Mit herzlicher Freude begrüßt, sprach . . . Frede Nielsen ... im Gewerkschaftshaus. Die Versammelten erhoben sich von ihren Plätzen und überschütteten den Gast mit Beifall.“ Frede Nielsen betonte in seiner Rede die Notwendigkeit einer internationalen Zusammenarbeit. Zur Zeit sei in Dänemark die Verteidigungs- und Außenpolitik und die Wirtschaftslage in der Diskussion.
Reiser dankte dem Gast und hoffte, noch recht oft Frede Nielsen und andere Repräsentanten der Bruderpartei begrüßen zu können.
Langsam dämmerte es dem Vorstand: Die dänische Bruderpartei mußte vermitteln. Deshalb entschloß man sich zu einem Besuch in Kopenhagen. Reiser war klar, daß die Partei „nicht auf ewig in der Luft hängen“ konnte und daß man in Kopenhagen auf eine Wiedervereinigung der beiden Parteien setzte.[103] Dabei fiel Hans Hedtoft eine Schlüsselrolle zu. Er war von 1947 bis 1950 Staatsminister gewesen und hatte sich immer sehr zurückhaltend über die Flensburger Verhältnisse geäußert.[104] Gleichzeitig hatte er den Kontakt nach Bonn aufgebaut und 1950 Kurt Schumacher besucht, der bei dieser Gelegenheit dem Gast anvertraute, er sei damals bei seiner Rede in Husum völlig falsch informiert gewesen.[105]
Am 25. und 26. Juni 1951 fuhren N. Reiser, Hermann Olson, Max Beyreis und W. L. Christiansen nach Kopenhagen.[106] Dort war man nicht sonderlich interessiert: Kein Journalist ließ sich blicken.
Von dänischer Seite nahmen am Gespräch im Parteibüro unter anderem Frede Nielsen und Hans Hedtoft teil. W. L. Christiansen fragte: „Wann und wie können wir unser Selbstbestimmungsrecht ausüben und verwirklichen?“ Hans Hedtoft antwortete ihm, die großpolitische Weltlage sei nicht danach, und der europäische Gedanke lasse die Südschleswig-Frage nicht zu.[107] Somit war der Traum für alle, die eine Grenzveränderung anstrebten, endgültig ausgeträumt.

Abb. 163: Besuch der SPF-Delegation am 25./26. Juni 1951 in Kopenhagen. Links W. L. Christiansen, in der Mitte Hans Hedtoft als Gastgeber.

Abb. 164: Wilhelm Ludwig Christiansen (1920 in Flensburg), Bürokaufmann. 51–54 2. Vorsitzender SPF; 48–54 Ratsherr für die SPF und 66–74 Stadtrat für den SSW in Flensburg.*

Beim Besuch Hans Hedtofts in Flensburg im Dezember 1951 spekulierten einige Zeitungen auf eine Neuorientierung der SPF, denn auch der Vorsitzende der schleswig-holsteinischen Sozialdemokraten, Kiels Oberbürgermeister Andreas Gayk, war beim Treffen im Flensborghus zugegen.[108] Hedtoft sprach das öffentlich aus, was er dem Vorstand schon in Kopenhagen erklärt hatte: Eine wirkliche Änderung der nationalen Stimmung könne eine Grenzänderung bedeuten – aber das sei wohl zur Zeit nicht aktuell.[109]

Intern bemühte sich Nicolaus Reiser, alle Weichen zu stellen, um die Kuh vom Eis zu holen. Er stand im Briefkontakt mit Hedtoft und über Max Kukil mit Erich Ollenhauer. Doch einige Vorstandsmitglieder äußern immer wieder Bedenken, so vor allem W. L. Christiansen, Lissie Neumann und ihr Schwager Fritz Drews. Christiansen wurde mit 29 Jahren auf der Parteiversammlung im Januar 1951 wegen seiner guten Kontakte nach Dänemark zum Zweiten Vorsitzenden gewählt. Dabei gab es Bedenken, ob er nicht etwas zu jung für diesen Posten sei. Da rief ein Älterer von hinten durch den Saal: „Es gibt auch alte Esel!" Christiansen erhielt die notwendigen Stimmen.[110]

Die Kontrahenten Reisers meinten übereinstimmend, daß der erste Schritt von der SPD kommen müsse. Wahrscheinlich machten die Verhandlungen um eine Annäherung der Parteien deshalb nur langsam Fortschritte. Reiser bot im Dezember 1951 sein Ausscheiden als Vorsitzender an. Doch Fritz Drews bestärkte ihn darin, zu bleiben, weil ein Wechsel nicht sinnvoll sei.[111]

Erich Ollenhauer unternahm erhebliche Anstrengungen für eine Verschmelzung der Flensburger Parteien. Am 1. Februar 1952 reiste er nach Flensburg und sprach vor der SPF.[112] Es war das erste Mal nach dem Rausschmiß im Jahre 1946, daß ein Vertreter der deutschen Sozialdemokratie vor der SPF sprach. Der gute Wille Ollenhauers war erkennbar, für eine Annäherung zu sorgen.

Die Verständigungsbereitschaft zeigte sich auch bei der gemeinsamen Veranstaltung von SPD und SPF am 9. März 1953 im Deutschen Haus. Hans Hedtoft und Erich Ollenhauer waren die Hauptredner.[113] Ollenhauer meinte bei dieser Gelegenheit: „Die Grenzfrage ist nicht mehr Gegenstand der praktischen Politik. Das Recht der Minderheiten auf beiden Seiten auf freie Respektierung der frei gewählten nationalen Zugehörigkeit und auf freie kulturelle Betätigung ist garantiert. Anerkannt ist die Verpflichtung der Loyalität gegen-

Abb. 165: Ein Schritt der Annäherung

über dem Gaststaat. Die Übereinstimmung in so wesentlichen Punkten ist ein entscheidender Erfolg sozialdemokratischer Zusammenarbeit über die Grenzen hinweg ... Es ist der Wille unserer Partei, auf dieser Basis weiterzuarbeiten ... Heute ist es unser Wunsch, daß sich hier in Flensburg die dänischen und die deutschen Sozialdemokraten zusammenfinden zu einer neuen Einheit in der Organisation und in der Aktion."[114].

Die spannende Frage war nun, ob sich die SPF der deutschen Sozialdemokratie anschließen oder sich selbst auflösen würde. Reiser als erster Vorsitzender war für die Fusion, sein Stellvertreter W. L. Christiansen für die Auflösung. Christiansen wollte dann einen kulturellen Arbeiterverein, den Südschleswigschen Arbeiterverein (SAV), mit dänischer Ausrichtung gründen.[115] Die meisten Vorstandsmitglieder neigten mehr der Ansicht Reisers zu. Was die Mitglieder sagen würden, mußte eine Abstimmung ergeben. Wieder waren die dänischen Genossen die Geburtshelfer der Lösung. Reiser sprach in Kopenhagen erneut mit Hans Hedtoft, und Christiansen führte „private" Gespräche mit Frede Nielsen.[116]

Die sich mühsam dahinschleppenden Verhandlungen führten zu immer größeren Spannungen im Vorstand. Reiser hatte sogar Bedenken, ob man die SPF von dänischer Seite unterwandern könnte. So habe Christiansen Anfang 1953 100 Anmeldeformulare im Parteibüro verlangt, obwohl schon lange keine Neuzugänge zu verzeichnen gewesen seien. Reiser fragte sich, ob 200 Leute zu seinem Sturz notwendig seien, während Christiansen beteuerte, keine krummen Absichten zu verfolgen. Der Vorstand beschloß zur Sicherheit, eine Mitgliedersperre zu verhängen.[117]

Als die Mitglieder endlich abstimmen konnten, war das Ergebnis knapp und unbefriedigend: Sie lehnten die Wiedervereinigung mit der SPD am 4. Dezember 1953 mit 113 zu 101 Stimmen ab. Für die Genossen im Norden war das Abstimmungsergebnis ebenfalls unbefriedigend. Frede Nielsen kommentierte die Entscheidung im „Nordschleswiger": Die Arbeit auf dieser unsicheren Grundlage fortzusetzen erscheine nicht tunlich. Die politische Arbeit der Partei werde auch deshalb gelähmt sein, weil bereits vor der SPF-Versammlung zwei Abteilungen des Südschleswigschen Arbeitervereins (SAV) in Schleswig und Eckernförde gegründet worden seien. Gerade der neue Sproß am Stamme der dänischen Organisationen werde bewirken, daß es ziemlich aussichtslos für die SPF sei, überhaupt noch weiterzuarbeiten. Frede Nielsen wünschte sich eine baldige Klärung der Verhältnisse.[118]

Die Wiedervereinigung mit der SPD kam dann aber erst am 25. Juni 1954[119], nachdem sich bereits im Mai der Sønderjysk Arbejderforening in Flensburg gebildet hatte. Der SAF mit seinem Vorsitzenden W. L. Christiansen verstand sich als Repräsentant der Arbeiterschaft innerhalb der Organisation der dänischen Minderheit.[120]

Reiser meinte als scheidender Vorsitzender bei der Wiedervereinigung, daß ein fruchtloser politischer Grenzkampf nicht zu einem neuen demokratischen Europa passe.[121]

Das besondere Interesse der dänischen Genossen am Einigungsprozeß in Flensburg hatte einen weiterreichenden Hintergrund. Die Südschleswig-Frage mußte bereinigt werden, um gutnachbarliche Beziehungen zu Deutschland entstehen zu lassen. Am 19. Oktober 1954 wurde die Südschleswig-Frage dann auch im Folketing im Zusammenhang mit der Aufnahme der Bundesrepublik in die NATO besprochen. Der Außenminister des Kabinetts Hans Hedtoft, H. C. Hansen, meinte dazu, Dänemark wünsche ein gutnachbarliches Verhältnis zur Bundesrepublik, das auf Gegenseitigkeit beruhe.[122] Dazu erhoffte man eine Regelung der Minderheitenfrage und setzte die Debatte über die Westintegration der NATO zunächst aus, was einen gewissen moralischen Druck auf die deutsche Regierung bedeutete.[123] Die NATO brauchte die BRD, und das junge Westdeutschland brauchte die Zustimmung Dänemarks. In beiden Ländern wuchs zudem die Erkenntnis, daß Minderheiten im Grenzland für den jeweiligen Herbergsstaat keine Gefahr darstellen, sondern daß sie für eine kulturelle Vielfalt im Grenzland sorgen. Diese Überlegungen führten im März 1955 zu den Bonn-Kopenhagener Erklärungen, in denen die Minderheitenfragen beiderseits der Grenze geklärt wurden.[124] Wichtig war dabei nicht so sehr die schriftliche Fixierung der Rechte für die Minderheiten, sondern der gute Wille auf beiden Seiten im täglichen Nebeneinander.

Anmerkungen

[1] Hugo Hellwig: SPF. Die Flensburger Sozialdemokratie und die Schleswig-Frage, o. O., 1946. Dänische Übersetzung in: Sydslesvigsk dagbog, Bd. 1, Nr. 476, S. 367ff.

[2] Vgl. Hermann Clausen: De første politiske bevægelser efter kapitulationen, in: Sydslesvig i Dag. Den store Sydslesvig-håndbog 1945–55. Hrsg. v. G. K. Brønstedt. København 1955f., S. 413. Detlef Siegfried: Zwischen Einheitspartei und „Bruderkampf". SPD und KPD in Schleswig-Holstein 1945/46. Kiel 1992, S. 264ff.

[3] W. L. Christiansen: Sozialdemokratische Partei Flensburg (SPF). Die kleinste Sozialdemokratische Partei der Welt. In: DG, Bd. III, S. 569.

[4] StA XII V SPD: (Funktionärsprotokolle)

[5] StA XII V SPD: (Funktionärsprotokolle)

[6] StA: XII V SPD 1,003: (Funktionärsprotokolle)

[7] StA: XII V SPD 1,3: 003 (Funktionärsprotokolle)

[8] Kurt Jürgensen: Die Briten in Schleswig-Holstein, Neumünster 1989, S. 22f.

[9] Franz Wingender: Modstand i Sydslesvig – før og efter 1945. Flensborg 1988, S. 44.

[10] F. Wingender (Anm. 9) S. 42f.

[11] Ernst Siegfried Hansen: Kurier der Heimat. Das Spiel um Schleswig zwischen Kapitulation und Programm Nord. Bielefeld 1955, S. 51f. Dr. Dr. Ernst Kracht wurde mit Wirkung zum 1. November 1950 vom damaligen Ministerpräsidenten Dr. Bartram (CDU) zum Chef der Landeskanzlei ernannt.

[12] E. Hansen (Anm. 11) S. 53.

[13] D. Siegfried (Anm. 2) S. 270.

[14] Dansk Centralbibliotek for Sydslesvig, Flensburg, W. L. Christiansens archiv, kasse 25: Programm des Ortsvereins Flensburg-Stadt der SPD. Vermutlich Anfang Oktober 1945.

[15] Die Flensburger Sozialdemokraten hatten die Botschaft Montgomery's an die Bevölkerung gelesen, in der die baldige Genehmigung von Parteien auf lokaler Ebene in Aussicht gestellt wurde. Vgl. Heinz Josef Varain: Parteien und Verbände. Eine Studie über ihren Aufbau, ihre Verflechtung und ihr Wirken in Schleswig-Holstein 1945–1958. Köln 1964, S. 28f. und FA vom 8. Aug. 1945.

[16] Zu Nicolaus Reiser: SHVZ vom 1. Sept. 1954; FT vom 22. Juli 1960.

[17] Eduard Clasen wechselte später zum SPD-Ortsverein, der neu begründet wurde.

[18] Dansk Centralbibliotek for Sydslesvig, Flensburg: W. L. Christiansens archiv. Kasse 25: Hugo Hellwig: SPF. Die Sozialdemokratische Partei Flensburgs von 1945–1948; StA: XII V SPD 1,3.

[19] W. L. Christiansen: Mit brogede politiske liv. Udgivet af Studieafdelingen ved Dansk Centralbibliotek for Sydslesvig. Flensborg 1990, S. 87; W. L. Christiansen (Anm. 3) S. 569.

[20] GV, 1946, S. 60.

[21] Er ging bald nach Österreich zurück und wurde dort Finanzminister. Franz Osterroth: 100 Jahre Sozialdemokratie in Schleswig-Holstein. Hrsg. vom Landesverband Schleswig-Holstein der SPD. Kiel, o.J. Offizielle Zulassung: Vgl. W. L. Christiansen (Anm. 3) S. 569.

[22] StA, XII V SPD 1, 001

[23] Hugo Hellwig (Anm. 1) S. 6f.

[24] Politiken vom 7. August 1946.

[25] Johann Peter Noack: Det danske mindretal i Sydslesvig 1920–1945, Åbenrå 1989, S. 307.

[26] E. Hansen (Anm. 11) S. 27.

[27] Gabriele Stüber: Der Kampf gegen den Hunger 1945–1950. Die Ernährungslage in der Britischen Zone Deutschlands, insbesondere in Schleswig-Holstein und Hamburg. Neumünster 1984. S. 499 und 810; Johann Peter Noack: Det sydslesvigske grænsespørgsmål 1945–1947, Åbenrå 1991, S. 200.

[28] Sydslesvig i Dag. (Anm. 2) S. 593.

[29] Jeder Wähler hatte drei Stimmen.
Die ungefähre Stimmverteilung in Prozenten für die Stadt Flensburg ergibt folgendes Bild:

KPD	SPD	SPF	SSV	CDU	FDP
2,7%	13,4%	22,2%	44,2%	13,9%	3,9%

Nach: Flensburg, Geschichte einer Grenzstadt. Hrsg. von der Gesellschaft für Flensburger Stadtgeschichte. Flensburg 1966, S. 563. Prozentangaben nach eigener Berechnung.

[30] Werner Kaltefleiter: Wähler und Parteien in Schleswig-Holstein 1946–1986. In: Landtage in Schleswig-Holstein gestern – heute – morgen. Husum 1987, S. 209. Siehe dazu auch die kritischen Anmerkungen in der Besprechung von Manfred Jessen-Klingenberg. In: ZSHG, Bd. 116/1991, S. 341.

[31] Später zog Paul Dölz seine Unterschrift zurück und trat auf die deutsche Seite.

[32] Hellwig (Anm. 1) S. 9.

[33] Zu den Unterzeichnern gehörten u. a.: Friedrich Drews, Hugo Hellwig, Hermann Olson, Karl Neumann, Henri Prien, Jonny Kloppenburg, Dr. Lothar Sennewald, Eduard Clasen, Lissie Neumann, Hans Harloff, Peter Hattesen, Max Beyreis, Georg Beckmann und Paul Dölz.

[34] E. Hansen (Anm. 11) S. 27.

[35] Lorenz Rerup: Grænsen. Fra grænsekamp til sameeksistens. Albertslund 1969. S. 11.
[36] Erich Årp: Die deutsche Ernährungslage. In: Landtage in Schleswig-Holstein gestern - heute - morgen. Hrsg. v. Rudolf Titzck. S. 185.
[37] D. Siegfried (Anm. 2) S. 275.
[38] FA vom 18. August 1945.
[39] Christmas Møller war ein entschiedener Gegner der Grenzrevision. Vgl. Sydslesvigsk dagbog, Bd. 1; Nr. 20, S. 7. Åktstykker vedrørende det sydslesvigske spørgsmaal, B. 1; Nr. 17, S. 25.
(Aktennotiz über ein Gespräch vom 28. August 1945 mit dem englischen Außenminister Bevin.)
[40] E. Hansen (Anm. 11) S. 58.d
[41] D. Siegfried (Anm. 2) S. 275.
[42] LAS 399.69,4: Vollmacht und Brief an die Flensburger Genossen vom 25.08.45.
[43] Erich Hoffmann: Grundzüge des grenzpolitischen Wirkens Dr. Rudolf Schencks. In: ZSHG, Bd. 107/1982, S. 165.
[44] Vgl. E. Hoffmann (Anm. 43) S. 165f; LAS 399,69: Brief vom 3. Sept. 1945.
[45] LAS 399,69,4: Brief Schencks an den Vorstand des Sozialdemokratischen Wählerverbandes, z.Hd. Hugo Hellwig, vom 03.09.45.
[46] LAS 399.69,4: Englische Übersetzung der Vollmacht Kuklinskis und Werners vom Bezirksvorstand sowie eines Briefes an die Militärregierung vom 03.09.45. Vgl. Henri Prien: Er det demokrati? København 1948, S. 293f. Vergleiche auch: Kurt Schumacher: Reden-Schriften-Korrespondenzen. Berlin u. Bonn 1985, S. 429, Anm. 1.
[47] D. Siegfried (Anm. 2) S. 280.
[48] LAS 399,69,4: Entwurf eines Offenen Briefes des Bezirksverbandes, in dem noch weitere Vorwürfe, z.T. persönlicher Art, enthalten sind. Vgl. Nils Vollertsen: SPD, sozialdemokratiet og det danske mindretal. En studie om de danskorienterede socialdemokrater i Sydslesvig 1945–54, Odense 1983, S. 25.; D. Siegfried (Anm. 2) S. 280f.
[49] LAS 399,69,4; Übereinkunft vom 14. Sept. 1945; D. Siegfried (Anm. 2) S. 281.
[50] LAS 399,69,4; Brief Dr. Schencks an Pastor Muuß vom 17.12.45; E. Hansen (Anm. 11) S. 94.
[51] FA vom 9. März 1946. D. Siegfried (Anm. 2) S. 290.
[52] LAS 399,69,5: Bericht Schencks an Schumacher vom 2. April 1945. Vgl.: J. P. Noack (Anm. 27) S. 403.
[53] Noack (Anm. 27) S. 402.
[54] LAS 399,69,5: Brief Schencks an Schumacher vom 25. Mai 1946; H. Hellwig (Anm. 1) S. 11f.
[55] SHVZ vom 15. Juni 1946
[56] H. Clausen (Anm. 2) S. 414; H. Hellwig (Anm. 1) S. 14.
[57] FA vom 6. Juli 1946; GV, 1946, S. 318. E. Hoffmann (Anm. 43) S. 184f.; Peter Hansen Petersen: Sozialdemokratie und Schleswig-Frage. Diss., Kiel 1956; identisch mit Karl-Friedrich Nonnenbroich: Der Nationalismus Kurt Schumachers und die Spaltung der Flensburger Sozialdemokratie 1945–1954. In: Arbeiterbewegung in Nord- und Mitteleuropa zwischen nationaler Orientierung und Internationalismus. Schriftenreihe der Akademie Sankelmark, N. F. 30/31 1976, S. 78–91; W. L. Christiansen (Anm. 3) S. 570.
[58] StA XII V SPD 2: Vorstands- u. Fraktionssitzungen, S. 027.
[59] StA Flensburg XII V SPD 1, 004 u. 005.
[60] StA XII V SPD 3: Vorstands- u. Fraktionssitzungen, S. 027.
[61] E. Hansen (Anm. 11) S. 126, Anm. 6.
[62] StA SPD 1,3 0027 Funktionärsprotokolle. Hellwigs Protokoll.
[63] Rede Dr. Schumachers, des Vorsitzenden der Sozialdemokratischen Partei Deutschlands, auf der Großkundgebung des SPD-Kreisvereins HUSUM am Sonntag, dem 7. Juli 1946, auf der „Freiheit" in Husum. (Gedruckter Redetext vom Aug. 1946). Vergleiche Kurt Schumacher: Reden-Schriften. Berlin 1985, S. 435ff.
[64a] StA XII V SPD 1,3 0027 Funktionärsprotokolle; SPD 1,3 011 Funktionärssitzung vom 2. August 1946
[64b] GV 1946, S. 320f
[65] StA: XII V SPD 1,3 Funktionärssitzungen: Bericht Reisers am 8. Juli 1946.
[66] Vortrag E. Clasen im Mai 1947 vor der SPD-Fraktion des Schleswig-Holsteinischen Landtages. Vgl.: Hugo Hellwig: SPF. Die Sozialdemokratische Partei Flensburgs von 1945–1948, o. O., 1948. Dansk Centralbibliotek, W. L. Christiansens archiv, kasse 25. 1948, S. 24; E. Hansen (Anm. 11) S. 200.
[67] E. Hansen (Anm. 11) S. 200. Bericht über einen Besuch bei Dr. Karl.
[68] StA: XII V SPD 1; 049: Funktionärsversammlung am 23.03.48.
[69] StA: XII V SPD 1, 090: Vorstandssitzung vom 25.05.49.
[70] StA: XII V SPD 1, 060: Vorstandssitzung vom 22.11.48.
[71] StA: XII V SPD 1, 152: Vorstandssitzung.
[72] SHZ 21.12.50.
[73] StA XII V SPD; Bd. 2, 050: Vorstandssitzung vom 29.04.48.
[74] Osterloh (Anm. 21) S. 123; Varain (Anm. 15) S. 32.
[75] StA XII V SPD, Bd. 1, 002: Parteiversammlung vom 3. Mai 1946.
[76] StA XII V SPD; Bd. 2, 011

[77] StA XII V SPD; Bd. 1,027/029.

[78] Osterloh (Anm. 21), S. 127.

[79] GV, 1958, S. 243. Det brændende Spørgsmaal, 1948, Nr. 10, S. 3.

[80] Wahlergebnisse: Wahlkreise 3 und 4: Flensburg-Stadt:

Einwohner	Wahlberechtigte	Wähler	Wahlbeteiligung
102 337	66 970	53 098	Durchs. 79,3%

Wahlberechtigte in % d. Ew. 65,4 %

Stimmenanzahl:

SPD	CDU	KPD	DKP	SSV
8 962	9 819	703	1 094	31 614

dänische Stimmen 60,7 %

deutsche Stimmen 39,3 %

Die Landtagswahlen in Schleswig-Holstein vom 20. April 1947. Hrsg v. Landeswahlleiter für Schleswig-Holstein unter Mitwirkung des Statistischen Landesamtes. Kiel 1947, S. 18, S. 77f. Vgl. VB 1939/49, S. 5; Flensburg, Geschichte einer Grenzstadt (Anm. 29), S. 563.

[81] E. Hansen (Anm. 11) S. 170.

[82] VB 1939/49, S. 28.

[83] StA XII V SPD; Bd. 1, 069: Parteiversammlung vom 7. November 1947.

[84] VB 1939/49, S. 43.

[85] VB 1949/54, S. 39.

[86] Hermann Clausen: Der Aufbau der Demokratie in der Stadt Schleswig nach den zwei Weltkriegen. Erinnerungen, herausgegeben von Lorenz Rerup. Flensburg 1966, S. 78.

[87] H. Clausen (Anm. 2) S. 405.

[88] StA XII V SPD; Bd. 1; 099.

[89] E. Hansen (Anm. 11) S. 232f.

[90] SHVZ vom 28. Juli 1949.

[91] SHVZ, 23. August 1949; E. Hansen (Anm. 11) S. 233f.

[92] Rerup (Anm. 35) S. 106; Osterloh (Anm. 21) S. 132.

[93] StA XII V SPD; Bd. 2; 100; Funktionärssitzung am 2.11.49.

[94] StA XII V SPD; Bd. 2; 106.

[95] StA XII V SPD; Bd. 2; 118.

[96] StA XII V SPD; Bd. 2; 122.

[97] SHZ 02.09.50; FA, 03.09.50.

[98] 12.12.46. StA XII V SPD; Bd. 1; 017. W. L. Christiansen (Anm. 19) S. 90.

[99] E. Hansen (Anm. 11) S. 132.

[100] Rundfunkgespräch mit Klaus Eskildsen („Dansk graenselaere“) vom 31. Juli 1947 nach: Sønderjyden vom 1.8.47. GV, 1954, S. 221.

[101] StA XII V SPD; Bd. 2; 015; FA vom 11.02.51.

[102] SHZ 10.02.51.

[103] StA XII V SPD; Bd. 2; Vorstandssitzung am 13. Juni 1951.

[104] E. Hansen (Anm. 11) S. 152f.

[105] Sydslesvig i Dag (Anm. 28) S. 418.

[106] W. L. Christiansen (Anm. 3) S. 574. W. L. Christiansen (Anm. 19) S. 94.

[107] StA XII V SPD; Bd. 2; Vorstandssitzung vom 29.06.51. Ånders Ture Lindstrøm: Landet Slesvig-Holsteins historie in hovedtræk 1945–1954. Flensburg 1975. S. 154ff.

[108] W. L. Christiansen (Anm. 3) S. 574.

[109] StA XII V SPD; Bd. 2; Vorstandssitzung, 079

[110] StA XII V SPD; Bd. 2, 198ff.; Vorstandssitzung v. 26.07.51 und Bd. 2, 205; Vorstandssitzung vom 28.09.51. W. L. Christiansen (Anm. 19) S. 93.

Weiter im Vorstand: Schriftführer W. Fischer, Kassiererin J. Dekker. Beisitzer L. Neumann, Heinrich Hansen, Hermann Olson, Erwin Schöllhorn, Martha Thomsen, Gerd Richter. Revisoren Tilly Cord, Heinrich Ladewig und Alfons Schlütter. Hauptkassierer Franz Beier. SHZ, 19. Jan. 1951.

[111] StA XII V SPD; Bd. 2, 211: Vorstandssitzung vom 20. Dezember 1951.

[112] FT vom 9.2.1952.

[113] W. L. Christiansen (Anm. 3) S. 575.

[114] Osterloh (Anm. 21) S. 136f.; GV, 1953, S. 141ff.; W. L. Christiansen (Anm. 19) S. 97; Christiansen (Anm. 3) S. 575.

[115] StA XII V SPD; Bd. 2, 218: Funktionärsversammlung vom 06.01.53.

[116] StA XII V SPD; Bd. 2, 218: Funktionärsversammlung vom 06.01.53.

[117] StA XII V SPD; Bd. 2, 226: Funktionärsversammlung vom 16.02.53.

[118] Der Nordschleswiger vom 17.12.53.

[119] W. L. Christiansen (Anm. 3) S. 575; W. L. Christiansen (Anm. 19) S. 97.

[120] GV 1954, S. 201.

[121] GV, 1954, 199ff.

[122] Rerup (Anm. 35) S. 129.

[123] Rerup (Anm. 35) S. 135.

[124] Rerup (Anm. 35) S. 140.

Hans-Ulrich Jeromin und Claus Olsen

Die Flensburger Sozialdemokratie zwischen 1954 und 1970 - Schlaglichter aus den 50er und 60er Jahren

Ein neuer Abschnitt in der Flensburger Arbeiterbewegung[1]

Am 4.7.1954 wurde die Wiedervereinigung mit der SPF auf einem außerordentlichen Bezirksparteitag in Kiel vollzogen, und der Bezirksvorsitzende A. Gayk führte dabei aus: „Mit der Wiedervereinigung beginnt ein neuer Abschnitt in der Flensburger Arbeiterbewegung. Die vereinigte Partei hat eine echte Chance, der sozialistischen Bewegung die Position in Flensburg wiederzugewinnen, die sie einmal besessen hat."[2]
Erwähnt wurden auf diesem Parteitag nicht die großen Schwierigkeiten, die langwierigen Auseinandersetzungen und Zerwürfnisse, die der Vereinigung vorangegangen waren.

Die unmittelbare Vorgeschichte der Wiedervereinigung

Das Zusammengehen beider sozialdemokratischer Parteien zeichnete sich schon lange vor dem 25.6. bzw. 4.7.1954[3] ab, doch war es am 4.12.1953 auf einer Mitgliederversammlung einer knappen Mehrheit - wie bereits erwähnt - gelungen, die Vereinigung zu verhindern.[4]
Dies faßte der damalige SPD-Kreisverbandsvorsitzende Arthur Bruweleit im Februar 1954 zusammen, indem er erklärte, „zwar sei es gewissen Kräften des SSW und der SPF noch einmal gelungen, die Vereinigung aufzuhalten. Aber der Durchbruch der Kräfte, die die Wiedervereinigung erstrebten, sei unabwendbar. Es komme darauf an, die natürliche Entwicklung mit allen geeigneten Mitteln sorgsam zu fördern. Sollte die Wiedervereinigung mit der SPF in weite Ferne gerückt oder sogar unmöglich gemacht werden, dann werde die SPD ihre bisherige Haltung der SPF gegenüber sehr gründlich und gewissenhaft überprüfen."[5]
Die Situation spitzte sich vor dem Hintergrund der nahenden Landtagswahl (12.9.1954) und dem Initiativantrag des SSW im Landtag mit der Bitte um Ausnahme von der 5%-Klausel im Frühling zu. So wurde einerseits die Südschleswigsche Arbeitervereinigung unter W.L. Christiansen aufgebaut und anscheinend SPF-Mitglieder abgeworben, auf der anderen Seite forderte der SSW-Vorsitzende Mommsen N. Reiser auf, „bis zum 9.5.1954 zu erklären, ob sich die SPF bei den Landtagswahlen für den SSW entscheiden werde oder nicht."[6]
Reiser versprach die Klärung, allerdings nicht auf der bevorstehenden Mitgliederversammlung, da die Tagesordnung schon geschlossen sei.
Allerdings war klar, daß die SPF nun zum Handeln in Richtung Wiedervereinigung aufgefordert worden war.
Das Tageblatt wies die Schuld dem SSW zu und meinte: „Der SSW hat das Tischtuch zerschnitten."[7] Ihm wird vorgeworfen, in den letzten Jahren unsicher und nervös geworden zu sein.
Auf der Mitgliederversammlung im Mai erzwang die Gruppe um Christiansen die von Reiser hinausgeschobene Vorstandswahl, bei der Reiser und seine Anhänger gewählt wurden und W.L. Christiansen resignierend auf Sitz und Stimme

im Vorstand verzichtete. Kurze Zeit später wurde der Bruch zwischen SSW und SPF im Rathaus vollzogen, und die dänische Fraktion verfügte nur noch über 14 Mitglieder.
Dazu gehörten nicht mehr die vier SPF-Mitglieder: Nicolaus Reiser, Max Beyreis, Max Funke und Juliane Decker, deren politische Linie zunächst sozialdemokratisch und dann erst nordisch bestimmt sein sollte.[8,9]

Der Wiedervereinigungsbeschluß der SPF

Folgerichtig wurde auf einer außerordentlichen Mitgliederversammlung der SPF bei einer Gegenstimme und einer Stimmenthaltung am 25.6.1954 die Wiedervereinigung beschlossen. In einer Erklärung der SPD zur Wiedervereinigung, an der SPF-Vertreter mitgearbeitet hatten, heißt es u.a.: „Die SPD bedauert, daß es 1946 in Flensburg zu einer Spaltung der Sozialdemokratie kam. Sie ist bereit, dieser Spaltung ein Ende zu machen, damit in Zukunft – wie einst – alle Sozialdemokraten in einer gemeinsamen Partei für den demokratischen Sozialismus kämpfen können. Für den Fall der Wiedervereinigung wird festgestellt: a) der im Jahre 1946 erfolgte Ausschluß des Kreisvereins der SPD gilt als aufgehoben; b) die Mitgliedschaft der SPF wird voll als Mitgliedschaft der SPD angerechnet; c) die Mitgliedschaft der SPD schließt die Mitgliedschaft in einer anderen Partei aus."[10]
Der Beschluß beweise, „. . ., daß die Differenzen über die Grenzfrage" beigelegt seien, daß das „ehrliche Bekenntnis" zum dänischen Volkstum für die gemeinsame Verfolgung gemeinsamer Ziele kein Hindernis bilde und daß die SPF klar erkannt habe, „daß eine auf große Ziele gerichtete politische Haltung in der örtlichen Isolierung nicht gedeihen kann." Mit der Rückgliederung würden politische Kämpfer nunmehr wieder Seite an Seite stehen, „die im Grunde ihres Herzens stets zusammengehörten."[11]

Die folgenden Wahlen 1954 und 1955

In diesem Sinne betonten Herbert Wehner und Erich Ollenhauer auf Wahlkundgebungen in Flensburg den Brückencharakter der Grenze, wobei sich Ollenhauer gegen „trübe Blasen" wandte, die der Wahlkampf hervorgebracht habe.[12] Damit war das von der SSW herausgegegebene Wahlblatt „Nordertor" gemeint, nach dem Reisers Aufstellung als SPD-Kandidat beweise, „daß er von der SPD ‚gekauft' worden sei." Dadurch würden nach Ollenhauer „den deutschen Nationalisten Hasen in die Küche getrieben."[13]
Grundlage für die offzielle Haltung in der Minderheitenfrage sei die Kieler Erklärung. Aufgrund dieses toleranten Ansatzes widerspreche nach Ollenhauer die „Nicht-Beseitigung

Abb. 166: Die beiden maßgeblichen Flensburger SPD-Politiker der folgenden Jahre: links Max Beyreis, ab 1955 Fraktionsvorsitzender, in der Mitte Dr. Ulrich Oldenburg, Vorsitzender des SPD-Kreisverbandes, hier zusammen mit dem Bundesvorsitzenden Erich Ollenhauer auf einem Foto vom September 1958.

der Fünf-Prozent-Klausel für den SSW einer echten europäischen Gesinnung."[14] Die Landtagswahl vom 12.9.1954 brachte der SPD im Lande die Mehrheit mit 33,2% (gegenüber 32,2% der CDU, 14% des BHE und 7,5% der FDP), in der Stadt kam die wiedervereinigte Partei auf 10848 Stimmen.[15]
Im Februar 1955 sprach auf einer gut besuchten Kundgebung der SPD im Deutschen Haus Max Brauer das Kernproblem dieser Jahre an, den Kalten Krieg und die damit verbundene Wiederaufrüstung. Er forderte, „lieber ein Jahr lang vergeblich (mit den Russen) verhandeln als auch nur eine Stunde Krieg (zu) führen."[16]
Er sei zwar kein Pazifist, empfahl aber vor der Ratifizierung der Pariser Gespräche mit den Russen und warnte vor der Absenkung des Lebensstandards durch den Aufbau einer westdeutschen Armee. Er bekannte sich in diesem Zusammenhang zu den Vereinigten Staaten von Europa, aber ein Gesamtdeutschland müsse eingebracht werden, nicht ein Teildeutschland.[17]
Die Auseinandersetzungen über die parlamentarische Vertretung des SSW in Kiel wurden dann im März 1955 durch die Minderheiten-Erklärungen in Bonn beendet, durch die die 5%-Klausel für die Minderheitenvertretung wegfiel[18]. Dies wurde von der SPD begrüßt.
Interessant war die Zusammenstellung des Listenwahlvorschlages der SPD für die Kommunalwahl am 24.4.1955.[19] Treffend bemerkt das Flensburger Tageblatt dazu: „Die Liste der SPD trägt offensichtlich der besonderen Situation dieser Partei in Flensburg nach der Rückkehr der SPF Rechnung. Sie wird angeführt von Stadtrat Reiser, der seinerzeit bekanntlich besonders stark die Auflösung der SPF propagierte. Es folgt nach dem Vorsitzenden des Deutschen Gewerkschaftsbundes in Flensburg, Beyreis, der Geschäftsführer des Selbsthilfe-Bauvereins, Sander, der führend in den Heimatvertriebenen-Organisationen unserer Stadt tätig ist und genau wie der vierte Listenkandidat seinerzeit der SPD angehörte. Auch bei den übrigen SPD-Kandidaten ist offensichtlich auf eine gute „Mischung" zwischen ehemaligen SPF-Mitgliedern und jenen Männern und Frauen Wert gelegt worden, die bei der damaligen Aufsplitterung der SPD in eine deutsche und eine dänische Gruppe bei der SPD verblieben."[20]
Die Kommunalwahl am 24.4.1955 endete für die SPD sehr enttäuschend. Die Zahl der Stimmen ging gegenüber den Landtagswahlen um ca. 2500 zurück, und die SPD stellte lediglich 5 Abgeordnete.[21] Ganz offensichtlich war es nicht gelungen, „die alten Flensburger Sozialdemokraten, die bisher dänisch tendierten, zurückzuholen."[22]
Das Jahr brachte dann am 1. Oktober den Rücktritt von Oberbürgermeister Drews, der am 27.4.1950 mit großer Mehrheit gewählt worden[23], aber im laufenden Jahr unter starken Beschuß durch die WDF (Wählergemeinschaft Deutsches Flensburg) geraten war.[24]

Abb. 167: Vom 13.9.1956 an gab es wieder eine sozialdemokratische Zeitung in Flensburg: die Wochenzeitung „Flensburger Presse". Nach zehn Jahren Selbständigkeit wurde sie am 1.11.1966 mit der Kieler „VZ" vereinigt, wurde also einerseits zur zwei- bis dreiseitigen „Lokalbeilage", andererseits zur täglich erscheinenden „Morgenzeitung" – bis zum 31.7.67.

1956 und 1957

Auf den Metallarbeiterstreik, der an anderer Stelle ausführlich gewürdigt worden ist, soll in diesem Zusammenhang nicht genauer eingegangen werden[25], auch wenn dessen Bedeutung für die Flensburger SPD nicht unterschätzt werden darf.
Gleichzeitig spielen aber auch die internationalen Krisen dieser Jahre eine große Rolle. Dies beweist die Rede von Herbert Wehner im November 1956 im vollbesetzten Saal des Gewerkschaftshauses im Rahmen einer Mitglieder-Versammlung des Kreisvereins. Die Grundthese seiner Ausführungen war, „daß die Bundesrepublik sich keinesfalls zu einem Exponenten der Politik der Stärke machen darf. Ihre Lage und ihr nationales Interesse zwingen sie, mit allen Kräften auf einen Machtausgleich der beiden Blöcke hinzuwirken."[26] In diesem Sinne wandte sich Wehner gegen eine „eisige Isolierung der Sowjetunion" und plädierte in diesem Krisenjahr für eine „Auflockerung".
Weiterhin trat er gegen die Spaltung Europas und für den Brückencharakter Deutschlands in der europäischen Mitte ein und sah im demokratischen Sozialismus „die große Chance als führende Kraft in der Weltpolitik, wenn er sie nicht selber verspiele, indem er sich dem Kolonialismus oder dem Kommunismus unterordne."[27]

Der Flensburger Bezirksparteitag am 4. und 5.5.1957

Am 4. und 5. Mai 1957 fand ein Bezirksparteitag in Flensburg statt. Die Hauptaufgaben des Parteitages, auf dem auch Erich Ollenhauer im Deutschen Haus sprach, bestanden darin, „die Reserveliste der Kandidaten zu beschließen, für den Wahlkampf die Landesparolen zu prägen und einen neuen Bezirksvorstand zu wählen."[28] Darüber hinaus standen zwei Punkte im Mittelpunkt: „Die Gestaltung einer Grenzpolitik im europäischen Geist" und die Entwicklung der Grundzüge einer Politik, die garantiert, „daß auch in Schleswig-Holstein ohne die SPD nicht mehr regiert werden kann."[29]
Bei der Minderheitenpolitik wurde auf die liberale Minderheitenpolitik im Geist der Freiheit und Toleranz der SPD zur „Beruhigung der Verhältnisse im Grenzkampf"[30] verwiesen. In diesem Sinne wurde die Bundestagsfraktion beauftragt, „sich dafür einzusetzen, daß der Vertreter der dänischen Minderheit in den Bundestag käme, wenn er soviel Stimmen auf sich vereinigt wie der mit der geringsten Stimmenzahl in den Bundestag gelangte Kandidat."[31] Entschieden wandte man sich auch gegen die atomare Bewaffnung der Bundeswehr und gegen eine Lagerung von Atomwaffen. Die Landesliste für die Bundestagswahl wurde von B. Diekmann, K. Pohle und Annemarie Renger angeführt. Bestätigt wurde der Vorstand: W. Damm (1. Vors.), A. Schulz (1. stellvertr. Bezirksvors.) und A. Heine (2. stellvertr. Bezirksvors.).

Die Bundestagswahl von 1957

Im Vorfeld der Bundestagswahl kam es wieder einmal zu Angriffen des SSW auf die Minderheitenpolitik der SPD. Dabei griff u. a. F. Mommsen den Bezirksvorsitzenden wegen dessen Ausspruch auf dem Flensburger Parteitag an, der folgendermaßen lautete: „Die Flensburger Arbeiter dürfen nicht vergessen, daß ihr Arbeitsminister in Bonn und nicht in Kopenhagen sitzt."[32]
Walter Damm wehrte sich gegen die offenen Fragen des SSW-Vorsitzenden („Kann ein Arbeiter heute Schaden erleiden, weil er dänischgesonnen und Mitglied des SSW ist? Kann unsere ganze Heimat wirtschaftlichen Schaden erleiden, weil wir eine dänisch-orientierte Partei haben, die Kandidaten zu den verschiedenen Wahlen aufstellt?")[33] Damm bekannte sich als Sozialist zur vollen Gleichberechtigung der Völker, sah aber die Notwendigkeit einer anderen Bundestagsmehrheit in Bonn, um soziale Sicherheit erkämpfen zu können, und bat Mommsen, „üble Wahltrompeten dem Kanzler zu überlassen".[34]
Kurz vor der Wahl traten auf einer Kundgebung im Deutschen Haus der SPD-Bundestagskandidat (Wahlkreis 2) Joachim Steffen und Wilhelm Mellies für eine mögliche Interessenvertretung der dänischen Minderheit ein, falls sie kein Mandat erringen sollte, um u. a. die Lage im Grenzland zu beruhigen. In der „Flensburger Presse" vom 12.9. zog J. Steffen den Metallarbeiterstreik heran, um aufzuzeigen, daß die

SPD als einzige Partei sich rückhaltlos für die Arbeitnehmerforderungen eingesetzt habe.[35]
Die Bundestagswahl brachte dann für die SPD, die angetreten war, um die Mehrheit der Regierung Adenauer zu brechen, eine klare Niederlage, die in der „Flensburger Presse" auch eingestanden wurde. Als Gründe wurden die mangelnde Ausstrahlung des Kanzlerkandidaten Ollenhauer und der zu verhaltene Wahlkampf genannt.[36]
In Flensburg sah die Situation etwas anders aus. Die SPD gewann im Wahlkreis 25 000 Stimmen hinzu. Und wie im Wahlkampf, so spielte auch im Kommentar nach der Wahlentscheidung die Konfrontation mit dem SSW eine große Rolle: „Für die SPD ist der Ausgang der Wahl im Wahlkreis kein nationaler Triumph. Das hätte im umgekehrten Fall wahrscheinlich der SSW verkündet. Dieses Wahlergebnis ist Ausdruck der Tatsache, daß die Menschen an der nördlichen Grenze der Bundesrepublik die SPD-Parole begriffen haben: Unsere Regierung sitzt in Bonn und nicht in Kopenhagen."[37]
Dem SSW wird der Vorwurf gemacht, die Arbeiterschaft durch den Hinweis, Münchow sei Sozialdemokrat, gespalten zu haben. Eindeutig stellt die Flensburger Presse fest: „Wer in der Bundesrepublik die Sozialdemokratie repräsentieren will, muß schon in der SPD sein. . . . Als Mitglied der SPD hätte Münchow nach Bonn kommen können."[38]
Und als Folge der Konfrontation werde der Kampf um die Arbeiterstimmen weitergehen.
Als Folgerung aus der verlorenen Wahl wurden die Forderungen nach Öffnung der Organisation, nach Reformen und nach einem Bündnis zwischen „Wissenschaft und Arbeiter" auch in Flensburg laut.[39]

Der Rendsburger Bezirksparteitag im April 1958

Der Rendsburger Bezirksparteitag im April 1958 hatte zwei Schwerpunkte. Zum einen wandte man sich ganz entschieden gegen die Atomrüstung. Fritz Erler führte dazu aus, daß es im Kampf gegen die Atomwaffen nicht etwa darum gehe, „das deutsche Volk wehrlos zu machen, sondern (um) nachzuweisen, daß jede Verteidigung den Sinn verliere, wenn das zu schützende Objekt, das eigene Volk, dabei vernichtet werde. Zwischen sogenannten strategischen und sogenannten taktischen Atomwaffen gebe es in Wahrheit keinen Unterschied."[40]
Zum anderen strebte man eine wirtschaftliche Stärkung des Landes durch die Regierungsbeteiligung der Sozialdemokraten an.

Abb. 168: Erwin Lingk: (1920 in Lehntal/Ostpreußen) Volksschule, Schlosser. Nach Kriegsverletzung Berufswechsel zum Angestellten in der Arbeitsverwaltung; Landtagsabgeordneter 54–58 u. 62–71. 1958–76 Stadtrat in Flensburg; Kreisvorsitzender der SPD 59–65.*

Wahlen im Kreisverband im Jahr 1959

Die Vorstandswahlen der Generalversammlung im Februar 1959 brachten einen neuen ersten Vorsitzenden Erwin Lingk, der in dieser Funktion Dr. Ulrich Oldenburg ablöste. In ihren Posten bestätigt bzw. gewählt wurden: 2. Vorsitzender – Manfred Klein; Kassierer – Werner Fischer; Organisationsleiter – Alfons Schlütter; Schriftführerin – Juliane Decker; Beisitzer – Heinz Podschun, William Martens, Max Funke, Dr. Wilhelm Hacker; Frauengruppe – Marianne Beier; Jungsozialisten – Ernst Gondesen.
Als Aufgabe der SPD sah Erwin Lingk – im Trend der Zeit – die Öffnung der SPD zu allen Schichten hin und die Heranziehung der Jugend zur aktiven Mitarbeit an.[41]

Obwohl sich Erwin Lingk, Max Beyreis und weitere Mitglieder dafür aussprachen, kam es auf einer Mitglieder-Vollversammlung im August 1959 nicht zu einer En-bloc-Abstimmung über den Wahlvorschlag der Fraktion, des Vorstandes und der Konferenz der Vertrauensleute für die Kommunalwahl am 25.10.1959.
Es wurden neue Vorschläge gemacht und in geheimer Wahl über die Einzelbesetzungen entschieden. Die ersten neun Positionen (am 25.10.1959 in die neue Fraktion gewählt) nahmen folgende Politiker ein: 1. Max Beyreis, 2. Willi Sander, 3. William Martens, 4. Max Funke, 5. Walter Suck, 6. Dr. Wilhelm Hacker, 7. Werner Fischer, 8. Heinz Podschun, 9. Manfred Klein.
Auch wenn kein Umbruch in der Altersstruktur zu erkennen ist, so fällt doch auf, daß in der Fraktion vier Neumitglieder der 50er Jahre vertreten waren (W. Suck - Mitglied seit 1958, Dr. W. Hacker - 1957, H. Podschun - 1956, M. Klein - 1954).[42]

Die Kommunalpolitische Landeskonferenz von 1959

Auf der Kommunalpolitischen Landeskonferenz, mit der der Wahlkampf für die Kommunalwahl am 25.10.1959 eröffnet wurde, wurden in 10 Punkten die wichtigsten Aufgaben der Kommunen zusammengefaßt, die nicht nur in den 50er Jahren eine Bedeutung hatten:

1. Sicherung der Arbeitsstätten
2. Tatkräftige Förderung der Schule
3. Schnelle Beseitigung der Wohunungsnot
4. Straßenbau und Verkehrssicherheit
5. Soziale Fürsorge und Gesundheitswesen
6. Förderung von Jugend und Sport
7. Wasserversorgung, Kanalisation und Beleuchtung
8. Besserer Feuerschutz
9. Die Frau in der Gemeindearbeit
10. Soziale Verteilung aller Lasten[43]

Auch wenn auf der Kommunalpolitischen Landeskonferenz Peter Gorrsen aus Gravenstein „herzliche Worte für die guten Beziehungen zwischen dänischen und deutschen Sozialdemokraten" fand[44], gab es deutliche Hinweise für eine besondere Sensibilität bei den Sozialdemokraten im beiderseitigen Grenzraum. So schrieb Erwin Lingk an den Landesverband am 1.7.1959: „Anliegend überreiche ich Euch einen Bericht der Südschl. Heimatzeitung über eine Veranstaltung des ‚dänisch-südschleswigschen Arbeitervereins und der Sozialdemokraten in den sieben Kreisen Nordschleswigs.' Aus dem Bericht ist ersichtlich, daß entgegen den Bemühungen, eine Unterstützung der dänischen Sozialdemokraten für den SSW zu vermeiden, doch enge Kontakte bestehen, die unserer Arbeit erhebliche Schwierigkeiten bereiten."[45]

Die Kommunalwahl von 1959

Bei der Kommunalwahl vom 25.10.1959 konnte die SPD 11.353 Stimmen gewinnen und baute ihren Anteil auf 22.8 % aus.[46] Wie in diesen Jahren üblich enthielt der Kommentar der Freien Presse über den Wahlausgang scharfe Wendungen gegen den SSW. So wurde von der „gestopften nationalen Trompete" gesprochen und dem SSW vorgeworfen, daß er „viel persönliches Porzellan zerschlagen" habe.[47]

Das neue Rathaus

Auf Antrag der SPD stimmten diese, die BHE-Fraktion, der SSW und fünf Vertreter der CDU und FDP für Verhandlungen über den Rathausverkauf. Das alte Rathaus entspreche nicht mehr den modernen Anforderungen. Notwendig sei ein Rathaus-Neubau, durch den die Stadt nach den Worten des Oberbürgermeisters 540000 DM im Jahr einsparen könnte.[48]
Im April 1960 führte der Kreisverein auf einer Mitgliederversammlung eine Fragestunde mit der Rathausfraktion durch, auf der der Fraktionsvorsitzende Max Beyreis den Verkauf des alten Rathauses und damit den Neubau sowie die Einführung der ganzjährigen Spielzeit am Theater verteidigte, da man u.a. „an der Grenze eine gute Kulturpolitik betreiben" müsse.[49]

Referenten in den Jahren 1960 bis 1962

In den Jahren 1960 bis 1962 bemühte sich der Vorstand für die bevorstehenden Wahlkämpfe um zugkräftige Referenten. So bat Erwin Lingk am 26.3.1960 Albert Schulz um die Vermittlung von Willi Brandt, Waldemar von Knoeringen, Fritz Erler oder Herbert Wehner für zwei Kundgebungen im Herbst und Winter 1960/61 zur Vorbereitung des Bundestagwahlkampfes.
Den Wünschen scheint der Bezirksvorstand aber nicht ausreichend gerecht geworden zu sein. So wurde der als Referent vorgesehene frühere Senator Bach aus Berlin z.B. am 28.8.1961 als zu wenig bekannt abgelehnt.[50]

Neue Distrikte

1960 wurde das Kreisvereinsgebiet in arbeitsfähige Distrikte neu aufgeteilt. Die Gliederung sah folgendermaßen aus:
Distrikt 1: Ost (Mürwik); Distriktleiter: Willi Sander
Distrikt 2: Jürgensby; Distriktleiter: Werner Fischer
Distrikt 3: Süd; Distriktleiter: Peter Petersen
Distrikt 4: Mitte; Distriktleiter: Hermann Volkmann
Distrikt 5: West; Distriktleiter: Manfred Klein
Distrikt 6: Nord; Distriktleiter: Ernst Gondesen
Distrikt 7: Weiche; Distriktleiter: Karl Matthiessen
„Aufgabe der Distrikte soll(te) es sein, in einer Auswahl und Zusammenfassung der Vertrauensleute den Stamm aktiver Funktionäre herauszubilden, der für die Durchführung aller Arbeiten benötigt (wurde). Damit soll(te) eine reibungslose und gute Arbeit der Parteiorganisation für die jeweiligen Wahlen gewährleistet werden."[51]

Das Treffen mit dänischen Genossen im August 1960

1960 kam es zu einem großen Treffen mit dänischen Sozialdemokraten aus Fredericia, Kolding, Vejle und Horsens. Schon im Vorfeld hatte man den Landesvorstand um finanzielle Unterstützung gebeten (Schreiben vom 31.5.1960).[52] Man war von 150 dänischen Genossen ausgegangen. Es ka-

Abb. 169: „Geh' mit der Zeit – wähl' SPD" – so lautete ein Wahlslogan der Partei in den Fünfzigern. Blick auf den Eingang zum Parteibüro, das Mitte 1960 in der Norderstraße bezogen wurde. Gleichzeitig wurde die Organisation geändert. Der SPD-Unterbezirk Flensburg-Stadt wurde mit den Landkreisen Flensburg und Schleswig zusammengelegt. Hans Pollok übernahm die neugeschaffene Stelle eines Unterbezirks-Sekretärs.

Abb. 170: Ernst Beier, geb. 1901 in Flensburg, Schriftsetzer, durch den Besuch der Heimvolkshochschule Dreißigacker/Thüringen für die Jugend- und Bildungsarbeit gewonnen, war in der Zeit der Weimarer Republik ab 1920 Vorsitzender der Sozialistischen Arbeiterjugend und ab 1930 – nach langjähriger intensiver Mitarbeit, auch in der Vorbereitung der Jugendweihe – Vorsitzender des örtlichen SPD-Bildungsausschusses. 1933 wurde er von der SA aus seiner Wohnung vertrieben und von der Polizei unter Aufsicht gestellt. Nach dem Kriege gehörte er zu den wenigen Alt-Flensburger SPD-Mitgliedern, die nicht zur SPF überwechselten. – Als Schriftleiter der „Grenzfriedenshefte" setzte er sich für die „Überwindung der nationalen Konfrontation durch Verständigung und Zusammenarbeit . . . (Vokabel: Europäischer Modellfall)" auf der Grundlage von Gedanken Jean Jaurès' ein. (GFH 1972, S. 176 u. 1990, S. 279f) (Vgl. Abb. 125 u. 141)

Abb. 171: Eine Vertreterin der SPD-Frauengruppe überreicht August Selk – SPD-Mitglied seit 1890 – die Ehrennadel.

men schließlich 414 in elf Bussen. Die Bedeutung des eher geselligen Treffens wurde durch die Teilnahme von Walter Damm, Albert Schulz, Wilhelm Käber, Bruno Diekmann und Jochen Steffen unterstrichen. Dabei hob Erwin Lingk hervor, daß die Grenze für die Sozialdemokraten „nichts Trennendes im alten Sinne" darstelle, sondern als „Mahnung und Verpflichtung zur Achtung der Meinung des anderen" diene. Sie sei als Auftrag zum Brückenschlag unter den benachbarten Völkern zu empfinden.[53] In diesem Sinne wirkte vor allem „Alt-Mitglied" Ernst Beier, ab 1961 Schriftleiter der „Grenzfriedenshefte".

Die Jubilarehrung im Dezember 1960

In einer großen Jubilarehrung im Dezember 1960 wurden 144 Parteimitglieder geehrt. Dabei umriß das SPD-Parteivorstandsmitglied Willi Eichler die Zielsetzung der modernen SPD. Sie sei keine reine Interessenpartei, sondern strebe den demokratischen Sozialismus an, sie wende sich entschieden gegen die wirtschaftliche Konzentration, stehe in keinem Widerspruch mehr zu den Kirchen und kämpfe für Freiheit und Gerechtigkeit.[54]

Das Jahr 1960, mit den Augen des Kommunalpolitikers Max Beyreis gesehen

In einem Interview mit der Flensburger Presse faßte Max Beyreis die wichtigen Aufgaben und Projekte des Jahres 1960 zusammen. So betonte er den Beschluß für den Bau eines neuen Rathauses, der auf Drängen der SPD zustande gekommen sei. Weiter nannte er als „segensreiche Projekte" die Fertigstellung der Kläranlage, den Bau eines Hallenbades, den umfassenden Schulbau (u.a. die Pestalozzi-Schule, die vierte Oberschule, die Käte-Lassen-Schule), die Lösung des Wohnungsproblems, den Neubau der Bibliothek, eine neue Krankenstation und die Verlängerung der Theaterspielzeit. Das Verkehrsproblem – und das war 1960 nicht anders als heute – stelle „Vertretung und Verwaltung vor schier unlösbare Aufgaben."[55]

Die Jungsozialisten

In der Jahreshauptversammlung der Jungsozialisten im Februar 1961 wurde Ernst Gondesen, der viele Jahre lang die Jungsozialisten geführt hatte, auf eigenen Wunsch seines Amtes entbunden und Hans-Heinrich Jörgensen zum 1. Vorsitzenden sowie Herbert Besendahl zum 2. Vorsitzenden gewählt. Begrüßt wurden auf dieser Versammlung auch das Hinzustoßen von 15 neuen Mitgliedern und einzelne Veranstaltungen im vorangegangenen Jahr wie der Besuch im NDR-Studio oder eine Vorlesung von R.-H. Wecken aus den Werken Tucholskys.[56]

Erwin Lingk im Landesvorstand

Auf dem Landesparteitag im Mai 1961, der ganz im Zeichen der Bundestagswahl stand, wurde der Vorsitzende des SPD-Kreisvereins Flensburg-Stadt, Erwin Lingk, mit 140 von 159 gültigen Stimmen neu in den SPD-Landesvorstand gewählt.[57]

Die Bundestagswahl 1961

Bei der Suche nach einem geeigneten Bundestagskandidaten tat sich die SPD 1960 schwer. Erwin Lingk hatte im September bereits Verbindung mit Herbert Dehn aufgenommen, doch dieser lehnte ab. Auch wurde Dr. Hacker vorgeschlagen, doch schließlich einigten sich die Delegierten der sozialdemokratischen Kreisvereine im Wahlkreis 2 auf Walter Suck.[58]

Um der Bevölkerung den SPD-Bundestagskandidaten Walter Suck vorzustellen und näherzubringen, gab ihm vom 19.1.61 an die Flensburger Presse jeweils auf der ersten Seite der einzelnen Ausgaben die Gelegenheit, sich zu aktuellen Problemen zu äußern. So nahm er zum Beispiel in den Monaten Februar und März zu folgenden Themen Stellung:
- „Vermögensbildung für Arbeitnehmer“ (2.2.1961)
- „Aktion Gemeinsinn“ (9.2.1961)
- „Die Flüchtlinge“ (16.2.1961)
- „16 Tote täglich“ (23.6.1961)

Der Bundestagskandidat der SPD

Die Delegierten der sozialdemokratischen Kreisvereine im Bundestagswahlkreis 2 (Flensburg) wählten am Wochenende Walter Suck zum SPD-Bundestagskandidaten. Der 48jährige ist hauptamtlicher Sekretär der Gewerkschaft Öffentl. Dienste, Transport und Verkehr.

Abb. 172

Abb. 173: Ein passendes Flensburg-Geschenk

- „Bonn verschenkt Steuergroschen“ (5.3.1961)
- „Die Preise“ (9.3.1961)
- „Die wohlhabenden Armen“ (16.3.1961)
- „Notstandsgesetzgebung“ (23.3.1961)
- „Vernünftige Kulturpolitik“ (30.3.1961).

Willy Brandt in Flensburg

Am 8. Juli erschien Willy Brandt auf seiner Wahlkampfreise durch das nördliche Schleswig-Holstein in Flensburg und sprach im strömenden Regen zu 3000 Zuhörern auf dem Südermarkt über die Deutschlandpolitik. Dabei wurde ihm von Stadtrat Beyreis als Zeichen Flensburgs eine Flasche Rum in einem Korb in der Form des neuen Wasserturms überreicht.[59]

Die Bundestagswahl 1961

Die breitangelegte Aktion W. Sucks in der Flensburger Presse zeigte in Flensburg und im gesamten Wahlkreis 2 Erfolg, in der Stadt gewann er 17217 Erststimmen (gegenüber 10808 1957).[60] Dies gab auch Walter Suck zum Ausdruck. So schreibt er: „Der ‚Flensburger Presse‘ möchte ich dafür dan-

ken, daß sie mir zur Meinungsäußerung Gelegenheit gab, und ich hoffe, daß ihr gutes Verhältnis zu den aufgeschlossenen Mitmenschen des Grenzlandes weiter gute Früchte trägt."[61]
Wie 1957 so berichtete die Presse auch 1961 nach der Wahl breit und ausführlich über die SSW-Verluste (Rückgang von 15906 auf 10803) und über die „widerliche und abstoßende Agitation der SSW-Wahlleitung und vor allem auch der sogenannten ‚Südschleswigschen Heimatzeitung'."[62]

Der Rathaus-Neubau

Nach jahrelangen Beratungen beschloß die Ratsversammlung im September 1961 endgültig den Rathaus-Neubau. Das Rathaus war nach Beyreis „für kommende Generationen bestimmt, und deshalb solle dafür auch kein Pfennig leid tun." Die SPD übernehme die volle Verantwortung für die beschlossene Finanzierung. Schließlich hätten auch die Arbeitnehmer im öffentlichen Dienst Anspruch auf einen modernen Arbeitsplatz.[63]

Die Flensburger Falken

Die „Falken" als sozialistische Jugendorganisation wurden in Flensburg im März 1961 mit zunächst 32 Mitgliedern unter der kommissarischen Leitung von Hermann Volkmann und Dietmar Stadler neugegründet.
Damit begann eine rege Tätigkeit, z.B. wurden eine Fotogruppe und eine Volkstanzgruppe gegründet. Betont wurden die guten Beziehungen zu den dänischen Falken. So besuchten 22 junge Falken aus Apenrade am 11.11. ihre Kameraden im Jugendheim An der Reitbahn, um den Karneval zu feiern. Aufschlußreich ist ein Einblick in die Planung für das Jahr 1961. So war ein Abend geplant, „an dem zwei junge Offiziere der Bundeswehr über Sinn und Zweck ihres Daseins berichten werden", weiterhin sollten ein Vertreter des Luftschutzbundes und ein Standesbeamter eingeladen werden, und es wurde ein Brechtabend in der Bibliothek am Nordertor in Aussicht gestellt.[64]

Die Jahreshauptversammlung am 16.11.1961

Als erste Parteiorganisation im Land nominierte der Kreisverband auf der Jahreshauptversammlung am 16.11.1961 seine Kandidaten für die Landtags- und Kommunalwahlen des Jahres 1962. Für den Wahlkreis 1 wurde Erwin Lingk, für den Wahlkreis 2 Dr. Wilhelm Hacker aufgestellt.
Die Liste für die Kommunalwahl wurde von Max Beyreis und Willi Sander angeführt.
Im Geschäftsführenden Vorstand gab es zwei Veränderungen: 1. Vorsitzender wurde wieder Erwin Lingk, 2. Vorsitzender neu Hans-Heinrich Jörgensen, Kassierer Werner Fischer und Schriftführer neu Ernst Gondesen.[65]

Kommunalpolitik zum Nutzen der Bürger

In einer Mitgliederversammlung im Januar 1962, die schon ganz unter den Vorzeichen der Kommunalwahlen stand, beschrieb Max Beyreis den idealen Kommunalpolitiker. Zu ihm gehörten Fleiß und Können, Wissen und Ausdauer, ebenso aber auch Idealismus. „Ein echter Kommunalpolitiker müsse sich durch Zähigkeit bei der Verfolgung eines der Allgemeinheit dienenden Zieles und durch eiskalte Überlegung bei der Verwirklichung dieser Ziele auszeichnen. Er müsse aber auch Herzensgüte haben, wenn es gelte, in großen und in kleinen Dingen zu helfen. Schließlich müsse er die erforderliche Besessenheit haben, um an das Gute im Menschen und an die Gerechtigkeit zu glauben."[66]
Die Politik der sozialdemokratischen Fraktion im Rathaus beurteilte er abschließend und wenig bescheiden als eine unter den gegebenen Verhältnissen gute, „die jeder Kritik standhalte".[67]

Die Kommunalwahl im Jahr 1962

In einer Kreisvereinsversammlung im Januar 1962 wurden die Direktkandidaten für die folgende Kommunalwahl aufgestellt.[68] Nach den guten Erfahrungen mit der Öffentlichkeitsarbeit von und für Walter Suck versuchte die Flensbur-

ger Presse auch diese Kandidaten vorzustellen. Sie erschienen am 8.3.1962 mit Foto und kurzem erläuterndem Text.[69]
In der gleichen Ausgabe faßte Stadtrat Willi Sander die Hauptaufgaben der Flensburger Kommunalpolitik, die wohl für alle Großstädte in der damaligen Zeit galten, zusammen. Dies seien z.B. der „Neubau von rund 5000 Wohnungen in neuerschlossenen Siedlungen, ein wirkliches Rathaus, ein Hallenschwimmbad, neue Gewerbegebiete, eine flotte Durchfahrt in den Hauptstraßenzügen (aber auch eine Fußgängerstraße Holm), beiläufig noch die eine oder andere neue Schule . . ."[70]
Die Kommunalwahl endete mit einem großen Erfolg für die SPD. Sie wurde zweitstärkste Fraktion, erhöhte ihre Mandatzahl von 9 auf 12 Abgeordnete und verwies den SSW auf den dritten Platz. Die SPD wurde im Rathaus vertreten durch: M. Beyreis, W. Sander, W. Fischer, Dr. W. Hacker, W. Martens, H. Podschun, J. Decker, E. Gondesen, K. Bartnitzke (neu), L. Haberlandt (neu) und K. Matthiessen (neu)[71], zu Stadträten wurden Max Beyreis, Willi Sander und William Martens gewählt.[72]
Daß diese Wahl für die SPD ein Schritt nach vorne war, bewies die Analyse des Statistischen Landesamtes in Kiel. Sie bestätigte die SPD als stärkste Partei in den Großstädten Kiel, Lübeck und Neumünster, die Analyse belegte aber auch, daß die SPD die CDU in den Mittelstädten (zwischen 25000 und 50000 E.) und in den Kleinstädten (zwischen 10000 und 25000 E.) vom 1. Platz verdrängte. Selbst in den kleinen Marktflecken (zwischen 5000 und 10000 E.) gab es ein Kopf-an-Kopf-Rennen beider Parteien.[73]
Für die zukünftigen Landtagswahlen erwartete die Flensburger Presse u.U. eine „stabile und harmonische Koalition aus Sozialdemokraten und Freien Demokraten."[74]
Auf Unstimmigkeiten im Flensburger Rathaus verwies der Artikel „CDU-SSW-Koalition in Flensburg?" kurze Zeit nach der Kommunalwahl. Offenbar waren CDU und SSW nicht gewillt, „den veränderten Verhältnissen nach den Kommunalwahlen Rechnung zu tragen."[75] Anteilmäßig hätten der CDU 6, der SPD 6 und dem SSW 5 Ausschußvorsitzende zugestanden. Im Juni seien aber 14 Ausschüsse bereits folgendermaßen verteilt gewesen: CDU 6, SSW 6, SPD 2. Zornig stellte die Flensburger Presse die Frage: „Und so darf man

Abb. 174: Wahlkampf Anfang der 60er Jahre. „Die Idee – SPD."

wohl mit Recht fragen, ob die CDU die bisher bewährte Praxis des angemessenen Ausgleichs zugunsten einer engen Bindung an den SSW aufgeben will?"[76] Auch die Einstellungen zur Dezernatsverteilung wiesen auf ein Zusammengehen zwischen CDU und SSW hin.[77]

Die Landtagswahlen von 1962

Auf dem Landesparteitag in Neumünster im Juli 1962 wurde der Wahlkampf für die Landtagswahl eingeläutet, der mit großen Hoffnungen geführt wurde.[78]
In diesem Zusammenhang erschienen auch Erich Ollenhauer und Wilhelm Käber mit den Landtagskandidaten Erwin Lingk und Dr. Wilhelm Hacker auf der FSG-Werft, um drohenden Entlassungen entgegenzutreten. Dabei wurde der Einsatz Erwin Lingks für Hilfen („Stadtrat Lingk schaltete Sozialdemokraten in Kiel und Bonn ein") besonders betont.[79]

Die hochgesteckten Ziele wurden in der Landtagswahl am 23.9.1962 nicht erreicht, die SPD blieb von der Regierung des Landes ausgeschlossen, obwohl sie auf 39.2 % kam.
Der Aufwärtstrend in Flensburg hielt auch diesmal an. Sie wurde in der Stadt mit 15022 Stimmen zweitstärkste Partei vor dem SSW mit 12425 Stimmen.[80] Die Flensburger Direktmandate gingen – trotz einiger Verluste – an Kai-Uwe v. Hassel und Dr. Hartwig Schlegelberger von der CDU. Aber Erwin Lingk zog über die Landesliste in den Landtag ein.
Im Rückblick wurden die Wahlkämpfe des Jahres 1962 auf der Kreisvereinssitzung im Dezember 1962 folgendermaßen gesehen:
„In der Vorbereitung hatte der Wahlvorstand seine Maßnahmen darauf abgestellt, den Kommunal- und Landtagswahlkampf miteinander zu verbinden. Damit konnte erreicht werden, daß der Wahlkampf kontinuierlich fortgesetzt wurde. Die Ergebnisse der Landestagswahl bestätigten die Richtigkeit dieser Arbeitsweise. Obwohl wir in Flensburg gegen die Spitzenkandidaten der CDU unseren Wahlkampf führen mußten und keine besondere überörtliche Unterstützung erfolgte, gelang uns erneut ein großer Schritt nach vorn."[81]

Abb. 175: Kommunalwahlkampf 1962. Besuch des Oppositionsführers im Schleswig-Holsteinischen Landtag, Wilhelm Käber (SPD), auf der Flensburger Schiffswerft, nachdem am Vortag bereits der Ministerpräsident Kai Uwe von Hassel (CDU) die Werft besucht hatte. Im Bild stehen Wilhelm Käber, der Direktor der Werft, Hilgenberg, und Erwin Lingk im Aufenthaltsraum (v. l. n. r.).

Neue Perspektiven

Nach der Kommunalwahl 1962, die einen Gewinn von 2500 Stimmen für die SPD erbrachte, verlagerten sich die kommunalpolitischen Gewichte. Die Sozialdemokratische Partei, durch deren Mitte der nationale Riß gegangen war, hatte nach der Wiedervereinigung an Boden gewonnen, denn die Zahl der SPD-Mandate in der Ratsversammlung stieg von neun auf zwölf.[82] Das Geschehen in der Ratsversammlung wurde nicht mehr von dem Spannungsverhältnis deutsch-dänisch beherrscht, wie zu Beginn des vorangegangenen Jahrzehnts. Es bestanden zwar noch gute Kontakte zur CDU in Erinnerung an gemeinsame Zeiten im Grenzkampf, aber Teile der Fraktion waren dabei, sich dem SSW anzunähern, während andere noch auf striktem Konfrontationskurs lagen. Die Neuorientierung in der sozialdemokratischen Kommunalpolitik weg von der CDU und hin zum SSW erfolgte eher beiläufig und fast zufällig. Einer der Vermittler war der Fraktionsvorsitzende Max Beyreis, denn er konnte die alten Kontakte aus der SPF-Zeit aufrechterhalten. Gelegentlich wandte er sich auch direkt an die SSW-Fraktion und fragte, was sie von den Plänen der SPD hielt (C. Hagens).

„Ein miserables Geschäft"

Diese informellen Kontakte hatte schon Ende 1959 Jochen Steffen als Chefredakteur der Flensburger Presse angemahnt, um Vorteile für die eigene Partei zu erwirken. Damalige Absprachen mit der CDU, um Dr. Hanno Schmidt die Wahl zum Stadtpräsidenten zu ermöglichen und im Gegenzug den Kämmerer stellen zu können, nannte er „ein miserables Geschäft". „Wir sollen uns weiter als Stoßkeil gegen den SSW gebrauchen lassen, (was durchaus im Interesse der CDU liegt), *ohne* daß wir dafür von der CDU entsprechend honoriert werden," schrieb er erbost an Max Beyreis. Jochen Steffen war der Meinung: „Wenn mich jemand für meine politische Leistung nicht honorieren will, dann suche ich mir einen anderen Partner, dem ich mehr wert bin. Dabei spielen persönliche Verärgerungen keine Rolle." „Hier geht es nicht um Gefühle", so fügte Jochen Steffen hinzu, „sondern um Nutzen." Und den hatte er schon 1959 klar im Zusammengehen mit dem SSW gesehen. Er war deshalb für die Aufkündigung des Abkommens mit der CDU gewesen: „Den Kämmerer kriegen wir auch mit dem SSW im Tausch gegen den Oberbürgermeister. Wobei wir vielleicht noch den Bürgermeister bekämen."[83] Diese realpolitischen Ansichten wurden allerdings nicht von allen in der Fraktion geteilt, besonders nicht vom Stadtrat Erwin Lingk, der gleichzeitig Kreisvorsitzender und Landtagsabgeordneter war. Lingk gehörte dem „rechten« Flügel der Partei an und schätzte schon deshalb die Auffassungen Jochen Steffens nicht besonders, mit dem er sich intern sehr kritisch auseinandersetzte.[84] Auch in der Minderheitenpolitik gingen die Vorstellungen der beiden weit auseinander. Lingk stellte die Existenz des Südschleswigschen Wählerverbandes (SSW) als politische Vertretung der Minderheit überhaupt infrage. In einem Interview mit Jochen Steffen in der Flensburger Presse meinte er dazu: [85] „Die Minderheit in ihrer sozialen Struktur ist zu vielschichtig, um sich als Ganzes einer Partei anzuschließen. Aber nach den sozialen Interessen gegliedert könnte sie sich in Gruppen den Parteien des Herbergsstaates anschließen, die als Angehörige der Minderheit dieser Partei angehören und Kandidaten bei den Wahlen aufstellen."

Das war eine Kampfansage an den SSW. Deshalb polemisierte die Südschleswigsche Heimatzeitung, das deutschsprachige Organ der Minderheit, scharf gegen Lingk. Ihr Redakteur Carl Hagens fragte zum Beispiel im November 1961 frech, wann sich die SPD von Lingk säubern wolle, der doch so weit rechts stehe, daß er gar nicht mehr dorthin passe. Darauf gab Lingk zur Antwort: „Für dieses konfuse Geschmiere verschwendet man keine Gedanken!"[86] Diese Angriffe nahm die Partei so ernst, daß sich sogar der Landesvorstand genötigt sah, eine Erklärung zugunsten Erwin Lingks abzugeben: Diese „zügellose Hetze" gelte in Wirklichkeit der SPD in

Abb. 176: Joachim Steffen (1922–1987). Der spätere Landesvorsitzende der SPD (1965–75) und Oppositionsführer im Schleswig-Holsteinischen Landtag (1967–73) war 1956 bis 1960 bei der „Flensburger Presse" tätig, zunächst als „Redakteur für Stadt und Land", später als Chefredakteur. Steffen trat 1979 aus der SPD aus.

Flensburg.[87] So ungemütlich ging es manchmal noch zwischen der dänischen Minderheit und der Sozialdemokratischen Partei im Wahlkampf zu.

Die Oberbürgermeisterwahl 1963

Im darauffolgenden Frühling, kurz vor der anstehenden Kommunalwahl, verlängerte die Ratsversammlung ohne Gegenstimme auf Antrag der CDU und der FDP die Amtszeit des Oberbürgermeisters Thomas Andresen von der CDU um ein Jahr über das 65. Lebensjahr hinaus.[88] Die Hoffnung beider Parteien war wohl, nach der Wahl über eine Mehrheit zu verfügen, um für das Oberbürgermeisteramt erneut einen Kandidaten der CDU durchzubekommen. Nun reichte es aber hinten und vorn nicht. Die FDP hatte wieder zwei Sitze in der Ratsversammlung, und die CDU verfügte trotz ihres guten Abschneidens bloß über 14 von 39 Ratssitzen. Dafür war die CDU größte Ratsfraktion geblieben, und die Auseinandersetzungen zwischen SSW und SPD dauerten noch an. Noch argwöhnte die Flensburger Presse, daß sich CDU und SSW zusammentun könnten, um die SPD um ihren

wohlverdienten Einfluß in der Ratsversammlung bringen zu wollen,[89] und unterstellte schon so etwas wie eine „Koalition“, wie der FP-Chefredakteur Klaus Bartnitzke, der gleichzeitig Ratsherr geworden war, mutmaßte.[90]
Unter diesen Umständen konnten die CDU-Vertreter ruhig schlafen. Den Christdemokraten schien als größte Fraktion ohnehin die Funktion des Oberbürgermeisters in den Schoß zu fallen.
Im Grunde hatte Jochen Steffen sehr deutlich erkannt, daß es für die SPD unklug war, sich zu sehr mit der Konkurrenz vom SSW anzulegen, wie es Lingk tat. Auch bei der anstehenden Oberbürgermeisterwahl war eine engere Einbindung der Minderheit notwendig, andernfalls war die sozialdemokratische Politik perspektivlos.
Der Poker begann. Eine Verhandlungsdelegation der CDU führte die Sondierungsgespräche mit der SPD. Dabei sicherten die Christdemokraten den Genossen die Besetzung der Stelle des Kämmerers zu. Die CDU-Vertreter waren aber nicht mit dem von der SPD vorgeschlagenen Kandidaten zufrieden, sondern führten auch mit dem SSW Gespräche. Dabei wollte die Mehrheitsfraktion im Rat dem SSW keine weitere hauptamtliche Magistratsstelle einräumen, um im Gegenzug den Oberbürgermeister stellen zu können. Deshalb klopfte während einer Fraktionssitzung der SPD plötzlich Frederik Mommsen, der SSW-Fraktionsvorsitzende, an die Tür und bot Verhandlungen an (W. Sander). Man kam noch in derselben Nacht zu einem Ergebnis, das beide Seiten voll zufrieden stellte: Die SPD kann den Oberbürgermeister vorschlagen. Gleichzeitig wird eine zusätzliche Stadtratstelle ausgeschrieben, die vom SSW besetzt werden kann, und zusätzlich erhält Bürgermeister Christensen vom SSW die Funktion eines Kämmerers.
Jeder hatte natürlich seine eigene Version der Ereignisse. So erklärte Max Beyreis den Mitgliedern seiner Partei die Geschichte:[91]
Die CDU hätte der SPD Hoffnung auf die Besetzung der Kämmerer-Stelle gemacht und gleichzeitig dem SSW auch die Kämmerer-Stelle versprochen. Im Gegenzug sollte die CDU den Oberbürgermeister als stärkste Fraktion benennen dürfen. Der SSW habe ein Ultimatum bis zum 27. November 9.00 Uhr bekommen, um sich zu entscheiden. Beyreis selbst will von diesen Verhandlungen erst später erfahren haben. Noch am selben Abend, als das Ultimatum abgelaufen sei, habe man Gespräche mit dem SSW aufgenommen. Max Beyreis meinte weiter, die CDU hätte als Oberbürgermeister einen Mann ihres Vertrauens haben können, wenn sie bessere Unterhändler gehabt hätte.
Natürlich sah man die Sache bei der CDU anders und sprach von einem „Kuhhandel“.[92] Die Vorgehensweise der beiden Parteien sei eine Pflichtverletzung gegenüber den Wählern gewesen.[93]
So überraschend hatte sich für die SPD die Möglichkeit ergeben, den Oberbürgermeister zu stellen und sich nicht mit der Position des Kämmerers zufrieden zu geben. Zunächst waren die Sozialdemokraten gar nicht auf Verhandlungen eingestellt. Der SSW hatte die SPD ordentlich vor's Schienbein „spaken“ müssen, damit sie aufwachte (J. Meyer).
Die Wahl des SPD-Kandidaten Heinz Adler gegen die Stimmen der CDU war nun keine Frage mehr. Der Landtagsabgeordnete und Rechtsanwalt wurde von SSW und SPD gewählt. Mit ihm kam eine farbige Persönlichkeit auf den Oberbürgermeisterstuhl (A. Thomsen), die nicht mehr ins klassisch sozialdemokratische Milieu paßte. Er war eher ein Intellektueller, der neben Jura auch Theaterwissenschaften studiert hatte. Gekonnt und mit theatralischer Gestik trug er lange Gedichte aus dem Kopf vor. Das machte es ihm leichter, Kontakt zum Bürgertum zu finden. Auch für die Minderheit war er akzeptabel, denn die SSW-Vertreter im Landtag hatten ihn kennengelernt als Politiker des nationalen Ausgleichs.
Bei der späteren Umverteilung der Dezernate verzichtete der neue Oberbürgermeister auf das Dezernat der Kämmerei zugunsten des Bürgermeisters Christensen vom SSW,[94] wie es die Vereinbarungen vorgesehen hatten. Etwas hämisch warf die Flensburger Presse dem „im Dienst ergrauten“[95] scheidenden Oberbürgermeister Thomas Andresen, der vormals Finanzminister in Kiel gewesen war, als „Nachruf“ hinterher, seine Amtsführung hätte besser sein können, wenn er sich nicht auch noch mit der Funktion des Kämmerers belastet hätte.[96]
Nun mußte der Stadtpräsident Dr. Leon Jensen von der CDU mit einem sozialdemokratischen Oberbürgermeister

zurechtkommen. Das ging nicht immer gut bei den beiden Rechtsanwälten, die am gleichen Tag Geburtstag hatten und als Redner konkurrierten. Gelegentlich knallten auch schon einmal die Türen, wenn sie sich stritten (B. Weinland). Doch dann, bei einem Glas Bier, kam man wieder zusammen.
Dazu gibt es eine Anekdote: Dr. Jensen war ein Sammler von Bierkrügen. Einmal, bei einem gemeinsamen Besuch mit Heinz Adler im Historischen Krug in Oeversee bei Flensburg, gefiel ihm ein Bierglas mit schleswig-holsteinischem Wappen besonders gut. Er meinte nun, er könne als Notar schlechterdings zum Dieb werden, für den „OB" sei das kein so großes Problem als Beamter. Worauf Heinz Adler das Bierglas vom Wirt heimlich erwarb, um es dem Stadtpräsidenten mit einer Gravur zu schenken:
„Dieses Glas für Bier mit Kunst gebraut,
hat Heinz Adler für Leon Jensen geklaut."
Politisch war Dr. Leon Jensen als CDU-Kreisvorsitzender nicht mit den Verhältnissen zufrieden. Auf einer CDU-Kreisversammlung Anfang Mai 1964 warnte er den SSW vor „den Umarmungen" der SPD mit dem Ziel, den SSW eines Tages zu erdrücken.[91] Der Fraktionsvorsitzende des SSW, Frederik Momsen, schrieb daraufhin in Flensborg Avis: „Mit ihren 11 Mitgliedern ist die SSW-Fraktion nun einmal das Zünglein an der Waage, und in dieser Position fühlen wir uns wohl . . . Die Umarmungen, denen der SSW von rechts und links ausgesetzt ist, haben nocht nicht zur Atemnot geführt."[98]

Zusammenarbeit von SPD und SSW

Als SPD und SSW sich zusammenschlossen, war noch nicht sicher, ob die Gemeinsamkeiten über die Oberbürgermeisterwahl hinausreichen würden. Daß es doch zu einer langanhaltenden Verbesserung und zu einer freundlichen Zusammenarbeit kam, war besonders das Verdienst des neuen Oberbürgermeisters. Er brachte nicht nur eine vorzügliche fachliche Eignung als Rechtsanwalt und Notar mit, sondern war durch seine Tätigkeit als Landtagsabgeordneter auch an der schleswig-holsteinischen Magistratsverfassung beteiligt gewesen. Dabei verwirklichte er das Prinzip, daß der Oberbürgermeister nicht den einzelnen Dezernaten übergeordnet ist, sondern gestaltend nur im Ausgleich wirken kann. Das waren gute Voraussetzungen für eine vorurteilsfreie und fruchtbare Zusammenarbeit mit den anderen Fraktionen im Rathaus. Zusammengefaßt kann man sagen, daß sich das Klima speziell zwischen SSW und SPD – auch nach seiner Amtseinführung – nachhaltig entspannte.

Die Eingliederung der Flüchtlinge und Vertriebenen

Eine weitere Entspannung brachte die Integration der Flüchtlinge und Vertriebenen. Eine Leistung der Bevölkerung insgesamt, von Einheimischen und Entwurzelten gleichermaßen, die nicht hoch genug veranschlagt werden kann. Die Abwehrhaltung der Alteingesessenen noch Anfang der Fünfziger hatte sich mit der Zeit von allein gelegt, und die Heimatvertriebenen fühlten sich jetzt besser als früher in den beiden Volksparteien vertreten. In mancher alten Flensburger Familie heirateten Söhne und Töchter Heimatvertriebene oder Flüchtlinge, so auch in mancher sozialdemokratischen

Abb. 177: Willi Sander (1907 in Primkenau/Niederschlesien) Kaufmann. 1948–91 Vors. der Landsmannschaft Schlesien in Flensburg; 1949–75 Gründer und Vorsitzender des Vorstandes des Selbsthilfebauvereins (SBV) in Flensburg. 1948 Ratsherr, 50/51 u. 59–70 Stadtrat. 64–70 Fraktionsvors. SPD in Flensburg. 1967–93 stellv. Vorsitzender des Kreisverbandes der Vertriebenen Deutschen (KVD)*

Familie, die vielleicht erst der Parole gefolgt war, die Flüchtlinge müßten woanders unterkommen.
Nach dem Krieg hatten gerade die Heimatvertriebenen Probleme, sich politisch zu orientieren. Die Parteien verfolgten nicht immer eine Politik, die den besonderen Interesen dieser Bevölkerungsgruppe gerecht wurde. Die Heimatvertriebenen und Flüchtlinge gründeten deshalb ihre eigene Organisation, die „Interessengemeinschaft der Flüchtlingsbetreuungsgruppen im Stadt- und Landkreis Flensburg", die aber selbst nicht als Partei auftrat. Um trotzdem Vertreter im Rat zu bleiben, ließ man zur Kommunalwahl 1948 je einen Heimatvertriebenen in der SPD und einen in der CDU kandidieren. Wer zu welcher Partei kam, das entschied auf einer Vertreterversammlung die Münze. Derjenige, der die SPD „abbekam", war Willi Sander, der Vorsitzende der Landsmannschaft Schlesien.[99] Sein besonderer Verdienst war derAufbau des Selbsthilfebauvereins (SBV), dank dessen Hilfe viele Vertriebene von den Lagern in einfache Wohnungen umziehen konnten.[100]
Andere Vertriebene sahen sich weiterhin nicht in den Parteien vertreten. Sie gründeten deshalb im Mai 1950 eine eigenständige Partei, den „Gesamtdeutschen Block / Block der Heimatvertriebenen und Entrechteten" (BHE), und trugen so mit dazu bei, daß die SPD auf Landesebene die Mehrheit verlor. Mit dem wirtschaftlichen Wiederaufstieg und der dauerhaften Eingliederung der Flüchtlinge, die ihre Hoffnung auf Rückkehr in die Heimat aufgeben mußten, ging der Einfluß des mehrmals zu Wahlen angetretenen BHE spürbar zurück.
Nach der Kommunalwahl von 1962 wurde die Partei bedeutungslos, und deren Aktivisten traten zum Teil den anderen Parteien bei.[101]
Das war ein Zeichen der Normalisierung, denn gleichzeitig verlor der SSW als Partei der dänischen Minderheit seine Sonderrolle. Auch der SSW hatte mit zurückgehenden Wähleranteilen zu kämpfen, doch anders als der GB / BHE versank die Partei nicht in Bedeutungslosigkeit, wie es Erwin Lingk hoffte. Die Minderheit behielt ihre politische Repräsentanz. Sie konnte trotz zurückgehender Anteile wegen der besonderen Verhältnisse als dritte Kraft im Rat sogar noch ihren Einfluß steigern.

Abb. 178: Max Beyreis
(1900 in Bielefeld) aufgewachsen in Flensburg; Maurer; seit 1915 SPD-Mitglied; 30–33 Sekretär der Baugewerkschaft, 1933 entlassen, Berufsverbot; 36–46 als Maurer tätig. Stadtrat 46–63; Fraktionsvorsitzender; div. Ehrenämter, u. a. Bundesarbeitsrichter.*

Die SPD war ebenfalls auf dem Weg zu normalen Verhältnissen. Dort arbeiteten nach der Wiedervereinigung mit der Sozialdemokratischen Partei Flensburgs (SPF) Heimatvertriebene wie Erwin Lingk und Willi Sander wieder mit Einheimischen wie Walter Suck und Max Beyreis zusammen. Die Spaltung der Partei war endgültig überwunden.

Wechsel in Fraktions- und Kreisvorsitz

Die überragende Persönlichkeit der örtlichen Parteigliederungen der 50er und frühen 60er Jahre war zweifellos Max Beyreis. Viele Ämter hatten sich bei ihm im Laufe der Jahre angehäuft, und er hatte alles im Griff, wobei er manchmal auch ungemütlich werden konnte, wenn ihm etwas nicht paßte. Sein langer Arm reichte von den Gewerkschaften, deren Aufbau er nach 1945 tatkräftig mit eingeleitet hatte und deren Vorsitzender er seither war, bis zur Fraktion der SPD im Rathaus.
In der Partei war er einer der letzten Arbeitervertreter, der schon vor 1933 aktiv gewesen war. Er kam mit allen zurecht und führte die Fraktion mit starker Hand. (H. Schumann)
Doch die politische Zeit des stellvertretenden Stadtpräsidenten und Fraktionsvorsitzenden der SPD in der Flensburger Ratsversammlung war abgelaufen. Max Beyreis wolle zum 15. August 1964 sein Ratsmandat aus gesundheitlichen Gründen niederlegen, hieß es in der „Flensburger Presse“.[102] Nach langem Hin und Her ruhte seine Stadtrat-Position bis zur Kommunalwahl 1966, zu der ihn die Partei nicht mehr aufstellte. Walter Suck wurde sein Nachfolger als Stadtrat, und Willi Sander wurde Fraktionsvorsitzender.
Ein Jahr später, im April 1965, kam es zu einem weiteren Wechsel im Kreisverein Flensburg-Stadt. Erwin Lingk, der seit mehr als 15 Jahren Vorsitzender des Unterbezirks I und des Kreisvereins Flensburg-Stadt gewesen war, erlitt einen Herzinfarkt und mußte seine Parteiämter aufgeben. Sein Nachfolger als Vorsitzender des Kreisvereins wurde der Studienrat Dr. Wilhelm Hacker, der seit 1959 der Ratsversammlung angehörte. Er behielt das Amt nur zwei Jahre bis 1967. Von da ab war Walter Suck 1. Vorsitzender des Kreisvereins.

Problem: kaum aktive Frauen und junge Leute

Drei Schwierigkeiten kennzeichneten die Lage der Partei. Erstens war die Mehrzahl der Mitglieder älter als fünfzig Jahre, und viele von ihnen gehörten den Jahrgängen an, die noch im Kaiserreich großgeworden waren. Sie entstammten noch

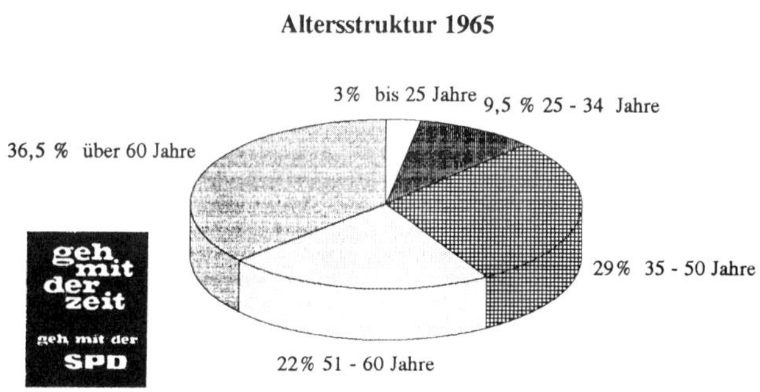

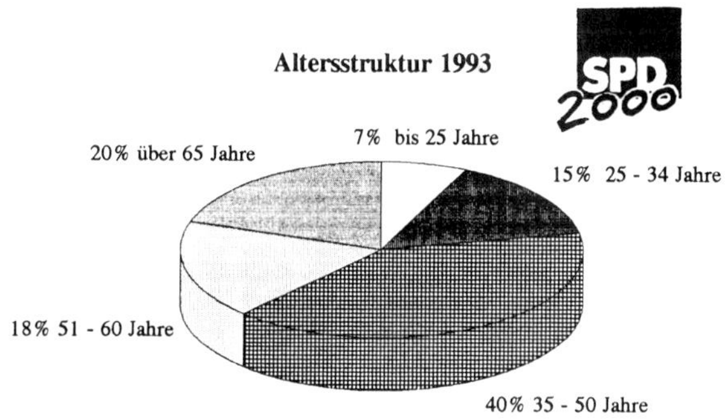

Abb. 179: Der Kreisverein hatte 1965 fast genau so viele Mitglieder wie 1993, nämlich etwas mehr als 560. Damals war er allerdings hoffnungslos überaltert, denn über 1/3 seiner Mitglieder gehörten den Jahrgängen 1905 und darunter an und hatten das Kaiserreich bewußt erlebt. Die Überalterung eröffnete gleichzeitig gute Aufstiegschancen für junge nachrückende Kräfte. Heute ist die Mehrzahl der Mitglieder zwischen 35 und 50.

überwiegend der Arbeiterklasse. Entsprechend waren ihre Vorstellungen an den sozialdemokratischen Traditionen orientiert.
Zweitens fehlte es an aktiven Frauen. Nicht einmal eine „Zählkandidatin" kam auf dem Listenvorschlag der SPD für die Kommunalwahl 1966 vor. Damit hatte diese Partei weniger Frauen in die Ratsversammlung entsandt als andere Parteien.[103] In der Legislaturperiode vorher war nur Juliane Dekker, die langjährige Parteisekretärin und Leiterin der Frauengruppe, für kurze Zeit von 1962–63 als „Ratsherrin" tätig.
Drittens fehlte der Partei die Jugend. Dies war besonders gravierend, weil die Flensburger SPD im Vergleich zu früher einen verhältnismäßig geringen Mitgliederstand aufzuweisen hatte. In dieser Hinsicht hatte sie sich noch nicht von der Spaltung erholt. Ein wesentlicher Teil der SPF war nämlich nicht der SPD, sondern dem SSW beigetreten. Infolgedessen zählte sie in der Mitte der 60er Jahre nur 550 Mitglieder gegenüber ca. 1800 am Ende der Weimarer Zeit (Mitgliederzahl der SPF 1948: ebenfalls 1800).
Doch nun traten zunehmend junge Leute in die SPD ein. Sie wurden zunächst nur geduldet, wenig später jedoch meldeten sie sich massiv zu Wort und kritisierten den Zustand der Partei, um schließlich den Kreisverband völlig umzukrempeln.

Abb. 180: Am 2. März 1962 lud der Ring Politischer Jugend, ein Zusammenschluß von Jusos, Jungdemokraten und der Jungen Union, zu einer Veranstaltung mit drei Kommunalpolitikern der SPD, CDU und FDP, die jeweils Referate über die Ziele ihrer politischen Arbeit hielten. Es kamen 36 Zuhörer. Am Rednerpult der Stadtrat Erwin Lingk (SPD).

Kritik und Krise

Mit der Großen Koalition in Bonn hatten viele Sozialdemokraten arge Erklärungsnöte. So berichtet Erwin Lingk in einer Mitgliederversammlung in Flensburg über den Landesparteitag im Sommer 1967, die Partei wolle im Zusammenwirken mit der CDU breiteren Schichten Nutzen bringen. Die SPD sei deshalb keine „Allerweltspartei" geworden, sondern verhindere, daß dem „kleinen Mann" die Rechnung für eine verfehlte Politik präsentiert werde.[104]
In Flensburg gab es eine Art Palastrevolte, an deren Ende die führenden Köpfe der Partei wechselten. Im Vorfeld der Entwicklung drängten die Jusos in den Vorstand und wollten in die Fraktion. Leute wie Egbert Müller-Veerse, Jürgen Voß, Gert Roßberg, Uschi Petersen, Klaus Matthiesen, Edith Gerstenberg und Uwe Gunnesson wollten nun mitmischen. Andere waren schon da, wie zum Beispiel Artur Thomsen und Helmut Schumann. Die Jungen wollten Reformen, eine neue Politik, etwas bewegen. Erste Station war die Neuwahl des Vorstandes. Es wurde plötzlich ein sehr junger Vorstand, der nicht zum „Establishment" gehören wollte.[105]
Immer mehr junge Leute stießen dazu. Sie meldeten sich als Parteimitglieder und erhielten blaue Parteibücher, während die Mitgliedsbücher früher immer rot gewesen waren. Die „Blauen" mobilisierten, allen voran Jürgen Voß und Dieter Cornelissen. Sie wollten die Jugend ansprechen und mit ihr ins Gespräch kommen, was auch gelang. Die Klimaänderung zeigte sich gerade an kleinen Beispielen: Die Jusos organisierten eine „Politfete" als völlig neue Wahlveranstaltung zur Kommunalwahl. Zwölf Stunden stand das Deutsche Haus Jugendlichen offen. Eingeladen war zum Schwoofen und

Diskutieren. Anwesende Politiker antworteten nur, „wenn sie gefragt wurden." Rund 1800 Besucher kamen zu Jazz und Beat. Dazu gab es Filme Non Stop.[106]

„Seien Sie ruhig!« – Aschenbecher flogen

Eine Veranstaltung zur Bundestagswahl 1969 im Deutschen Haus charakterisiert wohl am besten die allgemein gereizte Stimmung in jenen Tagen. Als die Bundesgesundheitsministerin Käte Strobel und die Bundestagsabgeordnete Annemarie Renger über die Einigung Europas sprechen wollten, funktionierten Jugendliche die Versammlung schnell um. Ungefähr 80 Jugendliche, die dem Sozialistischen Deutschen Studentenbund (SDS) nahestanden, trommelten mit ihren Fäusten auf die Tische und pfiffen die Ministerin aus. Sie erzwangen immer wieder Unterbrechungen. „Seien Sie ruhig, dies ist unsere Veranstaltung!" meinte etwas hilflos der Versammlungsleiter Walter Suck.[107] Darauf forderten die Jugendlichen die Wahl eines neuen Versammlungsleiters. „Sie haben hier gar nichts zu beantragen!" gab Suck zurück. Während dessen versuchte Jürgen Voß, der Vorsitzende der Jusos, zu vermitteln. Doch alles ging im allgemeinen Tumult unter, als mindestens 50 Leute auf die Bühne stürmten. Es gab ein wildes Handgemenge, Stühle flogen auf die Bühne, Saalordner prügelten dazwischen. Dann drängte die Polizei, die schon hinter der Bühne gewartet hatte, die Menge aus dem Saal. Die Gesundheitsministerin hatte dieses Ende der Versammlung nicht mehr mitbekommen. Sie entkam über die Hintertreppe. In der Nacht wurden dann noch die Scheibe des SPD-Büros eingeworfen und ein Molotow-Cocktail gegen ein Polizeiauto geschleudert. Eigentlich war nicht viel passiert, nur die Fensterscheibe im Parteibüro war kaputt. Trotzdem sah der Bundestagsabgeordnete Will Rasner von der CDU an seinem „Urlaubsort" Gelting Handlungsbedarf. Er sprach telegraphisch der Ministerin sein „aufrichtiges Bedauern" über die „pöbelhafte Behandlung durch linksradikale Rowdies" aus. Das seien „verhetzte Jugendliche".[108] Flensborg Avis nahm die Sache leichter, Käte Strobels Begeisterung für Flensburg sei wohl abgekühlt, meinte man dort.[109]

Abb. 181: Im Unterschied zu den Juso-Feten ging es bei den Veranstaltungen zum 100jährigen Bestehen des Kreisverbandes recht gesetzt zu, wie dies Bild von der Ausstellung „100 Jahre Ortsverein Flensburg" in der Buchhandlung Feldt, Norderstraße, zeigt. Vor der Tafel: Joachim Feldt.

Kandidatenkür

Bei der Aufstellung der Kandidaten für die Kommunalwahl 1970 war alles etwas anders. Erstmals fand die Veranstaltung im Deutschen Haus statt. Sie dauerte bis in die Nacht.
Im Vorfeld war es zu harten Auseinandersetzungen über eine neue Geschäftsordnung gekommen. Man wollte möglichst demokratische Verhältnisse, deshalb sollten alle Kandidaten die gleiche Redezeit erhalten, nämlich zwei Minuten.
Die Jusos suchten jeden auf, von dem sie erwarteten, daß er den Reformflügel unterstützen würde. Nun kamen fast 300 stimmberechtigte Mitglieder, überwiegend wiesen sie am Eingang blaue Parteibücher vor, die „roten" waren eindeutig in der Minderheit. Abgestimmt wurde nicht an Tischen, wie früher, sondern in geheimer Wahl in einer Wahlkabine. Auch dies war eine Neuerung.

Zwei Minuten Redezeit

Jeder Kandidat und jede Kandidatin stellten sich vor. Alle erhielten wie vereinbart zwei Minuten Redezeit. Auch dem Fraktionsvorsitzenden Willi Sander wurde das Mikrofon abgestellt, als er mit seinen Ausführungen nicht aufhörte. Bei der Abstimmung über die Listenplätze bekam er nicht wie erwartet den zweiten Platz. Resigniert verzichtete er auf eine erneute Kandidatur.
Unter diesen Umständen setzten sich die Reformisten durch. Noch nie zuvor waren so viele junge Kandidaten und Kandidatinnen aufgestellt worden.
Die SPD konnte in der Bundestagswahl im Oktober 1969 den Flensburger Wahlkreis erstmalig direkt gewinnen. Walter Suck wurde Bundestagsabgeordneter der Fördestadt. Auch die folgende Kommunalwahl im Frühjahr des nächsten Jahres wurde ein voller Erfolg für die Partei. Sie stellte nun die größte Ratsfraktion in Flensburg.

Anmerkungen

1 Franz Osteroth, 100 Jahre Sozialdemokratie in Schleswig-Holstein, Kiel o.J., S. 138
2 Ebd.
3 Vereinigungsbeschluß einer außerordentlichen Mitgliederversammlung der SPF
4 Vgl. S. 240.
5 FT 8.2.1954, S. 1
6 Zit. nach FT 15.5.1954, S. 2; - SHZ 5.4. u. 11.5.1954
7 FT 15.5.1954, S. 2
8 FT 19.5.1954, S. 1: „Bruch zwischen SSW und SPF jetzt vollzogen".
9 Neben national bestimmten Auseinandersetzungen gab es aber auch die traditionell guten Beziehungen zwischen dänischen und deutschen Sozialdemokraten. So besuchten Dänen aus Gravenstein ihre deutschen Genossen in Flensburg und wurden von A. Bruweleit als „Sendboten internationaler Verständigung" begrüßt. FT 9.6.1954, S. 3
10 FT 28.6.1954, S. 1
11 SHVZ 26.6.1954, zit. nach FT 3.7.1954, S. 2
12 FT 11.9.1954
13 ebd.
14 ebd.
15 S. Anhang S. 307: Ergebnisse der Wahlen in Flensburg von 1964 bis 1971.
16 FT 5.2.1955, S. 5
17 FT 5.2.1955, S. 5 u. 8.2.1955, S. 7: „Schlachta entgegnet Brauer".
18 Beschluß des Landtages vom 23.5.1955
19 FT 13.4.1955, S. 4: Listenwahlvorschlag der SPD: 1. Reiser, 2. Beyreis, 3. Sander, 4. Martens, 5. Funke, 6. Apfelbaum, 7. Schöllhorn, 8. Ernst Beier, 9. Heinz Möller, 10. Kühne . . .
20 FT 16.4.1955, S. 4
21 Wahlergebnis s. Anhang S. 307
22 FT 26.4.1955, S. 4.
23 28 Ja-Stimmen, 10 Gegenstimmen, 2 Enthaltungen
24 FT 23.4.1955, S. 11
25 Michael Joho, Die Geschichte der Metallarbeiterbewegung und ihrer Gewerkschaften in Flensburg, Flensburg/Hamburg 1992, S. 522ff
26 FP 22.11.1956, S. 1
27 Ebd.
28 FP 3.5.1957, S. 1
29 Ebd.
30 Ebd.

[31] FP 9.5.1957, S. 2
[32] FP 6.6.1957, S. 1
[33] Ebd.
[34] Ebd.
[35] FP 12.9.1957, S. 1
[36] Ebd.
[37] Ebd.
[38] Ebd.
[39] FP 26.9.1957, S. 2
[40] FP 24.4.1958, S. 5
[41] FP 12.2.1959, S. 9
[42] FP 13.8.1959, S. 2
[43] FP 1.10. 1959, S. 2 u. 7.10.1961, S. 1: „Grundsätze der SPD-Kommunalpolitik".
[44] FP 1.10.1959, S. 2
[45] StA X II V - SPD, Bd. 11
[46] Ergebnis der Kommunalwahl s. Anhang, S. 305
[47] FP 29.10.1959, S. 1
[48] FP 24.3.1960, S. 1
[49] FP 7.4.1960, S. 1
[50] StA XII V - SPD, Bd. 10
[51] FP 5.5.1960, S. 2
[52] StA XII V - SPD, Bd. 10
[53] FP 25.8.1960, S. 3
[54] FP 29.12.1960, S. 3
[55] FP 29.12.1960, S. 2
[56] FP 16.2.1961, S. 4
[57] FP 11.5.1961, S. 6
[58] StA XII V - SPD, Bd. 10; - FDP 15.12.1960, S. 2
[59] FP 13.7.1961, S. 1 u. 6
[60] Wahlergebnisse nach FP 21.9.1961, S. 1
[61] FP 21.9.1961, S. 1
[62] Ebd.
[63] FP 28.9.1961, S. 2
[64] FP 16.11.1962, S. 2
[65] StA XII V - SPD, Bd. 10 u. FP 23.11.1961, S. 1
[66] FP 11.1.1962, S. 1
[67] Ebd.
[68] FP 1.2.1962
[69] FP 8.3.1962, S. 10, 11, 13
[70] FP 8.3.1962, S. 2; - s. auch die ausführliche Darstellung im Gespräch zwischen K. Bartnitzke und M. Beyreis, FP 8.3.1962, S. 13
[71] FP 15.3.1962; - Wahlergebnisse s. Anhang S. 307
[72] FP 5.4.1962
[73] FP 21.6.1962, S. 1
[74] Ebd.
[75] FP 7.6.1962, S. 1
[76] Ebd.
[77] Ebd.
[78] FP 12.7.1962, S. 4 u. FP 8.11.1962, S. 1: „Wir sind zur Verantwortung bereit."
[79] FP 20.9.1962, S. 1 u. 8.11.1962, S. 1:; SPD-Initiative zur Werft-Situation. Käber: Werft-Sorgen müssen bald im Bundestag behandelt werden. MdL Lingk schrieb an SPD-Bundestagsabgeordnete. IG Metall kündigt Umstellung auf andere Fertigungszweige an."
[80] Stimmenverteilung s. Anhang S. 307
[81] FP 28.12.1962, S. 2; - vgl. auch die Auseinandersetzung im Briefwechsel E. Lingk - A. Schulz/G. Strack im April 1962, StA XII V - SPD, Bd. 10
[82] FT 12.3.1962
[83] Brief J. Steffens vom 18.11.1959 an M. Beyreis. Akten des Kreisvereins Flensburg, Akte „Vorsitzender"
[84] StA XII V SPD, Bd. 10 (Korrespondenz mit dem Landesverband) Brief Lingks an A. Schulz vom 18.4.1962: „In diesem Zusammenhang mußte auch darauf hingewiesen werden, daß die Meinungen sehr wandelbar sind, wenn ich z.B. nur daran denke, daß nach den Vorfällen von Mölln eine erneute Kandidatur des Genossen Steffen als nahezu ausgeschlossen angesehen wurde, während jetzt der Eindruck entstehen mußte, daß er als ‚Experte für Entwicklungsfragen' vorrangig unterzubringen sei. Ich bin sicher nicht der einzige, den solche Entwicklungen nicht befriedigen."
[85] FP 21.12.1961
[86] FP 9.11.1961, Kommentar Bartnitzke
[87] FP ebd.
[88] FP 1.3.1963
[89] FP 7.6.1962
[90] FP 14.6.1962
[91] FP 17.1.1963
[92] FP 20.12.1962, vgl. „CDU-Stellungnahme war falsch!", FP 7.2.1963
[93] FT 30.1.1963
[94] FP 16.5.1963
[95] FP 9.5.1963
[96] FP 2.5.1963
[97] FP 14.5.1964
[98] FA 20.5.1964
[99] Wolfgang Stribrny, Vertriebene und Flüchtlinge in Flensburg, in: Flensburg 700 Jahre Stadt, SFSt 36, Bd. 1, S. 423

[100] W. Stribrny, (Anm. 99), S. 422

[101] SHZ 12.9. u. 16.9.1964; - FT 12.9. u. 11.9.1964

[102] FP 2.7.1964

[103] Vgl. Thomas Hermann/Sabine Jebens-Ibs u.a.: „Alle Mann an Deck!“ - „und alle Frauen in die Kombüse?“ Frauen in der schleswig-holsteinischen Politik 1945-1958, Gegenwartsfragen 70, hrsg. von der Landeszentrale für Politische Bildung Schleswig-Holstein, Kiel 1993, S. 319

[104] FT 18.7.1967: Wiedergabe eines Referates von Jochen Steffen

[105] Heinz Podschun, stellv. Vorsitzender, nach: FT 17.4.1969

[106] FT 20.4.1970

[107] FT 6.8.1969: Offener Brief an die SPD.

[108] FT 7.8.1969

[109] FA 6.8.1969

Claus Olsen

Die Flensburger SPD von 1970 bis 1993

Die letzten zwanzig Jahre haben für die Partei insgesamt wie auch für den Kreisverband und die kommunalpolitische Arbeit erhebliche Umbrüche und Veränderungen gebracht. Im Grunde gab es in jeder Dekade entscheidende Klimawechsel: Anfang der Siebziger begann ein Reformjahrzehnt. Spätestens 1980 rückte die Sicherung der städtischen Finanzen in den Vordergrund, und seit 1990, nach der deutschen Vereinigung, ändern sich die Rahmenbedingungen noch einmal rapide.

Die 60er und 70er bedeuteten den „langen Abschied von der Arbeiterbewegung“[1], die SPD entwickelte sich tatsächlich, wie im Godesberger Programm gefordert, von einer „Partei der Arbeiterklasse zu einer Partei des Volkes“.[2]. Die Bedeutung der Ideologie nahm zwangsweise ab. Gleichzeitig wurde die Partei mehrheitsfähig – mehr noch, sie konnte ab 1969 entscheidende Positionen in der öffentlichen Meinung besetzen. Die Themen der Zeit waren die Themen der sozial-liberalen Regierung. Das Wort Willy Brandts vom Herbst 1969 „Mehr Demokratie wagen!“ stand für eine innere Reform der Bundesrepublik. Er erhielt die Zustimmung breiter Bevölkerungskreise für eine neue Ostpolitik und einen bildungspolitischen Aufbruch.[3] Dabei wurde die Mehrheit nicht ideologisch gewonnen, sondern durch überzeugende Politiker.[4]

Auch in Flensburg wehte nach 1968 ein frischer Reformwind. Mehr und mehr junge, gut ausgebildete Leute drängten in die Kommunalpolitik. Es hatte sich ein Generationswechsel vollzogen. Im neuen Schwung wurde konzentriert gearbeitet, weil eine ungeheure Euphorie und eine positive Zukunftserwartung vieles machbar erscheinen ließ. Die zeitweilige Konfrontation mit dem SSW Ende der 50er Jahre hatte sich bereits aufgelöst und war einer konstruktiven Zusammenarbeit gewichen, die bis heute anhält.

Dann, seit Mitte der 70er geriet der ehemalige „politische Flügel der Arbeiterbewegung“ innerparteilich in die Krise. Viele Diskussionen, die zwischen den Parteiflügeln in der Bundespartei über die sozial-liberale Politik entstanden, schwächten die Position „des Tankers SPD“ in der Ära Schmidt.

Auch in den örtlichen Gegebenheiten spiegelte sich die Entwicklung, denn als die vielen Reformideen in der Kommunalwahl 1974 nicht vom Wähler honoriert wurden und manches ins kommunalpolitische Räderwerk geriet, war der erste Schwung dahin. Die Umsetzung vieler Themen schleppte sich mühsam voran, Planungen dauerten jahrelang und wurden doch verworfen.

Nach der „Wende“ 1982 stabilisierte sich die Partei. Sie hatte aber weiterhin Schwierigkeiten mit der Rolle als einer „Allerweltspartei“[5], die sich aus vielen Bevölkerungsgruppen Wähler suchen muß und ihre traditionelle Stammwählerschaft nicht vergraulen darf. Mit der Öffnung für unterschiedliche Bevölkerungskreise schmilzt die Stammwählerschaft zwangsläufig dahin, während die Wechselwähler zunehmen. Gleichzeitig wird die Partei versuchen müssen, mit der gesellschaftlichen Entwicklung Schritt zu halten.

Eine „Modernisierung mit Bodenhaftung“[6] wird zwingender, weil sich Parteien im Wettbewerb um Wählerstimmen immer mehr angleichen, damit sie keine Wähler verlieren.[7] Politik ist überwiegend auf die nächste Wahl gerichtet.[8] Folglich schielen die Parteien eher auf Wählerstimmen als auf

Abb. 182 u. 183: Der Klimawechsel zur Kommunalwahl 1970 läßt sich auch an den Wahlprogrammen 1966 und 1970 ablesen. Erstmalig wurde 1970 eine Werbeagentur mit dem farbigen mehrseitigen Programm beauftragt, während der großformatige Prospekt der vorangegangenen Wahl zweifarbig gehalten war.

Mitgliederstimmung. Ihre Programme werden ähnlicher – wer will nicht soziale Gerechtigkeit, Wohlstand, Frieden, Umweltschutz usw. verwirklichen?[9] Die meisten Wähler achten deshalb mehr auf das „Outfit“. Für das „Produkt“ Partei als Markenartikel muß folglich mehr geworben werden. Von Politikern, die diese Parteien repräsentieren, erwartet das Publikum Kompetenz, Professionalität und solides Management; kurzum: gefragt sind telegene Persönlichkeiten, die „etwas bewegen wollen.“ Für die zukünftige Entwicklung gibt es mindestens zwei Wege: Entweder wird die Sozialdemokratische Partei ein Dienstleistungsunternehmen nach dem Modell der Demokraten in den USA, ähnlich geformt und geführt wie ein Großunternehmen – dabei treten die Ideale immer mehr in den Hintergrund, statt dessen managen die Politiker Interessen – oder die Sozialdemokraten besinnen sich auf ihre Tradition. Dann würden sie mehr eine Interessenvertretung sein, aber weniger Wähler an sich binden.

Mitgliederstruktur

Im schnellen Wandel der Lebensverhältnisse lösen sich die sozialen Milieus und traditionell eingewurzelte Lebensmuster immer mehr auf.[10] Deshalb muß die Partei nun auf diese unterschiedlichen sozialen Milieus achten, wobei das klassische Arbeitermilieu nur noch einen geringen Anteil an der Bevölkerung hat. Damit hat sich die Zusammensetzung der Wähler- wie der Mitgliederschaft grundlegend geändert: Es gibt nicht mehr den typischen SPD-Wähler und auch nicht mehr das typische Mitglied. Die Partei hat mit ihrem Parteiprogramm und der Wendung zur Volkspartei darauf reagiert. Nun sind Sozialdemokraten nicht mehr überwiegend „Arbeiter der Faust“, sondern repräsentieren die nivellierte Mittelstandsgesellschaft. Auch für die Ortsvereine hat diese Entwicklung unübersehbare Veränderungen gebracht. Sie können nicht mehr auf einen ähnlichen Lebenshorizont ihrer Mitglieder bauen, weil eine eigenständige Arbeiterkultur als übergreifender, sinnstiftender Hintergrund verlorengegangen ist. Dabei haben manche der älteren Mitglieder die soziale Orientierung und ein Stück Identität verloren. Gerade sie fühlten sich früher in der Partei zu Hause. Der Kontakt war enger, schon weil die Kassierer vorbeikamen, um die Mitgliedsbeiträge einzuziehen. Es gab Parteifeste und Versammlungen für alle. Auch das schaffte ein Zusammengehörigkeitsgefühl, das bei unterschiedlichen Interessen der Mitglieder nicht mehr aufrecht zu erhalten ist.

Der Flensburger Kreisverband öffnete sich schon lange vor 1970 für die Mittelschicht. Das lag zum Teil an den besonderen Gegebenheiten in der Grenzstadt. Hier gab es die Konkurrenz mit dem *Südschleswigschen Wählerverband* (SSW) um die Arbeiterschaft. Die dänische Minderheit zieht nicht nur mentalitätsmäßig Wähler an, sondern auch traditionell viele Arbeiter, besonders der Werft. Die SPD mußte sich wegen dieses Wettbewerbs um Wählerstimmen der Mittelschicht bemühen. Außerdem kam es im Vorfeld der Kommunalwahl 1970 zu einem Generationswechsel in den Führungsgremien der Partei. Die führenden Köpfe der Jusos, die „zornigen jungen Männer“, gut ausgebildet und engagiert, lösten die Alten ab. Damit nahm der Einfluß der Arbeiterschaft ab. Das war manchen Parteimitgliedern ein Ärgernis. Diese Entwicklungen führten zwangsläufig zu einer Modernisierung, allerdings blieb die Partei in manchem ein Traditionsverein. Daraus erwuchs ein Unbehagen an der Parteikultur, die in den Siebzigern zunahm. Besonders in der Zeit vor 1982, als sich die Grünen etablierten, wurden kritische Stimmen innerhalb der Partei laut, die sich auf die als unzureichend empfundene Basisarbeit bezogen. So benannte z.B. eine Arbeitsgruppe zum Münchener Parteitag einige Probleme und lieferte eine überaus kritische Zustandsbeschreibung:[11]

* Die Einbeziehung jüngerer, besser ausgebildeter Mitglieder, die in den letzten beiden Jahrzehnten zur Partei stießen, bereitet Schwierigkeiten.
* Viele Mitglieder sind nicht mehr so engagiert wie früher.
* Im Leben der Ortsvereine fehlt die Verbindung von Politik und Geselligkeit. Die Freizeitangebote sind dürftig.
* Seit Mitte der 70er Jahre stagnierten die Neuzugänge, erst nach dem Regierungsverlust in Bonn 1982 stiegen die Parteieintritte an.
* Lösungen werden oft durch endlose Debatten in Kommissionen erschwert. Es fehlt die Spontanität.
* Neue Funktionsträger können immer seltener gewonnen werden.

Abb. 184: Landesparteitag der schleswig-holsteinischen SPD in Flensburg am 23. Januar 1971: Am Rednerpult der damalige Bundesvorsitzende und Kanzler Willy Brandt. Auf dem Podium das Parteitagspräsidium (2. v. l. Walter Suck).

Abb. 185: Gert Roßberg (1932 in Münchhof/Sachsen) Dipl. Volkswirt; Studienleiter u. Stellvertr. Direktor der Akademie Sankelmark 62–73; seither Direktor der Volkshochschule Flensburg. Von 71–87 Vorsitzender des SPD-Kreisverbandes Flensburg. 1987–92 Mitglied des Schleswig-Holsteinischen Landtages*

* Die „Ochsentour" als typische Karriere ist in der Partei die Ausnahme geworden: Betriebsratsvorsitzender eines größeren Metallbetriebes, dann Stadtrat oder Abgeordneter. Dafür steigen eher besser Ausgebildete auf.[12]

Diese Kritik an der Ortsvereinkultur nahm nach dem Machtwechsel in Bonn ab, zumal wieder vermehrt Parteieintritte zu verzeichnen waren. Im lokalen Bezug gab es in dieser Zeit ebenfalls Diskussionen um die bestmögliche, bürgernahe Organisationsstruktur.

Nach 1974 wurden Stadtgruppen gegründet, um sich mit den Schwierigkeiten vor Ort besser vertraut zu machen. Zuvor hatte es lange Jahre nur einen Kreisverband gegeben, der gleichzeitig Ortsverein war. Diese Ortsteilgruppen waren eine Besonderheit der Flensburger Organisation, denn solche

FLENSBURGER RUNDSCHAU

Sozialdemokratische Zeitung für Flensburg

Nr. 1 Oktober 1984

Gefahr für die soziale Demokratie durch Arbeitslosigkeit und fehlende Ausbildung

Abb. 186: Im Oktober 1984 brachte der SPD-Kreisverein eine eigene Zeitung heraus. Sie sollte vierteljährlich erscheinen und kostenlos an alle Haushalte verteilt werden. Das Projekt scheiterte finanziell. Es erschienen nur wenige Ausgaben mit Beiträgen von Kommunal-, Landes- und Bundespolitikern der SPD. Chefredakteur war der SPD-Landtagsabgeordnete Uwe Gunnesson.

Untergliederungen waren nicht in den schleswig-holsteinischen Parteistatuten vorgesehen. Das führte zu einem geringeren Gewicht gegenüber dem Kreisverein, da die Stadtgruppen keine Delegierten wählen und keine Anträge für die Bundes- und Landesparteitage einbringen konnten. Andererseits waren die Stadtgruppen aber auch ein basisdemokratisches Element, weil die Mitglieder die Kandidaten direkt wählen konnten.

Besonders in den Gruppen Mürwik und Stadtmitte gab es starke Kräfte für eine Umorganisation des Kreisvereins. Man störte sich an der als ungerecht empfundenen Kandidatenauswahl für die Wahlen. Da die Mitglieder die gerade anwesend waren, die Wahl durchführten, konnte eine ungleichmäßige Mobilisierung zu unerwarteten Ergebnissen führen, die gar nicht den Mehrheitswillen widerspiegelten. Deshalb wollten die Gegner der bisherigen Regelung das Delegiertenprinzip.

Nach langer Kontroverse kam es 1989 zur Gründung von eigenständigen Ortsvereinen, die jeder für sich das Recht haben, Delegierte zu wählen. Dabei hofften die Befürworter der neuen Regelung auf eine Belebung der Parteiarbeit vor Ort. Diese Wünsche sind allerdings nicht in Erfüllung gegangen, wie es auch in der Gesamtpartei Bestrebungen gibt, das Delegiertenprinzip wieder zu relativieren, um direkt zu erfahren, was „die Basis" wünscht. Die Wahl eines Bundesvorsitzenden durch die Befragung jedes einzelnen Mitglieds im Juni 1993 ist ein Indiz dafür.

Aktivitäten der Ortsvereine

Stadtmitte
KREISVERBAND FLENSBURG

Abb. 187: Ortsverein Mitte: Informationsspaziergang am 16. September 1988 durch den Rummelgang. Die Mitglieder pflanzten einen Walnußbaum: (v. l. n. r.) Ingrid Franzen, Karin Franck, Hans Lisch, Brigitte Kottek, Knut Franck, Helmut Bock.

SPD SPD-Ortsverein Nord

Abb. 188: Ortsverein Nord:
Kommunalwahl 1990. Die vier Direktmandate im Bereich des OV konnten erobert werden. Die Aktiven feierten in ihrem Stammlokal „Olympia", ehemals „Kom in".

SPD ORTSVEREIN MÜRWIK

Abb. 189: Ortsverein Mürwik:
Bundestagswahlkampf für Egon Bahr in Flensburg am Twedter Plack.

SPD
Sozialdemokratische Partei Deutschlands
Ortsverein Adelby

Abb. 190: Ortsverein Adelby:
Auf Initiative des Ortsvereins wurde ein Wanderweg zwischen den Ortsteilen Sünderup und Tarup geschaffen. Der Steig mit Obstbaumbepflanzung (Foto) ist Teil eines umfangreichen Wanderwegekonzepts zur Naherholung. Ein weiterer Schwerpunkt der Ortsvereinsarbeit ist derzeit die Umweltpolitik.

SPD ORTSVEREIN ENGELSBY

Abb. 191: Ortsverein Engelsby:
Wie jedes Jahr im Frühling reinigten auch 1990 Mitglieder des Ortsvereins die seit 10 Jahren überall in der Umgebung angebrachten Nistkästen. Im Bild: Uwe Langholz, Wilhelm Flohr und J. Günter (v. l. n. r.)

SPD
ORTSVEREIN
WEST

SPD Ortsverein Süd

Abb. 192: Ortsverein Süd:
Während des Bundestagswahlkampfes im September 1976 sammelte die Mitglieder – hier Ellen Krohn – Unterschriften für eine Fußgänger-Signal-Anlage über den Ochsenweg an der Sylter Straße. Die Anlage wurde im Herbst 1977 installiert.

Abb. 193: Ortsverein West
Kinderfest im Juni 1991 auf dem Sportplatz Am Schützenhof, oganisiert von Christa Kolhorst, Matthias Hoppe-Kossak, Jens-Uwe Gunneson, Andrea Hoppe-Kossak, Elli Kahrs u. a.

Der „Genosse Trend“ ist in Flensburg nicht für oder gegen die Partei, es gibt gegenläufige Entwicklungen, was die Wählerstimmen betrifft. Während die SPD in Flensburg bei Bundestagswahlen seit 1972 beständig an Wählerstimmen eingebüßt hat, stieg sie als Landespartei in der Wählergunst auf. Die Bundes- und Landespolitik hat starke Auswirkungen auf die kommunalen Wählerentscheidungen gehabt, das zeigt sich besonders an den Wahlen von 1974 und 1982. Auch die Kommunalergebnisse stehen im Zusammenhang mit dem gesamten Meinungsklima für oder gegen die Partei.

Bei der Betrachtung der Kommunalwahlen fällt zunächst der geringe Stimmenanteil der SPD auf. Den Sozialdemokraten blieb es immer erspart, die absolute Mehrheit in der Fördestadt zu erringen. Das liegt daran, daß es traditionell eine starke dänische Minderheit gibt, die vom Südschleswigschen Wählerverband (SSW) vertreten wird. Ohne den starken SSW wird selten etwas durchgesetzt, weil die SPD ungern mit der CDU gemeinsame Sache macht, während die sonst andernorts aktiven Freidemokraten in der Grenzstadt keine Rolle spielen. Das läßt sich an einem Beispiel aufzeigen, der Oberbürgermeisterwahl von 1972.

Abb. 194: Willy Brandt und Egon Bahr am 25.9.1976 auf einer SPD-Wahlkampfveranstaltung auf Flensburgs Nordermarkt anläßlich der bevorstehenden Bundestagswahl

Abb. 195: Im August 1981 trug sich Bundeskanzler Helmut Schmidt während eines „Urlaubsbesuches“ in das Goldene Buch der Stadt Flensburg ein.

Oberbürgermeisterwahl 1972

Die Wahl fiel in eine Zeit, die für die Parteien CDU, SPD und SSW Chancen bot, die eigene Position zu stärken, weil wichtige Positionen im Magistrat neu besetzt werden mußten. Nicht nur die Wahlzeit des Oberbürgermeisters Heinz Adler (SPD) war abgelaufen, auch der Bürgermeister Dr. Helmuth Christensen (SSW) und der Stadtrat Karl-Heinz Hagenau (SSW) mußten sich neu zur Wahl stellen. Bereits mit der folgenden Kommunalwahlperiode von 1974 bis 1978 erreichten die übrigen Stadträte die Altersgrenze oder mußten sich ebenfalls zur Wahl stellen, mit Ausnahme des parteilosen Stadtbaurats Burhorn, der gerade sein Amt angetreten hatte. Eine weitere Facette der Angelegenheit waren die Ergebnisse der vorangegangenen Kommunalwahl von 1970, die einen klaren Trend zugunsten der SPD ergeben hatten. Innerhalb der SPD glaubte man, daß sich die Stimmengewinne fortsetzen würden, während der SSW ein schlechteres Ergebnis gegenüber der Wahl von 1966 erzielt hatte und deshalb zu diesem Zeitpunkt überproportional im Magistrat vertreten war. Die CDU war zwar wieder zweitstärkste Kraft in der Ratsversammlung geworden, stellte aber nicht den Bürgermeister.

Unter diesen Voraussetzungen rangelten die Parteien um ihren Einfluß auf die Besetzung der Positionen und suchten nach einem Koalitionspartner, mit dem sich am meisten durchsetzen ließ. Im Zentrum der Auseinandersetzungen stand die Wahl des Oberbürgermeisters. Sowohl die SPD als auch die CDU erhoben Anspruch auf diese Position, mußten aber für die Wahl einen sicheren Partner finden, weil keine der Parteien die Mehrheit im Rat hatte. In dieser Lage tat sich eine theoretische Möglichkeit für die beiden großen Parteien SPD und CDU auf: Sie konnten sich zusammentun zu Lasten des SSW, wobei der SPD die Wahl ihres Oberbürgermeisters sicher gewesen wäre und die CDU die Position des Bürgermeisters aus ihren Reihen hätte besetzen können. Tatsächlich gab es am 14. Juli 1971 ein Sondierungsgespräch zwischen der SPD und der CDU, das aber zunächst nur informellen Charakter hatte. Intern aber erarbeiteten ein Stadtrat der CDU und einer der SPD jeweils ein Strategiepapier. Beide Denkschriften kamen zum gleichen Schluß. Ein Zusammengehen beider Volksparteien konnte für beide Seiten Vorteile bringen und den Einfluß des SSW entscheidend zurückdrängen.

Ein Mitglied der SPD-Ratsfraktion informierte die SSW-Fraktion, und anonym wurden die Strategiepapiere übersandt. Der SSW empfand die Überlegungen aus dem Kreis der SPD-Ratsfraktion als Verrat, hatte doch die dänische Minderheit seinerzeit die Wahl des sozialdemokratischen Oberbürgermeisters erst ermöglicht.

Das Strategiepapier des SPD-Mannes enthielt einen Denkfehler, der die Position der SPD aufs höchste gefährden mußte: Es gab nämlich auch die Möglichkeit, daß sich der SSW mit der CDU gegen die SPD verbünden könnte, was auch geschah. Der Fraktionsvorsitzende des SSW meinte Ende Oktober 1971 vor einer Delegiertenversammlung seiner Partei: „Wir waren gezwungen, schnell zu handeln, denn wir waren uns darüber klar, daß die SPD uns an die CDU verkaufen wollte und daß die CDU zu einem Resultat mit der SPD kommen würde, falls wir nicht eine Absprache mit der CDU träfen."[13] Die Vereinbarung mit der CDU sah daher vor, einen OB-Kandidaten der CDU zu unterstützen, während die CDU gleichzeitig zusicherte, den Bürgermeister, den der SSW stellte, wiederzuwählen. Erst als die SPD nach vielen internen Diskussionen und einem Mitgliederbeschluß ein erneutes Angebot an den SSW abgab, die Bedingungen der Minderheit zu erfüllen, kündigte die SSW-Ratsfraktion ihr Abkommen mit der CDU. Adler, Hagenau und Dr. Christensen wurden wiedergewählt.

Diese Auseinandersetzungen hatten gezeigt, wie sehr die Sozialdemokraten auf den SSW angewiesen waren. Nun wollte man ganz sicher gehen. Deshalb kam es schon im Juni 1973 zu einer schriftlichen Vereinbarung zwischen SPD und SSW, bei der Oberbürgermeisterwahl 1978 den Kandidaten der SPD zu wählen.[14] Später gab es weitere interne Absprachen unter den Fraktionen, welche Partei entsprechend der Gemeindeordnung hauptamtliche Funktionen im Magistrat der Stadt besetzen konnte. Entsprechend parlamentarischem Brauch stellt die stärkste Fraktion den Stadtpräsidenten. Bei der Wahl zum Oberbürgermeister hingegen konnte die SPD seither ihre Kandidaten immer durchsetzen, während seit der Reform der Magistratsverfassung die beiden anderen Parteien die beiden Bürgermeister stellen. Der Stadtbaurat als besoldeter Wahlbeamter wurde bisher von der CDU vorgeschlagen, der Dezernent für das Umwelt- und Grünamt vom SSW und der Sozialdezernent von der SPD. Diese internen Regelungen führten über lange Jahre zu einer konstruktiven Zusammenarbeit trotz wechselnder Mehrheiten, wobei es den Parteien überlassen blieb, welchen Kandidaten sie auswählten. In letzter Zeit ist diese einvernehmliche Regelung der Parteien in die Kritik geraten, aber bisher nicht ernsthaft infrage gestellt worden.

Nach 1974 gab es zwar keine offizielle Koalition der drei im Rat vertretenen Fraktionen, meistens arbeitete die SPD aber sachbezogen mit dem SSW zusammen. Dabei war die Arbeit im positiven Sinne am Gemeinwohl orientiert. Wenn wichtige Projekte angegangen wurden, gab es Kontaktgespräche mit dem SSW, so daß das Abstimmungsverhältnis im Magistrat abzuschätzen war. In manchen Fragen stimmte die SSW-Fraktion auch mit der CDU gegen die SPD und erhielt sich so ihre Unabhängigkeit. Notfalls stimmten auch Teile der SSW-Fraktion mit der CDU und andere für die SPD.

Konkurrenz zwischen SPD und SSW

Der SSW hat einen starken Arbeiterflügel neben bürgerlichen Anteilen. Das erklärt auch die besondere Nähe zu SPD. Da die Mitgliederschaft beider Parteien, soziologisch gesehen, ähnlich aussieht, gab es auch eine Konkurrenz um Wähler und Mitglieder. Manchem Sozialdemokraten war der SSW mit seinem Arbeiterflügel auch ein Ärgernis, weil die Politik des SSW auch viele potentielle Wähler der SPD anspricht. Ein Teil der Wähler und Mitglieder des SSW gab seit 1969 bei Bundestagswahlen, zu denen die Minderheit nicht mehr antritt, den Kandidaten der SPD ihre Stimme. Die Unterstützung der SSW-Wähler war besonders für Willy Brandt groß, der durch seine Zeit in Norwegen der skandinavischen Lebensart nahestand. Das sehr gute Abschneiden der SPD zu den Bundestagswahlen 1969 und 1972 in Flensburg hat hierin eine seiner Ursachen. Bei Kommunal- und Landtagswahlen fehlten diese Stimmen natürlich.

Auch an der verhältnismäßig geringen Zahl von SPD-Mitgliedern zeigt sich die Konkurrenzsituation der beiden Parteien. Gerade deshalb war das Verhältnis nicht immer frei von Spannungen. Das mag folgende Episode verdeutlichen:

Die Sozialdemokraten feierten im großen Saal des Deutschen Hauses ein herbstlich verrutschtes Sommerfest,[15] als in den letzten Tagen des September 1977 die ersten Blätter fielen. Der direkt gewählte Bundestagsabgeordnete Egon Bahr, der zugegen war, bemerkte angesichts der gähnenden Leere im Saal, daß es wohl in Flensburg zuwenig Parteimitglieder gäbe.[16] Zufällig wurden einige Tage später ohne die Mitwirkung eines Flensburger Sozialdemokraten Mitglieder des SSW in Harrislee angesprochen, ob sie nicht in die SPD eintreten wollten. Das rief den SSW-Landtagsabgeordneten Karl-Otto Meyer auf den Plan. Er beschwerte sich bei der SPD-Landtagsfraktion über die „Abwerbeaktion" und schrieb in Flensborg Avis, das sei „kein Tintenschuß aus einer Wasserpistole", sondern ein echter Warnschuß.[17] Er verwies auf alte Tendenzen Anfang der Sechziger innerhalb der SPD, die seiner Meinung nach auf eine Angliederung des SSW an die SPD hinauslaufen sollten. Seine Befürchtungen waren überzogen, wie Gert Roßberg, der Vorsitzende des SPD-Kreisverbandes, in einem Leserbrief betonte.[18]

Die Kommunalwahlen von 1970 und 1974

Die Aufbruchstimmung 1970 war an der jungen Mannschaft abzulesen, die sich um Plätze im Ratssaal bewarben. Während die SPD-Ratsmitglieder 1962 ein Durchschnittsalter von 51,2 Jahren hatten[19], lag der Altersdurchschnitt 1970 bei den gewählten Kandidaten bei 40,3 Jahren.[20] Erstmals wurde eine Werbeagentur mit der Herausgabe einer griffigen, umfangreichen und *farbigen* Broschüre an alle Haushaltungen beauftragt. Dieses Programm war ganz auf Aufbruch fixiert.[21] Die Macher gaben sich selbstbewußt: „Wir schaffen das moderne Flensburg." Die Stadt sollte nach den Vorstellungen der überwiegend jungen Kandidaten eine Stadt der Jugend sein und ein Zentrum für Bildung und Kultur.

Viele Projekte für die Fördestadt wurden erstmals angesprochen und zielgerichtet weiterverfolgt. Vieles was hier angedacht wurde, fand sich im folgenden Wahlkampf im Jahr

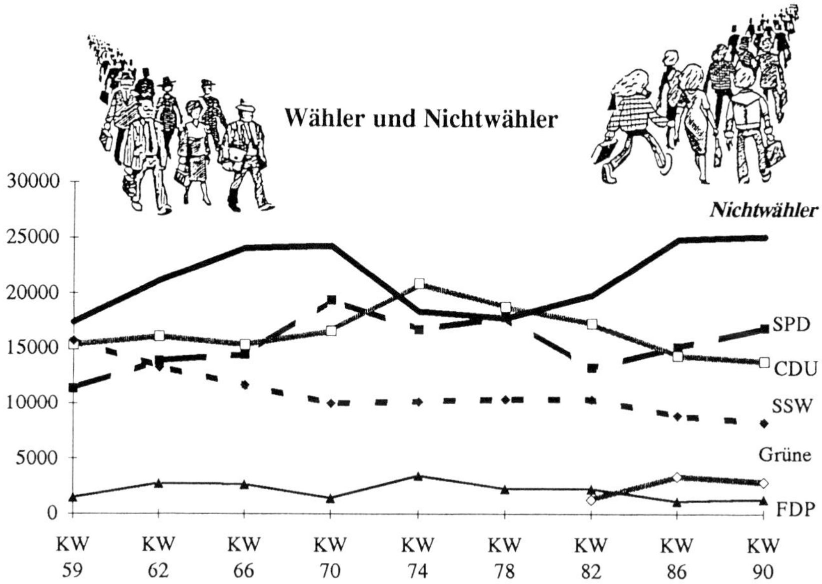

Abb. 196: Kommunalwahlergebnisse von 1959 bis 1990

1974 wieder, bei dem erstmals auch die Einwohner Tarups und Sünderups mit angesprochen wurden.[22] Die Reformpläne der Sozialdemokraten waren vielversprechend, und vieles sollte auf den Weg gebracht werden, was man im vorangegangenen Wahlkampf versprochen hatte:[23]

* Im Bildungsbereich hatte man sich für ein Schulzentrum Ost stark gemacht[24] und dachte an die Verwirklichung von Gesamtschulen.[25] Flensburg sollte außerdem Universitätsstadt mit einer Technischen Hochschule werden. Tatsächlich wurde im Januar 1974 voreilig der Bau einer Gesamthochschule, der Technischen Universität für Maschinenbau, angekündigt.[26]
* Verkehrspolitisch dachte die Partei an den Ausbau des öffentlichen Nahverkehrs, während man den Individualverkehr durch die Schaffung einer Fußgängerzone im Innenstadtbereich zurückgedrängt hatte. Gleichzeitig wurde die Planung für die Osttangente, eine Umgehungsautobahn, vorangetrieben und die Trasse vorsorglich aus der Luft vermessen.
* Für den sozialen Bereich faßte man einen Krankenhausneubau ins Auge, der keine Privatbetten mehr haben sollte, dafür aber die medizinische Versorgung für alle auf hohem Niveau sichern sollte.
* Die Altstadtsanierung war ein wichtiges städtebauliches Projekt. Die Stadt schloß mit der Neuen Heimat Nord einen Sanierungsvertrag.[27]

Die Kandidatenliste von 1974 ähnelte der vorangegangenen. Es ist kein personeller Bruch spürbar. Die meisten Ratsfrauen und -herren kandidierten wieder. Bei den Berufen der Bewerber hatten die Lehrer einen klaren Vorsprung, es gab aber

Abb. 197: Drei Repräsentanten der Flensburger SPD – Artur Thomsen, Walter Suck und Heinz Adler – zusammen mit Willy Brandt während einer Fahrt auf der Flensburger Förde

auch einen Studenten (der später Lehrer werden sollte), „den" Kraftfahrer und „den" Malergesellen.

Der Kommunalwahlkampf versprach, interessant zu werden. Alles war im Aufwind, der Zwang zum Sparen (noch) nicht das Diktat der Stunde. Doch die Probleme waren schon nahe, als die westlichen Industrienationen von der Ölkrise erfaßt wurden, die für einen wirtschaftlichen Einbruch sorgte. Die SPD konnte eine Reihe von kommunalpolitischen Erfolgen verbuchen und besetzte wichtige kommunalpolitische Ämter: Heinz Adler war, wie oben beschrieben, als Oberbürgermeister wiedergewählt, seit 1970 stand Artur Thomsen als Stadtpräsident der Ratsversammlung vor, Walter Suck vertrat als Bundestagsmitglied die Fördestadt in Bonn, und Klaus Matthiesen war für Flensburg im Kieler Landtag.

Man fühlte sich stark. Eigentlich hätte die Partei haushoch gewinnen müssen, und doch steckte sie 1974 eine empfindliche Wahlschlappe ein. Daran waren unter anderem die Ölpreiserhöhungen schuld. Die Preise stiegen allgemein stark an. Das beunruhigte auch die Beschäftigten des öffentlichen Dienstes, die sich in der Lohnentwicklung benachteiligt fühlten, und führte zum Lohnkampf im Februar 1974. Die Beschäftigten der Nahverkehrsbetriebe, der Versorgungseinrichtungen, der Post, des Kraftfahrtbundesamtes, des Theaters und – besonders unangenehm – der Stadtreinigung streikten. Nach nicht einmal einer Woche gab die Regierung nach und erhöhte die Bezüge weit über ein vertretbares Maß. Damit war der Kreislauf komplett. Hatte es erst im Gefolge des Ölkriegs Preissteigerungen gegeben, auf die nach dem Streik Lohnerhöhungen folgten, so wurden anschließend die Preise für Gas und Strom sowie die Fahrpreise nach oben korrigiert.[28]

Der Stimmenverlust war den Sozialdemokraten unter diesen

Vorzeichen sicher, mit der Folge, daß die CDU erhebliche Stimmengewinne verbuchen konnte. Die Mehrheiten waren prozentual gegenüber der Wahl von 1970 sogar auf den Kopf gestellt. Hatte 1970 die CDU einen Stimmenanteil von 34,9 %, so waren es jetzt 40,5 %, während die SPD vier Jahre zuvor noch auf 41 % gekommen war, konnte sie nur noch magere 32,5 % der Wähler für sich gewinnen. Gemeinsam verfügten die Sozialdemokraten und die dänische Minderheit über eine Stimme mehr als CDU und F.D.P. Das war für die Sozialdemokraten ein starker Ansporn zu einem möglichst konstruktiven Verhältnis mit dem SSW. Wieder fiel dem SSW die Schlüsselrolle zu. Nur der Stadtpräsident wechselte. Die Freien Demokraten erzielten ihr bestes Ergebnis und sicherten sich drei Ratssessel. In den folgenden Kommunalwahlen scheiterten sie allerdings immer an der 5%-Klausel.
Trotz der Ohrfeige für die SPD: Die Partei hatte mit ihren Plänen nicht nur die Ziele für einen Wahlkampf benannt, sondern für zwei Jahrzehnte. Wie weit die Wegstrecke war, bis einige Projekte verwirklicht wurden, wußte bloß noch keiner.

Kommunalwahl 1978

Im folgenden Kommunalwahlkampf blieben die großen Themen die gleichen, doch die Partei war müder geworden. Neue Ideen waren schwierig zu finden. Es fehlten jetzt weitreichende Visionen, weil die Partei im vorangegangenen Wahlkampf ihr Pulver verschossen hatte. Sie konnte auch nicht ständig das kommunale Rad neu erfinden. Dafür setzte sich mehr und mehr eine ganz andere Erkenntnis durch: Die finanziellen Spielräume für kommunales Gestalten wurden langsam enger, es fehlte an Geld für große Projekte.
Zum Präludium des Wahlkampfs 1978 jammerten die Sozialdemokraten über den christdemokratischen Sozialminister in Kiel. Der behinderte den großen Plan, ein neues städtisches Krankenhaus an der Eckernförder Straße zu errichten.[29] Überhaupt schien alles auf einer ganz langen Bank vor sich hinzuschmoren.[30] Die „Osttangente“ sollte so gut wie gebaut sein, ein Meilenstein war jedoch noch nicht in Sicht. Die Stadt hatte alles auf dem Sandberg hergerichtet, doch eine Techni-

Abb. 198: Klaus Bartnitzke (1930 in Elbing/Ostpreußen) Redakteur der Volkszeitung in Eckernförde und Husum. 60–66 Chefredakteur der „Flensburger Presse“; 69–76 ehrenamtlicher und 76–92 hauptamtlicher Stadtrat in Flensburg. 69–76 Fraktionsvorsitzender der SPD.*

Abb. 199: Helmut Schumann (1939 in Stolp/Pommern) seit 1946 in Flensburg. Kaufmann der Grundstücks- und Wohnungswirtschaft. Seit 68 im Vorstand des Selbsthilfebauvereins Flensburg eG, seit 1975 Vorsitzender des Vorstandes (Direktor), 76–87 Fraktionsvorsitzender der SPD in der Flensburger Ratsversammlung.*

Abb. 200: Knut Franck (1940 in Berlin), aufgewachsen in Bayern. 60–66 Zeitsoldat; Abitur auf dem zweiten Bildungsweg; seit 73 Gymnasiallehrer; seit 87 Fraktionsvorsitzender der SPD-Ratsfraktion in Flensburg.*

sche Universität war immer noch nicht da. Dafür fielen neue städtische Pläne bescheidener aus und waren weniger weitsichtig. So wurde ein Parkdeck über dem ZOB angedacht, gleichsam der Nierentisch als Doppeldeckerformat.[31] Eine autogerechte Trasse dahinter sollte die relative Ruhe an der Wilhelmstraße und der Süderfischerstraße beenden,[32] eine Idee, die noch aus den planerischen Vorgaben der Nachkriegszeit stammten. Diese Pläne stießen später aber im Kreisverband der SPD auf entschiedene Ablehnung und wurden nicht weiterverfolgt.[33] Ein Nebenthema war erstmals der Ausbau der Fernwärme in Flensburg.[34] Seit 1969 war diese ökologisch und ökonomisch zukunftsweisende Technik vorangetrieben worden. Die Bedeutung dieser Neuerung wurde zunächst noch nicht so umfassend gewürdigt, brachte die Stadt aber in eine Vorreiterrolle wie kein zweites Projekt.
Die CDU als große Gegenspielerin profitierte nicht von der Situation, obwohl sich die Partei mächtig ins Zeug legte. Sie hatte ihren Zenit, was den Wählerzuspruch betrifft, schon hinter sich, während der SSW in gewohnter Manier rund 20 % der wählenden Bevölkerung hinter sich bringen konnte. Die SPD konnte sich von ihrem Tiefschlag in der vorangegangenen Wahl etwas erholen, wurde aber nicht stärkste Partei. Die Situation führte im Vergleich zu einem Stimmengewinn für die SPD, obschon die Partei weniger anzubieten hatte als 1974. Das lag vor allem an der breiten Zustimmung zu Bundeskanzler Helmut Schmidt, der die Krise des „Heißen Herbstes" bewältigt hatte.

Abb. 201: Dr. Bodo Richter (1941 in Flensburg) 70–73 Verwaltungsrichter; 73–78 Bürgermeister in Schleswig; 78–82 Oberbürgermeister in Flensburg. 82–88 Oberstadtdirektor in Wuppertal; – seit 88 Staatssekretär in der Schleswig-Holst. Landesregierung.*

Mitten in den Wahlkampf hinein wurde Heinz Adler, der langjährige Oberbürgermeister, 65 Jahre alt. Ihm folgte im November 1977 der Jurist Dr. Bodo Richter als neuer Oberbürgermeister. Das Ergebnis der Wahl war entsprechend der Sitzverteilung in der Ratsversammlung knapp[35], doch durch die Vereinbarung zwischen SPD und SSW sicher. Der neue Oberbürgermeister Dr. Bodo Richter meinte zum Amtsantritt mit Blick auf die knappen Finanzen, daß er in Zukunft unpopuläre Maßnahmen zu vertreten habe.[36] In seiner Amtszeit wurde die Sanierung der Altstadt vorangetrieben. Außerdem wurden die hauptamtlichen Stellen im Magistrat von sieben auf fünf Positionen verringert.

Wahlen in den Achtzigern

Die nächste Wahl im März 1982 wurde vollständig von der desolaten Bundespolitik der SPD überschattet, der Bruch der Koalition stand bevor. In Flensburg gab es Initiativen „Demokratischer Sozialisten"[37], und die Jusos im Land wollten am liebsten aus dem Kanzlerwahlverein aussteigen, aber keinen „eigenen Laden" aufmachen.[38] Auf dem Landesparteitag in Harrislee bei Flensburg, dem der Kanzler „aus Termingründen" fernblieb,[39] kritisierte der Landesvorsitzende Günther Jansen die Bonner Sparbeschlüsse als unsozial und sprach sich gegen Atomenergie und Nachrüstung aus.[40] Auf dem Parteitag wurde auch eine „Flensburger Erklärung" verabschiedet, deren Zielsetzung die völlige Gleichstellung der dänischen Volksgruppe war. Sie wurde Grundlage der sozialdemokratischen Minderheitenpolitik in Schleswig-Holstein. Die Partei knüpfte dabei an ihre „Kieler Erklärung" von 1949 an.
Das SPD-Wahlprogramm verlangte sparsame Haushaltführung, aber nicht um jeden Preis. Die Themen waren in Grunde die alten: Neubau der städtischen Frauen- und Kinderklinik und der Jugendeinrichtungen. Die Integrierte Gesamtschule wurde von der Landesregierung verlangt und der Aus-

bau der dezentralen Energieversorgung hervorgehoben.[41] Die bewährten Einrichtungen des Senioren- und des Jugendpasses sollten beibehalten werden.[42]
Die Kommunalwahl wurde mit Spannung erwartet und galt als Testwahl für die Stimmung in der Bevölkerung. Der Partei fehlte es allerdings an Geld für den Wahlkampf,[43] und die Parteiprominenz zeigte sich kaum in Schleswig-Holstein.[44] Die SPD wurde die „eindeutige Verliererin“ der Wahl.[45] Hatte man 1974 geglaubt, tiefer könnte die Partei nicht rutschen, so ging es z. B. in Flensburg noch einmal bergab auf 28,5 % der Wählerstimmen. Die Sozialdemokraten waren wieder da, wo sie Ende der 50er Jahre standen. Da war es gut, daß es den soliden, sicheren Partner SSW gab. Außerdem war die grüne Bewegung noch gespalten in „Grüne Liste“ und „Die Grünen“. Beide zogen SPD-Anhänger an, scheiterten aber an der 5%-Klausel. Der Wahlausgang wurde allgemein auf die Schwäche der Bonner Regierung zurückgeführt und auch in Dänemerk als Weg zum politischen Wechsel gedeutet.[46] Die „Sofawählerstimmen“[47] waren der Partei verlorengegangen.

Abb. 202: Egon Bahr geb. 1922 in Treffurt/Thüringen. Journalist; 1960–66 Leiter des Presse- und Informationsamtes des Landes Berlin; 1967 Botschafter; 1969 Staatssekretär im Bundeskanzleramt; 1972–76 Bundesminister; 1976–81 Bundesgeschäftsführer der SPD. Seit 1984 Wissenschaftlicher Direktor des Instituts für Friedensforschung und Sicherheitspolitik, Hamburg.
Von 1976–83 vertrat Egon Bahr als direkt gewählter Abgeordneter den Wahlkreis 1 (Flensburg-Schleswig) im Bundestag, 1983–90 über die SPD-Landesliste gewählt.

Die Männer wählten eher die CDU[48], und die jungen Leute liefen zu den Grünen über.[49] Nur die Frauen hielten der SPD die Treue. Insgesamt mußten die Kommunalpolitikerinnen und -politiker für Fehler büßen, die sie nicht begangen hatten.[50]
Ende 1982 mußte sich die SPD-Ratsfraktion auf die Suche nach einem neuen Kandidaten für die Wahl zum Oberbürgermeister begeben, weil der Amtsinhaber Dr. Bodo Richter als Oberstadtdirektor nach Wuppertal ging. Erstmals erhob auch der SSW den Anspruch auf diese Position und benannte des Assessor Paul Hertrampf als seinen Kandidaten. Neuer Oberbürgermeister wurde der Kandidat der SPD Olaf Cord Dielewicz. Ein Schwerpunkt seiner Arbeit wurde die regionale Wirtschaftsförderung mit dem Ziel, ein positives Wirtschaftsklima in der Stadt zu erhalten und möglichst neue Produktionsbetriebe an die Förde zu holen.
Nach dem Machtwechsel in Bonn mußten zwei Wahlkämpfe parallel bestritten werden, denn die Landtagswahl und die Wahl zum Bundestag fielen auf den März 1983 und lagen nur eine Woche auseinander. Viele Parteimitglieder waren gefordert. Für den Flensburger Kreisverband kam noch eine weitere Belastung hinzu, als im Januar 1983 der Flensburger Landtagskandidat und Oppositionsführer im schleswig-holsteinischen Landtag, Klaus Matthiesen, schwer erkrankte.

Abb. 203: Klaus Matthiesen (1941 in Gangerschild/Angeln) Postassistent, Studium der Sozialarbeit. 1968 Studienleiter Akademie Sankelmark; 73–83 Fraktionsvorsitzender der SPD und Oppositionsführer im Landtag; seit 1983 Landesminister in Nordrhein-Westfalen.*

Abb. 204: Uwe Gunnesson (1935 in Flensburg) Diplom-Handelslehrer. 1970–76 Ratsherr; 1976 Stadtrat in Flensburg; 1976–92 Mitglied des Schleswig-Holsteinischen Landtages, 1988–92 Parlamentarischer Vertreter des Ministers für Wirtschaft, Technik und Verkehr.*

Die Wahlkampfleitung in Kiel rief zu einer Initiative „Wir helfen Klaus Matthiesen" auf, um ihm das Direktmandat zu sichern. Am 21. Februar traten sogar von den elf schleswig-holsteinischen Bundestagsabgeordneten acht als Wahlhelfer in Flensburg an.[51]
Seit 1982 hat sich die SPD bei Kommunalwahlen wieder verbessert. Die Wahl im März 1986 wurde als Zeichen gesehen, daß die Stimmung im Lande für die SPD war. Die Partei verbesserte ihr Stimmergebnis in allen Altersgruppen.[52] Wenn zu diesem Zeitpunkt Landtagswahlen gewesen wären, hätte die CDU-Landesregierung die Mehrheit verloren.[53] Grund genug für den damaligen Ministerpräsidenten Barschel, der Bonner Regierung die Schuld an der CDU-Wahlniederlage zuzuweisen.[54] Viele Wähler der CDU waren entweder der Wahl ferngeblieben oder hatten die SPD gewählt, wie Wahlforscher meinten.[55] Zudem wurde wieder einmal deutlich, daß die SPD eine hohe Stammwählerschaft hat.[56]

Kommunalpolitische Akzente in den 90ern

Seit der Wahl im März 1990, aus der die SPD gestärkt mit einem sehr guten Ergebnis hervorging, hat die Partei sogar drei Überhangmandate in der Fördestadt und bildet damit eine ungewöhnlich große Fraktion.
Die Arbeit konzentriert sich unter anderem auf folgende Themen:
In der *Verkehrspolitik* wird der zweispurige Ausbau der Osttangente durch das Lautrupsbachtal weiter verfolgt, um die

Abb. 205: Ingrid Franzen (1947 in Lundsdorf/Krs. Rendsburg-Eckernförde) Rechtspflegerin. Vorsitzende der Arbeitsgemeinschaft Sozialdemokratischer Frauen in Flensburg. 1982–92 Ratsfrau und Stadträtin. Seit 1992 Mitglied des Schleswig-Holsteinischen Landtages.*

Abb. 206: Lothar Hay (1950 Hattstedt/Nordfriesland) Grund- u. Hauptschullehrer. 1975–79 stellv. Kreisvorsitzender der Flensburger SPD. 1978 Ratsherr, 1986–92 Stadtpräsident. Seit 1992 im Schleswig-Holsteinischen Landtag.*

Abb. 207:
Peter Rautenberg (1932 in Hamburg) Dipl. Verwaltungsfachwirt; Beamter bis 74; 74–89 Bauprojektleiter für Stadtsanierung in Flensburg. Seit 90 Ratsherr (SPD); seit 92 Stadtpräsident.*

Innenstadt zu entlasten. Außerdem strebt die Fraktion seit 1985/86 verstärkt eine Verkehrsberuhigung in den Wohnbereichen an. Dazu dienen Tempo-30-Zonen sowie die Verknappung von Parkplätzen für Dauerparker in der Innenstadt, die keine Anwohner sind. Gleichzeitig soll dem Öffentlichen Nahverkehr Vorrang eingeräumt werden, mit der Einführung von Busspuren und einem Angebot an „Park and Ride"-Verkehr. Zum Verkehrswegekonzept neu hinzugekommen ist der verstärkte Ausbau des Radwegenetzes, damit Flensburg eine „radfahrerfreundliche" Innenstadt bekommt.
Die *Umweltpolitik* konzentriert sich unter anderem auf das Problem der Müllbeseitigung. Hier strebt die SPD-Ratsfraktion ein Konzept mit dem Kreis an. Dazu soll eine verbesserte Kontrolle über den Verbleib des Mülls eingeführt werden. Problematisch bleibt gleichwohl, was mit dem steigenden Aufkommen an Verpackungsmüll tatsächlich geschehen soll.
Die Diskussion über die *städtischen Finanzen* haben erheblich zugenommen. Ein Blick in den städtischen Haushalt zeigt, daß zwei Positionen fast 2/3 (!) der städtischen Ausgaben ausmachen: Die Aufwendungen für die rund 2300 städtischen Bediensteten (39 %) und die Zuwendungen an Sozialhilfe (19 %).[57] Nach Abzug weiterer fixer Kosten wie z. B. Mieten, Strom, Wasser, Gerätschaften usw. bleibt nur noch wenig freier Finanzspielraum. Neue Projekte müssen durch Kredite finanziert werden. Leicht kann da die Schuldenfalle zuschnappen, wenn sinkende Einnahmen steigenden Kosten gegenüberstehen. Damit wird auch der Spielraum gestaltender Kommunalpolitik enger.
Ein Ausweg aus der Misere könnte die Qualitätssicherung städtischer Dienstleistungen sein. Verwaltungshandeln muß rationalisiert und die Verwaltung „schlanker" werden. Nur so kann sie als Dienstleistungsunternehmen wirtschaftlicher arbeiten. Dabei ist an einen Umbau der Verwaltung gedacht, durch den zugleich die Verantwortlichkeit und die Initiative der Mitarbeiter gestärkt werden sollen.
In der *Wirtschaftspolitik* wird eine Förderung der Wirtschaftsansiedlung wichtig bleiben. Dabei kommt der Zusammenarbeit mit den dänischen Nachbarn besondere Bedeutung zu. Eine Regionalentwicklung mit Flensburg als Oberzentrum wird angestrebt. Dazu gehört auch der Ausbau der Hochschulen und der Technologietransfer.
Die Randlage Flensburgs wird spürbarer. Die kommunalen Aufgaben wachsen besonders im Sozialbereich, und gleichzeitig sinken die Einnahmen wegen der Vereinigung und den notwendig werdenden Umverteilungen. Gleichzeitig werden die Strukturhilfemittel für die Grenzregion zurückgefahren

Abb. 208:
Olaf-Cord Dielewicz (1942 in Erfurt) 68–70 Assistent Uni Göttingen; 73–75 Oberverwaltungsrat in Northeim; 75–83 Stadtdirektor in Osterholz-Scharmbeck; seit 83 Oberbürgermeister in Flensburg. Seit 93 im Präsidium des Deutschen Städtetages.*

Abb. 209: Uwe Ziesak (1958 in Berlin) Dipl. Kaufmann; Hauptmann der Bundeswehr. SPD-Kreisverbandsvorsitzender seit 1987.*

und die Bundeswehreinheiten abgebaut. Das sind keine Zeiten für kommunalpolitische Visionen. Größere Vorhaben können auf absehbare Zeit nicht durchgeführt werden. Doch neue Ansätze gibt es schon. Die Idee der Euroregion Schleswig könnte mehr sein als eine Eintagsfliege: Gemeinsame Aktionen der Kommunen, grenzüberschreitend, zur Anwerbung von Wirtschaftsunternehmen[58] und Einwerbung von EG-Geldern. Dazu bedarf es aber mehr als bisher der Zusammenarbeit im nördlichen Schleswig-Holstein und über die Grenze hinaus.

Anmerkungen

1 Helga Grebing: Die SPD – eine Allerwelts- und Jedermannspartei? In: Gesellschaftlicher Wandel. Soziale Demokratie. 125 Jahre SPD. Historische Erfahrungen, Gegenwartsfragen, Zukunfts-

Abb. 210: Erstmalig in der Geschichte der SPD wurden am 13.6.1993 alle Mitglieder aufgefordert, den neuen Vorsitzenden mitzubestimmen. Die Flensburger SPD organisierte dazu eine Fahrt mit der „Alexandra". Nach der Wahl: Uwe Langholz, Schatzmeister des Kreisverbandes, trägt die Wahlurne von Bord. Die Auszählung der Stimmen ergab in Flensburg eine Mehrheit für die Kandidatin Heidi Wieczorek-Zeul. Bundesweit erhielt Rudolf Scharping die meisten Stimmen.
Der Bundesparteitag in Essen wählte ihn dann am 25.6.1993 als Nachfolger Björn Engholms zum Parteivorsitzenden.

konzepte. Hrsg. von Susanne Miller und Malte Ristau, Köln 1988, S. 29.

[2] Godesberger Programm von 1959, in Kunz, Rainer et al.: Programme der politischen Parteien in der Bundesrepublik Deutschland, 3. Auflage, München 1979, S. 327.

[3] Peter Grafe: Tradition & Konfusion – SPD. Alle Macht den Profis, Frankfurt a.M. 1991, S. 9.

[4] Planungsdaten für die Mehrheitsfähigkeit der SPD, ein Forschungsbericht des Vorstandes der SPD, zusammenfassender Bericht, Bonn 1984, S. 94 f.

[5] Otto Kirchheimer: Der Wandel des westdeutschen Parteiensystems, in: Politische Vierteljahresschrift, 6/1965, S. 27.

[6] Grafe (Anm. 3) S. 64

[7] Kirchheimer, Otto: Der Wandel des westdeutschen Parteiensystems, in: Politische Vierteljahresschrift, 6/1965, S. 30.

[8] Heidrun Abromeit: Parteiverdrossenheit und Alternativbewegung. Thesen zur Weiterentwicklung des Parteiensystems der Bundesrepublik, in: Politische Vierteljahresschrift, 1982, S. 190.

[9] So die rhetorische Frage des SPD-Kommunalpolitikers Joachim Becker in „Der Spiegel". („Netzhemd, kurze Hosen und verschwitzt", 40/1986, S. 109.)

[10] Willy Brandt: Die Zukunft des Demokratischen Sozialismus, in: Neue Gesellschaft/Frankfurter Hefte, Sonderheft 1/1990 „Der Sozialismus der Zukunft", S. 23.

[11] Lebendiger Ortsverein, Materialien des Bundesparteitages der SPD in München 1982, hrsg. vom Vorstand der SPD, Abt. Presse u. Information, Bonn 1983, S. 3ff.

[12] Vgl. zum letzten Punkt Grafe (Anm. 3), S. 47.

[13] Kontakt, 1. Jg., Nov. 1971, Nr. 7; S. 13.

[14] Nordschleswiger v. 01.12.77 (Kopie der Vereinbarung); vgl. Kieler Nachrichten 26.09.77. FA 29.04.77; FA 27.07.77. Dieter Pust: Die Oberbürgermeisterwahlen und ihre Bedeutung für die Region, in: Flensburg 700 Jahre Stadt, SFSt Nr. 36, Flensburg 1984 Bd. 1, S. 364.

[15] FT 27.09.77.

[16] FA 05.10.77.

[17] FA 04.10.77.

[18] FA 05.10.77.

[19] FT 13.03.62.

[20] Nach SPD-Wahlprogramm „Wir schaffen das moderne Flensburg."

[21] SPD. Sozialdemokratische Perspektiven für die Zukunft Flensburgs, in: Flensburg in Geschichte und Gegenwart. Informationen und Materialien, Flensburg 1972, SFSt S. 147 – 150.

[22] FT 31.10.73; FT 12.01.74.

[23] „Für Flensburg – SPD", Wahlprogramm der SPD in Flensburg, hrsg. vom SPD-Kreisverband Flensburg-Stadt, 1974.

[24] FT 13.12.73; FT 07.02.74.

[25] FT 27.10.73.

[26] FT 30.01.74.

[27] FT 20.03.74.

[28] FT 08.02.74; FT 12.02.74.

[29] FT 24.09.77; FT 28.10.77.

[30] FT 22.10.77: Kommentar „Jetzt auch TH-Pläne auf die lange Bank?"

[31] FT 21.12.77.

[32] FT 08.02.78.

[33] STA XII HS 1001, Bd 16, 32: Stadtchronik 1978.

[34] FT 29.10.77.

[35] 18.11.77.

[36] FT 07.01.78.

[37] FT 23.03.82, FA 15.04.82: Demokratische Sozialisten wollen lokale Organisation gründen.

[38] Kieler Nachrichten, 22.03.82; Schleswig-Holsteinische Landeszeitung 22.03.82.

[39] Schleswig-Holsteinische Landeszeitung 28.09.81: Kommentar E. Maletzke.

[40] Kieler Nachrichten 26.09.81: Landesparteitag.

[41] FT 04.12.81.

[42] FA 27.10.81; FT 28.10.81; FT 04.12.81.

[43] Schleswig-Holsteinische Landeszeitung 09.02.82.

[44] Kieler Nachrichten 06.02.82.

[45] FT 08.03.82; Aussage Jansens.

[46] Kristeligt Dagblad 09.03.82.

[47] Berlingske Tidende 09.03.82.

[48] FA 11.06.82.

[49] Husumer Nachrichten, 17.06.82.

[50] Schleswig-Holsteinische Landeszeitung, 09.03.82; Kommentar E. Maletzke.

[51] FT 22.02.83.

[52] FT 07.07.86.

[53] FA 31.03.86.

[54] Frankfurter Allgemeine Zeitung, 11.03.86.; FT 10.03.86.

[55] FA 06.03.86.

[56] FA 04.03.86.

[57] Haushalt 1992: Broschüre Stadt-Finanzen '92. Sozialhilfe 70,9 Millionen Mark nach Abzug der Landeszuschüsse.

[58] Vgl. Olaf Cord Dielewicz: Die große Herausforderung. Vom EG-Binnenmarkt zur Regio Slesvigiensis, in Grenzfriedenshefte 1/1993, S. 58 ff.

Helmut Schumann

Heinz Adler - ein bedeutender sozialdemokratischer Oberbürgermeister

Abb. 211: Heinz Adler

Meine erste persönliche Begegnung mit Heinz Adler, dem sozialdemokratischen Oberbürgermeister in der Zeit von 1963 bis Ende 1977, fand im Januar 1963 statt. Heinz Adler sollte in der Ratsversammlung am 31.01.1963 zum Oberbürgermeister der Stadt Flensburg gewählt werden. Einige Tage vorher weilte er in Flensburg, um sich seinen politischen Freunden persönlich vorzustellen, aber auch um sich über die besondere finanzielle und wirtschaftliche Situation der Stadt informieren zu lassen. Ich erlebte an diesem Abend im Europa-Hotel einen Politiker und Menschen, dessen Charme sich niemand entziehen konnte. Allein sein Vortrag des Gedichtes vom „Grünberger", dem sauersten aller Weine, hätte für mich ausgereicht, ihn zum Oberbürgermeister Flensburgs zu wählen. Heinz Adler war eine Persönlichkeit mit hoher Ausstrahlung. Er trat zuvorkommend und höflich auf, er blieb auch dann freundlich, wenn er Dinge, die er für richtig erkannt hatte, gegen den Widerstand anderer durchsetzen mußte. Hierbei kam ihm seine hohe fachliche Kompetenz in kommunalpolitischen, wirtschaftlichen, gesellschaftlichen und kulturellen Fragen zugute.
Heinz Adler hatte es nie nötig, auf seine parteipolitische Zugehörigkeit hinzuweisen. Er verkörperte den Sozialdemokraten mit einem ausgeprägten Gemeinschaftssinn und einem kompromißlosen Einsatz für das Recht. Die Ziele seines Handelns waren nicht parteipolitische, sondern kommunalpolitische, und um diese zu erreichen, setzte er sich stets für die Bündelung aller politischen Kräfte ein. Es war seinem Geschick - und auch seiner großen Loyalität gegenüber seinen Mitarbeiterinnen und Mitarbeitern - zu verdanken, daß es in den 15 Jahren seiner Ära als Oberbürgermeister Flensburgs ein Miteinander der politischen Vertretung und der Verwaltung gab. Von dieser verlangte er exakte Arbeit und Bevölke-

rungsnähe. Heinz Adler verabscheute die Bürokratie, konnte aber mit großer Akribie Aktenvorgänge studieren und vergaß dabei nicht, vergessene oder falsch gesetzte Kommata zu berichtigen.

Als sich Heinz Adler auf Bitten von Parteifreunden 1962 um die Position des Oberbürgermeisters der Stadt Flensburg bewarb, konnte er schon auf ein erfolgreiches berufliches und politisches Leben hinweisen. Am 31. Oktober 1912 als Sohn eines Stadtkämmerers und dessen Ehefrau in Breslau geboren, legte er 1931 das Abitur ab, studierte an den Universitäten in Breslau und Heidelberg Rechts- und Staatswissenschaften und widmete sich nebenher dem Studium der Kompositionslehre, der Bühnenregie und der Gesangs- und Schauspielkunst. Die erste juristische Staatsprüfung legte er 1935 und die große juristische Staatsprüfung 1939 ab. Danach war er als Anwalt tätig und hat auch kurze Zeit Wehrdienst geleistet.

Im Februar 1945 gelangte er als Flüchtling nach Oldenburg in Holstein und ließ sich dort als Rechtsanwalt nieder. Heinz Adler war verheiratet und hat eine Tochter.

Sein politischer Werdegang begann 1946 bei der SPD, er hatte früher keiner Partei angehört. Bereits im April 1946 wurde er Stadtverordneter in Oldenburg und war auch eine Zeitlang Mitglied des dortigen Kreistages. 25 Jahre lang – von Ende 1946 bis 1971 – gehörte Adler dem Schleswig-Holsteinischen Landtag an. Als Landtagsabgeordneter gehörte er zu den Vätern der Landesverfassung. Er hat bedeutende Reden gehalten, und zwar sowohl vom Inhalt als auch vom Ausdruck her. Dabei kam ihm natürlich seine Ausbildung in der Schauspielkunst zugute. Ich habe nie einen Menschen erlebt, der auch ganz normale, alltägliche Geschehnisse mit größerer Ausdruckskraft bedeutungsvoll zu Gehör bringen konnte. Auch nach seiner aktiven Zeit als Abgeordneter im Landtag war Heinz Adler ein gern gehörter Redner, z. B. bei den parlamentarischen Abenden, bei denen er sich auch als politischer Poet darstellte.

Heinz Adlers schauspielerische Begabung und sein Humor wurden in vielen Reden und bei vielen verschiedenen Gelegenheiten stets aufs neue deutlich. Noch heute erinnert man sich an einen Ausspruch von ihm bei der Einweihung des neuen Großraumbüros der Firma Beate Uhse. Als er ausführte: „Ich spreche zu diesem Büro meine herzlichsten Glückwünsche aus. Hier läßt es sich mit Lust und Liebe für die Lust und die Liebe arbeiten“, kannte die Heiterkeit der Gäste keine Grenzen, – und doch ist daraus die Erkenntnis zu ziehen, daß ein Politiker ohne Scheu und moralische Arroganz Menschliches anpacken kann.

Die Vielseitigkeit Heinz Adlers ergibt sich jedoch nicht nur aus seiner erfolgreichen Tätigkeit als Strafverteidiger und Notar und aus seiner politischen Betätigung. In vielen anderen Bereichen des gesellschaftlichen, kulturellen und wirtschaftlichen Lebens war die Kompetenz und Mitarbeit von Heinz Adler gefragt.

Sein besonderes Interesse war der Aufbauarbeit des Deutschen Rundfunks nach dem Kriege gewidmet. Von 1948 bis 1971 war er Mitglied des Verwaltungsrates des NWDR und des Rundfunkrates des späteren NDR. Er gehörte zu den sieben Männern, die seinerzeit zusammen mit dem von ihnen gewählten Adolf Grimme als Generalintendanten das Fernsehen, die Senderkette, das UKW-Programm und die dritten Programme aufgebaut haben. Heinz Adler hat über diese Tätigkeit gern und mit berechtigtem Stolz berichtet.

Das besondere Interesse Heinz Adlers gehörte dem kulturellen Bereich. Das ist, sieht man auf seinen persönlichen Werdegang, auch nicht verwunderlich. Dabei galt sein ganz hohes Interesse der Musik. Als – geprägt durch die kritische Finanzsituation der Stadt – Anfang der siebziger Jahre der Weiterbetrieb des Stadttheaters und des Nordmark-Sinfonieorchesters in den Ratsfraktionen diskutiert wurde, war vornehmlich er es, der mit seinem Einfallsreichtum, aber auch seinem realistischen Blick für das wirtschaftlich und finanziell Machbare die heute noch bestehenden Lösungen initiierte. Diese besondere Neigung veranlaßte ihn auch, den Vorsitz der Deutschen Kulturgesellschaft zu übernehmen und im Vorstand des Vereins der Musikfreunde mitzuarbeiten.

Zur Kultur gehörte auch für ihn der Bereich Bildung. So ist es nicht verwunderlich, daß er ein aktives Vorstandsmitglied der Gesellschaft zur Förderung der Einrichtung einer Gesamthochschule in Flensburg war. Er war besonders davon enttäuscht, daß die Ziele der Gesellschaft nicht erreicht werden konnten und in früherer Zeit gegebene Zusagen zur

Abb. 212: Hoher Besuch aus dem Bereich der Literatur: Günter Grass

Schaffung einer Universität nicht eingehalten wurden. Er wußte sehr genau um die Wichtigkeit einer qualifizierten Ausbildung, aber auch um die Bedeutung einer funktionierenden Hochschule für die Wirtschaftsentwicklung eines Raumes.
Die Notwendigkeit des Erhalts einer funktionierenden Werft in Flensburg machte er deutlich in seiner Funktion als stellvertretender Aufsichtsratsvorsitzender der ehemaligen FSG. Hier erhielt er auch viele Informationen von den dort tätigen Arbeitern für sein Wirken als Oberbürgermeister.
Aufgeschlossen zeigte sich Heinz Adler auch der neuen technischen Computerentwicklung. Er förderte an maßgeblicher Stelle die Entwicklung der Datenzentrale Schleswig-Holstein als eine Dienstleistungseinrichtung für die Kommunen des Landes.
Für seine Leistungen hat Heinz Adler viele Ehrungen erfahren. 1977 wurde er mit der „Dr.-Johann-Christian-Eberle-Medaille" vom Sparkassen- und Giroverband Schleswig-Holstein ausgezeichnet. Bei der Verleihung unterstrich der Präsident Dr. Miethke, daß mit Heinz Adler eine Ära im Sparkassenwesen des Landes zu Ende gehe, die dieser wesentlich mitgeprägt habe. Herausgestellt wurde in diesem Zusammenhang das neue Sparkassengesetz und die Rolle Heinz Adlers, zwischen dem Gewährträger und der Sparkasse eine gute Verbindung herzustellen. Auch hierbei stellte er unter Beweis, daß er seine Aufgaben frei von Vorurteilen und Parteipolitik wahrnehmen konnte. Diese Sachlichkeit führte auch dazu, daß Adler in das Amt des Vorsitzenden der Verbandsversammlung berufen wurde.
Seine höchste Auszeichnung erhielt Heinz Adler zu seinem 60. Geburtstag durch die Verleihung des Großen Verdienstkreuzes des Verdienstordens der Bundesrepublik Deutsch-

Abb. 213: Bundespräsident Heinemann im Gespräch mit Oberbürgermeister Adler. Heinemann hatte am 14. März 1970 Flensburg besucht. Anlaß war der fünfzigste Jahrestag der Volksabstimmung.

land. Sie wurde ihm vom damaligen Ministerpräsidenten des Landes Schleswig-Holstein, Dr. Stoltenberg, überreicht, und dieser würdigte in diesem Zusammenhang die große Lebensleistung Heinz Adlers in den verschiedensten Bereichen. In diesem Zusammenhang erinnerte der Ministerpräsident auch an dic Tätigkeiten Heinz Adlers, die bislang noch nicht erwähnt wurden. So stellte er dessen großes Engagement als Vorsitzender des Deutschen Roten Kreuzes, Kreisverband Flensburg, sowie als Vorstandsmitglied der Deutsch-Israelischen Gesellschaft heraus.
Nach seinem Ausscheiden aus dem aktiven Dienst bestätigte sich Heinz Adler in den Seniorenbeiräten der SPD auf Orts- und Landesebene. Seine Wortbeiträge fanden in der SPD Beachtung bei jung und alt.
Als Heinz Adler am 23. Juli 1990 im Alter von 77 Jahren verstarb, waren die vielen Nachrufe ein deutliches Zeichen eines erfolgreichen Schaffens. Mit vielen erfolgreichen Entwicklungen in der Stadt Flensburg ist sein Name auf das engste verbunden. Besonders zu erwähnen ist in diesem Zusammenhang sein Einsatz für die Altstadtsanierung und für den Wohnungsbau, den Bau der Autobahn als wesentliche Voraussetzung für eine Verbesserung der Infrastruktur ganz allgemein, die Stärkung der Wirtschaftskraft durch Industrieansiedlung und die Erhaltung der Vielfalt des kulturellen Angebotes in unserer Stadt.
Heinz Adler stand für Sachlichkeit und Sauberkeit des politischen Lebens, als überzeugter Demokrat zeichnete ihn Toleranz und Loyalität gegenüber allen Seiten aus, er ging unbeirrbar den Weg, den er als richtig für das Wohl der Stadt erachtete, und er trat kompromißlos für die Gerechtigkeit, die er in seiner Amtsführung praktizierte, ein. Dabei hatte er die menschliche Größe, auch zu leben und zu genießen. Daß er so sein konnte, wie er war, verdankte dieser geistvolle Mann seiner hohen fachlichen Kompetenz, seinem Witz und Humor, seinen vielfältigen Fähigkeiten, die ihm Anerkennung und Hochachtung über die Grenzen unserer Stadt hinaus einbrachten.
Heinz Adler war einer der herausragenden Politiker der SPD der Nachkriegszeit in unserer Stadt. Sein politisches Engagement für Flensburg und seine Bürger wird auch in der Zukunft sichtbar bleiben.

Helmut Schumann

Artur Thomsen – erster sozialdemokratischer Stadtpräsident in Flensburg

Abb. 214: Arthur Thomsen

Riesige Freude herrschte bei den Sozialdemokraten Flensburgs, als sich aus dem Ergebnis der Kommunalwahl 1970 ergab, daß sie über die stärkste Fraktion in der Flensburger Ratsversammlung verfügen würden. Dies bedeutete gleichzeitig nach den parlamentarischen Gepflogenheiten, daß die SPD-Ratsfraktion den Stadtpräsidenten stellen würde. Hierfür gab es unstrittig nur eine Persönlichkeit aus den Reihen der Fraktionsmitglieder, und dies war Artur Thomsen. Als Thomsen für das Amt des Stadtpräsidenten der Ratsversammlung zur Wahl vorgeschlagen wurde, verfügte er schon über langjährige kommunalpolitische Erfahrung. Er war im Februar 1962 der SPD beigetreten und gehörte vom gleichen Jahr bis 1966 dem Bauausschuß der Stadt Flensburg als bürgerschaftliches Mitglied an. 1966 wurde Artur Thomsen Mitglied der Ratsversammlung und hatte von 1967 bis 1970 das Amt des stellv. Stadtpräsidenten inne. Bereits während dieser Zeit war zu erkennen, daß Artur Thomsen für diese Position hochqualifiziert war.

Die Persönlichkeit Artur Thomsens wird geprägt durch seine Ehrlichkeit, Gradlinigkeit und Offenheit. Er sagt in einer verständlichen, klaren Sprache seine Meinung, deutlich in der Sache, aber immer höflich und verbindlich im Ton. Für seine Tätigkeit als Stadtpräsident hatte er sich persönlich vor allem drei Aufgaben gestellt:

1. Für ein fruchtbares Zusammenwirken der Fraktionen der Ratsversammlung zu sorgen,
2. das Vertrauen der Bevölkerung zur Verwaltung und Vertretung zu stärken,
3. die gute Nachbarschaft mit dem dänischen Volk zu unterstützen und nach Kräften zu fördern.

Diese Aufgaben hat Artur Thomsen als Stadtpräsident und

Abb. 215: Auch das gehörte zu den Pflichten des Stadtpräsidenten: Abschiedsworte zur letzten Fahrt der Flensburger Straßenbahn am 3.6.1973.

dann auch folgend als stellv. Stadtpräsident – er war dies nochmals in der Zeit von 1974 bis 1978 – voll und ganz erfüllt.
Bei seinem besonderen Anliegen, die gute Nachbarschaft zum dänischen Volk herzustellen, kam ihm seine langjährige Mitwirkung in den Grenzverbänden zugute. Artur Thomsen wurde 1959 Mitglied des Grenzfriedensbundes und ist seit 1977 dessen Vorsitzender. Viele Jahre war er auch in den Vorständen der Arbeitsgemeinschaft Deutsches Schleswig und im Deutschen Grenzverein tätig.
Die Motivation für Artur Thomsen, sich als Sozialdemokrat in der Kommunalpolitik zu engagieren, liegt darin begründet, daß er erkannt hat, daß ein demokratisches System nur funktioniert, wenn der Bürger bereit ist, mitzuarbeiten. Daß die SPD seine politische Heimat wurde, ist zurückzuführen auf die Erkenntnis, daß diese Partei am konsequentesten bemüht ist, die Benachteiligung großer Gruppen unserer Gesellschaft, nämlich der abhängig Beschäftigten, aufzuheben. Für ihn reichte es nicht aus, daß gleiches Recht für alle besteht, sondern es kam ihm darauf an, daran mitzuwirken, daß alle auch gleiche Chancen bekommen.
Neben seiner Tätigkeit in der Kommunalpolitik als Stadtpräsident bzw. stellv. Stadtpräsident ist auch noch sein hohes Engagement als langjähriger Vorsitzender des Schulausschusses zu erwähnen. Hierbei kam Artur Thomsen, der am 15.09.1927 in Harrisleefeld (Kreis Flensburg) geboren wurde, seine berufliche Ausbildung zugute. Nach einer Lehre als Tischler und einer mehrjährigen Tätigkeit im Orgelbau besuchte er die Pädagogische Hochschule in Flensburg, wurde 1954 Lehrer in Mürwik und zehn Jahre später Rektor. 1989 wurde er pensioniert. Er verabschiedete sich damit aus einem Beruf, den er stets „mit großer Freude“ ausgefüllt hat.
1951 hat Artur Thomsen seine Frau Maria geheiratet. Aus dieser Ehe gingen drei Kinder, zwei Töchter und ein Sohn,

hervor. Inzwischen sind Thomsens schon stolze Großeltern.
Für seine kommunalpolitische Tätigkeit wurde Artur Thomsen 1972 mit der Freiherr-vom Stein-Gedenkmedaille ausgezeichnet, und 1978 wurde ihm das Bundesverdienstkreuz am Bande verliehen. Als er sich in diesem Jahr nicht wieder als Kandidat für die Ratsversammlung zur Verfügung stellte, endete jedoch nicht seine Arbeit für das Gemeinwohl. Vielfältige Aktivitäten folgten im Kirchenvorstand von St. Marien, er war stellvertretender Vorsitzender in der Kirchenkreissynode Flensburg und Mitglied des Beirats der Fördergesellschaft der Pädagogischen Hochschule.
Seit vielen Jahren ist er stellv. Verwaltungsratsvorsitzender der Stadtsparkasse Flensburg, und als Vorsitzender des Aufsichtsrates - seit 10 Jahren - bei der Wohnungsbaugenossenschaft Selbsthilfe-Bauverein eG Flensburg beschäftigt er sich auch intensiv mit Fragen der wirtschaftlichen Entwicklung in unserer Region. Auch in diesen Funktionen sind seine Kompetenz und sein Rat gefragt.
Das hohe Maß an Engagement, seine Ehrlichkeit, Liebenswürdigkeit, seine Fairneß und Besonnenheit haben dazu beigetragen, daß sich Artur Thomsen die Achtung und den Respekt aller politischen Fraktionen, aber auch der gesamten Bevölkerung Flensburgs erworben hat. Er ist - wenn auch jetzt ohne politisches Amt - ein würdiger Repräsentant der Sozialdemokraten Flensburgs.

Gert Roßberg

Walter Suck – erster sozialdemokratischer Bundestagsabgeordneter aus Flensburg

Abb. 216: Walter Suck

Als sich Willy Brandt noch in der Wahlnacht des 28. September 1969 für eine „kleine“ Koalition mit der FDP Walter Scheels und damit für den Machtwechsel in Bonn entschied, konnte er sich auf eine, wenn auch schmale Mehrheit im Bundestag stützen. Diese Mehrheit war möglich geworden durch neu hinzugewonnene SPD-Mandate. Zu ihnen gehörte der Wahlkreis 1 – Flensburg. Hier hatte die SPD die CDU geschlagen. Der Sieger und erstmals direkt gewählte sozialdemokratische Bundestagsabgeordnete war Walter Suck.[1]

Werdegang bis 1945

Walter Suck war Flensburger. Er war stolz darauf und betonte es häufig. In Flensburg wurde er am 21. September 1912 geboren. Hier starb er auch. Seine Heimatstadt verließ er für längere Zeit nie freiwillig. Als Soldat wurde er zwangsweise an andere Standorte versetzt. Als Bundestagsabgeordneter blieb ihm nichts anderes übrig, als neben seiner Wohnung in der Flensburger Schwalbenstraße 22 einen zweiten Wohnsitz in Bonn Bad-Godesberg, Am Stadtwald 68 a, zu begründen. So oft er es konnte, kam er nach Flensburg zurück.

Seit seiner Kindheit beherrschte er das Plattdeutsche. Er sprach es überall, wo sich eine Gelegenheit dazu bot. Wie er im Spaß einmal sagte, habe das Plattdeutsche auch bei der Entscheidung für seine Frau, die aus Parchim stammt, eine Rolle gespielt: „Mit een ut Mecklenborg kann man doch wenigstens platt snacken, hev ick mi dacht“.[2]

Walter Suck ist nicht bereits in seinem Elternhaus sozialdemokratisch geprägt worden. Sein Vater, Wilhelm Suck, war Prokurist. Er starb bereits 1926. Seine Mutter, Dora Suck, geborene Bruhn, stammte aus Gravenstein. In ihrem Elternhaus wurde dänisch gesprochen. Walter Suck lernte es auch und hatte seit seiner Kindheit enge Bindungen zu Dänen und zur dänischen Kultur. Er lebte wie andere Bewohner des Grenzlandes in zwei Kulturen und war dadurch kritisch gegenüber Vorurteilen, die in den nationalen Auseinandersetzungen, besonders nach den beiden Weltkriegen, das Verhältnis von Deutschen und Dänen belasteten. Später schickte er seine eigenen Kinder in eine dänische Schule in Flensburg. Bei dieser Entscheidung dachte er wohl vor allem daran, was für sie, seiner Meinung nach, das Beste sei.

Von 1919 bis 1929 besuchte er die Oberrealschule I im Gebäude der heutigen Nikolaischule bis zur Obersekundareife. Während dieser Zeit war er den an der Schule vorherrschenden eher rechten Einflüssen ausgesetzt.[3] Nach der Schule absolvierte er eine dreijährige Lehre als Maschinenbauschlosser bei der Flensburger Schiffbau-Gesellschaft. Ob er sich in dieser Zeit irgendwo politisch engagiert hat, ist nicht bekannt. Es spricht aber alles dagegen. Als Sechzehnjähriger schloß er sich dem Jugend-Rotkreuz an. Hier zeigte sich eine Eigenschaft, die ihn sein ganzes Leben lang auszeichnete: Er wollte anderen, die in Not waren, helfen.

Walter Suck war 20 Jahre alt, als die Nationalsozialisten 1933 an die Macht kamen. Für die nun beginnende schnelle Wiederaufrüstung wurden Soldaten gebraucht. Er entschied sich 1934, Berufssoldat zu werden. Da er eine gute technische Berufsausbildung mitbrachte, schlug er die waffentechnische Laufbahn des Heeres ein. Es war gern Soldat, und die Wehrmacht ermöglichte ihm, eine höhere technische Lehranstalt in Berlin zu besuchen. Der Militärdienst ersparte es ihm, in irgendeiner NS-Organisation aktiv mitmachen zu müssen. Die Aufgabe, die Einsatzfähigkeit von Waffen wiederherzustellen, bewahrte ihn später im Krieg vor direkten Kampfeinsätzen an der vordersten Front.

Während einer Stationierung in Parchim lernte er Lieselotte Prümmer kennen. Am 22. April 1939 heiratete er sie. Aus ihrer Ehe gingen die beiden Töchter Elke und Karin hervor. In der Endphase des Krieges wohnten Frau und Kinder in dem

Abb. 217: W. Suck mit dem Regierenden Bürgermeister von Berlin Willy Brandt

relativ sicher erscheinenden Parchim. Von Ludwigslust aus, wo seine Einheit lag, holte Walter Suck seine Familie mit einem Militärfahrzeug ab. Nach einem einwöchigen „Rückzug“ mit dem militärischen Verband gelangten die Sucks schließlich wieder nach Flensburg. Hier kamen sie in der Toosbüystraße 16 bei seiner Mutter unter.

Gewerkschaftler und Kommunalpolitiker

Wie wohl fast alle Berufssoldaten stand der 32jährige Oberfeldwebel Suck nach der Auflösung der Wehrmacht zunächst vor dem Nichts. Am liebsten hätte er Deutschland für immer verlassen und wäre nach Australien oder in die USA ausgewandert. Aber das ging nicht. Nach verschiedenen Gelegenheitsarbeiten fand er im Juli 1945 bei der Berufsfeuerwehr der Stadt Flensburg Beschäftigung. 1946 wurde er von den Stadtwerken übernommen. Dort war er zunächst im Wasserwerk als Maschinenschlosser tätig, dann als technischer Zeichner. 1952 wurde er mit dem Auf- und Ausbau einer Abteilung für Organisation und Statistik betraut.

Nachdem die britische Besatzungsmacht die damals erforderliche Genehmigung erteilt hatte, begann bereits 1945 in ihrer Zone der Wiederaufbau der Gewerkschaften. Walter Suck schloß sich 1946 der Gewerkschaft „Öffentliche Dienste" an. Hier sah er eine Möglicheit, sich sinnvoll für andere einzusetzen. Sein Handeln für andere wurde nicht von einer sozialistischen Gesinnung, sondern von seinem christlichen Glauben bestimmt. Er war Mitglied der evangelisch-lutherischen Kirche, ließ sich auch während der NS-Zeit christlich trauen und wünschte, christlich beerdigt zu werden. Öffentlich sprach er nicht von seinem Glauben, so daß nur wenige, die ihn kannten, von dieser Motivation seines Handelns wußten.

In den Stadtwerken wählten ihn die Mitarbeiterinnen und Mitarbeiter in den Personalrat. Von 1947 bis 1952 war er dessen Vorsitzender. Die Anerkennung, die er sich dabei erwarb, eröffnete ihm beruflich neue Wege und zugleich die Chance, aufzusteigen. Am 31. Dezember 1952 schied er bei den Stadtwerken aus und wurde hauptamtlicher Geschäftsführer der „Gewerkschaft Öffentliche Dienste, Transport und Verkehr" (ÖTV), Kreisverwaltung Flensburg. Im selben Jahr war er bereits zum Vorsitzenden seiner Gewerkschaft gewählt worden. Mit dieser Aufgabe waren fast automatisch eine Reihe anderer gewerkschaftlicher Funktionen verbunden: Mitglied im Vorstand des DGB-Kreisverbandes, Mitglied des ÖTV-Bezirksvorstandes, Mitglied der bezirklichen Tarifkommission u.a.m.

Häufig wird beklagt, ein neues Mitglied einer Partei müsse erst eine lange „Ochsentour" hinter sich bringen, ehe es eine verantwortliche Position bekomme. Das trifft für Walter Suck und die Flensburger SPD nicht zu. 1958, ein Jahr vor der Verabschiedung des Godesberger Programms, trat er ihr bei. Bereits im Oktober 1959 war er Mitglied der Ratsversammlung. 1961 kandidierte er zum ersten Mal für den Bundestag. Sicherlich spielte bei diesem schnellen Aufstieg eine Rolle, daß er Vorsitzender einer großen, mitgliederstarken Gewerkschaft war. Wichtig war aber auch, daß er einen neuen Typ des sozialdemokratischen Politikers verkörperte. Er gehörte nicht zu den Männern der ersten Stunde nach dem Ende der NS-Diktatur, die bereits vor 1933 aktive Gewerkschaftler und Sozialdemokraten gewesen waren. Er war Kriegsteilnehmer, aus Erfahrung mißtrauisch gegenüber Ideologien, an der Sache orientiert, dabei stets freundlich, offen und gesprächsbereit. Wer mit ihm zu tun hatte, erlebte ihn als menschlich anständig und zuverlässig. Wer ihn länger kannte, stellte mit Bewunderung fest, daß er ständig an sich arbeitete und sein Wissen vergrößerte. Im politischen Gegner sah er keinen Feind, sondern den Vertreter einer anderen Meinung. So gewann er für sich persönlich und für die SPD Anerkennung und Zustimmung. Auch bei politischen Gegnern fand er Achtung und Respekt. Er verkörperte glaubhaft eine moderne SPD, die sich mit ihrem neuen Programm entschlossener und deutlicher als bisher als „Volkspartei" darstellte.

Der Ratsversammlung seiner Heimatstadt gehörte Walter Suck bis 1969, insgesamt 10 Jahre lang, an. 1962 und 1966 war er wiedergewählt worden. Seine Funktionen einzeln und in ihrer Dauer aufzuführen, ist hier kein Platz. Erwähnt seien seine Mitarbeit im Bauausschuß, im Ausschuß für Stadtwerke, im Rechnungsprüfungsausschuß, im Ausschuß für Wirtschaft und Verkehr, im Feuerwehrausschuß und in dem nur eine begrenzte Zeit arbeitenden Rathausausschuß, im Ausschuß für Obdachlosenfragen sowie im Sonderausschuß für Wohnungsbau. Die vorwiegend parteiintern begründeten, wenn auch öffentlich geführten Auseinandersetzungen um den SPD-Fraktionsvorsitzenden, Stadtrat Max Beyreis, führten zu dessen Ausscheiden aus der Kommunalpolitik. Das eröffnete Walter Suck die Chance, in einige der frei gewordenen Positionen nachzurücken. So wurde er im Oktober 1964 Mitglied des Magistrats und Vorsitzender des Bauausschusses, zugleich stellvertretender Baudezernent. Willi Sander wurde Vorsitzender der SPD-Ratsfraktion, Walter Suck sein Stellvertreter. Welche Aufgaben er auch übernahm, überall verschaffte er sich durch seine freundliche, sachlich

SPD SPD SPD SPD SPD SPD SPD

WIR LADEN EIN:

Sie fragen –
Sozialdemokraten antworten!

Donnerstag, den 9. November 1972 um 20 Uhr
im Flensborghus

Worüber möchten Sie diskutieren?

- Deutschland und Ostpolitik
- Europa und die EWG
- Stabilität der Arbeitsplätze und Preise
- Bildung und Wissenschaft
- Gesundheit und Umwelt
- Soziale Sicherung
- Mitbestimmung
- Innere Sicherheit
- Flensburger Kommunalpolitik und was Sie sonst noch wissen wollen!

Sprechen Sie mit:

Walter Suck
SPD-Bundestagskandidat
Heinz Adler, Oberbürgermeister
Klaus Bartnitzke, Vorsitzender der SPD-Ratsfraktion
Knut Frank, Jungsozialisten-Vorstand
Edith Gerstenberg, Ratsherrin
Uwe Gunnesson, Ratsherr
Lothar Hay, Jungsozialisten-Vorstand
Erwin Lingk, hauptamtlicher Stadtrat
Egbert Müller-Veerse, Ratsherr
Gert Roßberg, Vors. des Kreisverbandes
Heinz Schlüter, Hochschuldozent
Heinz Schrader, Schulrat
Jürgen Voß, Stadtrat

Diskussionsleitung:
Stadtpräsident Artur Thomsen

SPD SPD SPD SPD SPD SPD SPI

Abb. 218: Flugblatt zur Bundestagswahl 1972
Großeinsatz der Kommunalpolitiker für Walter Suck

kooperative Art Anerkennung. Am 30. Oktober 1968 wurde er für seine „Verdienste um die kommunale Selbstverwaltung" in einer Feierstunde im Kieler Landeshaus mit der „Freiherr-vom-Stein-Gedenkmedaille" ausgezeichnet. Später, 1973, erhielt er das große Verdienstkreuz des Verdienstordens der Bundesrepublik Deutschland. Nachdem er in den Bundestag gewählt worden war, schied er am 8. Oktober 1969 aus der Ratsversammlung aus. Sein Nachfolger im Magistrat wurde Klaus Bartnitzke.

Mitglied des Bundestages und des Europäischen Parlamentes

Walter Suck hatte bereits 1961 und 1965 für den Bundestag kandidiert. Trotz erheblicher Stimmgewinne war er jedoch gescheitert. 1969 schaffte es die SPD im Wahlkreis 1, die CDU zu schlagen. Walter Suck gewann 46,4 % der Erststimmen, während sein Gegenkandidat von der CDU, Will Rasner, mit 44,9 % unterlag. Rasner zog aber dennoch wieder in den Bundestag ein, weil er auf der Landesliste seiner Partei abgesichert war.
Für Walter Suck begann ein neuer Abschnitt seines Lebens. Es war zugleich der Höhepunkt seiner politischen Laufbahn. Er war Mitglied des Deutschen Bundestages und blieb es für zwei Legislaturperioden. Sie dauerten nicht die sonst üblichen acht Jahre, sondern nur sieben, weil die erste Periode wegen vorgezogener Neuwahlen um ein Jahr verkürzt wurde. Die Neuwahlen wurden erforderlich, als die sozial-liberale Koalition ihre Mehrheit im Parlament verloren hatte. Nachdem es der Opposition nicht gelang, den Bundeskanzler durch ein konstruktives Mißtrauensvotum zu stürzen, wurde die Bundestagswahl 1972 zu einer Art Volksentscheid für Willy Brandt und seine Ostpolitik. Die SPD erzielte das beste Wahlergebnis ihrer Geschichte. Im Wahlkreis erreichte Walter Suck 55,8 %, im Stadtgebiet Flensburg sogar 60,7 % der Erststimmen.
In den Flensburger Wahlergebnissen von 1969 und 1972 spiegelte sich der überall für die SPD günstige Trend wider. Es gab aber eine Besonderheit, die den Wahlkreis 1 von anderen unterschied. Seit 1965 stellte der SSW keinen eigenen Kandidaten zur Bundestagswahl mehr auf. Bei dem großen Anteil von Arbeitnehmern im SSW, bei dem hohen Ansehen Willy Brandts und auch bei dem Vertrauen, das der örtliche Kandidat Suck genoß, ist die Annahme gerechtfertigt, daß viele Mitglieder und Anhänger des SSW bei den Bundestagswahlen sich für die SPD entschieden. Walter Suck war sich

Abb. 219: Flugblatt zur Bundestagswahl 1972

dessen bewußt. Er bedankte sich öffentlich[4] und erklärte, daß es für ihn selbstverständlich sei, daß die SSW-Wähler, die bei Bundestagswahlen für die SPD stimmten, bei Landtags- und Kommunalwahlen zu ihrer eigenen Partei zurückkehrten. Er wußte, daß die ähnliche soziale Struktur von SPD und SSW für die Partei der dänischen Minderheit die Gefahr barg, Wähler, die einmal für die SPD stimmten, auf Dauer zu verlieren. Das wollte er nicht.

Der Triumph, 1969 nach vielen Jahren der Opposition nun den Kanzler zu stellen, erfaßte wie überall auch die Sozialdemokraten in Flensburg. Nun sollte eine „neue, bessere Politik" gemacht werden. Walter Suck war der örtliche Repräsentant dieses Sieges und Neubeginns. Er wurde gefeiert und von einer Woge der Euphorie getragen. Er selbst mußte nüchtern wichtige Entscheidungen treffen, die sein Leben veränderten. Als ÖTV-Geschäftsführer ließ er sich beurlauben, den ÖTV-Vorsitz gab er erst 1975 ab. Seine kommunalen Ämter legte er nieder. In Bonn mußte eine zweite Wohnung eingerichtet werden. Seine Frau begleitete ihn in die Bundeshauptstadt und pendelte mit ihm ständig zwischen Flensburg und Bonn hin und her. Nach der letzten Sitzung am Freitag blieb häufig nur die Zeit für einen kurzen Wochenendbesuch in Flensburg. Andere Abgeordnete hatten es besser. Sie konnten in der Woche abends nach Hause fahren und dort politische Termine im Wahlkreis wahrnehmen. Für Abgeordnete wie Walter Suck bedeutete die große Entfernung zwischen Heimatort und Hauptstadt erhebliche Zeitverluste und große körperliche und nervliche Belastungen durch die Fahrt. Trotz aller Bemühungen waren längere Abwesenheiten vom Wahlkreis unvermeidbar.

Im Bundestag arbeitete Walter Suck im Ausschuß für Wirtschaft als ordentliches Mitglied und im Innenausschuß als

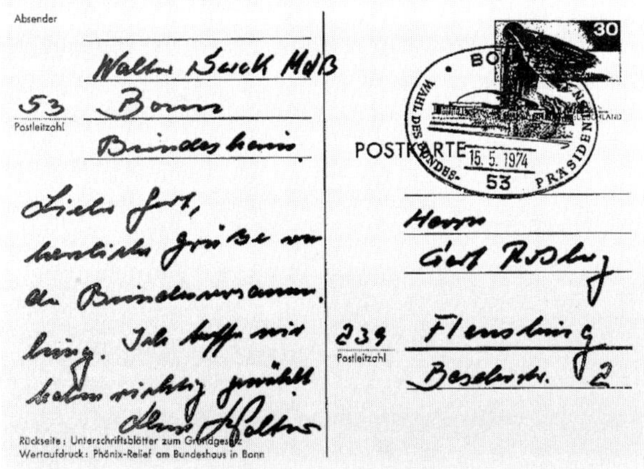

Abb. 220: Als Nachfolger Gustav Heinemanns wählte die Bundesversammlung am 15.4.1974 Walter Scheel zum Bundespräsidenten.

stellvertretendes Mitglied[5]. In der siebenten Wahlperiode war er in beiden Ausschüssen stellvertretendes Mitglied[6]. Dazu kam die Arbeit in den Facharbeitskreisen der Fraktion und in Gremien, in die er von der Fraktion delegiert wurde, z. B. den „Beratenden Ausschuß für Fragen der dänischen Minderheit beim Bundesminister des Inneren" (Kontaktausschuß).

In der Fraktionshierarchie stieg er nicht auf. Er gehörte auch nicht zu den Sprechern für bestimmte Fachgebiete, die in der Öffentlichkeit die Meinung der Fraktion zu vertreten haben. Deshalb sprach er auch selten im Plenum des Bundestages. Es waren dann Themen, die mit seiner Ausschußarbeit oder seinen beruflichen Erfahrungen zu tun hatten. In der abstrakten Sprache von Parlamentsprotokollen klingen diese Themen so: „Bewertung von Grenzfällen bei der Eingruppierung von Angestellten im Öffentlichen Dienst", oder „Durchführung von Arbeitsgerichtsprozessen der Öffentlichen Hand bis zur letzten Instanz". Um die Bekämpfung von Arbeitslosigkeit ging es, als er am 18.10.1974 über das „Sonderprogramm zur regionalen und lokalen Abstützung der Beschäftigung" nach dem Stabilitäts- und Wachstumsgesetz sprach.[7]

Unter der strengen, disziplinierenden Führung der Fraktion durch Herbert Wehner fühlte er sich nicht wohl. Schon 1970 stellten sich zum ersten Mal Herzbeschwerden ein, die ihn zwangen, mehr auf seine Gesundheit zu achten. Wahrscheinlich nahm er weniger Rücksicht auf diese Beschwerden, als ihm das die Ärzte geraten hatten. Noch viel weniger nahmen die örtlichen Parteiorganisationen im Wahlkreis Rücksicht. „Unser Mann in Bonn" sollte möglichst bei jeder Veranstaltung anwesend sein und aus der Hauptstadt berichten. Da dies nicht möglich war, wuchs zunehmend die Kritik an seiner häufigen Abwesenheit. Zusätzliche Termine in Straßburg, Brüssel und Luxenburg zwangen ihn, vermehrt seinem Wahlkreis fernzubleiben. In der Flensburger Öffentlichkeit war wenig bekannt, daß er neben seinem Bundestagsmandat eine Zeit lang dem Europäischen Parlament angehörte. Vor der ersten Direktwahl 1979 delegierten die nationalen Parlamente aus ihren Reihen Abgeordnete in das damals viel kleinere Europäische Parlament. Walter Suck gehörte ihm vom Januar 1975 bis zum Februar 1977 an. Er arbeitete dort im Ausschuß für Wirtschaft und Währung und im Jugend- und Kulturausschuß mit. Ab 1976 gehörte er dem Wirtschaftsausschuß, dem Landwirtschaftsausschuß und dem Haushaltsausschuß an. Seine wenigen schriftlichen und mündlichen Beiträge im Parlament beziehen sich auf die Themen der Ausschüsse: Probleme der Automobilindustrie, Haushaltsfragen, die Krise der Eisen- und Stahlindustrie, das Verhältnis von Wirtschaftspolitik und Umweltpolitik oder die Befristung des Beimischungszwanges in Futtermittel.[8]

In beiden Parlamenten waren das Themen und Auftritte, die keine Schlagzeilen machten. Walter Suck liebte es nicht, sich öffentlich zu verkaufen. Auch familiäre Sorgen und Probleme mögen ein Grund für seine Zurückhaltung gewesen sein. Sein Einsatz und sein Fleiß wurden deshalb häufig unterschätzt. Derweil knüpfte er in Bonn Verbindungen, um für die Region oder Flensburg wichtige Projekte schneller voranzubringen, so z. B. den Bau der Autobahn Hamburg-Flensburg. In einem Rechenschaftsbericht über die ersten drei Jahre der Regierung Brandt verwies er auf 2781 neue Arbeitsplätze[9], die in dieser Zeit in seinem Wahlkreis geschaffen worden seien. Im Kontaktausschuß habe er daran mitgewirkt, daß Einrichtungen der dänischen Minderheit Mittel

Abb. 221: W. Suck mit dem damaligen Staatssekretär Egon Bahr und dem Betriebsratsvorsitzenden Hans Olaf Christensen am 23.10.1972 auf dem Gelände der FSG

aus den Förderprogrammen des Bundes bekommen könnten. Noch weniger wahrgenommen wurde von der Öffentlichkeit, wenn er sich für die Interessen einzelner einsetzte. Die hatten sehr unterschiedliche Anliegen. Da ging es um schwere persönliche Schicksale oder auch darum, daß ein Reserveoffizier meinte, nicht schnell genug befördert worden zu sein.[10] Walter Suck versuchte zu helfen, so gut er konnte. Er wußte, welch enge Grenzen seinen Einflußmöglichkeiten gesetzt waren.

Konfliktscheuer Politiker in einer konfliktreichen Zeit

Häufig sagte Walter Suck: „Mein Arzt hat mir jede Aufregung verboten". Wer ihn nicht kannte, hielt das vielleicht für einen Scherz. Aber es war ernst gemeint. Und es entsprach auch seinem Wesen. Er mochte Konflikte nicht und ging ihnen am liebsten aus dem Wege. Vielmehr versuchte er ausgleichend zu wirken, damit Spannungen gar nicht erst entstehen konnten. Das gelang ihm sicher in seinen zahlreichen Nebenämtern relativ einfach. Als stellvertretender Vorsitzender des Volkshochschulvereins, als Vorstandsmitglied des Verkehrsvereins und der Verkehrswacht sowie als Aufsichtsratsmitglied im Arbeiterbauverein und in anderen Nebenämtern war er durch seine ausgleichende Art anerkannt und erfolgreich. Schwieriger war es in der Politik und besonders in seiner Partei. Die allgemeine Unruhe und Aufbruchstimmung seit Mitte der sechziger Jahre erfaßte auch Flensburg, allerdings in der hier üblichen gemäßigten Form.
Von 1967 bis 1971 war Walter Suck Vorsitzender des SPD-Kreisverbandes Flensburg. Zu diesem Amt gehörte es, daß er den Kreisverband im Landesausschuß der Partei und als De-

legierter auf Landesparteitagen vertrat. Dazu gehörten vor allem aber auch öffentliche Ansprachen und vielfältige innerparteiliche Aktivitäten. 1968 referierte er anläßlich des hundertjährigen Bestehens der Flensburger SPD über ihre Geschichte[11] Dem stets angestrebten, aber selten erreichten Ziel, die Mitglieder zu aktivieren, sollten Facharbeitskreise dienen, die er 1970 einrichtete[12]. Im Mai desselben Jahres schlug er in einer Vorstandssitzung Klaus Matthiesen als Kandidaten zur Landtagswahl vor.[13]

Die von ihm verabscheuten Konflikte nahmen zu. 1969 wurde eine von ihm geleitete Veranstaltung mit der Ministerin Käthe Strobel und der Bundestagsabgeordneten Annemarie Renger von Vertretern der APO so gestört, daß sie vorzeitig abgebrochen werden mußte. Dieses Ereignis hatte ein parteiinternes Nachspiel. Ein Mitglied des Vorstandes behauptete, der Vorsitzende der Jungsozialisten habe mit den Störern heimlich gemeinsame Sache gemacht. Die Untersuchungskommission des Kreisverbandes wies später diese Verdächtigungen als unhaltbar zurück.[14] Aber es bedurfte vieler Sitzungen und Diskussionen, bis der Fall beigelegt war. Als ein weiteres Beispiel sei eine Mitgliederversammlung am 24. Januar 1970[15] im Großen Saal des Deutschen Hauses genannt. Es ging um die Kandidatenaufstellung zur Kommunalwahl. Walter Suck mahnte die anwesenden 265 stimmberechtigten Mitglieder, eine objektive und sachliche Wahl zu treffen. Allein die Dauer der Veranstaltung von 15.20 Uhr nachmittags bis 1.50 Uhr nachts macht deutlich, daß hier innterparteiliche Konflikte ausgetragen wurden. Das Ergebnis waren eine Verjüngung und einige Veränderungen in den Spitzenpositionen der künftigen Fraktion. Walter Suck hatte sie in den vorangegangenen Vorstandssitzungen mit vorbereitet. Daß daraus Konflikte erwachsen konnten, hatte er offenbar zu vermeiden versucht. Als sie dennoch aufbrachen, litt er darunter. Immer häufiger und intensiver wurde in der Partei diskutiert und gestritten. Jusos beschäftigten sich mit dem Marxismus, um Ziele und Maßstäbe für die aktuelle Politik zu gewinnen. Allgemein wurden mehr programmatische und theoretische Begründungen der Politik verlangt. Walter Suck verstand sich als Pragmatiker, für den das Godesberger Programm alle wichtigen theoretischen Fragen hinreichend beantwortet hatte.

Um sich mehr auf seine Arbeit im Bundestag konzentrieren zu können, legte er auf eigenen Wunsch 1971 den Vorsitz des Kreisverbandes nieder. Sein Nachfolger wurde Gert Roßberg. Walter Suck blieb aber im Kreisvorstand als stellvertretender Vorsitzender. Diese Funktion behielt er, bis er sich nach dem Ausscheiden aus dem Bundestag völlig von der Parteiarbeit zurückzog. In Flensburg trat er öffentlich in seiner Funktion als Bundestagsabgeordneter auf, vor allem in Wahlkämpfen. Dann begleitete er führende Politiker seiner Partei: Willy Brandt, Helmut Schmidt, Herbert Wehner u.a. Am 23. Oktober 1972 besuchte er gemeinsam mit dem damaligen Staatssekretär Egon Bahr die Flensburger Schiffbau-Gesellschaft. Selbst bei Wahlkämpfen war er in der Auseinandersetzung mit dem politischen Gegner sehr zurückhaltend. Polemik kam nur selten über seine Lippen. Dann mußte er schon sich selbst oder seine Partei als ungerecht behandelt fühlen. So kritisierte er 1971 mit scharfen Worten die Wahlkampfmethoden der CDU.[16]

Nachdem er gegenüber führenden Mitgliedern des Kreisverbandes schon öfter vertraulich darüber gesprochen hatte, erklärte Walter Suck 1975 öffentlich, daß er aus gesundheitlichen Gründen nicht erneut für den Bundestag kandidieren wolle. Seine Frau, die das ständige Hin und Her zwischen Bonn und Flensburg leid war, unterstützte ihn bei dieser Entscheidung.

Die Partei fand schnell einen Nachfolger. Sie trug die Kandidatur Egon Bahr an. Er akzeptierte und wurde im November 1975 von den Delegierten der Kreisverbände Flensburg und Schleswig-Flensburg nominiert. 1976 gewann er erneut den inzwischen vergrößerten Wahlkreis 1 direkt, allerdings konnte, wie überall, das Ergebnis von 1972 nicht wieder erreicht werden.

Walter Suck zog sich in das Privatleben zurück. Er wollte und sollte sich nicht aufregen, deshalb mied er Parteiversammlungen. Die großen Anstrengungen der vergangenen Jahre waren nicht spurlos an ihm vorübergegangen. Er war unendlich müde und hatte das Bedürfnis, sich auszuruhen. Manche, die mit ihm sprachen, meinten, eine gewisse Verbitterung aus seinen Worten herauszuhören.[17] Fiel es ihm nun doch schwer, ohne ein öffentliches Amt zu sein? Meinte er, die Partei kümmere sich zu wenig um ihn? Wir wissen es nicht. Im Grenzfrie-

densbund arbeitete er seit 1977 im Vorstand mit[18]. Aber das waren nur wenige Sitzungen im Jahr. Sonst war sein Umgang im wesentlichen auf die Familie beschränkt.
Die Krankheit verschlimmerte sich. Am 11. November 1983 starb er an Herzversagen. Er wurde auf dem Friedhof am Friedenshügel beigesetzt.
Sein Nachfolger als Abgeordneter im Wahlkreis 1, Egon Bahr, war ein national und international bekannter Politiker. Walter Suck gehörte nicht zu den wenigen Großen in der Politik. Aber er war einer der vielen, ohne die eine Demokratie nicht funktionieren kann: Menschen, die sich für andere und das Gemeinwohl einsetzen; Menschen, die in den Grenzen, die ihnen Kraft und Fähigkeiten setzen, ihre Pflicht als Staatsbürger tun.

Anmerkungen

[1] Ein Nachlaß „Walter Suck“ existiert nicht. Die Archive besitzen kaum etwas über ihn. Die Ergebnisse meiner Recherchen zu diesem Beitrag und aus meiner privaten Sammlung entnommene Unterlagen über Walter Suck befinden sich jetzt im Stadtarchiv Flensburg, StA-FL XII HS 1690 h.
Mündliche Hinweise verdanke ich Gesprächen mit
a) Klaus Bartnitzke, Flensburg,
b) Carsten Möller, Flensburg,
c) Willy Sander, Flensburg,
d) Lieselotte Suck, Flensburg,
e) Artur Thomsen, Flensburg.

[2] SHZ vom 4.11.72

[3] M.-J. Langbehn, Zwischen Monarchie und nationalsozialistischer Diktatur. Die Oberrealschulen I und II in der Weimarer Republik (1918-1933), in: Goetheschule Flensburg, Festschrift zum hundertjährigen Bestehen 1893-1993, Flensburg 1993, S. 47ff.

[4] Korrespondenz Deutsches Schleswig, Jahrgang 1969/9, StA-FL a.o.O.

[5] Amtliches Handbuch des Deutschen Bundestages, 6. Wahlperiode.

[6] Amtliches Handbuch des Deutschen Bundestages, 7. Wahlperiode.

[7] Deutscher Bundestag, Protokolle, 7. Wahlperiode, 126. Sitzung, S. 8438.

[8] Amtsblatt der Europäischen Gemeinschaft 1975-77, S. 231 u. 288.

[9] Flugblatt „Ihr Kandidat Walter Suck“, StA-FL a.a.O.

[10] Brief Walter Sucks an den Petenten, StA-FL. a.a.O.

[11] SHZ, v. 12.9.68

[12] Brief Walter Sucks vom 7.12.70 an die Mitglieder des Kreisverbandes, StA-FL a.a.O.

[13] Protokoll der Kreisvorstandssitzung vom 20.5.70, StA-FL a.a.O.

[14] Bericht der Untersuchungskommission vom 29.12.69, StA-FL a.a.O.

[15] Protokoll der außerordentlichen Mitgliederversammlung vom 24.1.70, StA-FL a.a.O.

[16] FT v. 24.4.71

[17] Bericht von A. Thomsen, L. Suck hat keine Verbitterung bemerkt.

[18] GFH Nr. 4, 1983, S. 279

Anhang

1. Die Flensburger SPD in der Landes- und Bundespartei Organisationsgliederung (Stand: Sommer 1993)

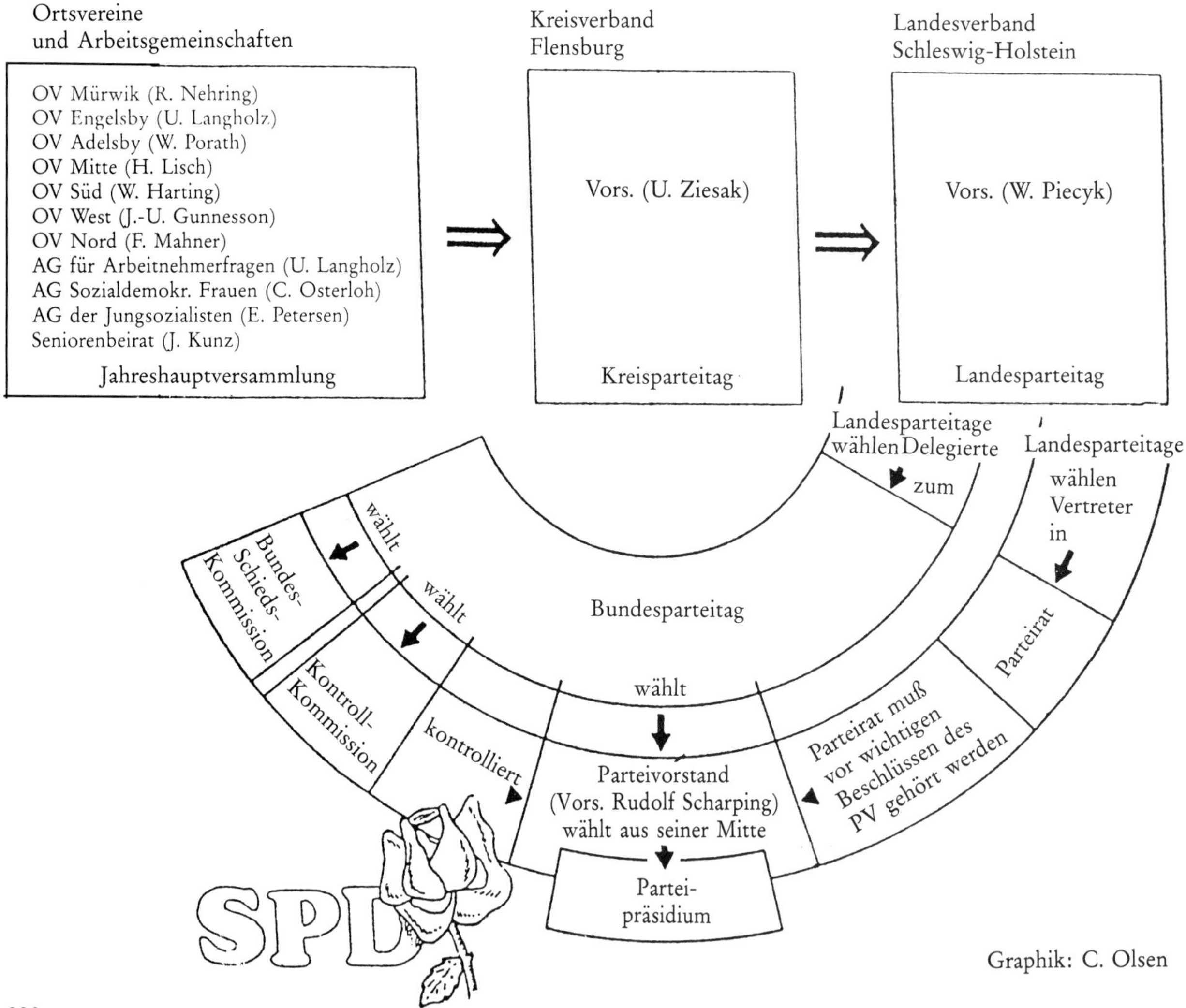

Graphik: C. Olsen

2. SPD-Mitgliederzahlen 1875–1993

1875	87	1946	36	SPD[2]
1878	53	1948	1800	SPF[2]
1891	130	1958	531	SPD[3]
1897	250	1959	537	
1901	527	1960	557	
1902	576	1975	937	
1903	600	1977	945	
1904	612	1982	854	
1905	615	1983	859	
1907	1069	1984	795	
1908	1532	1985	765	
1910	1633	1986	748	
1911	1645	1987	595[4]	
1912	1788	1988	620	
1913	1855	1990	628	
1915	903[1]	1991	606	
1916	865[1]	1992	601	
1918	790[1]	1993	561	
1919	2656			
1925	1594			
1926	1679			
1927	1794			
1928	1723			

[1] ohne die zum Militärdienst Einberufenen
[2] nach der Spaltung
[3] nach der Wiedervereinigung
[4] nach Bereinigung der Kartei

(nach LAS 309, SHVZ, FVZ, StA XXI V SPD u. mdl. Auskünften)

3. SPD-Ortsvorsitzende – später Kreisverbandsvorsitzende – in Flensburg

1868	Franz Bach
1872–1878	Heinrich Mahlke
1891–1905	August Hering
1905–1916	Wilhelm Haberlandt
1916–1917	Hans Schlüter (als 2. Vorsitzender)
1917–1918	Peter Michelsen
1918–1919	Asmus Thomsen
1919	Wilhelm Haberlandt
1919–1921	Carl Cunow
1921–1927	Max Funke sen.
1927–1933	Wilhelm Haberlandt
1945	Friedrich Drews (Sozialdemokratischer Wählerverein)
1945–1946	Nicolaus Reiser
1946–1954	Nicolaus Reiser, SPF
1946–1952	Dr. Hermann Karl, SPD
1952–1954	Arthur Bruweleit, SPD
1954	Ende der Spaltung
1954–1959	Dr. Ulrich Oldenburg
1959–1965	Erwin Lingk
1965–1967	Dr. Wilhelm Hacker
1967–1971	Walter Suck
1971–1987	Gert Roßberg
1987	Uwe Ziesak

(nach SHVZ, FVZ, FP u. mdl. Auskünften)

4. Wahlen in Flensburg

4.1 SPD-Stimmen bei den Reichstagswahlen 1871–1912 in Flensburg und im zweiten Reichstagswahlkreis Flensburg-Apenrade

	1872	1874	1877	1879	1881	1884	1886
Stadt FL	492	524	585	235	333	806	1726
Wahlkreis	995	1216	954	254	353	920	2286

	1887	1890	1893	1898	1903	1907	1912
Stadt FL	1917	2542	2841	2934	4263	4386	5765
Wahlkreis	2711	3890	4073	4016	6316	6239	7977

(nach StA II C 55–60)

4.2 Ergebnisse der Wahlen in Flensburg von 1919–1923

NV	Wahl zur Nationalversammlung	LT	Landtagswahl
VA	Volksabstimmung	K	Kommunalwahl
RT	Reichstagswahl	SV	Schleswiger Verein (Dänen)
Pr. NV	Wahl zur Preußischen Landesversammlung		

	KPD	USPD	SPD	DDP	DVP	DNVP	NSDAP	SV	Sonstige
NV 19.1.1919		499	18426	10594	2974	749			349
Pr. NV 26.1.1919		472	16231	10440	2755	835			385
K 3.3.1919			11916	2753	bürgerl. 10547				
VA 14.3.1920			deutsch 27074					dän. 8937	
RT 20.2.1921	997	1016	8685	3019	7257	1597		3668	769
LT 20.2.1921	990	1109	8929	2873	7012	1946	ab RT 4.5.1924	3674	860

(Flensburg in Geschichte und Gegenwart, SFSt 22, Flensburg 1972, S. 422; K 1919 nach FN 3.3.1919)

4.3 Ergebnisse der Wahlen in Flensburg von 1924–1933

RT = Reichstagswahl LT = Landtagswahl K = Kommunalwahl RP = Reichspräsidentenwahl

	KPD	USPD	SPD	DDP	WP	DVP	DNVP	NSDAP	SV	Sonstige
RT 4.5.1924	1548	315	7343	2455		5916	5638	2287	4265	1320
K 4.5.1924	1319		6980	Bürgerblock: 10759 Beamten u. Angest.: 4675				1001	4524	1307
RT 7.12.1924	740	107	9789	3198	112	7325	5758	637	3304	845
LT 7.12.1924	735	110	9774	3287	142	7389	5799	649	3396	219
RP/1 28.3.1925	Thälmann 482	Braun 10359		Hellpach 2864		Jarres 12363		Ludendorff 135		613
RP/2 26.4.1925	Thälmann 432		Marx 15820				Hindenburg 16946			7
RT 20.5.1928	1143		13550	2000	2631	5818	3646	903	1696	979
K 17.11.1929	1694		9657	Bürgerl. Einheitsfront: 13589 Beamten u. Angest.: 4675				1087	2932	700
RT 14.9.1930	4308		11254	2267	3219	4889	1299 (1415)	6311	1061	1975
RT 13.3.1932	Thälmann 4757			Hindenburg 19486			Düster- berg 1707	Hitler 14043		Winter 89
RP/2 10.4.1932	Thälmann 2869			Hindenburg 19705				Hitler 11683		
LT 24.4.1932	3012		9526	635	252	1780	2259	17245	1109	501
RT 31.7.1932	3732		9723	380	83	1030	3162	17123	741	1476
RT 6.11.1932	4311		8986	320	149	1767	4871	14337	828	1376
RT 5.3.1933	4317		8983	249		991	5309	19661		990
LT 5.3.1933	4023		8159	214		979	4974	18966	1132	1738
K 12.3.1933	2115		6871	Nationaler Flensburg-Block 6490				15653	2363	313

(Flensburg in Geschichte und Gegenwart, SFSt 22, Flensburg 1972, S. 422)

4.4 Wahlergebnisse der SPD in Flensburg von 1946 bis 1992

(Bei den Zahlen zu den Bundestagswahlen sind jeweils die Erststimmen angegeben; - EW = Europawahl)

		Stimmen	Prozent	
KW	13.10.1946			
	SPD	18 197	13,5	(Jeder Wähler hatte drei Stimmen.)
	SPF	29 729	22,0	
LW	20.04.1947	8 962	17,1	
KW	24.10.1948			
	SPD	15 210	24,6	
	SPF	11 177	18,0	
BW	14.08.1949	5 462	8,9	
LW	09.07.1950	5 014	8,3	
KW	29.04.1951			
	SPD	4 550	7,4	
	SPF/SSW	26 523	43,4	
BW	06.09.1953	10 808	18,9	
LW	12.09.1954	10 005	18,6	
KW	29.04.1955	7 814	14,9	
BW	15.09.1957	10 352	19,3	
LW	28.09.1958	11 590	21,7	
KW	25.10.1959	11 353	18,1	
BW	17.09.1961	16 096	30,0	
KW	11.03.1962	13 895	28,9	
LW	23.09.1962	14 195	31,2	
BW	19.09.1965	24 956	45,1	
KW	13.03.1966	14 450	32,4	
LW	23.04.1967	16 327	33,0	
BW	28.09.1969	28 549	52,2	
KW	24.04.1970	19 408	41,0	
LW	25.04.1971	21 841	40,6	
BW	19.11.1972	37 495	60,7	
KW	24.03.1974	16 751	32,5	
LW	13.04.1975	21 527	39,3	
BW	03.10.1976	34 011	56,5	
KW	05.03.1978	17 840	35,9	
EW	10.06.1979	21 390	51,6	
LW	29.04.1979	21 750	39,9	
BW	05.10.1980	32 879	56,7	
KW	07.03.1982	13 322	28,5	
BW	06.03.1983	30 239	53,3	
LW	13.03.1983	22 979	41,5	
EW	17.06.1984	16 489	46,2	
KW	02.03.1986	15 179	35,1	
LW	13.09.1987	20 968	41,8	
BW	25.01.1987	27 489	49,5	
LW	08.05.1988	26 366	51,4	
EW	18.06.1989	17 190	49,7	
BW	02.12.1990	23 575	47,2	
KW	25.03.1990	16 908	39,0	
LW	05.04.1992	20 178	43,9	

(nach StA XII V SPD)

5. Flensburger Sozialdemokraten in überörtlichen Parlamenten

5.1 Flensburger SPD-Reichstags-, Bundestags- und Europa-Abgeordnete

1903–1907	Heinrich Mahlke	Deutscher Reichstag
1919–1921	Peter Michelsen	Nationalversammlung und Deutscher Reichstag bis zur Nachwahl in Schleswig-Holstein am 20.2.1921 (wegen der Abstimmung verlegt)
1969–1976	Walter Suck	Deutscher Bundestag
1975–1977	Walter Suck	Europäisches Parlament, delegiert vom Bundestag
1976–1990	Egon Bahr	Deutscher Bundestag bis 1983 direkt gewählt, danach über SPD-Landesliste

5.2 Flensburger SPD-Abgeordnete im Schleswig-Holsteinischen Landtag

1946	Herman Olson	1. Ernannter Landtag, später SSW-Abgeordneter
1947–1950	Eduard Clasen	SPD-Landesliste
1962–1971	Erwin Lingk	SPD-Landesliste
1963–1971	Heinz Adler	SPD-Landesliste
1971–1983	Klaus Matthiesen	direkt gewählt, 1973–1983 Vorsitzender der SPD-Landtagsfraktion und Oppositionsführer, seit 1983 Landesminister in Nordrhein-Westfalen
1976–1992	Uwe Gunnesson	bis 1987 SPD-Landesliste, seit 1987 direkt gewählt
1987–1992	Gert Roßberg	direkt gewählt
1992–	Ingrid Franzen	direkt gewählt
1992–	Lothar Hay	direkt gewählt

(nach Angaben des Hauptamts)

6. Mandatsverteilung im Flensburger Stadtparlament 1869–1993

6.1 Mandatsverteilung 1869–1918

Öffentl. Wahl nach Zensus in den Bezirken „Norden“ u. „Süden“; ab 1870 Ergänzungs- u. Ersatzwahlen

	Bürgerliche	Sozialdemokraten
1869–1909	24	–
16.03.1910	22	2
19.11.1912	20	4
26.02.1913	19	5
1914–1918	„Burgfrieden“-Wahlen: status quo	

6.2 Mandatsverteilung 1919–1933

Kommunalwahl	MSPD[1]	DDP	Beamtenbd	Bürger-Vereinsausschuß	Ver. der Kleinhdl.[2]	Alkoholgegner		Gesamtzahl
02.03.1919	23	5	7	10	2	1		48
Kommunalwahl	VSPD	KPD	Beamte u. Ang.	Bürg. bund	Völk.Soz. Block	Alkh. gegn.	Schlesw. Verein (Dänen)[3]	Gesamtzahl
04.05.1924	11	2	7	16	1	1	7	45
Kommunalwahl	SPD	KPD	Beamte u. Ang.	Bürgl. E.front	NSDAP	Alkh. gegn.	Schlesw. Verein (Dänen)	Gesamtzahl
17.11.1929	14	2	3	20	1	1	4	45
Kommunalwahl	SPD	KPD	Nat. Flbg. Block		NSDAP		Schlesw. Verein (Dänen)	Gesamtzahl
12.03.1933	9	2	9		21		4	45

[1] einschließlich eines USPD-Abgeordneten

[2] Der Verein der Kleinhändler schloß sich 1924 der Bürgerlichen Einheitsfront an.

[3] Der Schleswigsche Verein stellte 1919 keine Kandidaten auf.

6.3 Mandatsverteilung 1946–1993

	FDP	CDU	SPD	SPF	SSW	KPD	GB[1]	Sonstige	Gesamtzahl
13.10.1946	1	2	2	12	21	1	–	–	39
24.10.1948	–	10	9	8	13	–	–	–	40
	WDF[2]			zus.					
29.04.1951	21		–	18		–	–	–	39
24.04.1955	15		5[3]		14	–	–	1	35
25.10.1959	2	13	9		13	–	3	–	40
							GDP[4]		
11.03.1962	2	14	12		11	–	–	–	39
13.03.1966	2	14	13		10	–	–	–	39
24.04.1970	–	14	17		8	–	–	–	39
						DKP			
24.03.1974	3	18	14		8		–	–	43
05.03.1978	–	17	17		9	–	–	–	43
							Grüne L.	Die Grünen	
07.03.1982	–	18	14		11	–	–	–	43
02.03.1986	–	13	16		9	–	–	3	43
25.03.1990	–	15	19		9	–	–	3	46

Anmerkungen

[1] GB/BHE = Gesamtdeutscher Block/Bund der Heimatvertriebenen und Entrechteten (1952–1961)
[2] WDF = Wählergemeinschaft Deutsches Flensburg (CDU - FDP - GB/BHE - DP (Deutsche Partei) - SHB (Schleswig-Holstein-Block) - KPD)
[3] Wiedervereinigung SPD - SPF am 04.07.1954
[4] GDP = Gesamtdeutsche Partei (1965-1972)
[5] Grüne L. = Grüne Liste

(nach Dieter Pust, Politische Sozialgeschichte der Stadt Flensburg, SFSt 23, Flensburg 1975, S. 320 ff; – Verwaltungsberichte 1919 ff; – Flensburg in Geschichte und Gegenwart, SFSt 22, Flensburg 1972, S. 422f; – Listen des Hauptamts)

7. SPD-Fraktionsvorsitzende im Flensburger Stadtparlament 1910-1993

1910–1919	Waldemar Sörensen (zunächst Sprecher)
1919	Hans Schlüter
1919–1921	Ernst Erfurth
1921–1924	Hans Schlüter
1924–1926	Ferdinand Grabein
1926–1933	Hans Jensen
1933, April–Juni	?
1946–1948	(nur zwei Mandate)
1948-1950	Dr. Hermann Karl
1950–1951	?
1951–1955	(kein Mandat)
1955–1964	Max Beyreis
1964–1970	Willi Sander
1970–1976	Klaus Bartnitzke
1976–1987	Helmut Schumann
1987–	Knut Franck

(nach VB 1911–1926, PSF 1919–1930, FVZ, FP, Auskünfte)

8. Hauptamtliche SPD-Magistratsmitglieder in Flensburg 1946–1993

8.1. Oberstadtdirektor

1946–1950	Fritz Drews

8.2. Oberbürgermeister

1950–1955	Fritz Drews
1963–1977	Heinz Adler
1978–1982	Bodo Richter
1993–	Olaf Cord Dielewicz

8.3. Hauptamtliche Stadträte

1950–1957	Dr. Hermann Karl
1959–1976	Erwin Lingk
1976–1992	Klaus Bartnitzke
1993–	Hans Leppin

(nach VB und Listen des Hauptamts)

9. Flensburger Stadtpräsidenten aus der SPD 1970–1993

1970–1974	Artur Thomsen
1977–1978	Artur Thomsen (amtierender Stadtpräsident)
1986–1992	Lothar Hay
1992–	Peter Rautenberg

10. Bildnachweis

1. Nachweise, die bereits im Bild-Kontext angeführt worden sind, werden hier nicht wiederholt. Das betrifft die Abbildungen:
2, 3, 14, 18, 23, 28, 32, 34, 35, 40, 41, 43, 44, 46, 47, 54, 58, 59, 60, 61, 62, 63, 64, 65, 68, 69, 71, 73, 74, 75, 82, 84, 87, 91, 92, 93, 94, 95, 96, 105, 111, 112, 113, 114, 115, 116, 117, 118, 128, 129, 167, 182, 183.
2. Bilder aus dem Stadtarchiv Flensburg:
1, 4, 5, 7, 8, 9, 13, 17, 19, 22, 24, 26, 31, 38, 51, 52, 67, 70, 76, 77, 79, 80. 81, 89, 107, 108, 127, 150, 152, 164, 166, 174, 175, 181, 186, 195, 197, 201, 206, 211, 212, 213, 214, 215, 216, 217, 221.
3. Einzelnachweise

6 M. Schartl, Flensburg
10 LAS 309, Nr. 238
11 LAS 309, Nr. 447
12 U. J. Diederichs (Hrsg.), Schleswig-Holsteins Weg ins Industriezeitalter, Hamburg 1986, S. 161
15 F. Schreiber, Flensburg
16 StA XIII Dr 3 (1918/19)
20 StA XIII A 470,1 (FVZ 12.3.1920)
21 Dansk Centralbibliotek Flensborg
25 StA XIII A 361 (Zeichnung aus „Unser Schleswig“, 10.3.1920)
27 StA XII 1309
30 J. Gregersen, Flensburg (Stadtarchiv)
33 ebd.
36 Arbejderbevaegelsens Bibliotek og Arkiv, København, 14.4.1924
37 G. Callesen, Socialdemokratiet og internationalismen, København 1973, S. 39
39 FVZ 7.1.1928 u. Einwohnerbuch für die Stadt Flensburg 1927
42 A. Schlütter, Flensburg
45 ebd.
48 L. L. Johannsen, Flensburg
49 A. Gregersen, Flensburg
50 W. Schmidt, Flensburg
53 Flensburg, Geschichte einer Grenzstadt, SFSt 17, Flensburg 1966, S. 433f
55 LAS 384 I, Nr. 16
56 W. Schmidt, Flensburg
57 Zusammenstellung des Verfassers
66 A. Paysen, Schleswig
72 J. P. Burmester, Hamburg
78 U. Heldt, 125 Jahre Turn- und Sportbund Flensburg, Bd. 1, Flensburg 1991, S. 284
83 F. Drescher, (Red.), Der Landkreis Flensburg, Kiel 1931, S. 99
85 s. Nr. 78, Bd. 1, S. 284
86 ebd., S. 151
88 A. Schlütter, Flensburg
90 A. Gregersen, Flensburg
97 ebd.
98 Jahresbericht des Konsumvereins für Flensburg und Umgebung, 1910/11
99–104 ebd.
106 s. Nr. 12, S. 163
109 L. Gregersen, Flensburg (Stadtarchiv)
110 Zusammenstellung der Verfasserin nach Nr. 122
119 L. Gregersen, Flensburg (Stadtarchiv)
120 ebd.
121 Meisner, Flensburg
122 M. Schartl, Sozialdemokratie und bürgerliche Parteien im nördlichen Schleswig-Holstein, unveröffentlichtes Manuskript Flensburg 1993
123 L. Gregersen, Flensburg (Stadtarchiv)
124 Graphik der Verfasserin
125 A. Schlütter, Flensburg
126 Lulutzki, Flensburg
130 Huhle, Sonderburg
131 A. Schlütter, Flensburg
132 ebd.
133 Huhle, Sonderburg
134 A. Schlütter, Flensburg
135–139 ebd.
140 StA XII Z, Flensburger Illustrierte Zeitung Jg. 1933, S. 334
141 G. Beier, Kronberg/Ts

142 StA VIII D, S. Jürgensen
143 Illustrierte „Weltbild“ Nr. 26 v. 2.12.1957, S. 15
144 H. Lienau, 12 Jahre Nacht, Flensburg 1949, S. 16
145 A. Gregersen, Flensburg
146 85 Jahre Sozialdemokratischer Ortsverein Harrislee, 1992
147 S. Jürgensen, Flensburg
148 A. Gregersen, Flensburg
149 GV 1946, H.8
151 GV 1947, H.1
153 Sydslesvig i Dag, S. 389
154 ebd., S. 575
155 ebd., S. 593
156 GV 1946, S. 429
157 G. Roßberg, Flensburg
158 Kreisverband Flensburg
159 GV 1946, S. 429
160 Sydslesvig i Dag, Bd. 1, København 1955, S. 539
161 ebd., S. 540
162 Sydslesvig gennem Tiderne, Bd. 3, S. 1337
163 DG Bd. III, 1988, S. 572
165 Reiser, Flensburg
168 Kreisverband Flensburg
169 FP 21.7.1960
170 J. Dittrich, Quichborn
171 FP 15.12.1960
172 ebd., 15.12.1960
173 ebd., 13.7.1961
176 J. Steffen, Wer sich nicht in Gefahr begibt, Krisenprotokolle, Weismann-Verlag München 1977, Umschlagseite
177 Kreisverband
178 ebd.
179 Graphik des Verfassers
180 Kreisverband
184 L. Suck, Flensburg
185 G. Roßberg, Flensburg
187 Ortsverein Mitte
188 Ortsverein Nord
189 Ortsverein Mürwik
190 U. Heinze, Flensburg
191 Ortsverein Engelsby
192 P. Krohn, Flensburg
193 Ortsverein West
194 A. Scheich, sh:z
196 Graphik des Verfassers
198 Kreisverband
199 Wahlkampfbroschüre 1978
200 K. Franck, Flensburg
202 Wahlkampfbroschüre 1978
203 Handbuch des Schleswig-Holsteinischen Landtages, 10. Wahlperiode, 1983, S. 596
204 ebd., 12. Wahlperiode, 1988, S. 570
205 ebd., 13. Wahlperiode, 1992, S. 626
207 P. Rautenberg, Flensburg
208 O. C. Dielewicz, Flensburg
209 U. Ziesak, Flensburg
210 T. Riediger, Sörup
218 G. Roßberg, Flensburg
219 ebd.
220 ebd.

11 Abkürzungen

DG	Demokratische Geschichte, Bde I ff.
DMV	Deutscher Metallarbeiter-Verband
FA	Flensborg Avis
FN	Flensburger Nachrichten
FNZ	Flensburger Norddeutsche Zeitung
FP	Flensburger Presse
FT	Flensburger Tageblatt
FVZ	Flensburger Volkszeitung
GFH	Grenzfriedenshefte
GV	Graensevagten
KB	Kollegienbeschlüsse (StA 4014)
LAS	Landesarchiv Schleswig
NW	Die Nord-Wacht
PSF	Protokollbuch der Soz. dem. Fraktion 1919–1930 (StA XII 1309)
SFSt	Schriften der Gesellschaft für Flensburger Stadtgeschichte
SHVZ	Schleswig-Holsteinische Volkszeitung
SHZ	Südschleswigsche Heimatzeitung
StA	Stadtarchiv Flensburg
VB	Verwaltungsberichte der Stadt Flensburg
ZSHG	Zeitschrift für Schleswig-Holsteinische Geschichte